面向21世纪课程教材
Textbook Series for 21st Century

# 民事诉讼法学

Civil Procedural Law

（第四版）

主　编　江　伟　傅郁林

撰稿人　（按姓氏拼音为序）

　　　　蔡　虹　段厚省　傅郁林　刘学在
　　　　谢文哲　熊跃敏　赵秀举

## 图书在版编目(CIP)数据

民事诉讼法学／江伟，傅郁林主编. -- 4版. -- 北京：北京大学出版社，2025.5. -- （面向21世纪课程教材）. -- ISBN 978-7-301-36212-9

Ⅰ. D925.101

中国国家版本馆CIP数据核字第2025GU0256号

| | |
|---|---|
| 书　　　名 | 民事诉讼法学（第四版）<br>MINSHI SUSONG FAXUE(DI-SI BAN) |
| 著作责任者 | 江　伟　傅郁林　主编 |
| 责 任 编 辑 | 邓丽华 |
| 标 准 书 号 | ISBN 978-7-301-36212-9 |
| 出 版 发 行 | 北京大学出版社 |
| 地　　　址 | 北京市海淀区成府路205号　100871 |
| 网　　　址 | http://www.pup.cn |
| 新 浪 微 博 | @北京大学出版社　@北大出版社法律图书 |
| 电 子 邮 箱 | 编辑部 law@pup.cn　总编室 zpup@pup.cn |
| 电　　　话 | 邮购部 010-62752015　发行部 010-62750672　编辑部 010-62752027 |
| 印 刷 者 | 天津中印联印务有限公司 |
| 经 销 者 | 新华书店 |
| | 730毫米×980毫米　16开本　29.75印张　651千字 |
| | 2012年1月第1版　2014年3月第2版 |
| | 2015年5月第3版 |
| | 2025年5月第4版　2025年5月第1次印刷 |
| 定　　　价 | 78.00元 |

未经许可，不得以任何方式复制或抄袭本书之部分或全部内容。

**版权所有，侵权必究**

举报电话：010-62752024　电子邮箱：fd@pup.cn

图书如有印装质量问题，请与出版部联系，电话：010-62756370

# 第四版修订说明

本教材自 2015 年第三版发行至今已长达九年！终于从电脑文件夹点击发送给邓丽华编辑的这个第四版，在我们编写者这里实际上已是第七版。是的，我们一直在修订，但教材一直在路上。因为第四版的修订过程，遭遇了民事诉讼制度及相关制度变动最频繁、民事诉讼法和相关立法及司法解释交错修订最多的时期。因为我们不愿让第三版已获大批读者青睐的这部教材，刚到读者手中就已过时。因为我们不想让自己怀揣体系化追求的教材翻脸比翻书还快，而我们无法预测的是法律的修改速度竟比翻书还快！

继本教材第三版对应的 2015 年《民诉法解释》全面修改和同年《民事诉讼法》对公益诉讼的局部修订之后，《民事诉讼法》又进行了 2017 年、2021 年、2023 年三次修正，其间还插入了 2019 年修改《民事证据规则》、2022 年修改《民诉法解释》。这一时期同步展开并对本教材的结构和内容产生重要影响的还有两部重要的程序法——以民事诉讼法与强制执行法"两法分离"模式选择为前提的《强制执行法》起草和已进入征求意见阶段的《仲裁法》大修。此外还有本教材主编坚持以忽略态度予以抵制的各类效力不明却在实务中普遍适用并被教材广泛援引的司法文件。

与民事诉讼制度相关的重要法律也在这一时期密集出台或重大修改。《人民法院组织法》《法官法》及《人民检察院组织法》先后于 2018 年、2019 年进行了十几年未遇的重大修改，还有同期通过司法解释和其他司法性文件发布的各类司法改革措施，对于审判权和整个诉讼制度及其运行逻辑产生了结构性影响。在民事诉讼法教材必须回应的实体法领域，不必说史无前例的新中国民法典，此前还于 2017 年出台了《民法总则》，而注定会随之而来的司法解释也是以分编解释的形式陆续在不同时间发布，这些对于诉讼主体制度、证明责任规则及程序结构和分类模式等全方位的影响毋庸赘述。还有那些以"雌雄同体"（实体法兼容程序法）为特色的实体法，《公司法》于 2018 年、2023 年两次修改，《证券法》于 2019 年修改，《商标法》《专利法》《著作权法》相继于 2019 年、2020 年修改，不仅（可能）影响民事诉讼主体、诉的合并、证据与证明等相关制度，而且其本身就修改或创设了某些特殊的甚或通用的程序，比如公司法中难辨诉讼或非讼的略式程序、证券法中难谓独特或普适的代表人诉讼程序、知识产权法中纠缠于禁令与保全的临时救济程序。

多部相关法律的密集修订、交互出台和相应司法解释的接踵而至、交错修订，其间还穿插着一些领域性单行司法解释的颁布和修订，比如知识产权领域先后于 2018 年、2020 年发布的《知识产权行为保全规定》《知识产权证据规定》，生态环境领域于 2023 年发布的《生态环境侵权责任案件适用法律的解释》《生态环境侵权证据规定》，等等，其中要么主要是程序规则，要么包括了大量程序规则的重要修改。其结果是，

《民事诉讼法》自身的"最新"文本与依据刚刚修订的前一"新文本"所发布的依然有效的司法解释之间,以及与各部实体法及其相应司法解释之间,在时间上存在着多元、多维度的交错,在内容与效力上也就存在多层次、多维度的交互更迭。对于教材修订而言,即使不考虑体系化目标,仅仅保障这些最新制度文本在修订后的教材中不留"硬伤"已有相当困难,因为本教材"重在阐释中国现行民事诉讼制度的要义和原理,同时观照民事诉讼制度的发展动态和理论评价",并在逻辑结构上"明确区分现行制度、理论阐释和运行状况三大基本内容",而当现行制度及其运行状况正在发生多维度、多层次且交叉的频繁或深刻变化时,教材修订不可能仅修订引证的法律规范而不修订相应的理论阐释,甚至可能需要进行系统性结构性的调整。

截至目前,《民事诉讼法》和几部密切相关的实体法已尘埃落定。虽然与民事诉讼法密切相关的《仲裁法》仍在修订之中,但鉴于其在体系意义上相对独立,而且考虑到强制执行制度曾经单独立法、目前已终止审议、后续如何尚不确定的情势,同样处于修订和不确定状态的仲裁法与民事诉讼法之间的关联也主要在执行程序,因此本次教材修订暂且将执行部分割爱删除。这是第四版修订中作出的重大调整。另一重大调整是将以实体诉求为显著目标、以实体权益为基本前提的临时救济程序,与虽有实体利益基础和两造对立、但因事项的简易性或诉求的超紧急性而须程序简化到仅依单方申请即可作出司法行为的略式程序,纳入传统特别程序的单边程序以及虽有实体利益和两造对立但司法行为方式为非对抗性的非讼程序,并入一编,以彰显实体要素和救济诉求与程序繁简和裁判效力之间的多层次多维度的互动关系。

此外,本教材将民事公益诉讼(立法体例上列入"当事人"章节)、涉外民事诉讼(立法上并列于普通民事诉讼)和海事诉讼(立法上作为单行法)单列一编(知识产权诉讼暂未纳入)。这些特别审判程序中不仅包含诉讼程序规则而且包含非讼程序规则,不仅包含终局裁判规则而且存在临时裁判规则,不仅包含当事人或程序运行规则而且包含证据证明规则、司法协助规则,等等,故与普通/通用程序相比属于各类特别程序。由于"特别程序"在现行法中已作为具有特定内涵和外延的专用术语,故本教材只能列为"特别民事诉讼程序",与通用民事诉讼程序并列。这些与普通规则相比有着共享性和各自特殊性的特别规则背后,是价值目标和正当性基础的相似性与差异性。本教材拟在第五版修订时据此对特别诉讼程序与通用诉讼程序之间的结构安排作进一步考量和合理调整。本次修订作出的第三个结构性调整是,为避免教材结构上的零碎化,并尽可能观照各编、章之间的平衡,故将妨碍民事诉讼的强制措施、送达(及期日)、诉讼费用并入"法院"一编,但也大致合乎本编依法院职权划分范畴的基本逻辑。

本教材第四版的分工如下(以撰写章节为序):

第一章、第二章第四节、第四章、第五章、第六章、第七章、第八章、第十七章、第十八章、第十九章、第二十章,傅郁林

第二章第一、二、三节,段厚省

第三章、第九章、第二十一章,蔡虹

# 第四版修订说明

第十章、第十一章、第十二章、第十三章、第十四章，熊跃敏

第十五章、第十六章，赵秀举

第二十二章、第二十三章，谢文哲

第二十四章、第二十五章、第二十六章，刘学在

全书由傅郁林统一规划、分工和校订。第四版修订中，除了各章作者反复、多次修改之外，我的每一届在校博士生，特别是余朝晖、李佳临、胡天昊，以及已毕业的博士生袁琳、孟醒，相继在七年来一次又一次全面修订的统稿和文字校对工作中都作出了重要贡献。感谢北大学子们拿着放大镜研读后提出的大胆质疑、小心求证，尤其是本科生廖振宇同学的深度参与，并结合自己的课堂笔记和课外阅读文献提出修订和校对意见，以及热心的读者以反馈、勘误和催促修订等各种方式表达的鼓励和关注，特别是浙江工商大学唐玉富教授的持续关注和修改建议……这些都是我们持续更新、不断改进的核心动力和重要资源。

最后但最重要的是北京大学出版社各位编辑的不离不弃，邹记东主任的默默支持，被我们在多年修订中熬走的一位又一位编辑（李铎、李倩），特别是邓丽华女士的那些个温柔而执着的等待与敦促！

读者在使用本教材过程中一定还会发现种种错误，敬请不吝赐教，以帮助我们继续改进。意见和建议请发送至：fuyulin65@126.com。本教材全体作者将竭诚向读者奉献不断改进的优秀作品，并以此作为对我们敬爱的主编江伟老师的永恒纪念！

傅郁林

2024 年 5 月 10 日

# 法律、法规、司法解释简称与全称对照表[①]

《民事诉讼法》——《中华人民共和国民事诉讼法》
《民诉法解释》——《最高人民法院关于适用〈中华人民共和国民事诉讼法〉的解释》
《民事证据规定》——《最高人民法院关于民事诉讼证据的若干规定》
《人民调解法》——《中华人民共和国人民调解法》
《仲裁法》——《中华人民共和国仲裁法》
《劳动仲裁法》——《中华人民共和国劳动争议调解仲裁法》
《道交法》——《中华人民共和国道路交通安全法》
《海诉法》——《中华人民共和国海事诉讼特别程序法》
《海诉法解释》——《最高人民法院关于适用〈中华人民共和国海事诉讼特别程序法〉若干问题的解释》
《人民法院组织法》——《中华人民共和国人民法院组织法》
《调解规定》——《最高人民法院关于人民法院民事调解工作若干问题的规定》
《简易程序规定》——《最高人民法院关于适用简易程序审理民事案件的若干规定》
《人身损害赔偿解释》——《最高人民法院关于审理人身损害赔偿案件适用法律若干问题的解释》
《证券代表人诉讼规定》——《最高人民法院关于证券纠纷代表人诉讼若干问题的规定》
《民诉法意见》——《最高人民法院关于适用〈中华人民共和国民事诉讼法〉若干问题的意见》
《审判监督程序解释》——《最高人民法院关于适用〈中华人民共和国民事诉讼法〉审判监督程序若干问题的解释》
《诉前保全意见》——《最高人民法院关于规范和加强办理诉前保全案件工作的意见》
《办理财产保全案件规定》——《最高人民法院关于人民法院办理财产保全案件若干问题的规定》
《选举法》——《中华人民共和国全国人民代表大会和地方各级人民代表大会选举法》

---

[①] 为统一和简洁起见,本书中法律、法规、司法解释均使用简称。本书引用法律、法规,均为现行法律、法规,如引用已修改法律、法规修改前的版本,则在法律、法规名称前面或后面注明其制定或修改时间。

《民诉法和行诉法修改决定》——《关于修改〈中华人民共和国民事诉讼法〉和〈中华人民共和国行政诉讼法〉的决定》

《消费公益诉讼解释》——《最高人民法院关于审理消费民事公益诉讼案件适用法律若干问题的解释》

《环境公益诉讼解释》——《最高人民法院关于审理环境民事公益诉讼案件适用法律若干问题的解释》

《检察公益诉讼解释》——《最高人民法院、最高人民检察院关于检察公益诉讼案件适用法律若干问题的解释》

《涉外送达规定》——《最高人民法院关于涉外民事或商事案件司法文书送达问题若干规定》

《送达公约》——《关于向国外送达民事或商事司法文书和司法外文书公约》

《依条约办理送达等的规定》——《最高人民法院关于依据国际公约和双边司法协助条约办理民商事案件司法文书送达和调查取证司法协助请求的规定》

《海牙取证公约》——《关于从国外调取民事或商事证据的公约》

《仲裁公约》——《承认及执行外国仲裁裁决公约》

《海事受案范围规定》——《最高人民法院关于海事法院受理案件范围的规定》

《扣押拍卖船舶规定》——《最高人民法院关于扣押与拍卖船舶适用法律若干问题的规定》

《船舶碰撞和触碰案件规定》——《最高人民法院关于审理船舶碰撞和触碰案件财产损害赔偿的规定》

《海事赔偿责任限制规定》——《最高人民法院关于审理海事赔偿责任限制相关纠纷案件的若干规定》

《船舶油污损害案件规定》——《最高人民法院关于审理船舶油污损害赔偿纠纷案件若干问题的规定》

# 目　录

## 第一编　总　论

**第一章　民事诉讼与民事诉讼法** ······················································ （1）
　　第一节　民事纠纷及其解决途径 ··················································· （1）
　　第二节　民事纠纷的诉外解决 ······················································· （2）
　　第三节　民事诉讼 ······································································· （11）
　　第四节　民事诉讼法 ··································································· （14）

**第二章　民事诉讼基本理论** ···························································· （20）
　　第一节　诉权 ············································································ （20）
　　第二节　诉与诉讼标的 ································································ （25）
　　第三节　民事诉讼法律关系 ·························································· （34）
　　第四节　民事诉讼模式 ································································ （42）

**第三章　民事诉讼的基本原则** ························································· （51）
　　第一节　基本原则概述 ································································ （51）
　　第二节　当事人诉讼权利平等原则 ················································ （53）
　　第三节　处分原则 ······································································· （55）
　　第四节　辩论原则 ······································································· （57）
　　第五节　调解原则 ······································································· （59）
　　第六节　诚实信用原则 ································································ （62）
　　第七节　检察监督原则 ································································ （64）
　　第八节　直接言词原则 ································································ （65）

**第四章　民事诉讼的基本制度** ························································· （67）
　　第一节　两审终审制度 ································································ （67）
　　第二节　合议制度 ······································································· （71）
　　第三节　回避制度 ······································································· （74）
　　第四节　公开审判制度 ································································ （76）

## 第二编　诉讼主体——法院

**第五章　民事司法权概述** ……………………………………………… (78)
  第一节　民事司法权与民事审判权 ………………………………… (78)
  第二节　司法职能管辖权 …………………………………………… (79)
  第三节　民事纠纷的可司法性 ……………………………………… (80)
  第四节　诉外解纷的司法审查权 …………………………………… (83)

**第六章　管辖权** ………………………………………………………… (88)
  第一节　管辖概述 …………………………………………………… (88)
  第二节　级别管辖 …………………………………………………… (93)
  第三节　地域管辖 …………………………………………………… (98)
  第四节　移送管辖与指定管辖 ……………………………………… (103)
  第五节　管辖异议 …………………………………………………… (105)
  第六节　管辖恒定 …………………………………………………… (106)

**第七章　民事裁判权** …………………………………………………… (107)
  第一节　民事审判权行使方式 ……………………………………… (107)
  第二节　民事判决 …………………………………………………… (109)
  第三节　民事裁定 …………………………………………………… (120)
  第四节　司法决定 …………………………………………………… (121)

**第八章　法院调解权** …………………………………………………… (123)
  第一节　法院调解的概念 …………………………………………… (123)
  第二节　法院调解的类型与适用范围 ……………………………… (126)
  第三节　法院调解的原则 …………………………………………… (127)
  第四节　法院调解的程序 …………………………………………… (130)
  第五节　法院调解书的效力 ………………………………………… (132)

**第九章　诉讼保障机制** ………………………………………………… (133)
  第一节　对妨害民事诉讼的强制措施 ……………………………… (133)
  第二节　期间 ………………………………………………………… (141)
  第三节　送达 ………………………………………………………… (145)
  第四节　诉讼费用 …………………………………………………… (150)

## 第三编　诉讼主体——当事人

**第十章　当事人** (161)
- 第一节　当事人概述 (161)
- 第二节　诉讼权利能力与诉讼行为能力 (164)
- 第三节　当事人的诉讼权利义务 (168)
- 第四节　当事人适格 (169)
- 第五节　当事人的变更 (174)

**第十一章　共同诉讼人** (176)
- 第一节　共同诉讼人概述 (176)
- 第二节　必要共同诉讼 (177)
- 第三节　普通共同诉讼 (183)

**第十二章　诉讼代表人** (186)
- 第一节　代表人诉讼制度概述 (186)
- 第二节　诉讼代表人 (188)
- 第三节　代表人诉讼的要件与程序 (189)
- 第四节　证券特别代表人诉讼规则 (192)

**第十三章　第三人** (194)
- 第一节　有独立请求权第三人 (194)
- 第二节　无独立请求权第三人 (198)

**第十四章　诉讼代理人与诉讼辅助人** (204)
- 第一节　诉讼代理人概述 (204)
- 第二节　法定诉讼代理人 (206)
- 第三节　委托诉讼代理人 (208)
- 第四节　民事诉讼辅助人 (212)

## 第四编　证据与证明

**第十五章　民事诉讼证据** (214)
- 第一节　证据概述 (214)
- 第二节　证据的法定种类 (220)
- 第三节　证据规则 (230)

## 第十六章　民事诉讼中的证明……………………………………………（232）
第一节　概述………………………………………………………（232）
第二节　证明对象…………………………………………………（234）
第三节　民事诉讼证明责任………………………………………（239）
第四节　民事诉讼证明标准………………………………………（244）
第五节　证明过程…………………………………………………（246）

# 第五编　通用诉讼程序

## 第十七章　第一审普通程序……………………………………………（253）
第一节　普通程序概述……………………………………………（253）
第二节　起诉与受理………………………………………………（254）
第三节　审理前的准备……………………………………………（264）
第四节　开庭审理…………………………………………………（272）

## 第十八章　简易程序……………………………………………………（279）
第一节　简易程序概述……………………………………………（279）
第二节　简易程序的适用条件……………………………………（280）
第三节　简易程序的基本特征与权利保障………………………（282）

## 第十九章　上诉程序……………………………………………………（287）
第一节　上诉程序概述……………………………………………（287）
第二节　上诉的提起与受理………………………………………（291）
第三节　上诉案件的审理…………………………………………（294）
第四节　上诉案件的裁判…………………………………………（296）

## 第二十章　再审程序……………………………………………………（301）
第一节　再审程序与审判监督程序………………………………（301）
第二节　再审程序的主体和客体…………………………………（304）
第三节　再审事由…………………………………………………（307）
第四节　再审立案程序……………………………………………（312）
第五节　再审审判程序……………………………………………（317）

## 第二十一章　临时救济程序……………………………………………（319）
第一节　保全………………………………………………………（319）
第二节　先予执行…………………………………………………（327）

## 第六编　非讼程序与略式程序

**第二十二章　特别程序** ……………………………………………（330）
　第一节　特别程序概述 ……………………………………………（330）
　第二节　单边程序 …………………………………………………（334）
　第三节　调解协议司法确认程序 …………………………………（343）
　第四节　实现担保物权案件的审理程序 …………………………（346）
　第五节　指定遗产管理人案件的审理程序 ………………………（350）

**第二十三章　略式程序** ……………………………………………（354）
　第一节　选民资格案件的审理程序 ………………………………（354）
　第二节　督促程序 …………………………………………………（356）
　第三节　公示催告程序 ……………………………………………（366）

## 第七编　特殊诉讼程序

**第二十四章　民事公益诉讼程序** …………………………………（378）
　第一节　公益诉讼概述 ……………………………………………（378）
　第二节　公益诉讼的原告 …………………………………………（384）
　第三节　公益诉讼程序的特别规定 ………………………………（389）

**第二十五章　涉外民事诉讼程序** …………………………………（398）
　第一节　概述 ………………………………………………………（398）
　第二节　一般原则 …………………………………………………（400）
　第三节　管辖 ………………………………………………………（406）
　第四节　送达、期间、调查取证 …………………………………（413）
　第五节　司法协助 …………………………………………………（418）

**第二十六章　海事诉讼特别程序** …………………………………（429）
　第一节　概述 ………………………………………………………（429）
　第二节　管辖 ………………………………………………………（430）
　第三节　海事保全 …………………………………………………（435）
　第四节　审判程序 …………………………………………………（449）
　第五节　设立海事赔偿责任限制基金程序 ………………………（455）
　第六节　债权登记与受偿程序 ……………………………………（458）
　第七节　船舶优先权催告程序 ……………………………………（460）

# 第一编 总 论

## 第一章 民事诉讼与民事诉讼法

**【本章提要】**

民事诉讼的功能定位决定或影响着民事诉讼法的理念、原则和技术规范。民事诉讼并非解决纠纷的唯一途径,它与调解、仲裁等诉外解纷途径各有优势和相应局限;解决纠纷亦非民事诉讼的唯一功能,诉讼通过解决个案纠纷,保护民事权利,维护法律秩序、形成社会行为规范,为防范和解决潜在纠纷提供示范。本章介绍了民事纠纷解决的诉讼途径与诉外途径的比较优势和衔接方式,同时介绍了现行民事诉讼法的渊源、法典的结构和发展动态。

### 第一节 民事纠纷及其解决途径

#### 一、民事纠纷

民事纠纷又称民事争议,是指平等主体之间因财产关系、人身关系而产生的权利义务争议。一般认为,民事纠纷具有三大特点:一是纠纷主体之间法律地位平等,没有隶属关系;二是纠纷内容仅限于民事权利义务;三是纠纷主体享有自治(或可处分)的权利。

人类的生存和交往是按照一定规范或习惯进行的,正是借助于这些由社会自然形成或由国家法律强制推行的规则,社会生活才井然有序。在这些规范或习惯中,民事实体法规范在划定私人(公民、法人或其他组织)之间的权利义务关系方面发挥着主要作用。当那些规范私人之间行为的规则尚未形成或者遭到破坏时,当民事实体法所确定的权利义务关系发生争执或遭到破坏时,就会产生民事纠纷。例如,张某与李某是邻居,两家平房相距不足100米,后来李某将自家的三间房屋加高为三层小楼。张某称李某的新房挡住了他家的阳光和风水,故阻挠李某盖房。双方为此发生纠纷。在这个案件中,如果当地风俗(习惯法)对于房屋的相对距离、位置和风水等都有普遍认知的规范,那么此时纠纷主要是围绕李某的行为是否破坏了规则或侵犯了张某的权利;如果法律和习惯法都没有相关行为规范,那么此时纠纷可能首先涉及李某和张某是否享有相关的权利或义务。

### 二、民事纠纷的解决

传统理论按照是否有中立的第三方介入纠纷解决以及该第三方的角色,将民事纠纷的解决机制分为自力救济、社会救济和公力救济。当代理论则将民事纠纷的解决途径进行二元划分,即区分为诉讼(或司法)与诉讼外(或司法外)纠纷解决途径,后者又称为替代(诉讼或司法)的解纷途径(Alternative Dispute Resolution,简称ADR)。这些纠纷解决途径各有优势和相应的劣势或缺陷。

自力救济是指纠纷主体在没有中立的第三方介入的情况下,依靠自己的力量或其他私人资源解决纠纷。合法的自力救济,除了传统上常用的自决之外,当代仍有生命力且依然重要的救济途径就是和解。此外还有私人收债、人身或商业报复等方式,这些方式和自决一样,虽不能直接定性为非法,但容易导致纠纷升级,甚至引发或利用暴力、敲诈、黑社会等非法手段和力量,因此在合法性和妥当性方面有很大风险。

社会救济是指纠纷主体借助于社会力量作为中立的第三方介入纠纷解决的一种途径。社会救济主要包括调解和仲裁。作为社会救济的调解只包括非官方主体的调解,不包括法院调解。仲裁主要分为商事仲裁和劳动仲裁,除此之外,我国也存在农村土地承包经营仲裁,但在没有特别界定时通常是指商事仲裁。

公力救济是指以国家公权力介入纠纷,依据法律规范和法定程序解决纠纷,并以国家强制力保障执行的救济途径。民事纠纷的公力救济主要是民事诉讼。民事诉讼是一方当事人针对另一方当事人向法院提起诉讼,请求法院解决其纠纷和保护其主张的权利的公力救济途径。

行政调解和行政裁决属于社会救济还是公力救济,传统理论中存在争议,但在当代理论中应归入诉外解决机制。根据我国《宪法》的规定,审判权只能由人民法院统一行使,行政机关即使对民事争议行使裁决权,性质上也只能是准司法权。并且经行政裁决的民事争议仍隶属于司法最终救济的范畴,比如法院有权根据相关法律的规定对不同类型的行政裁决进行不同形式的司法审查。

## 第二节 民事纠纷的诉外解决

### 一、诉外调解

(一)调解概述

调解是介入纠纷的中立第三者,运用一定的社会规范、习惯、风俗、伦理、法律等渊源,通过对纠纷双方晓以道理和利害,促成谅解或妥协。调解的正当性基础是当事人自愿,其基本特征是非正式性和非程序性。

调解与和解的差异,不在于是否有纠纷主体以外的第三者介入,而在于是否有"中立的"第三者,即介入纠纷的外力是否持中立的立场。参与和解的"外人"依附于一方当事人的立场,与一方当事人构成同一阵营;作为调解者的"外人"则应该不偏不倚,在双方当事人之间构成中立的第三方。

调解与裁判的差异,在于当事人与第三方之间谁享有最终决定权,而不考虑该第三方在纠纷解决过程中角色是否积极、介入的深度如何、介入的方式是"面对面"或"背靠背"等具体过程因素。调解者可以提出自己的解决方案,但是否接受该方案由当事人保留最终决定权;裁判者则有权按照自己的事实判断和法律评价作出最终决定,不论当事人是否接受,均不影响纠纷解决。

需要特别注意的是,我国有两类特立独行的调解是与裁判权融为一体的,那就是由审判庭主持的诉讼调解(又称司法调解)和由仲裁庭主持的仲裁调解。这种"调审合一""调裁合一"的模式形成了以裁判权为后盾的调解。这两种调解与一般调解的重要差异在于:在效力上,司法调解书与司法判决书、仲裁调解书与仲裁裁决书具有同等法律效力;在方式上,调解与裁判由同一个审判庭或仲裁庭主持,第三者同时享有调解权与裁判权,在两种角色之间穿插、交汇、混同,很难兼顾调解的私密性和妥协性要求与裁判的公开性和对抗性特点,同时裁判权也对调解的自愿性形成潜在威胁。因此,严格地说,以裁判权为后盾的调解并非典型的调解,因此本章关于调解特征的讨论主要是指独立于裁判权的调解。

(二) 民间调解

民间调解包括由人民调解委员会主持的人民调解、行业协会主持的行业调解、各种专业调解中心或其他社团机构、职业调解人主持的调解等。

在2012年修正《民事诉讼法》之前,我国明确规定的制度化的民间调解组织是人民调解委员会,其他民间机构主持调解达成的调解协议没有明确和直接的制度支撑。2021年《民事诉讼法》第201条(现行第205条)明确将司法确认程序适用范围调整为"依法设立的调解组织调解达成调解协议",为行业调解或消费者协会等其他社会组织主持达成的调解协议提供了获得司法确认和获得执行力的相应保障。

人民调解依然是最为典型的民间调解类型。根据2010年颁布的《人民调解法》的规定,人民调解是指人民调解委员会通过说服、疏导等方法,促使当事人在平等协商基础上自愿达成调解协议,解决民间纠纷的活动。人民调解委员会是依法设立(并受政府指导)的调解民间纠纷的群众性组织。

根据《民事诉讼法》《人民调解法》及最高人民法院相关规定[①],人民调解与司法之间的关系可以从以下几个方面界定:

其一,在案件受理范围上,人民调解委员会有权对各类民间纠纷进行调解,法律没有明确限定其不能受理的案件类型,但其案件主体范围限于一方当事人为公民。司法部《人民调解工作若干规定》(2002年发布,现行有效)第20条规定:"人民调解委员会调解的民间纠纷,包括发生在公民与公民之间、公民与法人和其他社会组织之间涉及民事权利义务争议的各种纠纷。"《司法部关于印发〈《中华人民共和国人民调

---

[①] 比如,2009年7月24日《最高人民法院关于建立健全诉讼与非诉讼相衔接的矛盾纠纷解决机制的若干意见》,法发〔2009〕45号;2012年4月10日《最高人民法院关于扩大诉讼与非诉讼相衔接的矛盾纠纷解决机制改革试点总体方案》。

解法》宣传提纲〉的通知》(2010年发布,现行有效)中进一步说明:"人民调解的范围为民间纠纷,既有传统上公民与公民之间的婚姻、继承、赡养、邻里关系、小额债务、轻微侵权等常见多发的矛盾纠纷,也包括新时期土地承包、征地拆迁、环境保护、医患纠纷等社会热点、难点纠纷,共同的特点是发生在公民与公民之间、公民与法人或者其他组织之间,当事人有权自行处分的人身、财产权益纠纷等。"尽管《人民调解法》对受案范围并无限制,但若要使该调解协议获得司法确认则必须将其限制在特定受案范围。《民诉法解释》第355条对法院裁定不受理司法确认申请的情形进行了规定:(1)不属于人民法院受理范围的;(2)不属于收到申请的人民法院管辖的;(3)申请确认婚姻关系、亲子关系、收养关系等身份关系无效、有效或者解除的;(4)涉及适用其他特别程序、公示催告程序、破产程序审理的;(5)调解协议内容涉及物权、知识产权确权的。人民法院受理申请后,发现有上述不予受理情形的,应当裁定驳回当事人的申请。

其二,在程序启动权上,人民调解并非民事诉讼的必经阶段,是否经人民调解由当事人自行决定;调解程序可以应一方当事人或双方当事人的申请启动,也可以由调解委员会征得双方当事人同意主动调解;人民调解委员会调解不成的,当事人仍可向法院提起民事诉讼。根据《人民调解法》第3条的规定,人民调解委员会调解民间纠纷应当遵循自愿、平等、合法的原则,并尊重当事人的权利,不得因调解而阻止当事人依法通过仲裁、行政、司法等途径维护自己的权利。

其三,在法律效力上,根据《人民调解法》第33条和《民事诉讼法》第205条的规定,经依法设立的调解组织调解达成的调解协议具有法律约束力,当事人应当按照约定履行;双方当事人认为有必要的,可以自调解协议生效之日起30日内共同向人民法院申请司法确认;经法院依法确认有效的调解协议可作为申请法院强制执行的债权文书。调解协议经人民法院依法确认有效并作出确认裁定书,该裁定书可作为当事人申请强制执行的依据。当事人达成的调解协议未在法定期限内共同向法院申请司法确认的,不具有强制执行力,当事人不履行调解协议的,可以向人民法院提起诉讼。

其四,在事后救济机制上,当事人可以就人民调解协议的履行、无效或者调解协议内容的争议向法院提起诉讼;人民调解协议经法院依法确认无效的,当事人可以通过人民调解方式变更原调解协议或者达成新的调解协议,也可以向法院提起诉讼。当然,当事人双方向法院申请确认协议的效力为非争议事项,应按照非讼程序进行审查;当事人单方就协议的履行、无效、撤销或变更向法院提起的诉讼为争议事项,应按照诉讼程序进行审理和裁判;就司法确认和司法裁判提起的事后救济,应分别按照非讼程序与诉讼程序的救济程序和标准进行。

关于司法确认的条件、程序和不予确认的处理,本书将在关于确认调解协议的相关章节中详细讨论。在此特别强调的是,民间调解协议作为当事人自愿达成的旨在了结纠纷的协议,当事人应当自觉履行,司法确认和强制执行只能作为特殊情形下启用的权利保障机制。如果把司法程序变成实现司法外解纷途径的常规途径,则会本末倒置,违背诉外调解机制的本质特征和功能。

(三)法院附设的独立调解

法院附设的独立调解,是指起诉到法院的案件由附设在法院内部但不享有审判权的独立调解员所主持的调解。其重要特征是,附设调解的调解人员、调解程序、调解信息和调解结果均独立于审判,与审判程序完全分离乃至隔离,特别强调调解的保密性——如果调解不成转入诉讼,则调解员不得向审判法官透露当事人在调解过程中提供的信息或作出的陈述,审判法官更不能以此作为裁判的依据或参考。

法院附设调解的方式是多样的,一种常见的方式是将调解室设立在法院大楼内部,因而调解活动是在法院进行的;另一种方式是调解员名单在法院登记并由法院向当事人推荐。法院附设调解与法院调解的实质差别在于调解员的身份,而不是调解结果与司法衔接的程度。严格地说,附设调解员仅限于那些既没有本案审判权也没有一般审判资格的人员,比如以法律志愿者身份出现的律师和退休法官。德国和日本的法院调解虽然采取的是调解法官与审判法官分离的模式,而且也恪守调审之间信息分隔的准则,但性质上仍是法院调解,因为其调解法官也享有审判资格;相反,美国附设调解室的调解,虽然其调解结果也可申请由法院制作为合意判决,但性质上仍是诉外调解,因为其调解员是由没有审判资格的人员担任的。

法院附设调解在美国等ADR发达的国家和地区日益成为重要的诉外解纷途径。我国也有一些法院先后进行过经济调解中心、法院附设调解室、法院特邀调解员等尝试,但这些法院附设调解与法院调解的关系往往不能厘清。特别是近十几年来法院普遍推行的委派调解、委托调解、协助调解等实践,更是与法院调解相互混同,其运行模式和伦理规范尚不成熟。在此背景下,《民事诉讼法》第125条又增加规定了"先行调解"的司法政策。那么,先行调解在性质上究竟是诉外调解还是诉讼调解,或者说是法院附设调解还是法院调解;在程序阶段究竟是立案前(诉前)还是立案后或者二者均包括在内?本书将在起诉与受理部分详细解读和讨论。本章要特别强调的是,应当将具有社会救济功能的诉外调解与民事审判剥离开来,特别是要保障法院附设调解不会成为侵蚀调解的自愿性或妨碍诉权行使的制度性障碍。

(四)"诉源治理"目标下的诉—调对接

调解制度在我国并不是一直备受瞩目。法学界主流思想认为严格适用法律规则,以诉讼和判决形成案例才是真正的法律之道。[①] 我国于1988年启动了民事审判方式改革,开始弱化调解在纠纷解决中的地位,逐步迈进诉讼中心主义时期。进入21世纪后,在诉讼成本降低[②]、民众维权意识增强的背景之下,法院受理案件数量呈现大幅增长,出现了诉讼爆炸、案多人少的困境。发展的转折点在2002年,司法政策开始

---

① 原因主要有四,一是法院经费来源于诉讼费,二是法学界、法律界和政治意识形态对调解的反对,三是司法改革中对当事人主义、对抗性、裁决性方式的推崇和迷信,四是调解自身也存在一定问题。参见范愉:《商事调解的过去、现在和未来》,载《商事仲裁与调解》2020年第1期。

② 2007年4月1日施行的《诉讼费用交纳办法》极大减少了案件的诉讼费用。

重视调解。① 2012年党的十八大以后,中央发布了一系列积极推动多元化纠纷解决机制发展的文件。党的十八届四中全会有关依法治国的决定中第一次将多元化纠纷解决机制概念纳入中央文件。与此同时,涉诉上访与涉法上访在信访中的比例偏高,中央对信访工作的重视导致法院系统面临较大的政治压力,不得不重新引入社会力量,强化社会的纠纷解决功能,将非诉讼纠纷解决机制挺在前面,从源头上减少进入法院的案件数量,实现诉前案件分流,尽可能实现"案结事了"。一系列标志性文件的出台,推进了我国诉调对接机制的建构,渐渐形成以人民调解为基础,其他各类调解有机衔接、协调联动的格局。

2004年最高人民法院在《关于人民法院民事调解工作若干问题的规定》(法释〔2004〕12号)中创设了委托调解与和解协调制度。2005年中共中央办公厅转发了《中央政法委员会、中央社会治安综合治理委员会关于深入开展平安建设的意见》,强调"强化社会联动调处,将人民调解、行政调解和司法调解有机结合起来,把各类矛盾纠纷解决在当地、解决在基层、解决在萌芽状态"。2009年8月4日最高人民法院发布的《关于建立健全诉讼与非诉讼相衔接的矛盾纠纷解决机制的若干意见》(法发〔2009〕45号)第14条规定,人民法院在收到起诉状或者口头起诉之后、正式立案之前,可以依职权或者经当事人申请后,委派行政机关、人民调解组织、商事调解组织、行业调解组织或者其他具有调解职能的组织进行调解。当事人不同意调解或者在商定、指定时间内不能达成调解协议的,人民法院应当依法及时立案。第15条规定,经双方当事人同意,或者人民法院认为确有必要的,人民法院可以在立案后将民事案件委托上述机关、组织协助进行调解。当事人可以协商选定有关机关或者组织,也可商请人民法院确定。调解结束后,有关机关或者组织应当将调解结果告知人民法院。达成调解协议的,当事人可以申请撤诉、申请司法确认,或者由人民法院经过审查后制作调解书。调解不成的,人民法院应当及时审判。该《意见》明确,经行政机关、人民调解组织、商事调解组织、行业调解组织或者其他具有调解职能的组织调解达成的协议具有民事合同性质,经调解组织和调解员签字盖章后,当事人可以申请司法确认。2010年8月28日发布的《人民调解法》第18条规定,基层人民法院、公安机关对适宜通过人民调解方式解决的纠纷,可以在受理前告知当事人向人民调解委员会申请调解。2012年修正的《民事诉讼法》与《人民调解法》衔接,在特别程序中专节规定"确认调解协议案件",明确规定当事人申请司法确认调解协议的程序和法律后果。2016年6月28日最高人民法院发布了《关于人民法院特邀调解的规定》(法释〔2016〕14号),明确建立特邀调解组织和特邀调解员名册等制度。人民法院可以吸

---

① 2002年最高人民法院、司法部发布《关于进一步加强新时期人民调解工作的意见》,最高人民法院颁布《关于审理涉及人民调解协议的民事案件的若干规定》,首次确认人民调解协议具有民事合同的效力。随后,因调解被视为与"构建社会主义和谐社会"相契合,作为司法政策不断得到强调。2007年《最高人民法院关于为构建社会主义和谐社会提供司法保障的若干意见》中确定坚持调解"新十六字方针"——"能调则调,当判则判,调判结合,案结事了";最高人民法院2010年印发了《关于进一步贯彻"调解优先、调判结合"工作原则的若干意见》的通知。

纳符合条件的人民调解、行政调解、商事调解、行业调解等调解组织或者个人成为特邀调解组织或者特邀调解员,接受人民法院立案前委派或者立案后委托依法进行调解。委派调解达成的调解协议,当事人可以依照《民事诉讼法》《人民调解法》等法律申请司法确认;委托调解达成的调解协议提交给人民法院,由人民法院审查并制作调解书结案。

最高人民法院在2021年工作报告中指出,2021年春其已经"普遍建立一站式多元解纷机制。坚持把非诉讼纠纷解决机制挺在前面,加强人民调解、行政调解、司法调解联动,强化非诉讼和诉讼对接,积极推动矛盾纠纷源头预防化解"。目前其已经"基本建成一站式诉讼服务中心。坚持群众需求导向,让当事人到一个场所、在一个平台就能一站式办理全部诉讼事项。强化诉讼服务中心实质性解纷功能,使大量案件纠纷在诉讼服务大厅通过调解、仲裁、诉讼等方式一站式化解"。上述诉调对接机制取得的进展也与繁简分流改革的目标重合。法院在纠纷解决机制中担当的角色十分多样、复杂,同时也必须处理社会转型中多样化和不时激化的矛盾,此时,推动调解制度发展、推进诉调对接机制的建设,或是一种必然的选择。

## 二、商事仲裁

(一) 商事仲裁的定义与性质

如果没有特别说明或定语限定,仲裁通常就是指商事仲裁。仲裁又称公断,是指仲裁庭根据当事人之间书面达成的仲裁协议,取得对约定事项的管辖权,并据此对提交仲裁解决的争议作出具有强制拘束力的裁决。仲裁实行一裁终局制。

仲裁实质上是由纠纷当事人合意选择纠纷解决途径。当事人自己选择"或裁或审",一旦选择仲裁,则意味着放弃司法救济途径并接受和执行仲裁裁决。因此有效的仲裁协议不仅构成仲裁管辖权的根据,而且具有排斥司法管辖的效力。如果存在仲裁协议,即使法院受理了起诉,被告还可以在答辩期限内提出管辖权异议。这实际上是主管权异议。如果法院经审查认定存在有效的仲裁协议,则裁定驳回原告的起诉。

(二) 商事仲裁的范围与程序

仲裁的案件范围与民事诉讼的受案范围有所交叉,但比后者范围狭窄。《仲裁法》第2条规定:"平等主体的公民、法人和其他组织之间发生的合同纠纷和其他财产权益纠纷,可以仲裁。"第3条进一步明确排除:"下列纠纷不能仲裁:(一) 婚姻、收养、监护、扶养、继承纠纷;(二) 依法应当由行政机关处理的行政争议。"

商事仲裁遵循"符合法律,公平合理"的基本原则(《仲裁法》第7条)。相对于诉讼程序而言,仲裁更强调自治性。不仅仲裁途径、仲裁机构、仲裁规则由当事人协议选择,而且仲裁庭的组成和仲裁程序的推进,都由当事人决定或参与决定。因此,仲裁程序也具有更大的灵活性。仲裁实行一裁终局,因而仲裁程序通常被认为比诉讼程序更快捷、总成本更低。与审判公开原则不同,仲裁实行保密原则,除非当事人各方明确同意,否则仲裁过程及仲裁的所有信息均不得以旁听、报道或任何其他方式公开。

中国的仲裁调解普遍采取"调裁合一"模式,即由仲裁庭主持调解,调解权以依赖于仲裁协议的仲裁权为前提,仲裁调解书与仲裁裁决书具有同等效力。但近年来的实践发展出现了一些新的现象和趋势,一些具有国际视野的仲裁机构,比如中国国际贸易仲裁委员会和北京仲裁委员会,正在建立和健全仲裁机构内的独立调解中心,着力发展独立于仲裁权的专业性调解业务,调解的启动、运作和结果均不依附于仲裁。这一趋势值得关注和支持。2019年中国参与签署了《新加坡调解公约》,这对于中国商事调解的规范建设与市场发育以及相关强制执行制度等都可能将产生深远影响。

(三) 商事仲裁裁决的终局效力与司法审查

商事仲裁是唯一具有终局裁决权的诉外解纷机制。根据我国参加的国际条约和《仲裁法》《民事诉讼法》及相关司法解释,仲裁庭作出的仲裁裁决是终局的,具有既判力和强制执行力,除非仲裁裁决存在法律明确规定的撤销或不予执行的情形。当事人的事后救济权亦即法院对仲裁裁决的司法审查权通过两种途径实现:申请撤销裁决的积极途径或申请不予执行仲裁裁决的消极途径。《民事诉讼法》(第248条)修改了对国内仲裁裁决不予执行的条件,与《仲裁法》第58条规定的撤销仲裁裁决的情形取得了一致。通过删除事实不清、证据不足和适用法律错误这样的实体审查标准,而将实体审查仅限于裁决的根据系伪造证据和隐瞒重要证据两种情形,原则上确立了程序审查标准,亦即侧重于对仲裁协议、裁决事项、仲裁庭组成和仲裁程序进行司法审查。《民事诉讼法》同时还增加规定了仲裁前保全制度,从另一方面体现了支持仲裁的政策倾向。这种政策有助于激励和保障仲裁事业的健康发展,促进社会自治解纷体系的逐步形成和完善。

### 三、劳动仲裁

(一) 劳动仲裁的定义与性质

劳动仲裁是由劳动行政部门代表、工会代表和企业方面的代表组成的仲裁机构,根据法律规定对劳动者与用人单位之间的劳动争议进行裁决的诉外解纷途径。

与商事仲裁不同,劳动仲裁管辖权是法定的,无须当事人双方达成仲裁协议。劳动仲裁的受案范围也较为狭窄,劳动仲裁委员会只能管辖中国境内的用人单位与劳动者发生的劳动争议,包括因劳动关系、劳动合同、劳动保护、劳动报酬、劳动赔偿等事项发生的争议。在程序启动权方面,劳动仲裁实行强制仲裁,即劳动仲裁作为诉讼的前置程序,未经提交劳动仲裁机构调解或裁决的劳动争议,当事人直接向法院起诉的,法院不予受理。因此通常认为劳动争议实行"先裁后审"。

(二) 劳动仲裁的原则与政策

依据2007年颁布的《劳动仲裁法》,解决劳动争议遵循合法、公正、及时、着重调解的原则。由于劳动争议关系的特征往往是双方当事人在形式上平等而在实质上并不完全平等,而且劳动争议往往涉及一国的社会政策、社会公平和社会秩序等多方面的因素,因此各国在劳动法中乃至在劳动争议解决过程中普遍采取向劳动者一方倾斜的政策。我国的《劳动仲裁法》及其他相关法律规范也在举证责任、调解协议和仲裁裁决的执行与救济途径等多方面体现了这种政策倾向,特别是在涉及拖欠劳动报酬、工伤医疗费、经济补偿或者赔偿金等事项的争议案件中,采取了偏重保障劳动者一方当事人的程序制度规范,而相应地对用人单位一方当事人的程序权利进行了相应的限制。

(三) 劳动仲裁裁决的效力与司法审查

劳动仲裁裁决的效力与救济途径分为两大类:

第一类是《劳动仲裁法》第47条规定的劳动争议,包括追索劳动报酬、工伤医疗费、经济补偿或者赔偿金的小额争议,以及因执行国家的劳动标准在工作时间、休息休假、社会保险等方面发生的争议。针对这类争议作出的仲裁裁决为终局裁决,自作出之日起发生法律效力。用人单位一方不服裁决的,只能向中级法院申请司法审查,在有证据证明该仲裁裁决存在管辖权缺失、法律适用错误、违反法定程序、伪造或隐瞒证据或仲裁员徇私枉法等情形时,可申请撤销仲裁裁决;仲裁裁决被法院裁定撤销的,当事人可以向法院起诉。但劳动者一方对上述仲裁裁决不服的,可以自收到仲裁裁决书之日起15日内向基层法院起诉。

第二类是第47条以外的其他劳动争议案件,仲裁裁决没有终局效力。当事人可以自收到裁决书之日起15日内向法院起诉,期限届满未起诉的,裁决书发生法律效力。

此外,劳动争议调解协议与司法的衔接模式也是侧重于对劳动者一方的保护。劳动争议调解不成的,当事人可以申请劳动仲裁。达成调解协议后一方当事人在协议约定期限内不履行调解协议的,另一方可以申请仲裁。但是因支付拖欠劳动报酬、工伤医疗费、经济补偿或者赔偿金事项达成调解协议,用人单位在协议约定期限内不履行的,劳动者可以持调解协议书向法院申请支付令。

**四、行政调解、行政裁决与行政性仲裁**

(一) 行政调解

行政调解是指在行政机关或行政官员主持下对民事争议进行的调解。例如,张某与李某驾驶的汽车发生追尾,交通警察判定张某对交通事故负全部责任,同时经当事人双方请求或同意,交警就张某向李某赔偿损失的金额提出了一个建议。此时,交警关于由张某承担交通事故责任的决定是行政决定,但交警关于赔偿金额的建议是对张某与李某之间的交通事故民事赔偿纠纷提出的调解方案。根据《道交法》的规定,交通管理部门的调解并非强制性的,当事人可以请求调解,也可以直接向法院起诉;经行政调解后当事人未达成协议或者调解书生效后不履行的,当事人有权向人民法院提起民事诉讼。此处所称的行政调解是指以民事争议为客体的诉外调解,与行政诉讼案件调解是完全不同的概念,后者是在行政相对人针对行政机关提起的行政诉讼中,由法院主持的,就行政机关与行政相对人之间的行政争议进行的司法调解。

(二) 行政裁决

行政裁决是指行政机关作为中立的第三方对民事纠纷进行的裁处,因此行政裁决权通常又被称为准司法权。行政裁决与行政决定的差异在于,行政机关在行政裁决中是民事法律关系之外的中立的第三方,行使的是准司法权;而在行政决定中则是作为行政法律关系的一方当事人,行使的是行政权。行政决定不是一种民事纠纷解决途径,而行政裁决是一种以国家行政公权力介入的诉外民事纠纷解决途径。

就行政机关解决民事纠纷的权限而言,行政主管机关对于自己主管事项的范围内发生的民事争议一般都有调解权,只要双方当事人同意其调解即可启动调解程序。但行政机关行使裁决权,却必须有相应法律的明确、具体授权。并且行政裁决的程序必须遵循有关法律规定和裁判程序的基本原理,保障当事人的正当程序权利,如受通知的权利、受中立裁判者听审的权利、相应的救济途径等。

(三) 行政性仲裁

行政性仲裁是指由政府行政部门设立或其主导的仲裁机构裁处特定领域纠纷的仲裁活动。由政府行政部门设立、管理或主导的具有行政属性的仲裁机构主要有劳动争议仲裁委员、农村土地承包仲裁委员会等;行政性仲裁处理的事项多与行政管理相关或/和涉及公共利益或特定领域的专业性问题,除劳动争议、土地承包纠纷之外,还包括人事争议、消费者权益争议(可由消费者协会拟下设的仲裁机构主持)、部分知识产权争议。由于其他几类行政性仲裁要么适用劳动仲裁程序(如人事争议仲裁),要么提交政府知识产权行政部门参与的或其设立专门的仲裁机构进行仲裁的争议与提交民间仲裁机构解决的商事仲裁事项存在交叉关系,故本书将规则成熟的劳动仲裁单独讨论,形成与商事仲裁的显著对照;而在行政性仲裁部分仅对已有专门法律调整的土地承包经营纠纷仲裁进行特别介绍。

《中华人民共和国土地承包经营仲裁法》于2010年1月1日正式实施,适用于农村土地承包经营过程中发生的纠纷,包括土地承包合同的订立、履行、变更、解除以及土地承包经营权的流转等争议。农村土地承包仲裁委员会由农民代表、政府代表和法律专家等组成。当事人可以自愿选择仲裁或直接提起诉讼解决纠纷,但仲裁管辖权由法律直接规定。仲裁庭由三名仲裁员组成,首席仲裁员由当事人共同选定或由仲裁委员会主任指定。当事人只能在仲裁委员会提供的名册中选择仲裁员,且首席仲裁员的确定主要由仲裁委员会主导,当事人对仲裁庭组成的自主权受限。仲裁裁决具有法律约束力,当事人应当履行。如果一方不履行,另一方可以申请人民法院强制执行。但仲裁裁决不具有终局性,不服仲裁裁决的当事人可以在法定期限内向人民法院提起诉讼。

行政性质的仲裁与商事仲裁的核心差异在于当事人自治的程度。行政性仲裁以行政管理为主导,当事人自治受到较大限制,仲裁程序、仲裁庭组成和裁决效力均具有较强的法定性和行政干预色彩,行政性仲裁更注重公共利益和行政管理的效率。

## 第三节 民事诉讼

民事诉讼是解决民事纠纷的一种途径,但民事诉讼制度的功能绝不仅仅是解决纠纷,它还具有其他解纷途径所不能涵盖的其他功能,而且恰恰是那些独特的功能使民事诉讼制度得以拥有超越于诉外解纷途径的优势和价值。也正是为了体现和实现那些独特的功能和价值,所以才形成了民事诉讼制度的基本原则、权限配置、程序规范、救济和监督机制等。

### 一、民事诉讼作为解纷途径的功能与特征

(一) 民事诉讼途径的特征

作为解决民事纠纷的多元途径之一,相比诉外解纷途径,民事诉讼具有以下特征:

第一,诉讼的启动。当事人的自治权受制于法律。比如,启动权只能由当事人一方(原告)享有,其他当事人基本没有选择权(除范围有限的协议管辖外);原告的程序启动权受法律关于裁判者和当事人两方面主体资格等制度的制约,比如对法官选任、审判庭组成、法院管辖及主管均无控制权。因此,民事审判权主要源于法律授权,同时受当事人处分权的制约,比如不得主动行使管辖权,裁判范围不得超出诉讼请求等。

第二,诉讼的结果。司法裁判及我国法院调解书有强制拘束力。当事人一旦启动了诉讼途径,无论是否自愿,都要承受诉讼结果。当然,法院调解需要遵循自愿原则,尊重当事人的合意,但在调解不成时,法院享有最终的决定权,以裁判形式决定纠纷结果。

第三,诉讼的过程。民事诉讼具有法定性、正式性、规范性和专业性,诉讼权利和审判权力的行使都按照严格的条件和程式进行,比如当事人之间的对抗性、审判过程的公开性、诉讼证明和裁判说理的严谨性、救济机制(上诉和再审)的繁复性。这是由于诉讼缺乏自愿和信任资源,又具有强制执行力带来的高风险所必需的。

(二) 多元解决纠纷途径的比较优势与局限

通过比较诉讼与和解、调解、仲裁等诉外纠纷解决途径,我们还可以发现一些规律:其一,第三者权力越大、纠纷解决结果效力越强时,则风险越高,因而对于程序保障的依赖性就越强,程序的正式化程度也就越高;其二,当事人的自治权和控制权越小,则当事人的权利保障和实现对于程序和法律规则的依赖程度就越高,程序就越具有正式性、规范性和法定性,与此相应,程序和规则越少的解纷机制成本也就越低。民事诉讼的基本特征是当事人的平等性,纠纷解决机制的对抗性,诉讼主体行为的法定性、程序性、规范性和专业性,以及纠纷解决结果的强制性。其相对于自力救济和社会救济而言,自治性和处分权要受到更多限制;但相对于与其并存的刑事诉讼、行政诉讼而言,民事诉讼具有更多的自治性,当事人享有更多处分权。

民事诉讼的上述特征,一方面在保障公正解决纠纷、保障合法权益实现方面(应当)更有优势;另一方面纠纷解决的成本可能高于其他途径,同时诉讼在纠纷解决的彻底性和治疗性(修复性)以及信息的保密性方面也有明显劣势。认识诉讼的特殊性和局限性之意义在于:

其一,法律或司法并非万能,社会冲突的解决不能仅仅依赖于司法救济。容许和鼓励解决纠纷的多种机制并存,一方面有助于培植社会自我疗治冲突的能力,从根本上减少纠纷;另一方面有助于从机制上实现案件分流,缓解司法的压力,为实现司法公正并提供社会公正的理想标尺创造现实可能性。

其二,每一种纠纷解决机制各有其内在的优势和相应劣势,这些优势和劣势取决于各种机制的预设功能以及各自利用自身的正当性资源实现预设功能的能力。它们无法相互替代;任何一种机制试图实现所有价值、占有全部资源、克服一切劣势,就会丧失其特定个性和与劣势相伴而生的优势。对于制度的设计者而言,要提供多元的、合理的、可选择的机制;对于制度的运作者而言,要充分发挥制度优势;对于制度的利用者而言,充分考虑和比较并在此基础上加以选择——选择其优势的同时也就意味着准备承受其劣势。

其三,从民事诉讼法教学和研究的意义上,在比较中增加对诉讼特质的理解,有助于理解和评价我国现行诉讼法中的具体制度是否体现了这些特质以及能否保障诉讼制度功能和优势的实现。

**二、民事诉讼制度的其他功能**

民事诉讼如果仅仅作为一种纠纷解决途径,其上述特征决定了,如果单纯以"一定人力或物力为基数平均所解决的纠纷件数"为标准来评价民事诉讼制度的效率,那么诉讼会被认为是最没有效率的方式。然而,诉讼制度因其所独有的功能而使之具有潜在的效率优势。

(一) 民事诉讼的规范功能

民事诉讼通过依法解决具体纠纷而维护乃至形成具有普适性的民事行为规范和法律秩序,以此促进大量类案自行解决,并因其后果的可预测性而预防潜在纠纷。司法判决所确立的标准和规则,给诉讼外纠纷解决机制提供了参照标准,比如人们在决定将案件提交诉讼或自行和解时,或者在考虑是否接受和解或调解结果时,总是自觉或不自觉地假定案件如果审判将意味着怎样的成本投入和收益。因此,诉外纠纷解决机制被称为"法律阴影下的谈判",即使是个人之间的纠纷"私了"常常也是以国家法律为索赔标准。美国律师甚至总结出一个接受和解方案的公式,将诉讼的成功概率乘以本方当事人希望获得的赔偿数额,与对方当事人建议的赔偿数额进行对比。因此,民事审判在解决个案纠纷的过程中,必须形成具有确定性、统一性和普适性(或参照性)的行为规范,才能使诉讼制度在解决和预防社会纠纷方面具有维护和形成规则的价值,产生"批量"效应——这种效应从整体和长远意义上大大增加了诉讼作为纠纷解决和社会控制(治理)途径的效率。

比较而言，诉讼制度的规范功能在判例法国家比成文法国家更显著，在上诉程序中比在初审程序更重要，在最高法院比在下级法院更突出，但在一般技术结构上共享一些共同的法理。比如，这一功能的实现依赖于规则意识和司法统一，特别是依赖于上诉程序的强化规范功能。如果整个诉讼机制以个案解决为唯一目标，诉讼就无异于诉讼外纠纷解决机制，而且缺失规则、反复无常、充斥冲突的司法会突显其高成本、低效率的劣势，即使仅仅就个案而言，也不会显示其纠纷解决更公正、更权威的优势。

（二）民事诉讼的教育功能

进行法制教育和培育法律信念，是民事诉讼的规范功能的衍生功能。

第一，司法承担着向公众说明"法律是什么"的责任。司法如同戏剧一样，在事物自身和表演所指定的空间内述说着法律；司法机构不仅仅要通过判决解释法律，而且要通过法律的仪式、表演以及对待参与者的方式，展现它在给定的范围内正当地行使了权力。司法过程的核心是说服，双方当事人努力说服判决者相信他们关于事实和法律的那个版本，才能获得有利于自己的裁判结果。但他们提交法院判决的案件是一个事实与法律的混合体。事实之所以被称为事实，是因为它们并非虚构；但事实与法律之间的互动是由一种"可操作的、弹性的逻辑"引导的，对于事实和法律的选择常常受到第三种因素的引导，也就是在法庭上可能表演的潜在因素，亦即证据规则、对方的状况、诉讼的动态（包括突然袭击和临场反应）、证据和证言的类型以及法律的强制，等等。换言之，对于事实和法律的选择取决于或借助于律师说服判断者的表演，这一特点将法律案件与科学考察区分开来。就像生活素材必须经过编剧的剪裁，一个最好的案件陈述就是一个真实与想象的天衣无缝的契合，而只有反映生活真实的剪裁和再现才能说服受众（剧院中的观众和法庭上的裁判者）。法院的剧院性质使之有了自由的空间，这就是人性的空间，尽管这个空间常常受到争议，但它就是司法的特质。在技术层面上，诉讼律师从会见客户并倾听他们述说故事的那一刻开始，就必须思考：如何能把客户的故事翻译成起诉状亦即启动诉讼的书面文件？哪些要素会构成可救济的请求，使之在管辖权、当事人资格、法律理由等方面都能够获得法院受理？如何找到足以支持在起诉状中所提出的"主张"的证据？请求即使胜诉是否能获得充分的金钱补偿数额，从而值得花费如此成本？或者律师是否应当鼓励客户撤诉、和解或寻求调解或其他替代诉讼的解决方式……程序法的意义在于，提供一种将争议引入法院的轨道并提供在法院解决这些争议的方法。

第二，司法承担着强化和培育法律信仰的责任。诉讼如同牌局，客观事实和证据一旦发生，就像手上的牌一旦确定便无可更改一样。但基于如上所述的原因，裁判结果并非总是确定的、可预测的，正如牌局可能因游戏参与者或出牌方式的差异等而有所改变一样。因此，只要遵守游戏规则，游戏者没有作弊，参与者对于结局就能心悦诚服，即使结局对自己不利，当事人也不会否认其正当性。程序法的意义就在于确定一个公平、严谨的游戏规则，保障参与者在给定的证据和权限范围内形成司法结果，从而使当事人和社会公众相信和接受这一结果。在这个意义上，法律人参与司法过程就是形成或影响着司法结果的过程，接受法律信仰的同时也在强化和创造着法律信仰。

## 第四节 民事诉讼法

狭义的民事诉讼法仅指现行的《民事诉讼法》，广义的民事诉讼法则是指调整民事诉讼法律关系的所有法律规范所构成的民事诉讼法律制度体系。

### 一、《中华人民共和国民事诉讼法》

我国第一部民事诉讼法是1982年颁布试行的《中华人民共和国民事诉讼法(试行)》，本书称之为《民事诉讼法(试行)》。现行《民事诉讼法》于1991年4月9日第七届全国人民代表大会第四次会议通过，自颁布之日起施行，第一次修正案于2007年10月28日通过，第二次修正案于2012年8月31日通过，第三次修正案于2017年6月27日通过，第四次修正案于2021年12月24日通过，第五次修正案于2023年9月1日通过。其中，2012年的修正案对《民事诉讼法》进行了全面修订。2017年修正案仅仅涉及一个法条，即检察公益诉讼。2021年修正案是为了落实"要深化诉讼制度改革，推进案件繁简分流、轻重分离、快慢分道"。2019年年底《繁简分流试点决定》通过后，2020年1月最高人民法院印发《民事诉讼程序繁简分流改革试点方案》《民事诉讼程序繁简分流改革试点实施办法》，正式启动试点工作。经过近两年的试点后，由最高人民法院作为牵头单位，提交了修法决定的草案，经过第十三届全国人大常委会第三十一次、第三十二次会议两次历时两个月的审议，表决通过。2021年修正案围绕优化司法确认程序、完善小额诉讼程序、完善简易程序、扩大独任制适用、健全在线诉讼规则等五个方面进行了修改，以程序简化为主要举措，主要是对人民法院繁简分流试点工作的总结。2023年修正案重点对"涉外民事诉讼程序的特别规定"这一编进行了修改完善，非涉外编修改的主要内容包括扩大回避适用范围、完善虚假诉讼认定规则、增加指定遗产管理人案件。2023年修正后的《民事诉讼法》由4编27章306条构成。第一编总则，第二编审判程序，第三编执行程序，第四编涉外民事诉讼程序的特别规定。

(一)《民事诉讼法》各编的基本内容

第一编总则，规定适用于民事诉讼每一个阶段的普遍性原则、制度和规则。它包括：民事诉讼法的任务，作为整个民事诉讼制度的目标和统率；适用范围，确定了民事诉讼法的性质和效力；基本原则，作为解释具体规范的准则和局部规范缺失的补遗；审判组织和管辖权，赋予和限定了法院与其他国家机构、社会组织之间，以及法院相互之间在管辖、审判民事案件方面的权限和组织结构；当事人制度，确定了各方当事人参加民事诉讼的根据、原理和诉讼地位；证据和证明，规定了举证责任和证据调查、审核、判断证据和事实的程序和规则；期间和送达，确定了整个诉讼过程中诉讼行为和审判行为的具体方式和期限；诉讼调解，作为贯穿于诉讼过程始终的政策；诉讼费用制度，作为体现诉讼政策并影响诉讼规则实施效果、且在每一案件中都必然适用的基本制度。除此之外，总则还规定了几项虽然不是每一案件都可能适用，但必要时在诉讼过程的任何阶段都可能适用的制度,如财产保全和先予执行;妨碍民事诉讼的强制措施,由于其在主体上并非仅仅针对当事人(而且针对不特定的相关者)、在环节上并非仅仅适用于某一诉讼阶段(可能适用于包括诉讼程序和执行程序在内的任何阶段),因此也列入总则范围。

第二编审判程序,是整个民事诉讼法的重心。它包括作为基础程序的一审普通程序、简易程序和小额诉讼程序,作为通常救济途径的二审程序,作为例外补救渠道的审判监督程序,作为助力司法救济最终实现的临时救济程序(保全和先予执行),以及特别程序——包括认定公民失踪、死亡、无民事行为能力、限制民事行为能力和认定无主财产等非讼事件程序、选民资格案件的速审程序、诉外调解协议和实现担保物权的司法确认程序,单列的无争议债务支付的督促程序和失权票据的公示催告程序,此外为与《民法典》规定的遗产管理人制度保持衔接,2023年修正案在"特别程序"中新增指定遗产管理人案件一节。这些程序相互独立,各有其特定规则,共同构成我国审判程序制度的完整体系。但其中诉讼程序构成了审判程序乃至整部民事诉讼法的核心和重心,本书讨论诉讼程序的原理、特质或规则时,除特别说明外一般均指诉讼程序。特别程序与诉讼程序在法理上存在明显差异,将在特别程序的相关章节具体阐释。

第三编执行程序是现行民事诉讼法的重要组成部分。但目前民事诉讼法学界和立法部门已达成基本共识,执行程序将从民事诉讼法中分离出去,亦即单独制定《强制执行法》(目前已终止审议)。所以本书从第四版开始不再沿用传统体例,执行程序不再纳入其中。但仍特别提醒读者应当注意执行制度与诉讼制度所调整的法律关系在性质、内容和方法上的内在差异。虽然民事诉讼制度以解决纠纷和保障私人权利为基本目的,在审判程序和执行程序中都有相应体现,但诉讼程序中的正义实现依赖于以处分权主义和辩论主义为基础的当事人对抗和法官中立裁判,而执行程序中的正义实现主要依赖于国家强制力和职权干预的保障,并且执行名义上也不只是司法文书。

第四编关于涉外民事诉讼程序、公益诉讼程序、海事诉讼程序的特别规定。这些特别诉讼程序在内容上不仅包括了狭义的"诉讼",也涵盖通用程序中规定的部分非讼程序和临时救济程序。以涉外民事诉讼程序为例,涉外审判适用本编规定的特别规则,该编没有规定的适用民事诉讼法的一般规定。按照学科的划分,本编内容大部分属于国际私法的研究范围,但学科的划分与立法体例之间也没有必然的逻辑联系,有些国家制定了单行的国际私法,我国将涉外民事诉讼程序规范作为民事诉讼法的一部分,符合事物本身的性质,也不违背我国的实际和国际上的通行做法。但学科划分太细而立法体例单一,却导致我国民事诉讼法在整合国内与涉外民事诉讼理论和制度方面的一些明显缺陷,为此,本书提醒读者,民事诉讼法关于涉外民事诉讼的诸多疏漏须借助于国际私法理论来弥补,但同时要特别注意我国国内民事诉讼与国际私法在比较法和法律移植渊源上的诸多差异。除此之外,家事审判程序和知识产权诉讼程序也应归入本编,但关于该领域的特殊制度规范尚不成体系,学理上亦未达成共识,故本书暂未将其独立成章。

(二)《民事诉讼法》调整的各类程序之间的逻辑关系

"诉讼"程序以解决"争议"为核心和要旨,其基本构造是"两造对抗与居中裁判"①,其基本理念是处分权主义和辩论主义。二审程序和再审程序属于诉讼程序的救济途径,因此也同样适用上述原理。第一编总则所规定的基本原则实际上主要针对的是诉讼程序。

特别程序总体上可归入非讼程序,其原理和功能均与诉讼程序显著不同。非讼程序不是用于解决争议,而是宣告或实现某种法律事实(状态)及其法律后果。非讼程序的启动和运行,要么是根本没有直接构成权利对抗的对方当事人(如三类典型的非讼事件),要么是对方当事人没有争议(故督促程序中一旦被申请人提出异议、公示催告程序中一旦申报人主张票据权利而形成争议,则转入诉讼程序)。② 因此特别程序的基本构造是"申请—确认—宣告"。由于在审理过程中不存在权利相对方,甚至没有辩论的双方当事人,因此不适用诉讼程序中的处分权主义和辩论主义,加之事项本身的简易性以及对快捷性的诉求,特别程序实行职权探知主义,并适用一审终审制和不同于诉讼程序的特别救济途径。

执行程序更区别于诉讼程序乃至整个审判程序。它不是以确认权利,而是以实现权利为宗旨。在实体权限上,执行官和当事人各方都要受执行根据(名义)的拘束,此时执行官的立场也不再中立,而是必须旗帜鲜明地强制债务人履行债务以保障债权人实现执行名义所确定的债权(除非债权人自愿放弃);在程序权限上,执行官和当事人各方均受法定程序的约束。因此,在执行程序中,并不适用当事人"平等"武装或对抗原则,但必须坚持"合法"原则。在民事诉讼法修正案讨论中,各界已经就执行程序的单独立法达成广泛共识,未来的民事诉讼法将与强制执行法并列为"兄弟"程序法,而不再是"父子"关系。

涉外程序是相对于国内程序而言的。虽然标题为"涉外民事诉讼程序",但其内容与国内民事诉讼程序一样,实际上包括了诉讼程序、非讼程序和执行程序三个方面,只是在司法政策、管辖权制度和诉讼期间等技术性问题上有一些特别规定,贯彻国家司法主权、司法协助和程序运作技术的要求,但其程序原理与国内程序的上述分类并无二致。

简言之,现行《民事诉讼法》所调整的关系并不仅仅是"诉讼"法律关系,而且还有非讼法律关系和执行法律关系。《民事诉讼法》中规定的程序制度,不仅包括诉讼程序制度,而且包括所有民事司法程序制度(见图1.1)。

## 二、我国民事诉讼法的其他渊源

除民事诉讼法之外,学习和研究我国民事诉讼法律制度还应当注意几个重要渊源:

---

① 参见王亚新:《对抗与判定——日本民事诉讼的基本结构(第二版)》,清华大学出版社2010年版。
② 或者是虽然存在纠纷和对抗的双方,但解决途径为非对抗方式,比如日本将纠纷的司法调停列入非讼事件程序。参见郝振江:《论非讼程序的功能》,载《中外法学》2011年第4期。

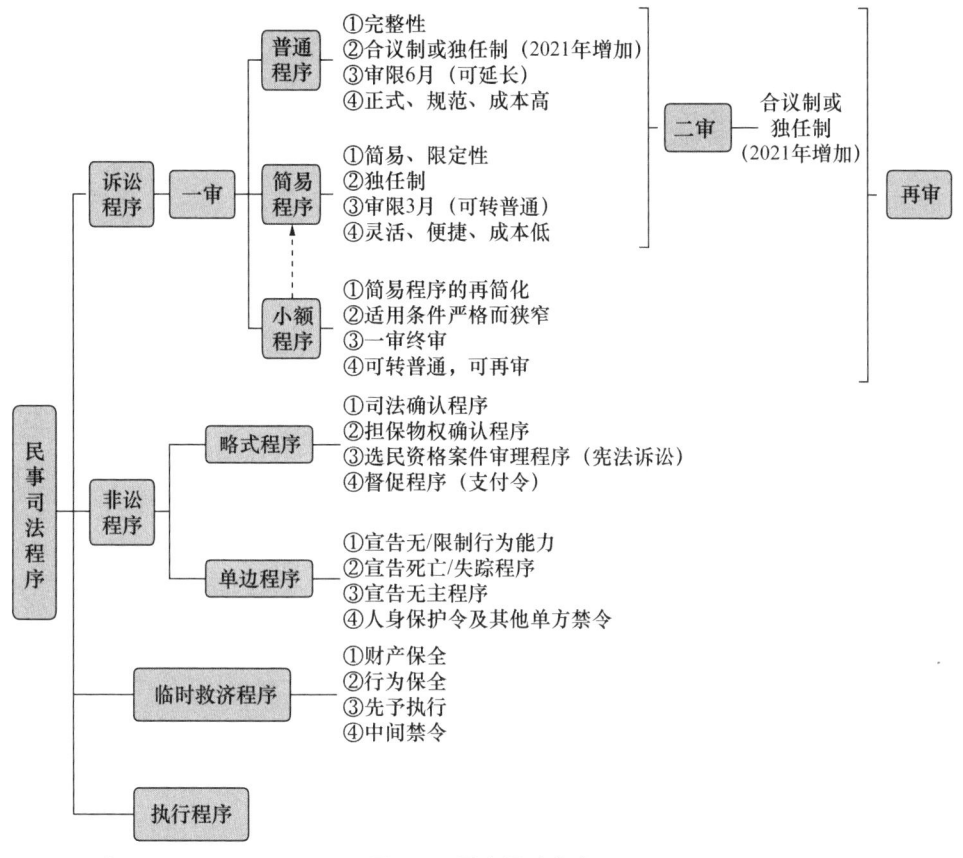

图 1.1 民事司法程序

（一）宪法

尽管我国《宪法》中没有关于诉权的规定,但宪法中关于公民基本权利保障的规定,以及宪法关于法院在整个国家机构中的角色定位,比如宪法关于独立审判的规定,关于法院权限(特别是最高人民法院的职能)及其与其他国家机构之间的关系的规定,都是民事诉讼制度赖以产生、存在和运行的最高、最深、最权威的渊源。民事诉讼法律关系是国家与社会之间、国家机构与机构之间、个人与个人之间关系在民事案件中的缩影,不理会宪法确立的这些权利、义务、职能、责任,民事诉讼法中的许多具体问题就无法理解和解决。

（二）人民法院组织法和法官法

我国的《人民法院组织法》是法官和法院的行为宪章,其中关于法官、法院机构、审判组织、审级制度、审判权限等大量宏观和微观问题的规定,对于现行民事诉讼法都产生了直接的和结构性的影响。特别是在我国这样一个把民事诉讼法作为审判机关的主要"操作流程"的国家,对于法院组织法的研究,常常成为理解和解释现行民事诉讼法的一把钥匙。

## （三）实体法中有关民事程序的规定

在民法典、公司法、证券法、知识产权法、环境与资源法、劳动法、医疗卫生法等实体法之中，均有大量关于民事程序的规范，这些都是民事诉讼法的重要渊源。比如，关于某些类型纠纷的解决途径和救济方式的规定，直接用于确定和规范法院的司法权限（主管范围和上诉审查权）；关于要式行为和举证责任分配的规则，直接构成民事诉讼证据和证明的规范。实际上，程序与实体之间的相互交织、相互融合、相互定义的关系已达到了如此密切的程度，以至于在某些领域和某种程度上既无可能也无必要在二者之间划定界线。

## （四）海事诉讼特别程序单行法

1999 年 12 月 25 日颁布的《海诉法》是调整海事诉讼的专门法律，在审理海事诉讼案件时，优先适用该特别规定，该法没有规定的，适用《民事诉讼法》的一般规定。因此，《海诉法》与《民事诉讼法》共同构成了调整海事诉讼活动的基本程序规范。另外，最高人民法院发布的《海诉法解释》等司法解释，也构成本书所统称的"海诉法"的重要组成部分。

## （五）有关司法解释

由于民事诉讼法的粗糙和不可避免的滞后性，同时民事诉讼法本身传统上被理解为在法院内部调整和规制司法行为的规则，在民事诉讼制度频频推陈出新的时代，由最高人民法院颁布的、对全国各级法院具有拘束力的司法解释，已构成民事诉讼法非常重要的渊源。无论赞成还是反对，所有直面中国民事诉讼法律制度的实务工作者、理论研究者、法律院校学生，都不能无视这个重要事实，甚至毫不夸张地说，不了解和掌握这些司法解释，就不算了解和掌握了中国的民事诉讼法。

## （六）关于非正式渊源——其他规范性文件和指导性案例

除上述正式渊源之外，还应当高度关注"运行中的法"或称"起作用的现实制度"。比如，那些对全国审判实践发生重要影响力的司法判决，特别是经《最高人民法院公报》公布的实际上具有说服效力的司法判决，那些由最高人民法院各庭室编辑的"审判指导"辑刊和由研究部门编辑的权威性案例辑刊如《人民法院案例选》《法院案例要览》，那些以最高人民法院或最高人民法院领导名义公开发表的文件、报告或通知，那些由地方法院特别是各省高级人民法院公开颁布的用于指导辖区内民事审判的规范性文件，等等。最高人民法院已经启动和开始运行的"指导性案例"更值得密切关注。

从规范和统一司法行为的意义上，这些文件不应列入民事诉讼法的渊源，以免导致法律渊源扩大化和规范性文件的滥用；但是，对于民事诉讼法研习者而言，忽略这些实际上发挥着重要作用的"法"的现实存在，就无法洞悉中国民事诉讼法的全貌和动态。特别是中国正处于社会和法律制度重大转型时期，司法实践在建构或解构法律文本制度方面的影响更为突出，比如，与 1991 年《民事诉讼法》几乎同步启动的民事司法改革，使得现行《民事诉讼法》自诞生开始就不间断地面临着巨大的挑战、局部的修正、一定程度的架空乃至瓦解；2013 年以来发布的大量司法改革文件，更是在很大程度上改变了审判机制、审判组织和审判程序。因此,以建设性的态度深入考察和分析这些现象的成因和背景,对于从整体上理解和把握我国民事诉讼法是非常必要的。

**三、民事诉讼法的对事效力范围**

我国《民事诉讼法》第3条规定:"人民法院受理公民之间、法人之间、其他组织之间以及他们相互之间因财产关系和人身关系提起的民事诉讼,适用本法的规定。"这是关于民事诉讼法调整的客观范围,也就是对事效力范围的规定,也是关于民事司法管辖的民事纠纷范围的规定。但是,民事纠纷与民事司法之间只有部分交叉。一方面,并非所有的民事纠纷都进入民事司法,实际上提交民事诉讼而由司法处理的民事纠纷在范围和数量上都只涵盖了民事纠纷的很小部分;另一方面,民事司法所管辖的并不都是民事纠纷,同时还有非争议性事件,此外还有强制执行。具体而言,民事诉讼法适用于以下几类案件:

1. 平等主体之间基于财产关系和人身关系提起的诉讼。包括民法调整的物权、债权、知识产权、人身权关系所产生的民商事诉讼;婚姻法调整的婚姻、亲子、收养关系等产生的家事诉讼;经济法调整的民事关系所产生的商事诉讼。

2. 基于劳动法提起的并非严格意义的平等主体之间部分劳动关系提起的诉讼。包括:劳动者与用人单位在履行劳动合同过程中发生的纠纷;劳动者与用人单位之间没有订立书面劳动合同,但已形成劳动关系后发生的纠纷;劳动者退休后,与尚未参加社会保险统筹的原用人单位因追索养老金、医疗费、工伤保险待遇和其他社会保险费而发生的纠纷。

3. 基于特殊的民事法律关系提起的民事非讼案件。一是公证性质或宣告性的非讼事件,包括认定公民无民事行为能力和限制民事行为能力案件、宣告公民失踪和宣告公民死亡案件、认定财产无主案件。这些案件虽有民事性质,但并不存在争议或纠纷,而是对利害关系人民事法律关系影响较大的某种法律事实或状态的认定和宣告。二是以确定和实现相关权利为目的的非讼案件,包括申请支付令案件、公示催告案件、企业法人破产还债案件等。

4. 基于个别宪法权利提起的诉讼,即选民资格案件。这类案件在性质上是在我国尚未建立宪法诉讼程序的背景下由民事诉讼法暂时"代管"的宪法诉讼案件,类似于在我国《行政诉讼法》颁布以前,并非平等主体之间发生的行政诉讼案件却适用民事诉讼法调整。

可见,我国《民事诉讼法》第3条所称的"诉讼"是广义上的,与"案件"意义相同。而狭义的民事诉讼案件只包括上述第一类和第二类。此外,我国现行《民事诉讼法》的调整对象还包括执行案件。但本书在此未列举执行案件,是考虑到将"诉讼"解释为包含"执行"案件很难为当下的理论共识所接受。在现行《民事诉讼法》第3条制定时,执行曾经被认为是诉讼的附带部分,执行权与审判权并无区分;而当执行区别于诉讼的特质和相对独立性广为认知之后,执行程序将从《民事诉讼法》分离出去,执行案件将不再属于《民事诉讼法》的调整范围,而由独立制定的《强制执行法》来调整。

# 第二章　民事诉讼基本理论

**【本章提要】**

民事诉讼基本理论是研究和阐述民事诉讼中最为基础和最为重要的一些问题的理论观点。传统理论主要包括民事诉权论、民事诉讼目的论、民事诉讼标的论、既判力论等几大理论，我国学界还引入了苏联学理阐述较多的民事诉讼法律关系论。始于20世纪90年代的民事司法改革有关民事诉讼模式的讨论，涉及民事诉讼领域中诸多根本性问题，因此也属于民事诉讼基本理论。本章主要介绍和分析关于诉权、诉讼标的、民事诉讼法律关系和诉讼模式的基本理论。

## 第一节　诉　　权

诉权是民事主体以提起诉讼的方式启动民事审判程序的权利。就此而言，诉权是民事主体最为基本的一项权利，有的国家将其作为宪法性权利看待，有关诉权性质的学说主要包括私权诉权说、公法诉权说、本案判决请求权说、司法行为请求权说等。我国传统上是采源自苏联的二元诉权说，但在二元诉权说趋于式微之当下，尚未形成新的居于主流地位的诉权理论。学界有人主张的裁判请求权理论，实质上也属于一种诉权学说，并在当下具有一定影响。不同的诉权学说下会形成不同的诉权要件。笔者认为诉权的要件包括起诉要件和裁判要件，前者乃是诉权的形式要件，后者属于诉权的实质要件，也就是诉的利益。

### 一、诉权概念的演变

诉权概念最早可溯至罗马法，并与诉或诉讼通用同一概念 actio。在罗马法中，诉讼是与具体的实体权利类型结合在一起，不存在没有诉权的实体权利，实体权利的形成机制就是当事人某种利益受到侵犯时赋予其提起诉讼的权利，通过诉讼将此种受到侵犯的利益形成为一种法律上的权利。进行诉讼活动时通过创设具体的诉权来完成对实体权利的创设。但德国继受罗马法时，诉权概念发生了分解，请求权作为一种实体权利与诉权实现了分离：一方面，当事人在交易中越来越多地直接向对方主张某种实体权利而不必通过行使诉权求得法官裁判；另一方面，交易的频繁和交易便捷的需求使那些曾经以诉权形式存在的具有程序与实体双重含义的法律关系在实践中逐渐剥离了诉的外壳，最终变成纯粹的实体权利，亦即"请求权"。德国学者赫尔维希认为实体法上的请求权是既存的实体权利，而诉讼法上的请求权则是原告在诉讼程序中所提出的权利主张，并成为法院的审判对象。1990年《德国民法典》在第194条正式采用了请求权的概念。诉权由此逐渐演化为纯粹诉讼法上的概念,是指向法院的一项权利,成为诉讼法学的研究对象。

**二、诉权学说**

随着诉权成为纯粹诉讼法上的概念,学理上对诉权的性质产生了分歧。分歧表现为:究竟是从实体法的角度来界定诉权,还是从诉讼法的角度来界定诉权,或者干脆仍然将诉权界定为具有实体与程序的双重性质?关于这些问题的观点差异形成了不同的学说。

私权诉权说认为诉权是实体权利的一个发展阶段,是实体权利的一项权能,只有在通过诉讼实现它时才出现的一个阶段。这一观点为 1877 年德国《民事诉讼法典》所采纳,并被后来产生的权利保护请求权说所继承,在德国长期处于支配地位。

公法诉权说承认诉权已经不具有私权的内涵,仅留下公权的躯壳。但是对这一公权的躯壳的价值,却又有不同的理解。其中抽象诉权说认为,诉权是当事人向法院提起诉讼、请求合法审理和判决的权利,诉权限于发动诉讼程序,而不具有请求法院为具体内容的判决的内涵,即使被法院依法驳回,当事人的诉权也已实现。具体诉权说又称为权利保护请求权说,认为诉权是国民在其权利受到侵害时享有要求国家给予保护的权利,即权利保护请求权,也就是指原告向法院请求特定内容的胜诉判决(利己判决)的权利。此说曾一度成为通说。[①]

本案判决请求权说认为诉权是当事人要求法院就自己的本案请求是否正当作出判决的权利。日本学者兼子一认为,民事诉讼的目的是解决纠纷,因此当事人有请求法院作出本案判决解决纠纷的请求权,但是当事人的这个请求权能否实现,除当事人有实体权利外,还要看国家有没有必要作出本案判决,以及当事人是否具备当事人适格等诉讼要件。所以,诉权问题实质上是法院对该案件作出本案判决所必要的诉讼要件问题。[②]

司法行为请求权说认为,诉权为诉讼开始后实施诉讼的权能,是指请求国家司法机关依实体法和诉讼法审理和裁判的权利。源于德国的司法行为请求说逐步形成了宪法诉权说,该说认为在现代法治国家中,宪法保障任何人均可向法院请求司法保护,其中当然包括对私权的司法保护。法院拒绝审理或拖延审判的,当事人可向联邦宪法法院请求法律救济。第二次世界大战后,日本学者根据日本《宪法》第 32 条"任何人都不能被剥夺在法院接受审判的权利",提出宪法诉权说,试图将宪法上所规定的公法性质的人民享有接受审判的权利与诉权相结合,主张应将宪法上所保障的诉讼受益权性质引进诉权理论。

在我国,曾长期占统治地位的是源自苏联的二元诉权说,其基本内容是将诉权分为程序意义上的诉权和实体意义上的诉权。其中一种观点主张程序意义上的诉权是

---

① 〔日〕三月章:《日本民事诉讼法》,汪一凡译,台湾五南图书出版公司 1997 年版,第 14 页以下。
② 〔日〕兼子一、竹下守夫:《民事诉讼法》,白绿铉译,法律出版社 1995 年版,第 4 页。

起诉权,实体意义上的诉权是进入强制实现状态的实体权利;另一种观点认为程序意义上的诉权是起诉权,但是实体意义上的诉权是胜诉权,也就是原告对被告的实体要求获得满足的权利。除了二元诉权说外,我国学者还曾提出裁判请求权理论。裁判请求权理论虽然将裁判请求权界定为国民享有的宪法上的基本权利,而不是当事人享有的诉讼法上的基本权利,但就其内容来看,实与诉权理论中的司法行为请求权说和宪法诉权说相似,因此可以列入诉权理论的范畴。①

### 三、诉权保障的宪法化和国际化

目前许多法治国家都将诉权列为一项宪法权利,在宪法中增加保护公民诉权的条款以肯定民事诉权的地位,这就是所谓诉权保护的宪法化。例如,日本在其《宪法》第3章"国民的权利与义务"中明确将裁判请求权即诉权作为国民的基本人权,该章第32条规定:"任何人都不能被剥夺在法院接受审判的权利。"意大利《宪法》第24条规定:"任何人为保护其权利和合法利益,皆有权向法院提起诉讼。"此外,意大利《宪法》还作出了一些补充性规定,如"任何人皆有权获得由法律预先设立的自然法官的审判"(第25条第1款)。德国《宪法》对诉权虽未作出一般的明确规定,但第19条第4款规定:"如权利遭受公共机构侵犯,任何人有权向法院提起诉讼。如普通法院之外的其他法院对此无管辖权,可向普通法院提起诉讼。"美国宪法也没有明确规定国民的司法救济权。不过,美国《宪法》第3条规定了可由联邦法院进行判决的案件或争议的三个条件。只要某个案件或争议具备这三个条件,就可向联邦法院提起诉讼。以此间接地规定了国民的司法救济权。其他诸多国家或地区虽未在宪法中明确规定公民的诉权,但或可由宪法有关条款推导出来,或由宪法判例等方式确认。

我国《宪法》虽然没有对诉权作明确规定,但这并不意味着在我国获得司法救济的权利不能作为一项基本权利获得承认。我国于1998年10月5日签署的《公民权利和政治权利国际公约》第14条第1款明确规定:"人人在法院或法庭面前,悉属平等。任何人受刑事控告或因其权利义务涉讼须判定时,有权受依法设立的合格的、独立的和无私的法庭公正、公开审判";该公约第2条第2款规定:"每一缔约国对本公约所确认的权利,凡未经现行立法或其他措施予以规定者,应承担按照本国宪法程序和本公约的规定采取必要步骤、制定必要的立法或其他措施,以实现本公约所确认之权利的义务"。这就意味着中国自成为该公约的正式成员国开始便承担了上述义务,必须尊重人权公约所确认的诉权,并在宪法中明确规定诉权。此外,2004年3月14日我国第四次宪法修正案第一次将人权概念引入《宪法》,《宪法》第33条规定:"中华人民共和国公民在法律面前一律平等。国家尊重和保障人权。"有学者认为它是诉权的宪法保障,它在含义上应包括每个国民都享有在其合法权益受到损害时向法院提起诉讼请求法律救济的权利,每个国民都享有受到公平法院审判的权利以及排除受到公平法院以外任何机关裁判的权利。

---

① 刘敏:《裁判请求权研究——民事诉讼的宪法理念》,中国人民大学出版社2003年版,第2页。

诉权保障的国际化趋势,一方面指当一国政府所享有的国家权力不当地超越宪法规定侵害了公民权利或公民权利遭受侵害,而法律、宪法都未明确规定救济途径时,权利受侵害的公民可能诉求于有关国际组织;另一方面是越来越多的国际条约把诉权保障规定为一项重要内容。前者例如俄罗斯《宪法》第46条,该条规定:在国内现有的法律手段都已用尽的情况下,每个人都有权依据俄罗斯联邦签署的国际条约向保护人权和自由的国际机构控诉。后者如《世界人权宣言》第8条和第10条,其中第8条规定:"当宪法或法律赋予他的基本权利遭受侵犯时,任何人有权向有管辖权的法院请求有效的救济";第10条规定:"在确定当事人的民事权利与义务或审理对被告人的刑事指控时,人人有权充分平等地获得独立、公正的法院进行的公正、公开的审理。"联合国《公民权利和政治权利国际公约》第2条第3项明确规定:"本公约各缔约国家承担义务:(1)保证本公约所承认的权利与自由受到侵犯的任何人均享有有效的诉讼救济,即使此种侵犯行为是由履行官方职责的人所为;(2)保证有管辖权的司法、行政或立法机关,或者其他有管辖权限的任何权力机关对提起诉讼的人的权利作出审理裁判,并发展司法诉讼救济的可能性;(3)保证由有管辖权的机关对这种经承认有理由的诉讼救济给予满意的答复"。该公约第14条第1款规定:"人人在法院或法庭面前,悉属平等。任何人受刑事控告或因其权利义务涉讼须判定时,有权受依法设立的合格的、独立的和无私的法庭公正、公开审判。"

**四、诉权的要件**

不同的诉权学说对于诉权要件的认识也有不同。本案判决请求权说认为诉权要件包括客观的利益和主观的利益。客观的利益包括:(1)通用于各种请求的事项,包括请求必须在法律上能确定其当否的权利关系的主张、法律上不禁止起诉、没有不应起诉的特殊情况等;(2)各种不同请求的特殊要件,具体来说,现在给付之诉是主张履行期已到的请求权,而在将来的给付之诉中,不仅是主张在将来到期的请求权,而且还有现在就对该请求权进行判决的必要;确认之诉是原告必须具有确认的利益,也就是为了消除原告权利或者法律地位上存在的危险、不安,有必要对原告与被告之间权利关系作出有既判力效果的判决;形成之诉须根据法律规定的形成要件来确定其客观的利益,符合形成要件,即具有客观的利益。主观的利益是当事人适格问题,即由谁做原告,谁做被告。①

具体诉权说认为,诉权或诉讼必须具备起诉的形式要件和权利保护要件。其中权利保护要件又包括实体的权利保护要件和诉讼的权利保护要件,前者指原告主张的实体法上权利义务关系应该存在或不存在;后者指当事人适格和诉的利益——欠缺当事人适格与诉的利益的起诉法院应予驳回。

本书认为,诉权的要件应包括形式要件与实质要件,前者包括我国《民事诉讼法》第122条规定的起诉条件;后者即指诉的利益,即请求有诉诸民事诉讼并通过确定的

---

① 〔日〕兼子一、竹下守夫:《民事诉讼法》,白绿铉译,法律出版社1995年版,第51—56页。

终局判决获得救济的必要。关于它的具体内容,本书在法院主管和起诉与受理部分还将有所涉及。

### 五、诉权的产生与消灭

**(一) 诉权的产生**

当诉权的要件齐备时,诉权就产生了。诉权的形式要件成就于诉讼权利能力产生之时。根据我国《民事诉讼法》的规定,除民法上的民事主体外,其他组织也可以成为民事诉讼主体。对于民法上的主体,民事权利能力产生之时,民事诉讼权利能力同时产生;而对于其他组织来说,其成立之时,就是民事诉讼权利能力产生之时。但是,诉的利益,则产生于民事权利或者利益发生争执之时。因此,当民事权利或者利益发生争执之时,诉权的两个要件全部具备,诉权就产生了。

**(二) 诉权的消灭**

关于诉权的消灭存在着不同的学说。本书认为,诉权因要件的满足而产生,当然也因要件的丧失而消灭。不论是形式要件还是实质要件,丧失全部或者其中之一,诉权就消灭。例如在形式要件上,主体死亡或者解散,没有相应的承继者,诉权因无主体而消灭;在实质要件上,当不再有诉的利益时,诉权也要消灭。但是,消灭时效或者诉讼时效的届满,不一定意味着诉权的消灭,因为在有些时候,消灭时效或者诉讼时效是否届满这一问题本身成为当事人争议的内容时,对该问题进行裁判就还有必要,因此不应当剥夺当事人将该问题提交诉讼的权利。而且,我国实务上也已经不再将诉讼时效是否届满作为法院依职权查明的事项看待,而是作为一种抗辩事由看待,也就是当诉讼时效届满时,因诉讼时效届满而受益的一方有权提出时效届满的抗辩,若其未提出这一抗辩,则法院不会主动对诉讼时效是否届满进行认定。总之,争议若还没有经过裁判,并且还没有解决,诉权就不消灭。但是,一旦当事人提起诉讼并启动程序,诉权将因实现而消灭。

### 六、滥用诉权与虚假诉讼

多年来,滥用诉权和虚假诉讼一直是困扰民事诉讼理论界与实务界的问题。滥用诉权从文义来看,是指拥有诉权的当事人,在行使诉权的时候,背离民事诉讼制度所设定的目的,而欲达到一些隐藏的目的。例如浪费司法资源进行重复诉讼、通过诉讼骚扰他人或者侵害他人合法权益,以及诉讼所欲达到的法律效果远远不足以弥补司法成本的琐屑诉讼等。

虚假诉讼则是指双方当事人恶意通谋,欲通过诉讼损害国家利益、社会公共利益以及第三人利益,而使自己获得不当或违法利益的行为。虚假诉讼与滥用诉权的区别是,前者是当事人根本就没有诉权,而恶意制造条件,使自己看上去拥有诉权,而利用诉讼来达到其他目的;后者是原本就有诉权,但是行使诉权的目的背离民事诉讼制度所设定的目的。单方隐匿证据资料或者伪造证据资料或夸大诉讼请求的范围等行为是否构成虚假诉讼,在认定上应当慎重。因为当事人基于利益分歧,在诉讼中可能会出于诉讼策略考虑,而有一些违背诉讼程序的行为,并不意味着当事人原本就没有诉权,不意味着诉讼本身是虚假的。当然,如果当事人原本没有诉权,而通过伪造证据、捏造事实,制造拥有诉权的假象进行诉讼,也应当认定为虚假诉讼。

## 第二节 诉与诉讼标的

### 一、诉与诉讼标的的基本概念

(一) 诉

1. 诉的概念

诉是原告请求法院就其对被告提出的权利主张进行审理与裁判的诉讼行为。关于这一概念,可以从以下几个层面进行理解:首先,它是原告向法院提出的请求。民事诉讼实行当事人处分原则,诉讼是否开始、审理范围如何确定等均取决于当事人的决定;而法院作为公力救济机构,它也必须基于当事人的请求才能启动权力运作。诉就是请求法院启动审判权。其次,诉是请求法院进行审判的行为。诉的内容中包含着原告对被告提出的权利主张,诉讼程序因原告起诉而启动后,这种权利主张就构成了审判对象。所以,诉具有指明审理对象的重要意义。最后,法院为了因应原告的请求进行判决,就要求诉必须具备一定条件。这些条件为诉讼要件。具备这些条件时,法院将依据请求内容作出支持诉讼请求或驳回诉讼请求的判决;不具备这些条件时,法院将驳回原告起诉,不对请求内容进行判决。

2. 诉的要素

诉由主观要素和客观要素构成。主观要素是指诉讼主体,也就是当事人;客观要素是指诉讼客体,也就是诉讼标的。一个主观要素和一个客观要素,构成一个简单的诉。诉的主观要素如果是复数的,则属于主观的诉的合并,例如必要共同诉讼就是适例。诉的客观要素如果是复数的,则属于客观的诉的合并,例如反诉即是适例。如果诉的主观要素和客观要素都是复数的,就属于混合的诉的合并,例如普通共同诉讼或者有独立请求权的第三人参加之诉等。

3. 诉的分类

诉的内容就是原告针对被告提出的权利主张。基于不同权利的内容所设定的不同诉的保护形式就是诉的分类。我国理论上通常把诉分为给付之诉、确认之诉与形成之诉。

给付之诉是原告请求法院基于给付请求权命令被告履行给付义务的诉。给付之诉是历史最古老的诉的类型,诉讼的历史也是给付之诉的历史。目前我国民商事案件的绝大多数为给付之诉案件。依照给付请求权是否已届清偿期,可区分为现在给付之诉和未来给付之诉。

确认之诉是原告请求法院确认其主张的特定权利或法律关系存在或不存在的诉。请求确认存在的为积极的确认之诉,请求确认不存在的为消极的确认之诉。确认的对象原则上限于具体的权利关系，抽象的法律问题和单纯的事实不能成为确认对象。例如，我国《民事诉讼法》特别程序章所规定各类事实均非确认之诉对象。确认之诉多适用于物权的确认、租赁或雇佣等继续性法律关系以及亲子等身份关系的确认。

形成之诉是原告请求法院基于一定法律条件（形成诉权、形成要件、形成原因）判决特定权利或法律关系变动的诉。私法关系原则上因主体双方合意而变动，法律规定要件成就下（如形成权中的取消权、解除权等）因一方当事人意思表示也可以变动，这些可以直接引起权利义务关系变动的权利被称为"单纯形成权"，形成权人与相对人对于应否解除或变更法律关系及特定的法律事实发生争议的，形成权人可以提起诉讼请求法院确认形成效力。行使单纯形成权的诉讼并非形成之诉，而是确认之诉，起诉状达到被告时即为原告行使形成权的意思表示到达被告，原告请求法院确认其行使形成权后的法律关系的状态。此外，因为权利关系变动需要在诸多利害关系人之间产生明确、一致的效果，并且考虑到法律关系的安定，在某些情况下法律就规定了由当事人来主张是否存在符合形成要件的事实，然后由法院宣告法律关系的变动，这被称为"形成诉权"。以离婚诉讼为例，原告主张婚姻关系和离婚原因存在，然后作为诉的内容请求法院宣告法律关系的变动，就是形成之诉的一种典型样态。形成之诉是三种诉讼形态中最晚产生的，是最新的诉讼形态。① 它是随着民法领域形成权理论的发展，逐渐被判例和学说认可的一种诉的类型。

以上三种诉讼是诉的基本形态。在实务中，很多诉讼具有混合的形态，例如离婚之诉，既包括以解除婚姻关系和分割共有财产为目的的形成之诉，也可能涉及婚姻过错方对无过错方进行损害赔偿的内容，而后者具有给付之诉的性质。此外，在确认合同无效之诉中，确认合同无效乃是确认之诉的内容，但与之相关的返还财产或者损害赔偿，也具有给付之诉的性质。最后，在很多给付之诉中，一般也都包含有对实体法律关系的确认内容，给付判决往往以确认某种法律关系的存在为前提。例如原告提起的请求被告继续履行合同的诉讼，合同的有效存在就作为原告所主张的请求权的构成要件存在，因此也是法院审查判断的内容，从而成为确认的对象。若被告提出请求确认合同无效的反诉，实质上构成了重复起诉。因为合同是否有效，已经作为原告诉讼请求的构成要件而成为法院审判的对象。②

（二）诉讼标的

诉讼标的是诉的客观要素，指作为诉的内容的、原告针对被告提出的特定权利主张。大陆法系国家及地区也称其为诉讼对象③、诉讼上的请求。这一概念来源于实体

---

① 〔日〕中村英郎：《新民事诉讼法讲义》，陈刚、林剑锋、郭美松译，法律出版社2001年版，第105—106页。
② 其规范依据是《民事法解释》第247条第1款第3项后句，有学者认为其学理逻辑是将既判力积极作用以采用消极作用即遮断效处理，属于我国采用的特殊规则。若依旧实体法说，给付之诉的诉讼标的是特定的实体请求权，给付判决包含了对实体请求权存在的确认，后者在民法上为"狭义债之关系"，也就是狭义的"法律关系"。关于我国司法实践中既判力扩张至合同效力的学理依据，可参见曹志勋：《禁止重复起诉规则之重构：以合同效力的职权审查为背景》，载《中国法学》2022年第1期。
③ 〔日〕中村英郎：《新民事诉讼法讲义》，陈刚、林剑锋、郭美松译，法律出版社2001年版，第110页。

法上的请求权。最初诉的类型只有给付之诉,诉权也就是实体法上的请求权,此时"请求权＝审判对象"。之后,公法诉权说逐渐为理论界接受,给付之诉被作为区别于请求权的权利主张而采用"诉讼上的请求"进行表述。随着确认之诉、形成之诉这两种诉的类型获得承认,诉讼上的请求完全与请求权分离,成为所有类型的诉共通的诉讼法概念。①

关于诉讼标的的理解,需要注意两点。一是从理论上来看,它是当事人关于特定的权利、义务或法律关系存在或不存在的主张。因为它是审理的对象,所以一般须在诉讼开始时特定化。但是特定化不等于固定不变。在实务中,当事人自己对于本人所应主张的权利把握上未必准确,当事人和法院在有关实体法律关系的认识上也可能会有分歧,所以在法庭事实辩论终结前,诉讼标的可能还会发生变化。这就是诉的变更。例如当事人先是主张解除合同,之后自己发现或者经法院阐明后发现应当主张合同无效,那么就有可能改变主张,使之更符合争议法律关系的性质。也有观点认为,诉讼标的可以在事实审言词辩论终结的时候再行确定。通常来讲,法院必须在原告请求范围内进行审理,不能超越请求范围进行判决,没有明确的请求审理将无法展开,而被告则无法展开有效的防御。二是从我国《民事诉讼法》的条文表述来看,有时候是将诉讼标的表述为"诉讼请求",例如第54条、第56条和第57条;而有的条文中的"诉讼请求",却又是指作为诉讼标的构成要素之一的诉的声明,也就是当事人起诉所要达到的法律上的效果。

**二、诉讼标的的基本功能**

诉讼标的是诉讼的审判对象。从诉讼开始到诉讼终了,当事人的诉讼活动和法院的审判活动都是围绕着诉讼标的展开,所以它也是民事诉讼的核心。具体来说,诉讼标的有如下功能:

(一)确定法院审理与裁判范围的依据

我国《民事诉讼法》第13条第2款规定:"当事人有权在法律规定的范围内处分自己的民事权利和诉讼权利";第122条第3项规定了当事人起诉必须有具体的诉讼请求和事实、理由;第155条第1项规定了判决书应当写明案由、诉讼请求、争议的事实和理由。以上各款表达着一个共同的信息:法院的审理和裁判范围受当事人提出的诉讼请求和提供的事实理由的约束。而当事人请求法院裁判的事项,就是该案的诉讼标的。只有成为诉讼标的的事项,才能成为法院审理与裁判的对象。换言之,诉讼标的规定着法院审理与裁判的范围。

(二)确定当事人攻击防御重心的依据

我国《民事诉讼法》第12条规定:"人民法院审理民事案件时,当事人有权进行辩论";第54条规定:"原告可以放弃或者变更诉讼请求。被告可以承认或者反驳诉

---

① 〔日〕中野贞一郎、松浦馨、铃木正裕主编:《新民事诉讼法讲义》(第2版),日本有斐阁2007年版,第38页。

请求,有权提起反诉";第67条第1款规定:"当事人对自己提出的主张,有责任提供证据";第71条规定:"证据应当在法庭上出示,并由当事人互相质证……";第141条规定了法庭调查程序;第144条规定了法庭辩论程序。以上诸条均涉及当事人攻击与防御问题。当事人的攻击防御必须围绕着该案的诉讼标的进行。偏离诉讼标的的攻击与防御是无效的诉讼行为,对解决本案无益;只有诉讼标的才能成为也必须作为当事人攻击防御的重心。

(三) 确认是否构成重复起诉的依据

我国《民事诉讼法》第127条第5项规定:"对判决、裁定、调解书已经发生法律效力的案件,当事人又起诉的,告知原告申请再审,但人民法院准许撤诉的裁定除外"。"一事不再理"是民事诉讼的基本法理。就裁判已经生效的案件,当事人不得再行起诉,法院不得重复受理和重复裁判,这是既判力理论的基本要求。即使裁判已经作出但尚未生效或法院虽未作出裁判但已经受理或正在审理的案件,当事人也不得就同一诉讼标的再行起诉。禁止重复起诉的目的,一方面是防止法院对同一案件作出相互矛盾的判决,以免影响法院的权威和法律适用的统一性;另一方面是维护社会生活的稳定,减少司法成本。而判断两诉是否重复,其基本依据之一就是看两诉的诉讼标的是否相同,诉讼标的相同就构成重复起诉。依据《民诉法解释》第247条的规定,当事人就已经提起诉讼的事项在诉讼过程中或者裁判生效后再次起诉,同时符合下列条件的,构成重复起诉:(1) 后诉与前诉的当事人相同;(2) 后诉与前诉的诉讼标的相同;(3) 后诉与前诉的诉讼请求相同,或者后诉的诉讼请求实质上否定前诉裁判结果。因此,诉讼标的是判断是否构成重复起诉的关键。这里采用的是三要素的判断标准,其中将诉讼请求和诉讼标的并列,是否合理,有待商榷。

(四) 判断是否构成客观的诉的合并的依据

根据我国《民事诉讼法》第54条第2句的规定,被告可以承认或者反驳诉讼请求,可以提出反诉;根据第59条第1款的规定,对当事人双方的诉讼标的,第三人认为有独立请求权的,有权提起诉讼;根据第143条的规定,原告增加诉讼请求,被告提出反诉,第三人提出与本案有关的诉讼请求,可以合并审理。以上各条均涉及客观的诉的合并。所谓客观的诉的合并,是指为实现纠纷的一次性解决,在一个诉讼程序中就多个诉讼标的进行审理和裁判,既避免分开审理可能带来的各判决之间的矛盾与冲突,同时也达到降低诉讼成本的目的。而判断是否构成客观的诉的合并,其依据就是看在该诉讼程序中是否存在复数的诉讼标的。若存在复数的诉讼标的,就构成客观的诉的合并。具体来说,就原告增加诉讼请求的情形,须看原告所增加的诉讼请求,是否构成独立的诉讼标的,如果构成独立的诉讼标的,就构成了诉的合并;就被告提出反诉而言,分析被告所提出者究竟为反驳还是反诉,只需看被告所提出的请求是否构成独立的诉讼标的即可;就有独立请求权第三人参加之诉而言,只要第三人所提诉讼请求构成了独立的诉讼标的,就构成了诉的合并。

(五) 作为判断是否构成诉的变更的依据

原告在起诉后,请求针对同一被告变更诉讼请求内容的就称为诉的变更。我国

《民事诉讼法》第 54 条规定:"原告可以放弃或者变更诉讼请求。被告可以承认或者反驳诉讼请求,有权提起反诉。"从条款的整体含义来看,这里的诉讼请求即为诉讼标的。诉讼标的的变更就是诉的变更。不过,这种变更是指相同当事人前提之下请求内容的变更。如果是当事人的变更,由于涉及新当事人的程序保障问题,即便同时存在诉讼标的变更,也不被作为诉的变更处理,而往往被作为独立的诉讼予以处理。

判断是否构成本条规定的诉的变更,须看原告变更诉讼请求的行为是否导致本案诉讼标的的变更。基本的判断标准是,如果当事人变更了其所主张的实体法律关系,则构成诉讼标的变更;若诉讼标的变更,则为诉的变更。若当事人主张的法律关系未作变更,仅仅是在请求数额上有所增加或者减少,则诉讼标的未发生变化,不构成诉的变更。

(六) 作为确定既判力客观范围的依据

我国《民事诉讼法》第 127 条第 5 项关于"对判决、裁定已经发生法律效力的案件当事人不得重复起诉"的规定,实际上是既判力原理的体现。所谓判决的既判力,是指民事判决一旦作出,就具有法律效力,当事人不得就同一案件再行起诉,或者在其他诉讼中提出与确定判决相反的主张;法院也不得就同一案件重复受理,或者作出与确定判决相矛盾的裁判。既判力只能及于经法院裁判的事项,未经法院裁判的事项,不具有既判力。由于法院只能就本案诉讼标的进行裁判,因此通常情况下,既判力的客观范围与诉讼标的是保持一致的。就此问题的具体规则见《民诉法解释》第 247 条及相关理论文献。

**三、诉讼标的识别的相关理论**

基于诉讼标的的上述重要功能,诉讼标的的确定成为民事诉讼的核心,而正确地定义和识别诉讼标的,则成为诉讼标的的功能实现的决定性因素。为此,种种诉讼标的的理论都是围绕诉讼标的的识别标准而产生的。

(一) 传统诉讼标的理论

传统诉讼标的理论为德国学者赫尔维希所主张,认为应当以原告的权利主张作为诉讼标的的确定标准。赫尔维希认为,实体法上的请求权是既存的实体权利,而诉讼法上的请求,则是原告在诉讼程序中所提出的权利主张。此项主张,是原告于起诉时所主张的法律关系。在诉讼程序中,原告须将实体法上的权利或法律关系具体而特定地主张,方能成为法院的审判对象。按照这一观点,同一事实,常因法律观点评价不同,而会产生不同的实体请求权;不同的实体请求权,经当事人于诉讼中具体而特定地主张,在诉讼上又构成不同的诉讼标的。从而一个自然事件,可以构成多个法律关系的要件,从而可以经数次起诉、受理与裁判而不为重复。这就是传统诉讼标的理论,也被称作旧实体法说。

旧实体法说的价值,一方面在于它将诉讼上的请求权从实体法上的请求权概念解放出来,指出诉讼上的请求权是原告于诉讼中具体主张的请求权或权利,而不是既存的实体权利,另一方面还在于它使法院易于确定审理范围,使当事人易于进行攻击防御,使既判力的客观范围易于确定。缺点是,无法解决请求权竞合的情形下一个事件将可能经过数次审判,产生数个判决的问题。这一难点在民事诉讼上所带来的问题,绝不仅仅是简单的重复起诉问题。它涉及纠纷解决的拖延,诉讼成本的增加,对原告的重复救济或者在原告法律水平不高的情况下,可能因主张的实体权利不同而招致不利等,从而减损民事诉讼的程序功能。

(二) 新诉讼标的理论

所谓新诉讼标的理论,非指某一种理论,而是指为克服传统诉讼标的理论难点所提出的不同于传统诉讼标的理论的各种观点,这些观点包括:

1. 二分肢说[①]

二分肢说由德国学者罗森伯格(Rosenberg)和尼克逊(Nikisch)所提出。罗森伯格在1927年版《民事诉讼法》教科书中提出,诉讼标的须依原告的声明和事实加以确定。他所谓的事实,是指未经实体法评价的自然事实。因此,即使该事实依实体法评价符合多个法律事实的构成要件,但事实只有一个,原告的声明也只有一个,从而诉讼标的也只有一个。尼克逊则在1935年《民事诉讼上的诉讼标的理论》一书中提出,诉讼标的是指原告的权利主张,即原告请求法院就其实体上的权利或法律关系予以确认的主张,这一主张原则上是抽象的法律效果的主张,例外于确认之诉,则指具体的权利主张。而在诉讼标的识别标准上,除确认之诉仅依诉的声明即可确定外,于给付和形成之诉,仍须仰赖事实方能确定。尼氏所谓的事实,是指请求权存在的基础,也就是法律事实[②],此与罗森伯格的自然事实又有所不同。目前在德国以及与德国属同一法系的奥地利,二分肢说已成为新诉讼标的理论中的通说,但是各学说对二分肢说中事实的概念还存在分歧。

二分肢说是为解决传统诉讼标的理论的难题而提出,但其自身也存在难以解决的问题。典型的例子就是在票据诉讼的情形,虽然给付目的只有一个,但产生给付目的的事实却有两个:原因事实和签发票据的行为。依据二分肢说,事实有二,则诉讼标的也有两个,从而一个给付请求,却产生了两个诉讼标的。另外,将事实作为诉讼标的的识别标准的构成要素,固然是无可厚非,但是若将事实作为诉讼标的的构成要素,该事实一经判决确定,即不应再受到重复的裁判。根据二分肢说,原告以同一事实,变更诉讼标的的要素之一也就是诉的声明后,即构成另一诉讼标的。换言之,前述判决已经确定的事实,还可以再受裁判。这是否合理,是存在疑问的。

---

[①] 主编注:关于尼克逊理论观点的不同表述,见曹志勋:《德国诉讼标的诉讼法说的传承与发展》,载《交大法学》2022年第3期。由于主编本人无法查阅德文、辨别真伪与是非,故尊重本章作者的原有表述。曹氏的表述为:诉讼标的是对应诉的声明的抽象的法律后果主张(abstrakte Rechtsfolgebehauptung),需要结合事实因素个别化;而例外则是具体的权利主张(konkrete Rechtsfolgebehauptung),其本身的个别化已经足够。对于请求权竞合的情况,尼克逊主张以权利保护要求(Rechtsschutzgesuch)作为判断标准,这需要从诉的声明中加以提取,并且通过权利主张确定内容,有几个权利保护要求,就有几个请求权及诉讼标的。这样,诉讼标的的识别标准就只有诉的声明,而不包括事实因素。曹氏认为,尼克逊的案件事实概念系生活事实。

[②] 曹志勋认为,尼克逊的"案件事实"概念系生活事实。

## 2. 一分肢说

此说由德国学者伯特赫尔(Botticher)和施瓦布(Schwab)共同完成。1949年,伯特赫尔发表《婚姻诉讼的诉讼标的》一文,认为婚姻诉讼的诉讼标的,仅依原告诉的声明即可确定,因为在婚姻诉讼中,诉讼标的非是当事人请求裁判离婚或撤销婚姻的理由,而是裁判离婚、撤销婚姻或消解婚姻状态的请求。后来,伯氏又将其理论扩展至撤销租赁强制执行异议之诉(形成之诉)和解除契约之诉(确认之诉)。1954年,施瓦布于其《民事诉讼标的研究》(Der Streitgegenstand in Zivilprozess)一书中提出审判请求说,将伯氏的一分肢说扩至整个民事诉讼领域。他认为,原告起诉的目的在于请求法院对其声明进行裁判,因此诉讼标的内容,应依原告声明加以确定。但是,在既判力客观范围上,施氏又将事实概念引入,因此未能保持其理论的一贯性。而且一分肢说的缺陷也很明显,例如在相同当事人之间请求给付金钱或种类物的诉讼中,就无法将后诉与前诉区别开来。

## 3. 三分肢说①

1956年,德国学者哈布塞德(Habscheid)提出三分肢说,认为诉讼标的是原告在诉讼上基于特定的生活事实所为的权利主张,其识别标准由程序主张、法律效果主张和生活事实三个要素构成。所谓程序主张,包括诉讼的合法性条件和权利保护形态;所谓法律效果主张,与尼克逊的"权利主张"无异,指原告请求法院就其实体上的权利或法律关系加以确认的主张,原则上是诉讼上的、抽象的法律效果,在例外有法律明定以及当事人意思介入的情形,则指具体的、以实体法为依据的权利效果主张。至于生活事实,则指德国《民事诉讼法》第253条中的"请求权的理由",也就是当事人之间所发生的一切事实。此外,哈氏的理论还包括诉讼标的与判决标的二元论以及既判力作用之外的失权效理论。哈布塞德的理论多受诟病。例如,所谓的"程序上的主张"实际上是多余的;而事实这一概念又游移于法律行为和整个事实之间;在既判力问题上也存在矛盾;等等。

## 4. 新实体法说

新理论的上述学说都是努力建立纯粹诉讼法上的诉讼标的理论,但因各有缺陷而存在不能自圆其说之处。因此,学者们又将目光转向实体法,试图将诉讼上的请求权和实体上的请求权相结合,从而产生了新实体法说的理论。最早提出这一想法的是尼克逊,民法学者拉伦茨(Larenz)等受其启发,开始修正传统的请求权竞合理论,提出"请求权规范竞合说"。与此同时,德国诉讼法学者亨克尔(Henckel)等也在努力建立他们新实体法说的理论。不同学者提出的新实体法说的内容和立场也有差异。总的来看,新实体法说是主张仍然从实体法上的请求权出发来识别诉讼标的。有的

---

① 主编注:认为其观点为"三分肢说"的观点见卢佩:《困境与突破:德国诉讼标的理论重述》,载《法学论坛》2017年第6期;另见本章作者段厚省:《民事诉讼标的论》,中国人民公安大学出版社2004年版,第42页。但曹志勋认为哈布沙伊德的诉讼标的理论仍属于"二分肢说",即诉讼标的的识别标准为权利主张(Rechtsbehauptung)和生活事实。权利主张来自诉的声明,必要时应参考诉的理由来解释,更需要结合程序主张、法律后果主张确定。参见曹志勋:《德国诉讼标的的诉讼法说的传承与发展》,载《交大法学》2022年第3期。

认为在请求权竞合的情形下,因为当事人只有一个损害,法律只应为其提供一个救济,所以实质上当事人的请求权只有一个。因此发生竞合的不是请求权,而是请求权的基础。有的主张应当按照请求权之功能与意义的不同,应根据其中某种对诉讼标的的识别有实质意义的功能来识别诉讼标的。这些观点本身也都存在一些缺陷。

除了以上一些理论外,德国还有人持统一诉讼标的理论否定说的立场,认为不应当以一个统一的诉讼标的观统摄全部有关诉讼标的的问题。日本和我国台湾地区的民事诉讼理论,与德国有着脉络相承的关系,受德国新诉讼标的理论的影响,也分别提出了一些新的看法,但均未成为主流。

(三)我国关于诉讼标的的学说

长期以来,德国、日本以及我国台湾地区关于诉讼标的理论的讨论,并未引起国内学者太多的关注。主流学理所采的,仍是传统诉讼标的理论,也就是旧实体法说。也有一些学者提出了一些新的看法,例如有人就提出了新二分肢说的观点,认为确立诉讼标的理论应从以下几个方面来考虑:第一,诉讼标的的确定,应当符合我国《民事诉讼法》保护当事人正当民事权益的原则,为此,诉讼活动要符合正确、合法、及时的原则,诉讼标的的规定应有利于实现一个纠纷一次解决;第二,研究诉讼标的,不能完全割裂与实体法的联系,须找出诉讼标的与实体法的连接因素,合理解决诉讼中的问题;第三,应从动态上考察民事诉讼,在诉讼过程中确定具体案件的诉讼标的;第四,因我国广大群众法律意识水平还不太高,又无律师强制代理制度,所以在确定诉讼标的时,人民法院应起主导作用。基于以上考虑,该观点对新诉讼标的理论的二分肢说加以改造,提出了新二分肢说的概念。认为诉讼标的仍由原告诉的声明(审判要求)和原因事实构成,但这里的原因事实是经法律评价的事实,不是二分肢说中的自然历史事实。在诉讼标的识别上,认为诉的声明和原因事实有一个为单数时,诉讼标的即为单数,而不是如二分肢说那样,认为诉的声明和原因事实其中之一为复数时,诉讼标的就为复数。①

除以上观点外,我国还有学者提出了衡平说、双重含义说以及诉讼标的相对说的观点。比如诉讼标的相对说主张在不同的诉讼阶段,为不同的程序目的,可分别采不同的诉讼标的学说。② 但是上述观点都有一些不够完善的地方。

**四、诉的合并与变更**

(一)诉的合并

诉的合并是指将两个或两个以上相互之间有一定联系的诉合并在同一诉讼程序中审理和裁判的诉讼行为。

诉的合并包括诉的主观要素的合并、诉的客观要素的合并以及诉的主观与客观要素的共同合并。据此又可将诉的合并分为三类:(1)主观的诉的合并或主体合并,

---

① 江伟主编:《中国民事诉讼法专论》,中国政法大学出版社1998年版,第84—87页。
② 陈杭平:《诉讼标的理论的新范式——"相对化"与我国民事审判实务》,载《法学研究》2016年第4期。

即诉的主观要素的合并,也就是当事人为多数的合并,例如必要的共同诉讼,学理一般是放在当事人制度中讨论。(2) 客观的诉的合并或客体合并,即诉的客观要素的合并,也就是当事人相同而诉讼标的为多数的合并。反诉与本诉的合并,实质上也属于客观的诉的合并。除此之外,大陆法系国家还普遍承认诉的预备合并,即在同一诉讼中原告同时提起先位之诉和后位之诉,当先位之诉不能获得支持时,请求法院就后位之诉作出裁判。(3) 混合的诉的合并,即混合了主观的诉的合并与客观的诉的合并,例如普通共同诉讼,有独立请求权的第三人参加之诉等。

诉的合并之意义在于,提高纠纷解决的效率和降低诉讼成本,也避免或减少相关联的诉之间的裁判冲突。但滥用诉的合并可能反而使诉讼复杂化,造成拖延。因此,诉的合并需要进行一定的条件限制。一般认为,诉的合并应当具备以下条件:(1) 若干诉之间存在一定联系,包括诉讼主体方面的联系或诉讼客体方面的联系,比如诉的主观合并要求诉讼标的相同或同类,诉的客观合并要求诉讼主体相同,反诉与本诉合并要求反诉与本诉之间有牵连关系。(2) 受诉法院对其中一个诉有管辖权,但其他法院享有专属管辖权的诉不能合并。(3) 合并的诉必须适用同类的诉讼程序。

主观的诉的合并与当事人理论密切相关,而客观的诉的合并则与诉讼标的理论关系密切,不同的诉讼标的理论观,其对客观的诉的合并所进行的判断是不同的。我国司法实务中的主流观点仍然是采传统诉讼标的理论。若根据传统诉讼标的理论,当事人在一个诉讼程序中同时主张不同的实体法律关系,就构成了客观的诉的合并。若根据二分肢说和一分肢说的观点,当事人在一个诉讼程序中同时主张不同的诉的声明,则构成客观的诉的合并。例如《民法典》第 179 条规定有不同的侵权责任方式,那么从传统诉讼标的理论和新实体法说的观点出发,当事人在一个诉讼程序中同时主张这些民事责任,就构成了客观的诉的合并。而从二分肢说与一分肢说的观点来看,当事人对这些具体的民事责任方式的主张,又构成诉的声明。若当事人在一个诉讼程序中同时主张不同的民事责任,就提出了复数的诉的声明,也构成客观的诉的合并。但是若从我国学者主张的新二分肢说的观点来看,当事人对复数的民事责任的主张,并不构成客观的诉的合并。

目前,因为连带责任和不真正连带责任等实体法上的牵连关系而引起的多方当事人之诉,是必要共同诉讼还是类似必要共同诉讼或者普通共同诉讼,学界和实务界都有争议。多方当事人之诉在很多情形下属于混合的诉的合并,包括当事人的合并和诉讼标的的合并。一种观点认为,应以诉讼标的标准来判断是否应当构成必要共同诉讼或者类似必要共同诉讼;另一种观点认为应根据纠纷是否具有合一判决的必要来判断是否构成必要共同诉讼或者类似必要共同诉讼。在后一观点中,是否具有"合一判决的必要"又多是从诉讼标的出发来进行判断。这一问题不仅仅与诉讼标的相关,也与当事人制度相关,这里不再展开,将放在当事人制度中进一步阐述。

(二) 诉的变更与追加

一般来说,诉的变更与追加是指诉的客观要素发生变更。诉的变更包括诉的追加,也就是诉的客观要素的增加。我国民事诉讼法分别规定了诉讼请求的变更、诉讼请求的增加和反诉的提起。但对于诉讼请求变更和增加的具体含义和情形未予规定,理论上也未达成共识。这种状况,很大程度上是因为我国关于诉讼标的识别标准的理论尚未达成共识。与客观的诉的合并相似,诉的变更与追加也受到诉讼标的观的影响,同一个诉讼行为,在不同的诉讼标的理论下,可能得出不同的结论。例如当事人在诉讼中从主张解除合同变更为确认合同无效,在传统诉讼标的理论、新实体法说的理论和新诉讼标的理论中的二分肢说以及一分肢说中,都构成诉的变更,而在我国学者主张的新二分肢说中则不构成诉的变更。

### (三) 反诉

反诉是指在已经开始的诉讼中,本诉的被告以本诉的原告为被告,提出的旨在抵消、吞并或排斥其诉讼请求的独立的反请求。反诉是一种诉的合并,具有一些法律特征:(1)当事人与本诉的当事人相同,但诉讼角色相互换位——本诉的原告为反诉的被告,反诉的原告为本诉的被告;(2)反诉必须以本诉正在系属之中为前提,如果本诉尚未开始或已经审结,则反诉无从存在;(3)反诉与本诉之间具有牵连性,并形成直接对抗,毫不相干的诉讼请求不能与本诉合并而成为反诉;(4)反诉具有相对独立性。反诉一经提起,则成为独立的诉,即使本诉撤回,也不影响反诉的审理。

反诉与反驳的差异在于,反驳是被告对原告在本诉中提出的诉讼请求的否认,它依附于本诉而存在,本诉撤销,则反驳失去了存在的基础。反诉并不以否认本诉为前提,它具有相对独立性,本诉撤销,并不影响反诉的成立。

## 第三节 民事诉讼法律关系

### 一、民事诉讼法律关系概述

民事诉讼法律关系是大陆法系传统的研究课题,也是涉及民事诉讼理论和实践的重要问题。民事诉讼法律关系理论是从静态的权利义务关系的角度观察民事诉讼,据此与从动态的程序运行的角度观察民事诉讼的民事诉讼行为理论区分开来。民事诉讼法律关系体现在民事诉讼的全过程中,是受民事诉讼法调整的分配当事人诉讼权利和义务的一种特殊的法律关系:在民事诉讼立法中体现为民事诉讼法律关系的安排和设定,在司法中则体现为民事诉讼法律关系的具体化过程。

### (一) 民事诉讼法律关系的定义

民事诉讼法律关系的传统定义为:人民法院和一切诉讼参与人之间在民事诉讼过程中发生的,由民事诉讼法调整的诉讼上的权利和义务。而我国也有学者提出了不同的观点,将其定义为"民事诉讼法律、法规所调整的法院与当事人以及其他诉讼参与人之间、当事人之间以及当事人与其他诉讼参与人之间存在的,以诉讼权利和诉讼义务为内容的具体社会关系"①。

综上所述,民事诉讼法律关系必须是发生在民事诉讼的过程中,以当事人行使诉权和人民法院行使审判权为基础,存在于人民法院和一切诉讼参与人之间,受诉讼法调整,以诉讼权利义务为内容的法律关系。

(二) 民事诉讼法律关系的特点

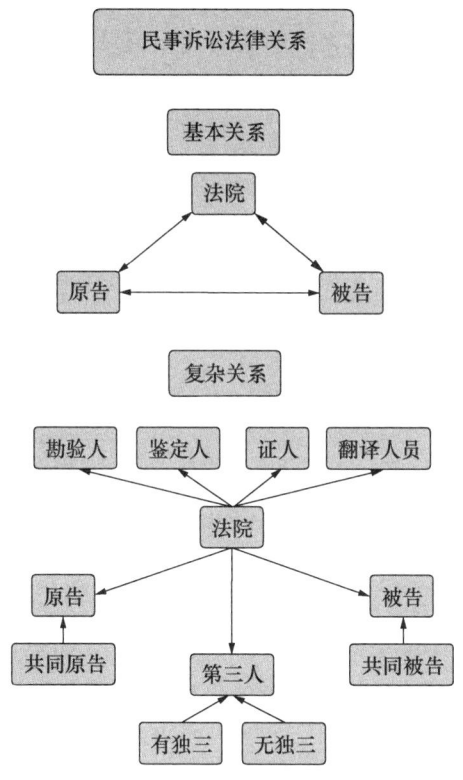

图 2.1　民事诉讼法律关系

第一,民事诉讼法律关系以人民法院为主导。民事诉讼法律关系既包括法院与当事人之间也包括法院与其他诉讼参与人形成的诉讼法律关系,其中必有一方为人民法院,仅在诉讼参与人之间是不能形成民事诉讼法律关系的。前面对民事诉讼法律关系的定义中,第二种观点认为民事诉讼法律关系还包括当事人之间或当事人与其他诉讼参与人之间形成的争诉法律关系。事实上当事人之间的攻击、防御等行为的目的是使法院确认自己的主张,证人、鉴定人的出庭作证的义务是对法院的义务,在其违背其义务时只有人民法院才能对其作出处罚,否则在其他诉讼参与人之间是不存在义务的负担的。而且由于我国长期采取职权主义诉讼模式的传统以及人民法

---

① 刘荣军:《程序保障的理论视角》,法律出版社 1999 年版,第 198 页。该书即认为民事诉讼法律关系既包括法院与诉讼参与人之间的审判法律关系,也包括诉讼参与人之间的争议法律关系。

院的审判职能的地位,决定了其在民事诉讼法律关系中是处于支配地位的,即使是在我国诉讼模式逐渐由职权主义模式向当事人主义模式转化的今天,其职权的支配性仍然在审判人员的理念及行为中得以体现。

第二,民事诉讼法律关系既分离又统一。分离体现在民事诉讼法律关系分别是在人民法院与原告、被告、第三人、证人、鉴定人等诉讼参与人之间发生的。统一性则体现在,民事诉讼法律关系是基于当事人提起诉讼的行为和法院审查受理的行为而发生的,前者是后者的前提,而这两种诉讼行为又是法院与证人、鉴定人等其他诉讼参与人之间形成诉讼法律的基础,并且是整个民事诉讼法律关系的核心。法院与其他诉讼参与人之间形成的诉讼法律关系是以查明当事人之间的争议、解决纠纷为目的,是服务于法院与当事人之间的诉讼法律关系的。

第三,民事诉讼法律关系基于多种原因而发生,但是基于同一原因而消灭。诉讼参与人参加民事诉讼的原因是各不相同的,当事人是基于维护自己的合法权益;诉讼代理人则是为了维护当事人的合法权益;证人、鉴定人等则是为了协助法院查明案件事实,解决纠纷。但是不论其是基于何种原因而参加诉讼,都是基于民事诉讼程序的终结而导致相应法律关系的消灭。

**二、民事诉讼法律关系的学说**

在正确解释民事诉讼法律关系的本质的过程中,共形成了一面关系学说、两面关系学说、三面关系学说、多面关系学说以及审判关系加争诉法律关系学说,其中前三者具有一定的影响。

(一) 一面关系学说

德国的诉讼法学家科林首先提出一面关系学说,认为民事诉讼法律关系是为了解决原告、被告之间的争议,只有他们的权益才是直接的审判对象,这二者才是民事诉讼法律关系的主体,法院与其没有关系,民事诉讼法律关系只能是原告、被告的一面关系。之后这一学说得到了苏联学者柯兹诺夫的支持。一面关系学说忽视了法院的审判职能,将其等同于民事法律争议,忽视了公力救济的性质,未能揭示民事诉讼的本质,因而这一学说在学界并未得到追捧。

(二) 两面关系学说

这一学说由德国诉讼法学家普兰克首倡,并得到日本、苏联的大多数诉讼法学者的继承。此说认为民事诉讼法律关系只是分别存在于法院与原告、被告之间,而原告、被告之间是不单独构成民事诉讼法律关系的。此说抓住了民事诉讼的本质,体现出诉讼的公权性质。公权救济与私力救济的最根本的区别就是是否求助于代表国家中立解决纠纷的审判机关的审判权的行使,故一切诉讼行为只有诉诸法院才能得到诉讼法的调整,审判权对诉讼行为的运用是产生诉讼法效果的前提。该学说由于重视法院审判权的地位,突出了法院在诉讼法律关系中的支配地位,符合职权主义诉讼模式的本质,因而成为我国传统民事诉讼法律关系概念的理论基础,对我国的诉讼理念及司法实践产生了深远的影响。

### (三) 三面关系学说

德国的诉讼法学者瓦希和德根科尔伯为这一学说的力挺者,也是为协调前二学说的冲突,对前二学说进行了综合。他们认为民事诉讼法律关系既发生在人民法院与原告、被告之间,又发生在原、被告相互之间,认为民事诉讼的设立目的是解决当事人之间的纠纷,既要强调法院审判权的地位和作用又要强调当事人为纠纷解决对象的主体,承认二者的纠纷在法院受理后形成的争议法律关系也为民事诉讼法律关系的构成部分。随着我国司法制度改革的深入,强调弱化法官的审判权,增强当事人主体的地位及诉权的行使,必然要求将当事人之间的争诉法律关系纳入进来,在审判法律关系中,不再一味强调人民法院的主导地位,而是要求重新划分其权限,增强当事人的诉讼主体地位。因此三面关系学说代表了我国未来民事诉讼法学的发展和审判方式改革的方向。

### 三、民事诉讼法律关系的主体

民事诉讼法律关系的构成要素包括主体、客体和内容三个部分。

#### (一) 民事诉讼法律关系的主体概述

民事诉讼法律关系的主体是指民事诉讼权利的享有者和民事诉讼义务的承担者,包括人民法院、人民检察院、当事人和其他诉讼参与人。依据其在民事诉讼中的地位、作用、诉讼权利、诉讼义务及参与民事诉讼的目的,可以把民事诉讼法律关系的主体分为四类:人民法院、人民检察院、诉讼参加人、诉讼参与人。

在此有必要区分诉讼法律关系主体和诉讼主体。诉讼法律关系主体不都是诉讼主体,其外延要比诉讼主体的外延更宽泛,但所有的诉讼主体则是包含于诉讼法律关系主体之中。在我国,诉讼主体是指其诉讼行为能够对诉讼程序的产生、发展和消灭产生效果的人,而诉讼法律关系主体则是享有诉讼权利、承担诉讼义务的人的总称,在我国包括人民法院、人民检察院、当事人、共同诉讼人、诉讼代表人及其代理人等。

#### (二) 人民法院

人民法院是民事诉讼法律关系不可或缺的主体,在民事诉讼法律关系中处于支配地位,扮演着组织、指挥诉讼活动,把握诉讼进程,对程序性事项作出裁定,并最终作出终局性实体裁判的角色。在传统民事诉讼法律关系中,必有一方主体为人民法院,因此其对民事诉讼程序的发生、发展和消灭具有决定性的作用,人民法院在民事诉讼中既享有权利又承担义务,所有的诉讼法律关系都是以人民法院为一方当事人而诉讼参与人为另一方当事人。

#### (三) 诉讼参加人

根据我国《民事诉讼法》的规定,当事人和诉讼代理人共同构成了民事诉讼法上的诉讼参加人的概念。

1. 当事人。我国民事诉讼法采纳的是包括原告、被告、共同诉讼人、第三人和诉讼代表人在内的广义上的当事人的概念。他们对民事诉讼法律关系及诉讼程序的发生、发展、消灭具有决定性作用,因此既是诉讼法律关系主体又是诉讼主体。

2. 诉讼代理人。在我国民事诉讼法上,诉讼代理人包括法定代理人和委托代理人,他们都是代表当事人为诉讼行为,维护当事人的合法权益。在诉讼过程中,法定代理人的诉讼行为与当事人亲为的诉讼行为有相同的效果,而委托代理人在特别授权的情况下,其诉讼行为才能有法定代理人所为的诉讼行为的效果,否则,只能行使一般的诉讼权利,并不能导致诉讼程序的发生、发展和终结。

（四）其他诉讼参与人

诉讼参与人是指除人民法院、人民检察院以外的所有参加诉讼活动的人,包括当事人、诉讼代理人、证人、鉴定人、翻译人员和勘验人员;而其他诉讼参与人则是排除了当事人和诉讼代理人以外的诉讼参与人,他们是为了协助法院查明案件事实而同法院发生诉讼法律关系的,与案件的审理结果没有直接的法律上的利害关系,其诉讼行为不能导致诉讼程序的发生、发展和终结,因此在诉讼中较其他主体是居于次要地位。

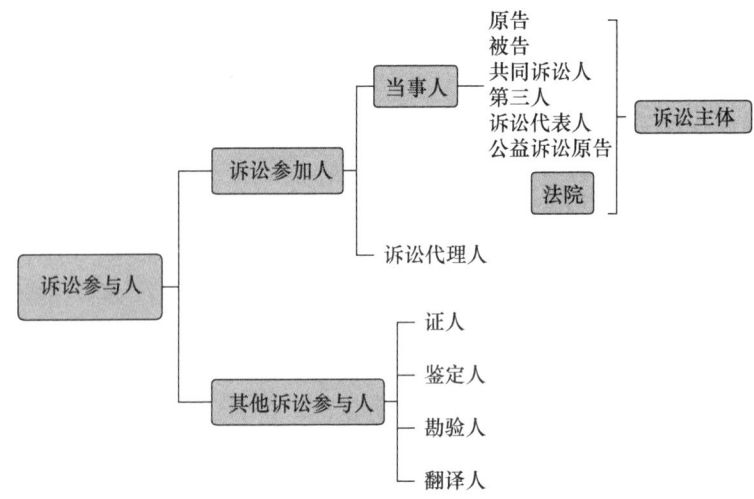

图 2.2 民事诉讼法律关系主体

（五）人民检察院

依据我国《民事诉讼法》的相关规定,人民检察院对已经发生法律效力的裁判发现确有错误的,可以通过向人民法院提出抗诉来行使其审判监督权。当人民检察院通过抗诉的方式介入民事诉讼再审程序,就与人民法院形成审判法律关系,成为特殊的诉讼主体和民事法律关系主体。但事实上,该规定在这几年里不断受到学者的质疑,有学者要求限制乃至废除人民检察院向法院发动再审的权力,也就是要求弱化甚至消除其民事法律关系主体的身份。

**四、民事诉讼法律关系的内容**

民事诉讼法律关系的内容是指民事诉讼法律关系主体依法所享有的诉讼权利和承担的诉讼义务,其依民事诉讼法律关系主体的不同而有所不同。

（一）人民法院的审判权力与职责

人民法院是行使国家的审判权的唯一机关，决定了其诉讼权利和诉讼义务必然与审判职能相结合。人民法院审判职能的行使主要在于查明案件事实、正确适用法律，是对当事人的权利和义务的再次分配。这既是对当事人、国家、社会的权利，又是由其审判职责所决定的必然要承担的诉讼义务。

（二）当事人的诉讼权利和诉讼义务

当事人是民事诉讼法律关系的直接利害关系人，整个民事诉讼都是围绕着解决其争议而推进。因此当事人的诉讼权利和义务对整个民事诉讼的发动、发展和终结有重要作用。当事人在民事诉讼中与法院发生审判法律关系，并因此享有广泛的诉讼权利，也因此负担一定的诉讼义务，人民法院与其他民事法律关系主体之间形成的诉讼权利和义务都是服务于当事人与人民法院的诉讼法律关系的，因此当事人的诉讼权利和诉讼义务的范围、权限、内容是民事诉讼研究的重点。

（三）诉讼代理人的诉讼权利和诉讼义务

诉讼代理人是为维护当事人的利益而加入到诉讼中来，目的在于增强当事人诉讼行为的效果。特别是法定代理人在民事诉讼中的地位就相当于当事人的地位，必然决定其具有和当事人相等同的诉讼权利和诉讼义务。而委托代理人的诉讼权利仅限于其代理权限范围，未经当事人的特别授权不能享有当事人的处分实体权利的权利。

（四）其他诉讼参与人的诉讼权利和诉讼义务

其他诉讼参与人如证人、鉴定人、翻译人员等之所以参与到民事诉讼中来是基于法律的规定，是为了协助人民法院正确地查明案件事实，正确处理纠纷，其协助性的地位决定了其享有的诉讼权利是有限的，主要是承担对人民法院的义务。

（五）人民检察院的诉讼权利和诉讼义务

我国《民事诉讼法》第14条规定："人民检察院有权对民事诉讼实行法律监督。"其中，人民检察院通过行使抗诉权而引起民事诉讼法律关系的发生，从而达到实现案件的公正审判，保护当事人的合法权益的目的。这既是其权利所在也是其必然要承担的职责和义务。此外，《民事诉讼法》第58条第2款规定："人民检察院在履行职责中发现破坏生态环境和资源保护、食品药品安全领域侵害众多消费者合法权益等损害社会公共利益的行为，在没有前款规定的机关和组织或者前款规定的机关和组织不提起诉讼的情况下，可以向人民法院提起诉讼。前款规定的机关或者组织提起诉讼的，人民检察院可以支持起诉。"在检察机关提起公益诉讼时，它的诉讼地位是公益诉讼人，诉讼权利和诉讼义务与原告类似。在作为支持起诉人时，它的职责是促进当事人之间诉讼地位的平等，促进公益诉讼的公正审判。

## 五、民事诉讼法律关系的客体

（一）民事诉讼法律关系的客体概述

民事诉讼法律关系的客体，是指民事诉讼法律关系的主体之间诉讼权利和诉义务所指向的对象,它通常包括案件事实和当事人争议的民事实体法律关系。由于不同的民事法律关系的主体有不同的民事权利义务,因此民事法律关系的客体也不同。

民事诉讼法律关系的客体与诉讼标的是不同的概念,不能等同。所谓诉讼标的是指当事人之间发生争议的要求法院裁判的实体权利或者实体权利义务关系,它是诉的一个要素;而民事诉讼法律关系的客体既包括需要查明的案件事实,又包括当事人争议的民事权利义务关系,因此外延上要大于诉讼标的,诉讼标的只是民事诉讼法律关系客体中的一个组成部分。

(二)人民法院与诉讼参加人之间的诉讼法律关系的客体

人民法院与诉讼参加人之间的诉讼法律关系的客体,既包括案件的客观事实又包括当事人实体权利义务关系的确认。当事人之所以提出诉讼交由法院裁判,就是希望代表公平、正义的国家审判机构能够查明案件事实,作出一个令当事人信服的判决,彻底地解决当事人的纷争,恢复权利义务的和平状态。因此法律赋予法院查明案件事实,正确认定当事人权利义务的审判职责,同时也规定当事人有提供证据证明案件事实、证明实体请求合法、合理的义务。

(三)人民法院与其他诉讼参与人之间的诉讼法律关系的客体

人民法院与其他诉讼参与人之间的诉讼法律关系的客体只是案件事实。其他诉讼参与人包括证人、鉴定人、翻译人员、勘验人员。其参与民事诉讼的根本目的在于履行其协助法院查明案件事实的义务,如证人有如实作证的义务,鉴定人有依法鉴定的义务,翻译人员和勘验人员有如实翻译和勘验的义务,他们所实施的诉讼行为的初衷就是查明事实,其本身与争议的实体权利义务无利害关系,因此就决定了实体权利义务关系不可能成为人民法院与其他诉讼参与人之间的诉讼法律关系的客体。

(四)人民法院与人民检察院之间的诉讼法律关系的客体

人民法院与人民检察院在诉讼上的权利和义务关系有三类:第一类是人民检察院在法定条件下针对人民法院的审判行为进行审判监督,以抗诉和检察建议为形式,以法院生效裁判认定的案件事实或适用法律错误为突破口。在这一类关系中,人民法院与人民检察院之间的诉讼法律关系的客体主要是生效的民事裁判。此外,由人民法院作出的生效调解书,如果侵害国家利益和社会公益利益,也构成上述诉讼法律关系的客体。第二类是人民检察院提起民事公益诉讼,在这一类诉讼法律关系中,其客体类似于人民法院与当事人之间诉讼法律关系的客体。第三类是人民检察院支持公益民事诉讼,在这一类诉讼法律关系中,其客体是案件事实。

**六、民事诉讼法律关系中的法律事实**

民事诉讼法律关系的发生、变更和消灭都是由于具备民事法律规范所规定的法律事实引起的。凡是能够引起民事诉讼法律关系发生、变更、消灭的事实,都称为民事诉讼上的法律事实。诉讼上的法律事实包括诉讼事件和诉讼行为。

（一）诉讼事件

诉讼事件，是指不以人的意志为转移，能够引起诉讼上的法律后果的客观情况。诉讼事件是引起民事诉讼法律关系的发生、变更、消灭的原因之一。不同的诉讼事件会引起不同的法律后果，主要表现为民事诉讼法律关系的变更、消灭。如债务纠纷中，一方当事人丧失诉讼行为能力而又未确定法定代理人，则会导致诉讼程序的中止；抚养案件中，一方当事人死亡，则会导致诉讼程序的终结。

（二）诉讼行为

诉讼行为，是指民事主体实施的，能够引起诉讼上后果的各种活动。在民事诉讼中，诉讼行为是引起民事诉讼法律关系发生、变更、消灭的最主要的原因，绝大多数的民事诉讼法律关系都是由诉讼行为所引起的。

民事法律关系主体实施的诉讼行为要产生诉讼法上的后果，必须符合一定的条件，不是民事主体实施的任何行为都能产生民事法律关系发生、变更、消灭的后果。其诉讼行为必须具备：其一，必须是民事法律关系主体所实施的并且为法律所规定的行为。如请求调解、申请撤诉等。其二，必须是法院与诉讼参与人的诉讼行为相结合才能引起诉讼法上的后果。法院是民事诉讼法律关系必不可少的一方当事人，原告的起诉必须与法院的受理相结合才能引起民事诉讼法律关系的发生；原告的撤诉必须经法院的同意才能引起诉讼法上的后果。

诉讼行为按其表现形式可以分为作为和不作为两种。前者如原告起诉、被告提出管辖权异议或反诉等，后者如当事人在法定期限内不提出上诉，债务人在收到支付令后不在法定期限内提出异议等。绝大多数的诉讼行为都是符合法律规定的（如前所述），但是诉讼行为不仅包括合法行为还包括违法行为。违法行为是指违背民事诉讼法规定或是为民事诉讼法所禁止的、产生对实施主体不利后果的行为，主要包括：一是未实施法律所要求的行为，如原告经传票传唤，无正当理由未到庭或未经法庭许可而中途退庭，则按撤诉处理。这一违背民事诉讼法的行为导致民事诉讼程序的终结。二是实施了法律所禁止的行为，如诉讼参与人实施的妨害民事诉讼的行为：哄闹法庭、殴打司法人员、毁灭或伪造证据等。不论是合法行为还是违法行为都能引起民事诉讼法上的后果。

民事诉讼法律关系的主体按照其在民事诉讼中的地位和作用的不同，其实施的诉讼行为有所不同：

1. 人民法院的诉讼行为

人民法院作为国家的审判机关主要实施对案件的审理和裁判，负有指挥诉讼和保护当事人合法权益的职责。人民法院根据其审判职能的需要可以行使的诉讼行为包括：（1）准备性行为，主要是为案件的审理事先做好的准备行为，如通知、传唤当事人、证人、鉴定人，指定证据交换期限等，准备性行为虽然是附带性的行为，但会影响到后续审判行为的顺畅进行及对当事人诉权的保障。如对必须到庭的当事人未经传唤就开庭审理，实质上剥夺了当事人的诉权，可能导致当事人以"违反法定程序，可能影响案件的公正审理"为由而请求发回重审。（2）决定性行为，即法院作出判决、裁定、决定的诉讼行为。这是法院所行使的最主要的诉讼行为,也是当事人为民事诉讼行为的目的所在,因此是法院所有诉讼行为的核心。(3)执行性行为,指人民法院为保证判决、裁定内容的实现而为的行为,如采取查封、扣押、冻结等执行措施。

2. 当事人的诉讼行为

当事人是民事纠纷处理结果的承担者,是案件的直接利害关系人,因此其为了使自己的主张得到法院的确认必然会积极地实施攻击和防御的诉讼行为。当事人的诉讼行为包括权利性行为和义务性行为。当事人的诉讼行为具有以下几个特点:(1)任意性,当事人可以自由决定是否行使其诉讼权利,既可以选择积极行使,也可以选择放弃,全凭自己意愿,这是由其民事主体地位及民事纠纷的私法性所决定的;(2)强制性,指当事人必须履行法律所规定的诉讼义务而没有选择的余地,这是因为民事诉讼法具有公法的性质,具有一定程度的强制性;(3)可撤销性,即当事人可以依法放弃已经实施或正在实施的诉讼行为,如申请撤诉等,这是由于当事人对实体权利义务关系的可处分性,决定了其对自己的诉讼上的利益也具有处分的权利;(4)期限性,当事人的某些诉讼行为必须在法律规定的期限内进行,否则可能会导致失权的结果,而不能发生诉讼法上的效果。

3. 诉讼代理人的诉讼行为

诉讼代理人是为了被代理人的利益而参加诉讼,目的在于增强当事人诉讼行为的效果,其所实施的诉讼行为的法律后果由被代理人承担。法定代理人的诉讼行为是不受被代理人的意志约束的,其诉讼权利的范围及于当事人的权利范围,其进行诉讼行为的效果与当事人进行诉讼行为的效果是一样的;委托代理人如无特别授权则必须在所授权限范围内进行诉讼行为。

4. 其他诉讼参与人的诉讼行为

证人、鉴定人、翻译人员、勘验人员是为了协助法院查明案件事实而参加到民事诉讼中来,主要是对人民法院负有义务,决定其诉讼行为以义务性为主,附带有法定性、期限性和辅助性的特点;同时,证人的不可替代性的法律地位决定了其诉讼行为也具有不可替代性。

## 第四节 民事诉讼模式

民事诉讼模式是我国诉讼法理论界和实务界基于比较法视角使用的一个独创性概念。[①] 但关于诉讼模式的概念定义以及对各国诉讼模式的界定标准,至今尚未形成统一的认识。无论如何,一国的诉讼模式贯彻了诉权与审判权之间的关系理念,决定着具体制度对于程序权利—权力的配置方式,对于我国民事诉讼制度的改革方向影响深远,也应当为民事诉讼法律关系的理论所关注。

---

① 不过,我国民事诉讼模式与刑事诉讼模式改革后的现状和未来走向都有了相当大的差异,应当引起研习者的充分重视。

## 一、民事诉讼模式的定义及其划分标准

我国关于民事诉讼模式的讨论与民事审判方式改革是并蹱而行的,且常常与审判方式同义使用。但经历了一定的理论积累和发展阶段之后,诉讼模式渐渐被赋予了更加准确和丰富的内涵。

### (一)理论探索:以混沌标准为基础的诉讼模式论

20世纪90年代初期,针对我国法官权力过大,当事人在民事诉讼中实际上仅仅是辅助、被动的诉讼客体——而不是真正的诉讼主体——的状况,最高人民法院以落实1991年《民事诉讼法》所规定的"公开审判"原则和强化当事人的举证责任为切口,推行庭审模式改革,并由此带动审前准备模式的改革。但对于外国"诉讼模式"类型的界定却仅仅集中于开庭审理这一个局部的结构特征,并且存在许多信息错误,比如把我国超职权主义诉讼制度下的种种弊端归因于大陆法系"职权主义"诉讼模式,同时把现代西方国家诉讼制度所共有的处分权主义和辩论主义特征视为英美对抗制(当事人主义)庭审模式的专利。

### (二)理论雏形:以诉讼理念为标准的诉讼模式论

20世纪90年代中期,张卫平教授对于现代西方民事诉讼制度之间共性的关注是一次重大的理论突破。张教授指出,对特定民事诉讼体制基本特征的揭示不能离开法院与当事人这一基本法律关系的解剖。如果把当事人主义和职权主义作为衡量法院职权干预程度的尺度的话,那么,英美民事诉讼体制可以定位于"绝对当事人主义"这一坐标点上,苏联的民事诉讼体制则可以定位于"绝对职权主义"的坐标点上,因为这两种体制分别代表了这两种倾向的极端。而大陆法系各国的民事诉讼体制可以划入"亚当事人主义",其中日本较之德国、奥地利、法国、意大利等国,当事人主导的色彩要浓一些。[①] 后来白绿铉教授也指出:"以当事人在诉讼中的地位来划分两大法系国家的民事诉讼法,应该说都是当事人主义。"[②]

这一观点的贡献在于,澄清了当时我国理论界和实务界对大陆法系民事诉讼制度实质特征的普遍误解,提炼了现代西方诉讼制度关于法官与当事人之间、审判权与诉权之间基本关系的共同法理和基本准则,并进一步追问苏联和以苏联为样本的社会主义国家经济体制和政治体制对于职权主义诉讼模式的影响。有学者指出,就中国问题而言,如果仅仅局限于对庭审模式的改革,而不问现代西方诉讼制度的共同法理,无异于买椟还珠,这些法律理念方面的共性是讨论不同模式技术结构方面的差异性的基本前提,特别是对于我国这样公有制体制下国家垄断和干预一切私人事务的超职权主义倾向,寻找现代诉讼制度中的共同法理具有更为重要的价值。[③] 尽管如此,张卫平教授的诉讼模式论也存在明显的理论缺陷且影响深远,其实偷换了诉讼模

---

① 张卫平:《大陆法系民事诉讼与英美法系民事诉讼——两种诉讼体制的比较分析》,载《现代法学》1996年第4—5期。
② 白绿铉编译:《日本新民事诉讼法》,中国法制出版社2000年版,第93页。
③ 傅郁林:《对于引进对抗制说的质疑》,载《法学》1997年第12期。

式和当事人主义的概念,模糊了当事人主义与职权主义的划分标准。

(三) 理论深化:以诉讼理念为前提、以技术结构为标准的诉讼模式论

20世纪90年代末,诉讼模式与审判方式的概念逐渐有了较为明确的界定和区分。汤维建教授引用日本学者兼子一的表述,"把诉讼的支配权交给法院或当事人哪一方,就意味着职权主义与当事人主义的对立"。并指出,诉讼的支配权具体体现在决定民事诉讼模式的三大原则上:(1) 作用于实体法领域的原则,即处分权主义与国家干预主义的对立;(2) 作用于证据法领域的原则,即辩论主义与职权探知主义的对立;(3) 作用于程序法领域的原则,即当事人进行主义与职权进行主义的对立。在第一个原则即处分权原则上,两大法系中的现代西方各国是一致的,因为这些国家的性质是一致的;而后两个原则却取决于不同的民族传统和文化背景,成为决定诉讼"模式"的原因。① 这一理论在承认现代诉讼理念的共性基础上讨论程序结构上的差异问题,将诉讼模式的讨论推进了一层。

与此同时,陈桂明教授将诉讼模式的核心内容界定为诉权与审判权的关系,认为民事诉讼模式是指法院审判行为(职权行为)与当事人诉讼行为(诉权行为)之间的关系模式,是对民事诉讼结构的理论概括,反映了法院与当事人在诉讼中的相互关系。② 刘荣军教授则采用不同的表述方式,认为民事诉讼模式是指支持民事诉讼制度和程序运作所形成的结构中各种基本要素及其关系的抽象和概括,它是一种形式,是对民事诉讼程序及制度结构的抽象概括。③ 此外,王亚新教授以独特视角界定了我国民事诉讼的传统模式及其转换目标,他将诉讼模式划分为判决型审判与调解型模式④,指出我国庭审功能的虚化,是因为在传统模式下当事人的举证责任不符合调解型模式的正当性原理。⑤

综上所述,民事诉讼模式是指一国诉讼制度对当事人诉权与法官审判权的配置方式。在诉权对审判权制约关系的具体环节上:其一,处分权主义理念意味着,法官的诉讼标的裁判权受当事人处分权的制约,故未经当事人主张的权利不能成为裁判对象。其二,对抗主义或辩论主义理念意味着,法官的事实裁判权受当事人的事实辩论权的制约,故未经当事人主张的事实不能成为证明对象/待证事实和裁判的依据。其三,对抗制审判方式意味着,法官获取事实信息即证据的权力受当事人事实证明手段的制约,故未经当事人在法庭上自行提出的证据,法官不得自行获取以作为获得心证的途径。广义的诉讼模式包括上述三个层次,是指以一定的社会理念为基础,以一审庭审为核心的技术结构,所体现的诉讼主体之间诉讼法律关系的特征;狭义的诉讼模式,亦即职权主义与当事人主义/对抗制对立意义上的诉讼模式,仅包括第三个层

---

① 汤维建:《两大法系民事诉讼法制度比较研究》,载陈光中、江伟主编:《诉讼法论丛》(第1卷),法律出版社1998年版。
② 陈桂明:《诉讼公正与程序保障》,中国法制出版社1996年版,第158、161页。
③ 刘荣军:《程序保障的理论视角》,法律出版社1999年版,第172—173页。
④ 这是另一种视角和标准。如棚濑孝雄教授将诉讼模式分为法官严格适用法律模式和当事人参加型模式。〔日〕棚濑孝雄:《纠纷的解决与审判制度》,王亚新译,中国政法大学出版社1994年版,第255页。
⑤ 王亚新:《论民事、经济审判方式的改革》,载《中国社会科学》1994年第1期。

次的内容,即指庭审方式的特征,以及与此密切关联的审前程序的特征。

**二、比较法视野下的民事诉讼模式**

按照诉讼模式的上述定义,参考西方比较法学者划分诉讼模式的标准,考察美英、德奥、法意等不同模式的庭审结构和审前程序的特征,同时观照以一审程序模式为基础的三大上诉模式,对当代西方国家的一审诉讼模式可进行以下归纳。

(一) 三大诉讼模式的相似性——处分权主义和辩论主义

西方比较法学者非常注重意识形态和理念对于法律结构模式的基础性影响,比如学术名著《当代世界主要法系》把渊源于大陆法系的社会主义国家法律制度作为独立的"社会主义法系";《国际诉讼法学会第五届世界大会总结报告》则根据意识形态和民事诉讼制度目的的差异,将社会主义国家的"模式"从两大法系中分离出来,成为单独的"政策实现型"模式,而大陆法系各国和英美法国家均为"纠纷解决模式"。

翻阅西方各国的民事诉讼法教材不难发现,以法系作为划分民事诉讼程序模式的标准已经相当不准确。一方面,同一法系各国的制度已相去甚远,例如美国与英国几乎没有太多相似,而法国与德国也判若两类。① 另一方面,不同法系各国的制度差异也没有如此明显。比如西方三大诉讼模式不仅基于共享的市场体制及私权自治理念而共享处分权主义,在第一个层次上体现为诉讼请求对裁判对象的制约;而且在第二个层次上,即事实主张对于裁判的事实依据的制约,现代西方各国也共享着对抗主义或辩论主义的特征。美国学者万·梅仑指出:"法国、德国和美国的民事诉讼制度曾经是——而且依然是——对抗的。非对抗制这个词只有当它用来描述大陆法民事诉讼中收集证据的司法行为时,才是正确的。"日本学者谷口安平认同三种模式"在民事诉讼程序中采取的都是对抗式辩论原则,当事者之间的对抗式辩论是其共通的特征"的前提下,进一步将民事诉讼模式区分为德国的当事人主导辩论模式(Verhandlungsmaxime)和美国的对抗式辩论模式(adversary)。② 美国比较法学者朗本(John H. Langbein)指出:"我得强调,我们的对抗制程序与大陆法传统被假定的非对抗制程序之间为我们所熟知的差异被夸大了……二者都是民事程序的对抗制。德国跟美国一样,从第一次诉讼活动开始到最后的辩论结束,律师都在前面冲锋陷阵。"

(二) 三大诉讼模式的差异性——程序结构上的对抗制与职权主义分野

正如朗本教授所说,德国与美国民事程序之间有两大基本差异,并由此导致了其他许多差异。首先,法庭而非当事人的律师对收集事实和证据交换负主要责任,尽管律师行使对法庭工作的监督权。其次,庭审前与庭审之间、证据开示与提出证据之间没有分别,庭审不是单独的连续的事件,法庭收集和评价证据是根据具体情况需要通过一系列庭审而进行的。法国在庭审阶段与德国相似,采取职业法官调查事实的模式;但法国在审前阶段则更接近于美国模式,主要由当事人推动诉讼进程,并与庭审

---

① 《国际诉讼法学会第五届世界大会总结报告》,载田平安主编:《民事诉讼法学译丛》,法律出版社2000年版,第135页。
② 〔日〕谷口安平:《程序的正义与诉讼》,王亚新、刘荣军译,中国政法大学出版社1996年版,第23页。

阶段相对独立。

1. 美国：对抗制下的集中审理模式和由当事人支配的审前程序

美国诉讼制度受陪审团审判传统的影响深远，在程序结构上的特征表现为：对抗制的集中审理模式，当事人主导的冗长昂贵的审前程序，规则繁复的事实问题与法律问题的划分，精密细致的证据规则和无所不包的证据开示，甚至包括上诉程序的有限审查制和书面审查的运作方式。

（1）对抗制的庭审程序

美国学者指出："对抗制的典型模式就是，由当事人（原告和被告）承担调查、显示证据和提出辩论的责任，当事人的纠纷通常是由一名法官——一个中立、无偏私的被动裁判者——倾听当事人双方的陈述，并基于当事人所呈现的内容而作出裁判，法官的作用相当于一个公断人，力图确保律师遵守程序规则。从这个意义上讲，整个诉讼程序是由当事人——或者更确切地讲——由律师控制的。"[①] 对抗制最富特色的是交叉询问制度和集中审理原则，这与事实的裁判者陪审团系普通公众而非具有法律专业知识的职业法官有关。通过在律师引导下的交叉询问，当事人陈述和证人证言等证据被纳入法律事实的框架，非法、虚假或无关联的部分被剔除，案发现场或纠纷原貌得以演示和再现，陪审员们通过庭审观察而获得关于事实真相的判断。为了避免陪审团在审判时间受外界关于案情信息的不当干扰，陪审团在审理期间通常与世隔绝，为此形成了集中审理模式。

（2）当事人支配下的多功能审前程序

由于陪审团的集中庭审模式成本很高，因此在进入庭审之前，一方面要求当事人提出所有主张和证据，由此形成审前程序与庭审程序相对独立的模式；另一方面需要将不必提交陪审团审判的案件，即不构成事实争议的案件，以其他方式进行分流，由此形成多功能的审前程序；此外，为保障集中审理的顺利进行，审前程序为当事人获得证据提供了充分手段，由此形成了完备的证据开示和证据披露规则，同时为了避免不具证据能力的信息对作为法律外行的陪审团形成误导，发展出严格的证据排除规则。

美国诉讼模式的改革主要集中在审前程序。一方面，鉴于由双方律师控制的审前程序拖延和浪费现象严重，美国在 20 世纪下半叶从德国引入"管理型审判"的概念，在审前加强了法官职权介入，比如由准备法官主持审前会议、整理争议焦点。另一方面，审前程序中通过各种形式的法院附设 ADR（和解、调解、仲裁）实现的案件分流，进入庭审程序的案件已减少至仅占全部初审案件的 2%—5%。随着民商事案件中陪审团使用率严重下降，美国的诉讼模式也在悄然发生局部变化，比如法官在庭审过程中补充询问事实已不再是奇怪的现象。[②]

---

① 〔美〕史蒂文·苏本、玛格瑞特·伍：《美国民事诉讼的真谛——从历史、文化、实务的视角》，蔡彦敏、徐卉译，法律出版社 2002 年版。
② 与初审法院完全不同，美国的两级上诉法院的庭审模式都是法官询问制的，因为上诉法庭由职业法官组成，也不决定事实问题（注意不是不审查事实问题），而且参加庭审的都是法律职业者，没有当事人或证人。

2. 德国：处分权控制下的职权主义阶段性审理模式

德国模式以职业法官审判为基础，形成与美国相对照的一些基本特点：一是庭审中法官与律师的职能配置。由于没有美国式的陪审团参与诉讼，特别是在采取律师强制代理制的法院（基层法院以外），诉讼实际上是在法律职业人员之间进行的。律师把当事人的请求翻译为法律语言提交法庭，并根据这些请求准备好证据；法官则在当事人主张的范围内要求其提交证据以支持这些主张，并通过询问当事人获取这些证据，作为认定事实的依据。于是，当事人（律师）与法官按照"大前提—小前提—结论"这样的法律逻辑，当事人完成对由证据到事实的证明过程，法官则在这个过程中获取证据，从而获得适用支持或驳回诉讼请求的某一法律规范的事实前提。

第二个特点是阶段审理模式。德国的审前程序与审判程序之间并不像美国那样泾渭分明，而是根据双方律师提供的书面材料进行基本准备，进行证据交换，确定开庭的具体目的和争点；开庭日如果一方当事人有重要的新证据，或者法官未能获得形成裁判结论所需要的全部信息，可能再次举证和开庭。这种准备—开庭—再准备—再开庭的分阶段审理模式，可以节省美国那种轰炸式的证据准备所造成的信息成本，美国律师在审前程序中处心积虑地挖掘的信息和证人，许多会在庭审中因为某一症结问题的解决而变得毫无价值。

3. 法国：当事人支配的审前程序和法官控制的职权探知的庭审模式

（1）法国的审前程序和集中审理模式更接近于美国。法国基于"诉讼契约"的观念，加之大革命后法官不受信任的文化背景和三权分立体制下的法官消极角色，法官被认为是基于当事人的授权而行使审判权的中立第三者。审前程序是由双方律师进行和商议决定的，包括文书送达、程序的进展、证据准备和交换，而不是像德国那样由法官主导。证据未经审前交换不得提交法庭审理，这一规定也强化了审前程序在收集证据方面的功能和苛刻的证据时效制度，使法国审前程序与庭审程序相对独立。鉴于当事人控制审前程序造成的拖延，20世纪70年代以后法国民事诉讼制度改革加强了法官支配审前程序的职能，但基于传统角色定位的惯性影响，法官极少真正行使这些权力。

（2）法国由法官进行职权调查的庭审程序更接近于德国。由于法国与德国一样，由职业法官进行审判，因而没有必要采取美国那样依赖于律师对抗式的表演把客观事实转化为法律事实来说服法官作出对自己有利的判决。在当事人处分权主义的控制下，法官通过询问的方式，使双方律师有机会把他们在审前阶段相互交换过的证据提交法庭，并发表简短评论，职业法官便可以根据法定的证据特性和自由心证原则对证据及其证明对象作出自己的判断，并按照这个法律共同体中普遍接受的证明责任规则作出判决。与德国不同的是，由于法国审前程序是由律师操纵的，并且证据已在审前交换过，加之受到书证中心主义的影响，开庭审理时律师们在自己的法律同行——职业法官面前滔滔不绝已没有多少价值。所以法国的庭审程序十分简短，一般案件经过20分钟的审理即可了结。不过这种走过场式的庭审程序给法国司法制度带来了一定的正当性危机，尽管实证研究表明判决的公正性未受影响。为此，20世纪 90 年代的法国司法改革努力强化庭审功能和律师的作用。

### 三、中国民事诉讼模式及其转型

由上可见,市场体制下形成的西方诉讼模式都贯穿着以当事人诉权为基础并构成对审判权的有效制约。差异在于,在对抗制下,法庭获得事实和证据的途径,是当事人和律师通过在法庭上的交叉询问将证据和事实呈现出来,法官不主动向当事人询问事实或要求其出示证据;相比之下,德国和法国的庭审方式则是由职业法官在当事人诉讼请求的范围内,将当事人双方已在庭审之前收集、准备和交换过的证据,围绕法庭关注的要件事实,通过法官询问/调查的方式,纳入法庭的考虑范围。然而,无论是上述哪一种模式,法官都不可能在法庭之外收集或接受证据,更不会为了调查事实而在法庭之外跟当事人或证人单方面接触。因而不能把我国超职权主义的诉讼模式归入上述任何一种,我们必须予以准确定位并探求其真正成因。

(一) 传统诉讼模式——具有社会主义特色的超职权主义模式

我国传统的民事诉讼制度受公有制和计划经济体制下的私权虚无与公权至上、简单的生产关系、群众路线的国家治理模式等多重因素的影响,所形成的诉讼模式体现为国家干预主义抑制处分权主义,法官超职权主义抑制当事人辩论主义,调解万能和程序虚无主义抑制以专业化、规则化和程序化为特征的对抗主义。我国与苏联及以苏联为样板的其他社会主义国家的诉讼模式都具有以下特征:其一,当事人没有提出的权利主张,也可以作为法院的裁判对象;其二,法院调查核实事实的范围不受当事人事实主张的限制,凡对案件的解决有意义的任何事实,即使当事人并没有提出,法院也可以主动审理,甚至可以独立地收集调查证据,作为其裁判的依据。① 此外,社会主义国家的法院和检察机关不仅可以对诉讼程序的启动和终结进行干预,也可以对当事人自身的处分权进行干预,如支持起诉原则,审判监督模式等,与以公权至上、公共利益泛化为基础的超职权主义诉讼模式也是一脉相承的。

(二) 现行诉讼模式——法官控制事实调查与当事人辩论相结合

自 1991 年《民事诉讼法》颁布以来,特别是经历了随后逐步展开的民事审判方式改革之后,我国民事诉讼模式正在向着处分权主义和辩论主义转型。就一审程序中诉权与审判权之间三个层次的关系来看,其一,1991 年《民事诉讼法》并未规定当事人诉讼请求对裁判权构成制约。虽然规定"当事人有权在法律规定的范围内处分自己的民事权利和诉讼权利",但法律并未规定法院不得超出诉讼请求的范围进行裁判;相反,在属于当事人处分权范畴的许多方面,如起诉权、出庭抗辩权、撤诉权等方面,都体现了强烈的职权干预色彩。1991 年《民事诉讼法》在上诉程序中有所突破,规定了上诉请求对上诉审理范围的约束力。② 然而,2007 年修正的《民事诉讼法》通过将超越诉讼请求裁判列为再审事由,确立了当事人权利主张对于法官裁判对象的

---

① 参见〔苏联〕阿·克列曼:《苏维埃民事诉讼》,刘家辉译,法律出版社 1957 年版,第 88—89 页。
② 关于 1991 年和 1999 年司法解释先后对这一突破的消解和回归,见本书上诉程序的有关章节。

约束力。其二,1991 年《民事诉讼法》也未规定事实主张对法官的事实认定或裁判根据构成制约。虽然规定"法院审理民事案件时当事人有权进行辩论",但这与辩论主义所包含的当事人对事实负责的意义完全不同;相反,法典规定法院"应当全面、客观地审查核实证据",不以该证据与当事人事实主张之间的关系为前提,并且法院"认为审理案件需要的证据,应当调查收集"。2001 年最高人民法院关于诉讼证据的司法解释强化了当事人的举证责任,基本上消解了法院依职权自行调查收集证据的做法,但当事人的事实主张对于法院事实认定范围的约束力,在法律规定、审判实务乃至诉讼理论中,都尚未成为熟知或共识。其三,在第三个层次上,我国实行的仍然是职权探知主义,即当事人准备好的事实和证据通过法官庭审询问的方式呈交法庭审查,但对方当事人对于证据和事实已有了较大的辩论空间。

(三) 我国民事诉讼模式的转型方向

关于我国民事诉讼模式的转型方向,自民事审判方式改革以来至今尚无定论,要害问题在于,主张采用当事人主义诉讼模式的多数派与主张采用职权主义诉讼模式的少数派对于"当事人主义"的定义并不一致;而提出采用"以当事人主义为主,职权主义为辅"的混合型诉讼模式的折中主义者,更是不甚明了当事人主义模式与职权主义模式的分界标准。在此意义上,刘荣军教授提出"淡化模式论,注重程序内容的研究"[①],很有意义。

本章通过对三大诉讼模式的比较研究表明,现代西方国家无论采用何种庭审结构,都只是在追求效率的过程中求取与公正之间的平衡。既然法官滥用权力从来没有成为其中任何一种模式所面临的问题,那就表明,我国民事诉讼制度在公正与效率两方面都面临的一些问题,不可能仅仅通过改变审判方式的技术结构或引入任何一种诉讼模式而获得解决。我们必须进一步探究,不同模式的现代西方民事诉讼制度中究竟是什么东西抑制了法官的权力,使权力无法滥用而不会导致对司法公正的损害?这个共同的东西就是处分权主义,即法官的裁判权和事实判断权受当事人诉讼请求和事实主张的制约,因而只能在有限范围内行使。我国法官的权力不受这一限制而容易导致滥用,当事人不承担处分权主义和辩论主义所产生的举证责任,导致包揽一切的法官承担了本应由律师从事的事务,比如在法庭外调查事实,由此产生既无效率、又无公正的诉讼机制。因此,引入不同模式所共有的处分权主义和辩论主义,才是解决我国问题的实质所在。

既然处分权主义并非美国对抗制的专利,那么接下来的问题就是必须考虑具体制度移植的成本、代价和成功率。诉讼模式与其说是一种技术设置,不如说是一种文化积淀。正如约翰·梅利曼所言:"(诉讼模式)哪一个更好些? 一般说来,这是一个愚蠢的问题,正如问法语是否比英语优越一样笨拙。""法律根源于文化之中,它在一定的文化范围内对特定社会在特定的时间和地点提出的特定要求产生反映。"[②]正因

---

① 刘荣军:《民事诉讼模式论》,载江伟主编:《民事诉讼法学原理》,中国人民大学出版社 1999 年版,第 200 页。

② 〔美〕约翰·梅利曼:《大陆法系》,顾培东、禄正平译,法律出版社 2004 年版。

如此,20世纪80年代末,美国诉讼法学界针对朗本教授主张将美国式冗长、昂贵的对抗制庭审改造为德国式简洁、快速的辩论主义庭审模式的建议,进行过一场著名的大讨论,其中约翰·莱兹从法律文化的角度论证了不同模式程序制度赖以生存的传统和文化基础以及相互移植的巨大成本和不可行性。[①] 在中国,王亚新教授等许多学者对于我国审判方式改革的走向,以及对抗制生存的内在条件、社会背景、配套制度、在中国移植的可能性及相应后果,也进行过深入分析。[②]

鉴于我国的庭审模式在诉讼程序结构以及法制传统、文化背景等方面的特质,笔者认为,如果一定要选取一种模式,那么德国当事人主导下的辩论主义在中国土壤中更有可能成活,特别是德国职业法官主导下的职权进行主义,更符合我国改革的目标。相比之下,以陪审团传统为基础并强烈依赖于律师代理的美国对抗制,无论在必要性或可行性方面,都不适宜我国的实际,但美国审前程序的多功能设置及其在获取证据方面的某些规则,可以在观念和技术上作为我国案件分流和证据收集等制度建设的有益参考。

---

[①] 关于这场影响深远的论战,见〔美〕约翰·莱兹:《为什么美国可能无法接受德国民事程序中的优点》,傅郁林译,载《诉讼法论丛》(第3卷);John H. Langbein, The German Advantage in Civil Procedure, *University of Chicago Law Review*, Vol. 52, 1985, p. 823; Ronald J. Allen, Legal Institutions: Idealzation And Caricature in Camparative Scholarship, *Northwestern University Law Review*, Vol. 82, 1988, p. 785; John H. Langbein, Legal Institutions: Trashing The German Advantage, *U. L. Review*, Vol. 82, 1988, p. 763; Michael Bohlander, The German Advantage Revisited: An Inside View of German Civil Procedure in the Nineties, *Tulane European & Civil Law Forum*, Vol. 13, 1998, p. 26。

[②] 这些文章后来收入王亚新:《社会变革中的民事诉讼》,中国法制出版社2001年版。

# 第三章 民事诉讼的基本原则

**【本章提要】**

民事诉讼法的基本原则,是在民事诉讼中起指导作用的根本性准则。其中,当事人诉讼权利平等原则奠定了当事人在民事诉讼中的地位;处分原则在审理对象的确定和诉讼程序的进行等方面划定了当事人与法院各自发挥作用的空间;辩论原则明确了当事人行使辩论权与法院行使审判权之间的关系;法院调解原则,为当事人在诉讼中合意解决纠纷提供了制度基础;诚实信用原则体现了对民事诉讼法律关系主体公正、诚实、善意进行诉讼行为的法律规制;检察监督原则为实现诉讼公正提供了保障;直接言词原则对民事诉讼活动和民事审判活动提供了基本规范。

## 第一节 基本原则概述

### 一、基本原则的概念

民事诉讼法的基本原则,是指贯穿在民事诉讼的整个过程中,或者在重要的诉讼阶段,对民事诉讼活动起指导作用的根本性准则。民事诉讼法基本原则是立法者制定法律的指导思想和要求,是本部门法的精神实质和价值要求的集中体现,是民事诉讼法条文的灵魂。民事诉讼法基本原则也是对人民法院、当事人的诉讼地位以及相互关系,审判活动与诉讼活动应当恪守的基本规则和活动方式的基本定位。

民事诉讼法的基本原则不同于民事诉讼法的一般规范以及基本制度,相比之下,基本原则具有三个显著的特征:

第一,根本性。民事诉讼法的基本原则是制定民事诉讼法各项具体程序、制度、规则的基础,各项具体程序、制度、规则是基本原则的具体化。各项具体程序、制度和规范应当符合基本原则的要求,不得与基本原则相抵触、相冲突。与此同时,基本原则也是人民法院进行审判活动、当事人以及其他诉讼参与人进行诉讼活动必须遵守的基本准则。

第二,抽象性。民事诉讼法的基本原则是一种抽象的规范,并不具体地规定民事审判主体、当事人及其他诉讼参与人在诉讼中的权利义务,也不具体规定某项程序的操作,而是对民事诉讼法最基本的问题作出了高度概括的规定,是基于对民事诉讼活动一般规律的总结凝练所作出的规定。

第三,宏观指导性。由于民事诉讼法的基本原则具有根本性和抽象性,因而对整个民事诉讼法的实施而言具有高度的涵盖力,对于所有民事诉讼法律关系的主体进行诉讼活动具有宏观指导作用,为法院的审判活动和当事人、其他诉讼参与人的诉讼活动指明方向，整个民事诉讼活动应当符合基本原则的要求。

民事诉讼法的基本原则应同时具备以上特征。

**二、基本原则的意义**

民事诉讼法的基本原则在民事诉讼中占据极为重要的地位，无论是对民事诉讼立法，还是对诉讼活动过程，都发挥着重要的作用和效能。具体而言，民事诉讼基本原则的意义主要体现在以下三个方面：

（一）有利于准确理解我国的民事诉讼法

学习和掌握基本原则，有助于准确理解和把握民事诉讼法的立法精神，完整、准确地理解我国民事诉讼各项程序制度的内在含义，并且指导民事诉讼主体在具体的诉讼过程中贯彻执行民事诉讼法。

（二）有利于人民法院正确行使审判权

理解并掌握基本原则，有助于审判人员正确地理解民事诉讼法，依法保障当事人的合法权益，准确认定事实和适用法律，减少错案发生的可能；同时，理解和掌握基本原则，有助于当事人和其他诉讼参与人依法行使诉讼权利、履行诉讼义务，保障人民法院准确查明事实，正确适用法律，及时解决纠纷。

（三）有利于正确处理实践中出现的新问题

作为民事诉讼立法精神的体现，基本原则为解决民事审判实践中出现的新问题提供了法律上的根据。由于社会生活丰富多彩，民事案件复杂多样，民事诉讼法的条文对实践中出现的新问题不可能作出穷尽的规定，因而在司法实践中遇到法律条文没有明确规定的情况时，应当以基本原则的精神去分析和解决审判中的问题。基本原则是制定、解释和适用民事诉讼法的基本依据。

**三、基本原则的分类**

关于基本原则的分类，我国民事诉讼理论界一直存在争议。多年来，教科书一般是以《民事诉讼法》第一章为依据，将第一章除任务、适用范围之外的内容都作为基本原则，并将这些基本原则分为两大类：第一类是根据宪法原则，参照《人民法院组织法》的有关规定制定的基本原则。这类基本原则的特点是其不仅适用于民事诉讼，也适用于刑事诉讼和行政诉讼，正因为如此，这些原则就成为宪法、法院组织法、民事诉讼法、刑事诉讼法、行政诉讼法共有的基本原则，简称共有原则。根据《民事诉讼法》第一章的规定，这些原则包括：民事案件的审判权由人民法院行使原则；人民法院依法对民事案件进行独立审判原则；以事实为依据、以法律为准绳原则；使用民族语言文字进行诉讼原则；民族自治地方制定变通或补充规定原则等。第二类是根据民事诉讼的特殊规律和要求制定的基本原则，反映了民事诉讼的特殊性，只适用于民事诉讼。例如，辩论原则、处分原则、法院调解原则、诚实信用原则、民事检察监督原则等，因此属于民事诉讼法特有的基本原则，简称特有原则。2021年《民事诉讼法》修正案将线上诉讼活动与线下诉讼活动具有同等法律效力作为一项新的原则，在第一章予以规定。

近年来,民事诉讼法学界在研究民事诉讼特有原则时,摆脱了以注释法学研究基本原则的传统方法,从理论上以民事诉讼的特点和规律为依据,研究了我国民事诉讼法总则中未规定的原则,例如直接言词原则、一事不再理原则、管辖恒定原则等。与此同时,学术界也对我国民事诉讼法已经规定的一些原则提出了异议,例如支持起诉原则,指出其作用主要发生在起诉之前,不可能在民事诉讼中具有根本性地位,因而不应作为民事诉讼法的基本原则。这些学术上的讨论对于完善基本原则体系及其内容具有积极意义。

关于民事诉讼法基本原则的分类,理论上的探讨和争鸣仍在继续。以下重点对民事诉讼中具有根本性地位的、特有的基本原则进行阐述。

## 第二节　当事人诉讼权利平等原则

### 一、当事人诉讼权利平等原则的含义

《民事诉讼法》第 8 条规定:"民事诉讼当事人有平等的诉讼权利。人民法院审理民事案件,应当保障和便利当事人行使诉讼权利,对当事人在适用法律上一律平等。"该条规定确立了当事人诉讼权利平等原则的基本内容。

当事人诉讼权利平等原则是《宪法》规定的"公民在法律面前一律平等"原则在民事诉讼中的贯彻和具体体现,也是民事实体法规定的权利平等原则在民事诉讼中的必然要求。因而这一原则是民事诉讼法基本原则体系中的首要原则。在民事诉讼中,双方当事人平等体现了民事诉讼对抗式结构的特点,是程序公正的基本要素,这一原则的贯彻有利于人民法院通过双方当事人的对抗,发现争议的焦点和案件真实,作出公正的裁判。

### 二、当事人诉讼权利平等原则的内容

(一) 当事人享有平等的诉讼权利

民事诉讼当事人不论是自然人还是法人或其他组织,也不论其社会地位高低,政治倾向异同,性别、民族、文化程度有何差异,其诉讼地位是平等的,均享有平等的诉讼权利,不允许一方当事人享有多于另一方的权利甚至特权,也不允许一方当事人只承担诉讼义务而不享有诉讼权利。人民法院在诉讼中不得对任何一方当事人加以歧视和非法限制,也不得给予当事人法律规定以外的特权。

当事人诉讼权利平等的基础在于当事人在民事法律关系中的地位完全平等。在民事法律关系中,当事人的民事地位是平等的,平等民事主体之间产生的民事纠纷要求在解决纠纷的诉讼过程中保持主体地位的平等性,平等地享有诉讼权利和承担诉讼义务。为了保障这种实体上的平等能够在诉讼中实现,法律赋予当事人平等的诉讼权利。

当事人诉讼权利平等,主要表现为在诉讼中他们有均等的机会和手段维护自己的合法权益。民事诉讼法根据当事人双方在诉讼中的具体地位,分别配置了与其地位相当的诉讼权利和诉讼义务,虽然其诉讼权利和诉讼义务不完全一样,但这并不妨碍他们在实现自己请求和主张时手段和机会均等。例如,原告起诉后,被告虽然不能再起诉,但他可以通过抗辩和反驳对抗原告的请求;同时被告还可以对原告提起反诉。在开庭审理前,被告有权了解原告的指控,原告也有权了解被告针对自己指控提出的答辩。这些诉讼权利的表现形式虽然不同,但在本质上是平等的。当然,也有些诉讼权利对当事人双方来说是完全相同的,例如,委托诉讼代理人、申请回避、收集提供证据、进行辩论、提起上诉的权利等。

根据权利义务对等的原则,当事人双方平等地享有诉讼权利的同时,意味着他们必须平等地履行诉讼义务。事实上,当事人所履行的诉讼义务很多是为了保障对方诉讼权利的实现。一方当事人诉讼权利的实现常常需要以对方当事人履行一定诉讼义务为前提条件。因此,只有在平等地享有诉讼权利的同时平等地履行诉讼义务,才能使当事人诉讼权利平等、诉讼地位平等成为现实。

(二) 人民法院有责任保障和便利当事人平等地行使诉讼权利

当事人双方诉讼权利平等,这仅仅是法律规定,能否使之成为现实,与人民法院是否在诉讼中尽到了职责有密切关系。《民事诉讼法》第8条明确规定:人民法院审理民事案件,应当保障和便利当事人行使诉讼权利。人民法院及其审判人员具有保障和便利当事人行使诉讼权利的责任,没有限制、偏袒或区别对待当事人的权力。

保障当事人行使诉讼权利,要求人民法院在诉讼中为当事人行使诉讼权利提供必要条件,使当事人的诉讼权利能够充分行使,而不致发生障碍。例如,在审判人员确定后,应当在3日内告知当事人双方,使他们有时间考虑是否申请审判人员回避;决定开庭审理的案件,人民法院应当在开庭3日前将传票送达当事人,使当事人有充足的时间准备出庭。

便利当事人行使诉讼权利,就是在当事人行使诉讼权利存在实际困难时,人民法院应当尽量创造条件,提供方便,使其诉讼权利有可能实现。例如,当事人书写诉状有困难时,可以允许他们口头起诉;当事人不通晓诉讼当地语言文字的,人民法院应当为他们提供翻译;对于地处边远地区、交通不便的当事人,人民法院根据实际可能,巡回审理,到当事人住所地办案;对那些缺乏法律知识的当事人,人民法院更应当详细告知其诉讼权利义务并及时提醒其行使诉讼权利。

(三) 对当事人在适用法律上一律平等

民事诉讼法规定当事人诉讼权利平等,人民法院应当保障和便利当事人行使诉讼权利,其目的在于使当事人合法的实体权益得到公正的保护,这就进一步要求人民法院对当事人在适用法律上一律平等,不允许厚此薄彼。

对当事人在适用法律上一律平等,既是保护当事人具体的合法权益的需要,也是我国社会主义法治原则的根本要求。这一原则广泛适用于各种类型的民事诉讼案件,并且适用于民事诉讼程序的各个阶段。

然而,当事人诉讼权利平等并不是绝对的。在涉外民事诉讼中,外国当事人(包括无国籍人)与中国当事人有同等的诉讼权利义务;但是,如果外国法院对中国当事人的民事诉讼权利加以限制的,我国法院对该国当事人的民事诉讼权利实行对等原则。这种对等的目的在于通过适当的对应措施,消除涉外民事诉讼中适用同等原则的人为障碍,为当事人诉讼权利平等原则在涉外程序中的实现提供保障。这也是国家主权原则的必然要求。

## 第三节 处 分 原 则

### 一、处分原则的含义

《民事诉讼法》第13条第2款规定:"当事人有权在法律规定的范围内处分自己的民事权利和诉讼权利。"这是我国民事诉讼处分原则的确立根据。

处分原则,是指当事人有权在法律规定的范围内,自由支配和自主决定其享有的诉讼权利与实体权利,并受到人民法院普遍尊重的一项基本准则。民事诉讼中的处分,是指当事人对自己所享有的民事权利和诉讼权利依法自主决定行使与否的行为。处分权是民事诉讼当事人依法享有的权利,处分原则是民事诉讼特有的基本原则,是民事实体法意思自治原则在诉讼中的延伸,充分体现了民事法律关系的特点,同时也体现了民事诉讼的特征和规律。

### 二、处分原则的内容

(一) 处分原则以民事实体法的意思自治原则为基础

在现代社会,几乎所有国家的民事诉讼法都确立了处分原则(或称处分权主义),这是因为民事诉讼是发生于当事人之间的民事争议,即实体权利义务的争议。处分原则确立的直接依据即意思自治的理念,当事人对自己依法享有的实体权利有权进行处分,例如,权利人将自己的财产有偿转让或者无偿赠与他人,将自己生产的产品出卖或者留归自己使用等,均属于民事权利意思自治的范畴。意思自治在民事纠纷解决领域的具体体现即处分原则,诉讼上的处分权源自这种实体处分权,当事人既然可以处分自己的实体权利,那么在诉讼中当然可以处分自己的诉讼权利。实体处分权是处分原则赖以存在的基础和前提。

(二) 处分的对象包括民事权利和诉讼权利

根据当事人意思自治的原理,当事人对自己所享有的实体权利和诉讼权利都可以处分。在实体权利方面,当事人可以自主决定审理的对象和范围,如当事人在起诉和答辩时,可以自由地确定起诉什么;原告在诉讼过程中,可以变更、放弃诉讼请求,被告可以承认或者反驳原告的诉讼请求等。在诉讼权利方面,当事人对诉讼的启动、推进和终结均拥有处分权;对于程序是否开始,当事人有决定权;程序如何进行,当事人有控制权;程序能否终结,当事人有处置权。

在诉讼中,当事人对实体权利和诉讼权利的处分常常是结合在一起的,例如,当事人对不利于自己的一审判决没有依法上诉,即放弃了上诉的诉讼权利,同时也对可能在二审程序中得到保护的实体权益作了放弃的处分,这便是因处分诉讼权利而连带处分相关实体权利的情况。再比如,当事人在诉讼中承认对方的实体请求,即承认对方主张的实体权利,而放弃自己原来关于实体权利的主张。这种对实体权利的放弃处分就会使相应的诉讼程序没有必要继续进行,从而导致诉讼程序终结,结果该当事人也就实际上放弃了有关的诉讼权利。需要指出的是,当事人对自己权利的处分既可以是全部处分,也可以只处分其中一部分;既可以作放弃式的消极处分,也可以作请求式的积极处分;既可以是明示的,也可以是默示的(例如在法定期限内不上诉)。

(三)处分原则贯穿于诉讼的全过程

处分行为的表现方式多样,适用范围广泛,而且贯穿于诉讼的全过程。无论在审判的各个阶段,还是在执行阶段,当事人均有权处分自己的权利。例如,当事人的民事权益受到侵犯或者与他人发生争议后,是否起诉,以及在什么范围内起诉,由当事人自行决定;在一审程序中,原告有权撤诉,被告有权提出反诉,当事人双方都有权自认;在二审程序中,上诉人可以撤回上诉;无论在一审程序或者二审程序中,当事人均有权请求调解;在执行程序中,双方当事人有权自行达成执行和解协议。这些都是处分原则的具体体现。当然,当事人某些诉讼权利具有一定的阶段性特点,因而只有在相应的诉讼阶段才能处分,在这些阶段以外当事人不享有处分权。例如,请求调解只能在判决前进行,一旦人民法院判决宣告,当事人便不能再请求该人民法院调解了。

(四)当事人行使处分权应当依法进行

我国民事诉讼中的处分原则赋予当事人广泛的处分权,但并不意味着当事人可以绝对自由地处分,不受任何限制。《民事诉讼法》第13条第2款明确规定:"当事人有权在法律规定的范围内处分自己的民事权利和诉讼权利。"根据这一规定,当事人行使处分权应依法进行,即当事人行使处分权是相对的、有限的,不是绝对的。在我国,对于当事人的处分行为是否合法,由人民法院进行审查。凡符合法律的基本原则而且不损害国家、社会和他人合法权益的,人民法院应予尊重,该处分行为具有法律上的效力;否则该处分行为无效。

人民法院在对当事人的处分行为进行审查时,首先应当注意充分尊重当事人,切实保障当事人的处分权。在当事人不能正确理解和认识处分权的意义时,应当为当事人进行必要的解释、提示和指导,以保证当事人在正确认识处分权的基础上行使;在当事人误读或曲解处分原则时,人民法院应进行必要的监督,以防止处分权的不当扩张和滥用。当事人的处分权与法院的审判权在诉讼中的关系是:当事人处分权的行使对法院的审判权具有实质的约束力,在当事人意思自治的领域内,人民法院应当尊重当事人的选择;超出法律规定的限度时,法院应予审查和干预。法院的审判权应当在法律规定的范围内保障当事人处分权的充分实现。唯有如此,处分原则才有意义。

## 第四节 辩 论 原 则

### 一、我国辩论原则的含义和内容

《民事诉讼法》第 12 条规定:"人民法院审理民事案件时,当事人有权进行辩论。"本条规定确立了我国民事诉讼中的辩论原则。

辩论,指当事人在民事案件审理过程中依法对案件事实和争议问题各自陈述自己的主张和观点,反驳对方的主张和观点的一种诉讼活动,是当事人依法获得的支持自己诉讼主张的重要手段。辩论原则,是指当事人在民事案件审理过程中有权就案件事实和争议问题相互辩论,人民法院通过当事人的辩论来明辨是非,从而作出裁判的一项诉讼准则。辩论原则的确立,有助于当事人充分行使辩论权,积极地参与诉讼,通过辩论来阐明自己的主张和理由,全面揭示案件的事实,从而维护自己合法的民事权益。

辩论原则的主要内容包括以下几个方面:

(一) 辩论原则建立在双方当事人平等的基础上

民事诉讼双方当事人具有平等的法律地位,法律地位的平等决定了双方诉讼权利的平等。法律地位和诉讼权利的平等性,为当事人充分地行使辩论权提供了基础。同时,辩论原则又是当事人法律地位和诉讼权利平等的重要体现。在当事人的诉讼权利中最具实际意义的便是陈述自己主张、反驳对方主张的权利,也就是辩论的权利。辩论原则从法律上确认了当事人双方享有辩论权,使当事人双方的攻击与防御得以有效进行,并使当事人双方法律地位平等得到了进一步落实。根据《民诉法解释》的规定,人民法院应当保障当事人的辩论权,凡是阻碍当事人发表辩论意见、应当开庭审理而未开庭审理、违反法律规定送达起诉状副本或者上诉状副本,致使当事人无法行使辩论权利等,均为剥夺当事人辩论权的行为,是严重违反诉讼程序的行为,当事人有权向上级法院提出上诉或申请再审。

(二) 辩论的内容广泛

在民事诉讼中,当事人辩论的内容相当广泛,他们可以就实体争议问题进行辩论,也可以就程序问题进行辩论;可以就案件事实进行辩论,也可以就有关证据的真伪进行辩论;可以就某一事实的认定进行辩论,也可以就有关法律的适用进行辩论。总之,凡是与案件有关的事实和争议问题,当事人均可陈述自己的观点,进行辩论。

(三) 辩论原则适用于民事诉讼的全过程

自人民法院受理案件之时开始,当事人就有权陈述自己的诉讼请求和辩论意见,直到诉讼终结之前,当事人双方均可行使辩论权。辩论原则不仅在第一审程序中适用,而且在第二审程序、审判监督程序中也同样适用。开庭审理过程中的质证和法庭辩论,更是辩论原则最典型、最集中的体现,但辩论原则并不仅限于法庭审理阶段,而是贯穿从起诉到诉讼终结的全过程。人民法院应当在整个民事诉讼过程中尊重和保障当事人的辩论权,以保证辩论原则在诉讼的任何阶段都能得到切实的贯彻。

(四)辩论的方式可以是口头辩论也可是书面辩论

当事人行使辩论权,既可以书状方式进行,如原告提交起诉状,被告提交答辩状或反诉状等;也可通过口头的方式进行,如开庭审理中当事人进行的口头辩论;还可以通过依法提出某种异议的方式(例如管辖权异议)进行辩论。此外,当事人的辩论既可表现为前述的主动明示行为,也可表现为被动默示行为——对相对方主张的承认或者默认。但不论在哪一个审判程序中,也不论采取哪一种方式,都不能超越和替代法庭辩论。法庭辩论既是法定的审判程序,也是辩论原则的集中体现,凡是当事人主张的事实和理由,都必须在法庭上提出并经当事人质证和辩论。否则,不产生法律上的效果。

【特别提示】

民事诉讼中的辩论原则不同于刑事诉讼中的辩护原则:首先,前者建立在原告和被告诉讼权利平等的基础之上,且诉讼中当事人处于对立的地位;后者建立在公诉权与辩护权分立的基础上,检察机关代表国家以公诉人的身份对刑事犯罪嫌疑人、被告人行使追诉权,犯罪嫌疑人、被告人处于受控诉和受审判的地位。其次,民事诉讼当事人辩论的内容非常广泛,既可以是案件实体问题,也可以是程序问题,既可以就案件事实问题进行辩论,也可以就法律适用问题进行辩论;刑事辩护则是针对检察机关的指控而就犯罪嫌疑人、被告人无罪、罪轻、减轻处罚或免除罪责进行反驳和辩解。再次,民事诉讼中的当事人不仅可以相互反驳、争辩,被告还有权对原告提出反诉;刑事诉讼中的被告人则始终处于受审的地位,不能对公诉人提出反诉。

## 二、辩论原则与辩论主义的区别

辩论主义是西方国家普遍采用的民事诉讼立法指导原则,强调法院审理和裁判所需要的主要事实及证据材料,均应由当事人提出,法院裁判应建立在当事人辩论的基础之上。辩论主义界定了民事诉讼中法院和当事人的基本关系。我国的辩论原则和辩论主义虽然都有当事人享有辩论权并受法律保护之意,但就其内涵及功能而言,二者具有很大区别。

具体来讲,辩论主义的基本含义包括三个方面:(1)直接决定法律效果发生或消灭的事实必须在当事人的辩论中出现,没有在当事人辩论中出现的事实不能作为法院裁判的依据;(2)当事人一方提出的事实,对方当事人无争议的,法院应将其作为裁判的依据,无须调查其真伪;(3)法院对案件中事实及证据的调查只限于双方当事人在辩论中所提出的证据。

由此可见,辩论原则与辩论主义存在明显的区别。我国民事诉讼法中的辩论原则侧重于规定当事人的辩论权,将这一诉讼权利的内容、范围及行使的方式等加以明确,体现了我国职权主义模式下对当事人辩论权的尊重,但辩论的结果与法院裁判的关系,辩论原则并未界定。因此,法院裁判可以不受当事人的主张及所提出的证据的约束,从而当事人的辩论对诉讼结果的影响也就十分有限。正如有的学者所指出的,我国的辩论原则缺乏实在的内容,不具有刚性的作用[1],实际上成为一种非约束性或非实质性原则,从而导致了辩论原则的"空洞化"。[2] 而辩论主义则从根本上界定和规范了当事人的辩论与法院裁判的关系,将法院的裁判基础严格限定在当事人主张和辩论的范围内,充分尊重当事人的辩论意见,保障当事人的辩论权,使辩论程序发挥其应有的作用,也使当事人对自己实体权利和诉讼权利的处分权真正得到体现。也就是说,辩论主义是具有约束性的辩论原则,其对裁判的形式和法院的行为均具有很强的约束力。

辩论并不是诉讼的目的,而是达到查清案件事实、解决民事纠纷、保护当事人合法权益之目的的必要手段。为了保证法院公正地审判民事案件,应将判决和裁定建立在牢固的客观事实基础之上,作为定案根据的事实,应当在开庭审理中经当事人当庭质证、辩论无误后方可采用。也就是说,不论是当事人按照举证责任的要求提供的证据,还是人民法院依法调查收集的证据,都必须在开庭审理时按照法定的方式提交法庭,由双方当事人进行质证和辩论。没有经过法庭质证和辩论的事实不能作为人民法院认定案件事实的根据。

## 第五节 调 解 原 则

**一、调解的性质与功能**

诉讼调解,又称法院调解,是指在诉讼过程中,在人民法院的主持下,发生争议的双方当事人自愿协商、达成协议、解决纠纷的活动。依据民事诉讼法的规定,法院调解是人民法院审判民事案件、解决民事纠纷的重要方式。

民事诉讼法所规定的法院调解原则,是对自新民主主义革命时期以来司法工作成功经验的总结。我国历来重视对民事案件的调解工作,早在革命战争时期出现的"马锡五式审判方式",就将调解列为民事审判工作的重要方针;新中国成立以后,最高人民法院于1956年又提出了"调查研究、调解为主、就地解决"的十二字方针,后又发展为"依靠群众、调查研究、调解为主、就地解决"的十六字方针,均将调解作为解决民事纠纷的主要方式,这一做法一直延续到20世纪70年代末。1979年后,民事诉讼立法工作启动,立法机关、学术界和实践部门对法院调解工作进行了总结与反思。为防止过分强调调解带来的弊端,如削弱法院的审判功能、片面追求调解率而强迫或变相强迫调解、损害当事人的诉权及处分权等,1982年颁布的《民事诉讼法(试行)》将"调解为主"修改为"着重调解"的原则,起到了一定的作用。1991年修订颁布《民事诉讼法》时,在进一步总结经验和教训的基础上,规定了"自愿、合法"的调解原则,即

---

[1] 张卫平:《我国民事诉讼辩论原则重述》,载《法学研究》1996年第6期。
[2] 章武生等:《司法现代化与民事诉讼制度的建构》,法律出版社2000年版,第180页。

人民法院审理民事案件,应当根据自愿和合法的原则进行调解,调解不成的,应当及时判决。经过几十年的实践和探索,我国人民法院调解活动逐步克服了早期片面强调调解的偏颇,使这一原则不断趋于完善和成熟,在解决民事纠纷的活动中更加合理地发挥作用。作为一种充分体现当事人合意的纠纷解决方式,法院调解具有以下功能:

(一) 有利于彻底解决纠纷

法院调解建立在处分原则的基础上,双方当事人在法院的主持下,平等协商,充分对话,交换对案件事实及有关证据的意见。经过对自身利益及实体结果的权衡与评价,自愿与对方当事人达成协议,充分体现了对自己实体权利和诉讼权利的处分。以调解的方式解决纠纷,通常是双方当事人消除分歧与隔阂、互谅互让的结果,因此,以这种方式解决纠纷往往比较彻底。

(二) 有利于当事人之间关系的和谐

与判决不同,法院调解为当事人提供了比较充分的协商与对话的机会,为当事人解决纠纷营造了"友好的氛围",双方当事人在自愿的前提下各自作出一定的让步,达成双方都认为比较公平和满意的调解协议。事实证明,以这种方式解决纠纷,更有利于保持当事人之间的和谐关系。

(三) 有利于提高诉讼的效率

法院调解可适用于诉讼的各个阶段,调解的程序也比较灵活简便。双方当事人只要经自愿协商达成了调解协议,随时可能结束诉讼程序。调解书经双方当事人签收后立即生效,不存在上诉问题,可以提高诉讼的效率。同时,由于调解协议是双方当事人平等协商的结果,因此,大多数当事人都能够自觉履行而不必启动强制执行程序,有效地节约了司法资源。

**二、调解原则的主要内容**

根据《民事诉讼法》及相关司法解释的规定,我国的法院调解原则包括下列内容。

(一) 法院调解原则以当事人的处分权为基础,是当事人处分权的重要体现

根据处分原则,当事人依法享有对实体权利和诉讼权利的处分权,这为双方当事人相互作出让步和妥协,从而达成协议,解决争议提供了前提和诉讼空间。因此,当事人依法享有的处分权是法院调解原则能够产生和存在的客观基础。

同时,当事人之间在人民法院主持下自愿协商,达成协议,解决纠纷,是当事人行使处分权的重要表现形式。可以说,调解的过程,就是当事人双方相互不断妥协,纠纷不断消除的过程,在这一过程中,没有当事人对民事权利的处分行为是不可能的。同时,法院调解又为当事人行使处分权创造了条件和机会,使之能够对诉讼的进程乃至诉讼的结果发生重要的影响。

(二) 法院调解应当坚持自愿、合法原则

自愿与合法,是人民法院进行调解时必须遵循的原则。自愿,是指当事人双方都

愿意接受人民法院的调解,并且调解协议的达成必须是自愿的。根据民事诉讼法规定的精神,人民法院只有在当事人双方都接受的前提下才能开始调解。就一般民事案件而言,调解不是诉讼的必经程序,如果当事人一方不愿接受法院调解,调解程序就不应启动。人民法院既不得强迫当事人接受调解方式,更不得强迫当事人违心地达成调解协议。

合法,是指人民法院对民事案件进行调解时必须依法进行,在程序上不得违反自愿原则,在调解协议的内容中不得违反法律的基本精神,不得损害国家、社会和他人的合法权益。据此,调解活动应当严格依照法律规定的程序进行,包括调解的开始、调解的方式和步骤、调解的组织形式、调解协议的形成以及调解书的送达等,都应当符合民事诉讼法的规定。此外,调解协议通常是在当事人一方或者双方作出相应让步的前提下才能达成,没有妥协和让步,没有当事人对自己权利的处分,调解也就失去了存在的前提。但如果双方当事人的妥协和让步损害了国家、社会和他人的合法权益,即使是自愿的,也不应产生法律上的效果。这和处分原则的精神是一致的。

（三）调解不成,应及时判决

调解,必须在当事人自愿的基础上进行,调解协议应当是当事人双方共同的真实意愿的体现。如果当事人不愿接受调解方式或经调解无法达成协议以及在调解书送达前反悔的,人民法院应当及时判决,不能久调不决。

人民法院的全部调解工作应当在自愿与合法的前提下进行。在我国当前民事审判实践中应当注意克服不尊重当事人意愿,片面追求调解结案率,调解不成就久拖不决,甚至采取强迫、威逼的手段要求当事人接受调解方案的做法。在调解过程中当事人表明不愿继续接受调解时,即应通过审判,及时作出判决。

调解和判决是人民法院行使审判权解决民事纠纷的两种方式,审判人员应当根据案件的具体情况正确选择解决纠纷的方式,既不能只强调调解而忽视判决的作用,也不能只注重判决而贬低调解的功能,这样才能取得好的社会效果。一方面,审判人员在思想上应当高度重视调解工作,并尽量争取用调解的方式结案;另一方面,虽然法院调解是民事诉讼法确立的基本原则之一,但不能因此就认为调解是优于判决的结案方式。调解不是人民法院审理民事案件的必经程序,不能"以判压调",强迫调解。凡是当事人不愿调解或不愿再继续调解,或者经调解未达成协议,或者调解书送达前一方反悔的,人民法院均应当及时作出判决。

（四）调解适用于诉讼案件的各个审判阶段

调解原则是人民法院进行民事审判时应当遵循的重要原则,广泛适用于民事案件的各个审判阶段。即在第一审程序中,开庭审理前法院可以主持调解,开庭审理辩论结束后,法院还可以主持调解;在第二审程序、审判监督程序中,人民法院均可以进行调解。

## 第六节 诚实信用原则

### 一、诚实信用原则的含义

诚实信用原则,又称诚信原则,是指民事诉讼法律关系的主体在进行诉讼时,应当诚实和善意。民事诉讼是由各诉讼法律关系主体的行为共同作用而进行的,为使诉讼顺利进行,《民事诉讼法》第13条第1款规定:"民事诉讼应当遵循诚信原则。"

诚信原则作为民事实体法上的基本原则由来已久。自罗马法以后,世界上许多国家都在民法典中确立了这一原则。但在民事诉讼法中是否应确立这一原则,却有过激烈的争论。在20世纪30年代,修改后的德国民事诉讼法典第一次规定了当事人的"真实义务",要求当事人应当完全真实地陈述案件事实。这一立法规定被认为是民事诉讼中诚信原则的具体体现。此后,诚信原则被许多国家的民事诉讼法承认并写入立法。在我国民事诉讼法对此作出规定之前,最高人民法院在2001年版的《民事证据规定》第7条规定:"在法律没有具体规定,依本规定及其他司法解释无法确定举证责任承担时,人民法院可以根据公平原则和诚实信用原则,综合当事人举证能力等因素确定举证责任的承担。"这是我国第一个将诚信原则加以明确规定的民事诉讼方面的司法解释。

我国在2012年《民事诉讼法》修改时,第一次将诚实信用原则作为民事诉讼的基本原则加以规定,这对于引导民事诉讼法律关系主体在进行民事诉讼活动时公正、诚实和善意,遏制民事诉讼中的虚假陈述、伪证、虚假调解、恶意串通损害他人利益、规避执行等现象,具有非常重要的意义。《民诉法解释》则进一步明确了违反诚实信用原则的行为及其表现形式,例如冒充他人提起诉讼或者参加诉讼,证人签署保证书后作虚假证言,伪造、隐藏、毁灭或者拒绝交出有关被执行人履行能力的重要证据等;增加规定了抑制不诚信行为的措施,例如要求当事人签署据实陈述保证书、证人签署如实作证保证书,违者将承担相应的法律后果;补充规定了失信被执行人名单制度,被执行人不履行法律文书确定的义务的,人民法院除对被执行人予以处罚外,还可以根据情节将其纳入失信被执行人名单,将被执行人不履行或者不完全履行义务的信息向其所在单位、征信机构以及其他相关机构通报。这些规定进一步实现了诚实信用原则的正面倡导与违法失信行为的惩戒机制二者的结合。

### 二、诚实信用原则的主要内容

从各国民事诉讼法的一般规定看,诚信原则要求诉讼法律关系的主体实施诉讼行为应公正、诚实和善意,否则应根据诚信原则予以制约。根据有关理论研究成果和各国的司法实践,诚信原则的具体内容因主体的不同而有所不同。

(一) 诚实信用原则对当事人的制约

诚信原则对当事人的制约具体体现在以下几个方面:

1. 排除以不正当方式形成的有利于自己的诉讼状态。在诉讼中,一方当事人为了自己的私利采取不正当的诉讼行为,从而形成了损害对方当事人的诉讼状态时,对方当事人应有权对此提出异议,法院应根据诚信原则否定当事人已实施的恶意诉讼行为。

2. 禁止诉讼权利的滥用。诉讼权利的滥用即当事人违背了诉讼权利设置的目的,假借行使诉讼权利来达到不正当的目的。例如,当事人为拖延诉讼,没有理由和根据而申请回避、提出管辖异议、反诉等。对于这类诉讼行为,对方当事人可提出抗辩,法院也可根据诚信原则对其予以驳回。

3. 禁反言。在诉讼中,禁止当事人和其他诉讼法律关系的主体作前后矛盾的陈述、实施前后矛盾的诉讼行为,如果前后不一致而可能给对方当事人造成不公平的结果,法院应根据诚信原则否定后进行的诉讼行为。

4. 禁止虚假陈述。当事人在诉讼中应承担真实义务,不得作虚假陈述。当事人作虚假陈述会给法院正确判断案件事实设置障碍,妨碍公正审判,是严重违反诚信原则的行为。因此,应禁止当事人的一切虚假陈述,为其设置不利的诉讼后果。

(二) 诚实信用原则对法院或法官的制约

诚信原则对法院或法官行使审判权时的制约主要表现在:

1. 禁止滥用自由裁量权。自由裁量权是法官在审理民事案件时,依法享有的对个案中的具体情形根据公平、正义的要求酌情作出决定的权力。法官在行使自由裁量权的过程中,被赋予一定的裁量余地和空间,如法官对实体法和程序法具体条文的选择适用、对证据的取舍、对证据证明力的判断等,都在一定程度上体现了法官的自由意志,法官应当根据法律的原则和精神,公正、诚实和善意地行使自由裁量权,不得滥用自由裁量权。滥用自由裁量权就违反了诚信原则。

2. 禁止突袭性裁判。法官实施突袭性裁判的行为,是违反程序法的、直接侵害当事人合法权益的行为,必须制止。突袭性裁判的行为包括两大类:发现真实的突袭和适用法律的突袭。发现真实的突袭主要表现在:在当事人未能充分地提供诉讼资料或充分陈述的情况下,或未能充分认识、预测法官所认定的事实,因而未能充分的攻击防御时,受到法院的裁判。适用法律的突袭主要是指法官就适用法律问题所作的突袭性判断。法官应当充分尊重当事人的程序主体地位,保证当事人在案件审理过程中享有攻击和防御的机会,突袭性裁判是必须禁止的。

(三) 诚实信用原则对诉讼参与人的制约

诚信原则对诉讼参与人的制约主要表现在,证人应当如实作证,不得作虚假证言,不得伪造、隐藏、毁灭或者拒绝交出有关证据;鉴定机关与鉴定人应当据实做鉴定,提供科学、客观的鉴定意见。

### 三、违反诚实信用原则的法律后果

在民事诉讼法中确立诚信原则,应在明确规定该原则内容的同时,规定相应的法律后果,将自律性和强制性有机结合起来。从国外的立法经验看,当事人违反诚信原则给对方造成损失的,应承担赔偿责任,或认定其法律行为、诉讼行为无效。法官违反诚信原则在程序上可以成为当事人上诉的理由,给当事人造成损失的,也应承担国家赔偿责任。

在我国,根据《民事诉讼法》《民诉法解释》的有关规定,违反诚信原则也是要承担一定的法律后果的。例如,当事人之间恶意串通,企图通过诉讼、调解等方式损害他人合法权益或逃避履行生效法律文书确定的义务的,可以适用《民事诉讼法》第115条、第116条规定,根据情节轻重予以罚款、拘留;构成犯罪的,依法追究刑事责任。又如,当事人签署据实陈述保证书后,没有如实陈述的,法院对当事人主张的事实不予认定。再如,《民诉法解释》第119条、第120条规定,证人应如实作证,法院可要求证人作证前签署如实作证保证书,拒绝签署的,不得出庭作证,并自行承担因参加诉讼而发生的相关费用。

## 第七节 检察监督原则

**一、检察监督原则的含义**

检察监督原则,是指检察机关有权对法院行使审判权和执行权的合法性实行法律监督。《民事诉讼法》第14条规定:"人民检察院有权对民事诉讼实行法律监督。"第246条规定:"人民检察院有权对民事执行活动实行法律监督。"这是民事检察监督原则确立的法律依据。

根据我国《宪法》和《人民检察院组织法》的规定,检察机关是我国的法律监督机关,对国家的法律执行活动和法律遵守情况实行监督。在民事诉讼中确立检察监督原则,对于维护国家法治的统一,完善我国的民事审判监督机制,保证人民法院依法行使民事审判权,保护当事人的合法权益具有重要意义。但由于民事纠纷是私权之争,因此民事诉讼中检察监督原则的内容应不同于刑事诉讼和行政诉讼,应处理好检察监督与当事人处分权、检察监督与审判权、执行权等关系。

**二、检察监督原则的主要内容**

根据民事诉讼法的有关规定,检察监督原则的内容主要包括:

(一)检察监督的范围

1. 检察机关有权对人民法院已经发生法律效力的民事判决、裁定、调解书依照审判监督程序提出检察建议或抗诉,使错误的生效裁判通过法定程序得到纠正。在人民法院对再审案件进行审理时,检察机关应派员出席法庭,支持抗诉理由并监督人民法院的审判活动。

2. 检察机关有权对人民法院的民事执行活动实行法律监督。这一规定既是基本原则,也是授权的法律规范,其意味着对于人民法院的违法的执行行为,人民检察院均有权也有责任实施法律监督。

3. 检察机关有权监督审判人员贪污受贿、徇私舞弊、枉法裁判等违法行为。民事诉讼当事人或其他有关人员对审判人员进行控告、检举,或检察机关发现审判人员有上述行为时,检察机关应履行法律监督的职责。一方面应立案侦查,并依照法定程序追究法律责任;另一方面可建议人民法院停止该审判人员行使审判权的行为。

(二)检察监督的方式

1. 抗诉。检察机关对法院作出的发生法律效力的判决、裁定,发现有提起抗诉的法定情形,或者生效的调解书损害国家利益、社会公共利益的,有权依法定程序提起抗诉。

2. 检察建议。检察建议是人民检察院依法履行法律监督职责,参与社会治理,维护司法公正,促进依法行政,预防和减少违法犯罪,保护国家利益和社会公共利益,维护个人和组织合法权益,保障法律统一正确实施的重要方式。在民事诉讼中,检察建议是一种较抗诉用途更为广泛的监督方式。首先可适用于建议法院对生效的判决、裁定、调解书依法再审,法院不予再审的可提起抗诉;其次适用于同级检察院对同级法院民事审判的监督;最后适用于民事强制执行程序中对执行行为的监督。此外,对于民事诉讼中审判人员贪污受贿、徇私舞弊、枉法裁判以及程序错误等,均可采用这种方式进行监督。

(三)检察监督的程序与保障

针对不同的监督事项,《民事诉讼法》《民诉法解释》以及最高人民检察院《人民检察院民事诉讼监督规则》设置了不同的程序,检察机关应当严格依照这些程序进行监督活动。同时,检察机关因提出检察建议或抗诉的需要,依法享有向当事人或案外人调查核实有关情况的权力。调查核实权是检察机关行使民事诉讼监督权的重要保障。

## 第八节 直接言词原则

### 一、直接言词原则的含义

直接言词原则是直接原则和言词原则的合称。直接原则,又称直接审理原则,是与按他人的审理结果或听取他人汇报进行裁判的间接审理原则相对立的。直接原则是指判决只能由参加法庭调查、听取法庭辩论的审判人员亲自作出。言词原则又称言词审理原则,是与书面审理原则相对而言的,是指在案件的审理过程中,当事人以及人民法院的诉讼行为特别是质证、辩论、证据调查,都要以言词的形式进行。

直接言词原则是由司法的亲历性特征决定的,直接审理、言词审理有助于发现真实。该原则要求法官、当事人和证人在法庭上直接接触,法官亲自聆听当事人的陈述和辩论,并要求证人言词作证,从而可以直接观察当事人和证人的肢体语言,直接察看证据的实际状况,易于准确掌握案件事实。此外,直接言词原则还体现了诉讼或司法的一个特性:诉讼过程与诉讼结果的一体性,即案件判决往往是法官在听审过程中客观因素和主观因素累积的结果,该特性与发现案件真实、提高诉讼效率存在着内在联系。可以说,直接言词原则所内含或体现的精神、价值是现代诉讼基本原理的重要组成部分。正因如此,从世界范围看,目前,大陆法系各国的民事诉讼立法大多确立了直接言词原则;英美国家的诉讼立法或判例虽然没有直接确立直接言词原则,但它们有与直接言词原则同理的规则,如传闻证据排除规则。

我国《民事诉讼法》并未将直接言词原则明确规定为基本原则,但有些条文直接或间接地体现了该原则的具体内容。例如,《民事诉讼法》第71条规定:"证据应当在法庭上出示,并由当事人互相质证……";第75条规定:"凡是知道案件情况的单位和个人,都有义务出庭作证……"。直接言词原则在最高人民法院的司法解释中也有所体现。例如《民事证据规定》第68条第1款规定"人民法院应当要求证人出庭作证,接受审判人员和当事人的询问";第80条第1款规定:"鉴定人应当就鉴定事项如实答复当事人的异议和审判人员的询问。"但由于传统诉讼观念与诉讼体制的影响,我国民事诉讼还存在一些不符合直接言词原则的做法,如审判委员会讨论决定案件的处理、审判人员庭前调查收集证据并形成意见以及证人普遍不出庭、当事人双方的言词辩论不能对法官裁判形成必要的影响与制约等。随着我国司法改革的深入进行以及法官专业化水平的不断提高,诉讼程序与规则日益完善,直接言词原则的地位和作用将愈来愈显现出来。

**二、直接言词原则的内容**

(一) 直接原则的内容

直接原则包括以下几个方面的内容:

1. 在场原则。在开庭审理时,法官、当事人及其他诉讼参与人必须亲自到庭参加庭审活动。除法律有特别规定外,上述人员如不出庭,不得进行法庭审理;否则,审理活动无效。

2. 直接采证原则。即参加庭审的法官必须亲自参加法庭调查,认真听取法庭辩论,直接接触案件证据。

3. 直接判决原则。即判决由直接参加庭审活动的法官作出,并以庭审中接触的证据来认定案件事实。

由此可见,直接原则旨在强调法官必须亲自参与案件的审理,直接听取当事人的陈述及辩论,以便通过亲身的体验形成正确的裁判。

(二) 言词原则的内容

1. 庭审过程中所有诉讼主体的诉讼行为都应当以言词的方式进行。具体而言,当事人应以言词方式进行陈述,当事人质证、辩论应以口头形式进行;法院调查证据应以口头形式进行;证人应以口头形式作证;鉴定人的鉴定意见应由鉴定人在法庭上口头陈述。否则,上述诉讼行为不产生程序法上的效力。

2. 作为认定案件事实依据的证据,在法庭上必须以言词陈述的方式提出,并经诉讼各方以言词的方式予以调查,否则,不得作为法庭裁判的根据。

# 第四章 民事诉讼的基本制度

**【本章提要】**

民事诉讼法的基本制度,是指在民事诉讼的某个阶段或者某个方面起重要作用的制度,主要是规范法院审判行为的基础性制度。《民事诉讼法》第10条规定:"人民法院审理民事案件,依照法律规定实行合议、回避、公开审判和两审终审制度。"就逻辑关系而言,两审终审制规定了司法制度的基本结构,合议制规定了审判组织的基本形式,回避制度限定了审判人员的基本资格,公开审判制规定了审判程序的基本规程。本章将按照这一逻辑顺序进行介绍。现行法还规定了陪审制度和巡回审判制度,但这些制度是否属于基本制度尚有争议。陪审制适用于任何级别法院的一审普通程序,体现了人民参与司法的理念,本章将作简单介绍。巡回审判制虽然体现了便民司法的理念,但主要适用于交通不便利的基层法院及其派出法庭,故无法列入基本制度。

## 第一节 两审终审制度

### 一、两审终审制的含义

两审终审制是指一个民事案件经过两级审判后即告终结的制度。我国2006年修正的《人民法院组织法》第11条规定:"人民法院审判案件,实行两审终审制。地方各级人民法院第一审案件的判决和裁定,当事人可以按照法律规定的程序向上一级人民法院上诉,人民检察院可以按照法律规定的程序向上一级人民法院抗诉。地方各级人民法院第一审案件的判决和裁定,如果在上诉期限内当事人不上诉、人民检察院不抗诉,就是发生法律效力的判决和裁定。中级人民法院、高级人民法院和最高人民法院作出的第二审判决和裁定,最高人民法院审判的第一审案件的判决和裁定,都是终审的判决和裁定,也就是发生法律效力的判决和裁定。"这是对我国两审终审制的完整表述,虽然2018年修订《人民法院组织法》时删去了这一条文,两审终审制的含义依然沿用这一表述。

我国的法院体系分为基层人民法院、中级人民法院、高级人民法院和最高人民法院四个等级,每一级法院均受理一审案件,中级法院以上(含)的每一级法院同时受理第二审民事案件。因此,我国的审级制度常常被简称为"四级两审终审制"。两审终审制作为民事诉讼法的"基本"制度,系指在普遍意义上或原则上实行这一制度。这意味着,在原则的、普遍的、基本的制度之外,民事诉讼法中还可能包含着一些个别的、特殊的、例外的制度或情形。具体包括以下三个方面:

其一,两审终审制实际上是指适用于民事纠纷(争议)案件审理的基本"诉讼"制度。非争议事件即"非讼"案件普遍实行的是一审终审制,案件经一级法院裁判后即告终结,不得上诉。所以,究竟是将现行的一审终审制解读为两审终审基本制度的例外制度,还是将其作为非讼审判的基本制度与之并列,取决于理论上倾向于按照程序多元的观点将诉讼与非讼作为并列的两类程序,还是仅仅将非讼程序作为诉讼程序的附带或特别程序。

其二,两审终审制是指审判民事争议案件的"基本"制度。《民事诉讼法》在2012年增加规定的小额诉讼实行一审终审制,只是作为两审终审制的例外,其数量和程度都不影响两审终审作为我国民事审判的基本制度。另外,2015年《民诉法解释》新增规定,在第二审程序中,原审原告增加独立的诉讼请求或者原审被告提出反诉的,在调解不成且双方当事人同意由第二审法院一并审理的情况下,第二审法院可以一并裁判;或者一审判决不准离婚的案件,上诉后第二审人民法院认为应当判决离婚的,在子女抚养和财产问题上调解不成,且双方当事人同意由第二审法院一并审理的情况下,第二审法院可以一并裁判。这两种特殊情况下,实际上部分争议事项只经过了一级法院的审理即告终结,性质上属于合意的一审终审。

其三,诉讼案件经过两级审判并且已告终结的,如果存在导致生效裁判错误的法定事由,还可以通过当事人申请或检察院、法院启动的审判监督程序,撤销生效裁判并对案件进行再审。理论上,再审程序应当仅适用于极端例外的情形,不足以构成对两审终审制这一基本司法结构的冲击。但按照现行法律的规定,再审程序的法律地位和社会效应已远远超出了个别、特殊或例外的程度,而成为一种普遍适用的裁量性救济途径,因此准确地描述我国现行审级制度,应概括为"以两审终审制为基础,以再审程序为补充"。

## 二、我国两审终审制的确立及其历史演变

(一)两审终审制的确立

新中国成立初期,1951年《中华人民共和国人民法院暂行组织条例》第5条规定:"人民法院基本上实行三级两审制,以县级人民法院为基本的第一审法院,省级人民法院为基本的第二审法院;一般的以二审为终审,但在特殊情况下,得以三审或一审为终审。诉讼人如因原辖人民法院不能公平审判而越级起诉或越级上诉时,上级人民法院应依法予以必要的处理。"第38条第2款前半段规定:"人民检察署对于人民法院的确定判决,认为确有重大错误者,得提起抗诉,请予依法再审。"当时我国实行的审级制度是"以两审终审制为原则,以三审终审和一审终审为例外",同时也有审判监督程序。

1954年《人民法院组织法》确立了我国统一的两审终审制的司法体系。根据1954年《人民法院组织法》的规定,基层人民法院审判除法律、法令另有规定以外的一般刑事和民事的第一审案件,中级人民法院审判对基层人民法院判决裁定的上诉案件和检察院的抗议案件,并都审判第一审案件。基层人民法院和中级人民法院受

理的第一审案件,认为案情重大,应由上级人民法院审判的,可请求上级人民法院审判。高级人民法院和最高人民法院都审判对下级人民法院判决和裁定的上诉和抗议案件,并都审判法律规定的第一审案件。最高人民法院还审判它认为应由自己审判的第一审案件。中级人民法院和高级人民法院审判的第二审案件的判决和裁定以及最高人民法院审判的第一审和第二审案件的判决和裁定都是终审的判决和裁定。

实行两审终审制的理由,根据当时的权威说明,是因为"我国地区辽阔、交通不便,如果审级过多,当事人势必要到较远的地方去上诉;审级越多,诉讼越拖延,经年累月,不能定案。这样当事人既浪费时间、耽误生产、又花费路费,同时也会牵制人民法院的力量,对人民、对国家都很不利"①。而且,"从过去几年的实际情况来看,一般群众特别是劳动人民,上诉三审的案件并不多"②。况且,"对于已经发生法律效力的判决和裁定,如果发现确有错误,本院院长、上级人民法院或上级人民检察院还可以审判监督程序来纠正。审判监督制度并不增加上诉审级,没有因多一上诉审级而发生诉讼拖延现象的流弊,而却有给错误判决以必要纠正之利"③。

可见,取消有限三审制、确立统一的两审终审制,是基于诉讼经济、便利和效率的目标,综合考虑了我国当时的社会需求、发展状况、政策倾斜;同时在立法思路上是将审判监督程序作为两审终审制的补救机制的。但随着三十年来我国社会需求和整体发展状况的客观变化,特别是民事案件在整个司法中的分量明显加重、民事当事人成为利用司法资源的重要主体,整个司法的功能和目标也有所调整,因此两审终审制也随着其赖以产生的社会基础的变化而发生了逐步演变。

(二) 两审终审制的演变

经历"文化大革命"和法律虚无主义时代之后,我国于1979年7月1日重新颁布了《人民法院组织法》,在审级制度等基本制度上大致恢复了1954年的原状。1983年《人民法院组织法》也以基本相同的措辞规定了两审终审制(2006年修正时予以保留,2018年修订时相关规定被删去)。

新中国第一部民事诉讼法,即1982年颁布的《中华人民共和国民事诉讼法(试行)》,第一次将两审终审制体现在具体的程序规范之中,同时也明确规定了审判监督程序。不过,此时审判监督程序只能由人民法院启动,在结构上只是"二审程序"一编中的附带性规定,数量上仅有4条。检察监督虽在总则里确定了一个原则,但没有具体的程序支持;当事人对生效裁判不服,只能通过申诉由人民法院启动审判监督程序。因此,1982年《民事诉讼法》建立的是真正的两审终审制,审判监督程序仅为例外的补救机制,尚未取得作为两审终审制的"补充"地位。

1991年《民事诉讼法》在保持两审终审制基本结构的前提下,为了回应民事裁判错误频发的现实,增加了人民检察院启动审判监督程序的具体权限和程序,同时规定

---

① 转引自中国人民大学刑法民法教研室编:《中华人民共和国法院组织 诉讼程序参考资料》第4辑,中国人民大学出版社1955年版,第156页。
② 张志让:《宪法颁布后的中国人民法院》(1954年),参见同上书,第125页。
③ 《司法工作通讯》社印行的单行本。转引自同上书,第93—97、160页。

当事人可以通过申请再审成为启动再审程序的独立主体,而不再依附于申诉渠道间接地通过人民法院院长启动审判监督程序。1991年《民事诉讼法》一方面将审判监督程序规定为与一审程序和二审程序并列的独立程序,明显强化了审判监督程序,从而使审级制度实际上演变为"以两审终审制为原则,以再审程序为补充";另一方面将启动再审程序的主体由公权力机构拓展到私权当事人,从而使"审判监督"名称下的再审程序同时具有了私权救济的特征。

审判监督程序对两审终审制的冲击力在两次《民事诉讼法》修正案中持续增加。2007年对《民事诉讼法》进行局部修改的两大目的,就是解决执行难和所谓"申请再审难",因此大大增加了由当事人启动再审程序的分量,以至于私权救济的特征已明显超过了以公权力启动的"审判监督"的原始含义,并且在再审的管辖、事由、审查、审判等具体程序规范上进行了全面完善,再审程序的地位已经超越了作为两审终审制之补充或例外程序的地位,而几乎成为与二审上诉程序同等重要的救济途径。2012年修正案保持了强化审判监督的政策倾向,在此前提下对当事人申请再审和法院受理审查再审进行了一些规范,并同时增加和强化了检察监督的分量和力度。鉴于人民检察院的抗诉直接导致再审程序的启动,因而强化检察监督对两审终审制的冲击更直接、更突出。

### 三、关于建立有限三审制的理论探索

所谓有限三审制,是指案件在经过两级法院的审判后,仍可将法律问题提交作为第三审的最高法院解决。在当今世界,除了部分前社会主义国家和人口稀少的国家或地区之外,其他国家无论采取三级法院或四级法院结构,都实行有限三审制。但讨论三审制时应当注意以下几个基本问题:

1. 三审程序的功能,是统一司法、维护法律的统一适用与渐进发展,而不是用于纠正错误判决或为当事人的私权保障提供救济。因此,三审程序与作为审判监督或司法错误救济途径的再审程序不可能相互替代。三审法院是对整个司法体系的法制统一负有宪法责任的最高法院。

2. 三审程序解决的事项,只能是法律问题,而且只有那些可能推翻司法先例或者那些对法律发展或司法政策的统一产生重要影响的案件,才能提交三审程序解决。三审程序不审查或决定事实问题,甚至三审法院的法律裁判要受二审法院的事实裁判的拘束。

3. 三审程序的启动,原则上是由二审当事人向最高法院提起申诉(大陆法国家一般译为"上告"而不同于"控诉",美国译为"申诉"(petition)而不同于"上诉"(appeal)),但是否受理由法院裁量决定。在制度上也存在由下级法院就法律问题的裁判提请最高法院审查的情形,但因使用率极低而被忽略不计了。[①]

---

[①] 比如美国联邦上诉法院极少启动的向最高法院请求"确认"(certification)的程序。另外,德国司法制度中也存在普通法院依职权向宪法法院启动的宪法申诉程序。但这些程序由于使用率极低,因而几乎被制度的使用者和研究者忽略不计了。

我国司法统一法律适用与发展的方式,主要是通过最高人民法院发布抽象性"司法解释"文件和就下级法院的个案请示作出批复这两种途径,但这两种方式在权限、程序、功能等方面的缺陷和局限性长期以来受到理论界的批评。目前最高人民法院正在强化上下级法院的独立审判,包括以上级法院提审案件(包括具有重大法律意义的案件)来替代或减少个案请示和批复、建立指导性案例制度等。①

至于中国目前是否适宜建立有限三审制的问题,虽然对建立有限三审制的必要性已基本达成共识,但审级制度的变革是一种结构性重大调整,其对于财政、人事、社会文化等各个方面的依赖,以及变革所产生的震荡、成本和负面效应,都必须慎重地加以考虑。因此,有限三审制从理论探讨到制度建构之间需要经历一段渐进变革。②

## 第二节 合议制度

### 一、合议制的概念与功能

合议制是指由三名以上的审判人员单数组成审判组织,代表法院对民事案件进行集体审理和裁判的制度。

与合议制并存的另一种审判组织形式是独任制,即由一名审判员代表法院对案件进行审理和裁判的制度。在2021年修正《民事诉讼法》之前,合议制是我国法院审判民事案件的基本审判组织形式,具有广泛的适用性,即适用于除简易程序和部分特别程序以外的所有民事案件审判程序,包括一审普通程序、二审程序、再审程序以及发回重审案件的审判程序。部分需要适用合议制的特别程序,系指所有选民资格案件、重大疑难的非讼案件、公示催告程序中作出除权判决的程序,这些程序的审判组织均为合议庭。独任制只适用于简易程序和一般情形下的特别程序。

2021年修正的《民事诉讼法》扩大了独任制的适用范围,建立了普通程序独任审理模式、二审独任制审理模式。新增了第40条第2款第2句规定:"基层人民法院审理的基本事实清楚、权利义务关系明确的第一审民事案件,可以由审判员一人适用普通程序独任审理。"新增了第41条第2款规定:"中级人民法院对第一审适用简易程序审结或者不服裁定提起上诉的第二审民事案件,事实清楚、权利义务关系明确的,经双方当事人同意,可以由审判员一人独任审理。"新增了第42条规定:"人民法院审理下列民事案件,不得由审判员一人独任审理:(一)涉及国家利益、社会公共利益的案件;(二)涉及群体性纠纷,可能影响社会稳定的案件;(三)人民群众广泛关注或者其他社会影响较大的案件;(四)属于新类型或者疑难复杂的案件;(五)法律规定应当组成合议庭审理的案件;(六)其他不宜由审判员一人独任审理的案件。"新增了第43条规定,明确了由独任制向合议制的转化:"人民法院在审理过程中,发现

---

① 最新成果是2010年最高人民法院颁布的《关于规范上下级人民法院审判业务关系的若干意见》。
② 参见和对比傅郁林:《审级制度的建构原理》(载《中国社会科学》2002年第4期)与《司法职能分层目标下的高层法院职能转型》(载《清华法学》2009年第5期)。

案件不宜由审判员一人独任审理的,应当裁定转由合议庭审理。当事人认为案件由审判员一人独任审理违反法律规定的,可以向人民法院提出异议。人民法院对当事人提出的异议应当审查,异议成立的,裁定转由合议庭审理;异议不成立的,裁定驳回。"将 2017 年《民事诉讼法》第 169 条第 1 款第 1 句"第二审人民法院对上诉案件,应当组成合议庭,开庭审理。"修改为"第二审人民法院对上诉案件应当开庭审理。"

合议制度的功能是多方面的,其中最重要的是:其一,运用集体智慧,保证审判质量。特别是在复杂、疑难、新型的案件中,合议庭成员团队作战,可以弥补法官个人的智识和思路等方面的局限,作出最大限度接近正确的裁判,而且还有可能提高效率。其二,形成内部监督,防止个人恣意。中国民事诉讼实行职权主义模式,法官的权限较少受到来自当事人及其律师的制约,合议制以独立判断、公开讨论、平等表决、民主集中的集体决策机制,防止法官权力过分集中和恣意专断。其三,平衡多元价值,分担制度风险。特别在那些社会广泛关注、涉及多方利益、政策性较强的案件中,来自不同背景的法官可能带有或代表不同的价值倾向乃至偏见,同时也可能承受或遭受多方面的压力和干扰,由多名法官组成合议庭共同作出决定,可以通过不同价值取向之间的沟通和博弈形成审判庭的价值中立或平衡,并且以集体裁判体系共同分担独立审判本身蕴含的社会压力和风险。

**二、合议庭的组成与适用程序**

我国合议制的组织形式是合议庭。合议庭的组成一般是三位以上的单数审判员。合议庭分为职业(法官)合议庭和混合合议庭两种类型。职业合议庭全部由职业法官组成;混合合议庭由职业法官与人民陪审员共同组成,但不能全部由陪审员组成。人民陪审员在参加审判期间与审判员享有同等的权利,但不能担任合议庭的审判长。

混合合议庭只能适用于第一审普通程序。职业合议庭则可适用于所有合议制审判程序,包括第一审普通程序、第二审程序、重审程序、再审程序以及需要适用合议制的非讼程序。需要注意的是,在一个审判程序中参与过本案审判工作的审判人员,不得再参与该案其他程序的审判,因而在发回重审程序和再审程序中,合议庭须另行组成,即原来参加该案件审理的审判人员不再参加发回重审和再审的合议庭,以防止其先入为主,影响重审案件和再审案件的公正审理。但发回重审的案件,在一审法院作出裁判后又进入第二程序的,原第二审程序中合议庭组成人员仍然可以参加对重审案件进行第二审的合议庭。

2021 年修正《民事诉讼法》之前,立法将独任制与简易程序、合议制与普通程序捆绑在一起,一方面导致了简易程序的滥用,另一方面导致了合议制流于形式的空洞化倾向。为了强化合议庭功能,推动审判权独立行使,最高人民法院于 2010 年发布了《关于进一步加强合议庭职责的若干规定》(法释〔2010〕1 号)。许多地方中级人民法院和高级人民法院也通过合议庭结构和功能改革提高团队作战和专业审判的能力,淡化司法行政化管理,将审判权下放到合议庭。现行《民事诉讼法》解开了审判组织形式与案件审理程序之间的捆绑关系,如建立了独任制普通程序,有助于推动合议制与独任制在各自适宜的程序中发挥特定的功能,缓解司法人力资源与正当程序保障之间的紧张关系。

### 三、合议庭与审判委员会的关系

在我国,形式上的审判组织只有合议庭和独任庭,但在实质上行使审判权的还有审判委员会。《人民法院组织法》第 36 条第 1 款规定:"各级人民法院设立审判委员会。审判委员会由院长、副院长和若干资深法官组成,成员应当为单数。"第 37 条第 1 款规定:"审判委员会履行下列职能:(一) 总结审判工作经验;(二) 讨论决定重大、疑难、复杂案件的法律适用;(三) 讨论决定本院已经发生法律效力的判决、裁定、调解书是否应当再审;(四) 讨论决定其他有关审判工作的重大问题。"最高人民法院对属于审判工作中具体应用法律的问题进行解释,应当由审判委员会全体会议讨论通过;发布指导性案例,可以由审判委员会专业委员会会议讨论通过。2019 年 8 月 2 日最高人民法院发布《关于健全完善人民法院审判委员会工作机制的意见》,对于审判委员会工作的基本原则、组织构成、职能定位、运行机制、保障监督作出了细化安排。

从法律文本来看,审判委员会的角色只是监督者和指导者,只是"讨论"而并不"决定"案件;即使对案件作出决定,也没有法律规定合议庭必须服从。但实践中的普遍做法恰恰与之相反,审判委员会不仅要对案件作出决定,而且该决定合议庭必须服从,并且审判委员会的决定仍然要以合议庭的名义对外公布。

合议庭审理的案件提交审判委员会常见的情形有:一是合议庭内部对案件的决定未形成多数意见或者承办法官与审判长之间存在意见分歧;二是本院院长或主管审判业务的副院长认为合议庭的决定存在错误或不当;三是庭长与合议庭之间或庭长与合议庭审判长之间发生意见分歧。出现上述情形时,案件由合议庭申请提交或由院长(或副院长)直接提交审判委员会讨论决定。

审判委员会因其职能定位不清、程序暗箱操作、违背直接言词原则和公开审判原则、架空合议庭的独立审判权却又不公开署名和承担裁判责任等种种弊端,以及其所导致的"审者不判、判者不审"状况,长期以来成为我国法律界猛烈攻击的目标。但关于审判委员会的存废问题意见并不一致,支持其存在的主要理由是:审判委员会在敏感案件中可以为合议庭分担裁判风险。笔者建议,我国审判委员会的职能范围应限定于法律问题,并且仅限于那些对统一本院"同案同判"的法律意见和本地方的司法政策方面有重要影响的案件,同时在委员会人员结构上实现专业化、权威化配置,在运作方式上进行公开化、程序化改造,使审判委员会能够发挥其在建立判例制度方面的功能,并得以在转型社会中缓解法院独立审判与社会政策调适之间的紧张关系,降低司法风险。

## 第三节 回避制度

### 一、回避制度的含义与作用

回避制度,是指审判人员和其他有关人员,在具有法律规定不宜参加案件审理或有关诉讼活动的情形时,退出案件审理活动或有关诉讼活动的制度。

回避制度的最重要意义在于保证案件的公正审理。"任何人不得为自己的法官",一旦掺杂裁判者的私人利益或关系,就难以保障审判的中立、公正、无偏私。回避制度的另一层意义在于增加裁判的正当性。即使有公正无私的审判者存在,也往往难以消除当事人在主观感觉上对审判程序和结果的公正性的怀疑。回避制度将与案件有利害关系的审判人员及其他人员排除于民事诉讼程序之外,在实质上和感觉上都保证了审判的公正性。此外,回避制度也是一种平衡价值冲突的技术设置,是对审判者的制度性保护,避免审判者陷于"大义灭亲"的伦理困境。

### 二、回避的法定情形和适用对象

当事人如果认为审判人员对本案有利害关系或者其他关系不能公平审判,有权请求审判人员回避。审判人员是否应当回避,由本院院长决定。审判人员如果认为自己对本案有利害关系或者其他关系,需要回避时,应当报告本院院长决定。

根据我国《民事诉讼法》第47条和相关司法解释的规定,应当回避的情形包括:

1. 是本案当事人或者当事人、诉讼代理人的近亲属。依学理解释,近亲属是指在一定范围内有权利义务关系的亲属,包括配偶、父母、子女、兄弟姐妹、祖父母、外祖父母、孙子女、外孙子女。

2. 与本案有利害关系。与案件有利害关系,是指案件的处理结果会直接或间接地影响到审判人员或其他有关人员的利益,既包括审判人员本人与案件有利害关系的情形,也包括其近亲属与案件有利害关系的情形。

3. 担任过本案的证人、鉴定人、辩护人、诉讼代理人、翻译人员。这是为了防止审判人员对案件事实的认定受到之前经历的影响,保障审判的公正。

4. 与本案当事人、诉讼代理人有其他关系,可能影响对案件公正审理的。其他关系是指除上述关系外的与本案当事人之间存在的足以影响案件公正审理的关系,如师生关系、同学关系、朋友关系等。司法解释中特别规定了,审判人员本人或者其近亲属持有本案非上市公司当事人的股份或者股权的,也应当回避。

2012年修正的《民事诉讼法》还特别增加了两款规定:"审判人员接受当事人、诉讼代理人请客送礼,或者违反规定会见当事人、诉讼代理人的,当事人有权要求他们回避。审判人员有前款规定的行为的,应当依法追究法律责任。"司法解释对这一规定进行了扩展和细化:审判人员索取、接受本案当事人及其受托人财物或者其他利益的,为本案当事人推荐、介绍诉讼代理人或者为律师、其他人员介绍代理本案的,向本案当事人及其受托人借用款物的以及有其他不正当行为可能影响公正审理的,当事人均有权申请其回避。

2023年修正的《民事诉讼法》扩大了回避适用范围。对照修订后的《人民法院组织法》和《法官法》,将法官助理、司法技术人员纳入回避适用的对象,保障当事人申请回避权的全面行使,确保民事案件的公正审判。关于回避制度的适用对象,根据现行《民事诉讼法》的规定,适用回避的人员包括:审判人员(包括审判员和人民陪审员)、法官助理、书记员、司法技术人员、翻译人员、鉴定人、勘验人、执行员、检察人员等。之所以书记员等审判人员以外的人也作为回避的适用对象,主要原因在于他们虽然不是审判人员,但记录或提供与审判有关的信息,其与案件有一定的利害关系的存在,也有可能影响记录、翻译、鉴定等结果的客观性与真实性,从而影响到裁判的公正性,所以,在存在法定回避的情形时,也应当回避。

理论上,根据回避是否需要提出理由,回避区分为有因回避和无因回避。我国实行的是有因回避。无因回避不要求当事人提出回避的理由,但对申请回避的次数和程序有明确限定。

### 三、回避的方式与程序

回避的方式包括自行回避、申请回避和强制回避。自行回避是在审判人员或者其他有关人员遇有法定回避情形时主动要求回避。申请回避是由当事人或其诉讼代理人向人民法院提出申请,要求审判人员或其他有关人员回避。强制回避是在审判人员或者其他有关人员有应当回避的情形时没有回避,当事人也没有申请其回避时,由院长或者审判委员会决定其回避。

当事人申请回避,可以采用口头或书面两种方式。但不论采用何种方式,均应当说明申请回避的理由,即说明需要回避的人员存在何种法定的回避情形。如果诉讼当事人在庭审中提出明显无理的回避申请,审判长可当庭驳回该回避申请。

提出回避申请的时间:当事人提出回避申请,应当在案件开始审理时提出,并说明理由。如果回避事由在案件开始审理后知道的,也可以在法庭辩论终结前提出。这样有利于保证回避的适用符合其制度初衷,同时减少回避对诉讼效率的影响。

回避的决定权和决定程序:是否回避的决定权属于人民法院。院长担任审判长时的回避,由审判委员会决定;审判人员的回避,由院长决定;其他人员的回避,由审判长决定。法院对当事人提出的回避申请,应当在申请提出的3日内,以口头或者书面形式作出决定。申请人对决定不服的,可以在接到决定时申请复议一次。法院对复议申请,应当在3日内作出复议决定,并通知复议申请人。

回避的法律后果:(1)人民法院作出是否回避的决定前,除案件需要采取紧急措施,如财产保全措施之外,被申请回避的人员应当暂时停止参与本案的工作。(2)人民法院决定同意回避申请的,被申请回避的人员退出本案的审理或诉讼;人民法院决定驳回回避申请的,被申请回避的人员恢复本案的工作。(3)当事人对回避决定申请复议的,复议期间,被申请回避的人员,不停止参与本案的工作。

## 第四节 公开审判制度

### 一、公开审判制度的内涵

公开审判制度,是指人民法院审理民事案件,除法律规定的特殊情形外,审判过程和结果应当向社会公开。

公开审判制度的确立是司法民主化的重要体现,是针对秘密审判的逆反革命,是社会发展、民主进步的重要成果,也是各国诉讼制度中的一项基本内容。公开审判的意义,在客观上有助于将审判活动置于社会公众的监督之下,通过审判程序的透明度和公开化,防止"暗箱操作",促进公正裁判;在主观上有助于增加审判的正当性和审判结果的社会接纳度,即产生"看得见的正义"的社会信任效果。公开审判也促使当事人在社会公众的监督之下,真实陈述事实和正当行使权利。公开审判也是向社会公众进行法制教育的过程,通过生动具体的"以案说法",达到"审判一案,教育一片"的效果。

公开审判的理论内涵强调的是向社会公开。不过,在实践中特别是在司法改革中,公开审判作为对超职权主义模式下"暗箱操作"的逆反,往往还包含了另一层更基本的要求,就是人民法院将审判过程和案件信息向双方当事人公开,亦即审判透明化。但严格地说,审判透明化是根据对席(对审)原则或辩论原则的要求,法院与当事人及其他诉讼参与人共处于同一"法的空间",进行信息交换、辩论和诘问,法官不得在一方当事人不在场的情况下向另一方获取案件信息,或根据未经双方在场和对质的信息作出裁判。二者的适用范围也不相同,公开审判的案件一定是信息透明、共享的,但以其他方式实现信息透明的案件则可能有属于不公开审理的法定例外。

### 二、公开审判制度的内容与例外

公开审判制度的内容,在客体上包括案件审理过程的公开和审判结果的公开,但评议过程不公开;在主体上包括向群众公开和向社会公开,前者指允许群众旁听案件庭审和宣判,后者指允许新闻记者采访和报道庭审过程、向社会披露案件的审判情况。就公开的范围和限制而言,审判结果须一律公开,但审判过程的公开则存在一些法律规定的例外。旁听审判过程一般不应存在制度性限制,但是新闻媒体向社会公开报道审判过程则存在一些制度性规范和取决于司法裁量的限制,比如不得构成或引起对独立司法和公正裁判的不当干扰。

为了维护国家、社会和当事人的合法权益,平衡不同的价值诉求,我国《民事诉讼法》规定在一些例外情况下民事案件不公开审理。具体包括:(1)涉及国家秘密的案件;(2)涉及个人隐私的案件;(3)人民法院根据当事人的申请,决定不公开审理的离婚案件和涉及商业秘密的案件。第三类案件并不属于法定不公开审理的案件,而是由当事人申请并经法院裁量决定不公开审理的案件。上述不公开审理的案件指审理过程不公开,但判决结果仍须公开,即应当公开宣判。

**三、2012年修正的《民事诉讼法》和司法改革对审判公开的推进**

我国2012年修正的《民事诉讼法》第156条增加规定:"公众可以查阅发生法律效力的判决书、裁定书,但涉及国家秘密、商业秘密和个人隐私的内容除外。"这是一次历史性的进步。将判决理由的公开查询作为公众的一项权利明文写入立法加以保障,是立法对二十年民事司法改革推进审判公开化、透明化的实践成果的确认和巩固,还具有推进审判技术进步、渐进形成司法判例等多重价值。

此外,《民事诉讼法》第154条第3款还增加规定:"裁定书应当写明裁定结果和作出该裁定的理由。"明确规定裁定书的内容也有突破性意义。我国裁定书是用于决定司法权、管辖权、当事人适格、发回重审、决定生效裁判再审等重大程序事项和保全、先予执行等暂时性实体权利处置的司法文书。过去立法从来没有规定过裁定书的具体内容,实践中长期以来裁定的理由要么受到漠视,要么采用内部函件("内函")的方式在法院内部传递,严重影响到当事人程序权利的保障,程序规则的实证研究也根本无从通过裁定书来观察、总结程序法规范在审判实践中究竟是如何适用和解释的。此外,2012年《民事诉讼法》第152条(现行第155条)不仅要求判决书写明结果和理由,而且对判决书的内容进一步提出了更加明确具体的要求。

如果说,20世纪90年代的司法改革大大推进了审判过程公开,那么我国2012年修正的《民事诉讼法》则着力推进审判结果公开,即裁判公开,而最高人民法院推出的司法改革方案则在审理过程公开、裁判结果公开、执行信息公开三方面进行了全面推进,简称"三公开"。最高人民法院为了落实法律赋予公众的裁判文书查询权,已设立人民法院裁判文书网,全国各级人民法院的裁判文书将逐级推进,全面上网。阳光是最好的防腐剂,审判公开本身就是一种最好的制约和监督方式,也是对当事人权利的最佳保护,要比事后监督和制裁好得多。始于2013年的第三轮司法改革,在推进审判过程公开、审判理由公开和执行信息公开方面有重大推进。

# 第二编　诉讼主体——法院

## 第五章　民事司法权概述

**【本章提要】**

通说认为,《民事诉讼法》第3条规定了我国"法院主管"或"民事诉讼主管"的范围。这一界定并不完全准确。本书重新梳理了审判权与司法权的关系,并将"主管"的概念更新为"司法职能管辖权",并在比较民事诉讼研究和总结国内相对成熟的最新成果基础上,提出了确定民事司法职能管辖权范围的可诉性要件。这部分内容是本书最具革新意义和理论突破的章节,初学者可对照其他教材选择使用。

### 第一节　民事司法权与民事审判权

民事司法权是指人民法院民事司法权,包括审理、裁判、调解、执行民事案件的职能和权限。通常,司法权是指人民法院根据宪法和法律从事其职能行为的权力,但还包括检察院从事职能行为的权限,甚至包括一些行政机关(如司法部、公安部、国家安全部等)承担的刑事执行、侦查等权限;宪法在赋予人民法院职能与权限时使用的是"审判权"。本书选择民事"司法权"而不是"审判权"作为定位人民法院职能和权限的概念,至少有如下理由:

其一,民事诉讼法学理论界对"司法权"概念的普遍使用和认同。关于司法权是否包括检察权、检察院是不是"司法机关"的争议,主要是(集中)在刑事司法领域;而在民事司法的语境中,司法权仅指人民法院的职能和宪法权限,与检察权无涉,十分清楚。许多文献都将民事司法权与民事审判权相互替换使用,特别是在讨论法院职能的外部边界时,实际上已经普遍使用司法(权)而非审判(权)来指称法院的职权行为。比如,当我们谈到纠纷的司法解决与非司法(司法外)解决、司法最终救济原则、司法审查权等概念时,没有人使用"审判"的概念来替代"司法"。

其二,"审判权"概念在程序法理论中通常都是在狭义上使用的,指在具体案件中以审判庭为核心行使的权限,从而赋予了审判权更加明确的程序意义和技术内涵。比如,在程序关系上,法院的审判权对应于当事人的诉权;在司法行为的运作特征上,审判对应于调解;在法院行为的性质和程序体系的划分上,审判权对应于执行权。所有这些使用"审判"或"审判权"的场合,都是用来划定法院在司法活动之中或程序体系之内各种法律关系的权限配置和行为规范的。

其三,从发展动态来看,当下法院的全部职能已无法用理论界广泛认同的"审判权"内涵所包容。如果将宪法所称的审判权区分为广义与狭义两个层面,则需要通过不断对每一种语境下的"审判权"进行定义和解释,造成解读、交流和制度建构中的困难和分歧。因此,直接以司法权来替代广义的审判权,用于划定法院的宪法职能和权限(外部边界),而"审判权"的概念仅用于指狭义的审判权(程序法意义上的审判权),不仅对我国实现审判权与执行权分离之后法院的权限具有解释力和包容力,而且也能为未来司法职能的改革奠定基础。比如,法院的执行权曾经附属于民事审判权,现在却发展为相对独立的权限和职能。未来改革还可能涉及法院的调解权与审判权的分离,调解权也可能无法再包含在审判权之内。此外,还有一些法院审判权无法涵盖的事项却属于司法权的范畴,比如对诉外解纷途径(如人民调解)的审查权,实际上也不是典型意义上的审判权,而是司法审查权。

## 第二节 司法职能管辖权

民事司法职能管辖(简称司法管辖或职能管辖)是本书用以替代传统概念中的法院主管或诉讼主管的新概念。它用于划定法院职能和权限的外部边界,在法律规范中,系指我国《民事诉讼法》第122条第4项所称的"人民法院受理民事诉讼的范围",简称为"(法院)受案范围"。

在传统概念中,主管在一般意义上是指国家机关、社会团体依法律规定,行使职权和履行职责的范围和权限。而法院主管则是指法院与其他国家机关、社会团体在解决民事纠纷方面的分工和权限,即确定民事纠纷哪些由法院负责处理、哪些由其他国家机关和社会团体负责处理。本书以司法职能管辖来替代法院主管概念的主要理由在于:

其一,主管概念的使用造成了我国制度自身逻辑的混乱和国际交流的困难。比如,按照我国现行概念,基于商事仲裁协议排斥司法职能管辖的原则提出的异议本应属于"主管权异议",在制度上却适用"管辖权异议"。这是因为仲裁作为一种国际化程度较高的制度,由于在其他国家只有管辖权的概念,没有主管的概念,所以我国在仲裁主管和与仲裁相关的法院主管的制度中就直接沿用了国际上通用的"管辖"概念。

其二,主管概念和制度上的混乱导致了教学体系的交叉和凌乱。比如,绝大部分教材将民事司法权范围的内容分解在民事纠纷与民事诉讼、主管与管辖、起诉与受理三个部分,学生难以将三部分中相关的问题进行衔接。为此,本书将民事纠纷的解决途径与司法职能管辖(即法院主管)这两部分整合在一起,以便分析民事纠纷的诉讼解决与非诉讼解决途径的异同,以及确定民事司法权外部边界的法理根据。而在起诉与受理那一部分,则只讨论司法职能管辖权的审查程序,而不讨论其审查条件。①

其三,法院"主管"概念具有强烈的行政色彩,不是专业的法律概念,因此这个在中国处于通说地位的概念正在受到部分学者的质疑和淘汰,比如有学者使用了"审判权的作用范围""裁判权的范围"等其他概念。②

其四,主管概念的行政色彩与相应制度设置对当事人程序权利的漠视是一脉相承的。比如,法院的主管权涉及划定司法权外部边界的重大宪法性问题,其具体要件在宪法性文件或程序法中都没有规定,而是通过最高人民法院陆续颁布的司法解释规定了一系列消极妨诉事由或不受理某些类型案件的条文。而且,在我国《民事诉讼法》第122条规定的四个起诉要件中,对主管要件的审查最缺乏程序保障(如听证、辩论或裁定)和救济途径(如异议或上诉)。

## 第三节 民事纠纷的可司法性

民事纠纷的可诉性,又称民事纠纷的可司法性,系指某一纠纷适宜并能够进入司法管辖范围的属性,用于界定一国确定司法职能管辖范围的条件、标准或考量因素。如前所述,民事纠纷并不都进入司法管辖,而司法管辖的民事案件也不都是民事纠纷。那么,民事纠纷需要符合怎样的条件才能进入司法职能管辖范围?笔者在归纳各国关于裁判要件规定的基础上,提出民事纠纷可诉性的积极要件和消极要件。

### 一、可诉性的积极要件

(一) 争议性

争议性是指当事人之间存在可提交法院裁判的利益纷争和对抗主张。如果没有争议的利益和立场对立的当事人,则不需要司法居中裁判,即使司法介入,也不是诉讼方式而属于非讼事件。争议要件对于确定消极的确认之诉是否具有裁判要件尤其重要。比如某 A 经常致函某 B 声称某 B 侵犯其专利权,此时某 B 可以以某 A 的行为已导致双方之间的专利权争议为由,主动提起诉讼,请求法院确认某 B 未侵害某 A 的专利权。但如果没有某 A 的行为所导致的"争议"的存在,某 B 就不能提起假想的或预备的诉讼。

(二) 民事性

民事争议既包括平等主体之间发生的争议,也包括非平等主体之间因从事民事行为而发生的争议。如果争议不是发生在平等主体之间,而且也不是基于双方之间的民事行为或民事法律事实发生的争议,则不属于民事司法职能管辖范围。这一标准对于界定我国那些由行政管理关系模式向市场交易关系模式转型过程中发生的争

---

① 正如第122条规定的其他要件分别在当事人、管辖权、诉讼标的等相应部分单独讨论一样。
② 傅郁林:《司法权与管辖权》,载《美国法官裁判文书自选集·爱德华兹集》,法律出版社2003年版;廖永安:《民事审判权的作用范围研究》,中国人民大学出版社2007年版;张卫平:《民事裁判权的范围》,载张卫平:《民事诉讼法》(第2版),法律出版社2009年版,第六章。

议的可诉性有着特别价值,有助于我国民事司法职能管辖范围与我国体制改革进程保持同步发展和衔接,即只有那些经由体制改革而具备了"民事性"特征的法律关系引起的争议才适宜和能够进入司法职能管辖范围。

(三) 法律性

司法的基本功能与其说是解决纠纷,毋宁说是保护被纠纷侵害的合法权益。因此,提交司法解决的争议必须有法律基础,符合法律的规定。德国法上将纠纷的可诉性称为权利的可诉性,并在涉及诉讼标的的裁判要件中包括起诉合乎法律规定。美国判例法要求行使司法权的前提(即裁判要件)是必须存在一项起源于法定事实情形的可被承认的合法利益,而且不裁判政治性、宗教性或学术性的争议。在作为成文法国家并宣布"社会主义法律体系已经形成"的中国,争议的法律性标准有助于找准司法权的基本定位与"能动司法"的界线。

(四) 权利保护的必要性

这要求争议的解决仍有实际意义(survive)。如果争议导致诉讼的事由已经消失,理论上称为诉由消失(moot),则不存在权利保护或启动司法权的必要。比如,根据司法解释的规定,财政、扶贫办等非金融行政机构通过签订借款合同,发放支农款、扶贫金,实行有偿使用、定期归还的,发生纠纷由行政部门优先解决;合同约定如发生纠纷可向法院起诉的,一方当事人直接向法院起诉,或者行政部门未能解决而起诉至法院的,法院应予受理。因此,这些案件就其类型本身符合可诉性的积极要件。但如果由于某种合同履行的原因却导致作为争议标的物的项目款丧失(如取消后期拨款并已转拨给其他机构)、依赖于新的项目拨款才能实现的,则可能民事司法权无法介入或裁处,因为原有款项已不复存在,而法院又无权介入行政机构的新的预算程序。①

诉讼案件的争议性、平等性、民事性、法律性,决定了相应诉讼程序的设置必须体现对抗性、辩论性、自治性、规范性、程序性,体现当事人处分主义和裁判者中立(消极)主义理念。这一特征可以通过比较同样属于司法职能管辖范围的非讼事件及相应的非讼程序的差异获得更好的理解。非讼事件除了与诉讼案件一样具有民事性的特征之外,其他方面都存在着差异,比如提交司法的事件并非争议,而是请求司法确认、宣告某一法律事件,当事人对于事项没有或较少有处分权,因而非讼程序体现出非对抗性、国家干预性和职权主义理念,其证明标准和救济途径也不相同;而一旦非讼事件在审理中出现争议(如督促程序中当事人提出异议、公示催告程序中出现权利申报),则转入用于解决纠纷的诉讼程序。

## 二、可诉性的消极要件

具备上述积极要件的案件,仍有可能囿于其他合法障碍而不能由法院行使审判权。换言之,民事纠纷的可诉性,即纠纷适宜并能够进入司法管辖范围,还须具备一

---

① 参见 City of Houston, Tex. v. HUD, 24F. 3d. ,1421(D. C. Cir. 1994)。中译本见〔美〕哈里·爱德华兹:《美国法官裁判文书自选集·爱德华兹集》(修订版),傅郁林等译评,华中科技大学出版社 2013 年版,第 124—141 页。

些消极要件或属性。具体包括：

（一）司法权的合意排除，即诉外途径作为替代程序

商事仲裁协议排斥法院司法权，即双方当事人达成书面仲裁协议、约定不得向法院起诉的案件不具有可诉性，法院不能受理。但"当事人对仲裁协议的效力有异议的，可以请求仲裁委员会作出决定或者请求人民法院作出裁定"。（我国《仲裁法》第20条）"仲裁裁决被人民法院裁定不予执行的，当事人可以根据双方达成的书面仲裁协议重新申请仲裁，也可以向人民法院起诉。"（我国《民事诉讼法》第248条）

（二）司法权的事后介入，即诉外途径作为前置程序

比如，劳动争议未经提交劳动仲裁，则不具有可诉性，但企业经营者为请求兑现承包经营合同规定的收入而向人民法院起诉的，属于合同纠纷，法院应予受理。另如，医疗事故纠纷未经提交医疗鉴定，不能提起诉讼，但患者及其亲属对医疗事故技术鉴定委员会作出的医疗事故结论没有意见，仅要求医疗单位就医疗事故赔偿经济损失而向人民法院起诉的，应予受理。

（三）重复起诉的法定禁止

根据"一事不再理"原则，以下两类情形的案件不得再行起诉或受理：其一，根据我国《民事诉讼法》第127条第5项规定，对判决、裁定、调解书已发生法律效力的案件，当事人又起诉的，除人民法院准许撤诉的裁定外，不予受理，并告知原告按照再审处理。其二，已经受理正在待审（即诉讼系属）之中的案件，当事人又向另一法院起诉的，不予受理。依据《民诉法解释》第247条规定，上述两种重复起诉情形还需满足三个要件：后诉与前诉的当事人相同；后诉与前诉的诉讼标的相同；后诉与前诉的诉讼请求相同，或者后诉的诉讼请求实质上否定前诉裁判结果。

（四）特殊案件的禁诉期间

根据我国《民法典》婚姻家庭编和《民事诉讼法》及《民诉法解释》的规定，女方在怀孕期间、分娩后1年内或终止妊娠后6个月内，男方不得提出离婚。女方提出离婚的，或人民法院认为确有必要受理男方离婚请求的，不在此限。此外，判决不准离婚和调解和好的离婚案件，原告撤诉或人民法院按撤诉处理的离婚案件，判决、调解维持收养关系的案件，没有新情况、新理由，原告在6个月内又起诉的，不予受理。但夫妻一方下落不明，另一方诉至法院，只要求离婚，不申请宣告下落不明人失踪或死亡的案件，应予受理。

【特别提示】

可诉性和可司法性的概念在大陆法系和普通法系具有相当大的差异，它们依赖于各国司法制度自己的定义。最接近于上述"纠纷的可诉性"的是德国法上的"权利的可诉性"概念，它是诉讼标的要件之一。德国民事诉讼要件（即裁判要件）包括三大方面：（1）涉及当事人的要件，（2）涉及法院的要件，（3）涉及诉讼标的的要件；每一方面又有若干具体要件，在第3项涉及诉讼标的的若干要件中包括了"被主张的权

利具有可诉性"这一小要件。① 美国法上的可司法性(juristiciablity)概念大致相当于德国法上的诉讼要件,系指法院得以对一个案件行使司法权/管辖权/裁判权(jurisdiction)的全部要件,包括(1)当事人的诉讼资格(standing)或诉的利益,(2)受诉法院享有司法权/管辖权(jurisdiction),(3)存在《宪法》第3条意义上的案件或争议——该争议是真正对抗的当事人之间起源于法定事实情形的合法利益并可以通过运用司法权解决的法律争议。② 此外,在我国理论文献中被大量引证的还有"规范/法律的可诉性"概念,即规范或法律可以被法院适用于具体程序的属性。

## 第四节　诉外解纷的司法审查权

由第二节分析可以看出,一国法律把什么样的社会冲突纳入司法管辖范围,取决于社会生活对司法的主观和客观需求,也取决于国家干预社会生活的主观愿望和客观可能性。一方面,纠纷本身有"适合于审判和不适合于审判"之分③,有些纠纷按其性质就无法纳入司法调整的范围;另一方面,即使那些适于审判的纠纷,也可能基于司法资源有限性和国家在全社会合理配置资源的考虑而暂时被排除在司法管辖之外,留待纠纷各方以更加便利和经济的方式解决。此外,即使上述条件都能满足,纠纷当事人却愿意谋求其他解决途径,而基于社会权利保留和民事权利自治的理念,国家司法权须向社会自治权妥协,并且随着司法资源的有限性与社会需求不断增长的矛盾日益紧张,司法权对于诉外纠纷解决途径的政策普遍由容许嬗变为鼓励。然而,按照司法最终救济原则,当诉外解纷途径出现严重危害当事人权益或/和社会公平正义的重大瑕疵时,司法仍须保持某种事后的或最终的救济途径。在理论上,民事纠纷的司法救济可以区分为初审救济与事后救济。那么,司法救济与司法外救济途径之间是如何处理交叉关系、避免空档和进行衔接的?

**一、司法最终救济原则**

划定司法职能管辖范围的目的,是为了划定法院与其他国家机关和社会团体处理民事纠纷的权限范围和边界,以免在谋求纠纷救济时,客观上出现制度性空缺、重叠、排斥、冲突,主观上出现职能部门相互推诿、相互争抢或当事人恶意利用制度缺陷的情形。为此,除了按照法定条件确定各自的职能管辖范围之外,诉讼与诉外、司法与非司法之间的关系总体上按照"司法最终救济原则"来处理。其具体含义是:

其一,解纷途径的启动,遵循三个准则:一是司法管辖兜底,即民事争议除非有法律特别规定由其他机构管辖,否则符合上述可诉性特征的所有民事纠纷均属于法院

---

① 〔德〕汉斯—约阿希姆·穆泽拉克:《德国民事诉讼法基础教程》(修订版),周翠译,中国政法大学出版社2005年版。
② 〔美〕彼得·G.伦斯特洛姆,《美国法律辞典》,贺卫方等译,中国政法大学出版社1998年版,第7页。
③ 参见〔日〕棚濑孝雄:《纠纷的解决与审判制度》,王亚新译,中国政法大学出版社1994年版,第2页。

管辖;二是司法管辖权优先,即法律规定法院和其他机构均有权管辖的案件,当事人有权选择其一,发生冲突时由法院管辖;三是穷尽前置性诉外救济,即法律特别规定由其他机关先行处理的案件,当事人在穷尽这些前置性救济途径之前,不得向法院寻求司法救济。

其二,诉外解纷结果,实行司法最终审查原则。法院无论是否对民事纠纷行使初审权,对于解纷结果都保留最终的司法审查权。换言之,即使法律规定由其他机关或社会团体享有终局性裁决权的民事案件,法院也保留对处理结果的最终救济权。不过,针对不同的诉外解纷途径的司法审查标准和程序存在较大差异,通常说来,诉外途径的自愿性越强、程序保障程度越高,司法审查标准就越宽松。

其三,解纷途径的终结,遵行司法终局性原则。法院对民事纠纷的处理是所有解纷途径中最后的、终局性的处理,在司法程序终结之后,不应再有高于司法权的其他救济途径。即使我国在司法之外设立了信访制度和审判监督程序,也只是干预了司法独立而已。除非是通过法院系统来自行撤销和变更判决,否则任何国家机关、社会团体或个人都无权、无法更改法院对民事纠纷的处理结果。

## 二、诉外解纷的司法审查

根据相关规定①,当下我国司法与司法外解纷途径之间的衔接机制,主要集中在人民法院对人民调解委员会、仲裁委员会、劳动争议调解仲裁机构等社会救济途径的民事纠纷处理结果进行司法审查。

(一) 诉外调解协议的司法审查

1. 人民调解与司法的关系

人民调解,是指人民调解委员会通过说服、疏导等方法,促使当事人在平等协商基础上自愿达成调解协议,解决民间纠纷的活动。人民调解委员会是依法设立(并受政府指导)的调解民间纠纷的群众性组织。

根据2010年《人民调解法》和最高人民法院的相关解释,人民调解与司法之间的关系可以从以下几个方面界定:

其一,在案件受理范围上,人民调解委员会有权对各类民间纠纷进行调解,但在主体范围上限于一方当事人为公民的案件。

其二,在程序启动权上,人民调解并非民事诉讼的必经阶段,是否经过人民调解由当事人自行决定;人民调解委员会调解不成的,当事人仍可向法院提起民事诉讼。调解程序可以应一方当事人或双方当事人的申请启动,也可以由调解委员会征得双方当事人同意主动调解。

其三,在法律效力上,经人民调解委员会调解达成的调解协议,具有法律约束力;双方当事人认为有必要的,可以自调解协议生效之日起30日内共同向人民法院申请

---

① 2009年7月24日《最高人民法院关于建立健全诉讼与非诉讼相衔接的矛盾纠纷解决机制的若干意见》,法发〔2009〕45号。

司法确认;法院受理申请以后,经审查,符合法律规定的,裁定调解协议有效,该司法确认裁定书可成为执行名义。

其四,在事后救济机制上,当事人可以就人民调解协议的履行、无效或者调解协议内容的争议向人民法院提起诉讼;人民调解协议经法院依法确认无效的,当事人可以通过人民调解方式变更原调解协议或者达成新的调解协议,也可以向人民法院提起诉讼。当然,双方向法院申请确认协议的效力为非争议事项,按照非讼程序进行审查;单方就协议的履行、无效、撤销或变更向法院提起的诉讼为争议事项,故按照诉讼程序进行审理和裁判;就司法确认和司法裁判提起的事后救济,分别按照非讼程序与诉讼程序的救济程序和标准进行。

2. 诉外调解协议的司法确认

我国2012年修正的《民事诉讼法》在人民调解协议的司法确认制度基础上,专门在特别程序中增加了确认调解协议案件的程序,简称(诉外调解)司法确认程序。根据现行《民事诉讼法》第205—206条的规定,通过人民调解等途径达成调解的,可自调解协议生效之日起30日内,双方当事人共同向调解组织所在地基层人民法院申请司法确认。经法院审查,"符合法律规定的,裁定调解协议有效,一方当事人拒绝履行或者未全部履行的,对方当事人可以向法院申请执行;不符合法律规定的,裁定驳回申请,当事人可以通过调解方式变更原调解协议或者达成新的调解协议,也可以向人民法院提起诉讼"。引号中的最后一句话表明,申请司法确认的调解协议为诉外调解协议,不包括当事人在诉讼中达成的庭外和解协议。至于后者能否参照上述规定申请司法确认并获得执行力,目前尚未进入研究视野,实践中主要是申请人民法院根据诉讼和解协议制作调解书,并终结案件,不得再诉;如果人民法院对诉讼和解协议不予确认、拒绝制作调解书,则诉讼程序继续进行,而不能另行起诉。

(二)商事仲裁裁决的司法审查

商事仲裁是唯一具有终局性的诉外和民间的解纷途径。根据我国参加的国际公约和《仲裁法》《民事诉讼法》及相关司法解释,经合法成立的仲裁机构(仲裁委员会)作出的仲裁裁决是终局的,具有既判力和强制执行力,除非按照法律明确规定的司法审查标准和审查程序判定仲裁裁决存在撤销或不予执行的法定情形。

具体而言:

其一,在受案范围上,商事仲裁管辖权明确限定在平等主体之间的财产权益纠纷,其范围比民事司法管辖范围稍窄,比如不能受理家事纠纷。

其二,在程序启动权上,二者的关系是由纠纷当事人自己选择"或裁或审"。但选择仲裁必须双方达成合意,一旦双方就选择仲裁途径达成有效的仲裁协议,则构成仲裁管辖权的根据,并具有排斥民事司法管辖权的效力。

其三,在法律效力和司法保障方面,仲裁裁决具有拘束力、既判力和执行力,而且实行一裁终局制;法院不仅对仲裁裁决的执行力提供司法保障,而且对仲裁程序中需要作出财产保全或证据保全的情形提供司法保障。

其四,在救济途径上,法院保留了对仲裁裁决的司法审查权,当事人可以通过申请撤销裁决(积极途径)或申请不予执行仲裁裁决(消极途径)而谋求对仲裁结果的司法审查和事后救济。法院经审查裁定不予执行仲裁裁决或者撤销仲裁裁决的,当事人可以根据双方达成的书面仲裁协议重新申请仲裁,也可以向人民法院起诉。

我国司法一直对国内仲裁和涉外仲裁的审查实行双重标准。涉外仲裁裁决实行程序审查标准,主要对仲裁管辖权、仲裁协议、仲裁庭的组成、仲裁程序运作的重大事项(如仲裁程序或仲裁庭组成的通知)进行审查;国内仲裁裁决的审查除程序事项之外,还要对实体事项进行审查。不过,我国2012年修正的《民事诉讼法》第237条将国内仲裁的司法审查标准向涉外仲裁靠拢了一大步,在不予执行仲裁裁决的事由中,删除了作为实体审查标准的法律适用错误,并将对事实和证据的司法审查限制在伪造证据和隐瞒足以影响公正裁决的证据的狭窄范围内,从而将仲裁裁决的司法审查主要限定于没有仲裁协议、裁决事项超越仲裁协议的范围或者仲裁机构的可仲裁范围、仲裁庭的组成或者仲裁的程序违法等重要程序事项。这一新标准符合仲裁的自治性特性,接近国际上的通行标准,也符合中国仲裁事业发展的基本现状和未来方向。

(三) 劳动争议仲裁的司法审查

劳动争议仲裁,是由中立的劳动仲裁机构解决劳动者与用人单位之间的纠纷的司法外途径。由于劳动争议关系的特征往往是双方当事人在形式上平等而在实质上不平等,而且劳动争议涉及一国的社会政策、社会公平和社会秩序等多方面的因素,因此各国不仅在《劳动法》中而且在劳动争议解决机制中向劳动者一方倾斜。根据我国2007年《劳动争议调解仲裁法》和《民事诉讼法》及相关司法解释的规定,劳动仲裁与司法之间的关系表现在:

其一,在受案范围上,劳动争议仲裁委员会管辖权范围很窄,只管辖中国境内的用人单位与劳动者发生的劳动争议,包括因劳动关系、劳动合同、劳动保护、劳动报酬、劳动赔偿等事项发生的争议,对于包括典型民商事纠纷在内的其他争议没有管辖权。

其二,在程序启动权上,劳动争议实行"先裁后审",即劳动争议仲裁是解决劳动争议的必经程序,也是提起诉讼的前置程序,不经仲裁而直接起诉的案件法院不予受理。劳动仲裁管辖权是法定的,无须当事人双方达成仲裁协议。

其三,在仲裁裁决的效力与救济途径方面,分为两大类:第一类是《劳动争议调解仲裁法》第47条规定的劳动争议,包括追索劳动报酬、工伤医疗费、经济补偿或者赔偿金的小额争议,以及因执行国家的劳动标准在工作时间、休息休假、社会保险等方面发生的争议。针对这类争议作出的仲裁裁决为终局裁决,自作出之日起发生法律效力。用人单位一方不服裁决的,只能在收到仲裁裁决书之日起30日内向劳动争议仲裁委员会所在地的中级人民法院申请司法审查,即在有证据证明该仲裁裁决存在管辖权缺失、法律适用错误、违反法定程序、伪造或隐瞒证据或仲裁员徇私枉法等情形时,可申请撤销仲裁裁决;仲裁裁决被法院裁定撤销的,当事人可以向人民法院起诉。但劳动者一方对上述仲裁裁决不服的,可以自收到仲裁裁决书之日起15日内向基层人民法院起诉。第二类是第 47 条以外的其他劳动争议案件,仲裁裁决没有终局效力,当事人可以自收到裁决书之日起 15 日内向人民法院起诉,期限届满未起诉的,裁决书发生法律效力。

此外,劳动争议调解协议与司法的衔接模式也侧重于对劳动者方面的保护。劳动争议调解不成,当事人可以申请劳动仲裁。达成调解协议后一方当事人在协议约定期限内不履行调解协议的,另一方可以申请仲裁。但是因支付拖欠劳动报酬、工伤医疗费、经济补偿或者赔偿金事项达成调解协议,用人单位在协议约定期限内不履行的,劳动者可以持调解协议书向人民法院申请支付令。

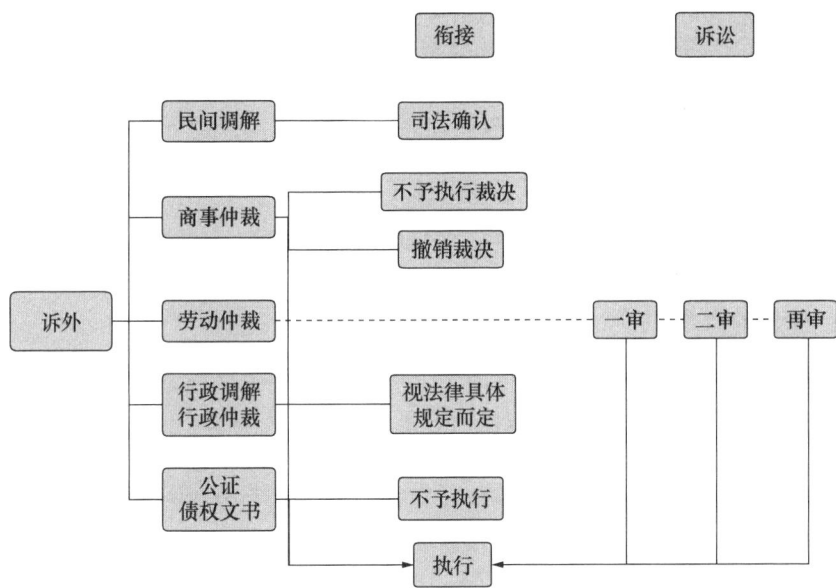

图 5.1　我国民事纠纷诉外解决体系

# 第六章 管 辖 权

【本章提要】

管辖制度的完整体系由初审管辖权、上诉管辖权、再审管辖权、执行管辖权和司法审查管辖权构成。但我国教材通说定义将管辖权限定为第一审管辖即初审管辖权。确定管辖时应当遵循"两便"原则、均衡各级法院工作负担原则和原则性与灵活性相统一原则。依据我国《民事诉讼法》的规定,管辖分为级别管辖、地域管辖、移送管辖、指定管辖四大类;学理上根据权限的来源将管辖分为法定管辖、裁定管辖、专属管辖与协议管辖以及合并管辖与共同管辖等类型。

## 第一节 管 辖 概 述

### 一、管辖的概念

在传统教材中,管辖的概念被普遍定义为确定上下级法院之间和同级法院之间受理"第一审"民事案件的分工和权限。这是狭义的管辖概念。

实际上,管辖应当是指确定法院之间受理民事案件的分工和权限,包括初审管辖权、上诉管辖权、再审管辖权、执行管辖权和诉外解纷的司法审查管辖权。但由于我国传统民事诉讼制度中,除了初审管辖制度之外,其他管辖制度都十分简单,因此导致了诉讼理论上将管辖等同于初审管辖,从而将管辖定义为法院受理"第一审"案件的权限和分工。这种将下位概念"初审管辖"与上位概念"管辖"等同起来的理论概念,不能适应我国管辖制度体系的发展和日益复杂化的状况,因此管辖的概念和定义必须更新。但本书考虑到教材作为考试工具的附带功能,毕竟应当保持与通用教材在概念更新上的合理过渡和基本结构上的大体一致,因此,本章仅仅在第一节介绍我国管辖制度的完整体系时在正确的意义上使用"管辖"概念,亦即广义的管辖概念,第二节之后的内容则沿袭传统教材只讨论第一审管辖制度,并且沿用了传统教材的狭义"管辖"概念,亦即"管辖"仅指初审管辖。换言之,与传统教材"主管与管辖"逻辑一致,本章所讨论的管辖,是在通过司法职能管辖制度划定法院介入民事纠纷的外部边界之后,进一步在法院内部划定具体由哪一级别、哪一地区以及哪些专门的法院,对于那些进入诉讼的民事案件享有的初审管辖权。

### 二、我国广义管辖制度体系

如前所述,我国管辖制度的完整体系包括初审管辖权、上诉管辖权、再审管辖权、执行管辖权和诉外解纷的司法审查管辖权。

就初审管辖制度而言,法定管辖由级别管辖和地域管辖构成一个坐标系,将具体案件的管辖法院规定在一个确定的坐标点上。级别管辖在纵向上对法院系统内部各级法院受理第一审民事案件的权限进行确定,将第一审民事案件的受理权限在四级法院之间进行了划分。地域管辖则在横向上对同一级法院中多个不同地域的法院进一步分工,确定第一审民事案件到底由同一级别的哪一地区的法院管辖。同时,法院还根据法律的明确授权在一些特定情形下行使裁定管辖权;当事人也可以在法律规定的范围内通过管辖协议选定地域管辖。此外,依据法律或最高人民法院经授权设立的专门法院就法律授权范围内的专门事项享有初审管辖权,称为专门管辖权,在价值偏好上可能基于不同的政策考虑,在司法结构上主要由中级人民法院担当。

就上诉管辖制度而言,上诉案件由第一审裁判法院的上一级法院管辖,故没有上诉地域管辖划分。我国没有越级上诉制度,故没有上诉事项管辖权划分。偶然有变更上诉管辖权的情形,但可以通过裁定管辖制度解决。涉及跨区的专门法院管辖的案件,上诉管辖权由设立该专门法院的法律规范同时作出规定,通常由专门法院所在地享有一般管辖权的高级人民法院行使上诉管辖权。我国目前尚没有第三审上诉,故也没有上诉级别管辖权划分,如果多元审级制得以建立,上诉管辖也将进一步区分级别管辖、地域管辖和事项管辖。

在再审制度、执行制度以及诉外解纷途径的司法审查制度中,根据《民事诉讼法》和相关司法解释的规定,已经大致形成了体系化的再审管辖、执行管辖和商事仲裁的司法审查管辖制度,其中包括级别管辖、地域管辖和事项管辖。比如,商事仲裁裁决的撤销与不予执行的级别管辖权均由中级法院行使,但地域管辖权分别由仲裁机构所在地法院和执行法院行使;执行的级别管辖根据第一审法院的级别确定,但地域管辖由第一审法院和执行标的物所在地法院共同行使;第三人撤销之诉适用第一审程序,但管辖权由作出生效判决的原审法院行使。这种审级交错的救济制度更增加了管辖的复杂性。这些不断更新和复杂化的管辖制度表明,实践中使用的"管辖"概念实际上早已突破了传统教材将管辖定义为"第一审管辖"的理论窠臼,因此传统定义主要是在理论上造成了逻辑困扰,对于制度内涵尚未产生严重影响。这也是为什么本书苟且沿袭讹误的传统概念,但仍必须指出其逻辑错误,以促成理论通说的自我更新。

### 三、第一审管辖的分类

(一) 管辖的法律分类

依据我国《民事诉讼法》的规定,通常可以将管辖分为级别管辖、地域管辖、移送管辖、指定管辖四大类。其中级别管辖包括基层人民法院、中级人民法院、高级人民法院和最高人民法院的管辖;地域管辖也可进一步分为一般地域管辖、特殊地域管辖、专属管辖、协议管辖、共同管辖和选择管辖等。移送管辖解决的是管辖权出现错误时如何处理的问题,而指定管辖往往是处理有管辖权争议的有效措施。

(二) 管辖的理论分类

1. 法定管辖与裁定管辖

以法律规定和法院裁定为标准,可以将管辖分为法定管辖和裁定管辖。法定管辖,是指由法律明文规定案件的管辖法院的制度。法定管辖构成管辖制度的主要组成部分,我国民事诉讼中的级别管辖和地域管辖都属于法定管辖。裁定管辖,是指以法院的裁定、决定的方式来确定管辖法院的制度。裁定管辖在管辖制度中用来解决某些特殊情况,是法定管辖的补充。我国《民事诉讼法》中规定的移送管辖、指定管辖、管辖权的转移等都属于裁定管辖。值得指出的是,移送管辖是在无管辖权的法院错误受理案件之后采取的一种补救措施,因此受移送的人民法院的管辖权并非来源于法院裁定,而是基于法律规定。

2. 专属管辖与协议管辖

以法律对管辖的规定是强制性规定还是任意性规定为标准,可以将管辖分为专属管辖和协议管辖。专属管辖,是指法律强制规定某些种类的案件只属于特定的法院管辖,其他法院无管辖权,当事人也不得以协议方式变更管辖权。协议管辖,是指根据当事人的约定来确定管辖法院,又称约定管辖、合意管辖,体现了民事诉讼法对当事人意思的尊重。但是,我国协议管辖不得违背级别管辖和专属管辖的规定。对于国内民事诉讼中的财产纠纷,以及涉外民事诉讼中的财产纠纷,《民事诉讼法》明确规定纠纷当事人可以协议选择与争议有实际联系的地点的法院作为管辖法院。

3. 共同管辖与合并管辖

以诉讼关系为标准,可以将管辖分为共同管辖与合并管辖。共同管辖,是指因诉讼主体或者客体的原因,对于同一案件,两个及两个以上的法院都有管辖权。出现共同管辖时当事人有选择管辖的权利。即当事人可以向任一有管辖权的法院起诉,先受理案件的法院取得管辖权。合并管辖,是指对某个案件有管辖权的法院,可以管辖与该案件有牵连的其他案件。根据《民事诉讼法》的规定,原告增加诉讼请求,被告提出反诉,第三人提出与本案有关的诉讼请求,可以适用合并管辖,由法院将案件与原案合并进行审理,但被告提出的反诉应由其他人民法院专属管辖的,应裁定不予受理,告知另行起诉。

**四、确定管辖权的原则和标准**

(一) 划定管辖权的原则

无论在广义或狭义上,确定管辖制度的意义都是多方面的。首先是便于当事人请求司法保护,使当事人在民事权益受到侵害或者发生争议时,能够便捷、及时地了解在哪个法院起诉或应诉;其次是保障各法院在划定的职权和职责范围内及时行使审判职权和履行审判职责,避免法院之间对民事案件相互推诿或互相争执;最后是确定我国法院对涉外案件的管辖,以维护国家司法主权,切实有效地维护中国企业和中国公民的合法权益。为实现上述目的或功能,管辖制度必须具有客观性和科学性。我国立法确定的管辖制度体现了以下原则:

第一，便于当事人进行诉讼的原则。管辖制度的设立应当尽量为当事人起诉、应诉、出庭、收集证据、上诉以及申请执行等诉讼行为提供最大限度的便利。我国的级别管辖制度确立由基层法院管辖大多数第一审案件，地域管辖以当事人住所地作为一般地域管辖的连结点，都体现了这一原则。

第二，方便法院审判和执行的原则。管辖制度的设立应当考虑法院行使审判权的便利性，从而保障其效率性和有效性。包括法院在送达诉讼文件、核实证据（特别是现场勘验，过去还包括庭外调查取证）、对争议标的物采取强制措施和执行等审判活动方面的便利，也包括法院集中资源解决特殊类型的纠纷等专业方面的便利。我国一般地域管辖以被告所在地法院管辖为原则，特殊地域管辖以标的物和纠纷发生地为连结点，以及案件类型为连结点设立的事项管辖权——专门管辖和一部分专属管辖，其目的之一是为了方便法院审判和执行。

第三，均衡各法院工作负担的原则。我国的四级法院建制是以行政区划确定的，因此均衡各法院的分工主要是在级别管辖意义上的，但在专门管辖制度中对同级法院之间的分工有所考虑。级别管辖要考虑不同等级法院的职能，比如中级以上的各级法院除受理第一审民事案件外，还负有审理上诉案件和监督、指导下级法院审判工作的任务。因此，大多数第一审民事案件都交由基层法院管辖。《民事诉讼法》2007年修正案进一步强化了高级以上法院的审判监督职能，对高级人民法院和最高人民法院受理再审案件的标准进行了重大调整；随后最高人民法院对全国四级法院的一审级别管辖标准进行了相应调整。不过，我国一审案件的级别管辖制度与审级制度密切相关，尚未形成上下级法院之间的职能分层，管辖制度如何才能既均衡各级法院的分工，又切实保障高层法院的审判监督职能的实现，仍是一个探讨中的课题。

第四，原则性与灵活性相结合的原则。管辖制度的设立在通常情况下应当具体、明确。但是某些特殊情况下，管辖制度应当具有一定灵活性，以适应复杂的诉讼实践。所以，我国在法定管辖之外，还确立了裁定管辖，如移送管辖、指定管辖和管辖权转移；同时，我国法定管辖的标准也是相当灵活的，比如级别管辖中确定了以案件的影响力为标准之一，地域管辖中确定了共同管辖和协议管辖以增加管辖的弹性。但是，我国的管辖制度总体看来过于灵活，而且缓解原则性的灵活权限主要掌握在法院手上，而不是由当事人控制，比如当事人不能通过管辖协议变动级别管辖，法院却有权通过管辖权的转移予以调整。

第五，维护国家主权原则。涉外民事诉讼的管辖制度确立了维护国家主权原则，体现了在合理范围内尽可能拓宽我国法院管辖权的基本立法倾向，特别是对涉及中国国家利益或中国民事主体重大利益的民事纠纷予以特殊规定，排除外国法院的管辖权。比如涉外民事诉讼中的牵连管辖、应诉管辖、专属管辖等规定，都体现了这一原则。

(二) 划定管辖权的标准

根据以上原则和确定管辖权的一般原理，我国确定管辖制度遵循以下具体标准：

第一，以当事人的所在地为依据。这是确立一般地域管辖的原则性标准。一般地域管辖以被告的住所地或居所地为原则，以原告当事人的住所地或居所地为例外。

第二,以诉讼标的的原因事实发生地为依据。这是确定特殊地域管辖的重要标准,诉讼标的的原因事实系指对双方争议的实体法律关系的产生、变更或消灭有影响的法律事实,其发生地如侵权行为地、合同签订地或履行地、港口作业地等。

第三,以争议或与争议有关的标的物所在地为依据。这是确定特别地域管辖和专属管辖的标准,如继承纠纷中的遗产所在地、保险合同纠纷中的保险标的物所在地。

第四,以争议标的额为标准。这是确定级别管辖时的重要依据,是从案件的"重要性"的标准引申出来的。我国四级法院都有权管辖一审民事案件,依据法律规定,级别越高的法院应当受理越重要的第一审案件,但"重要性"的标准比较抽象,因而在财产争议案件中,争议金额即标的额就成为衡量案件重要性的一个重要尺度;而由于我国司法实践对于财产争议的界定范围较宽,因而除明显属于无财产争议的案件之外,争议标的额均可作为确定级别管辖的标准。

第五,以案件的性质或类型为标准。这主要是确定涉外管辖和专门管辖的标准,专门管辖又可称为事项管辖,比如知识产权、海事海商、证券纠纷等案件,由最高人民法院特别规定的中级人民法院管辖。案件性质在我国级别管辖中也起一定作用,不过自从行政诉讼从民事诉讼分离出去后,案件的性质对于民事诉讼级别管辖的影响不大。家事案件在德国和法国等大陆法系国家一般规定专属于基层法院管辖,除考虑管辖制度的原则中所述的因素之外,还考虑到这类案件与当地风俗联系紧密,由当地法院管辖可以减少国家法与民间法之间的距离和冲突。

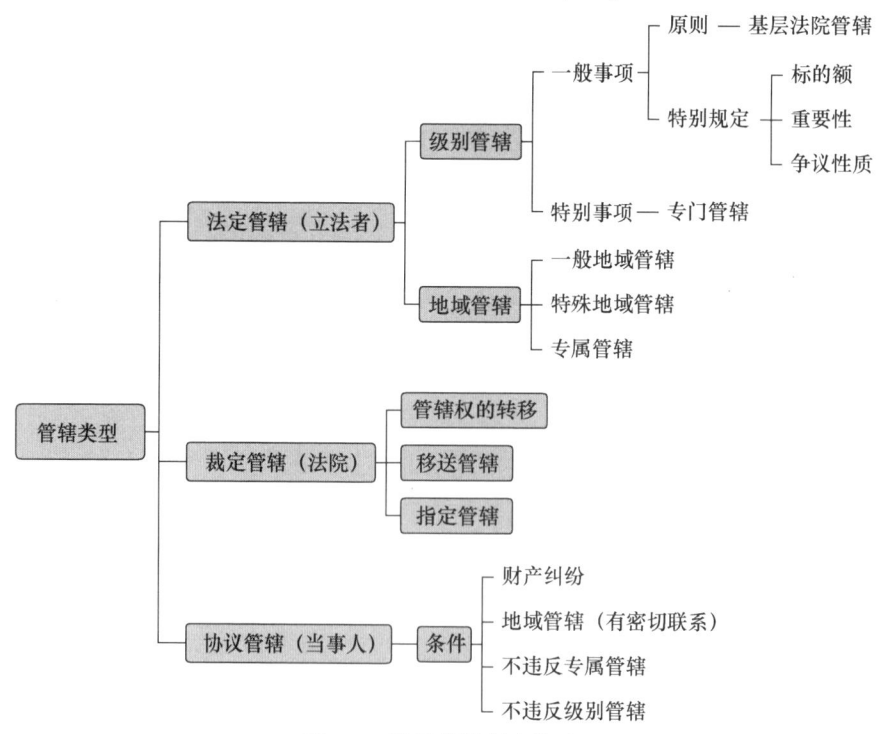

图 6.1 我国管辖制度体系

## 第二节 级别管辖

### 一、级别管辖的一般规定

根据我国《民事诉讼法》第 18 条至第 21 条的规定以及最高人民法院的有关司法解释,我国各级人民法院管辖的第一审民事案件的具体分工如下:

(一) 基层人民法院管辖的案件

我国《民事诉讼法》第 18 条规定:"基层人民法院管辖第一审民事案件,但本法另有规定的除外。"这意味着除法律规定由中级人民法院、高级人民法院和最高人民法院管辖的第一审民事案件外,其余的第一审民事案件都由基层人民法院管辖。基层人民法院数量多,分布广,与当事人也最接近,所以绝大多数的第一审民事案件都是由基层人民法院管辖的。另外,适用特别程序、督促程序、公示催告程序等审理的非讼案件,一律由基层人民法院负责。

(二) 中级人民法院管辖的案件

中级人民法院管辖的第一审民事案件的范围是级别管辖制度的重点内容。根据《民事诉讼法》第 19 条的规定,中级人民法院管辖下列第一审民事案件:

1. 重大涉外案件。在涉外案件中,只有重大的涉外案件才能由中级人民法院作为第一审法院审理。根据我国《民诉法解释》第 1 条的规定,重大涉外案件包括争议标的额大、案情复杂或者一方当事人人数众多等具有重大影响的案件。非重大的涉外案件由基层人民法院管辖。

2. 在本辖区有重大影响的案件。这是指案件的影响力已经超过基层人民法院的辖区而在中级人民法院的辖区范围内有重大影响。

3. 最高人民法院确定由中级人民法院管辖的案件。这是指最高人民法院根据审判工作的需要,将某些案件确定由中级人民法院作为第一审法院。除诉讼标的金额大,由最高人民法院确定由中级人民法院管辖的案件之外,其他案件均属于专门管辖,性质上为事项管辖。

(三) 高级人民法院管辖的案件

我国《民事诉讼法》第 20 条规定:"高级人民法院管辖在本辖区有重大影响的第一审民事案件。"这里所说的在本辖区有重大影响的案件,是指在全省、全自治区和全直辖市有重大影响的案件。实际上,这类案件很少,目前各高级人民法院管辖的案件主要是按照争议标的额确定由其管辖的财产案件。高级人民法院的主要任务是审理不服中级人民法院第一审判决或裁定的上诉案件,并监督和指导下级法院的审判工作。随着最高人民法院和高级人民法院在审判监督方面的职能进一步加强,高级人民法院管辖的第一审案件会进一步减少。

(四) 最高人民法院管辖的案件

根据我国《民事诉讼法》第 21 条的规定,最高人民法院管辖的第一审民事案件,一是在全国有重大影响的案件,二是最高人民法院认为应当由本院审理的案件。不过这一权限最高人民法院极少使用,几乎从未管辖过第一审民事案件。立法初衷是希望最高人民法院承担对全国法院审判工作的监督和指导职能,特别是对审判中适用法律的疑难问题作出司法解释。2007年《民事诉讼法》进一步强化了最高人民法院在受理和审判再审案件方面的职能,并由此调整了各高级人民法院及中级人民法院受理案件的标的额。2019年最高人民法院再次发布《关于调整高级人民法院和中级人民法院管辖第一审民事案件标准的通知》,进一步增加高级人民法院受理案件的标的额。随着各高级人民法院第一审案件的进一步减少,最高人民法院在管辖不服高级人民法院一审裁判的上诉案件方面的职能将进一步弱化。

**二、专门管辖**

专门管辖,在性质上属于事项管辖,是指将某些特别事项规定由某些法院专门受理和审判的制度。专门法院对非专属事项行使管辖权,并不属于专门管辖的范畴。专门管辖的专属性和排他性的强度并不亚于专属管辖,但由于我国将专属管辖定位于解决地域管辖问题,一般教材也将专门管辖合并在中级人民法院的管辖范围中讨论,故本书尊重现行法律和约定俗成的术语体系,未将专门管辖与专属管辖混在一起。

尽管如此,本书将专门管辖单独作为一小节讨论,以突出事项管辖权在级别管辖权中的独立价值和独特意义。事项管辖在法制发达国家的审级制度和级别管辖制度中居于非常重要的地位,一旦确立某些事项由某些法院管辖,则产生专属管辖的效果,即使是其上级法院也不能超越。审级制度和级别管辖中的事项管辖权以上下级法院之间审判权相互独立的理念为基础,根据司法在兼顾解决私人纠纷与维护公共秩序两方面目标的可能性,对不同级别法院的职能按照案件的性质进行各有侧重的分层设置。事项管辖作为争议标的额标准的补充,对于均衡各级法院之间的负担、集中司法资源解决专业性较强的案件、在同类案件中保持司法裁判标准的统一,都有着不可替代的作用,也相应地产生了一些特殊的理论与实践问题,随着我国专门管辖范围的日益扩大,对事项管辖制度的关注也应随之加强。目前我国实行专门管辖的事项有:

1. 海事海商案件。海事海商案件由海事法院管辖。海事法院在建制上为中级法院,《海诉法》对于各海事法院之间以及海事法院与当地普通法院之间的管辖权进行了明确划分,并结合地域管辖原则确定了具体的海事法院对于某些事项的排他性地域管辖权:第一,因沿海港口作业纠纷提起的诉讼,由港口所在地海事法院管辖;第二,因船舶排放、泄漏、倾倒油类或者其他有害物质,海上生产、作业或者拆船、修船作业造成海域污染损害提起的诉讼,由污染发生地、损害结果地或者采取预防污染措施地海事法院管辖;第三,因在中华人民共和国领域和有管辖权的海域履行的海洋勘探开发合同纠纷提起的诉讼,由合同履行地海事法院管辖。

2. 双方当事人均为军人或者军队单位的案件、涉及机密级以上军事秘密的案件。《民诉法解释》第 11 条规定,双方当事人均为军人或者军队单位的民事案件由军事法院管辖。《最高人民法院关于军事法院管辖民事案件若干问题的规定》(法释〔2020〕20 号)第 1 条规定,下列民事案件,由军事法院管辖:(1)双方当事人均为军人或者军队单位的案件,但法律另有规定的除外;(2)涉及机密级以上军事秘密的案件;(3)军队设立选举委员会的选民资格案件;(4)认定营区内无主财产案件。第 4 条规定,军事法院受理第一审民事案件,应当参照民事诉讼法关于地域管辖、级别管辖的规定确定。当事人住所地省级行政区划内没有可以受理案件的第一审军事法院,或者处于交通十分不便的边远地区,双方当事人同意由地方人民法院管辖的,地方人民法院可以管辖,但涉及机密级以上军事秘密的案件除外。

3. 知识产权案件。第一,专利纠纷由最高人民法院确定的中级人民法院和基层人民法院专门管辖,亦即并非所有的中级人民法院、基层人民法院都能管辖专利纠纷案件;第二,著作权纠纷由中级以上人民法院管辖,但是各高级人民法院根据本辖区的实际情况,可以确定若干基层人民法院管辖第一审著作权纠纷;第三,商标民事纠纷第一审案件由中级以上人民法院管辖,但是各高级人民法院根据本辖区的实际情况,经最高人民法院批准,可以在较大城市确定 1—2 个基层人民法院受理第一审商标民事纠纷案件。换言之,并非所有的专利权、著作权、商标纠纷民事案件均由中级人民法院专门管辖,部分基层人民法院也有管辖权。

为进一步加强知识产权的司法保护,2014 年 8 月十二届全国人大常委会第十次会议通过《关于在北京、上海、广州设立知识产权法院的决定》,在北京、上海和广州设立了三个知识产权法院。知识产权法院在建制上属于中级人民法院,对知识产权民事案件和行政案件进行管辖。就民事案件而言,北京市、上海市和广东省的专利、植物新品种、集成电路布图设计、技术秘密、计算机软件纠纷,以及涉及驰名商标认定的民事纠纷由相应的知识产权法院管辖,北京市、上海市、广东省各基层人民法院、中级人民法院不再受理上述案件。其他原来应由北京市、上海市各中级人民法院和广州市中级人民法院管辖的知识产权一审案件和上诉案件也由相应的知识产权法院管辖,北京市、上海市各中级人民法院和广州市中级人民法院不再受理知识产权纠纷。知识产权法院的设立有利于集中司法资源解决知识产权领域的纠纷,是司法改革的一次尝试,也是事项管辖制度的应用。此外,最高人民法院还设立了知识产权法庭,对来自知识产权法院审判的案件行使上诉管辖权。

4. 金融案件。2018 年 7 月最高人民法院通过《关于上海金融法院案件管辖的规定》(法释〔2018〕14 号,2021 年修正),规定上海金融法院管辖上海市辖区内应由中级人民法院受理的若干种类第一审金融民商事案件,以及上海市基层人民法院作出的第一审金融民商事案件的上诉案件。2021 年 3 月 18 日,北京金融法院正式揭牌成立,专门管辖以下案件:(1)应由北京市的中级人民法院管辖的第一审金融民商事案件;(2)应由北京市的中级人民法院管辖的以金融监管机构为被告的第一审涉金融行政案件;(3)以住所地在北京市的金融基础设施机构为被告或者第三人,与其履行职责相关的第一审金融民商事案件和涉金融行政案件;(4)北京市基层人民法院第一审金融民商事案件和涉金融行政案件判决、裁定的上诉、抗诉案件以及再审案件；(5)依照法律规定应由其执行的案件；(6)最高人民法院确定由其管辖的其他金融案件。北京金融法院第一审判决、裁定的上诉案件，由北京市高级人民法院审理。

5. 证券虚假陈述侵权民事赔偿案件。由发行人住所地的省、自治区、直辖市人民政府所在的市、计划单列市和经济特区中级人民法院或者专门人民法院管辖。

6. 商事仲裁的司法审查案件。第一，当事人向人民法院申请确认仲裁协议效力的案件，由仲裁协议约定的仲裁机构所在地的中级人民法院管辖；仲裁协议约定的仲裁机构不明确的，由仲裁协议签订地或者被申请人住所地的中级人民法院管辖。第二，申请撤销仲裁裁决和申请不予执行仲裁裁决的案件，分别由作出仲裁裁决的仲裁委员会所在地的中级人民法院和执行仲裁裁决的中级人民法院管辖。

7. 重大的涉外和涉港、澳、台民事案件。其中涉外案件的管辖由立法直接规定，而涉港、澳、台案件的管辖由最高人民法院作出规定，比照涉外案件处理。

8. 国际商事案件。2018年1月，中央全面深化改革领导小组会议审议通过了《关于建立"一带一路"国际商事争端解决机制和机构的意见》，并提出最高人民法院设立国际商事法庭，牵头组建国际商事专家委员会，支持"一带一路"国际商事纠纷通过调解、仲裁等方式解决，推动建立诉讼与调解、仲裁有效衔接的多元化纠纷解决机制。最高人民法院在广东省深圳市设立"第一国际商事法庭"，在陕西省西安市设立"第二国际商事法庭"，受理当事人之间的跨境商事纠纷案件。最高人民法院民事审判第四庭负责协调并指导两个国际商事法庭工作。2018年6月，最高人民法院审判委员会第1743次会议通过了《最高人民法院关于设立国际商事法庭若干问题的规定》(法释〔2018〕11号)。2023年12月，最高人民法院审判委员会第1908次会议通过了《最高人民法院关于修改〈最高人民法院关于设立国际商事法庭若干问题的规定〉的决定》(法释〔2023〕14号)，根据修正后的规定，国际商事法庭受理下列案件：(1)当事人依照《民事诉讼法》第277条的规定协议选择最高人民法院管辖且标的额为人民币3亿元以上的第一审国际商事案件；(2)高级人民法院对其所管辖的第一审国际商事案件，认为需要由最高人民法院审理并获准许的；(3)在全国有重大影响的第一审国际商事案件；(4)依照本规定第14条申请仲裁保全、申请撤销或者执行国际商事仲裁裁决的；(5)最高人民法院认为应当由国际商事法庭审理的其他国际商事案件。

须特别说明的是，在电子商务的发展推进下，2017年8月18日，杭州互联网法院正式挂牌，此后北京、广州互联网法院在杭州互联网法院试点经验基础上设立。《关于互联网法院审理案件若干问题的规定》(法释〔2018〕16号)确定了互联网法院的审理对象和审理规则，规定三家互联网法院集中审理十一类涉网案件，但三家互联网法院并未取得审判事项的专属管辖权。根据《关于互联网法院审理案件若干问题的规定》第2条的规定，互联网法院的管辖是集中管辖而非专门管辖。由于互联网自身很难按照地域划分，不仅跨越我国的行政区划，甚至跨越国界，因而互联网法院与过去的法院有很大不同，它既非地域管辖，又非专属管辖。由于其具有试点、先锋的性质，有关互联网法院性质的讨论尚处于争议状态,其管辖性质的最终结论还需要根据其未来的发展趋势判断。

### 三、管辖权转移

管辖权转移,是指经上级人民法院的决定或同意,将案件的管辖权由下级人民法院转移给上级人民法院,或者由上级人民法院报请本院的上级人民法院后将案件管辖权转移给下级人民法院。管辖权转移是在特定情形下通过司法裁定而对一般级别管辖进行的变通和调节。根据我国《民事诉讼法》第39条的规定,管辖权转移的情形有:

(一) 管辖权的上移

管辖权上移有两种情形:一是上级法院直接提审,第39条第1款前半段规定:"上级人民法院有权审理下级人民法院管辖的第一审民事案件";二是下级法院报请上级法院审理,第2款规定:"下级人民法院对它所管辖的第一审民事案件,认为需要由上级人民法院审理的,可以报请上级人民法院审理。"

(二) 管辖权的下移

根据第39条第1款后半段的规定,如果确有必要,上级人民法院也可将本院管辖的第一审民事案件交下级人民法院审理,但应当报请其上级人民法院批准。《民诉法解释》对此项规定进行了细化,特别规定了人民法院对于破产程序中有关债务人的诉讼案件、当事人人数众多且不方便诉讼的案件和最高人民法院确定的其他类型的案件,在报请其上级人民法院批准后,可以在开庭前交下级人民法院审理。此前,2007年《民事诉讼法》第39条第1款规定为"上级人民法院有权审理下级人民法院管辖的第一审民事案件,也可以把本院管辖的第一审民事案件交下级人民法院审理",没有规定应报请上级人民法院批准。对此,《最高人民法院关于审理民事级别管辖异议案件若干问题的规定》(法释〔2009〕17号)第4条规定,上级人民法院根据《民事诉讼法》第39条第1款的规定将其管辖的第一审民事案件交由下级人民法院审理的,应当作出裁定。当事人对裁定不服提起上诉的,第二审法院应当依法审理并作出裁定。

一直以来,管辖权下移制度遭到来自理论界和律师界的严厉批评。司法的裁量权不能限缩立法赋予当事人的权利,而管辖权下放则意味着当事人享受更高级别法院裁判的权利被剥夺,而且在实践中管辖权下放常常被地方人民法院作为控制案件的终审权的手段。因此我国2012年《民事诉讼法》修正案讨论稿删除了管辖权下移的规定;但由于法院系统要求立法考虑到中国幅员辽阔的复杂情况,在级别管辖制度上保留适当的灵活性,因此在修正案终审稿中又增加了管辖权下移的规定,但仍加上了"确有必要"的条件控制和报请上级人民法院批准的程序控制,以严格限制管辖权下移的情形。《最高人民法院关于审理民事级别管辖异议案件若干问题的规定》第4条规定也在2020年修改民事诉讼类司法解释时被删去。

相反,管辖权上移制度随着实践发展而显示出扩大适用的必要和趋势。根据《最高人民法院关于规范上下级人民法院审判业务关系的若干意见》,管辖权的上移将更多地用于上级人民法院帮助解决下级人民法院管辖的重大疑难案件或对法律统一适用和发展有重要影响的案件,并以此制度逐步替代案件请示汇报的惯例和陋习。这种提审制度的逐步规范化也将为我国未来建立许可上诉制度提供实践尝试。

## 第三节 地域管辖

### 一、一般地域管辖

一般地域管辖,是指按照当事人住所地或居所地与法院辖区的隶属关系确定的管辖。此类管辖一般遵循"原告就被告"的原则,即原告起诉应到被告所在地的法院进行。这一原则也是世界各国确定地域管辖的通例,除本章关于确立管辖的原则中所述的考量因素之外,还有防止原告滥用诉权而使被告遭受讼累的考虑。但鉴于实际情况的复杂性和案件审理的方便性,我国《民事诉讼法》规定了一系列被告住所地管辖的例外情况。

(一)一般地域管辖的原则——被告所在地法院管辖

《民事诉讼法》第 22 条第 1 款规定:"对公民提起的民事诉讼,由被告住所地人民法院管辖;被告住所地与经常居住地不一致的,由经常居住地人民法院管辖。"

1. 公民的所在地

公民的住所地即公民的户籍所在地。公民的经常居住地是指公民离开住所地至起诉时已连续居住 1 年以上的地方,但公民住院就医的地方除外。即使曾经居住满 1 年,但起诉时已不再居住的地方也不能视为经常居住地。根据最高人民法院有关司法解释,当事人的户籍迁出后尚未落户,有经常居住地的,由经常居住地法院管辖。没有经常居住地的,由其原户籍所在地人民法院管辖。

关于在特殊情况下如何确定或解释被告住所地的问题,最高人民法院有关司法解释分别进行了以下规定:(1) 双方当事人都被监禁或被采取强制性教育措施的,由被告原住所地法院管辖。被告被监禁或被采取强制性教育措施 1 年以上的,由被告被监禁地或被采取强制性教育措施地法院管辖。需要注意的是,"被告被监禁或者被采取强制性教育措施 1 年以上",是指被告被实际监禁或者被采取强制性教育措施的期限在 1 年以上,而不是指被告被判处的刑期或者被确定的强制性教育的期限在 1 年以上。(2) 双方均被注销户籍的,由被告居住地的法院管辖。(3) 夫妻双方离开住所地超过 1 年,一方起诉离婚的案件,由被告经常居住地法院管辖,没有经常居住地的,由原告起诉时被告居住地人民法院管辖。

2. 法人、其他组织的所在地

法人或其他组织的住所地是指法人或其他组织的主要办事机构所在地,法人或者其他组织的主要办事机构所在地不能确定的,法人或者其他组织的注册地或者登记地为住所地。对没有办事机构的个人合伙或合伙型联营体提起的诉讼,由被告注册登记地法院管辖;没有注册登记,几个被告又不在同一辖区的,被告住所地的法院都有管辖权。

(二) 一般地域管辖权的例外——原告所在地法院管辖

根据如前所述的确立管辖的原则,《民事诉讼法》规定在某些情况下由原告所在地的法院管辖,这是一般地域管辖原则的例外。

《民事诉讼法》第23条规定了由原告所在地法院管辖的如下情形:(1) 对不在中华人民共和国领域内居住的人提起的有关身份关系的诉讼;(2) 对下落不明或者宣告失踪的人提起的有关身份关系的诉讼;(3) 对被采取强制性教育措施的人提起的诉讼;(4) 对被监禁的人提起的诉讼。其中前两类案件都是指涉及身份关系的诉讼,身份关系是指与人的身份相关的各种关系,如婚姻关系、亲子关系、收养关系等;如果是财产诉讼,则仍然要依据地域管辖的一般原则,由被告所在地的法院管辖。后两类案件则只要是被告被监禁或被采取强制性教育措施即可,对其提起的诉讼无论是身份关系诉讼还是财产诉讼,都应由原告所在地法院管辖。

同时,最高人民法院的《民诉法解释》中也规定了几种例外情形:(1) 被告一方被注销户籍的,由原告所在地法院管辖;(2) 追索赡养费、抚育费、扶养费案件的几个被告住所地不在同一辖区的,可以由原告住所地法院管辖,即原告和被告所在地法院都可以管辖;(3) 夫妻一方离开住所地超过1年,另一方起诉离婚的案件,可以由原告住所地法院管辖,即原告和被告所在地法院都可以管辖。

**二、特殊地域管辖**

特殊地域管辖,是指依据诉讼标的的原因事实或争议的标的物所在地确定的地域管辖;此外,为了避免法律适用中的歧义,作为一般地域管辖权依据的被告住所地也被明确规定在特殊地域管辖的相关条款之中。

(一) 合同纠纷的地域管辖

1. 一般合同纠纷的地域管辖

《民事诉讼法》第24条对于合同纠纷案件的管辖进行了原则性规定:"因合同纠纷提起的诉讼,由被告住所地或者合同履行地人民法院管辖。"合同履行地,是指合同规定的履行义务的地点,主要是指合同标的物的交付地。当事人可以在合同中约定履行地,但在合同对履行地点没有约定或者约定不明确的情况下,实践中常常很难确定合同履行地,为了便于当事人诉讼和法院审判,减少案件管辖权争议,最高人民法院具体规定了合同履行地的确定规则。以下对此进行简要介绍:

(1) 合同履行地确定的一般方法。合同约定履行地点的,应当以约定的履行地点为合同履行地。在合同对履行地点没有约定或者约定不明确的情况下,如果争议标的为给付货币的,那么接收货币一方所在地为合同履行地;交付不动产的,则不动产所在地为合同履行地;争议标的是其他标的的,以履行义务一方所在地为合同履行地;即时结清的合同,交易行为地为合同履行地;财产租赁合同和融资租赁合同,以租赁物使用地为合同履行地;以信息网络方式订立的买卖合同,如果通过信息网络交付标的,则以买受人住所地为合同履行地,如果通过其他方式交付标的,则收货地为合同履行地。需要说明的是,通过以上特殊规则确定合同履行地的前提是合同对于履行地点没有约定或者约定不明,如果在上述情形中,合同对履行地有约定的,则应从其约定。

(2) 未实际履行合同的管辖。在合同约定履行地点的情况下,如果合同没有实际履行,且当事人双方住所地都不在合同约定的履行地的,由被告住所地人民法院管辖。换言之,如果合同没有实际履行,除了在合同约定的履行地是原告所在地的情况下原告所在地与被告所在地法院都有管辖权之外,其余情况下都由被告所在地人民法院管辖。

(3) 名称与内容不一致的合同的履行地。当事人签订的民事合同虽然具有明确、规范的名称,但是合同约定的权利义务与名称不一致的,应当以该合同约定的权利义务内容确定合同的性质,从而确定合同的履行地;合同的名称与合同约定的权利义务内容不一致,而根据该合同约定的权利义务难以区分合同性质的,以及合同的名称与该合同约定的部分权利义务内容相符的,则以合同的名称确定合同的履行地。

2. 保险合同纠纷案件的管辖

根据《民事诉讼法》第25条的规定,因保险合同纠纷提起的诉讼,由被告住所地或者保险标的物所在地人民法院管辖。如果保险标的物是运输工具或者运输中的货物,由被告住所地或者运输工具登记注册地、运输目的地、保险事故发生地的法院管辖;如果是因人身保险合同纠纷提起的诉讼,由被告住所地或者被保险人住所地人民法院管辖。

3. 票据纠纷案件的管辖

根据《民事诉讼法》第26条的规定,因票据纠纷提起的诉讼,由票据支付地或者被告住所地人民法院管辖。票据支付地,是指票据上载明的付款地。票据未载明付款地的,汇票付款人或者代理付款人的营业场所、住所或者经常居住地,本票出票人的营业场所,支票付款人或者代理付款人的营业场所所在地为票据付款地。

4. 公司主体相关纠纷案件的管辖

根据《民事诉讼法》第27条的规定,因公司设立、确认股东资格、分配利润、解散等纠纷提起的诉讼,由公司住所地人民法院管辖。此外,相关司法解释规定,因股东名册记载、请求变更公司登记、股东知情权、公司决议、公司合并、公司分立、公司减资、公司增资等纠纷提起的诉讼,也由公司住所地人民法院管辖。

5. 运输合同纠纷案件的管辖

根据《民事诉讼法》第28条的规定,因铁路、公路、水上、航空运输和联合运输合同纠纷提起的诉讼,由运输始发地、目的地或者被告住所地人民法院管辖。不过,因海上运输合同纠纷提起的诉讼,除依照《民事诉讼法》第28条的规定以外,在海事法院管辖范围内的案件,还可根据《海诉法》的相关规定由转运港所在地海事法院管辖。

(二) 侵权纠纷的管辖

根据《民事诉讼法》第29条的规定,因侵权行为提起的诉讼,由侵权行为地或者被告住所地人民法院管辖。对因海事侵权行为提起的诉讼,还可以由船籍港所在地海事法院管辖。所谓侵权行为地,包括侵权行为实施地和侵权结果发生地。

1. 因产品、服务质量不合格造成他人财产、人身损害提起的诉讼,产品制造地、产品销售地、服务提供地、侵权行为地和被告住所地的法院都有管辖权。

2. 因侵犯专利权行为提起的诉讼,由侵权行为地或者被告住所地人民法院管辖。同样,侵权行为地包括侵权行为实施地和侵权结果发生地。原告仅对侵权产品制造者提起诉讼,未起诉销售者,侵权产品制造地与销售地不一致的,制造地法院有管辖权;以制造者与销售者为共同被告起诉的,销售地法院有管辖权。销售者是制造者分支机构,原告在销售地起诉侵权产品制造者制造、销售行为的,销售地法院有管辖权。

3. 因侵犯注册商标专用权行为提起的民事诉讼,由《商标法》所规定侵权行为的实施地、侵权商品的储藏地或者查封扣押地、被告住所地法院管辖。侵权商品的储藏地,是指大量或者经常性储存、隐匿侵权商品所在地;查封扣押地,是指海关等行政机关依法查封、扣押侵权商品所在地。

4. 因侵害著作权行为提起的民事诉讼,由《著作权法》所规定侵权行为实施地、侵权复制品储藏地或者查封扣押地、被告住所地法院管辖。侵权复制品储藏地,是指大量或者经常性储存、隐匿侵权复制品所在地;查封扣押地,是指海关、版权等行政机关依法查封、扣押侵权复制品所在地。

5. 因信息网络侵权行为提起的民事诉讼,由侵权行为实施地、侵权结果发生地和被告住所地法院管辖。其中侵权行为实施地包括实施被诉侵权行为的计算机等信息设备的所在地,侵权结果发生地包括被侵权人住所地。涉及域名的信息网络侵权纠纷,在级别管辖上应由中级人民法院管辖。

6. 交通事故案件的管辖。因铁路、公路、水上和航空事故请求损害赔偿提起的诉讼,由事故发生地或者车辆、船舶最先到达地、航空器最先降落地或者被告住所地法院管辖。

7. 海事案件的管辖。因船舶碰撞或者其他海事损害事故请求损害赔偿提起的诉讼,由碰撞发生地、碰撞船舶最先到达地、加害船舶被扣留地或者被告住所地法院管辖;因海难救助费用提起的诉讼,由救助地或者被救助船舶最先到达地法院管辖;因共同海损提起的诉讼,由船舶最先到达地、共同海损理算地或者航程终止地的法院管辖。需要注意的是,海难救助与共同海损案件的管辖依据不包括被告所在地。

### 三、专属管辖

专属管辖,是指法律明确规定某些特殊类型的案件只能由特定的法院管辖,其他法院均无管辖权,当事人也不得协议变更的管辖制度。

专属管辖具有以下特征:其一,专属管辖解决的是具体案件的地域管辖问题,但不适用一般地域管辖或特殊地域管辖的规则;其二,专属管辖具有很强的强制性和排他性,既排斥法律明确规定的法院以外任何法院的管辖,也排斥当事人的协议变更。

根据《民事诉讼法》的规定,适用专属管辖的案件有以下三种:

1. 因不动产纠纷提起的诉讼,由不动产所在地法院管辖。在此所指的"不动产纠纷"是指因不动产的权利确认、分割、相邻关系等引起的物权纠纷,而不应扩大解释为与不动产有联系的任何纠纷。但是农村土地承包经营合同纠纷、房屋租赁合同纠纷、建设工程施工合同纠纷和政策性房屋买卖合同纠纷,也应按照不动产纠纷来确定管辖。

2. 因港口作业中发生纠纷提起的诉讼,由港口所在地法院管辖。需要注意的是,如果是在海事法院辖区内的港口作业纠纷,应由该港口所在地的海事法院管辖。

3. 因继承遗产纠纷提起的诉讼,由被继承人死亡时住所地或者主要遗产所在地法院管辖。因继承遗产而发生的纠纷主要有两类:一是对当事人有无继承权存在争议而发生的纠纷;二是当事人因分割遗产而发生的纠纷。由被继承人死亡时住所地或者主要遗产所在地法院管辖,便于法院查明被继承人、继承人和遗产的有关情况,正确处理案件,解决民事纠纷。

**四、协议管辖**

协议管辖,又称合意管辖或约定管辖,是指根据双方当事人的约定而确定的管辖。协议管辖又分为明示协议管辖和默示协议管辖。

(一)明示协议管辖

根据《民事诉讼法》第35条的规定,合同或者其他财产权益纠纷的当事人可以书面协议选择被告住所地、合同履行地、合同签订地、原告住所地、标的物所在地等与争议有实际联系的地点的人民法院管辖,但不得违反本法对级别管辖和专属管辖的规定。

据此,协议管辖应符合下列条件:(1)协议管辖适用于所有财产权益纠纷,包括合同纠纷;(2)双方当事人必须以书面形式约定,书面协议包括合同中的条款、独立的协议书及信函、电报、传真、电子邮件等形式的协议;(3)协议管辖选择的法院应当是在地域上与纠纷有实际联系的法院,包括但不限于被告住所地、合同履行地、合同签订地、原告住所地、合同标的物所在地的法院;(4)协议管辖只是当事人对地域管辖的合意选择,但不能违反专属管辖的规定,不能改变案件依法定管辖确定的第一审级别管辖,也不能协议选择第二审法院。

根据相关司法解释,当事人协议管辖选择管辖的法院均应当明确。如果在起诉时根据管辖协议不能确定管辖法院的,则应依照法定管辖的规定确定案件的管辖法院。但如果管辖协议约定了两个以上与争议有实际联系地点的法院管辖的,则原告可以选择向其中的任何一个法院起诉。

此外,经营者以格式条款的形式与消费者订立管辖协议的,应采取合理方式提请消费者注意,否则消费者可以主张管辖协议无效。在合同争议中,如果存在合同转让的情况,那么原则上合同中的管辖协议对合同受让人有效,但转让时受让人不知道有管辖协议,或者转让协议另有约定且原合同相对人同意的,合同受让人不受原管辖协议的约束。

(二) 默示协议管辖

默示协议管辖又称应诉管辖,系指当事人之间没有明示的管辖协议,但双方当事人以起诉和应诉的方式,默示地接受受诉法院的管辖。《民事诉讼法》第 130 条第 1 款规定:"人民法院受理案件后,当事人对管辖权有异议的,应当在提交答辩状期间提出……"第 2 款规定:"当事人未提出管辖异议,并应诉答辩或者提出反诉的,视为受诉人民法院有管辖权,但违反级别管辖和专属管辖规定的除外。"《民诉法解释》第 223 条规定:"当事人在提交答辩状期间提出管辖异议,又针对起诉状的内容进行答辩的,人民法院应当依照民事诉讼法第 130 条第 1 款的规定,对管辖异议进行审查。当事人未提出管辖异议,就案件实体内容进行答辩、陈述或者反诉的,可以认定为民事诉讼法第 130 条第 2 款规定的应诉答辩。"

默示协议管辖原来只适用于涉外案件。《民事诉讼法》2012 年修正案增加了上述第 2 款的规定,由此确定了国内民事诉讼的默示协议管辖制度。默示协议管辖的原理在于,一方当事人以提起诉讼的行为主张本案应由受诉法院管辖,另一方当事人未在法定期限内提出管辖权异议,并且以应诉(实体)答辩的行为接受该法院的管辖,因而视为双方以共同接受受诉法院管辖的行为就该法院对本案享有管辖权达成一致的意思表示。需要指出的是,如果当事人未在提交答辩状期间提出管辖异议,同时答辩期届满后也未应诉答辩的,不应视为默示同意由受诉法院管辖。此时若法院在一审开庭前发现案件不属于本院管辖的,应当移送管辖。

## 第四节 移送管辖与指定管辖

### 一、移送管辖

我国《民事诉讼法》第 37 条规定:"人民法院发现受理的案件不属于本院管辖的,应当移送有管辖权的人民法院,受移送的人民法院应当受理。受移送的人民法院认为受移送的案件依照规定不属于本院管辖的,应当报请上级人民法院指定管辖,不得再自行移送。"

移送管辖,是指法院在受理民事案件后,发现自己对案件没有管辖权,依法将案件移送给有管辖权的法院审理的制度。这是在法院受理案件错误之后采取的一种补救措施,其目的主要是为了纠正法院的管辖错误。需要注意的是,移送管辖既适用于纠纷发生在同级法院之间的地域管辖错误,有时亦用于纠纷发生在上下级法院之间的级别管辖错误。

移送管辖需要符合以下条件:(1) 法院已经受理案件。在原告起诉后、法院受理之前,法院发现自己没有管辖权,应当告知当事人向有管辖权法院起诉。(2) 移送的法院对案件没有管辖权。受理案件以后如果发现法院主管错误,则应当直接驳回起诉。(3)受移送的法院对案件有管辖权。可见,移送的是案件,而不是管辖权,因为移送法院本身对案件并无管辖权。(4)移送管辖只能进行一次。这是为了保证案件及时审理,防止案件在法院之间反复移送拖延时间。受移送的法院认为受移送的案件依照规定不属于本院管辖的,不得将该案退回原移送的法院,也不得再自行移送,而应当报请上级法院指定管辖。

根据我国《民事诉讼法》和有关司法解释的规定,下列情形不得移送:

1. 受移送的法院认为受移送的案件依照规定不属于本院管辖的,不得再自行移送。

2. 有管辖权的法院受理案件后,根据管辖恒定原则,其管辖权不受行政区域变更、当事人住所地或经常居住地变更的影响,法院不得以此为理由移送管辖。

3. 两个以上法院都有管辖权的诉讼,先立案的法院不得将案件移送给另一个有管辖权的法院。但法院在立案后发现其他有管辖权的法院已先立案的,应裁定将案件移送给先立案的法院。

移送管辖与管辖权转移的区别在于:从目的上,移送管辖主要是为了纠正地域管辖的错误而设置的;管辖权转移是为了解决特别情形下依职权灵活变更法定的级别管辖、使更适宜裁判案件却没有法定管辖权的法院通过裁定而取得管辖权。在内容上,在移送管辖中,移送的是案件,而非管辖权;管辖权转移的内容,既包括案件也包括对该案件的管辖权。在程序上,移送管辖通常发生在同级法院之间,乃移送法院的单方行为,无需经过受移送法院的同意;管辖权转移则无论是管辖权由上级法院转移至下级法院抑或相反,都需要上级法院的决定或同意。

## 二、指定管辖

指定管辖,是指上级法院在法律规定的情况下,对某一具体的民事案件,指定其辖区内的某个下级法院行使管辖权。指定管辖适用于以下情形:

1. 在移送管辖中,受移送的法院认为受移送的案件依照规定不属于本院管辖的,应当报请上级法院指定管辖。

2. 有管辖权的法院由于特殊原因,不能行使管辖权的,由上级法院指定管辖。所谓特殊原因,一为法律上的原因,如需要管辖法院的全体法官实行回避的情形;二为事实上的原因,如管辖法院因不可抗力无法行使管辖权的情形。

3. 法院之间因管辖权发生争议,由争议双方协商解决,协商解决不了的,报请它们的共同上级法院指定管辖。具体情形包括:双方为同属一个地、市辖区的基层法院,由该地、市的中级法院及时指定管辖;同属一个省、自治区、直辖市的两个法院,由该省、自治区、直辖市的高级法院及时指定管辖;如双方为跨省、自治区、直辖市的法院,高级法院协商不成的,由最高人民法院及时指定管辖。报请共同上级法院指定管辖时,应当逐级进行。

## 第五节 管辖异议

管辖异议,又称管辖权异议,是指当事人向受诉法院提出的该法院对所受理案件无管辖权的意见和主张。根据当事人诉讼权利平等原则,原告提起诉讼时享有选择管辖法院的权利,应诉的被告也应享有相应的管辖权异议权。所以,管辖权异议的设立有利于保障双方当事人平等行使诉讼权利,同时保证法院管辖权行使的正当性,防止管辖错误的出现。

### 一、管辖异议的条件

管辖异议的主体应当是案件的当事人,通常情况下,管辖异议由被告提出。第三人,无论是有独立请求权的第三人还是无独立请求权的第三人,都无权提出管辖异议。有独立请求权第三人以起诉的方式参加诉讼,若其对本案管辖有异议,可以选择不参加诉讼而去其他法院另行起诉,无必要提出管辖异议,增加诉讼复杂性。

管辖异议的对象是法院的第一审管辖权。根据民事诉讼中的上诉制度,第二审管辖法院由第一审管辖法院所决定,所以当事人对二审管辖无权提出异议。不过,这一原则近年来也出现了例外,司法改革设立了上诉管辖中的事项管辖制度。例如,知识产权法院辖区内基层人民法院管辖的知识产权案件,二审由知识产权法院管辖,其他民事案件的二审则由基层法院的上级人民法院管辖。再如,对巡回区内高级人民法院一审的民事案件提起的上诉,由巡回法庭审理,但知识产权、涉外商事、海事海商案件的二审由最高人民法院本部审理。虽然我国上诉制度中设立了事项管辖制度,但目前尚未设置相应的程序处理当事人对二审管辖法院的异议。

管辖异议的时间是提交答辩状期间,即收到起诉状后的15日内(涉外民事诉讼为30日内),这一规定的主要目的在于督促被告尽快行使权利,保证诉讼的效率。但在以下情形之下管辖异议时间存在例外:依据《关于审理民事级别管辖异议案件若干问题的规定》第3条的规定,提交答辩状期间届满后,原告增加诉讼请求金额致使案件标的额超过受诉人民法院级别管辖标准,被告提出管辖权异议,请求由上级人民法院管辖的,人民法院应当在受理异议之日起15日内作出裁定。

### 二、管辖异议的处理

当事人提出管辖异议后,法院应当进行审查。管辖异议成立的,受诉法院应当裁定将案件移送有管辖权的法院;管辖异议不成立的,受诉法院裁定驳回异议。当事人对管辖异议的裁定不服的,可以在接到裁定书10日之内(涉外民事诉讼中为30日),向受诉法院的上一级法院提起上诉。二审法院依法作出终审裁定,该裁定所确定的管辖法院即为该案的管辖法院。但当事人对小额诉讼案件提出管辖异议的,法院作出的裁定为生效裁定,不可上诉。

民事诉讼遵循的是当事人处分原则和不告不理原则,法院司法管辖权的取得是基于原告向法院提起诉讼的行为,原告向法院申请撤诉的,法院的司法管辖权即丧失了存在的依据。因此,只要没有违反法律的行为需要依法处理的,法院应准予原告的撤诉申请,对管辖权异议的审查也没有实际意义,不应再审查。

## 第六节　管　辖　恒　定

管辖恒定,是指管辖权的确定,以原告起诉时为准,此后无论案件情况有何变化,案件始终由受诉法院管辖。此项制度设立的主要目的在于保证案件的及时审理,防止诉讼的延误。管辖恒定制度具体表现为:

1. 原告起诉时,若某法院依照法律规定对该案件享有管辖权,在案件审理过程中,该案件始终由该法院管辖,而不随案件有关情况的变化发生管辖权的转移,有人称之为"地域管辖恒定"。根据司法解释有关规定,案件受理后,受诉法院的管辖权不受当事人住所地、经常居住地变更的影响;有管辖权的法院受理案件后,不得以行政区域变更为由,将案件移送给变更后有管辖权的法院。

2. 当事人在诉讼中增加诉讼请求从而加大诉讼标的金额,致使诉讼标的金额超过受诉法院级别管辖权限的,一般不再变动,即"级别管辖恒定",但是当事人故意规避有关级别管辖等规定的除外。提交答辩状期间届满后,原告增加诉讼请求金额致使案件标的金额超过受诉法院级别管辖标准的,被告可以提出级别管辖异议,且针对该异议的裁定可以上诉。

3. 原告起诉时,若依法律规定受诉法院无管辖权,但该受诉法院并未发现,当事人也未就管辖权提出异议,则在受诉法院对案件进行开庭审理后,即视为该受诉法院取得管辖权,此后不得再变更管辖法院。但专属管辖的案件例外,仍然由法律规定的相关法院进行管辖,二审法院认为第一审法院受理案件违反专属管辖规定的,应当裁定撤销原裁判并移送有管辖权的人民法院。

管辖异议与管辖恒定分别从不同的角度对管辖权的行使作出规定,虽然二者是不同层面的概念,但在总体目标上,都是为了既保证管辖权的正确行使,克服地方保护主义,又保证案件得以较为迅速地进入实体审理,提高诉讼效率,有效维护当事人的合法权益。我国2012年修正的《民事诉讼法》一方面增加了默示协议管辖制度,同时将"管辖错误"从再审事由中删除。默示协议管辖制度的确立进一步强化了管辖在诉讼早期确定化的制度倾向。在过去的司法实践中,一些当事人在一审答辩期间内不提出管辖权异议,却在判决生效后,以管辖错误为由申请再审或申请检察院抗诉撤销对自己不利的判决。如果管辖错误而导致事实或法律错误或其他侵犯当事人诉讼权利或公正审判的情形,可依据相应的法定事由提起再审,但仅仅因为管辖错误而申请撤销生效判决的,不再成为启动再审程序的事由。

# 第七章 民事裁判权

**【本章提要】**

民事审判权可分解为裁判权和程序控制权两项基本权力。裁判权的核心是实体裁判权,法院借此对当事人提交其解决的实体事项(争议或非争议事件)进行裁断,不过无争议则无裁判,一般关于民事裁判权的讨论是限于诉讼程序的,非讼法理与诉讼法理差异很大,故非讼裁判不在本章讨论之列,实体裁判权仅指针对诉讼请求或诉讼标的的裁判权。程序控制权又称诉讼指挥权,法院借此进行案件管理,使审理过程顺利进行。法院行使上述两项权力对实体争议和程序事项作出处理决定的方式,表现为民事裁判的三种形式或类型——判决、裁定和决定。

## 第一节 民事审判权行使方式

### 一、民事审判权的基本结构

民事审判权是指依法成立的审判组织应当事人请求而启动的审理和裁判民事争议的权限和职能。这是对民事审判权的狭义界定,广义的民事审判权与第五章中讨论的民事司法权同义。另外,本节定义的民事审判权主要是立足于诉讼程序;非讼程序具有迥异于诉讼程序的独特法理,因此对非讼事件的审判权应当进行相对独立的研究。

法院的审判权与当事人的诉权是一对同源共生、相辅相成的范畴。"诉权"是当事人在实体权利受到侵害或与他人发生纠纷时寻求司法救济的权利。审判权因诉权的启动而存在,诉权因审判权的行使而实现。在实体维度上,民事审判权的行使,以当事人行使诉权提出具体诉讼请求为前提,以诉讼标的为对象,以实体裁判为归依,因此审判权的内核或归宿是实体裁判权。在程序维度上,一方面,当事人作为诉讼主体,为了实现诉权必须享有充分的诉讼权利(程序权利),通过合法的诉讼行为获得诉讼法上的效果;另一方面,法院为了保障当事人诉权的合法行使和审理程序的正常进行,必须行使诉讼指挥权来处理大量程序问题,但法院作为诉讼主体,其诉讼行为也须符合法律规定才能产生诉讼法上的效果。

因此,民事审判权分解为三项基本权能:一是实体裁判权,法院借此对原告提交其解决的实体争议即诉讼标的进行裁断,表现为判决形式;二是程序裁判权,法院借此对重大程序事项和涉及临时救济的某些实体事项进行裁断,在我国主要表现为裁定形式;三是程序控制/推进权,或称诉讼指挥权,法院借此保障审判过程的顺利进行,在我国主要采取决定形式。前两项权限又可合并称为"实质问题(merits)裁判权"。此外,法院还有权就审判或执行中的相关事项发布命令,不仅对当事人而且对其他相关主体有拘束力。严格地说,这种超越于诉讼法律关系主体及诉讼程序以外的权力,是基于广义的民事审判权亦即民事司法权的,而发出这种司法命令的根据应当是依保全程序、非讼程序甚或诉讼程序作出的裁定或决定,其中依据诉讼程序而针对当事人作出的裁定和据此发出的命令往往具有实体性临时裁判的性质。

基于裁判权能,民事审判权又衍生了一些权能。在以处分主义和辩论主义为内核的诉讼模式下(见第二章),实体裁判权衍生出释明权、事实调查权和证据审核权,在我国还包括有条件的证据收集权;诉讼指挥权又衍生出对妨碍民事诉讼的制裁权,其适用对象可能及于诉讼参与人以外的其他主体。

除此之外,我国法院的调解权构成民事审判权的重要部分和形式。在我国实行的调审合一模式下,法院在解决实体争议方面还拥有一项与裁判权并列的重要权力,即调解权,借以对诉讼争议作出终局性处理。将调解权解读为民事审判权的一部分,其依据在于:在立法上,法律明确规定"调解书与判决书具有同等效力";在实践中,调解成为在法院主持下了结纠纷的主要方式,并在程序结构上与裁判权交替进行;在理论上,我国民事诉讼的传统模式被界定为调解型模式,庭审功能的虚化也是因为具有对抗性质的当事人举证责任不符合调解型模式的正当性原理。就调解型模式下的法官与当事人之间的关系而言,与其说程序的重点在于当事人提出证据展开辩论以争取法官作出有利于自己的决定,不如说在于法官形成正确的解决方案并说服当事人作出接受该方案的决定。① 因此,在讨论中国法院的审判权时,如果将调解这一行使审判权的重要方式撇开,就无法完整地描述在我国起作用的审判权体系。

然而,从应然和发展的视角看,与裁判以争议、对抗、辩论为基础不同,调解以自愿、协商、合意为基础,最重要的是,裁判的最终决定权在于法院,而调解的最终决定权在于当事人。因此,本书仅仅在民事审判权的概述中提到法院调解,以便读者对我

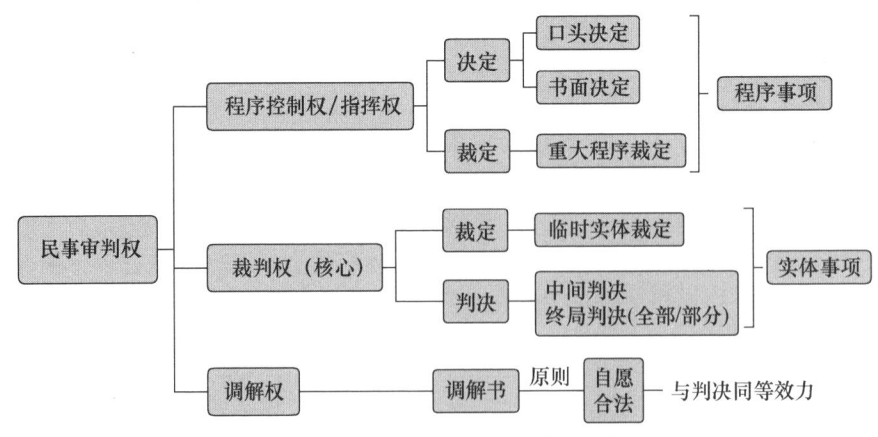

图 7.1 我国民事审判权的基本结构

---

① 王亚新:《对抗与判定——日本民事诉讼的基本结构》,清华大学出版社 2002 年版。

国民事审判权的体系有个完整的了解,但在教材总体结构安排上,法院调解另立一章,以突出调解区别于裁判的特质,避免进一步强化我国调解与裁判相互交汇、融合、混同和扭曲的倾向。

## 二、民事裁判权的行使方式

我国民事审判权的行使以三种形式为载体——判决、裁定和决定,由此形成我国民事裁判的三大类型。依据通说,我国区分判决、裁定和决定的标准主要是裁判的事项,判决适用于实体事项,裁定适用于程序事项,决定适用于与诉讼程序的进程有关的障碍和诉讼阻却事项。[①] 本章第三节对裁定的适用范围进行了更细致的界分。严格地说,将决定划入民事裁判是不适当的,因为"裁判"是针对"争议"作出的判断和裁决,但鉴于我国适用决定处理的事项实际上许多都属于裁判事项,而且与裁定的形成过程(程序)并无明显差别,因此决定实际上构成了我国民事裁判体系的一个组成部分。

总体说来,在三种裁判形式中,判决的特点是具有规范性、程序性和完备性,受当事人处分权和辩论权制约,救济途径完备;裁定和决定则普遍具有灵活性、随意性、几乎不受当事人和救济途径制约等特点。我国的判决适用范围很小且类型单一,而裁定和决定的适用范围很大,特别是完全受法官职权支配的司法决定的大量适用,体现了我国民事诉讼制度的强职权主义色彩。

## 第二节 民事判决

### 一、民事判决的类型

我国判决适用于确认之诉、给付之诉和形成之诉,无论在一审程序、二审程序还是再审程序,凡针对诉讼标的作出的实体性、终局性裁判,均适用判决。以判决的效力分类,我国只有终局判决(在本审级终结实体争议的判决),没有中间判决;以判决对辩论权行使的依赖程度分类,有对席判决和缺席判决;根据判决所体现的主体意志分类,我国有对抗判决,没有合意判决,但法院调解及当事人和解撤诉从不同意义和程度上体现了当事人的合意——虽然与合意判决有若干差异。民事判决制度的设计是以一审判决、对席判决、终局判决为蓝本和主体部分的,故本章第三节关于判决书的结构将侧重于讨论以双方当事人对席辩论为基础形成的对抗性一审判决;对于"应当"成为判决类型之对照、例外或延伸的合意性判决、缺席判决、中间判决以及二审判决和再审判决,本书将在本节判决的类型和第八章法院调解制度中讨论。

(一)终局判决与中间判决

我国判决的类型单一,只有终局判决,没有中间判决或临时判决。

---

[①] 参见江伟主编:《民事诉讼法》(第 2 版),高等教育出版社 2004 年版,第 316—342 页;田平安主编:《民事诉讼法原理》,厦门大学出版社 2004 年版,第 348—354 页。其他教材对此问题的观点也大同小异。

终局判决是针对实体权利义务争议(即诉讼标的)作出的并在该审级内彻底终结案件的裁判。终局判决又分为全部判决和部分判决。全部判决是对全部诉讼标的作出的最后裁判;部分判决是对部分诉讼标的作出的裁判——部分判决作出时,虽然整个案件的审理程序尚未终结,但就该判决所针对的那部分诉讼标的而言,判决是独立的、确定的、终局的和有实质既判力的。

我国确定的终局判决具有以下相同特征:(1) 判决均具有实质既判力,即判决具有阻止就判决事项再行审理的效力;不存在只具有形式既判力却不具有实质既判力的中间判决;(2) 生效判决所确认的权利义务直接构成实体法上的权利义务,具有给付内容的确定终局判决为强制实现该债权的根据;(3) 判决一经生效均具有证明效力或事实效力——已为生效判决确认的基本事实成为后案中无需证明的预决事实;(4) 所有判决,包括最高人民法院的判决在内,均没有先例效力。

中间判决是在民事审理过程中,为解决一部分先决事项及攻击防御方法事项,在作出终局裁判之前,就上述争议作出的具有形式既判力或临时效力但不能终结本审级诉讼审理的裁判。通常临时裁判也被纳入中间判决的范畴,但各国对判决本身的定义和适用条件差异很大,因此中间判决的适用范围和承担的功能也相去甚远,故不能简单地套用我国的冠名以"判决""裁定"或"决定"的制度标签,去对照其他国家的裁判形式及适用范围,也不能简单地以本章所区分的事项猜测各国的中间裁判对象。

所谓实体性先决事项,是指在给付之诉或形成之诉(下称主诉)中,如果不仅是主诉本身发生争议,而且作为主诉之基础、需要先行确认的事项也发生争议时,后者就是先决事项或先决问题。这些问题包括损害赔偿请求权,不当得利请求权,创设主诉的合同的成立、有效或可撤销性,消灭时效等。在变更之诉即形成之诉中,也有需要就原因法律关系或原因行为进行先行确认的情形,比如在离婚诉讼中当事人对于婚姻本身是否成立或有效发生争议。

程序性先决事项,是指在诉讼中就请求裁判的程序性前提发生的争议事项,其中最核心的问题就是诉的合法性问题。具体包括:在起诉、参加之诉和诉的主体合并中,法院方面的主体资格(主管权和管辖权)和当事人方面的主体资格(原告适格、被告适格、共同诉讼人及参加之诉当事人的资格),在再审之诉中,主体适格和再审事由的满足,都属于诉的合法性问题。对于程序性先决事项的司法判定,我国目前一部分适用裁定,但对于大部分事项适用决定——书面或口头决定。

攻击防御方法事项,是指与诉讼标的相关但又不构成诉讼标的本身的争议事项,以及围绕事实调查和证明产生的争议事项。包括准许或否定诉的变更、客体合并、自认的撤回、同时到场的当事人对诉讼代理人事实性主张的撤回或更正、提出证明的合法性、证据抗辩和证据调查、证人或鉴定人拒绝作证或拒绝鉴定的合法性等。

这些事项在德国和法国大部分属于中间裁判或临时裁判的范围,我国主要适用裁定或决定,或者以释明解决。就我国裁判制度的未来建构目标来看,上述实体性先决事项应建立中间判决制度,程序性先决事项可归入我国裁定体系,而攻击防御事项暂时留待决定解决,是否适用裁判方式将取决于我国诉讼模式辩论主义的发展进程,不过可以考虑在上述三个层次问题之间的模糊地带预留一些发展空间,比如涉及实体问题的争议可分为三个层次,即在诉讼过程中基于权利抗辩、事实抗辩和证据抗辩产生的争议,其中权利争议(除诉讼标的本身的终局性裁判外)可归入先决性实体争议,适用中间判决解决;就事实和证据本身的争议则可归入攻击防御方法,适用决定;另如诉的主体合并问题,既可作为程序性先决事项适用裁定,也可作为攻击防御事项适用决定。[①]

(二) 对席判决与缺席判决

民事诉讼以对抗为基本特征,诉讼裁判以辩论为基础,诉讼与审判实际上就是通过双方当事人以对抗的立场提出主张与抗辩、进行证明和说服,法院据此判定事实并作出裁判。因此对席判决是民事审判的基本方式。然而,在某些情况下,一方当事人将争议提交法院,法院合法送达对方当事人,对方当事人却不予积极回应。而法院作为司法救济机构,在当事人主张其权利受到侵害或与他人发生纠纷请求司法救济时,必须对其所提出的诉讼请求作出回应——无论支持或驳回——从而对争议作出结论性处理。因此,法律规定在一定条件下,法院对当事人一方不出庭的案件实行缺席判决。

我国所称的缺席判决,是指一方当事人经合法传唤无正当理由不到庭或未经法庭许可中途退庭的情况下,法庭在另一方当事人和其他诉讼参与人的参加下,依法开庭审理,对案件作出判决,该判决对出庭方当事人和缺席方当事人具有同等拘束力。

1. 缺席判决的适用条件

根据我国《民事诉讼法》和有关司法解释,缺席判决具体适用于以下情形:(1) 人民法院裁定不准许撤诉的,原告经传票传唤,无正当理由拒不到庭;(2) 非必须到庭的被告经传票传唤,无正当理由拒不到庭,或未经法庭许可中途退庭;(3) 被告反诉,非必须到庭的原告(即反诉被告)经传票传唤,无正当理由拒不到庭,或未经法庭许可中途退庭的,法院可针对反诉缺席判决;(4) 非必须到庭的无诉讼行为能力的被告的法定代理人经传票传唤,无正当理由拒不到庭,或未经法庭许可中途退庭;(5) 人民法院裁定不准许撤诉的,有独立请求权第三人经传票传唤,无正当理由拒不到庭,或未经法庭许可中途退庭;(6) 无独立请求权第三人经传票传唤,无正当理由拒不到庭,或未经法庭许可中途退庭,不影响法庭对案件的审理。经审理,确定无独立请求权第三人承担责任的,对无独立请求权第三人可以缺席判决。

在我国,应诉或答辩都不是被告的义务或在一定时效后即可丧失的权利(失权),因而不应诉、不答辩、不出庭之间并没有严格的界限,虽然实践中大量缺席判决都是针对根本无法找到被告下落、只能以公告送达的"三不"(不应诉、不答辩、不出庭)案件作出的,但不能将我国的缺席判决与一些国家的不应诉判决简单对应。我国作出缺席判决的程序条件是不出庭;以其他形式应诉或答辩而不出庭,或者出庭却不发表意见者,均未作为缺席判决的法定条件。

---

[①] 详述阐释见傅郁林:《论民事裁定的逻辑结构与效力基础》,载《中国法律评论》2023年第6期。

## 2. 缺席判决的效力与救济方式

（1）缺席判决的形成

缺席案件的审理和缺席判决的形成与对席判决没有法律上的差异,都要求法院在查明事实的基础上作出裁判。但实际上,由于一方当事人的缺席,法庭调查和法庭辩论只能由出席的"一方"当事人陈述和提出证据,法官在没有对立主张、没有对方质证或提出反证的情况下,"查明事实"只能是有限的事实,至少,是在假定缺席方对出席方所提出的证据均不否认的基础上,依据出席方提交的证据判断法官是否足以被说服支持其事实主张,并据此事实和其他免证事实支持其诉讼请求。

参考前文所示的审判流程不难发现,这一判决的基础与处分权主义和辩论主义诉讼模式下缺席判决的基础处于不同层次。依据处分权主义,缺席方放弃的是"权利"主张（即诉讼请求）层次上的抗辩,法院可直接依据出席方提出的权利主张作出判决;依据辩论主义,缺席方放弃的是"事实"主张层次上的抗辩,如果出席方提供的事实主张能够支持其所主张的权利或法律关系,则法官可直接依据出席方提出的事实作出支持其诉讼请求的判决。我国的缺席判决基础,实际上体现了我国传统的超职权主义模式下对于当事人处分其实体权利和辩论权利的职权干预,或者说,强化了法官对证据—事实—权利基础—权利主张这个链条上负全方位的责任;实际上,在缺席判决的情况下,法官要替代缺席方提出虚拟的抗辩。

（2）缺席判决的效力和救济途径

缺席判决的形成过程与对席判决不同,缺席判决的法律效力和救济途径则与对席判决完全相同。对缺席判决不服者,无论出席方或缺席方,均以上诉方式获得救济。

由于缺席判决是在一方没有获得听审机会的状态下作出的,因而缺席判决的救济机制,必须平衡两个方面的因素——救济途径过于严格,可能侵害一些有合理理由导致缺席的一方当事人的正当程序权利;救济途径过分宽松,则可能纵容不遵守程序规则的不诚实信用行为,导致一审程序功能的落空。

在我国,缺席判决及其救济途径与送达制度密切相关。辩论主义和对席审判的前提是当事人在受到正当程序保障的前提下自愿处分抗辩权利,缺席判决同样是在此基础上获得正当性的。当一方当事人的人身权或财产权被提交司法处分时,受通知的权利是最基本的正当程序权利。因此,《民事诉讼法》2007年修正案将未经传票传唤作出的缺席判决列为再审事由;适用简易程序以捎口信、电话、传真、电子邮件等形式发送的开庭通知,未经当事人确认或者没有其他证据足以证明当事人已经收到的,法院不得将其作为缺席判决的根据。

从比较法视角看,对缺席判决的救济程序有上诉和重新裁判两种基本方式,或者在这两种方式之间选择或交叉使用。具体采取何种程序给予救济,主要取决于各国立法者同情出席方抑或缺席方的立场。考虑到我国诉讼程序的整体设计和信用制度对债权人保护不充分、对恶意逃避债务者控制不力等综合因素,我国缺席判决制度应当以同情遵守法庭纪律一方当事人（往往是债权人）的立场加以权衡,当缺席方出现并寻求对缺席判决的救济途径时,应当由出席方选择重新裁判还是允许其提起上诉,以此弥补重新裁判或提起上诉的单一选择存在的对缺席判决救济失之过严或过宽的缺陷——重新裁判的全部费用由缺席方承担,无论结果胜诉与否。缺席方选择相反方式或请求免除重新裁判的费用,必须承担严格的证明责任——证明缺席的原因可归咎于对方当事人或法院的过错。

（三）初审判决与上诉判决

在我国两审终审制的基本结构中,诉讼案件的初审判决即一审判决,上诉判决即二审判决。如第二章所述,初审程序的诉讼标的是当事人争议的实体法律关系,由诉讼请求加原因事实构成,因此初审判决所回应的是诉讼请求和产生该诉讼请求的法律事实。

上诉程序与初审程序的功能不同,在续审制模式下,上诉判决承担着评判初审判决和裁判当事人之间的实体争议的双重职能,因此,上诉程序的诉讼标的和上诉裁判对象为两个:(1)受当事人质疑的为初审裁判所承载的审判法律关系,亦即初审法院行使民事审判权时与当事人之间形成的法律关系,由此构成一个确认之诉判决(维持原判)或形成之诉判决(撤销原判);(2)当事人之间争议的实体法律关系——在不赋予初审终局判决以既判力和执行力的国家,针对实体争议作出的初审判决由于受到上诉的质疑而成为效力待定的判决,因此,必须将其作为上诉判决的裁判对象,才能就实体争议本身形成一个有终局效力的判决。基于诉讼标的的不同,在语气和说理的侧重点上都应明显区别于初审判决,上诉判决的内容必须对原审判决作出评价和分析。

此外,在我国审判监督程序中,裁判分为决定再审的裁定和再审案件的裁判两个部分。(1)决定再审的裁定是就先决问题作出的临时裁判或中间裁判,在性质上属于形成之诉。一方面,按照既判力原则,法院不撤销原判,则无法对同一案件进行重新审判;另一方面,在再审判决完成对原审裁判的终局性评判之前,无法确定是否应当撤销原判。因此,仅具有形式既判力的决定再审的裁定,要经作为终局裁判的再审判决的确认或修正之后,才能获得实质既判力。(2)基于我国再审程序所承担的纠错功能,特别是原判对于实体法律关系的终局裁判已经被决定再审的裁定临时撤销,因此,即使是维持原判的再审裁判,也必须包含双重诉讼标的,即评价原审判决,并对当事人之间争议的实体法律关系作出终局裁判。

## 二、判决的结构[①]

（一）判决的基本结构

一般而言,裁判文书的基本结构,除首部、尾部和程序事项之外,即为核心内容。核心内容由事实构成、裁判理由和裁判主文三大部分构成。事实的主张、证据的提供

---

[①] 详细讨论参见傅郁林：《建立判例制度的两个基础性问题》,载《华东政法大学学报》2009年第1期；《判决书说理中的民事裁判逻辑——围绕〈民事诉讼法〉第155条展开》,载《中国应用法学》2022年第1期。

与获取以及由证据到事实的证明过程,应当记载于事实构成部分;对证明结果的综合评价和对法律事实的综合认定(要件事实),以及证明结果和所认定的事实是否已经满足适用法律的前提条件(法律要件),并据此推导出对某一规范的适用(如果法律规范清晰且单一)、解释(如果不够清晰)和选择(如果有多个选项)的结论,应当写入裁判理由;在根据事实认定而确定法律适用的基础上,得出的裁判结果,写入裁判主文。

司法裁判作为法庭对当事人主张的回应,判决书的不同部分对应着当事人的不同"主张",产生不同效力。

首先,判决主文是对当事人诉讼请求(即权利主张)的回应,宣告判决结果,确定既判事项,具有既判效力(在其确定的既判力范围内不得再行起诉),并具有权利效力(生效判决可直接成为实体权利的依据)和执行效力(生效给付判决可作为执行依据)。

其次,事实构成部分是对当事人事实主张和证明过程的记载,具体应当包括:作为诉讼请求和相应判决基础的当事人的事实主张,双方当事人对于事实主张展开的自认、反驳和证明过程,以及包括证据调查在内的诉讼进程,而证明应当与相应的事实主张和证据调查放在一起。

最后,判决理由(holding)是指法官据以作出判决的事实和法律理由。在这一部分,法官应当对当事人提出的支持其权利(或法律关系)主张的理由作出回应,包括对裁判的事实和法律依据进行总结,作为对裁判主文的前提和理由说明。裁判理由没有既判力或权利效力,但事实认定作为推导出判决的事实根据和对当事人在事实构成中所提出的事实主张的回应,具有事实效力或证明效力。

特别重要的是,既判力只能产生于判决主文,事实构成和裁判理由均不产生既判力。因此,裁判主文与裁判理由、裁判理由与事实构成之间应当区分开来。首先,在判决书的各项内容中,只有判决书的主文部分才具有既判力,因此也只有判决主文才能对争议作出处理;裁判理由没有既判力,因此也不应当含有决定性内容,即使法官不小心将决定性内容放在了理由部分,这些决定性内容也不应当具有既判力。① 在德国和法国,不区分裁判主文与裁判理由的判决是不合法的。其次,区分裁判理由与事实构成,是为了"清楚地将当事人的主张放在一边,将法院认定的事实和法律上的考虑放在另一边"②,以便判明法院对于事实的认定是否超越了当事人对于事实主张的

---

① 但在法国,既判力有时也会游离于判决的主文之外。一种情况是一审判决中的"决定性理由"也会具有既判力,但上诉法官的判决书中的决定性理由不具有既判力。所谓决定性理由,是指那些对主文来说必不可少的或与法官的决定具有逻辑上前提关系的理由,如果没有了它们,判决就会缺少法律依据,因此这类理由所包含的确定性内容也不容置疑,它们有既判力。另一种情况是判决中的暗示性决定也会有既判力。例如,在一项商事判决中,法官可能在主文部分判令某项商事契约的承租人有权获得损害补偿,但这一决定却暗含着一个必要的前提,即该承租人必须在其承租地上进行了某项商业活动,这一暗示性前提也具有既判力。不过,在任何情况下,这一规则都不能适用于中间判决中所暗含的前提。〔法〕洛·卡迪耶:《法国民事司法法》,杨艺宁译,中国政法大学出版社 2010 年版。

② 〔德〕罗森贝克、施瓦布、戈特瓦尔德:《德国民事诉讼法》(上),李大雪译,中国法制出版社 2007 年版,第 274 页。

范围。因此,在德国和法国,这种区分虽然不像裁判主文与裁判理由的划分那样是由法律规定的,但理论界与实务界普遍认可和遵循这一做法。在我国已逐步熟悉的德国证明责任理论中,这一界限也是十分清晰的,即主张责任调整的是当事人的事实主张与法庭认定事实的范围之间的关系,证明责任则是以此为前提在双方当事人之间进行的举证行为责任和证明结果风险的分配。

(二) 我国现行判决书的结构及其改革

我国现行判决书的主体结构由五部分构成,即原告诉称和被告辩称、法院查明、法院认为、判决主文。可归入三个大部分:当事人主张——包括权利主张、事实主张和法律主张三个层次;裁判理由——包括事实理由和法律理由;判决主文——即裁判结果。在实践操作中,原告诉称和被告辩称部分一般会提到当事人为支持上述主张提供的证据,但没有运用证据证明各自的事实主张和反驳对方主张的证明过程;"本院查明"部分一般只写认定事实的结论,不写查明事实的过程及事实与证据之间的关系;"本院认为"部分,过去只写法律理由,即法律适用,司法改革对裁判文书说理提出要求之后,法院将当事人在事实问题上的争议、事实证明的过程及法院认定事实的理由和依据放进了这一部分。

在这样的裁判结构中,法官对于权利主张、事实主张、法律主张三个不同层次"主张"的回应并无特别清晰的界限,既判事项(构成妨碍后诉的诉讼标的)与既判事实(构成后案免证的预决事实)之间、事实认定(法院的责任)与事实证明(当事人的责任)之间、裁判结果与裁判理由之间界限不清,在生成判例和识别案件方面造成很大困难。特别是我国裁判文书中,缺乏事实理由与法律理由之间的链条,因此在可供选择的法律规范或判例存在歧义、多元或冲突等情形时,就无从说明为何根据认定的事实应当适用这一(而非另一)法律规范,为何对该法律规范应作这样(而非那样)的解释,或者为何应选择这一(而非另一)判例作为本案的先例。而这些问题恰恰是判例制度的内涵,也是判例赖以产生的基础和不被滥用的保证。

这些问题集中暴露了我国裁判文书格式化的缺陷,以"原告诉称……""本院查明……"这类填空或续写的方式撰写司法裁判,既无法展现双方当事人之间的对抗过程,也无法容纳法官与当事人之间的制约关系。我们看到,美国作为判例法国家的裁判文书大致由案情(或事实)、分析和结论三大部分构成;大陆法系国家裁判文书包括事实构成、裁判理由及裁判主文三大部分结构;我国许多仲裁机构的仲裁裁决书的结构是案情、仲裁庭意见和仲裁裁决。如果我国判决书采用"当事人基本主张、事实认定、裁判理由、裁判主文"这样相对宽松的结构,但同时要求法官每一部分必须具备哪些要点,这样的结构给裁判预留的说理空间要比填空式或格式化的结构大得多;而通过具体规定各部分的具体内容和要点,并提供裁判文书范本,来约束法官的随心所欲,其制约审判权滥用的效果,反而比将法官锁定在狭窄的格式中无法展现裁判过程要好得多。①

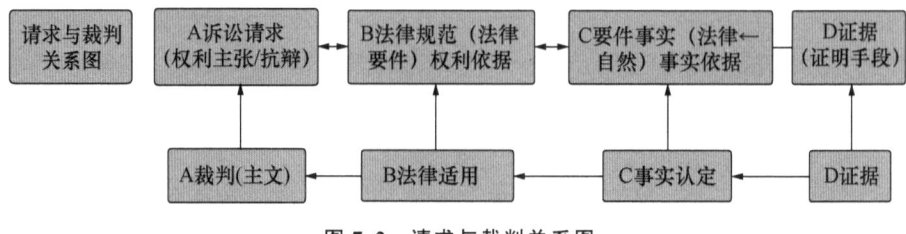

图 7.2　请求与裁判关系图

### 三、民事判决的效力②

判决的效力,主要是指判决的原有效力,包括判决的既判力、执行力和形成力,在判决主文部分。同时判决还有附随效力,主要是争点效力和反射效力,体现在判决理由部分。此外,判决还有事实效力和证明效力。

（一）判决的既判力

1. 既判力的定义及其目的

判决的既判力包括形式既判力和实质既判力。形式既判力是指裁判一经作出,则其存续得以保障而不受异议或上诉挑战的确定力,其目的和效果在于阻止裁判受制于异议或上诉而被撤销或变更。实质既判力是指裁判内容的决定性（决定效力）,亦即判决对一方当事人主张的法律后果成立与否的判定,在提出相同法律后果的任何程序中均有决定性,其目的和效果在于排除对有效判定的法律后果进行任何新的审理和裁判,从而防止矛盾裁判的危险。有既判力的裁判对当事人和法院都有拘束力。

实质既判力是法治国家要求法院提供权利保护的必然结果。为了维护当事人之间的法律和平,每一纠纷都必须有一个尽头;法院也不应重新卷入不可辩驳地裁判过的纠纷;为了维护司法权威,也要避免出现矛盾的裁判,而只有通过禁止再次审理和裁判,以使当事人受裁判的拘束,才能最完美地实现这一目的。虽然既判力制度可能导致不正确的裁判也有被固定的危险,但相比没有既判力制度所带来的充斥社会的法的安全性风险,这一制度的弊端要小一些,况且,谁能保证第二个裁判一定比第一个裁判更正确呢？因此,法治国家通过法官选任和培训、通过正当程序保障特别是当事人的听审权、通过上诉途径等方法,最大限度地保障裁判的正确性,以减少制度风险,而不是通过取消或破坏既判力达到目的。

---

① 对于判决书说理部分民事裁判逻辑更为详细的论述,参见傅郁林:《判决书说理中的民事裁判逻辑——围绕〈民事诉讼法〉第155条展开》,载《中国应用法学》2022年第1期。

② 这一小节的原理部分主要引述自〔德〕罗森贝克、施瓦布、戈特瓦尔德:《德国民事诉讼法》(下),李大雪译,中国法制出版社2007年版,第1143—1231页;同时参见了张卫平:《民事诉讼法》(第2版),法律出版社2009年版,第八章。

## 2. 既判力的客观范围

裁判对象与诉讼标的具有同一性，在诉讼和反诉提起的请求权范围内作出的裁判具有既判力。既判力的客观范围由诉讼标的决定，第二章关于诉讼标的理论提供了确定既判力客观范围的标准。

裁判的决定效力可能在三种情形下受到损害，需要通过确定既判力的客观范围，以判明诉讼是否具有合法性。一是诉讼被确定性地驳回之后，再次就同一生活事实的其他细节或新的证据手段，提起新的诉讼。二是败诉方在新的诉讼中主张与前次诉讼的生效判定相反的情况。三是如果前诉中支持或驳回的法律后果对新诉讼中待定法律后果有先例作用，则必须确定前案裁判的既判力范围是否涵摄后案。

在部分诉讼中，当事人仅就请求权的某一部分提起了诉讼，那么既判力的客观范围通常只限于"所提起并被裁判的请求权或诉讼标的"。除非在部分诉讼中原告明确表示他的诉讼提出的是整个请求权。在大陆法系国家，既判力制度并不禁止原告向同一被告就同一案件事实提起一部分请求之后，再就另一部分请求权提起另一次诉讼。在德国，法律不仅不禁止基于同一事实产生的多个请求权分开起诉，而且也不关心后部分请求权的数额在前次起诉时能否确定。比如，不禁止先就本金提起诉讼，再就利息提起诉讼；也不禁止先就身体损害提出赔偿诉讼，再就精神损害赔偿单独提起诉讼，除非在前次诉讼中当事人已经请求法院在支持其赔偿请求数额时考量其精神损害。我国司法实践更是如此。但在美国，禁反言规则要求基于一次交易或一次事件所产生的所有争议均在同一次诉讼中解决，因此美国有十分发达的诉的强制合并、强制反诉和混合诉讼的当事人制度。[①]

## 3. 既判力的主观范围

原则上，既判力仅在当事人之间发生作用。这是基于诉讼制度的基本原理——由当事人所引发的、其内容受当事人行为决定的司法裁判，对于没有参与诉讼的，也不能影响裁判内容的第三人（案外人）的法律关系不产生影响，除非在特殊情形下，并且根据法律的特殊命令，既判力才得以向第三人延伸。这些特殊情形主要包括以下几类：

（1）既判力延伸至权利的继受人。判决对于当事人的整体继受人（又称一般继受人）理所当然地发生效力，特别是继承人，因为他替代了被继承人的法律地位。

对于当事人的特别继受人，判决发生既判力和执行力主要涉及继受人与前手权利人的对方当事人之间，而不是在继受人与前手权利人本人之间，除了要满足实体法上关于权利转移的一些条件之外，在诉讼法上要求权利继受必须是在诉讼系属之后完成的，诉讼系属之前发生的权利继受，针对权利转让人与债务人之间诉讼标的作出的判决既判力延伸至受让人，一般认为应当以债务人在诉讼系属发生时不知道权利让与的存在为前提条件。

---

① 参见〔美〕斯蒂文·苏本等：《民事诉讼法——原理、实务与运作环境》，傅郁林等译，中国政法大学出版社2004年版，关于简单合并和复杂合并的章节。

关于债务继受是否也构成既判力延伸的情形,理论界一直存在争议。在债务继受与整体权利继受同时发生的情形下,既判力的延伸没有问题。在其他情形下,债务继受并不当然构成既判力延伸的充分条件。

(2) 诉讼担当情形下的既判力延伸。在当事人制度中,符合一定条件的非民事权利人,包括为了当事人或其承继人的利益而占有或管理一定财物的人,可以成为诉讼担当人,判决在一定条件下只对权利承继人发生效力。

(3) 形成判决的既判力及于所有利害关系人。由于某些形成权具有对世性,因此相应形成判决对于当事人、利害关系人及其他所有的人均产生既判力。比如,关于婚姻关系和亲子关系的裁判对所有的人有既判力,关于分割共有物的判决阻止任何第三人就共有物的争议另行起诉。

4. 既判力的时间范围

既判力的时间范围是指确定判决的既判力作用的时间界限,也就是前诉判决既判力的起算点,换言之,就是前诉判决所确认的权利义务关系争议的截止点。确定既判力的时间范围的意义在于,当事人提起后诉时,确定后诉的诉讼标的和事实主张是否在前诉中已经提起过,是以前诉裁判的既判力发生作用的时间起点来计算的。

在大陆法系国家,既判力发生作用的时间起点,一般是事实审的言辞辩论终结。这是因为,裁判的对象是此前固定的诉讼标的,裁判的根据是此前提供的主张、事实和证据,因此,无论此后裁判何时作出、何时登记、何时送达或宣告,都不影响既判力范围的确定。

然而,这里涉及既判力的时间范围与判决生效时间的关系问题。既判力是判决效力的一部分,判决生效表现为判决宣告或送达,那么照理说,判决生效后才会产生既判力。既判力作用的时间在判决产生既判力之前,从逻辑上理解有点困难。再者,对于辩论终结前已经提出、却被法院漏判的主张和争点,按照这种起算方式就不能另行起诉了。如果说在严格坚持处分权主义和辩论主义的西方国家,从既判力的"禁反言"功能上来理解这种确定既判力时间范围的标准,还勉强说得通,那么在我国,这种逻辑冲突和实践困难就更加明显了。因此,根据我国的实际状况,理论上将既判力的时间范围解读为与判决生效的时间保持一致,可能更为妥当。

(二) 判决的执行力和形成力

判决的执行力,是指给付判决所具有的赋予权利人借以要求实现裁判中的给付内容的效力。裁判的执行力与既判力并不重合,它们相互独立。比如,一些有既判力的判决(如确认判决和形成判决)没有执行力,而一些没有既判力的裁判(如先予执行裁定和财产保全裁定)却具有执行力。

判决的形成力,是指形成判决所具有的导致当事人之间权利义务关系消灭或变更的效力。判决的形成力是只有形成判决才具有的效力,给付判决和确认判决都没有。形成判决可能导致原有的权利义务关系消灭,也可能导致新的权利义务关系产生。注意,所谓的"一般形成权"的行使,提起的诉讼类型实质上是"确认之诉";只有行使"形成诉权"才是形成之诉。当事人行使形成诉权,提起形成之诉,必须有法律的明文规定。①

(三) 判决的事实效力和反射效力

以上所讨论的判决的既判力、执行力和形成力为判决的原有效力,都源于判决主文。除此之外,判决的其他部分也会相应产生一定效力,主要是事实效力和反射效力。

1. 判决的事实效力

判决的事实效力是指前诉判决对于后诉中的事实的证明效力。这是大陆法系国家普遍认可的一种效力。在我国,根据《民事证据规定》第 10 条的规定,已经发生法律效力的裁判所确认的基本事实,当事人无需举证证明。实际上,前诉判决中所认定的事实在后诉中有类似于证据的作用,当事人在后诉中提出的事实主张,只需提出前诉判决对于该事实的认定结论,即可免予举证和证明。

赋予判决的事实效力,有避免相互矛盾的事实认定和由此导致矛盾裁判的目的,但更主要的是出于诉讼经济和效率的考虑,通常前案中已判明的事实没有必要在后案中重新查明。由于事实问题本身的客观性和历史性,而且前诉事实判定对于后诉事实的证明效力仅具有"预决"性,而没有终局性或决定性,有相反证据推翻这一预决事实时,则不免除后诉当事人的证明责任,因此,判决的事实效力的作用范围比判决的既判力范围要宽松和宽泛,除了前诉当事人之间就另一诉讼标的提起的诉讼之外,也包括其中一方当事人与案外人之间的诉讼,甚至适用于案外人之间的诉讼。

就结构而言,前诉判决的事实认定,通常在判决书的"本院查明"部分,不过在我国判决书改革之后,也有许多法官将事实和证据的认定理由作为判决理由写在"本院认为"之中。关于前诉判决在裁判主文中就权利义务作出的判定,以及前诉判决中引述的当事人陈述,能否作为证明后诉中事实主张的依据,目前尚未见到相关讨论。笔者认为,这些都取决于后诉中作为证明对象的事实本身。比如,前诉判决在主文中将甲乙夫妻共有的房屋连同该房屋的债权债务一同判给了某甲,在某物业公司某丙向某乙主张物业费的后诉中,该某乙可将前诉判决用于作为证明其没有义务向某丙支付物业费的事实根据。而前诉判决中"当事人陈述"部分的内容,也可以用于证明对方当事人在后诉中的矛盾陈述甚至虚假陈述。

2. 判决的反射效力

判决的反射效力,是指前诉判决间接地对于当事人以外的第三人产生法律影响的效力。判决的反射效力是基于前诉标的与后诉标的之间在法律关系上的关联而产生的。裁判主文针对的只能是当事人,判决的既判效力也只能在当事人之间发生,但前诉的裁判结果和裁判理由都会间接地确定后诉中相关的法律关系认定,并因此决定或影响后诉的裁判结果。比如,针对主债务人提起的前诉中裁判主债务关系不成立,则导致针对就债权担保纠纷提起的后诉也不能胜诉,这就是该前诉判决对于后诉

---

① 参见任重:《形成判决的效力——兼论我国物权法第 28 条》,载《政法论坛》2014 年第 1 期;李辉:《形成权诉讼与形成之诉关系辨析》,载《法学论坛》2016 年第 1 期。

产生了反射效力。判决的反射效力最常见于前诉裁判理由对于后诉的影响。比如，前诉裁判理由中对连带责任人的具体过错的判定，成为就连带责任人清偿前诉裁判的对外债务后向其他连带责任人追偿的根据；前诉裁判理由中对甲乙之间合同性质或效力的认定，对后诉法律关系的性质认定有决定性影响。

判决的反射效力与判决既判力主观范围的扩张常常都被放在判决对第三人的效力中加以讨论，但二者的差异是明显的。既判力主观范围的扩张是基于被扩张的主体与前诉当事人之间在主体身份上的替代性或覆盖性而产生的，既判力的扩张一旦成立，则前诉与后诉的诉讼标的有同一性，后诉当事人直接受前诉裁判既判力的妨碍而不得再诉。判决的反射效力是基于前诉与后诉之间在诉讼标的上的关联性而产生的，前诉判决的存在不影响后诉的提起，但后诉不得就前诉裁判过的相关法律关系再行争议或另行裁判。

## 第三节 民 事 裁 定

### 一、裁定的适用范围及其理论分类

我国《民事诉讼法》第 157 条将裁定的适用范围列举了十类事项加一个兜底条款，包括（1）不予受理；（2）对管辖权有异议；（3）驳回起诉；（4）保全和先予执行；（5）准许或者不准许撤诉；（6）中止或者终结诉讼；（7）补正判决书中的笔误；（8）中止或者终结执行；（9）撤销或者不予执行仲裁裁决；（10）不予执行公证机关赋予强制执行效力的债权文书；（11）其他需要裁定解决的事项。对前款第（1）（2）（3）项裁定，可以上诉。

结合司法解释和审判实践的适用，笔者从理论上将列举事项大致分为四大类：

第一类，针对与诉的合法性或诉权行使相关的程序性事项作出的终局裁判，包括不予受理、驳回起诉、管辖权异议的裁定、准予（或不准）撤诉的裁定。这类裁判不再受本审级后面程序或最终裁判的审理、评价或更改，并可导致案件在本审级终结。

第二类，对特定实体事项作出的临时裁判，如先予执行和财产保全裁定。这类裁判处理的是实体权益或实体争议，但仅具有临时或中间性质，可在本审级受最终裁判的确认或修正。

第三类，针对影响程序启动、推进或终结的重要程序事项的裁判，如中止或终结诉讼的裁定等。

第四类，司法审查程序中的裁定，比如撤销或不予执行仲裁裁决的裁定、是否承认和执行外国判决或仲裁裁决的裁定、执行或不予执行公证的债权文书的裁定。这些裁定在性质上均属于终局裁定。

可见，我国裁定虽然决定的是"程序"事项，但基本上是与实体争议相关的程序事项，这类事项与实体事项一并称为实质性问题（merits），均属于争议和裁判事项；我国裁定很少用于程序控制权或诉讼指挥权的事项。

## 二、裁定的形成程序与理由

尽管裁定用于解决的事项是与实体争议相关的程序事项,但我国裁定的形成过程原则上不以当事人辩论为要件,有些裁定甚至不以当事人动议(申请)为前提,法官可直接依职权作出裁定。不过具体情形较为多样。比如,针对《民事诉讼法》第122条规定的起诉条件(诉的合法性)的裁定,形成过程和决定方式各不相同。涉及法院主管权的事项,当事人没有提出异议的机会,全部由法院依职权决定;管辖权事项,可依职权也可依当事人动议作出,但以答辩期内提出异议为限;当事人适格事项,须以争议为前提,且通常须经庭审辩论。

值得关注的是,我国2012年修正的《民事诉讼法》在第154条(现行第157条)增加了一款规定,"裁定书应当写明裁定结果和作出该裁定的理由"。要求裁定书写明理由,是审判程序走向规范化、公开化、正当化的要求,因为我国裁定书是用于决定司法权、管辖权、当事人适格、发回重审、决定生效裁判再审等重大程序事项的司法文书。过去立法从来没有规定过裁定书的具体内容,实践中由于裁定不写理由,重大程序问题采用暗箱操作的内部函件("内函")形式在法院内部传递,当事人无从知晓和查询,严重影响当事人的程序权利保障。

## 三、裁定的效力和救济途径

关于我国裁定的法律效力,理论上并未作更多的探讨,一般只讨论其生效的时间,即除可以上诉的裁定外,其他裁定均自送达次日起生效。从实践来看,裁定的证明力与判决无异;但裁定的既判力、执行力和权利效力视情况而定,终局裁定有实质既判力,而临时裁定和中间裁定仅具有形式既判力。与此相应,有执行内容的裁定,主要是诉讼和执行过程中涉及实体事项的裁定,通常需要同时发布法院命令,此时裁定是法院命令的依据,而法院命令是执行根据。裁定所确定的权利义务,即使已经执行,未经最终裁判的确认,也不能直接成为确定实体上权利义务的根据。

除不予受理、驳回起诉和管辖权异议三类裁定之外,其他裁定均不得上诉(作为例外,小额诉讼程序所作出的驳回起诉裁定以及管辖异议裁定,一经作出即生效,也不得上诉)。但对于裁定不服,可向作出裁定的法院申请复议。在执行程序中,当事人、利害关系人认为执行行为违反法律规定的,可以向负责执行的法院提出书面异议,对驳回异议的裁定不服者可以向上一级人民法院申请复议,实质上类似于上诉。

## 第四节 司法决定

### 一、决定的适用范围

相比判决和裁定,我国决定的适用范围更加广泛——凡判决和裁定适用范围以外的所有事项均适用决定。根据决定适用的事项,大致可将其分为三大类:

第一类,关于诉的合法性问题的决定,包括在本诉、反诉、参加之诉、上诉、再审之诉、撤销之诉等各类"诉"中,就当事人及其他诉讼参加人的主体适格或变更、法院的审判资格(主管权限、管辖权、法庭组成等)以及诉的客体合并、变更或撤销等"合法性"问题。这些事项除了以上列举的适用裁定的少量事项外,都适用决定。

第二类,攻击防御事项,比如举证期限或延期开庭的决定、关于撤销自认的决定等。

第三类,诉讼指挥事项,比如关于开庭日期、程序制裁的决定,等等。

通过这样的理论分类不难看出,我国决定所适用的事项很大一部分是涉及实体争议的重大程序事项。在德国等其他大陆法系国家,这些事项是通过中间判决解决的,而作出中间判决的前提,是经当事人动议和辩论。

## 二、决定的形成程序及其效力

程序控制权应该是法官在指挥和推进诉讼进程时,依职权或根据一方动议无须争议或辩论即可单方行使的权力。在我国这类事项一般适用决定解决,但我国的决定适用范围很广,也用于解决一些重要的程序性问题乃至争议。

我国决定的形成程序具有明显的灵活性和强烈的职权性。决定程序的启动,有的可直接依职权作出,有的则需依动议作出;决定的形成过程,不以双方辩论或动议为前提;决定的形式,可采用口头、书面形式或记入笔录。

从理论上说,决定既没有实质既判力也没有形式既判力,既没有权利效力也没有法定的证明效力;决定也没有救济途径。然而实际上,决定的救济途径取决于决定的事项和形式,也有一些不成体系和规范的救济途径,比如关于回避申请的决定可申请复议,不可上诉,但应当回避而未回避的法庭组成,可作为程序错误受到上诉程序的干预(发回重审),也可成为再审事由;关于诉讼参加人主体资格的决定,实际上是作为诉讼标的的判决理由进行"认定"的,从而构成判决的组成部分,具有形式既判力和证明力,并接受庭审和上诉程序的审查,对于这些事项的决定错误,同样可作为程序错误而受到上诉和再审程序的干预并获得救济途径。所以说,程序保障重心后移,可能是我国司法决定的一大特色。

# 第八章　法院调解权

**【本章提要】**

　　法院调解又称诉讼调解，其类型丰富，特征独具，构成我国民事诉讼制度的重要组成部分。本章首先界定了调解的一般含义及其与和解、裁判的区分标准，并将我国的诉讼和解与诉讼调解区别开来，然后对民事诉讼法关于调解的原则、程序、效力、救济等规范进行了解读和评论。

## 第一节　法院调解的概念

　　法院调解又称诉讼调解，是指民事诉讼当事人在法院审判人员的主持下，就民事权益争议进行自愿、平等的协商，互谅互让，达成协议，从而解决纠纷的活动和诉讼制度。

　　将法院调解称为诉讼调解，容易在概念上与并行的诉讼和解或诉讼中的和解制度（即当事人在诉讼中自行和解）混淆。不仅如此，在许多比较研究中，我国作为行使审判权重要方式的法院调解，也常常与德国等大陆法国家名为法院调解、实为由法庭动议和确认的诉讼和解制度混为一谈。为此，在讨论我国法院调解制度之前，需要将调解与和解、法院调解与诉讼和解在概念上进行统一标准的界定，才有助于观察我国法院调解的性质及其与当事人处分权及法院裁判权之间的关系。

### 一、调解与和解

　　调解（mediation）是指纠纷当事人在中立的第三方（调解人）的介入下，通过谈判达成和解、解决纠纷的过程和结果。能够被称为"调解"的纠纷解决结构，至少共享两大基本要素和特征：首先，调解被确定为由第三方介入支持协商的形式之一，调解人的主要作用包括帮助其他人进行决策，为此支撑、恢复和发起协商（negotiation）。其次，调解人并不直接和任何一方当事人结盟，即使他（她）并不必然被双方当事人都认作是"中立"或者"公正"的。除此之外，调解是一个并不固定的标签，在"调解"这一统一名称下进行的"促进协商"机制有各种各样的主体、技术、表现形式和实质内容，调解人干涉和介入纠纷的方式和程度不尽相同，调解的效力也不一样。比如，按照主持调解的主体或机构划分，至少包括民间调解、制度化的社会调解（人民调解）、行政调解以及法院调解等。

　　调解区别于和解的最本质特征或要素是调解人的非党派性。调解人至少在形式上是中立和公正的，中立的理由或许是与当事人没有利害关系，或者即使有关但调解人仍然站在了结构的中间位置上。比如美国律师协会通过的行为标准(1994)、纠纷解决职业协会、美国律师协会纠纷解决部都要求调解人"以公正的方式进行调解",并且律师协会"调解人行为法典"将调解的角色定义为"协商的一名中立的推动者"。

调解与裁断(比如仲裁和审判)的重要界限是,在调解中,当事人保留最终决定权;但在裁断中,最终的决定权却被完全转移到了第三方手中——无论当事人在选择第三者及纠纷解决过程中享有怎样的处分权或决定权。调解将对纠纷实体结果的控制和决策权留给了当事人自己,它使当事人不用再依赖或是服从于法定的标准或其他的外界"更高权威"的意见。

在两个极端之间,调解人在协商过程中的积极程度并不构成调解的基本特征。调解人的作用及其范围是变化的,并因此改变调解人与当事人分享的对结果的控制权的程度。从只想在当事人之间启动沟通或者提高其沟通质量(促进信息交换)的最小程度的介入,一直到包含了提供专家建议的积极主动的直接干涉,都可以被叫作调解。调解人的作用,从事实上的消极被动的倾听者,到"主席",到"宣告者",到"敦促者",到"领导者",到事实上的裁决者——有时,调解人表面上的主要任务是促进双方加强沟通,协商的权力依然保留在当事人手中,但实质上调解人的干预程度绝不仅仅止于此,纠纷的控制权已经在某种程度上转移到了调解人的手上,甚至在某些案件中,调解人通过提出纠纷解决的建议方案等方式已经"分享"了最终决定权。尽管如此,至少调解人在形式上超脱于纠纷之外,并且当事人保留最终决定权,这使调解不至于跨越到和解或裁断的任何一端。

和解是指双方当事人之间通过信息交换和沟通,就产生纠纷的事项达成共识和就纠纷的解决作出一致决定的过程和结果。作为一种纠纷解决结构模式,和解主要依赖于"协商"甚至有时与之混同。在谈判过程中,信息的交换和检验导致当事人对预期的修正或坚持,从而最终实现共识。一般认为,当事人的实力(比如经济乃至情感方面的控制力和对证据的掌握程度等)常常起关键作用。

和解与调解的关键差异是,纠纷的和解不必借助于中立第三者的介入。在最简单的和解形式中,纠纷双方在没有第三方介入的情况下进行接触,尝试着通过信息交换和理解来达成共识。但和解并不排除纠纷当事人以外的第三人作为辅助人参加。在有辅助人参加对话和协商的复杂的和解机制中,辅助人的角色是帮助其中一方原始的当事人,站在单边立场上提供帮助和建议,甚至直接与当事人一起组成一个团队来参加协商。这种辅助人的干预发展到极致就是原始的当事人退到幕后,而完全由辅助人以带头人的身份代为进行协商的形式。辅助人的身份也是多种多样的,从朋友、邻居,到专业人士、代理人等。

## 二、法院调解与诉讼和解

我国法院调解的突出特征,一是法院审判人员以公正的调解人的身份,在协商过程中扮演促成诉讼当事人达成调解协议的积极角色;二是当事人在法院主持下达成的调解协议具有法律拘束力,法院根据调解协议制作的调解书与判决书具有同样的法律效力。因此，从性质上说，我国的法院调解是一种与判决并存、并重的具有司法性质的纠纷解决方式，它是处分权与审判权的结合，是以当事人合意为基础的国家强制。

诉讼和解又称为当事人和解、当事人自行和解或庭外和解，是指当事人双方在诉讼过程中，通过自主协商（包括借助于法院以外的第三者力量），达成以解决纠纷为宗旨的协议，并以此终结诉讼的活动。

诉讼和解与法院调解的差异在于，法院没有介入纠纷解决过程，或者法院在其中的角色和作用是消极的或超然的。至于法院审判人员之外的其他人是否介入了协商过程、在促成和解协议的达成结果中起到了"调解人"的作用，不影响其诉讼和解的性质。这种借助于法院以外的其他第三者的力量达成的协议，亦即和解协议，也不具有由法院主持达成的调解协议那样的法律拘束力。

严格地说，诉讼和解并不是独立的诉讼制度，而是依附于当事人撤诉制度和法院调解制度而存在的。我国《民事诉讼法》关于诉讼和解的规定只有第53条："双方当事人可以自行和解。"而关于诉讼和解的程序（过程）和效力（结果）均未作规定。在我国2012年《民事诉讼法》修改过程中，主流观点认为，诉讼和解协议应当被明确赋予独立的法律地位和法律效力。双方当事人可申请制作法院调解书，也可经非讼程序的司法确认后终结诉讼，并获得强制执行力。诉讼和解协议无效的救济、撤销（反悔）的禁止或限制、重新起诉的诉讼时效起算，等等，都取决于诉讼和解协议的法律效力。但《民事诉讼法》只针对诉外"调解"中的人民调解委员会主持下达成的调解协议规定了司法确认程序，而未将诉讼中的庭外和解纳入调整范围。

司法实践中常见的做法是，当事人达成诉讼和解协议后通过原告撤诉而终结诉讼。但由于和解协议没有法律拘束力，如果一方当事人不履行协议，另一方当事人只能像处理以其他理由撤诉的案件一样重新起诉。因此，有些案件当事人达成和解协议后，申请法院通过调解书加以确认。这一做法受到了最高人民法院《调解规定》的制度性认可和鼓励，其第2条第1款规定："当事人在诉讼过程中自行达成和解协议的，人民法院可以根据当事人的申请依法确认和解协议制作调解书。双方当事人申请庭外和解的期间，不计入审限。"

实践中常见一些法院将双方当事人的和解协议记录在调解笔录中，并由双方当事人签字，甚至法官直接参与了调解过程，但未制作法院调解书。原告或上诉人据此撤回起诉或上诉后，对方当事人却往往不履行协议，如果协议事项不属于《民事诉讼法》第101条规定的可以不制作调解书的事项范围，则法院调解笔录上记载的和解协议不能作为强制执行的根据，但这种和解协议应当认为已得到法院确认，因而可根据《调解规定》第2条的规定，当事人在达成协议当时未申请法院制作调解书的，事后申请法院根据该和解协议制作调解书也应获得支持。

### 三、法院调解与合意判决

在美国等普通法国家中，当事人在诉讼中达成和解协议后，可以请求法院根据协议内容作出判决,称为"合意判决"(consent decree)。在我国,一些国有企业基于内部管理等方面的原因,希望将调解协议或和解协议的内容制作为判决书,一些法院也变通性地给予了支持。

但《民诉法解释》第148条对我国理论界热烈讨论并有一些法院尝试适用的"合意判决"给予了明确的否定:"当事人自行和解或者调解达成协议后,请求人民法院按照和解协议或者调解协议的内容制作判决书的,人民法院不予准许。"理由是我国法院调解已成为行使审判权的一种方式,因此不宜再增加一种合意判决,以免进一步混淆法院意志与当事人意志对案件结果的决定作用,甚至为一些国有企业相关负责人借助司法裁判规避个人责任开方便之门。

## 第二节 法院调解的类型与适用范围

调解作为法院的重要审判活动和结案方式,不仅贯穿于民事诉讼的整个过程中,而且类型多样,在程序的不同阶段有不同的名称和相应的适用范围,其中较为明显的是我国2012年修正的《民事诉讼法》增加的先行调解,以及最高人民法院在《调解规定》《简易程序规定》和《民诉法解释》等司法解释中通过排除和列举加以区分的调解类型。

### 一、法院调解的一般类型与范围

根据《调解规定》和《民诉法解释》,除列举范围以外的其他任何"有可能通过调解解决的民事案件",包括刑事附带民事诉讼案件,法院认为法律关系明确、事实清楚,在征得当事人双方同意后,可以径行调解。被排除适用调解的案件包括:(1)非争讼性质的案件,亦即适用特别程序、督促程序、公示催告程序的案件;(2)婚姻等身份关系确认案件;(3)其他依案件性质不能进行调解的民事案件。由此确定了调解的一般适用范围和以调解作为处理普通民事案件的基本方法的原则。

### 二、先行调解的性质和适用阶段

先行调解在我国民事诉讼制度中获得了日益重要的地位,但无论是在规范或理论层面都尚未就其内涵和外延形成统一定义或基本共识。从理论上讲,先行调解与前置调解、强制性调解应该同义,意即法律强制性地规定,某些案件在进入诉讼或审理之前,首先须经过调解程序,亦即将调解作为审判程序的前置程序。必须明确的是,所谓强制调解仅仅是在调解程序启动方面的强制,而调解结果必须是纠纷当事人自愿达成的。不过,鉴于对我国法院调解中违反自愿原则的顽疾心有余悸,本章选择了"前置性调解"的概念来定义这一制度,唯恐在"调解"概念之前加上"强制"的前缀易产生误导或误解。

先行调解的概念首先出现在2003年《简易程序规定》第14条,用于规定某些类型的案件在开庭审理前应首先经过调解程序,也就是将调解程序作为进入审判程序的前提条件。不过,这里所称的先行调解实际上是庭审前的先行调解。

我国 2012 年修正的《民事诉讼法》第 122 条(现行第 125 条)在立案程序中正式规定了先行调解,"当事人起诉到人民法院的民事纠纷,适宜调解的,先行调解,但当事人拒绝调解的除外"。但立法仍未确定其制度内涵,给实践和理论都留下了巨大的解释空间。这种被规定在立案程序中的先行调解又被称为立案调解。但在实践中,这种先行调解并非作为受理起诉之前置程序的诉前调解(诉外调解),而是由立案庭法官主持的法院调解(诉讼调解)。本书将在第一审普通程序"起诉与受理"一节中对先行调解进行详细解读和评论。

### 三、庭前调解适用的案件范围

现行《民事诉讼法》除在第 125 条明确规定了强制的先行调解之外,还在第 136 条中倡导性规定了庭前调解,但既非强制也未限定范围,而是采取"开庭前可以调解的,采取调解方式及时解决纠纷"这一表述。不过,根据《简易程序规定》第 14 条的强制性规定,法院应当在庭审之前对某些案件先行调解,包括婚姻家庭纠纷和继承纠纷,劳务合同纠纷,交通事故和工伤事故引起的权利义务关系较为明确的损害赔偿纠纷,宅基地和相邻关系纠纷,合伙协议纠纷,诉讼标的额较小的纠纷,但根据案件的性质和当事人的实际情况不能调解或者显然没有调解必要的除外。

一般认为法院调解比较适合一审案件,特别是小额诉讼。基层法院及其派出法庭位于司法位阶的最基层,在功能定位上更侧重于纠纷解决和亲民服务,适宜将调解作为法院解决纠纷的重要方法。中级法院以上的法院则由于类型和金额以及当事人背景的差异,调解的功能和方法与基层法院有所不同,并且上诉审侧重于统一法律适用、解释和发展的预设功能亦即规则性职能,因而不宜将调解作为一般乃至重要的处理案件方式,有时调解可能消解上诉的功能或掩盖上诉功能的缺陷。这一问题也涉及调解适用的时间范围,鉴于其过程性和技术性较强,故放在"调解过程"问题中讨论。

## 第三节 法院调解的原则

我国《民事诉讼法》第 9 条规定:"人民法院审理民事案件,应当根据自愿和合法的原则进行调解;调解不成的,应当及时判决。"第 96 条规定:"人民法院审理民事案件,根据当事人自愿的原则,在事实清楚的基础上,分清是非,进行调解。"第 99 条规定:"调解达成协议,必须双方自愿,不得强迫。调解协议的内容不得违反法律规定。"第 102 条规定:"调解未达成协议或者调解书送达前一方反悔的,人民法院应当及时判决。"这些规定体现了我国法院调解的自愿、合法原则。

### 一、自愿原则

当事人自愿是调解区别于裁断、法院调解区别于审判的本质要素,自愿是法院调解最重要的基本原则。特别是在法院甚至同一法官既是调解人又是审判者的体制下,自愿原则更需要通过法律加以特别强调和保障。

根据上述法律规定,我国法院调解的自愿性有两个层面的含义:其一,当事人享有对调解程序的启动权,亦即法院适用调解的方式处理案件,需经当事人动议或同意;其二,当事人享有对调解实体结果的决定权,亦即调解协议作为调解的结果,必须是双方当事人自愿作出的意思表示。

然而,最高人民法院在解释立法所确定的自愿性方面有两个值得注意的政策调整。

其一,在程序的自愿性方面,最高人民法院《简易程序规定》所规定的前置性调解,是否意味着属于该规定适用范围之内的案件,启动调解程序不再需要当事人同意,或者说限制或剥夺了这些案件当事人的调解程序启动权?本书认为,关于前置性调解的规定只是将动议调解规定为法官的一项义务,即法官在这些案件进入审理程序之前,均有义务首先进行调解尝试或努力,比如主动向当事人提议进行调解,甚至直接宣告进入调解程序。至于这一规定是否限制或剥夺了当事人自愿决定是否进入调解过程的权利,答案取决于对"程序启动"的定义。只要法官将这一动议以明确的信息传递给当事人,则其启动调解程序的义务即已完成,其启动调解程序的职权也只能到此为止,调解程序亦可视为已经启动。仅仅从这个意义上,可以理解为启动调解程序不再需要当事人动议或同意。但假如一方当事人或双方当事人在收到法官发出动议或宣布"开始调解"之后,明确表示不接受调解,则无法进行调解过程,除非法官违反调解的本质特征和《民事诉讼法》的明确规定,强迫或利用裁判者的优势地位变相强迫当事人接受调解。如果把这种情况理解为调解程序刚刚启动即已结束,则当事人在启动调解程序方面没有决定权或自愿性;但如果把这种情况理解为调解程序尚未启动,那么结论就完全相反。但无论如何,前置性调解程序不能违反当事人在接受调解过程中的自愿性。

其二,在实体的自愿性方面,《简易程序规定》第15条关于调解协议生效时间的新规定实际取消了《民事诉讼法》第102条给予当事人在达成协议之后、签收调解书之前这段时期内反悔的权利。

《民事诉讼法》第102条的规定体现了充分保障调解的"自愿性"的立法宗旨,但由于与合同生效的一般规则(签字或盖章生效)、诚实信用和禁反言的基本原则、平等保护的原则和效率原则等其他价值存在冲突,因而实践效果很差。花费了法院和双方当事人大量时间和精力而达成的调解协议常常因为一些案外因素而付诸东流,调解过程甚至被当成拖延债务、刺探对方意图、实力和底线的一种手段。因此,从实质意义上看,最高人民法院的两个司法解释的规定更符合法理和实践需求,却存在权限上的瑕疵从而使其本身的合法性受到质疑。这里不讨论一直备受抨击的最高人民法院以司法解释形式行使立法权的问题,因为在我国权力结构的特定背景下,司法在填补法律空白和发展法律方面的功能应获得合理的理解和支持。这里的问题是,对于法律明确规定的事项,最高人民法院对该法律的解释与立法条款明显相左,特别是当司法解释减少立法明确赋予当事人的权利或施加给法院的职责时,其适当性和合法性就大可质疑了。

## 二、合法原则

调解协议的内容必须合法。无论基于对民事合意行为的司法审查权,还是基于法院调解的司法性质,都要求法院对于已进入诉讼过程、并由法院作为调解人的调解协议进行合法性审查。然而,基于调解本身的特点、功能和优势,法院调解与司法裁判的"合法"标准是不同的。司法裁判的合法性要符合"以事实为依据,以法律为准绳",确定双方当事人之间的权利义务要有证据支持和法律根据。而调解协议只要不属于下列情形之一,则为合法:侵害国家利益、社会公共利益的;侵害案外人利益的;违背当事人真实意思的;违反法律、行政法规禁止性规定的。这是《调解规定》所确定的法院调解协议合法性的具体标准。

## 三、关于事实清楚、分清是非是否为法院调解的"原则"

多数教材根据我国《民事诉讼法》第96条的规定,将事实清楚、分清是非作为我国法院调解的一项原则。笔者认为,根据我国《民事诉讼法》第9条的规定,查明事实、分清是非并未列入"原则"范围,而只是法律规定的法院调解的一种程序或方法。这样解释符合调解自身的特质,也为最近一系列司法解释所支持。

按照一般理解,所谓"事实"是指案件事实,包括双方当事人之间的民事法律关系发生、变更或消灭的事实,以及双方当事人对此关系发生争议的事实。所谓"是非"是指双方的权利、义务、过错、责任等。立法将在事实清楚的基础上分清是非作为进行调解的前提,本意是纠正在该法律出台以前我国法院调解中长期存在的无原则、和稀泥、抓不住问题的核心和焦点或不顾当事人的意愿久调不决等问题。然而,这一规定过分强调了法院调解的司法性质,忽略了调解与审判的差异和调解自身的非对抗性特点、治疗性功能及其成本—效益优势,降低了调解的操作性和成功率,有时甚至违反当事人的真实愿望。在实践需要用多种调解方法解决不同情形的纠纷时,这一要求束缚了调解人根据案件的具体情况和当事人的意愿灵活运用调解技巧的能动性。诚然,一般情况下,当事人虽然谋求或接受调解,但在诉讼调解中仍有一种寻求正义的期望,因此查明事实和分清是非一般有助于说服双方当事人心悦诚服地接受调解结果和从根本上解决纠纷。但在另一些时候,当事人之所以寻求以调解而不是以审判的方式解决纠纷,可能是因为不愿意再重揭伤疤或不愿意为第三人所知;也可能是希望既往不咎,面向未来;可能是因为自知有理却在证据上缺乏优势;也可能是因为获取证据的成本太高……在这些情况下,法院一定要把事实查个水落石出、将双方之间的恩怨情仇弄出个是非曲直,一方面违背了当事人的真实意愿和案件的真实需求,另一方面也削弱了调解在节省事实调查成本方面的独特优势。

## 第四节　法院调解的程序

### 一、调解主体

在我国现行《民事诉讼法》和司法解释中,调解主体涉及调解人、调解辅助人、受托调解人三个概念。法律规定,法院进行调解,可以由审判员一人主持,也可以由合议庭主持。同时规定,人民法院进行调解,可以邀请有关单位和个人协助。被邀请的单位和个人,应当协助人民法院进行调解。《调解规定》第1条规定:"根据民事诉讼法第九十五条的规定,人民法院可以邀请与当事人有特定关系或者与案件有一定联系的企业事业单位、社会团体或者其他组织,和具有专门知识、特定社会经验、与当事人有特定关系并有利于促成调解的个人协助调解工作。经各方当事人同意,人民法院可以委托前款规定的单位或者个人对案件进行调解,达成调解协议后,人民法院应当依法予以确认。"在诉讼和解过程中,也可以应当事人申请适用类似于委托调解的程序。《调解规定》第2条第2款规定:"当事人在和解过程中申请人民法院对和解活动进行协调的,人民法院可以委派审判辅助人员或者邀请、委托有关单位和个人从事协调活动。"

据此,调解辅助人包括:与当事人有特定关系或者与案件有一定联系的企业事业单位、社会团体或者其他组织,和具有专门知识、特定社会经验、与当事人有特定关系并有利于促成调解的个人协助调解工作。

然而,无论具体主持调解的人是审判人员本人还是受其委托的人,受诉法院都是法院调解唯一合法的调解主体;调解辅助人或受托调解人都不是法院调解的主体。调解书必须加盖法院的公章并由法院审判人员署名,才能发生与判决书同等的效力。

基于法院调解的司法性质和对于调解人中立性的要求,根据《调解规定》,人民法院应当在调解前告知当事人主持调解人员和书记员姓名以及是否申请回避等有关诉讼权利和诉讼义务。但对于我国"调审合一"模式可能对调解人的中立性及当事人接受调解的自愿性产生的影响,尽管有实证研究表明,为了确保审判人员作为调解人的职责不会遭到他们的裁判权的损害,他们必然要表明他们绝不可能随后在该案件中作出裁判,但我国《调解规定》至今并没有认同理论界对于改变调审合一模式的期待,也没有否定或禁止调审分离的改革实践,也就是说,当下司法实践中担任调解的法官可以是审判法官,也可以是其他审判人员。但实践中,越来越多的法院调解实际上是在审判辅助人员或前述辅助调解人主持下达成的,这或许在客观上增加了"调审分离"的概率。

### 二、调解过程

(一) 调解的进程

在我国,调解适用的审级和程序包括一审、二审和再审;调解适用的阶段包括诉讼开始之后裁判作出之前的任何阶段。但在不同阶段当事人和调解人享有的程序控制权有所不同。

法院对受理的第一审、第二审和再审民事案件，可以在答辩期满后裁判作出前进行调解。法院也可以在答辩期满前进行调解，但须首先征得当事人各方同意。这样规定，主要是突破死守答辩期间给快捷调解造成的障碍，同时把当事人放弃法定答辩期间作为前提，制约了法官利用新规定侵犯答辩权。

答辩期满前调解在一定时间内未达成协议的，经各方当事人同意，可以继续调解，延长的调解期间不计入审限。这一规定在审理期限的强制规定上作出了让步，但把控制权交给了当事人，既避免法官在审理期限的压力下不顾当事人的调解意愿，仓促进入审判程序，又避免法官不顾当事人调解不成期待判决的意愿，久调不决。

总体看来，最高人民法院的新规定体现了当事人主义的现代调解理念，通过在各个环节设置当事人的程序处分权和程序控制权来努力平衡灵活变通与法院权力滥用之间的矛盾，在最大限度地追求调解的方便、快捷、灵活、广泛适用性和成功率的同时，保障现行法所保障的当事人的程序权利不受侵害。然而，不区分审级和法院级别、一般救济程序和特别救济程序，可能导致调解功能冲击二审和再审应当承担的监督、规则和秩序功能，并刺激上诉和申请再审案件的增加，从而在快速解决案件的同时增加大量案件。

（二）调解的方法

《调解规定》和《民诉法解释》兼顾了法院调解的双重性质。在对外关系上，《调解规定》在调解的保密性特征与司法的公开性特征之间，向前者倾斜——"当事人申请不公开进行调解的，法院应当准许。"《民诉法解释》则加强对调解保密性的保护，从"由当事人申请可不公开"，改为"非经当事人同意均不得公开"——"人民法院审理民事案件，调解过程不公开，但当事人同意公开的除外。调解协议内容不公开，但为保护国家利益、社会公共利益、他人合法权益，人民法院认为确有必要公开的除外。"而在对内关系上，《调解规定》规定"调解时当事人各方应当同时在场，根据需要也可以对当事人分别做调解工作"。亦即以审判所要求的"对审"为原则，同时也不排除法官作为调解人选择"背靠背"调解方法的灵活性。关于调解人的介入程度，《调解规定》第6条规定，"当事人可以自行提出调解方案，主持调解的人员也可以提出调解方案供当事人协商时参考。"《民诉法解释》第146条第3款规定，"主持调解以及参与调解的人员，对调解过程以及调解过程中获悉的国家秘密、商业秘密、个人隐私和其他不宜公开的信息，应当保守秘密，但为保护国家利益、社会公共利益、他人合法权益的除外。"

### 三、调解结果

（一）调解协议的范围

《调解规定》关于调解协议的范围，除了调解协议的内容与诉讼请求内容一致这种不言而喻的情况外，另外规定了三种情况：（1）调解协议内容超出诉讼请求的，人民法院可以准许。(2) 当事人就部分诉讼请求达成调解协议的,人民法院可以就此先行确认并制作调解书。(3) 当事人就主要诉讼请求达成调解协议,请求人民法院对未达成协议的诉讼请求提出处理意见并表示接受该处理结果的,人民法院的处理意见是调解协议的一部分内容,制作调解书的记入调解书。

(二) 调解协议不履行的民事责任和调解协议的担保

2004年《调解规定》第一次规定了调解协议不履行的民事责任和调解协议的担保,体现了调解协议的合意性质。其第10条(现行第8条)第1款规定:"人民法院对于调解协议约定一方不履行协议应当承担民事责任的,应予准许。"第11条(现行第9条)第1款规定:"调解协议约定一方提供担保或者案外人同意为当事人提供担保的,人民法院应当准许。"

## 第五节 法院调解书的效力

最高人民法院统一制定的《民事调解书格式》明确申明:"调解书与判决书具有同等法律效力"。这一规定反映了我国司法实践在确定调解效力问题上的基本立场。《民事诉讼法》和《民诉法解释》第151条则规定了法院调解生效的形式要件和生效时间。

其一,制作调解书的调解协议。调解达成协议,法院应当制作调解书。调解书应当写明诉讼请求、案件的事实和调解结果。调解书由审判人员、书记员署名,加盖人民法院印章,送达双方当事人。

调解书经双方当事人签收后,即具有法律效力。调解未达成协议或者调解书送达前一方反悔的,人民法院应当及时判决。换言之,制作调解书的调解协议的生效要件是,调解书送达双方当事人并经双方当事人签收。

其二,不制作调解书的调解协议。下列案件调解达成协议,法院可以不制作调解书:调解和好的离婚案件;调解维持收养关系的案件;能够即时履行的案件;其他不需要制作调解书的案件。但上述不制作调解书情形只限于一审程序中,二审程序中因涉及一审裁判处理而必须制作调解书。

对不需要制作调解书的协议,应当记入笔录,由双方当事人、审判人员、书记员签名或者盖章后,即具有法律效力。

# 第九章 诉讼保障机制

**【本章提要】**

诉讼程序的保障机制是保障民事诉讼正常进行的有关制度与程序的概括性表述。其中,对妨害民事诉讼的强制措施是通过实施排除妨害诉讼的行为来维护诉讼秩序的正常进行;期间制度对时间的规定保障了各诉讼主体诉讼行为的协调性和诉讼程序的顺利进行;送达制度则通过诉讼行为的衔接与贯通来保障诉讼活动的有序进行;诉讼费用制度从"成本负担"和"费用减免"的角度为民事诉讼的正常进行提供必要条件。诉讼保障机制并不直接作用于事实认定、法律适用及纠纷解决本身,但其作为诉讼程序的保障、辅助与配套机制是民事诉讼制度必不可少的组成部分。

## 第一节 对妨害民事诉讼的强制措施

### 一、对妨害民事诉讼的强制措施概述

(一) 对妨害民事诉讼的强制措施的概念和意义

对妨害民事诉讼的强制措施,又称民事诉讼强制措施,是指人民法院在民事诉讼过程中,为了维护正常的诉讼秩序,保障审判和执行活动的顺利进行,依法对故意妨害民事诉讼秩序的人采取的制止其继续妨害的强制手段的总称。

对妨害民事诉讼的强制措施的意义,主要有以下几个方面:

1. 维护正常的诉讼秩序,保障人民法院审判和执行活动的顺利进行。良好的诉讼秩序是民事诉讼运行的前提和基础,也是人民法院公正、及时地解决纠纷的基本保障。妨害民事诉讼的行为,在破坏诉讼秩序的同时,也会在客观上阻挠和干扰人民法院对案件的审判和执行。因此,依法对妨害民事诉讼的行为人采取必要的强制措施,有利于保证诉讼活动的顺利进行。

2. 保障当事人和其他诉讼参与人充分行使诉讼权利,保障其合法权益免受侵害。妨害民事诉讼的行为,不仅直接干扰诉讼活动的正常进行,还会影响当事人和其他诉讼参与人对诉讼权利的充分行使,使他们的合法权益受到侵害,甚至有可能危及他们的人身安全。因此,人民法院必须依法对妨害民事诉讼的行为人采取必要的强制措施,在维护正常诉讼秩序的同时,保障当事人和其他诉讼参与人能够充分行使诉讼权利,确保他们的合法权益在诉讼过程中免受侵害,或使其所受到的侵害得到及时的制止和排除。

3. 教育公民自觉遵守法律。在民事诉讼中,及时对实施了妨害民事诉讼行为的人采取必要的强制措施,不仅有利于及时排除妨害,保障诉讼顺利进行,而且可以教

育其他公民自觉遵守法律、维护正常的诉讼秩序。

（二）民事诉讼强制措施的特点

与其他法律措施相比较，民事诉讼强制措施具有以下特点：

1. 民事诉讼强制措施是人民法院依职权主动采取的强制手段，无需当事人申请，是人民法院维护正常诉讼秩序的法定职责的集中体现。

2. 民事诉讼强制措施只能针对已经发生的妨害诉讼的行为，其目的在于制止或者排除这些行为对诉讼的妨害。

3. 民事诉讼强制措施只是排除妨害的手段，并不是对有关人员违法行为的法律制裁。因而，有关人员的妨害行为情节严重构成犯罪，需要追究刑事责任时，其因妨害诉讼受到拘留的时间不应折抵刑期；同时，其因妨害诉讼而被课以罚款的数额不能抵充作为刑事处罚的罚金，也不能折抵其应当承担的民事给付义务。

4. 民事诉讼强制措施的适用对象是实施了妨害行为的人。无论是当事人还是其他诉讼参与人，甚至旁听群众以及有义务协助执行的人，只要他们实施了妨害民事诉讼的行为，都可以成为强制措施的适用对象。

5. 民事诉讼强制措施包括若干种，可以根据需要单独适用，也可以同时合并适用几种强制措施。

6. 民事诉讼强制措施适用于民事审判和民事执行的各个阶段。只要诉讼尚未彻底结束，均可采取强制措施排除对诉讼的妨害。

（三）民事诉讼强制措施的性质

民事诉讼的强制措施不是民事诉讼中的一种独立程序，而是保障民事诉讼程序顺利进行的一种强制手段，突出体现了国家强制力在维护民事诉讼秩序方面的重要作用。就性质而言，民事诉讼强制措施既是一种排除妨碍的制止性强制手段，又是一种惩戒性的强制手段。对妨害民事诉讼的行为人适用强制措施，目的在于排除妨害，同时也是通过对妨害民事诉讼行为人的惩戒来保证诉讼程序的正常进行。

（四）民事诉讼强制措施与刑事诉讼强制措施的区别

为了保证诉讼的正常进行，《民事诉讼法》和《刑事诉讼法》都规定了强制措施，但二者是不同的，其区别表现在以下几个方面：

1. 采取强制措施的主体不同。民事诉讼中的各种强制措施均由人民法院适用，而刑事诉讼中的强制措施在不同阶段可以分别由人民法院、人民检察院、公安机关、国家安全机关适用。

2. 适用强制措施的目的不同。妨害民事诉讼的强制措施是对已经实施了妨碍民事诉讼行为的人所采用的，其目的在于教育行为人，排除妨害诉讼正常进行的行为；而刑事诉讼强制措施主要是预防性的，其目的在于预防犯罪嫌疑人逃跑、串供、继续实施其他犯罪或者自杀等。

3. 适用强制措施的对象不同。民事诉讼中的强制措施是对有妨害民事诉讼行为的人采取的，不论是本案的当事人、诉讼参与人或者案外人，只要实施了妨害民事诉讼的行为，人民法院均可对其采取强制措施；而刑事诉讼中的强制措施只能对本案的被告人、犯罪嫌疑人适用,对案外人不得适用。

4. 强制措施的具体种类不同。民事诉讼强制措施包括训诫、责令退出法庭、拘传、拘留和罚款;刑事诉讼强制措施包括拘留、拘传、取保候审、监视居住、逮捕等。

5. 法律后果不同。民事诉讼强制措施只针对妨害行为进行制止和排除,与诉讼结果没有任何联系,与妨害行为的实施者应当承担的实体法责任并无关系;而刑事诉讼强制措施中的拘留和逮捕是可以折抵刑期的。

6. 法律依据不同。民事诉讼强制措施的适用依据是《民事诉讼法》,而刑事诉讼强制措施的适用依据是《刑事诉讼法》。

**二、妨害民事诉讼的行为**

(一) 妨害民事诉讼行为的概念与构成要件

妨害民事诉讼的行为,是指在民事诉讼中,当事人、诉讼参与人或其他人故意实施的干扰诉讼秩序,阻碍诉讼活动正常进行的各种行为。与不可抗力的意外事件不同,妨害民事诉讼的行为是阻碍诉讼顺利进行的人为障碍,可以通过强制措施予以排除,在诉讼中实施了妨害民事诉讼的行为是适用强制措施的基本前提。因此,准确认定妨害民事诉讼的行为,对正确适用强制措施具有重要意义。

妨害民事诉讼行为的构成需同时具备以下要件:

1. 必须有妨害民事诉讼的行为。即妨害民事诉讼的行为已经实施,已经客观存在,而不是停留在仅仅有妨害的想法或企图的阶段。如果仅有妨害民事诉讼的意图但并未实际实施妨害行为,则不构成妨害民事诉讼的行为。妨害民事诉讼的行为包括作为和不作为两种方式。例如,哄闹、冲击法庭的行为是作为;有义务协助执行的人,对人民法院的协助执行通知书无故推脱、拒不执行的行为就是不作为。

2. 必须是在诉讼过程中实施的行为。采取强制措施的目的在于排除妨害,保障诉讼程序的正常进行,如果行为人的行为不是在诉讼过程中实施的,就不存在妨害诉讼程序正常进行的问题,因而也就不能构成妨害民事诉讼的行为。应当强调的是,诉讼过程既包括审判程序也包括执行程序。在这个过程中,不论行为人是在法庭内还是在法庭外实施干扰民事诉讼活动的行为,都构成妨害民事诉讼的行为。但如果行为人是在诉讼开始前或诉讼结束后实施类似行为,则不能被认定为妨害民事诉讼的行为,应当由其他机关依照有关法律、法规加以处理。

3. 必须是行为人主观故意的行为。即行为人希望或积极促成妨害民事诉讼结果的发生,这是构成妨害民事诉讼行为的主观要件。如果行为人由于过失,其行为即便在客观上影响了民事诉讼活动的正常进行,也不能构成《民事诉讼法》所规定的妨害民事诉讼的行为。

4. 必须是妨害行为已经造成一定的后果。即相关行为已经妨害了民事诉讼活动的正常进行,在客观上造成了民事诉讼秩序的混乱。如果行为人虽有妨害行为,但该行为还没有造成妨害后果,则不构成妨害民事诉讼的行为;如果行为人的妨害行为情节严重,构成犯罪的,则依法追究刑事责任。

以上四个要件必须同时具备,才能构成妨害民事诉讼的行为,才能适用妨害民事诉讼的强制措施。

(二) 妨害民事诉讼行为的种类

根据《民事诉讼法》第112条至第117条的规定以及《民诉法解释》的有关规定,妨害民事诉讼的行为主要有:

1. 依法必须到庭的当事人经人民法院两次传票传唤,无正当理由拒不到庭

必须到庭的当事人,是指负有赡养、抚育、扶养义务和不到庭就无法查清案情的被告以及必须到庭才能查清案件基本事实的原告。经两次传票传唤,是指传唤的方式是传票而不是其他方式,传唤的次数是两次。无正当理由,是指必须到庭的当事人不到庭参加诉讼没有法定的或者情理上可以被接受的理由。通常是指客观上并不存在不可抗力、意外事件等无法到庭的特殊情况。如果不是必须到庭的当事人经传唤无正当理由拒不到庭,不构成妨害民事诉讼的行为,可由法院依法作缺席判决。

2. 违反法庭规则,扰乱法庭秩序的行为

违反法庭规则的行为包括一般违反法庭规则的行为和严重违反法庭规则的行为两种情形。一般违反法庭规则的行为是指在开庭审理中违反法庭纪律,情节轻微的行为,如未经法庭许可在庭审时录音、录像等行为;严重违反法庭规则的行为是指在开庭审理中,严重违反法庭纪律,情节恶劣,如哄闹法庭、冲击法庭、侮辱、诽谤、威胁、殴打审判人员或执行人员的行为。

3. 妨害人民法院调查证据、审理案件的行为

诉讼参与人或者其他人实施的妨害人民法院调查证据,影响案件正常审理的行为具体包括以下几种:

第一,伪造、毁灭重要证据,妨碍人民法院审理案件,但情节较轻尚不构成犯罪的行为。伪造证据,是指行为人故意以弄虚作假的方式制作根本就不存在的证据。毁灭证据,是指行为人将现有能够证明案件事实的证据销毁、灭失。这里所称的重要证据是指足以证明当事人之间实体权利义务关系存在与否或者某一确定案件事实真伪的证据。

第二,以暴力、威胁、贿买方法阻止证人作证或者指使、贿买、胁迫他人作伪证,但情节较轻尚不构成犯罪的行为。证人向法庭陈述自己了解的情况,是其应尽的义务,是法院了解案情的重要途径。阻止他人作证或者令其作伪证势必蒙蔽人民法院的视听,造成错判。

第三,隐藏、转移、变卖、毁损已被查封、扣押的财产,或者已被清点并责令其保管的财产,转移已被冻结的财产,但情节较轻尚不构成犯罪的行为。这种行为是针对已被人民法院采取保全措施的财产而实施的,如果放任这种行为,势必妨碍人民法院的保全和执行活动的顺利进行,影响将来生效裁判的执行,因而属于妨害民事诉讼的行为。

第四,对司法工作人员、诉讼参加人、证人、翻译人员、鉴定人、勘验人和协助执行的人员进行侮辱、诽谤、诬陷、殴打或者打击报复,但情节较轻尚不构成犯罪的行为。

司法工作人员以及诉讼参与人、协助执行的人依法行使自己的诉讼权利，履行相应诉讼义务，是诉讼程序顺利进行的标志和基本内容。上述人员因都与案件的正确处理、与法律文书的实现有着各种联系，因而也易成为打击报复的对象。任何人对上述人员进行侮辱、诽谤、诬陷、殴打或者打击报复的，不仅损害了上述人员的名誉、人格和人身安全，而且妨害了正常的诉讼秩序，因而构成妨害民事诉讼的行为。

第五，以暴力、威胁或者其他方法阻碍司法工作人员执行职务，但情节较轻尚不构成犯罪的行为。这里的司法工作人员是指审判人员、执行人员、书记员、司法警察等。前述司法工作人员执行职务的行为，泛指他们在整个民事诉讼过程中依法执行各自职务的所有行为。司法工作人员执行职务是诉讼程序正常进行的前提，以暴力、威胁或者其他方法阻碍司法工作人员执行职务的行为，均构成妨害民事诉讼的行为，例如：在人民法院哄闹、滞留，不听从司法工作人员劝阻的；故意毁损、抢夺人民法院法律文书、查封标志的；哄闹、冲击执行公务现场，围困、扣押执行或者协助执行公务人员的；毁损、抢夺、扣留案件材料、执行公务车辆、其他执行公务器械、执行公务人员服装和执行公务证件的；以暴力、威胁或者其他方法阻碍司法工作人员查询、查封、扣押、冻结、划拨、拍卖、变卖财产的；以暴力、威胁或者其他方法阻碍司法工作人员执行职务的其他行为；等等。

4. 虚假诉讼行为

虚假诉讼行为包括两种：一种是当事人之间恶意串通，企图通过诉讼、调解等方式侵害国家利益、社会公共利益或者他人合法权益，或者被执行人与他人恶意串通通过诉讼、仲裁、调解等方式逃避履行法律文书确定的义务的行为。其特征是"双方恶意串通"；另一种是当事人单方捏造民事案件基本事实，向人民法院提起诉讼，企图侵害国家利益、社会公共利益或者他人合法权益的行为。

虚假诉讼行为违反诚实信用原则，利用诉讼程序或执行程序为己谋利，侵害国家利益、社会公共利益或者他人合法权益，损害司法权威和公信力，是严重的妨害民事诉讼的行为。根据《民事诉讼法》第115条规定，对于虚假诉讼的行为人，人民法院应当驳回其诉讼请求，并根据情节轻重予以罚款、拘留；构成犯罪的，依法追究刑事责任。

5. 妨害执行的行为

妨害执行的行为人必须是有义务执行或者有义务协助执行的个人和有关单位、组织，妨害执行的行为有以下几种：

第一，拒不履行人民法院已经发生法律效力的判决、裁定等法律文书，但情节较轻尚不构成犯罪的行为。人民法院依法作出的裁判生效后，履行义务的期限届满时，义务人应当按照生效裁判确定的义务履行。义务人拒不履行人民法院的生效裁判，既使得权利人的权利无法实现，也使得人民法院的生效裁判无法实施，损害了法律的尊严和权威。具体情形包括：在法律文书发生法律效力后隐藏、转移、变卖、毁损财产或者无偿转让财产，以明显不合理的价格交易财产、放弃到期债权、无偿为他人提供担保等，致使人民法院无法执行的；隐藏、转移、毁损或者未经人民法院允许处分已向人民法院提供担保的财产的;违反人民法院限制高消费令进行消费的;有履行能力而拒不按照人民法院执行通知履行生效法律文书确定的义务的。

第二,有关单位接到人民法院的协助执行通知书后,拒不协助执行的。有义务协助执行的单位,在人民法院需要其协助执行时,应予以协助。无故推托、拒绝或者妨碍执行,将会导致生效法律文书不能得到实现,当事人的合法权益不能得到保护,所以是妨害民事诉讼的行为。这些行为包括:拒不协助查询、扣押、冻结、划拨、变价财产的;拒不协助扣留被执行人收入的;拒不办理有关财产证照转移手续、转交有关票证、证照或者其他财产的。此外,有协助执行义务的有关单位接到人民法院协助执行通知书后,仍允许被执行人高消费的;允许被执行人出境的;拒不停止办理有关财产权证照转移手续、权属变更登记、规划审批等手续的;以需要内部请示、内部审批,有内部规定等为由拖延办理的,也属于妨害执行的行为。

第三,其他拒绝协助执行的行为。根据相关司法解释的规定[①],其他拒绝协助执行的行为包括:隐藏、转移、变卖、毁损向人民法院提供执行担保的财产的;案外人与被执行人恶意串通转移被执行人财产的;故意撕毁人民法院执行公告、封条的;伪造、隐藏、毁灭有关被执行人履行能力的重要证据,妨碍人民法院查明被执行人财产的;指使、贿买、胁迫他人对被执行人的财产状况和履行义务的能力问题作伪证的;妨碍人民法院依法搜查的;以暴力、威胁或其他方法妨碍、抗拒执行的;哄闹、冲击执行现场的;对人民法院执行人员或协助执行人员进行侮辱、诽谤、围攻、威胁、殴打或者打击报复的;毁损、抢夺执行案件材料、执行公务车辆、其他执行器械、执行人员服装和执行公务证件的。

根据《民诉法解释》第189条的规定,诉讼参与人或者其他人有下列行为之一的,人民法院可以对其适用妨害诉讼的民事强制措施:(1)冒充他人提起诉讼或者参加诉讼的;(2)证人签署保证书后作虚假证言,妨碍人民法院审理案件的;(3)伪造、隐藏、毁灭或者拒绝交出有关被执行人履行能力的重要证据,妨碍人民法院查明被执行人财产状况的;(4)擅自解冻已被人民法院冻结的财产的;(5)接到人民法院协助执行通知书后,给当事人通风报信,协助其转移、隐匿财产的。

### 三、强制措施的种类及适用

根据《民事诉讼法》的规定,对妨害民事诉讼行为采取的强制措施有五种,即拘传、训诫、责令退出法庭、罚款、拘留。在民事诉讼中因妨害民事诉讼行为的情节不同,造成的危害后果也不同。人民法院可以根据不同的妨害民事诉讼行为的情节以及特定条件,采取不同的强制措施。

(一)拘传

拘传,是人民法院对必须到庭的当事人依法强制其到庭参加诉讼而采取的措施。

---

[①] 《最高人民法院关于人民法院执行工作若干问题的规定(试行)》第57条。

1. 拘传的适用条件

(1) 适用对象是必须到庭的被告。根据《民诉法解释》第 482 条的规定,必须接受调查询问的被执行人、被执行人的法定代表人、负责人或者实际控制人,经依法传唤无正当理由拒不到场的,可拘传其到场。

(2) 经过两次传票传唤。

(3) 无正当理由拒不到庭。

以上三个条件同时具备时才可以采取拘传措施。之所以严格规定其适用条件,是由于这种措施是针对被拘传人的人身实施的,是一种较为严厉的措施。

2. 拘传的适用程序

适用拘传措施时,必须审查是否具备上述条件,具备上述条件确需采取拘传措施的,应先由本案合议庭或者独任审判员提出意见,报经本院院长批准,并签发拘传票。拘传票必须直接送达被拘传人,由被拘传人签字或者盖章。

在拘传前,应对被拘传人晓以利害,向其说明拒不到庭的后果,如果被拘传人经批评教育后仍拒不到庭的,可以拘传其到庭。对被拘传人的调查询问不得超过 24 小时,调查询问后不得限制被拘传人的人身自由。在本辖区以外拘传时,应当把被拘传人拘传到当地法院,当地法院应当予以协助。

(二) 训诫

训诫,就其直接的字面含义而言,是指教导和告诫的合称。作为民事诉讼中强制措施的一种,训诫是指人民法院开庭审理时对于违反法庭规则情节显著轻微的人,由审判长或者独任审判员当庭进行的公开批评和告诫,并责令其加以改正或不得再犯的措施。训诫措施的强制性在所有强制措施中是最弱的,因此仅适用于诉讼参与人或其他人违反法庭规则且情节显著轻微、尚不需适用责令退出法庭、罚款、拘留措施者。

这种措施没有严格的程序要求,由合议庭或者独任审判员根据具体情形决定是否适用,采取训诫措施时,训诫的内容应记入笔录。

(三) 责令退出法庭

责令退出法庭,是指对于开庭审理过程中违反法庭规则情节比较轻微的人,由人民法院的审判人员要求其离开法庭或交司法警察依法强制其离开,以防止其继续实施妨害诉讼行为的措施。这种措施可以在训诫无效之后适用,也可以直接适用。适用责令退出法庭,由合议庭或者独任审判员决定,由审判长或者独任审判员口头当庭宣布。责令退出法庭的决定宣布后,行为人应当主动退出法庭,否则司法警察可以强制其离开法庭。责令退出法庭可以随时适用,并应当记入笔录。

(四) 罚款

罚款,是人民法院对于妨害诉讼情节比较严重的行为人,书面决定令其在一定期限内缴纳一定数额金钱的措施。

1. 罚款的适用范围

根据《民事诉讼法》的规定,罚款主要适用于违反法庭规则情节较重的以及哄闹、冲击法庭、妨碍审理、执行的行为。有义务协助调查执行的单位拒不履行其协助义务的，可以对其主要负责人或者直接责任人员适用罚款。罚款的适用范围较广，除对必须到庭的当事人无正当理由拒不到庭这种行为不能适用罚款外，对其他妨害民事诉讼的行为人均可适用。

2. 罚款适用的程序与数额

罚款是比较严厉的强制措施，直接涉及行为人的经济利益，因而法律规定了较为严格的适用程序。适用罚款措施，应首先由合议庭或独任审判员提出意见，制作罚款决定书，报本院院长批准，批准后通知被罚款人在指定期限内将所罚款额交人民法院。人民法院收到罚款后，必须给交款人开具收据。如果被罚款人不服罚款决定的，应当自收到决定书之日起3日内向上一级人民法院申请复议。复议期间不停止罚款的执行。

上级人民法院对于复议申请，应当在收到后5日内作出决定，并将复议决定通知下级人民法院和被罚款人。上级人民法院复议时认为罚款不当的，应当制作决定书，撤销或变更下级人民法院的罚款决定。情况紧急的，可以在口头通知后3日内发出决定书。

依照《民事诉讼法》第118条的规定，对个人的罚款金额，为人民币10万元以下；对单位的罚款金额，为人民币5万元以上100万元以下。具体应罚数额由人民法院根据妨害行为的性质、情节、后果、当地的经济发展水平以及诉讼标的额等因素，在法定幅度内裁量确定。

(五) 拘留

拘留，是人民法院对于妨害民事诉讼情节严重，但尚不构成犯罪的行为人依法采取的在一定期限内限制其人身自由的措施，以防止其继续实施妨害民事诉讼顺利进行的行为，是民事诉讼强制措施中最严厉的一种。

1. 拘留的适用范围

拘留，是以限制行为人人身自由的方式排除妨害，涉及公民的人身自由和民主权利，所以在适用时必须严格依照法定程序进行。只有对少数实施了严重妨害民事诉讼的行为，并给诉讼或执行程序的正常进行造成了严重后果，经反复教育仍坚持错误的人，才能适用。对于拒不履行协助执行义务的单位，可以对其主要负责人或者直接责任人员予以罚款。如经罚款仍不履行协助义务的，可以实施拘留。

2. 拘留的程序与期限

根据《民事诉讼法》和最高人民法院的司法解释，需要采取拘留措施时，由合议庭或独任审判员提出意见，报本院院长批准，并制作拘留决定书，由司法警察将被拘留人送交当地公安机关看管。在执行拘留时，执行人员应向被拘留人当场宣读拘留决定书。被拘留人对决定书不服的，应当自收到决定书之日起3日内提出向上一级人民法院申请复议，复议期间不停止执行。上级人民法院应在收到复议申请后5日内作出决定，并将复议结果通知下级人民法院和当事人。上级人民法院复议时认为强制措施不当，应当制作决定书，撤销或变更下级人民法院的拘留决定。情况紧急的，可以在口头通知后3日内发出决定书。

根据《民诉法解释》的规定,因哄闹、冲击法庭,用暴力、威胁等方法抗拒执行公务等紧急情况,必须立即采取拘留措施的,可在拘留后,立即报告院长补办批准手续。院长认为拘留不当的,应当解除拘留。被拘留人不在本地区的,作出拘留决定的人民法院应派员到被拘留人所在地的人民法院,请该法院协助执行,受委托的人民法院应及时派员协助执行。被拘留人申请复议或者在拘留期间承认并改正错误,需要提前解除拘留的,受委托人民法院应向委托人民法院转达或者提出建议,由委托人民法院审查决定。人民法院对被拘留人采取拘留措施后,应当在24小时内通知其家属;确实无法按时通知或者通知不到的,应当记录在案。

拘留的期限为15日以下,被拘留的人在拘留期间承认错误并具结悔过的,人民法院可以决定提前解除拘留。提前解除拘留,也应报本院院长批准并制作提前解除拘留决定书,交负责看管的公安机关执行。

罚款和拘留两种强制措施可以视妨害民事诉讼的情节和具体案情单独适用,也可以合并适用。但对同一妨害民事诉讼行为的罚款、拘留不得连续适用。若发生新的妨害民事诉讼行为的,人民法院可以重新予以罚款、拘留。对于妨害民事诉讼情节严重构成犯罪的,应依法追究刑事责任。

# 第二节 期 间

## 一、期间的概念

期间是民事诉讼中一个重要的时间概念,关系到诉讼行为的效力。期间是人民法院、当事人和其他诉讼参与人进行或完成诉讼活动所应遵守的时间。广义的期间包括期限和期日,狭义的期间仅指期限。本节一般是从狭义上使用期间这个概念的。

期限是人民法院、当事人或其他诉讼参与人独立进行或完成某种诉讼活动的时间。

期日是人民法院、当事人及其他诉讼参与人会合进行某种诉讼活动的时日。期日因诉讼活动的性质不同,可分为准备程序期日、调查证据期日、开庭审理期日、调解期日、宣判期日及强制执行期日等。

在民事诉讼中,当事人和其他诉讼参与人行使诉讼权利,履行诉讼义务,或者是人民法院进行审判活动,除不可抗拒的事由或其他正当理由之外,都必须在规定的时间内完成。期间在民事诉讼中具有十分重要的意义:它有利于人民法院及时解决纠纷,提高办案效率;有利于保护当事人和其他诉讼参与人的合法权益;有利于保证诉讼法律关系主体诉讼行为的协调性,从而保证诉讼的顺利进行。

【特别提示】

应注意期间与期日的区别。二者的区别表现在:第一,期间是某一诉讼主体单独进行某种诉讼活动的时间;期日则是人民法院、当事人及其他诉讼参与人会合在一起进行某种诉讼活动的时间。第二，期间表现为持续的一段时间，有开始日和届满日，如上诉期间；期日则仅为特定的某一日，如开庭日。第三，期间有法定期间、指定期间与约定期间之分；期日则只有指定期日和商定期日，没有法定期日。第四，期间有不变期间与可变期间之分；期日因特殊情况的发生则均可以变更。

**二、期间的种类**

根据不同的标准，可将期间作如下分类：

(一) 法定期间、指定期间与约定期间

以确定期间的依据不同为标准，可以把期间分为法定期间、指定期间与约定期间。

法定期间，是指《民事诉讼法》直接规定的期间。法定期间除法律另有规定的以外，人民法院、当事人和其他诉讼参与人均不得变更。诉讼主体必须在法定期间内进行或完成诉讼活动，否则就会引起相应的法律后果。例如，对一审判决不服的上诉期为15天，即属于法定期间。超过该15天法定期间，当事人丧失上诉权。

指定期间，是指人民法院根据案件的具体情况，依职权对完成某些具体事项所指定的期间。指定期间是法定期间的一种补充，广泛适用于审判实践。例如，人民法院指定当事人到庭的时间、指定当事人补正起诉状的时间、指定鉴定人完成鉴定工作的时间等。指定期间应当明确、具体，一经指定，就不要轻易变动，以免影响指定期间的严肃性。因情况变化，诉讼主体难以在指定的期间内完成某项行为时，人民法院可以根据当事人的申请或者依职权予以变更，并将变更后的指定期间通知有关诉讼参与人。

约定期间又称商定期间，是指根据法律或司法解释所确立的合意机制，经当事人协商一致，并经人民法院认可而确定的期间。我国现行《民事诉讼法》并没有关于约定期间的规定，《民诉法解释》第99条第1款后半段规定："举证期限可以由当事人协商，并经人民法院准许"，此处的举证期限即属于约定期间。

(二) 不变期间与可变期间

以期间能否变动为标准，可以把期间分为不变期间与可变期间。

不变期间，是指必须严格遵守、人民法院和诉讼参与人均不得改变的期间。不变期间具有极大的刚性，任何个人和机关、组织不得以任何理由加以变更，如上诉期间、提起第三人撤销之诉的期限等。

可变期间，是指期间确定后，因情况发生了变化，在规定的期间内进行或完成某项诉讼活动确有困难，人民法院可根据当事人的申请或者依职权变更原定期间。

指定期间、约定期间都属于可变期间，法定期间一般都是不变期间，但也有少数是可变期间，法定的可变期间在延长或缩短时应符合法律的规定。例如，《民事诉讼法》第152条规定："人民法院适用普通程序审理的案件，应当在立案之日起六个月内审结。有特殊情况需要延长的，经本院院长批准，可以延长六个月；还需要延长的，报请上级人民法院批准。"

### 三、期间的计算

诉讼是在一定期间内进行的,期间的开始和终结直接关系到人民法院职权和职责的实现,关系到当事人及其他诉讼参与人诉讼权利的行使及其效力,关系到诉讼的效率。因此,期间的计算是司法实践中一项十分重要的技术性工作。根据《民事诉讼法》第85条第2款至第4款以及《民诉法解释》的规定,期间应按下列方式计算。

（一）期间以时、日、月、年计算

期间的计算单位是时、日、月、年,何种诉讼活动以时或日或月或年为计算标准,则根据法律规定或者人民法院指定的内容来确定。

（二）期间开始时刻及时限的计算

期间以时、日计算的,其开始的时和日不计算在期间内,而应从开始时、日的第二个时间单位起算。具体而言,期间以小时为单位计算的,应当从下一个小时起算;期间以日为单位计算的,应当从第二日起算。例如,根据《民事诉讼法》第103条第3款的规定,人民法院接受当事人关于财产保全的申请后,对情况紧急的,必须在48小时内作出裁定。如果当事人提出申请是在某日的10时,那么计算这一期间时,就应当从该日的11时开始起算。又如,当事人不服第一审人民法院判决,提起上诉的期间为15日,该15日应当从判决书送达的次日开始起算。

期间以月和年为单位计算的,由于它们实际上仍然都是由日组成的,因此同样应从次日开始计算,并以期间届满月的相对日为期间届满日;期间届满日没有相对日的,则应以该月的最后一日为期间届满日。例如在一起宣告失踪的案件中,人民法院于2010年11月29日公告寻找下落不明人,公告期间为3个月（从2010年11月30日起算）,则公告期届满日期为2011年2月28日（2月最后一日）。

（三）期间届满时刻的计算

期间届满的时刻,应该是期间最后一日的24时（实践中通常以法院下班时间为届满时刻）。按期间实数确定的期间届满日是节假日的,应以节假日后的第一个工作日为期间标准的届满日期;如果节假日在期间开始日及中间日的则不予扣除。这里所说的节假日是法定节假日,如双休日、五一节、国庆节、元旦、春节等。

（四）期间的计算应扣除诉讼文书的在途时间

在途时间,是指人民法院通过邮寄方式送达的诉讼文书,或者是当事人通过邮寄递交的诉讼文书,在邮寄途中所用去的时间。期间不包括诉讼文书的在途时间,诉讼文书在期满前交邮的不算过期,以邮寄的邮戳为标志和证明。只要邮戳上的时间证明在期间届满前当事人或者人民法院已将需邮寄的诉讼文书交付邮局,就不算过期。

（五）期间的计算应扣除的其他时间

《民事诉讼法》中除了上述"期间不包括在途时间"的规定外,并没有其他有关期

间的计算应扣除的时间的规定。但是,根据相关司法解释的规定①,下列期间不计入审理、执行期限:

1. 因当事人、诉讼代理人申请通知新的证人到庭、调查新的证据、申请重新鉴定或者勘验,人民法院决定延期审理1个月之内的期间;延期审理超过1个月的时间,仍应计入案件的审结期限;
2. 民事案件公告、鉴定的期间;
3. 审理当事人提出的管辖权异议和处理人民法院之间的管辖争议的期间;
4. 民事审判、执行中由有关专业机构进行审计、评估、资产清理的期间;
5. 中止诉讼或中止执行至恢复诉讼或恢复执行的期间;
6. 当事人达成执行和解或者提供执行担保后,人民法院决定暂缓执行的期间;
7. 上级人民法院通知暂缓执行的期间;
8. 执行中拍卖、变卖被查封、扣押财产的期间;
9. 执行过程中就法律适用问题向上级人民法院请示的期间;
10. 与其他法院发生执行争议报请共同上级人民法院协调处理的期间。

### 四、期间的耽误及后果

期间的耽误,是指当事人或其他诉讼参与人在法定期间或指定期间内本应进行一定的诉讼活动而没有进行或没有完成。

期间耽误的原因不同,其后果也不同。如果是主观上的原因,不论出于故意还是过失,其直接后果就是当事人丧失了进行某项诉讼活动的权利,或者要承担因耽误期间而产生的其他法律后果。例如,当事人因遗忘超过了上诉期间,就意味着丧失了上诉的权利。如果因为客观原因致使期间耽误,可以根据民事诉讼法的规定申请顺延期限,或者由人民法院依职权决定顺延期限或重新指定期日。顺延期限不是变更法定期限,而是补足耽误了的期限,耽误了几天,就延展几天。耽误期限后能发生顺延之法律后果,必须具备以下几个条件:

1. 耽误期限的原因是不可抗拒的事由或者其他正当理由。不可抗拒的事由,是指当事人在主观上无法预见、客观上无法避免和克服的各种情况。如地震、火灾、水灾等自然灾害导致交通和通讯中断,致使当事人无法在预定的期间内实施或完成某项诉讼行为。其他正当事由是指以上不可抗拒的事由以外的且不属于因当事人的故意或者过失而导致期间耽误的客观情况,如突遇交通事故、患病住院治疗等情况。
2. 由于上述法定事由耽误期限,当事人应在障碍消除后10日内申请顺延期限。但应注意,如果障碍消除时期限尚未届满,当事人可在剩余期限内完成诉讼活动,则不构成期限的耽误,当然也就不发生顺延期限的问题。

对于当事人提出的顺延期限的申请,是否准许,由人民法院决定。

---

① 《最高人民法院关于严格执行案件审理期限制度的若干规定》第9条和《最高人民法院关于人民法院办理执行案件若干期限的规定》第13条。

## 第三节 送 达

### 一、送达的概念和特征

送达,是指人民法院依照法律规定的程序和方式,将诉讼文书或法律文书送交当事人或其他诉讼参与人的诉讼行为。送达具有以下特征:

1. 送达的主体是人民法院

送达的主体必须是人民法院,送达是人民法院的职权行为。当事人及其他诉讼参与人向人民法院或者他们相互之间递交诉讼文书或其他文书都不叫送达,不能适用民事诉讼法有关送达的规定。

2. 接受送达的是当事人及其他诉讼参与人

送达是人民法院在诉讼中对当事人及其他诉讼参与人所进行的一种诉讼行为。人民法院在诉讼外或者虽在诉讼中,但是给诉讼参与人以外的人发送或报送材料,如上下级人民法院之间递送案件材料,就不是送达行为。

3. 送达的对象是法律文书和诉讼文书

法律文书和诉讼文书主要有:判决书、裁定书、起诉状副本、答辩状副本、反诉状副本、上诉状副本、各类通知书(如案件受理通知书、应诉通知书、举证通知书、出庭通知书等)、传票、调解书、支付令等。送达其他文件不属于送达。

4. 送达必须按法定程序和方式进行

送达必须依照民事诉讼法的规定进行,否则不能产生法律效力,不能达到预期的法律效果。

送达是民事诉讼中的一项重要制度,直接关系到民事诉讼程序能否顺利进行以及能否完成预定的诉讼任务。送达的意义在于:人民法院适时进行送达,将诉讼文书或法律文书及时交给受送达人,可使之了解一定的诉讼事项,以便在诉讼中确定自己的行为,确保诉讼活动的顺利进行;更为重要的是,诉讼文书或法律文书的合法送达能产生诉讼上的法律后果。人民法院依法定方式和程序送达诉讼文书后,即产生了诉讼法上的效力,受送达人若无正当理由而耽误期间或者未按人民法院的要求为一定的诉讼行为,则须就此承担诉讼法上的相应后果。例如,传票一经合法送达,受传唤人就有按时到庭的义务,如果是必须到庭的被告经两次传票传唤,无正当理由而拒不到庭的,人民法院可对其适用拘传措施。

### 二、送达的方式

根据《民事诉讼法》的规定,送达方式有七种。在具体适用时应根据案件的客观需要和可能,灵活择用。但应以直接送达为原则,其他送达方式为补充。

(一) 直接送达

直接送达,是指人民法院执行送达职务的人员,将诉讼文书交受送达公民本人、受送达单位的法定代表人或主要负责人或负责收件的人签收,或者交受送达公民的同住成年家属签收,或者交给受送达人的诉讼代理人或其指定的代收人签收的方式。执行送达职务的人一般是人民法院的司法警察或者书记员。直接送达是最重要的送达方式,不仅可靠,而且所需时间短,因此,人民法院送达诉讼文书应以直接送达为原则,凡是能够直接送达的,都应当尽可能采用这种送达方式。只有在直接送达确有困难时,才可酌情使用其他适宜的送达方式。

根据《民事诉讼法》第88条的规定,直接送达包括以下几种情形:

1. 受送达人是公民的,应送交其本人签收;本人不在的,交其同住的成年家属签收。

2. 受送达人是法人或者其他组织的,应当由法人的法定代表人、其他组织的主要负责人或者该法人、其他组织负责收件的人签收。

3. 受送达人有诉讼代理人的,可以送交其代理人签收。

4. 受送达人已向人民法院指定代收人的,送交代收人签收。

受送达人的同住成年家属、法人或其他组织的负责收件的人,诉讼代理人或代收人在送达回证上签收的日期为送达的日期。

《民诉法解释》第131条规定:"人民法院直接送达诉讼文书的,可以通知当事人到人民法院领取。当事人到达人民法院,拒绝签署送达回证的,视为送达。审判人员、书记员应当在送达回证上注明送达情况并签名。人民法院可以在当事人住所地以外向当事人直接送达诉讼文书。当事人拒绝签署送达回证的,采用拍照、录像等方式记录送达过程即视为送达。审判人员、书记员应当在送达回证上注明送达情况并签名。"

(二) 留置送达

留置送达,是指受送达人拒绝签收向其送达的诉讼文书时,送达人依法将应送达的文书留在受送达人所在地并履行相应手续即视为完成送达的送达方式。留置送达与直接送达具有同等法律效力。

适用留置送达的条件和程序是:

1. 接受诉讼文书的人是特定的,包括:受送达人本人或者其同住成年家属;法人或者其他组织的法定代表人、该组织的主要负责人或者办公室、收发室、值班室等负责收件的人;受送达人指定诉讼代理人为代收人的,向诉讼代理人送达时,可适用留置送达。

2. 上述受送达人明确表示拒绝接受诉讼文书时,才可以适用留置送达。

3. 留置送达的过程应当经见证人见证或予以记录。有见证人的情况下可以采用见证人见证的方式留置送达,见证人可以是受送达人住所地的居民委员会、村民委员会的工作人员以及受送达人所在单位的工作人员;无见证人的情况下,可以采取拍照、录像等方式记录送达过程。

根据《民诉法解释》第133条的规定,调解书应当直接送达当事人本人,不适用留置送达。当事人本人因故不能签收的,可由其指定的代收人签收。

## （三）委托送达

委托送达，是指受诉人民法院将应由其亲自送达给受送达人的诉讼文书，委托有关人民法院代为送达的方式。委托其他人民法院送达有一个前提条件，即受诉人民法院直接送达诉讼文书有困难，如受送达人居住在外地。委托送达的委托人必须是受诉人民法院，当事人或其他诉讼参与人均无权委托外地人民法院送达诉讼文书。

根据《民诉法解释》第134条的规定，委托其他人民法院送达的，应当在委托函中详细说明受送达人的姓名、住址或工作单位等，并附需要送达的诉讼文书和送达回证，以保障诉讼文书顺利送达。受委托的人民法院应当自收到委托函及相关诉讼文书之日起10日内代为送达，尽量以直接送达方式送达，并将送达回证寄回委托人民法院。如果受送达人及同住成年家属拒绝接受送达的诉讼文书，可以采取留置送达的方式送达。除此之外，受委托的人民法院不应采取其他方式送达。

## （四）邮寄送达

邮寄送达，是指在直接送达有困难时，人民法院通过邮局，将诉讼文书或法律文书挂号寄给受送达人的送达方式。邮寄送达时，应当附有送达回证。邮寄送达的时间以受送达人在挂号回执上注明的收件日期为准。挂号信回执上注明的收件日期与送达回证上收件日期不一致的，或者送达回证没有寄回的，以挂号信回执上注明的收件日期为送达日期。

鉴于以往以普通挂号信邮寄送达的方式难以保证送达的及时完成，且常因发生信件遗失而影响到当事人依法行使诉讼权利，最高人民法院于2004年9月17日公布了《关于以法院专递方式邮寄送达民事诉讼文书的若干规定》，并于2005年1月1日起开始施行。该规定要求在全国法院系统推行法院专递，以法院专递方式邮寄送达民事诉讼文书的，其送达与人民法院直接送达具有同等法律效力。

上述司法解释确立了当事人确认自己送达地址的制度，即当事人起诉或者答辩时应当向人民法院提供或者确认自己准确的送达地址，并填写送达地址确认书。当事人拒绝提供的，人民法院应当告知其拒不提供送达地址的不利后果，并记入笔录。送达地址确认书的内容应当包括送达地址的邮政编码、详细地址以及受送达人的联系电话等内容。当事人要求对送达地址确认书中的内容保密的，人民法院应当为其保密。如果当事人在第一审、第二审和执行终结前变更送达地址的，应及时以书面方式告知人民法院。当事人拒绝提供自己的送达地址，经人民法院告知后仍不提供的，自然人以其户籍登记中的住所地或者经常居住地为送达地址；法人或者其他组织以其工商登记或其他依法登记、备案中的住所地为送达地址。

邮政机构按照当事人提供或者确认的送达地址送达的，应当在规定的日期内将回执退回人民法院。受送达人及其代收人应当在邮件回执上签名、盖章或者捺印；受送达人及其代收人拒绝签收的，由邮政机构的投递员记明情况后将邮件退回人民法院。邮政机构按照当事人提供或确认的送达地址在5日内投送3次以上未能送达，通过电话或其他联系方式又无法告知受送达人的，应当将邮件在规定的日期内退回人民法院，并说明退回的理由。

因受送达人自己提供或者确认的送达地址不准确、拒不提供送达地址、送达地址变更未及时告知人民法院、受送达人本人或者受送达人指定的代收人拒绝签收,导致诉讼文书未能被受送达人实际接收的,除了受送达人能够证明自己在诉讼文书送达的过程中没有过错的以外,文书退回之日视为送达之日。

(五) 转交送达

转交送达,是指人民法院将诉讼文书交受送达人所在机关、单位代收后转交给受送达人的送达方式。通常情况下,送达文书应交受送达人本人,但遇有下列情形之一,法律规定不宜直接交付受送达人,而应由受送达人所在单位转交:

1. 受送达人是军人的,通过其所在部队团以上单位的政治机关转交;
2. 受送达人被监禁的,通过其所在监所转交;
3. 受送达人被采取强制性教育措施的,通过其所在强制性教育机构转交。

代为转交的机关、单位有义务在收到诉讼文书后,立即交送受送达人签收。转交送达以受送达人在送达回证上签收的日期为送达日期,而不是以代为转交的机关、单位的收件日期为送达日期。

(六) 电子送达

电子送达,是指人民法院利用传真、电子邮件、移动通信等现代化电子手段进行的送达。现代信息技术具有覆盖面广、传输快、效率高、成本低的特点与优势,民事诉讼法规定以传真、电子邮件等电子方式送达诉讼文书,有利于提高诉讼效率,降低诉讼成本。

根据《民事诉讼法》第90条及《民诉法解释》第135条、第136条的规定,采用电子送达方式应依照下列条件和程序进行:

1. 必须经受送达人同意,人民法院不得在未经受送达人同意的情况下依照职权采用此送达方式送达。受送达人同意采用电子方式送达的,应当在送达地址确认书中予以确认。
2. 电子送达方式只适用于对判决书、裁定书、调解书以外的诉讼文书的送达。
3. 电子送达的具体手段包括传真、电子邮件、移动通信等即时收悉的能够确认受送达人可以收悉的方式。

采用电子送达的,送达日期以传真、电子邮件、移动通信等到达受送达人特定系统的日期为送达日期。《民诉法解释》第135条补充规定,到达受送达人特定系统的日期,为人民法院对应系统显示发送成功的日期,但受送达人证明到达其特定系统的日期与人民法院对应系统显示发送成功的日期不一致的,以受送达人证明到达其特定系统的日期为准。

(七) 公告送达

公告送达,是指人民法院在受送达人下落不明,或者以其他方式无法送达的情况下,发出公告,公告发出后经过一定的时间即视为送达的方式。

公告送达的适用前提是受送达人下落不明,或者受送达人有音讯,但行踪不定,没有通讯地址,无法联系,采用其他方式均无法送达。公告送达的受送达人不包括军人、被监禁和被采取强制性教育措施的人,因为对这些人可以委托有关机关、单位转交送达诉讼文书、法律文书。

公告可以在人民法院专设的公告栏、受送达人原住所地张贴,也可以在报纸、信息网络等媒体上刊登。发出公告日期以最后张贴或者刊登的日期为准。人民法院在受送达人住所地张贴公告的,应当采取拍照、录像等方式记录张贴过程。

以公告方式送达的,自公告之日起,经过30日,有关诉讼文书或法律文书即视为送达。公告送达的,应在案卷内记明适用公告送达的原因和经过。对公告送达方式有特殊要求的,应按要求的方式进行公告。公告送达起诉状或者上诉状副本的,应当说明起诉或者上诉要点、受送达人答辩期限以及逾期不答辩的法律后果;公告送达传票的,应当说明出庭地点、时间以及逾期不出庭的法律后果;公告送达判决书、裁定书的,应当说明裁判的主要内容,当事人有权上诉的,还应当说明上诉权利、上诉期限和上诉的法院。

《民诉法解释》第140条规定,适用简易程序的案件,不适用公告送达。

**三、送达的效力和送达回证**

(一) 送达的效力

送达的效力,是指诉讼文书和法律文书送达后所产生的法律后果。因送达的文书不同,产生的法律后果也有区别,但从总体来看,送达的效力主要表现在两个方面:

1. 程序法上的效力

首先,诉讼文书或法律文书送达后,当事人和其他诉讼参与人即具有诉讼法律关系上的权利和义务;或者使有关法律关系归于消灭。例如,自送达起诉状副本并通知被告应诉之日起,人民法院和被告之间就产生了诉讼法律关系。又如,原告自行撤诉,经人民法院批准并通知当事人后,诉讼法律关系即告消灭。其次,诉讼文书或法律文书送达后,诉讼参与人进行诉讼活动的期间即可开始起算。因此,确定送达日期对于考查当事人和其他诉讼参与人诉讼活动的效力具有重要意义。最后,诉讼文书或法律文书送达后,如有关当事人不实施诉讼文书所要求的行为,就产生了由其承担相应的法律后果的效力。例如,被告经两次传票传唤拒不到庭的,可以拘传或者缺席判决;原告经传票传唤,无正当理由拒不到庭的,按撤诉处理。拘传、缺席判决、按撤诉处理等法律后果均以向当事人依法送达传票为必要条件。

2. 实体法上的效力

合法送达是法律文书发生法律效力的条件之一。有的法律文书一经送达即发生法律效力,有的法律文书送达后得经过一定期间、具备一定条件才能生效。实体法上的效力即实体权利义务方面的效力,如发生法律效力的判决书、裁定书送达后,负有义务的一方当事人应当履行义务,否则,对方当事人可依法申请强制执行。

(二) 送达回证

送达回证,是人民法院按照法定格式制作的,用以证明人民法院完成送达行为的一种书面凭证。送达回证是判断人民法院是否按法定程序和方式送达诉讼文书和法律文书的文字依据,是送达人完成送达任务的凭证。其不仅能够证明人民法院是否履行了法定的职责,完成了送达任务,还能证明当事人及其他诉讼参与人是否耽误了诉讼期间,是衡量当事人及其他诉讼参与人诉讼行为是否有效的依据。

由于法律文书或诉讼文书的送达都会产生相应的法律后果,因此除公告送达方式外,都应当有送达回证。送达回证有一定的格式,其主要内容包括:送达文书的法院、被送达文书的名称和案件编号、受送达人的姓名(名称)、地址、工作单位、送达的日期、送达人和受送达人的签名或盖章等。受送达人接到诉讼文书或法律文书后,应在送达回证上记明收到的日期,并签名或者盖章。送达回证上的签收日期就是送达日期。送达回证应由受诉人民法院附卷存查。

## 第四节 诉讼费用

### 一、诉讼费用概述

(一) 诉讼费用的概念和种类

诉讼费用,是指当事人进行民事诉讼,依法应当向人民法院交纳和支付的费用。

诉讼费用制度是我国民事诉讼制度的组成部分之一。诉讼费用制度不仅关系到费用的收取,更关系到当事人诉权的行使,关系到当事人进行民事诉讼的成本投入,进而关系到程序的价值及其实现。从学理上讲,诉讼费用包括两大部分:裁判费用和当事人费用。裁判费用是指当事人进行民事诉讼向法院交纳和支付的费用,如起诉费、上诉费、申请执行费等费用;当事人费用是指当事人用于诉讼的差旅费、案件调查费、律师费等。通常,在实行强制律师代理制的国家,律师费是法定的诉讼费用,属于裁判费用的一部分,当事人可以依照民事诉讼法的规定请求法院判决对方承担。

民事诉讼是国家通过行使审判权解决民事纠纷的法律制度,是国家为纷争当事人提供的特别服务,因此,当事人理应为此承担费用。现代各国立法对民事诉讼中的裁判费用均采用有偿主义,我国也不例外,《民事诉讼法》第121条规定的案件受理费和其他诉讼费用,就属于裁判费用。当然,国家为解决民事纠纷也要进行法院办案经费的投入,裁判费用是当事人对国家为解决自己民事纠纷成本投入的一种必要的分担。

我国1982年《民事诉讼法(试行)》首次规定进行民事诉讼应当缴纳诉讼费用。1989年7月,最高人民法院公布了《人民法院诉讼收费办法》,对诉讼费用的征收范围、征收标准、诉讼费用的负担、诉讼费用的交纳与管理作出了具体规定;2006年12月,国务院审议通过了《诉讼费用交纳办法》,于2007年4月1日起正式施行。《诉讼费用交纳办法》重新规定了诉讼费用交纳的范围,降低了诉讼费用交纳的标准,明确了诉讼费用的计算单位,对司法救助制度、诉讼费用的管理和监督等进行了规范。《民诉法解释》第194条至第207条在此基础上作了进一步明确、具体和具有操作性的规定。

(二) 诉讼费用的性质

首先,诉讼费用具有国家规费的性质。这集中体现在当事人向国家交纳的裁判费用上。当事人向国家交纳裁判费用,反映了当事人与国家形成的公法关系,当事人交纳这部分费用是其公法上的义务。在当事人基于国家赋予的诉权请求司法保护时,假如他不依法交纳裁判费用,那么他诉权的行使将受到阻碍。

其次,诉讼费用具有补偿性。这主要体现在当事人之间对诉讼费用的支付和负担上。不论是当事人费用还是裁判费用,一方当事人基于公法上的义务向法院交纳之后,至法院判决之前,仅为一种预付状态,诉讼费用最终将在当事人之间进行分担。法院在作出实体判决的同时,将根据败诉人负担的原则及案件的具体情况,决定诉讼费用的最后分担,胜诉一方当事人将因此而得到补偿。

最后,诉讼费用具有制裁性。这主要体现在诉讼费用最终由败诉人承担的结果上。从根本上讲,诉讼通常是由于实体上违反法律、不履行义务、侵权等给对方的合法权益造成一定的损害而引起的,诉讼费用由败诉方负担的原则,虽然不能等同于实体法上的民事制裁,却间接地、从诉讼程序上体现了对败诉方的制裁。

(三) 征收诉讼费用的意义

在民事诉讼中,征收诉讼费用具有如下意义:

第一,有利于减少国家的财政支出,减轻财政负担。民事诉讼是特定的公民之间、法人之间、其他组织之间或者他们相互之间因财产关系和人身关系方面的权益争议引起的,人民法院为了解决这些争议,必然要付出一定的人力、物力和财力。过去这笔费用统一由国家财政支出,这实际上是由整个社会来为少数人进行诉讼负担开支,显然不具有合理性。因此,依法向当事人征收适当的诉讼费用,有利于减少国家的财政支出,减轻纳税人的负担。

第二,有利于增强社会成员的法治观念,防止和减少滥用诉权的现象。实践中,有少数人常常为了一些细小琐事而动辄诉诸法院,滥用诉讼权利,无理涉诉,甚至缠讼不休,从而造成了不必要的人力和财力浪费。征收诉讼费用,可以促使当事人在起诉前慎重考虑,避免其轻率行使诉权提起诉讼,还可促使他们通过诉讼外调解、和解等多元纠纷解决方式化解矛盾。

第三,有利于促使当事人遵守法律,自觉履行自己的义务。由于诉讼费用制度采取败诉人负担原则,这对于不履行民事义务引起诉讼的当事人具有经济制裁的作用。征收诉讼费用,可以促使公民、法人和其他组织自觉遵守法律,自觉履行自己的民事义务。

第四,有利于维护国家的司法主权和经济利益。征收诉讼费用,是世界各国民事诉讼中普遍采用的一种法律制度,在世界各国对民事诉讼普遍收费的情况下,若我国不收取相应的诉讼费用,不仅会使国家在经济上蒙受损失,有损于国家主权,也不利于在国际交往中贯彻国家间的平等互惠原则。

**二、诉讼费用的种类及收费标准**

诉讼费用的种类,是指根据法律规定的不同标准由人民法院所收取的不同性质的诉讼费用。根据《民事诉讼法》第 121 条的规定,诉讼费用分为两种:案件受理费(裁判费用)和其他诉讼费用。不同种类的诉讼费用,有不同的收费标准。收费标准的确定,主要考虑两个因素:其一,诉讼费用的性质。案件受理费应根据国家的财政水平和当事人的一般支付能力确定;当事人费用则一般是根据实际开支的情况确定。其二,案件的性质。根据财产案件、非财产案件的划分分别制定交纳标准。

(一) 案件受理费及交纳标准

案件受理费,是人民法院决定受理案件后,按照有关规定应向当事人收取的费用。这种费用属于裁判费用。根据《诉讼费用交纳办法》第 7 条的规定,案件受理费包括:(1) 第一审案件受理费;(2) 第二审案件受理费;(3) 再审案件中,案件受理费的交纳标准依据当事人的诉讼请求确定。《民诉法解释》第 201 条规定,既有财产性诉讼请求,又有非财产性诉讼请求的,按照财产性诉讼请求的标准交纳诉讼费。有多个财产性诉讼请求的,合并计算交纳诉讼费;诉讼请求中有多个非财产性诉讼请求的,按一件交纳诉讼费。

依据《诉讼费用交纳办法》第 8 条的规定,下列案件当事人不交纳案件受理费:(1) 依照民事诉讼法规定的特别程序审理的案件;(2) 裁定不予受理、驳回起诉、驳回上诉的案件;(3) 对不予受理、驳回起诉和管辖权异议裁定不服,提起上诉的案件;(4) 行政赔偿案件。

《诉讼费用交纳办法》第 9 条规定,根据民事诉讼法和行政诉讼法规定的审判监督程序审理的案件,当事人不交纳案件受理费。但是,有两种情形除外,其一,当事人有新的证据,足以推翻原判决、裁定,向人民法院申请再审,人民法院经审查决定再审的案件,当事人应交纳案件受理费;其二,当事人对人民法院第一审判决、裁定未提出上诉,第一审判决、裁定或者调解书发生法律效力后又申请再审,人民法院经审查决定再审的案件,当事人应交纳案件受理费。

《诉讼费用交纳办法》根据案件的性质不同,规定了不同的交纳标准:

1. 财产案件受理费的交纳标准

财产案件,是指因财产权益争议而提起诉讼的案件。根据《诉讼费用交纳办法》第 13 条第 1 款第 1 项的规定,财产案件的受理费,应根据诉讼请求的金额或者价额,按照下列比例分段累计交纳:

(1) 不超过 1 万元的,每件交纳 50 元;

(2) 超过 1 万元至 10 万元的部分,按照 2.5% 交纳;

(3) 超过 10 万元至 20 万元的部分,按照 2% 交纳;

(4) 超过 20 万元至 50 万元的部分,按照 1.5% 交纳;

(5) 超过 50 万元至 100 万元的部分,按照 1% 交纳;

(6) 超过 100 万元至 200 万元的部分,按照 0.9% 交纳;

(7) 超过 200 万元至 500 万元的部分,按照 0.8% 交纳;

(8) 超过 500 万元至 1000 万元的部分,按照 0.7% 交纳;

(9) 超过 1000 万元至 2000 万元的部分,按照 0.6% 交纳;

（10）超过2000万元的部分，按照0.5%交纳。

2. 非财产案件受理费的交纳标准

非财产案件，是指因人身关系和人身非财产关系发生争议而提起诉讼的案件。非财产案件受理费在规定的收费幅度内按件计征，涉及财产的部分依不同情况处理：

（1）离婚案件每件交纳50元至300元。涉及财产分割，财产总额不超过20万元的，不另行交纳；超过20万元的部分，按照0.5%交纳。

（2）侵害姓名权、名称权、肖像权、名誉权、荣誉权以及其他人格权的案件，每件交纳100元至500元。涉及损害赔偿，赔偿金额不超过5万元的，不另行交纳；超过5万元至10万元的部分，按照1%交纳；超过10万元的部分，按照0.5%交纳。

（3）其他非财产案件每件交纳50元至100元。

3. 其他案件受理费的交纳标准

（1）诉讼标的物是房屋、土地、林木、车辆、船舶、文物等特定物或者知识产权，起诉时价值难以确定的，人民法院应当向原告释明主张过高或者过低的诉讼风险，以原告主张的价值确定诉讼标的金额。

（2）劳动争议案件每件交纳10元。

（3）当事人提出案件管辖权异议，异议不成立的，每件交纳50元至100元。

（4）以调解方式结案或者当事人申请撤诉的，减半交纳案件受理费。

（5）适用简易程序审理的案件减半交纳案件受理费。但案件转为普通程序的，原告自接到人民法院交纳诉讼费用通知之日起7日内补交案件受理费。原告无正当理由未按期足额补交的，按撤诉处理，已经收取的诉讼费用退还一半。

（6）对财产案件提起上诉的，按照不服一审判决部分的上诉请求数额交纳案件受理费。

（7）被告提起反诉、有独立请求权的第三人提出与本案有关的诉讼请求，人民法院决定合并审理的，分别减半交纳案件受理费。

（8）需要交纳案件受理费的再审案件，按照不服原判决部分的再审请求数额交纳案件受理费。

（9）当事人在诉讼中增加诉讼请求数额的，按照增加后的诉讼请求数额计算补交案件受理费；当事人在法庭调查终结前提出减少诉讼请求数额的，按照减少后的诉讼请求数额计算退还案件受理费。

（二）申请费及其交纳标准

申请费，是指当事人因申请人民法院为特定诉讼事项或开启相关程序而依法向法院交纳的费用。根据《诉讼费用交纳办法》第10条的规定，当事人依法向人民法院申请下列事项，应当交纳申请费：（1）申请执行人民法院发生法律效力的判决、裁定、调解书，仲裁机构依法作出的裁决和调解书，公证机关依法赋予强制执行效力的债权文书；（2）申请保全措施；（3）申请支付令；（4）申请公示催告；（5）申请撤销仲裁裁决或者认定仲裁协议效力；（6）申请破产；（7）申请海事强制令、共同海损理算、设立海事赔偿责任限制基金、海事债权登记、船舶优先权催告；（8）申请承认和执行外国法院判决、裁定和外国仲裁机构裁决。

根据《诉讼费用交纳办法》第 14 条和《民诉法解释》的有关规定，申请费应分别依下列标准交纳：

1. 申请执行人民法院发生法律效力的判决、裁定、调解书，仲裁机构依法作出的裁决和调解书，公证机关依法赋予强制执行效力的债权文书，申请承认和执行外国法院判决、裁定以及国外仲裁机构裁决的，按照下列标准交纳：

第一，没有执行金额或者价额的，每件交纳 50 元至 500 元。

第二，执行金额或者价额不超过 1 万元的，每件交纳 50 元；超过 1 万元至 50 万元的部分，按照 1.5% 交纳；超过 50 万元至 500 万元的部分，按照 1% 交纳；超过 500 万元至 1000 万元的部分，按照 0.5% 交纳；超过 1000 万元的部分，按照 0.1% 交纳。

第三，符合《民事诉讼法》第 54 条第 4 款的规定，未参加登记的权利人向人民法院提起诉讼的，按照本项规定的标准交纳申请费，不再交纳案件受理费。

2. 申请保全措施的，根据实际保全的财产数额按照下列标准交纳：财产数额不超过 1000 元或者不涉及财产数额的，每件交纳 30 元；超过 1000 元至 10 万元的部分，按照 1% 交纳；超过 10 万元的部分，按照 0.5% 交纳。但是，当事人申请保全措施交纳的费用最多不超过 5000 元。

3. 依法申请支付令的，比照财产案件受理费标准的 1/3 交纳。但支付令失效后转入诉讼程序的，债权人应当按照《诉讼费用交纳办法》补交案件受理费。

4. 依法申请公示催告的，每件交纳 100 元。

5. 申请撤销仲裁裁决或者认定仲裁协议效力的，每件交纳 400 元。

6. 破产案件依据破产财产总额计算，按照财产案件受理费标准减半交纳，但是，最高不超过 30 万元。

7. 海事案件的申请费按照下列标准交纳：申请设立海事赔偿责任限制基金的，每件交纳 1000 元至 1 万元；申请海事强制令的，每件交纳 1000 元至 5000 元；申请船舶优先权催告的，每件交纳 1000 元至 5000 元；申请海事债权登记的，每件交纳 1000 元；申请共同海损理算的，每件交纳 1000 元。

8. 实现担保物权案件，人民法院裁定拍卖、变卖担保财产的，申请费由债务人、担保人负担；人民法院裁定驳回申请的，申请费由申请人负担。申请人另行起诉的，其已经交纳的申请费可以从案件受理费中扣除。

(三) 其他诉讼费用的交纳标准

其他诉讼费用，是指人民法院在审理民事案件和强制执行过程中实际支出的、应当由当事人支付的费用。

1. 证人、鉴定人、翻译人员、理算人员在人民法院指定日期出庭发生的交通费、住宿费、生活费和误工补贴，由人民法院按照国家规定标准代为收取。

2. 当事人复制案件卷宗材料和法律文书应当按实际成本向人民法院交纳工本费。

3. 诉讼过程中因鉴定、公告、勘验、翻译、评估、拍卖、变卖、仓储、保管、运输、船舶监管等发生的依法应当由当事人负担的费用,人民法院根据谁主张、谁负担的原则,决定由当事人直接支付给有关机构或者单位,人民法院不得代收代付。

### 三、诉讼费用的预交和退还

(一) 诉讼费用的预交

诉讼费用的预交,是指由当事人一方预先垫付诉讼费用。预付诉讼费用的当事人不一定就是最终承担诉讼费用的当事人。诉讼费用由哪一方当事人负担,要在人民法院审理终结或执行结束后,依审理的结果和执行情况按照一定的原则来确定。在此期间,法院应当对当事人已预交的诉讼费用进行有效管理。

诉讼费用由一方当事人预交,符合程序启动时的实际情况,既能保证诉讼费用的有效征收,又有利于保护胜诉一方当事人的合法权益。当预交的一方当事人胜诉时,法院依法应退回其预交的费用,并在法律文书中令败诉方承担诉讼费用;而当预交方败诉时,因其已预交了诉讼费用,则可避免由其最终承担诉讼费用的原则落空。这一点与国外民事诉讼中诉讼费用的担保有类似之处。诉讼费用的担保,是指被告依法申请法院要求原告就诉讼费用提供担保,以保证原告败诉时能有效地承担诉讼费用,是诉讼费用制度的组成部分。例如,日本民事诉讼法规定,原告在日本没有住所或不拥有事务所、营业场所时,如果诉讼结果是原告败诉,被告在诉讼结束时让原告承担诉讼费用便缺乏现实的可能性,这时,被告就可以申请法院让原告提供担保。担保事项、数额及担保期间,由法院决定。被告在原告提供担保前,可以拒绝应诉。[①] 诉讼费用的担保旨在保护被告的利益,因诉讼是原告发动的,被告为此不可避免地要支出费用,假如原告败诉,被告依法可向原告求偿,诉讼费用的担保就是为了保障这种求偿权的实现而设置的。

根据《诉讼费用交纳办法》和《民诉法解释》的规定,当事人向人民法院起诉、反诉、上诉或申请启动相应程序的,应当由原告、反诉人或申请人预交案件受理费或申请费,待案件审理完毕或执行终结,再由人民法院根据诉讼费用负担的原则确定诉讼费用的具体负担。预交诉讼费用时,一般以当事人请求和诉讼标的物为考量要素。如果诉讼标的物是证券的,按照证券交易规则并根据当事人起诉之日前最后一个交易日的收盘价、当日的市场价或者其载明的金额计算诉讼标的金额。诉讼标的物是房屋、土地、林木、车辆、船舶、文物等特定物或者知识产权,起诉时价值难以确定的,人民法院应当向原告释明主张过高或者过低的诉讼风险,以原告主张的价值确定诉讼标的金额。

具体预交办法如下:

1. 案件受理费分别由原告、有独立请求权的第三人、上诉人预交。被告提起反诉,需要交纳案件受理费的,由被告预交。原告自接到人民法院交纳诉讼费用通知次日起 7 日内交纳案件受理费;反诉案件由提起反诉的当事人自提起反诉次日起 7 日

---

① 〔日〕中村英郎:《新民事诉讼法讲义》,陈刚等译,法律出版社 2001 年版,第 257 页。

内交纳案件受理费。

上诉案件的案件受理费由上诉人向人民法院提交上诉状时预交。双方当事人都提起上诉的,分别预交。原告、被告、第三人分别上诉的,按照上诉请求分别预交二审案件受理费。同一方多人共同上诉的,只预交一份二审案件受理费;分别上诉的,按照上诉请求分别预交二审案件受理费。上诉人在上诉期内未预交诉讼费用的,人民法院应当通知其在7日内预交。

申请费由申请人在提出申请时或者在人民法院指定的期限内交纳。

需要交纳案件受理费的再审案件,由申请再审的当事人预交。双方当事人都申请再审的,分别预交。

当事人逾期不交纳诉讼费用又未提出司法救助申请,或者申请司法救助未获批准,在人民法院指定期限内仍未交纳诉讼费用的,由人民法院依照有关规定处理。

2. 无需预交诉讼费用的情形:

第一,追索劳动报酬的案件。

第二,申请执行人民法院发生法律效力的判决、裁定、调解书,仲裁机构依法作出的裁决和调解书,公证机构依法赋予强制执行效力的债权文书,申请费不由申请人预交,执行申请费在执行后交纳。

第三,申请破产的案件,破产申请费清算后交纳。

第四,证人、鉴定人、翻译人员、理算人员在人民法院指定日期出庭发生的交通费、住宿费、生活费和误工补贴,待实际发生后由人民法院按照国家规定标准代为收取。

第五,依照《民事诉讼法》第57条审理的案件,即人数不确定的代表人诉讼,因起诉时原告人数不确定,使案件受理费不能确定,故不预交案件受理费,结案后按照诉讼标的额由败诉方交纳。

(二) 诉讼费用的退还

诉讼费用的退还,是指因为特定情形的发生,人民法院将已经预收的诉讼费用退还给预交该项费用的当事人。

根据《诉讼费用交纳办法》的规定,诉讼费用的退还依据以下规定进行:

1. 第一审人民法院裁定不予受理或者驳回起诉的,应当退还当事人已交纳的案件受理费;当事人对第一审人民法院不予受理、驳回起诉的裁定提起上诉,第二审人民法院维持第一审人民法院作出的裁定的,第一审人民法院应当退还当事人已交纳的案件受理费。

2. 第二审人民法院决定将案件发回重审的,应当退还上诉人已交纳的第二审案件受理费。

3. 人民法院审理民事案件过程中发现涉嫌刑事犯罪并将案件移送有关部门处理的,当事人交纳的案件受理费予以退还;移送后民事案件需要继续审理的,当事人已交纳的案件受理费不予退还。

4. 中止诉讼、中止执行的案件,已交纳的案件受理费、申请费不予退还。中止诉讼、中止执行的原因消除,恢复诉讼、执行的,不再交纳案件受理费、申请费。

5. 依照《民事诉讼法》第154条规定终结诉讼的案件,已交纳的案件受理费不予退还。

**四、诉讼费用的负担**

诉讼费用的负担,是指诉讼结束时,解决已预交和支出的诉讼费用最终应由谁负担以及如何负担。在诉讼费用的负担问题上,世界各国一般均采用败诉人负担的原则。大陆法系国家通常认为,败诉这一客观事实是判令败诉方负担诉讼费用的充分理由,败诉方应偿还胜诉方的费用和其他费用,除非法律有例外规定。[①] 英国诉讼法沿用历史上传下来的规则,规定"应按照诉讼的结局作出诉讼费用的裁定"[②],英国法对败诉方承担诉讼费用的原则只承认为数极其有限的例外。尽管我国立法也采用败诉方负担的原则,但在诉讼费用负担的理论研究方面,国外学者的研究显得更为深入和细致。近年来,国外在讨论当事人援用司法程序时,对于如何减轻当事人的诉讼费用、降低当事人的诉讼成本给予很多的关注,比较注意对于巨额诉讼费的案件中经济能力较弱的一方当事人的保障,同时也研究败诉方主观上的过失或恶意、法院适用诉讼程序适当与否、败诉方的实际状况等对诉讼费用负担的影响问题,研究在哪些必要的情形下由政府来承担诉讼费用。总之,诉讼费用的负担不仅仅是一个技术性问题,还关系到对当事人的权利保护、对诉讼程序的利用率以及对现有程序的合理改造等重大诉讼政策问题。

在我国,根据《诉讼费用交纳办法》的规定,案件诉讼费用按下列原则负担:

(一) 败诉人负担

诉讼大多是因为义务人不履行义务或实施了侵权行为而引发的,由此而产生的诉讼费用理应由败诉人负担。败诉人负担诉讼费用,是世界各国民事诉讼法普遍采用的一项原则,也是我国诉讼费用负担的基本准则。

依据《诉讼费用交纳办法》和《民诉法解释》的规定,诉讼费用由败诉方负担,但胜诉方自愿承担的除外。当事人部分胜诉、部分败诉的,人民法院应根据案件的具体情况决定当事人各自负担的诉讼费用数额。共同诉讼当事人败诉的,人民法院根据其对诉讼标的的利害关系,决定当事人各自负担的诉讼费用数额。人民法院改变原判决、裁定、调解结果的,应当在裁判文书中对原审诉讼费用的负担一并作出处理。

(二) 当事人协商负担

根据《诉讼费用交纳办法》的规定,下列情形可由当事人协商解决诉讼费用的负担:

1. 经人民法院调解达成协议的案件,诉讼费用的负担由双方当事人协商解决;协商不成的,由人民法院决定。

---

[①] 参见沈达明编著:《比较民事诉讼法初论》(下册),中信出版社1991年版,第202页。
[②] 同上书,第209页。

2. 离婚案件诉讼费用的负担由双方当事人协商解决;协商不成的,由人民法院决定。

3. 执行中当事人达成和解协议的,申请费的负担由双方当事人协商解决;协商不成的,由人民法院决定。

(三) 原告或上诉人负担

原告或者上诉人申请撤诉,人民法院裁定准许的,案件受理费由原告或者上诉人负担。

(四) 申请人负担

1. 债务人对督促程序提出异议致使督促程序终结的,申请费由申请人负担;申请人另行起诉的,可以将申请费列入诉讼请求。

2. 公示催告的申请费由申请人负担。

3. 申请保全措施的申请费由申请人负担,申请人提起诉讼的,可以将该申请费列入诉讼请求。

4. 海事案件中的有关诉讼费用依照下列规定负担:

第一,诉前申请海事请求保全、海事强制令的,申请费由申请人负担;申请人就有关海事请求提起诉讼的,可将上述费用列入诉讼请求;

第二,诉前申请海事证据保全的,申请费由申请人负担;

第三,诉讼中拍卖、变卖被扣押船舶、船载货物、船用燃油、船用物料发生的合理费用,由申请人预付,从拍卖、变卖价款中先行扣除,退还申请人;

第四,申请设立海事赔偿责任限制基金、申请债权登记与受偿、申请船舶优先权催告案件的申请费,由申请人负担;

第五,设立海事赔偿责任限制基金、船舶优先权催告程序中的公告费用由申请人负担。

5. 依照特别程序审理案件的公告费,由起诉人或者申请人负担。

(五) 被申请人负担

1. 债务人对督促程序未提出异议的,申请费由债务人负担。

2. 申请执行人民法院发生法律效力的判决、裁定、调解书,仲裁机构依法作出的裁决和调解书,公证机构依法赋予强制执行效力的债权文书,申请承认和执行外国法院判决、裁定和国外仲裁机构裁决,申请执行的费用由被申请人负担。

(六) 再审案件的诉讼费用负担

应当交纳案件受理费的再审案件,诉讼费用由申请再审的当事人负担;双方当事人都申请再审的,诉讼费用依照《诉讼费用交纳办法》第 29 条的规定负担。原审诉讼费用的负担由人民法院根据诉讼费用负担原则重新确定。

(七) 当事人自行负担

当事人因自身原因未能在举证期限内举证,在二审或者再审期间提出新的证据致使诉讼费用增加的,增加的诉讼费用由该当事人负担。

## 五、诉讼费用的异议与复核

当事人不得单独对人民法院关于诉讼费用的决定提起上诉。当事人单独对人民法院关于诉讼费用的决定有异议的,可以向作出决定的人民法院院长申请复核。复核决定应当自收到当事人申请之日起 15 日内作出。当事人对人民法院决定诉讼费用的计算有异议的,可以向作出决定的人民法院请求复核。计算确有错误的,作出决定的人民法院应当予以更正。

## 六、司法救助

### (一) 司法救助的概念和意义

司法救助,是指依照法律规定应当交纳诉讼费用的当事人因经济上确有困难,无力负担或者暂时无力支付诉讼费用时,经当事人申请,由人民法院决定免交、减交、缓交诉讼费用的制度。

对于确因经济困难,无力缴纳诉讼费用的当事人,世界各国都采取了不同的形式和手段加以救济。例如,日本民事诉讼法规定,对于无力支付诉讼费用并且有胜诉可能的案件,当事人可向法院申请,寻求诉讼救助。"因为缺乏支付能力便因此被禁止踏上诉讼之路,这是绝对不允许的。"[1] 英国的《诉讼费用援助法》则规定了全国性提供诉讼费用的援助制度,申请援助的当事人只要具备了法定的条件,即可申请救助,救助费用由政府出资成立的诉讼费用援助基金提供。[2] 诉讼救助或援助的目的,都是为了帮助当事人克服经济上的困难而平等地利用诉讼程序。

在我国,最高人民法院在 1984 年的《民事诉讼收费办法(试行)》第 12 条即已规定了"自然人交纳诉讼费用确有困难,申请缓交、减交或免交的,由人民法院审查决定";1989 年的《人民法院诉讼收费办法》也规定"当事人交纳诉讼费用确有困难的,可向人民法院申请缓交、减交或者免交。是否缓、减、免,由人民法院审查决定";1991 年的《民事诉讼法》第 107 条第 2 款同样规定了"当事人交纳诉讼费用确有困难的,可以按照规定向人民法院申请缓交、减交或者免交",但是直到 1999 年 7 月 28 日,随着《〈人民法院诉讼收费办法〉补充规定》的施行,才有了"司法救助"概念的首次使用和救助程序的初步设置。2000 年 7 月 27 日,最高人民法院公布并施行了《关于对经济确有困难的当事人予以司法救助的规定》;2005 年 4 月 5 日,最高人民法院又公布并施行了经过修订的《关于对经济确有困难的当事人提供司法救助的规定》;2006 年 12 月 8 日,国务院审议通过的《诉讼费用交纳办法》第六章对司法救助作出了专门规定,这也标志着我国的司法救助制度进入了一个新的阶段。2014 年以来,最高人民法院和最高人民检察院先后颁布了一系列有关司法救助的工作意见,以配合支持国家脱贫攻坚的工作。

实行司法救助,可以借此确保当事人不至于因经济上的困难而失去利用诉讼机

---

[1] 〔日〕中村英郎:《新民事诉讼法讲义》,陈刚等译,法律出版社 2001 年版,第 257 页。
[2] 参见沈达明编著:《比较民事诉讼法初论》(下册),中信出版社 1991 年版,第 209 页。

制、行使诉讼权利、维护自身合法权益的机会,有利于为那些经济上确有困难的当事人及时行使自己的诉讼权利提供保障,避免了因交纳不起诉讼费用而无力涉诉的情况。司法救助制度的建立,充分体现了人民司法工作维护最广大人民根本利益的本质要求,既有利于民事、行政纠纷案件的及时解决,提高工作效率;又保障了程序公正,为维护实体公正创造了条件。

(二)司法救助的种类

1. 免交诉讼费用

根据《诉讼费用交纳办法》第45条的规定,诉讼费用的免交只适用于自然人。当事人申请司法救助,符合下列情形之一的,人民法院应当准予免交诉讼费用:(1)残疾人无固定生活来源的;(2)追索赡养费、扶养费、抚育费、抚恤金的;(3)最低生活保障对象、农村特困定期救济对象、农村五保供养对象或者领取失业保险金人员,无其他收入的;(4)因见义勇为或者为保护社会公共利益致使自身合法权益受到损害,本人或者其近亲属请求赔偿或者补偿的;(5)确实需要免交的其他情形。

2. 减交诉讼费用

根据《诉讼费用交纳办法》第46条的规定,当事人申请司法救助,符合下列情形之一的,人民法院应当准予减交诉讼费用:(1)因自然灾害等不可抗力造成生活困难,正在接受社会救济,或者家庭生产经营难以为继的;(2)属于国家规定的优抚、安置对象的;(3)社会福利机构和救助管理站;(4)确实需要减交的其他情形。

人民法院准予减交诉讼费用的,减交比例不得低于30%。

3. 缓交诉讼费用

根据《诉讼费用交纳办法》第47条的规定,当事人申请司法救助,符合下列情形之一的,人民法院应当准予缓交诉讼费用:(1)追索社会保险金、经济补偿金的;(2)海上事故、交通事故、医疗事故、工伤事故、产品质量事故或者其他人身伤害事故的受害人请求赔偿的;(3)正在接受有关部门法律援助的;(4)确实需要缓交的其他情形。

(三)司法救助的程序

根据《诉讼费用交纳办法》第48条的规定,司法救助程序应符合以下步骤:

1. 提出申请。当事人申请司法救助,应当在起诉或者上诉时提交书面申请,并向人民法院提交足以证明其确有经济困难的证明材料以及其他相关证明材料。因生活困难或者追索基本生活费用申请免交、减交诉讼费用的,还应当提供本人及其家庭经济状况符合当地民政、劳动保障等部门规定的公民经济困难标准的证明。

2. 审查并作出决定。人民法院应当依法审查当事人的申请是否符合法律规定的司法救助的条件,并依法作出是否准予申请人司法救助的决定。

人民法院对一方当事人提供司法救助,对方当事人败诉的,诉讼费用由对方当事人负担;对方当事人胜诉的,可以视申请司法救助的当事人的经济状况决定其减交、免交诉讼费用。

人民法院准予当事人减交、免交诉讼费用的,应当在法律文书中载明。人民法院对当事人的司法救助申请不予批准的,应当向当事人书面说明理由。

# 第三编 诉讼主体——当事人

## 第十章 当事人

**【本章提要】**

当事人是最重要的诉讼主体。当事人概念经历了从实体当事人到程序当事人的演变,从而形成了与正当当事人之间的理论边界。在民事诉讼中,确定案件的当事人意义重大,因为一系列的程序问题与当事人的确定密切关联。围绕当事人的确定,须明确当事人能力、程序当事人、当事人适格以及诉讼能力等概念的联系与区别,其中,当事人适格是当事人理论的核心。适格当事人通常为发生争议的民事法律关系的主体,只有在特殊情况下,非民事法律关系主体才能成为适格当事人。此外,诉讼进行中当事人还存在变更的可能。

## 第一节 当事人概述

### 一、当事人的概念

民事诉讼中的当事人,是指因民事权利义务发生争议,以自己的名义进行诉讼,请求法院行使民事裁判权的人及其相对方。

(一) 当事人的特征

1. 须以自己的名义进行诉讼活动,是诉讼权利义务的承担者。这是确定当事人的一个基本标准,当事人必须以自己的名义起诉、应诉,进行诉讼活动。这一标准使之与诉讼代理人相区别,因为诉讼代理人是以被代理的当事人名义进行诉讼活动。

2. 须是向法院请求行使民事裁判权以解决民事纠纷,保护其民事权益的人及其相对方。此特征将当事人与证人等区别开来,因为后者虽然也以自己的名义参加诉讼,但并不能请求法院行使裁判权。

3. 能够引起民事诉讼程序的发生、变更或消灭。这一特征表明了当事人在民事诉讼中的诉讼主体地位。只有当事人才能够引起民事诉讼程序的发生、变更或消灭,当事人以外的人不能引起诉讼程序的上述变动。

(二) 当事人的称谓

当事人有狭义与广义之分。狭义上的当事人专指原告和被告。广义上的当事人,除原告和被告以外,还包括共同诉讼人、第三人。在民事诉讼中,原告与被告的两当事人对立关系构成诉讼的基本构造,如果在诉讼进行中,原被告有一方欠缺,或对立关系不复存在,如当事人一方因继承或法人的合并而并入另一方时,诉讼就没有必要继续进行,并因此而终结诉讼。

在第一审程序中请求法院裁判者被称为原告,其相对方被称为被告;在第二审程序中分别被称为上诉人和被上诉人;在审判监督程序中,适用第一审程序再审的,被称为原审原告和原审被告,适用第二审程序再审的,被称为原审上诉人和原审被上诉人;另外在执行程序中,被称为申请执行人和被执行人。当事人的不同称谓,表明其所处的诉讼阶段不同,由此所具有的诉讼权利义务也存在些许差别。

**二、当事人概念的演变**

当事人是民事诉讼中最重要的诉讼主体。民事诉讼理论对当事人概念的界定经历了从实体当事人到程序当事人的演变历程。

(一) 实体当事人概念

传统观点认为,民事诉讼中的当事人,是指因民事权利义务关系发生纠纷,以自己的名义进行诉讼,并受法院裁判约束的直接利害关系人。这种直接利害关系人实质上是指发生纠纷的民事法律关系的主体,即实体当事人。这样的界定,排除了非直接利害关系人起诉的可能性,缩小了司法救济的范围。

(二) 权利保护当事人概念

权利保护当事人,是指因民事权利义务发生纠纷,以自己的名义进行诉讼,旨在保护民事权益,并能引起民事诉讼程序发生、变更或消灭的人。

权利保护当事人与实体当事人概念的最大区别在于,它不仅包括那些为保护自己的民事权益而进行诉讼的人或组织,也包括为保护他人的民事权益而进行诉讼的人或组织。后者主要是指依法对争议的民事权利具有管理权和处分权的人,如失踪人的财产代管人等。他们并非案件的直接利害关系人,却可以自己的名义起诉、应诉而成为当事人。权利保护当事人概念拓展了我国民事诉讼当事人的范围,有助于公民、法人和其他组织积极利用诉讼程序获得司法救济。但是权利保护当事人概念仍未能摆脱实体法的束缚。

(三) 程序当事人概念

前两种当事人,都是把当事人作为适格当事人予以界定的,这种完全从实体法角度界定当事人的方法存在一定的问题。因为在诉讼之初,起诉或被诉的人是不是民事权利义务的主体并不明确,只能在诉讼进行过程中逐步查明,有的甚至直到最后判决时才能判定。在作出判定之前,只有承认这些起诉、应诉者的当事人身份,诉讼才能继续进行。这就决定了当事人的概念应当从程序法的角度进行界定。按照这一标准,凡是以自己名义起诉、应诉的人,就是当事人,其与实体权利义务状态无关。对于起诉者而言,只要向法院提出了权利主张,请求法院通过判决加以确认,便成为原告,即使其并不是发生争议的民事法律关系的主体。对于被诉者而言,只要是被提起诉讼的一方,就是被告,即使并非义务人,也不妨碍其当事人的地位。当然,在起诉时,如果通过程序审查,法院明确起诉与被诉的人不是适格当事人,可以裁定不予受理,但他仍是当事人,享有程序上的诉讼权利与诉讼义务,如有权对不予受理的裁定提起上诉等。程序当事人的概念表明,当事人完全是一个诉讼法上的概念,当事人的确定应以起诉状所记载的为准,而不应当用实体法的标准来确定。

在我国,以往实体当事人的概念一直占据统治地位。如今,程序当事人概念已深入人心,并成为民事诉讼法学界的主流观点。把当事人界定为程序当事人具有重要意义:首先,有利于纠纷的普遍解决。程序当事人的概念表明,凡是民事主体都享有诉权保障,都可以成为民事诉讼当事人,一旦发生纠纷,都能通过诉讼加以解决。其次,有利于扩大民事权利救济的可能性。把当事人界定为程序当事人,就赋予了民事主体通过司法主张权利的手段。再次,有利于通过司法救济形成新的实体权利。依据传统观点,如果不属于民事实体法所规定的民事权利义务争议,法院可能以请求权无法律根据为由不予立案,这样做的结果导致司法的功能仅在于适用法律,而不能创制法律,而程序当事人的概念允许当事人以诉讼方式主张民事权益,从而为通过判决形成新型权利提供了契机。[①]

### 三、当事人的确定

在民事诉讼中,确定案件的当事人具有重要的意义。因为一系列的程序问题,如一般地域管辖的确定、审判人员等的回避、是否重复诉讼以及判决的效力等问题均与当事人的确定关系密切。同时,确定当事人也是使诉讼能够有效进行的根本保证。因此,法院在诉讼初始,即一方起诉时就应当确定当事人。

关于确定当事人的标准,学界的观点并不一致,主要存在以下几种学说:

1. 意思说。该说主张以原告本意实际想起诉的人为当事人。如原告本意是想起诉甲,却误认乙为甲,在诉状中将乙列为被告,诉讼开始后发现有误。依据该说,本案的被告应为甲,允许原告在诉讼中对被告进行更正,这种更正不构成诉的变更。

2. 表示说。该说认为应以起诉状所记载的当事人为准。根据表示说,前述案例中被告应确定为乙,如果原告要将被告变更为甲,即构成诉的变更。

3. 行动说。该说强调应当以实际实施诉讼行为作为确定当事人的标准,即在诉讼中以当事人名义实际实施了诉讼行为的人才是当事人。例如甲冒用乙的名义进行诉讼,实际实施诉讼的人是甲,按照行动说,当事人应为甲而不是乙。

4. 实体关系说。该说主张在某些特殊情况下应以构成诉讼标的的实体法律关系为标准确定当事人,即当事人应为实体法律关系的主体。由于表示说标准明确,易于判断,在德国、日本及我国台湾地区等,表示说为通说。

---

[①] 应当指出的是,现行民事诉讼法的起诉要件之一"原告是与本案有直接利害关系的公民、法人和其他组织",对原告的要求仍然延续了以往的实体当事人概念。当下在法院系统已全面实施立案登记制的背景下,前述规定应予以修正,在起诉与受理阶段对当事人的要求应从实体当事人转变为程序当事人,即原告与被告的确定以起诉状记载的为准。

通常情况下，在诉讼初始阶段，当事人的确定应以起诉状的记载为准，如根据起诉状所记载的事项难以确定当事人的，法院应当要求原告补正。进入诉讼后，法院如果发现起诉状记载的被告仍不明确时，就不能仅凭起诉状来确定，而应当行使释明权，依据原告的意思或者考虑作为诉讼标的的实体法律关系来确定适格的被告。原告不同意变更被告而坚持起诉的，法院应当裁定不予受理。另外，法院也可以根据案件的实际情况对起诉状中的被告作出变更。总之，在诉讼过程中当事人确定属于法院的诉讼指挥权问题，实务上一般都可以通过对当事人的释明作出具体妥当的处理。①

那么，判决生效后，如果发现起诉状上所记载的当事人与实际当事人不一致时应如何处理呢？这方面的典型案例如冒用他人姓名进行诉讼，或是以死者为被告的诉讼等。对此，法院应根据案件的具体情况采取不同的方法加以解决，而不应该拘泥于一种学说。例如，甲冒用乙的名义起诉丙，结果招致败诉的判决，而后真正的当事人乙针对同一案件提起诉讼。在这里，依据不同的学说确定当事人，就会得出截然不同的处理结果。如果依据表示说，乙应为本案的当事人，显然，乙不能针对同一案件再行起诉，只能申请再审。而按照行动说，前诉的当事人为甲，乙并未取得当事人的地位，判决对乙不发生效力，乙可以另行起诉。我们认为后一种处理较为合理。当然，这也并不意味着所有冒用他人姓名进行诉讼并遭到败诉判决后，都可以采用行动说来确定当事人。例如甲起诉乙时，丙冒用乙的名义应诉，后被告败诉，原告甲申请强制执行。此时乙存在着被强制执行的危险，为了保护乙的合法权益，法院应当允许乙以当事人身份申请再审。在这里，允许乙以原来诉讼当事人的身份申请再审，显然是以意思说作为确定当事人的标准。至于以死者为被告的诉讼，法院也应根据具体情况来确定当事人。例如，甲诉乙偿还借款，乙在起诉状送达前死亡。死者的妻子，同时也是死者的继承人丙签收了起诉状。但丙既未向法院告知乙已经死亡的事实，也没有出庭应诉，于是，法院缺席判决乙败诉。在本案中，由于死者的继承人丙实施了诉讼行为，按照行动说，丙应为当事人，法院的判决对丙发生效力。在同样以死者为被告的案件中，假如法院通过公告方式送达起诉状和判决书，继承人全然不知死者被诉的情况，此时死者的继承人就不是本案的当事人，判决的效力当然也不及于继承人。

## 第二节 诉讼权利能力与诉讼行为能力

### 一、诉讼权利能力

#### （一）诉讼权利能力的概念

诉讼权利能力，又称当事人能力，是指能够作为民事诉讼当事人的法律上的资

---

① 〔日〕中村英郎：《新民事诉讼法讲义》，陈刚等译，法律出版社2001年版，第59页。

格。它是一种抽象的资格,有当事人能力者,才能在发生争议后作为民事诉讼当事人,以自己的名义起诉、应诉,接受法院的裁判。反之,没有当事人能力,就不具有作为民事诉讼当事人的资格,无法以自己的名义进入到诉讼中来。当事人能力不以特定的案件为前提,具有当事人能力的人,并不必然地就成为特定案件中的当事人。要成为特定案件中的当事人,还必须具备当事人适格的基础,并通过起诉和应诉来实现。

诉讼权利能力是与民法上的民事权利能力相对应的概念,与民事权利能力有密切的联系。通常情况下,诉讼权利能力与民事权利能力具有一致性,即有民事权利能力者就有诉讼权利能力。但是,特殊情况下两者也可能出现不一致,没有民事权利能力者也可以具有诉讼权利能力。

诉讼权利能力是诉讼法上的概念,可以单独在诉讼法中加以规定。在诉讼法没有特别规定的情况下,可以遵从民事实体法,将具有民事权利能力者作为确定诉讼权利能力的基准。根据《民事诉讼法》第51条的规定,在我国,公民、法人和其他组织具有诉讼权利能力,可以作为民事诉讼中的当事人。

(二) 自然人的诉讼权利能力

自然人是最常见的民事主体,自然人在民事权益受到侵犯或与他人发生争议时,可作为民事诉讼当事人起诉或应诉。通常情况下,自然人的诉讼权利能力与民事权利能力是一致的,即始于出生,终于死亡。这里需要讨论的是胎儿及死者是否具有诉讼权利能力。

1. 胎儿

胎儿是否具有诉讼权利能力,从而可以作为民事诉讼中的当事人,取决于民事实体法的规定,即民事实体法如果赋予胎儿民事权利能力,则胎儿就具有诉讼权利能力,能够作为民事诉讼中的当事人。我国《民法典》第16条规定:"涉及遗产继承、接受赠与等胎儿利益保护的,胎儿视为具有民事权利能力。但是胎儿娩出时为死体的,其民事权利能力自始不存在。"据此,在涉及遗产继承、接受赠与等胎儿利益保护的民事案件中,受保护的胎儿具有诉讼权利能力,可以作为民事诉讼的当事人。

2. 死者

自然人死亡后,尽管某些具有人身性质的民事权利依法仍有保护的必要,如根据我国《著作权法》第22条的规定,作者的署名权、修改权、保护作品完整权的保护期不受限制;另外,死者的名誉等亦受法律保护。但自然人死亡后,其民事权利能力归于消灭,不再具有民事主体资格。由于死者不具有民事权利能力,因而也就不具有诉讼权利能力,不能作为民事诉讼中的当事人。依据相关法律法规的规定,死亡作者的继承人或受遗赠人、名誉等受到侵害的死者的近亲属可以原告身份提起诉讼。[①]

---

[①] 《民诉法解释》第69条规定:"对侵害死者遗体、遗骨以及姓名、肖像、名誉、荣誉、隐私等行为提起诉讼的,死者的近亲属为当事人。"另《著作权法实施条例》第15条第1款规定:"作者死亡后,其著作权中的署名权、修改权、保护作品完整权由作者的继承人或者受遗赠人保护。"

### (三) 法人的诉讼权利能力

法人是具有民事权利能力和民事行为能力,依法独立享有民事权利和承担民事义务的组织。根据《民法典》的规定,我国的法人分为营利法人、非营利法人及特别法人。法人具有诉讼权利能力,可以作为民事诉讼当事人。法人的诉讼权利能力与民事权利能力一样,自法人成立时产生,到法人终止时消灭。

关于法人的诉讼权利能力,应当注意的是,我国民事立法对法人的民事权利能力设定了若干限制。在法人民事权利能力受到限制的情况下,法人的当事人能力应否受到限制,我国民事诉讼理论界存在不同的观点。我们认为,当事人能力既然是作为民事诉讼当事人的资格,它应当只存在"有无"的问题,而无受到限制的问题。例如,法人因超越经营范围而发生纠纷进行诉讼时,无疑法人的当事人能力仍然存在。如果不承认其当事人能力,势必使判决中的义务无承担主体,如此就为法人逃避履行判决的义务提供了可能,不利于保护交易相对人的权益。因此,法人的当事人能力不应受到任何限制。

### (四) 其他组织

其他组织是民事诉讼中的第三类当事人。其他组织,是指合法成立,有一定的组织机构和财产,但又不具备法人资格的组织。

其他组织在民事活动中与他人发生纠纷,有权作为民事诉讼当事人,以自己的名义起诉、应诉。当然,与法人相比,其他组织的财产不足以清偿债务的,其出资人或者设立人承担无限责任,但这并不影响其他组织的当事人资格。

关于民事诉讼法中的其他组织与民法典中的非法人组织是何关系,学界存在不同认识。有人认为二者范围一致,据此建议将民事诉讼法中的其他组织修改为非法人组织,以保持与民事实体法的协调一致。但多数观点认为其他组织的范围大于非法人组织。从便利民事纠纷的解决这一目的出发,有必要保留其他组织的称谓,而无需与民法典保持一致。此外需要强调的是,绝大部分其他组织具有民事权利能力,但也有部分其他组织并不具有民事权利能力。无论是否具有民事权利能力,符合民事诉讼法规定的其他组织均具有诉讼权利能力,这也体现了民事权利能力与诉讼权利能力的分离。

根据《民诉法解释》第52条的规定,其他组织包括:(1) 依法登记领取营业执照的个人独资企业;(2) 依法登记领取营业执照的合伙企业;(3) 依法登记领取我国营业执照的中外合作经营企业、外资企业;(4) 依法成立的社会团体的分支机构、代表机构;(5) 依法设立并领取营业执照的法人的分支机构;(6) 依法设立并领取营业执照的商业银行、政策性银行和非银行金融机构的分支机构;(7) 经依法登记领取营业执照的乡镇企业、街道企业;(8) 其他符合本条规定条件的组织。由此可见,其他组织的范围呈现开放性特征,某些机构能否被认定为其他组织,进而具有诉讼权利能力,在发生纠纷后,能够作为民事诉讼当事人,取决于法律及司法解释的规定。①

不符合以上条件的组织,没有诉讼权利能力,即不得以"其他组织"的名义作为诉讼当事人,在具体诉讼中,应根据案件情况确定当事人。比如不具备其他组织条件的个人合伙,全体合伙人为共同诉讼人;法人非依法设立的分支机构,以设立该分支机构的法人为当事人等。

其他组织的诉讼权利能力,从其他组织成立时产生,到其他组织终止时消灭。

在民事诉讼中,有无诉讼权利能力系法院依职权调查的事项,法院在诉讼中应主动审查起诉者与被诉者有无诉讼权利能力,而无需等待相对方提出异议。

### 二、诉讼行为能力

诉讼行为能力,又称诉讼能力,是指当事人能够亲自实施诉讼行为,并通过自己的行为行使诉讼权利和承担诉讼义务的法律上的资格。

与诉讼权利能力系能够作为民事诉讼当事人的资格不同,诉讼行为能力是当事人亲自实施诉讼行为的资格。有诉讼权利能力者虽然具有作为民事诉讼中当事人的资格,但如果没有诉讼行为能力,就不能亲自实施诉讼行为,而必须由其法定代理人代为实施。

自然人的诉讼行为能力与民事行为能力密切相关,但两者的分类不尽相同。自然人的诉讼行为能力采用两分法,即有诉讼行为能力与无诉讼行为能力;而民事行为能力则采用三分法,即完全民事行为能力、限制民事行为能力以及无民事行为能力。在民事诉讼中,具有完全民事行为能力的自然人才具有诉讼行为能力,而限制民事行为能力和无民事行为能力的自然人则没有诉讼行为能力。

具有诉讼行为能力是诉讼行为有效的要件,因此,没有诉讼行为能力的人所为的诉讼行为和针对无诉讼行为能力的人所为的诉讼行为当属无效诉讼行为,不具有法律效力。不过,在诉讼中,如果发现当事人欠缺诉讼行为能力,其所为的诉讼行为经法定代理人在规定的期限内追认,可以视为诉讼行为能力的欠缺得到补正,该诉讼行为自始有效。此外,如果无诉讼行为能力的人在诉讼进行到一定阶段后取得或恢复诉讼行为能力,先前所为的诉讼行为经本人追认后有效。需要强调的是,当事人诉讼行为能力的有无,属于法院依职权调查事项,即使双方当事人对此并无争执,法院也应依职权主动调查当事人有无诉讼行为能力。

【特别提示】

为维持诉讼程序的安定性,根据法律的规定,不仅在诉讼中所为的诉讼行为,当事人应具有诉讼行为能力,而且在诉讼前所为的与诉讼有关的行为,例如合意管辖、授予诉讼代理权等,当事人也应具有诉讼行为能力,否则不能发生诉讼法上的效果。

---

① 如2003年8月20日最高人民法院针对安徽省高级人民法院的请示作出的《关于金湖新村业主委员会是否具备民事诉讼主体资格请示一案的复函》中,认为业主委员会符合"其他组织"条件,可以自己名义提起诉讼。

法人和其他组织的诉讼行为能力与其诉讼权利能力同时产生,同时消灭,即自成立时开始,于终止时消灭。与有诉讼行为能力的自然人亲自实施诉讼不同,法人由其法定代表人进行诉讼;其他组织由其主要负责人进行诉讼。

根据《民诉法解释》第50条的规定,法人的法定代表人以依法登记的为准,但法律另有规定的除外。依法不需要办理登记的法人,以其正职负责人为法定代表人;没有正职负责人的,以其主持工作的副职负责人为法定代表人。法定代表人已经变更,但未完成登记,变更后的法定代表人要求代表法人参加诉讼的,人民法院可以准许。第51条又规定,在诉讼中,法人的法定代表人变更的,由新的法定代表人继续进行诉讼,并应向人民法院提交新的法定代表人身份证明书。原法定代表人进行的诉讼行为有效。该规定也适用于其他组织参加的诉讼。

## 第三节 当事人的诉讼权利义务

为了使当事人的实体权益和程序权益得到程序法的充分保障,我国《民事诉讼法》赋予当事人广泛的诉讼权利。同时,为了确保诉讼活动有序进行,我国《民事诉讼法》也为当事人设定了一定的诉讼义务。当事人应当依法行使诉讼权利,履行诉讼义务,人民法院应当保障当事人充分行使诉讼权利,督促当事人履行诉讼义务。

**一、当事人的诉讼权利**

根据《民事诉讼法》第52条第1款、第2款和第53条、第54条及相关条文的规定,当事人的诉讼权利主要包括:

1. 起诉和反诉的权利。当发生民事纠纷后,民事主体有权向人民法院提起诉讼,请求人民法院作出裁判以解决纠纷。一方起诉后,另一方享有反诉的权利。起诉后,原告有变更或者放弃诉讼请求、撤回诉讼的权利,被告有承认原告诉讼请求的权利。

2. 委托诉讼代理人的权利。为了最大限度地保护自己的合法权益,当事人有权委托他人作为诉讼代理人代为进行诉讼活动。

3. 申请回避和依法提出程序异议的权利。为了确保案件的公正审理,当事人有权要求具有法定回避情形的审判人员等退出对案件的审理。

4. 陈述事实和进行辩论的权利。当事人在诉讼中享有辩论权,有权提出自己的主张,反驳对方的主张,并通过质证证明自己的主张成立。

5. 收集和提供证据的权利。当事人有权向有关单位和个人收集证据,并在诉讼中向人民法院提供证据证明自己的主张。对因客观原因不能自行收集的证据,当事人有权要求人民法院调查收集。对可能灭失或今后难以取得的证据,当事人还可以申请人民法院采取证据保全措施。

6. 选择自行和解或申请法院调解的权利。在审判程序中,当事人双方有权通过自行协商,达成和解协议而终结诉讼。在执行程序中,双方当事人也有权达成执行和解协议进而结束执行程序。诉讼中,当事人可以请求法院进行调解,也可以拒绝对方当事人或人民法院提出的调解要求。

7. 提起上诉或申请再审的权利。对依法可以上诉的第一审裁判,当事人有权提起上诉。当事人认为人民法院作出的生效裁判确有错误,符合再审条件的,有权向作出生效裁判的法院或其上一级法院申请再审。

8. 申请保全或先予执行的权利。对符合保全或先予执行条件的案件,当事人有权请求人民法院采取保全或先予执行措施。

9. 申请执行的权利。一方当事人拒不履行生效法律文书所确定的义务的,另一方当事人有权申请人民法院强制执行。

10. 查阅、复制本案有关材料的权利。当事人有权查阅本案的有关材料,有权复制本案有关材料和法律文书。

**二、当事人的诉讼义务**

根据《民事诉讼法》第52条第3款的规定,当事人在民事诉讼中承担的诉讼义务主要有:

1. 依法行使诉讼权利。当事人应当依照民事诉讼法的规定行使诉讼权利,包括诚信诉讼、真实陈述、程序合作的义务,不得滥用诉讼权利,损害他人的合法权益。

2. 遵守诉讼秩序。当事人进行民事诉讼,必须遵守诉讼秩序,听从法院的指挥,以确保诉讼依法有序进行。

3. 履行生效的法律文书。对于生效的法院判决书、裁定书和调解书所确定的义务,当事人应当履行。负有义务的当事人拒不履行的,经对方当事人申请,人民法院可依法强制执行。

总之,法律既要保障当事人享有充分的诉讼权利,使其不受非法的干涉和限制;又要强调双方当事人必须履行应尽的诉讼义务。诉讼实践证明,只有正确行使诉讼权利,依法履行诉讼义务,才能使诉讼活动得以顺利进行,及时解决民事纠纷。

## 第四节 当事人适格

**一、当事人适格的概念**

当事人适格,是指对于特定的诉讼,能够以自己的名义为原告或被告,并接受本案判决的资格。适格的当事人,又称正当当事人。

当事人适格与当事人能力不同。当事人能力,也即诉讼权利能力,是作为抽象的诉讼当事人的资格,与是否发生具体、特定的民事诉讼无关。当事人适格则是作为特定诉讼的当事人的资格,是针对特定的诉讼而言的,它所要解决的是有当事人能力者在特定的诉讼中能否作为本案的当事人。因此,当事人适格与否,只能在特定的诉讼中加以判定。通常来说,欲成为特定诉讼中的适格当事人,就必须与争议的诉讼标的有直接的联系,也即争议的民事法律关系的主体。例如在甲与乙的借款纠纷中,丙向法院起诉要求甲返还乙的借款。由于丙并非发生争议的借款关系的主体,以丙作为原告则无法解决甲乙之间发生的借款争议,丙就不是本案的适格当事人。

**【特别提示】**

当事人适格与程序当事人也不同。凡是起诉和应诉的人,即为程序当事人。通常程序当事人的确定以争议一方向法院提交的起诉状为准。而适格当事人是与本案的诉讼标的有直接联系的人。程序当事人通常是正当当事人,但有时也可能是非正当当事人。

在特定的诉讼中,能够以自己的名义作为当事人,而实施诉讼的权能,被称为诉讼实施权。就特定的诉讼,有诉讼实施权的当事人,为适格当事人,具有以自己的名义就发生争议的民事法律关系成为诉讼中的原告或被告,并接受本案判决的资格。

作为纠纷解决的重要方式,民事诉讼一方面要尊重纠纷主体选择诉讼解决纠纷的权利;另一方面,也要尽量避免当事人滥用诉权,使对方无端陷入诉讼,确保通过司法能够真正解决民事权利义务争议。为此,一方面要确立程序当事人的概念,允许纠纷主体通过司法获得救济;另一方面,还要确立当事人适格的概念,以排除不适格的当事人,解决当事人起诉的事实与实体法事实完全分离导致无意义诉讼的问题。当事人适格主要侧重于当事人与争议的实体法律关系有实际关联,这是使诉讼具有实质意义的前提。通过它对程序当事人中的一些非正当当事人予以识别和排除,可以促使司法资源得到充分而合理的利用,并真正解决民事法律关系主体之间的纠纷。

**二、当事人适格的判断标准**

为了使诉讼在适格的当事人之间进行,从而使法院的裁判具有实际意义,需要有一定的标准来判断起诉状上记载的起诉方和被诉方是否为本案的适格当事人。判断当事人适格的标准,主要有以下几点:

(一)以当事人是否为所争议的民事法律关系主体作为判断当事人适格与否的标准

民事诉讼的重要功能在于通过法院的裁判,解决当事人之间的民事纠纷。当事人也正因为民事权利义务发生争议,才有必要通过民事诉讼的方式寻求解决。因此,通常情况下,应当以当事人是否为发生争议的民事法律关系(本案诉讼标的)的主体,作为判断当事人适格与否的标准。依据这一标准,只要是争议的民事法律关系的主体,以该民事法律关系作为诉讼标的进行诉讼,一般就是适格当事人,也就是通常说的直接利害关系人。这是判断当事人适格的通常标准。

在民事诉讼中,法院针对正当当事人的判决才能够真正解决纠纷。通常情况下,法院依据实体法的规定较容易确定争议的民事法律关系主体。但有些案件确定争议的实体法律关系主体存在困难,为此,《民诉法解释》对特殊情形中的当事人适格作出如下规定:

1. 法人非依法设立的分支机构,或者虽依法设立,但没有领取营业执照的分支机构,以设立该分支机构的法人为当事人(《民诉法解释》第 53 条)。

2. 法人或者其他组织的工作人员执行工作任务造成他人损害的,该法人或者其他组织为当事人(《民诉法解释》第 56 条)。

3. 提供劳务一方因劳务造成他人损害,受害人提起诉讼的,以接受劳务一方为被告(《民诉法解释》第 57 条)。

4. 在劳务派遣期间,被派遣的工作人员因执行工作任务造成他人损害的,以接受劳务派遣的用工单位为当事人(《民诉法解释》第 58 条)。

5. 在诉讼中,个体工商户以营业执照上登记的经营者为当事人。有字号的,以营业执照上登记的字号为当事人,但应同时注明该字号经营者的基本信息(《民诉法解释》第 59 条第 1 款)。

6. 当事人之间的纠纷经人民调解委员会调解达成协议后,一方当事人不履行调解协议,另一方当事人向人民法院提起诉讼的,应以对方当事人为被告(《民诉法解释》第 61 条)。

7. 以行为人为当事人的情形:(1)法人或者其他组织应登记而未登记,行为人即以该法人或者其他组织名义进行民事活动的;(2)行为人没有代理权、超越代理权或者代理权终止后以被代理人名义进行民事活动的,但相对人有理由相信行为人有代理权的除外;(3)法人或者其他组织依法终止后,行为人仍以其名义进行民事活动的(《民诉法解释》第 62 条)。

8. 企业法人合并的,因合并前的民事活动发生的纠纷,以合并后的企业为当事人(《民诉法解释》第 63 条)。

9. 企业法人解散的,依法清算并注销前,以该企业法人为当事人;未依法清算即被注销的,以该企业法人的股东、发起人或者出资人为当事人(《民诉法解释》第 64 条)。

10. 居民委员会、村民委员会或者村民小组与他人发生民事纠纷的,居民委员会、村民委员会或者有独立财产的村民小组为当事人(《民诉法解释》第 68 条)。

(二) 非民事法律关系主体作为适格当事人的判断标准

在民事诉讼中,通常情况下,应以是否为民事法律关系的主体作为判断当事人适格与否的标准。但是,这并不意味着非民事法律关系主体就不能作为适格当事人。在以下几种情况下,非民事法律关系主体也可以作为适格当事人。

1. 在确认之诉中,对诉讼标的有确认利益的人

确认之诉的目的在于通过法院的裁判确认某种法律关系存在与否。在积极的确认之诉中,通常情况下,适格当事人为发生争议的民事法律关系主体。而在消极的确认之诉中,即确认法律关系不存在时,有时不仅是发生争议的民事法律关系主体有通过诉讼解决争议,从而保护自己权益的必要,很多情况下,对于争议的民事法律关系,该民事法律关系主体以外的人也可能与之有直接的关联。这种关联体现在,通过确认民事法律关系不存在,能够直接保护民事法律关系主体以外的人的权益,此时,可以认为该民事法律关系主体以外的人在确认之诉中具有确认利益,为确认之诉中的

适格当事人。这通常在涉及身份关系的诉讼中或者具有公共性质的诉讼中出现。例如，张某的父亲生前由保姆照料起居，张父死后，张某要求保姆腾房。保姆声称其与张父已办理结婚登记手续，属合法婚姻，拒绝腾房。于是，张某向法院起诉，要求确认保姆与其父的婚姻关系不成立。如果张某的诉讼请求得到支持，就可以全部继承其父留下的房产。在这一案例中，张某并非所争议的婚姻关系的主体，但法院确认婚姻关系不成立的裁判会给张某带来直接的利益，因此，可以认定张某具有确认利益，为适格当事人，可以自己的名义向法院起诉，成为确认之诉中的原告。

2. 基于诉讼担当而成为适格当事人

在一些特殊的案件中，虽然起诉方或被诉方不是诉讼标的所涉争议的民事法律关系主体，但他们可以自己的名义为诉讼中的原告、被告，具有诉讼实施权，而成为适格当事人。在学理上，这种将诉讼实施权授予民事法律关系主体以外的第三人，由该第三人以自己的名义进行诉讼，且判决效力及于民事法律关系主体的制度，被称为诉讼担当。实质上，诉讼担当系第三人以自己的名义代替民事法律关系主体参加诉讼。正是基于诉讼担当，使非民事法律关系主体成为适格当事人。依据诉讼担当发生的原因，可分为法定诉讼担当与任意诉讼担当两种类型，其中，法定诉讼担当是诉讼担当的典型形态。

（1）法定诉讼担当

法定诉讼担当，是指民事法律关系主体以外的第三人以自己的名义参加诉讼，行使诉讼实施权，成为适格当事人，系基于法律的明确规定。正是由于法律的授权，才使得非民事法律关系主体成为适格当事人具有了正当性。在法定诉讼担当中，通常第三人因其所承担的职务等原因依法取得诉讼实施权，以适格当事人的身份参加诉讼。基于诉讼担当人实施诉讼的目的不同，法定诉讼担当可区分为以下几种情形：

其一，诉讼担当人为被担当人权益而实施诉讼的情形。此类法定诉讼担当人主要有失踪人的财产代管人；破产程序中的管理人、清算人、清算组织；遗产管理人及遗嘱执行人等。在这类法定诉讼担当中，通常诉讼担当人有诉讼实施权，而被担当人没有诉讼实施权。

其二，诉讼担当人为自己权益而实施诉讼的情形。例如债权人代位诉讼，当债权人向法院请求以自己的名义代位行使债务人对相对人的权利，债权人即为该种情形的法定诉讼担当人。在这里，债权人作为诉讼担当人，其代位诉讼的目的是保护自己的权益，而非保护被担当人的权益。

其三，诉讼担当人为公益而实施诉讼的情形。《民事诉讼法》第58条规定了民事公益诉讼，《消费者权益保护法》第47条与《环境保护法》第58条更进一步明确了有权提起民事公益诉讼的有关组织的条件。根据上述法律规定，人民检察院等法定机关、符合法定条件的消费者协会及环保组织有权提起相关民事公益诉讼，他们系民事公益诉讼中的适格原告。民事公益诉讼适格原告的理论基础即为法定诉讼担当。需要注意的是，在这类诉讼担当中，当法定的机关或有关组织提起民事公益诉讼后，相关环境污染案件或侵害消费者合法权益案件的受害人仍可另行提起诉讼，其另行起诉的权利不受民事公益诉讼的影响。

（2）任意诉讼担当

在特殊的案件中，第三人具有诉讼实施权，成为适格当事人系基于民事权利主体的授权，这类类型的诉讼担当被称为任意诉讼担当。在我国，《民事诉讼法》第55条、第56条规定的代表人诉讼中，众多当事人一方可推选代表人代其进行诉讼，被推选的诉讼代表人属于任意诉讼担当人。[①] 又如，根据《证券法》第95条第3款的规定，涉及虚假陈述等证券民事赔偿诉讼时，投资者保护机构受50名以上投资者委托，可以作为代表人参加诉讼，此时投资者保护机构亦为任意诉讼担当人。此外，根据《著作权法》第8条第1款的规定，著作权人和与著作权有关的权利人可以授权著作权集体管理组织行使著作权或者与著作权有关的权利。被授权后，著作权集体管理组织可以作为当事人进行涉及著作权或者与著作权有关的权利的诉讼，成为任意诉讼担当人。由上可见，尽管任意诉讼担当人的诉讼实施权是基于民事权利主体的授权，但是否允许民事权利主体授权亦需要有法律的明确规定，否则，该授权没有正当性，也不发生诉讼担当的效力。

基于诉讼担当，通过法律规定或民事权利主体的授权，使非民事法律关系主体进入到诉讼中来，从而扩大了当事人适格的范围，有利于及时维护民事实体权利人的合法权益和公共利益，也体现了司法救济的优势。但需要指出的是，在民事诉讼中，基于私法自治及处分原则，发生争议的民事法律关系主体作为适格的当事人应为诉讼中的常态，而授予民事法律关系主体以外的第三人诉讼实施权的诉讼担当则属例外。原因是在诉讼担当中，真正的实体权利义务人并未参加诉讼，却要承担由他人进行诉讼所产生的法律后果，可能存在对被担当人的程序保障并不充分的风险。此外，任意扩大诉讼担当人的范围，也有导致滥用诉权，侵害相对方当事人合法权益的风险。对此，法律应适度加以限制。

当事人适格与否属于法院依职权调查的事项。司法实务中，法院通常在审查起诉阶段就对当事人是否适格进行初步审查，如发现当事人不适格，裁定不予受理。受理后至裁判作出前，发现当事人不适格的，可裁定驳回起诉或判决驳回诉讼请求。

**【特别提示】**

在进入诉讼之前考虑当事人问题时，可以遵循以下线索：首先，确定起诉者和被诉者是否具有成为一般意义上的当事人的资格，即有无当事人能力；其次，分析原告与被告作为本案当事人是否合适，即当事人是否适格；最后，看原告与被告能否有效地实施诉讼行为，即有无诉讼能力。

---

[①] 值得注意的是，诉讼代表人作为任意诉讼担当人有其独特之处，主要体现在诉讼代表人于诉讼中具有双重身份：一方面，诉讼代表人本身即是诉讼中的适格原告；另一方面，诉讼代表人经众多权利人授权成为诉讼担当人，具有诉讼实施权。与之类似，根据《民诉法解释》第60条的规定，个人合伙的全体合伙人涉讼，全体合伙人可以推选代表人；被推选的代表人，应由全体合伙人出具推选书。此时，全体合伙人推选的代表人亦可视为任意诉讼担当人。

## 第五节 当事人的变更

当事人变更,是指在诉讼过程中,原来的当事人变更为新当事人的一种诉讼活动。当事人变更包括法定的当事人变更和任意的当事人变更两种类型。

### 一、法定的当事人变更

法定的当事人变更,即诉讼承担,也称诉讼权利义务的承担,是指在诉讼进行过程中,由于某些特定事由的出现,一方当事人的诉讼权利义务转移给案外人,由案外人承受原当事人的诉讼权利义务,作为当事人继续进行诉讼。法定的当事人变更主要源于诉讼中实体权利义务发生转移。在我国,诉讼承担主要有以下几种情形:

(一) 作为一方当事人的自然人死亡而发生的当事人变更

在诉讼过程中,如果一方当事人死亡,其实体权利义务将转移给继承人,相应地,其诉讼权利义务也应由继承人承担,由继承人作为当事人继续进行诉讼。[①] 不过,如果实体权利义务具有人身属性,专属于死亡一方当事人时,则不发生当事人的变更。例如在解除婚姻关系的诉讼中,如果一方当事人死亡,法院应裁定终结诉讼,而不发生当事人的变更。

(二) 作为一方当事人的法人或其他组织终止而发生的当事人变更

在诉讼过程中,如果法人或其他组织发生合并或分立,其民事权利义务应由合并或分立的法人或其他组织承担。因此,作为诉讼当事人的法人或其他组织的诉讼权利义务就由合并或分立后的法人或其他组织承担;法人依法被撤销,由决定撤销的主管单位作为诉讼的承担者;法人进入破产程序的,则由管理人承担已经进行的诉讼。需注意的是,在诉讼过程中,法人的法定代表人与其他组织的主要负责人的更换不属于诉讼承担,因为在这种情况下当事人的实体权利义务并未发生转移。

(三) 当事人在诉讼中转移实体权利义务而发生的当事人变更

对于当事人在诉讼中转移实体权利义务,是否发生当事人变更,各国有两种处理方式:一是当事人恒定主义,即出让人仍为适格当事人,在形式上不发生当事人的变更,判决的效力也及于继受人。二是诉讼承继主义,即由实体权利义务继受人代替原当事人继续原来的诉讼程序,判决的效力及于继受人和出让人。通常以当事人恒定为原则,以诉讼权利义务承担为例外。根据《民诉法解释》第 249 条、第 250 条的规

---

[①] 《民诉法解释》第 55 条规定:"在诉讼中,一方当事人死亡,需要等待继承人表明是否参加诉讼的,裁定中止诉讼。人民法院应当及时通知继承人作为当事人承担诉讼,被继承人已经进行的诉讼行为对承担诉讼的继承人有效。"

定,我国亦采取上述做法。①

当事人发生变更后,诉讼程序是继续进行而不是重新开始,原当事人所实施的一切诉讼行为对变更后的当事人发生效力。

### 二、任意的当事人变更

任意的当事人变更,也称非正当当事人的更换,是指在诉讼过程中,法院发现当事人不适格时,将非正当当事人更换为正当当事人。

在实际诉讼中,由于采用程序当事人的概念,虽然法院在立案阶段会对当事人是否适格进行一定程度的形式审查,但仍难以避免不适格的当事人进入实体审理阶段。非正当当事人既非发生争议的民事法律关系主体,也不享有对他人争议的诉讼标的实施诉讼的权利,即使法院作出实体裁判,并不能解决真正利害关系人之间的纠纷。为此,有必要对当事人进行更换。

我国1982年《民事诉讼法(试行)》第90条规定:"起诉或者应诉的人不符合当事人条件的,人民法院应当通知符合条件的当事人参加诉讼,更换不符合条件的当事人。"当时的司法解释进一步规定:"通知更换后,不符合条件的原告不愿退出诉讼的,以裁定驳回起诉;符合条件的原告全部不愿参加诉讼的,可终结案件的审理。被告不符合条件,原告不同意更换的,裁定驳回起诉。"我国现行《民事诉讼法》并未保留更换当事人的规定,但民事诉讼法学界一致认为更换当事人有其合理性,司法实务中一般也认可这一制度。

更换非正当当事人应当由受诉人民法院作出裁定。更换当事人后,诉讼应当重新开始,原当事人的诉讼行为对更换后的新当事人不发生效力。

---

① 《民诉法解释》第249条规定:"在诉讼中,争议的民事权利义务转移的,不影响当事人的诉讼主体资格和诉讼地位。人民法院作出的发生法律效力的判决、裁定对受让人具有拘束力。受让人申请以无独立请求权的第三人身份参加诉讼的,人民法院可予准许。受让人申请替代当事人承担诉讼的,人民法院可以根据案件的具体情况决定是否准许;不予准许的,可以追加其为无独立请求权的第三人。"《民诉法解释》第250条规定:"依照本解释第二百四十九条规定,人民法院准许受让人替代当事人承担诉讼的,裁定变更当事人。变更当事人后,诉讼程序以受让人为当事人继续进行,原当事人应当退出诉讼。原当事人已经完成的诉讼行为对受让人具有拘束力。"

# 第十一章 共同诉讼人

**【本章提要】**

共同诉讼是与单一诉讼相对应的复数诉讼形态。本章首先阐述了共同诉讼的概念、形成、种类以及意义等共同诉讼的基本问题。其次,就共同诉讼的两种类型——必要共同诉讼与普通共同诉讼从概念、特征、构成要件以及共同诉讼人之间的内部关系等方面作以探讨。最后,介绍了共同诉讼的扩张形态——代表人诉讼的程序要求。

## 第一节 共同诉讼人概述

### 一、共同诉讼的概念

我国《民事诉讼法》第55条第1款规定:"当事人一方或者双方为二人以上,其诉讼标的是共同的,或者诉讼标的是同一种类、人民法院认为可以合并审理并经当事人同意的,为共同诉讼。"共同诉讼,是指当事人一方或双方为二人以上的诉讼。它是与一个原告和一个被告进行的诉讼相对应的复数诉讼形态。

在通常情况下,民事诉讼是一对一的诉讼,即原告一方与被告一方都只有一人,但也有一些诉讼,当事人一方或双方均为二人以上,这便形成了共同诉讼。其中,原告方为二人以上的,称为共同原告;被告方为二人以上的,称为共同被告。多数一方的当事人称为共同诉讼人。在民事诉讼理论上,原告方为二人以上的称为积极的共同诉讼;被告方为二人以上的称为消极的共同诉讼;原被告双方均为二人以上的称为混合的共同诉讼。

共同诉讼是将多数当事人纳入同一诉讼程序所进行的诉讼,因而属于诉的主体的合并,即诉讼当事人的合并。但有些情况下,在共同诉讼中,因诉的主体合并,还可能由此形成诉的客体(诉讼请求)的合并,即将多个当事人两个以上的诉讼请求也同时纳入同一诉讼程序加以审理,进而形成了诉的主体合并与诉的客体合并的竞合。

### 二、共同诉讼的形成与种类

共同诉讼通常是在起诉之际,因两个以上的原告共同提起诉讼或两个以上的被告被一同起诉而形成的。但也有的是在诉讼开始后形成的,从而从一对一的单一诉讼转化为共同诉讼形态。主要包括如下几种情形:(1)诉讼进行中当事人死亡,由数个继承人共同承担诉讼;(2)应当作为共同诉讼人的人在诉讼开始后参加诉讼;(3)法院将分别提起的诉讼合并审理而形成共同诉讼。

按照我国《民事诉讼法》第55条的规定,以共同诉讼人之间对诉讼标的的关系不同,共同诉讼分为必要共同诉讼与普通共同诉讼两种类型。其中,共同诉讼人与对方当事人争议的诉讼标的是同一的共同诉讼,为必要共同诉讼;共同诉讼人与对方当事人之间争议的诉讼标的是同种类的共同诉讼,为普通共同诉讼。由此,共同诉讼人也可以分为必要共同诉讼人与普通共同诉讼人两类。

### 三、共同诉讼制度的意义

在民事诉讼中确立共同诉讼制度是各国民事诉讼法的普遍做法。共同诉讼制度的重要意义主要体现为以下几个方面:

1. 共同诉讼制度有利于简化诉讼程序,节省诉讼费用,提高诉讼效率,实现诉讼经济。通过共同诉讼制度,法院可以在一个诉讼程序中一并审理涉及多数人的民事纠纷,避免了重复审理所导致的诉讼费用的增加和诉讼时间的拖延,符合诉讼经济原则。

2. 共同诉讼制度有利于实现民事诉讼法与民事实体法的协调统一。在民事诉讼中,民事实体法的相关规定需要通过具体的诉讼制度加以落实,如民事实体法规定的共有制度、连带责任制度等,在发生纠纷而请求司法救济时,均涉及多数当事人诉讼,共同诉讼制度的确立,为解决上述问题提供了制度层面的保障。

3. 共同诉讼制度有利于避免法院在同一案件上或同类案件上作出相互矛盾的裁判。多数当事人相互关联的民事案件,如果由不同法院或不同法官分别审理,可能会产生相互矛盾的裁判,这不仅不利于维护当事人的合法权益,也必然影响司法的威信。而将此类案件交由同一审判组织,在同一程序中进行审理,能够避免作出相互矛盾的裁判,从而既维护了当事人的合法权益,也树立了司法的威信。

## 第二节 必要共同诉讼

### 一、必要共同诉讼的概念和特征

必要共同诉讼,是指当事人一方或双方为二人以上,具有同一诉讼标的,法院必须合并审理并在裁判中对诉讼标的合一确定的诉讼。必要共同诉讼具有如下特征:

1. 当事人一方或双方为二人以上。这是必要共同诉讼的基本要求。

2. 诉讼标的具有同一性。即共同诉讼人与对方当事人之间争议的是同一民事实体法律关系。对于所争议的同一民事实体法律关系,共同诉讼人具有共同的权利或者共同的义务。这种权利义务的不可分割性使得共同诉讼成为必要。这是必要共同诉讼的本质特征。

3. 法院必须合并审理,判决合一确定。由于诉讼标的同一,这就决定了必要共同诉讼人必须一同起诉或被诉方为当事人适格,未一同起诉或被诉的,法院应予追加。法院要对多数当事人之诉适用同一诉讼程序进行审理,对诉讼标的所涉的共同实体权利义务通过判决合一确定,且对必要共同诉讼人的判决结果要么同胜,要么同败,而不得为部分共同诉讼人胜诉、部分共同诉讼人败诉的判决。可见,必要共同诉讼制度追求的是实现诉讼进程的统一与裁判结果的统一。

### 二、必要共同诉讼产生的原因

必要共同诉讼的产生,通常基于以下两种情形:

(一) 共同诉讼人对诉讼标的本来就具有共同的权利或共同的义务

在这类必要共同诉讼中,共同诉讼人对诉讼标的所具有的共同权利或共同义务在诉讼前就已经存在,其存在的基础源于民事实体法的规定。也即依据民事实体法的规定,共同诉讼人在进入诉讼之前就享有共同的权利或承担共同的义务,如果涉诉,就可能形成必要共同诉讼。例如,共同共有人对共有财产的分割产生争议进而涉诉,即为必要共同诉讼的典型形态,共同共有人全体均为当事人方为适格,法院通过判决,合一确定所争议的共有财产的具体分割。再如,养父母与成年养子女以诉讼方式解除收养关系时,养父母作为共同原告或共同被告,当事人才适格。若仅有养父或养母一方起诉或被诉,则法院应依职权追加另一方,并针对是否解除收养关系在判决中合一确定。

(二) 基于同一事实或法律上的原因,使共同诉讼人对诉讼标的具有共同的权利或共同的义务

依据我国民事诉讼法的规定,这种类型的必要共同诉讼,是指共同诉讼人之间原本并不存在共同的权利或共同的义务,只是由于后来发生了同一事实或基于同一法律上的原因,才使他们产生了共同的权利或共同的义务,进入诉讼时可形成必要的共同诉讼。因共同侵权致人损害引起的诉讼是这类必要共同诉讼的典型形态。当数人共同侵权致人损害,赔偿权利人起诉要求赔偿时,数个共同侵权人均负有赔偿义务,可作为共同被告参加诉讼。根据《人身损害赔偿解释》的规定,赔偿权利人仅起诉部分共同侵权人的,人民法院应当追加其他共同侵权人为共同被告。[①] 该类必要共同诉讼即是基于同一侵权事实而形成。不过,需要强调的是,基于同一事实或法律上的原因所产生的共同诉讼并非均为必要共同诉讼;即便形成必要共同诉讼,各共同诉讼人是否必须一同起诉或被诉方为当事人适格,似应根据不同的情况进行处理。[②]

### 三、必要共同诉讼的类型

在德国、日本等国的民事诉讼法中,还把必要共同诉讼分为固有必要共同诉讼与

---

[①] 2003年最高人民法院发布的《人身损害赔偿解释》规定:"赔偿权利人起诉部分共同侵权人的,人民法院应当追加其他共同侵权人作为共同被告。赔偿权利人在诉讼中放弃对部分共同侵权人的诉讼请求的,其他共同侵权人对被放弃诉讼请求的被告应当承担的赔偿份额不承担连带责任。责任范围难以确定的,推定各共同侵权人承担同等责任。"该解释历经数次修订,最新一次修订已于2022年5月1日起施行,但前述规定仍悉数保留。

[②] 对于共同侵权所引发的诉讼,在赔偿权利人未将全体共同侵权人作为共同被告起诉时,尽管《人身损害赔偿解释》要求法院依职权追加未被诉的其他共同侵权人为共同被告,但学术界对于上述规定存在不同看法,实务界亦有依原告的起诉划定共同被告的范围,而不予依职权主动追加的判决。

类似必要共同诉讼两种类型。

（一）固有必要共同诉讼

固有必要共同诉讼，是指因诉讼标的必须对全体共同诉讼人合一确定，全体共同诉讼人必须一同起诉或一同被诉，当事人方为适格的共同诉讼。在固有必要共同诉讼中，对全体必要共同诉讼人，法院需确保判决内容的合一性，必须作出同胜同败的合一判决。固有必要共同诉讼主要有以下两种类型：

1. 诉讼标的所涉实体法上的管理权和处分权必须由数人全体共同行使时可构成固有必要共同诉讼。如果针对争议的民事实体法律关系，依据实体法的规定，需数人全体共同行使管理权和处分权始为合法，个人无权单独行使，则进入诉讼后，必须由数人全体为共同原告或共同被告才为当事人适格。例如全体合伙成员作为共同原告，请求法院确认被告所控制的某财产为合伙财产，即属于固有必要共同诉讼。再如数位遗产管理人就遗产管理、数位遗嘱执行人就遗嘱执行等与相对人产生争议涉诉，亦构成固有必要共同诉讼，遗产管理人、遗嘱执行人需全部参加诉讼方为当事人适格。若仅其中一人为原告或被告而进行诉讼时，该诉因当事人不适格而不合法，法院驳回起诉。

2. 以变动他人之间民事法律关系为目的的形成之诉可构成固有必要共同诉讼。例如第三人提起的撤销婚姻之诉，诉讼标的为第三人的婚姻撤销权，但是作为被告适格基础的婚姻关系主体的夫妇为共同被告，此即为固有必要共同诉讼。以共有人为共同被告的共有物分割之诉等亦属于此种类型。①

（二）类似必要共同诉讼

类似必要共同诉讼，是指就争议的民事实体法律关系，数个具有当事人适格地位者既可以单独起诉或被诉，也可以共同起诉或被诉。一旦共同起诉或被诉，要求法院的裁判必须就参加诉讼的共同诉讼人合一确定，一并裁决其胜败，而不允许分别裁判。它与固有必要共同诉讼的区别在于，固有必要共同诉讼要求共同诉讼人全体参加诉讼方为当事人适格，而类似必要共同诉讼则无此强制性的要求，部分共同诉讼人起诉或被诉，仍为当事人适格。此外，对于类似必要共同诉讼，共同诉讼人中的一人单独诉讼亦为当事人适格。为避免矛盾判决，前述情况下所作判决的既判力及于其他未参加诉讼的共同诉讼人。② 在日本，法律认可的类似必要共同诉讼的类型较为有限，主要包括数人提起的公司合并无效之诉、公司设立无效之诉、股东会决议撤销或无效确认之诉，以及数位债权人提起的债权人代位诉讼等。③ 例如在确认股东会决议无效之诉中，若数位股东提起确认之诉，法院需对确认之诉合并审理，并作出合一判

---

① 〔日〕伊藤真：《民事诉讼法》（第四版补订版），曹云吉译，北京大学出版社2019年版，第437页。
② 值得注意的是，关于类似必要共同诉讼，就共同诉讼人中的一人单独诉讼，法院所作判决的既判力是否扩张至其他未参加诉讼的共同诉讼人，日本民事诉讼法立法及学理持肯定意见，而我国台湾地区在学理上似存有争议。前者参见〔日〕伊藤真：《民事诉讼法》（第四版补订版），曹云吉译，北京大学出版社2019年版，第436页；后者参见姜世明：《民事诉讼法（上册）》（修订七版），台湾新学林出版股份有限公司2020年版，第245页。
③ 参见〔日〕伊藤真：《民事诉讼法》（第四版补订版），曹云吉译，北京大学出版社2019年版，第441页。

决,构成类似必要共同诉讼。若在数位股东起诉前,已有股东提起确认之诉,法院亦判决确认股东会决议无效,则该判决的效力及于其他未起诉的数位股东,其他未起诉的数位股东不得再行起诉,否则构成重复诉讼。

需要指出的是,关于类似必要共同诉讼的范围,日本与我国台湾地区的立法并不一致。例如,对于数位连带债务人为共同被告的共同诉讼,日本立法与学理均认为其为普通共同诉讼。而在我国台湾地区,对于数位连带债务人之诉究竟属于何种共同诉讼形态存在争议:有的认为其为普通共同诉讼;有的提出应属类似必要共同诉讼;还有的虽然不认可其为类似必要共同诉讼,但主张可类推适用必要共同诉讼"诉讼标的对于共同诉讼人之各人必须合一确定"的规定。① 可见,对于共同诉讼形态的分类及识别标准仍有进一步探讨的空间。

我国民事诉讼法并未就必要共同诉讼作上述区分。实际上,我国的必要共同诉讼几乎均按固有必要共同诉讼处理,要求全体共同诉讼人必须一并参加诉讼方为当事人适格。若诉讼之初仅有部分共同诉讼人起诉或被诉,法院对没有参加诉讼的共同诉讼人可依职权追加。这种对必要共同诉讼的处理方式既与民事实体法的规定不相契合,也否定了当事人对诉讼请求相对方的选择权。例如对于连带债务,按照民事实体法的规定,各连带债务人均有履行全部债务的义务,债权人有权向连带债务人中的一人、数人或全体请求给付。连带债务因债务人中一人、数人或全体的全部给付而消灭。与实体法的规定相配合,如果因连带债务发生争议,债权人请求司法救济时应有权决定作为被告的连带债务人的范围,被告可为连带债务人中的一人、数人抑或全体。但现行民事诉讼法要求上述情况下债权人必须将全体连带债务人作为被告方为当事人适格,否则诉讼不合法。为改变我国必要共同诉讼类型的单一化局面,越来越多的学者主张我国也应借鉴大陆法系相关国家的做法,承认类似必要共同诉讼,使诉讼法与实体法的规定相适应。② 需要提及的是,尽管我国民事诉讼法并未明确类似必要共同诉讼,但相关司法解释的要求实质上已经反映出类似必要共同诉讼的特征,今后有必要通过修改法律予以确立。③

**四、必要共同诉讼的具体情形**

在我国,《民诉法解释》所规定的必要共同诉讼主要包括以下几种情形:

1. 挂靠。以挂靠形式从事民事活动,当事人请求由挂靠人和被挂靠人依法承担民事责任的,该挂靠人和被挂靠人为共同诉讼人(《民诉法解释》第54条)。

2. 劳务派遣涉讼。在劳务派遣期间,被派遣的工作人员因执行工作任务造成他

---

① 参见姜世明:《民事诉讼法(上册)》(修订七版),台湾新学林出版股份有限公司2020年版,第248页。
② 相关论述参见江伟、肖建国主编:《民事诉讼法》(第8版),中国人民大学出版社2018年版,第139页;张卫平:《民事诉讼法》(第4版),法律出版社2016年版,第145—149页;章武生、段厚省:《必要共同诉讼的理论误区与制度重构》,载《法律科学》2007年第1期;汤维建:《类似必要共同诉讼适用机制研究》,载《中国法学》2020年第4期。
③ 典型的规定如《民诉法解释》第66条、第71条。

人损害的,以接受劳务派遣的用工单位为当事人。当事人主张劳务派遣单位承担责任的,该劳务派遣单位为共同被告(《民诉法解释》第 58 条)。

3. 经营者不一致。在诉讼中,个体工商户营业执照上登记的经营者与实际经营者不一致的,以登记的经营者和实际经营者为共同诉讼人(《民诉法解释》第 59 条第 2 款)。

4. 个人合伙涉讼。在诉讼中,未依法登记领取营业执照的个人合伙的全体合伙人为共同诉讼人。个人合伙有依法核准登记的字号的,应在法律文书中注明登记的字号。全体合伙人可以推选代表人;被推选的代表人,应由全体合伙人出具推选书(《民诉法解释》第 60 条)。

5. 企业法人分立。企业法人分立的,因分立前的民事活动发生的纠纷,以分立后的企业为共同诉讼人(《民诉法解释》第 63 条)。

6. 借用业务介绍信等。借用业务介绍信、合同专用章、盖章的空白合同书或者银行账户的,出借单位和借用人为共同诉讼人(《民诉法解释》第 65 条)。

7. 保证合同诉讼。因保证合同纠纷提起的诉讼,债权人向保证人和被保证人一并主张权利的,人民法院应当将保证人和被保证人列为共同被告。保证合同约定为一般保证,债权人仅起诉保证人的,人民法院应当通知被保证人作为共同被告参加诉讼;债权人仅起诉被保证人的,可以只列被保证人为被告(《民诉法解释》第 66 条)。①

8. 无民事行为能力人、限制民事行为能力人涉讼。无民事行为能力人、限制民事行为能力人造成他人损害的,无民事行为能力人、限制民事行为能力人和其监护人为共同被告(《民诉法解释》第 67 条)。

9. 遗产继承诉讼。在继承遗产的诉讼中,部分继承人起诉的,人民法院应通知其他继承人作为共同原告参加诉讼;被通知的继承人不愿意参加诉讼又未明确表示放弃实体权利的,人民法院仍应把其列为共同原告(《民诉法解释》第 70 条)。

10. 民事代理的连带责任。原告起诉被代理人和代理人,要求承担连带责任的,被代理人和代理人为共同被告。原告起诉代理人和相对人,要求承担连带责任的,代理人和相对人为共同被告(《民诉法解释》第 71 条)。

11. 共有财产涉讼。共有财产权受到他人侵害,部分共有权人起诉的,其他共有权人应当列为共同诉讼人(《民诉法解释》第 72 条)。

除《民诉法解释》的规定外,其他有关引起必要共同诉讼的情形还可依据相关民事实体法及司法解释的规定加以确定。

**五、必要共同诉讼人的追加**

在我国,多数必要共同诉讼是不可分之诉,全体共同诉讼人必须一并参加诉讼,否则将被视为当事人不适格。因此,如果有部分共同诉讼人没有参加诉讼,就会涉及

---

① 应当注意的是,根据自 2021 年 1 月 1 日起施行的《最高人民法院关于适用〈中华人民共和国民法典〉有关担保制度的解释》第 26 条的规定,一般保证中,债权人未就主合同纠纷提起诉讼或者申请仲裁,仅起诉一般保证人的,人民法院应当驳回起诉。可见,该规定与《民诉法解释》第 66 条的相关规定存在差异。

必要共同诉讼人的追加。

根据《民诉法解释》第 73 条、第 74 条的规定,必须共同进行诉讼的当事人没有参加诉讼的,人民法院应当通知其参加诉讼;当事人也可以向人民法院申请追加。人民法院对当事人提出的申请,应当进行审查,申请理由不成立的,裁定驳回;申请理由成立的,书面通知被追加的当事人参加诉讼。人民法院追加共同诉讼的当事人时,应当通知其他当事人。

人民法院发出书面通知后,如果被追加的共同诉讼人不愿参加诉讼,人民法院应根据情况分别作出处理:应当追加的原告,已明确表示放弃实体权利的,可不予追加;既不愿意参加诉讼,又不放弃实体权利的,仍追加为共同原告,其不参加诉讼,不影响人民法院对案件的审理和依法作出判决。被追加的被告不愿参加诉讼的,人民法院可以对其缺席判决。对符合拘传条件的被告,还可以通过拘传强制其到庭参加诉讼。

应当注意的是,在第一审程序中,人民法院对必要共同诉讼人的追加,通常发生在审前准备阶段,但也不限于此,有时直至作出裁判前仍存在追加的可能。

### 六、必要共同诉讼人的内部关系

在必要共同诉讼中,既存在着同一方共同诉讼人与对方当事人之间的外部关系,也存在着共同诉讼人之间的内部关系。处理必要共同诉讼人与对方当事人的外部关系比较简单,通常来说,对方当事人对于任何一个共同诉讼人所实施的诉讼行为均对全体共同诉讼人发生效力。例如,对方当事人对其中一人提出上诉,就视为对全体共同诉讼人提出上诉。

与外部关系相比,处理必要共同诉讼人之间的内部关系相对较为复杂。在必要共同诉讼中,法院必须对共同诉讼人作出内容一致的判决,为此所有共同诉讼人必须统一推进诉讼程序,向法院统一提供诉讼资料。由于各共同诉讼人都是独立的诉讼主体,他们在诉讼中均有权实施诉讼行为,如果全体共同诉讼人实施的诉讼行为完全一致,则不论其是否有利于共同诉讼人,均对全体发生效力。但有时这些行为可能不完全一致,甚至会相互矛盾,这便产生了如何确认共同诉讼人之间诉讼行为的效力问题。

在德国、日本等国家的民事诉讼中,通常以有利原则来处理共同诉讼人之间的内部关系,即依据诉讼行为对全体共同诉讼人是否有利来确定诉讼行为的效力。共同诉讼人中一人的诉讼行为只有对全体共同诉讼人有利时,才发生效力,例如,只要其中一人提出有利的主张和证据,该诉讼行为就可以对全体共同诉讼人发生效力。相反,对共同诉讼人不利的诉讼行为,例如诉讼中共同诉讼人之一的自认,属于不利于共同诉讼人的行为,就对全体共同诉讼人不发生效力。

我国采用承认原则处理共同诉讼人的内部关系。根据《民事诉讼法》第 55 条第 2 款前半段的规定,共同诉讼的一方当事人对诉讼标的有共同权利义务的,其中一人的诉讼行为经其他共同诉讼人承认,对其他共同诉讼人发生效力。即以共同诉讼人中一人的诉讼行为是否为其他共同诉讼人承认来决定其效力。经其他共同诉讼人承认的,对其他共同诉讼人发生效力。这种承认既包括明示承认,也包括默示承认,只要其他共同诉讼人未明确表示异议,即视为承认,该诉讼行为的效力及于全体共同诉讼人。例如在诉讼中,如果共同诉讼人中一人或数人与对方达成了调解协议,该调解协议需经全体共同诉讼人承认方为有效,否则,调解协议无效。

从审判实践来看,承认原则与有利原则并无本质的区别,因为必要的共同诉讼人之间具有共同的利害关系,一人的诉讼行为对其他共同诉讼人有利的,其他共同诉讼人一般都愿意承认。而一人的诉讼行为对其他共同诉讼人不利的,其他共同诉讼人一般都会拒绝承认。

需要注意的是,承认原则并非适用于所有场合。有时,共同诉讼人中一人所实施的诉讼行为,无须经过全体共同诉讼人承认,效力也及于全体共同诉讼人。例如,共同诉讼人之一不服第一审判决提出上诉时,不论其他共同诉讼人是否承认,上诉的效力及于全体共同诉讼人。就上诉期间而言,虽然各个共同诉讼人的上诉期间是从判决送达之次日起各自计算,但其中一人在上诉期间内提起上诉的,效力及于全体共同诉讼人。再如,只要共同诉讼人中的一人存在诉讼中止的事由,整个诉讼程序就会暂时停止。此外,对于与推进诉讼程序及实体裁判无关联的事项,例如委托诉讼代理人,提出回避申请等,各共同诉讼人也可以单独实施,而无需经全体共同诉讼人同意。

## 第三节 普通共同诉讼

### 一、普通共同诉讼的概念与特征

普通共同诉讼,是指当事人一方或双方为二人以上,其与相对方争议的诉讼标的属同一种类,经当事人同意,法院将其合并审理的共同诉讼。

普通共同诉讼在形式上是将各个共同诉讼人与对方当事人之间的数个诉置于同一诉讼程序中进行审理,其实质是单独诉讼的合并形态。与必要共同诉讼相比,普通共同诉讼具有以下特征:

1. 普通共同诉讼的诉讼标的属同一种类。在普通共同诉讼中,各共同诉讼人与对方当事人之间争议的民事法律关系类型相同。这是普通共同诉讼的本质特征,也是它与必要共同诉讼的最主要区别,通常情况下必要共同诉讼的诉讼标的同一。

2. 普通共同诉讼是数个诉的合并。普通共同诉讼是将同种类的诉讼标的合并在一起审理而形成的,这表明普通共同诉讼存在两个以上的诉,其数量取决于被合并审理的诉讼标的数量。所以,普通共同诉讼既属于诉的主体的合并,也属于诉的客体的合并。必要共同诉讼则只是诉的主体的合并。

3. 普通共同诉讼是可分之诉。在普通共同诉讼中,被合并的数个诉是可分之诉,各共同诉讼人既可单独提起,又可合并提起;法院既可分开审理,也可合并审理。即使合并审理,也必须针对各个诉分别作出裁判。法院决定合并审理后,如果有必要,仍然可以将它们分开审理。而必要共同诉讼是一个诉,数个当事人,法院必须合并审理,合一判决。

## 二、普通共同诉讼产生的原因

普通共同诉讼是由诉讼标的种类相同的数个诉合并而成的。同种类诉讼标的的形成,主要有以下几种类型:

(一) 基于同一事实及法律上的原因

在这类普通共同诉讼中,各共同诉讼人的权利或义务,是基于同一事实及法律上的原因而产生的。例如,因公共汽车发生交通事故致乘客数人受伤,受伤的乘客共同向法院提起损害赔偿之诉。在该类诉讼中,各受伤乘客对公交公司依法均有损害赔偿请求权,且损害赔偿请求权基于同一侵权事实所产生。每一个请求权均是独立的,法院既可以单独审理,也可以征得当事人同意后合并审理。如法院合并审理,则构成普通共同诉讼。

(二) 基于同类事实或法律上的同类原因

在诉讼中,如果数个诉讼标的种类相同且它们均基于同类事实或法律上的原因而产生,如合并审理,则构成普通共同诉讼。例如,出租人以数名承租人为被告提起的请求支付租金的诉讼就属于此类共同诉讼。在该类诉讼中,出租人与各承租人之间争议的诉讼标的系同一种类,均为支付租金请求权,原因事实均为承租人拒付租金。故经当事人同意,法院可合并审理,从而形成普通共同诉讼。

## 三、普通共同诉讼的构成要件

根据《民事诉讼法》第55条第1款的规定,普通共同诉讼的构成要件包括实体要件与程序要件两个方面。

(一) 实体要件

1. 当事人一方或双方为二人以上。这是构成共同诉讼的基本条件,当然也是普通共同诉讼的构成要件。

2. 多数当事人一方与同一对方之间的诉讼标的属于同一种类。这是构成普通共同诉讼的最根本的条件。正是由于多数当事人一方与对方之间争议的诉讼标的属同一种类,才有合并审理的可能与必要,才能形成普通共同诉讼。

(二) 程序要件

普通共同诉讼属于诉的客体的合并,在程序上须符合诉的客体合并的要件,此外,普通共同诉讼还有特殊的程序性要求,具体内容如下:

1. 属同一法院管辖,适用同一诉讼程序。管辖权是法院行使审判权的前提,只有当法院对诉讼标的为同一种类的数个案件均有管辖权时,才存在着合并审理的可能。同时,还要求这些案件都可以适用同一种诉讼程序审理,否则,就不能合并审理。

2. 法院认为可以合并审理。这是构成普通共同诉讼的一个必不可少的程序要件。对当事人就同种类的诉讼标的所提起的诉讼,只有在法院认为可以合并审理的情况下,才可能形成共同诉讼。在司法实践中,人民法院主要从诉讼经济的角度,考虑是否合并审理。如果合并审理达不到节约诉讼成本,提高诉讼效率的目的,反而有可能造成程序的复杂化和诉讼延迟,则没有合并审理的必要。

3. 当事人同意合并审理。法院对认为可以合并审理的诉讼,还应征求全部当事人的意见,包括共同诉讼人与相对方。只有在全部当事人均同意合并审理的情况下,法院才能合并审理。将当事人同意作为普通共同诉讼的程序要件,是由普通共同诉讼的特点决定的,因为诉讼标的为同种类的数个诉原本可以分开审理,对此,是否合并审理,应尊重当事人的程序选择权。

上述各个要件必须同时具备才能构成普通共同诉讼,如果缺少其中任何一个要件,则普通共同诉讼不能成立,人民法院应分别就各个诉进行审理。

### 四、普通共同诉讼人的内部关系

(一) 普通共同诉讼人的独立性

由于普通共同诉讼是诉讼标的为同一种类的相互独立的诉的合并形态,共同诉讼人对同种类的诉讼标的并不具有共同的权利或共同的义务,这就决定了普通共同诉讼中的每个共同诉讼人均具有独立性,能够根据自己的意愿独立地实施诉讼行为,而无需征得其他共同诉讼人的同意。因此,在普通共同诉讼中,每个共同诉讼人所实施的诉讼行为,无论是有利的还是不利的,仅对本人产生效力,而不会对其他共同诉讼人产生影响。例如,共同原告中的一人申请撤诉的,并不影响其他共同原告继续进行诉讼;共同被告之一承认原告诉讼请求的,仅对承认方发生效力,并不会对其他共同被告产生不利的影响。《民事诉讼法》第 55 条第 2 款"对诉讼标的没有共同权利义务的,其中一人的诉讼行为对其他共同诉讼人不发生效力"的规定即表明了普通共同诉讼人的独立性。

(二) 普通共同诉讼人的牵连性

当然,在普通共同诉讼中,既然各个独立之诉能够通过合并的方式在同一诉讼程序中进行审理,各普通共同诉讼人所实施的诉讼行为之间也应存在一定的牵连,从而提高诉讼效率,体现合并审理的优势。普通共同诉讼人之间的牵连性主要表现在主张共通原则与证据共通原则。主张共通原则,是指共同诉讼人中一人所提出的主张,如果对其他共同诉讼人有利,其他共同诉讼人又不反对的,其效力及于其他共同诉讼人。证据共通原则,是指共同诉讼人中一人所提出的有利于共同诉讼人的证据,如果其他共同诉讼人未表示反对,就可以成为认定其他共同诉讼人所主张事实的依据,即该证据可作为共同诉讼人的共同证据。

# 第十二章　诉讼代表人

**【本章提要】**

代表人诉讼是具有中国特色的群体诉讼制度。我国的代表人诉讼制度以共同诉讼制度为基础,同时又吸收了诉讼代理制度的机能。代表人诉讼包括人数确定的代表人诉讼与人数不确定的代表人诉讼两种类型,二者在起诉与受理、诉讼代表人的推选、裁判的效力等方面存在差异,其中人数不确定的代表人诉讼是代表人诉讼制度的核心。此外,《证券法》在有关证券纠纷的特别代表人诉讼中确立了"默示加入、明示退出"的代表人诉讼机制,进一步丰富和发展了我国的代表人诉讼制度。

## 第一节　代表人诉讼制度概述

### 一、诉讼代表人的概念

诉讼代表人,是指由人数众多的一方当事人推选出来,代表本方当事人进行诉讼的人。

当事人一方或双方人数众多时,作为同一方当事人的多数人之间虽然就争议的法律关系存在着事实上或法律上的牵连而构成诉讼群体,但这一群体并非一个固定团体,无法将其作为法人或非法人组织来对待。同时,由多数人构成的共同诉讼不仅使诸如送达、辩论等程序变得复杂化,有时甚至会出现审判法庭容纳不下全体当事人的情况。为了在一个诉讼程序中一并解决众多当事人与另一方当事人之间的民事纠纷,达到诉讼经济的目的,我国民事诉讼法确立了代表人诉讼制度,通过多数当事人一方推选诉讼代表人的方式,由诉讼代表人代表人数众多的一方当事人进行诉讼。由诉讼代表人所进行的诉讼,称为代表人诉讼。

在我国,代表人诉讼制度是司法解决集体诉讼的重要方式。代表人诉讼分为两种类型:一类是起诉时当事人人数就可以确定的代表人诉讼,称为"人数确定的代表人诉讼";另一类是起诉时当事人人数不能确定,需要法院受理案件后通过发布公告的方式通知权利人登记并推选代表人进行诉讼,称为"人数不确定的代表人诉讼"。两者在代表人确定、审理程序等方面存在差异。

**【特别提示】**

起诉时当事人一方人数众多,且与对方当事人之间的诉讼标的属于同一种类的共同诉讼案件,如果多数当事人一方不愿意通过推选诉讼代表人的方式进行诉讼,也可以分别单独诉讼。是否适用代表人诉讼制度,应主要根据当事人的意愿来决定。

## 二、代表人诉讼制度的性质

从我国民事诉讼法的相关规定来看,我国的代表人诉讼制度以共同诉讼制度为基础,是共同诉讼的扩大,同时又吸收了诉讼代理制度的机能。以共同诉讼制度为基础,是指诉讼代表人所进行的诉讼应当符合共同诉讼的基本条件,如果所代表的当事人不能作为共同诉讼人,也就不能在诉讼中代为实施诉讼行为。而代表人诉讼制度吸收了诉讼代理制度的机能则主要体现在,众多诉讼主体的诉讼行为通过诉讼代表人的集中实施,扩大了诉讼的容量,避免了因众多当事人直接参与诉讼所带来的诸多问题。当然,在体现共同诉讼制度和诉讼代理制度的共同属性的同时,代表人诉讼制度也有自己的独特属性。

代表人诉讼制度的基本功能是利用同一诉讼程序解决多数当事人诉讼,这是它与共同诉讼制度的共性,但同时二者也存在着重大的区别:(1)诉讼主体是否亲自实施诉讼行为不同。在代表人诉讼中,人数众多的一方当事人只要推选出诉讼代表人,就由代表人进行诉讼,而自己无需亲自参加。这是代表人诉讼的显著特征,也是它与共同诉讼的主要区别。共同诉讼要求全体共同诉讼人均应参加诉讼。(2)诉讼行为的效力不同。诉讼代表人实施的诉讼行为,除法律规定必须经过被代表的当事人同意才对全体当事人有效外,原则上效力及于当事人全体。而共同诉讼人的诉讼行为要么经其他当事人承认后才对其他当事人有效;要么相互独立,其中一人的诉讼行为仅对自己有效,而对其他共同诉讼人不发生效力。(3)裁判的效力范围不同。在人数不确定的代表人诉讼中,裁判的效力范围较为广泛,除对全体当事人有效外,未参加登记的权利人在诉讼时效内起诉的,可以适用该裁判。而在共同诉讼中,人民法院的裁判仅对参加诉讼的全体当事人有效。

代表人诉讼制度赋予诉讼代表人代其他当事人进行诉讼的权能,这体现了其与诉讼代理人制度的共通之处,但二者也存在着明显的不同。在代表人诉讼中,诉讼代表人具有双重身份,一方面他是诉讼当事人,另一方面又是代表人,这也是诉讼代表人的另一显著特征。这一特征使其与单纯代理当事人实施诉讼行为的诉讼代理人区别开来。由于诉讼代表人也是当事人,他们与被代表的当事人有着共同的利益,均与本案的诉讼结果具有直接利害关系,其实施诉讼行为的后果要由诉讼代表人和被代表的当事人共同承担。而诉讼代理人由于不是本案的当事人,其与诉讼结果没有直接利害关系,也不承担诉讼后果。

## 三、代表人诉讼制度的作用

代表人诉讼制度是1991年颁行的《民事诉讼法》新增的应对群体性纠纷的诉讼类型,并一直延续至今。代表人诉讼制度在审判实践中具有如下作用:

1. 有利于有效解决群体性纠纷。在我国,随着市场经济的迅速发展,涉及众多人利益的群体性纠纷日益增多,例如,因环境污染、产品责任等侵权行为往往会给数百人乃至成千上万人的人身和财产造成损害。在众多受害人纷纷起诉的情况下,由于原告人数众多,普通的共同诉讼制度难以处理这类群体性纠纷,而代表人诉讼制度的确立,解决了主体众多与诉讼空间容量不足的矛盾,适应了解决群体性纠纷的需要,使司法解决纠纷的功能得到了极大的拓展。

2. 有利于简化诉讼程序,提高诉讼效率,避免作出相互矛盾的裁判。对群体性纠纷,如果让众多原告分别进行诉讼,当事人和法院就要为诉讼花费大量的人力、物力和时间,而且由于不同法院分别审理,可能造成法院对同类事实的案件作出相互矛盾的裁判。通过代表人诉讼,将涉及当事人人数众多的案件合并在一个诉讼程序中进行审理,既可以简化诉讼程序,提高诉讼效率,又能避免法院作出相互矛盾的裁判。

【特别提示】

为了解决群体性纠纷,当今世界很多国家都确立了群体诉讼制度,比较典型的有美国的集团诉讼、德国的团体诉讼、日本的选定当事人制度等。我国的代表人诉讼正是在借鉴这些国家群体诉讼制度的基础上,结合我国实际而创立的一种独特的群体诉讼制度。

## 第二节 诉讼代表人

### 一、诉讼代表人的条件与人数

按照《民事诉讼法》第56条、第57条的规定,当事人一方人数众多的共同诉讼[①],可以推选代表人参加诉讼。推选的诉讼代表人应当具备以下条件:

1. 是本案的当事人。在代表人诉讼中,诉讼代表人是从人数众多一方的当事人中产生的,必须是本案的当事人。非本案当事人不得作为诉讼代表人。

2. 具有诉讼行为能力。诉讼代表人本人须在诉讼中亲自实施诉讼行为,行使诉讼权利,履行诉讼义务,这就要求诉讼代表人必须具有诉讼行为能力。不具有诉讼行为能力的当事人不能担任诉讼代表人。

3. 能够充分维护被代表的当事人的合法权益。诉讼代表人应当具备相应的知识、智力水平以及为被代表的当事人所信赖的道德品行,能够善意地维护被代表的当事人的合法权益。

对于诉讼代表人是否符合条件,法院应当履行监督职能,如果推选出的代表人不符合条件,法院应裁定重新推选。

根据《民诉法解释》第78条的规定,诉讼代表人的人数为2—5人,每位代表人可以委托1—2人作为诉讼代理人。

### 二、诉讼代表人的权限

诉讼代表人被确定后,由其代表人数众多一方当事人进行诉讼,被代表的当事人

---

① 根据《民诉法解释》第75条的规定,当事人一方人数众多,一般指10人以上。

无须亲自参加,法院和对方当事人只对诉讼代表人为诉讼行为。在诉讼中,代表人作为当事人,有权行使自己和被代表人的诉讼权利,代表人的诉讼行为对其所代表的当事人发生效力。

但是,在代表人诉讼中,诉讼代表人与普通当事人并不完全相同,突出表现在代表人的诉讼权利受到一定的限制。根据《民事诉讼法》第56条、第57条的规定,代表人在实施涉及处分被代表的全体当事人的实体权利和重要的程序权利的行为时,例如代表人变更、放弃诉讼请求或者承认对方当事人的诉讼请求,进行和解等,必须经被代表的全体当事人同意。法律对代表人的诉讼权利作上述限制,目的是防止代表人滥用诉讼权利,以保护被代表的当事人的合法权益。①

**三、诉讼代表人的更换**

代表人产生后,一般可以作为代表人进行诉讼直至案件审结。但是如果在诉讼中出现特殊情况,则需要更换代表人,包括代表人死亡或丧失诉讼行为能力;代表人滥用权利、不尽职责或与对方当事人恶意串通,损害了被代表人的利益,被代表人要求更换等。在需要更换代表人时,人民法院应当裁定中止诉讼,召集全体被代表人,以推选、协商等方式重新确定诉讼代表人。新的诉讼代表人产生后,再恢复诉讼。

## 第三节 代表人诉讼的要件与程序

**一、人数确定的代表人诉讼的要件与程序**

人数确定的代表人诉讼,是指由起诉时人数已经确定的共同诉讼人推选出诉讼代表人,代替全体共同诉讼人参加诉讼的代表人诉讼。

(一)人数确定的代表人诉讼的要件

人数确定的代表人诉讼,须具备以下几个要件:

1. 当事人一方人数众多。这是代表人诉讼的首要条件。正是由于当事人一方人数众多,如果在一个诉讼程序中全体当事人均要亲自参加诉讼,将会给法院审理造成困难,才有必要以推选代表人的方式减少亲自参加诉讼的当事人人数。在我国,《民诉法解释》第75条规定,人数众多的标准设定为10人以上,也就是当事人一方达到10人以上的,可适用代表人诉讼,不足10人的,则按共同诉讼审理。

2. 起诉时当事人人数已经确定。这是这类代表人诉讼与人数不确定的代表人诉讼的主要区别。这里所指的"确定",应当是众多一方当事人基本情况的确定,例如姓名、住址等基本情况已经明确,而不仅仅指数量的确定。

---

① 诉讼代表人实施涉及处分实体权利等重要诉讼行为前须经被代表的当事人全体同意,虽然有利于保护当事人的合法权益,但同时也易造成诉讼拖延,影响诉讼效率。值得注意的是,自2020年7月31日起施行的《证券代表人诉讼规定》对此有所修正。

3. 众多当事人一方的诉讼标的同一或者属于同一种类。代表人诉讼以共同诉讼为基础,众多当事人之间如果不能形成共同诉讼关系,当然也就不能构成代表人诉讼。对于人数确定的代表人诉讼而言,众多当事人一方之间既可能是必要共同诉讼人的关系,也可能是普通共同诉讼人的关系。

(二) 人数确定的代表人诉讼的程序

作为一种特殊类型的诉讼形式,代表人诉讼有其特殊的程序规定。若无特殊规定,则适用共同诉讼的一般规定。

1. 管辖。关于代表人诉讼的级别管辖,司法解释规定,当事人一方或双方人数众多的共同诉讼,依法由基层人民法院受理。在高级人民法院辖区内有重大影响的上述案件,由中级人民法院受理。如情况特殊,确需高级人民法院作为一审民事案件受理的,应当在受理前报最高人民法院批准。[1] 地域管辖应依照《民事诉讼法》的相关规定。此外,司法解释对特殊类型代表人诉讼案件的管辖有特别规定的,从其规定。[2]

2. 受理。人民法院受理代表人诉讼,不仅要审查代表人诉讼是否具备一般的起诉要件,还要审查其是否符合代表人诉讼的要件。不符合代表人诉讼要件的,或者受理法院认为不宜作为共同诉讼受理的,可分别受理。

3. 推选代表人。推选代表人是代表人诉讼的重要内容。当事人一方人数众多在起诉时确定的,可以由全体当事人推选共同的代表人,也可以由部分当事人推选自己的代表人。在司法实务中,如果起诉时人数特别众多,没有推选代表人的,人民法院也可能在其中指定代表人,只要多数当事人一方无人对代表人的资格提出异议,就表示认可其代表人资格。如果部分当事人推选不出代表人,或对推选出的代表人不予认可,属于必要共同诉讼的,可以自己亲自参加诉讼;属于普通共同诉讼的,则可另行起诉。另行起诉的既可以合并处理也可以另案处理。

4. 判决。在代表人诉讼中,人民法院判决被告对人数众多的原告承担民事赔偿责任时,可以在判决书主文中对赔偿总额作出判决,并将每个原告的姓名、应获得的赔偿金额等列表附于民事判决书后。

在司法实践中,人民法院对人数众多的一方当事人的具体名单、身份等要以附表说明,在开庭记录以及制作法律文书时,只写代表人的名单,但要扼要注明"其余当事人见附表"。

## 二、人数不确定的代表人诉讼的要件与程序

人数不确定的代表人诉讼,是指在起诉时如果共同诉讼人的人数不能确定,则由向法院登记的权利人推选出代表人,代替全体共同诉讼人参加诉讼的代表人诉讼。

---

[1] 参见《关于人民法院受理共同诉讼案件问题的通知》(法发〔2005〕270号)。
[2] 例如根据《证券代表人诉讼规定》第2条的规定,证券纠纷代表人诉讼案件,由省、自治区、直辖市人民政府所在的市、计划单列市和经济特区中级人民法院或者专门人民法院管辖。

(一) 人数不确定的代表人诉讼的要件

人数不确定的代表人诉讼,须具备以下几个要件:

1. 当事人一方人数众多且具体人数在起诉时尚未确定。这类诉讼通常是由同一种侵权行为或标准合同引起的,受害人多,分布地域广,因而起诉时当事人的人数不易确定。如众多消费者购买同一厂家的劣质产品导致身体受到伤害,如果部分受害人向法院起诉请求赔偿,即有可能构成此类诉讼。

2. 诉讼标的为同一种类。当事人一方人数众多,起诉时人数不确定的,多数当事人之间的内部关系一般为普通共同诉讼人的关系,其诉讼标的属于同一种类。

(二) 人数不确定的代表人诉讼的程序

与人数确定的代表人诉讼相比,人数不确定的代表人诉讼在诉讼程序上有一些特殊的规定,主要表现为以下几个方面:

1. 公告。在人数不确定的代表人诉讼中,向法院起诉的通常仅是纠纷种类相同的少数人,大部分人难以了解起诉的事实。为了尽可能利用同一诉讼程序解决众多人的同种类纠纷,人民法院在受理案件后,可以发出公告,在公告中说明案件情况和诉讼请求,通知尚未起诉的权利人在规定期间内向人民法院登记。公告期间由人民法院根据案件的具体情况确定,但不得少于30日。

2. 登记。在公告期内,欲参加诉讼的权利人要到受理案件的人民法院办理登记。登记的目的是确定当事人的人数,以便为推选代表人等进一步的诉讼活动做好准备,同时,也是为了确定裁判效力的范围。根据《民诉法解释》第80条的规定,向人民法院登记的权利人,应当证明其与对方当事人的法律关系和所受到的损害。证明不了的,不予登记,权利人可以另行起诉。

3. 推选诉讼代表人。根据《民诉法解释》第77条的规定,在人数不确定的代表人诉讼中,诉讼代表人的产生有以下三种方式:一是由已登记的权利人推选;二是权利人推选不出代表人的,可以由人民法院提出人选与权利人协商;三是协商不成的,也可以由人民法院在起诉的当事人中指定代表人。

4. 裁判的效力。根据《民事诉讼法》第57条第4款的规定,人民法院对于人数不确定的代表人诉讼作出的判决、裁定,对参加登记的全体权利人发生效力。未参加登记的权利人在诉讼时效期间提起诉讼的,法院受理后经审查认为其请求成立,属于代表人诉讼的情形,则裁定适用已作出的判决、裁定,而不需要另行裁判。对此裁定,起诉方有权提起上诉。

【特别提示】

由于人数不确定的代表人诉讼实际上是普通共同诉讼的扩大,不存在共同诉讼人的追加问题,所以未登记的权利人不能成为代表人诉讼中的当事人,代表人诉讼裁判的效力也就不能直接扩张至未登记的权利人。未登记的权利人可通过另行起诉的方式,由法院裁定适用代表人诉讼所作出的裁判。

## 第四节 证券特别代表人诉讼规则

对于因证券市场虚假陈述、内幕交易、操纵市场等行为引发的代表人诉讼,除可适用《民事诉讼法》第 56 条、第 57 条以及《证券法》第 95 条第 1 款、第 2 款所规定的普通代表人诉讼外,《证券法》第 95 条第 3 款新增证券特别代表人诉讼制度,即投资者保护机构受 50 名以上投资者委托,可以作为代表人参加诉讼,并为经证券登记结算机构确认的权利人向人民法院登记,但投资者明确表示不愿意参加该诉讼的除外。最高人民法院发布的《证券代表人诉讼规定》更进一步细化了特别代表人诉讼程序规则。据此,在有关证券纠纷的特别代表人诉讼中确立了"默示加入,明示退出"的代表人诉讼机制,进一步丰富和发展了我国代表人诉讼制度。证券特别代表人诉讼的特色主要体现在以下几个方面:

第一,在代表人资格方面,确定了投资者保护机构可以依据法律规定,基于当事人的委托而取得诉讼代表人的资格,作为特别代表人参加诉讼,从而突破了代表人必须同时是案件当事人的限制。根据中国证券监督管理委员会发布的《关于做好投资者保护机构参加证券纠纷特别代表人诉讼相关工作的通知》,能够作为特别代表人参加诉讼的投资者保护机构是指中证中小投资者服务中心有限责任公司与中国证券投资者保护基金有限责任公司。为确保程序的安定性,《证券代表人诉讼规定》第 36 条要求诉讼过程中,明示授权的投资者人数因声明退出等原因不足 50 名的,不影响投资者保护机构的代表人资格。

第二,在投资者参加特别代表人诉讼的方式上,确立了"默示加入,明示退出"的方式,也即由投资者保护机构代为权利人向法院进行登记,从而突破了民事诉讼法"明示加入",即权利人必须自行到人民法院进行登记,才能加入代表人诉讼的方式。根据《证券代表人诉讼规定》的要求,投资者保护机构依据法院发布的权利登记公告确定的权利人范围向证券登记结算机构调取的权利人名单,法院应当予以登记,列入代表人诉讼原告名单,并通知全体原告。投资者明确表示不愿意参加诉讼的,应当在公告期满后 15 日内向法院声明退出。未声明退出的,视为同意参加该代表人诉讼。对于声明退出的投资者,法院不再将其登记为特别代表人诉讼的原告,该投资者可另行起诉。投资者"默示加入,明示退出"的代表人诉讼参加方式,有非常明显的优势:一是由投资者保护机构根据证券登记结算机构的交易记录代为登记权利,省却了投资者的举证负担;二是"默示加入"的方式能够充分发挥对证券违法犯罪行为的震慑作用,实现依法提高证券违法违规行为成本的立法目的。

第三,在特别代表人诉讼的启动方式上,以普通代表人诉讼作为前置程序。根据《证券代表人诉讼规定》第 32 条的规定,《证券法》第 95 条第 2 款与第 3 款规定的普通代表人诉讼与特别代表人诉讼程序是递进关系,也即只有在普通代表人诉讼程序开启并在人民法院发布权利登记公告后,投资者保护机构在公告期间受 50 名以上权利人的特别授权,才可以作为代表人参加诉讼,诉讼程序才能转换为特别代表人诉讼程序,适用特别代表人诉讼制度。未发起普通代表人诉讼程序,或者普通代表人诉讼程序开启后的权利登记公告期间投资者保护机构未获 50 名以上权利人的特别授权,特别代表人诉讼程序不能单独开启或者自然转换。

第四,代表人诉讼的特别授权。为提高诉讼效率,克服代表人诉讼周期长、成本高等固有的程序缺点,《证券代表人诉讼规定》明确代表人诉讼采用特别授权的模式,即权利人参加法院登记即视为对代表人进行特别授权,除代表原告参加开庭审理外,代表人可以代表原告变更、放弃诉讼请求或者承认对方当事人的诉讼请求,与被告达成调解协议,提起或放弃上诉、申请执行等。同时,为了妥善保护加入代表人诉讼的投资者的诉讼权利和程序利益,该规定赋予投资者对诉讼代表人实施重大诉讼事项的监督权,如对调解协议草案有知情权、异议权、参加听证会的权利以及退出权;代表人决定撤诉、变更或者放弃诉讼请求的,应当向人民法院提交书面申请,并通知全体原告,法院根据原告所提异议情况,依法裁定是否准许。此外,对于特别代表人诉讼,《证券代表人诉讼规定》还要求投资者保护机构应当采取必要措施,保障被代表的投资者持续了解案件审理的进展情况,回应投资者的诉求。对投资者提出的意见和建议不予采纳的,应当对投资者做好解释工作。

# 第十三章 第 三 人

**【本章提要】**

民事诉讼中的第三人属广义上的当事人,是指对他人之间的诉讼标的具有独立的请求权,或者虽然没有独立的请求权,但同案件的处理结果有法律上的利害关系,而参加他人之间正在进行的诉讼的人。从参加诉讼的时间来看,第三人必须是在他人之间的诉讼已经开始、尚未结束前参加。参加诉讼的目的,或者是对争议的诉讼标的主张独立的请求权;或者是因案件的处理结果与其有法律上的利害关系,为了保护自己的利益而进入到诉讼中来。我国民事诉讼中的第三人包括有独立请求权第三人与无独立请求权第三人两种类型,二者在参加诉讼的根据、参加诉讼的方式、诉讼地位以及诉讼结果等方面均存在差异。

## 第一节 有独立请求权第三人

### 一、有独立请求权第三人的概念

我国《民事诉讼法》第59条第1款规定:"对当事人双方的诉讼标的,第三人认为有独立请求权的,有权提起诉讼。"有独立请求权第三人,是指对原被告之间的诉讼标的主张独立的请求权,而参加到正在进行的诉讼中来的人。例如,甲乙二人因房屋所有权发生争议,甲将乙诉至法院,要求确认房屋的所有权。在诉讼中,丙向法院提出,甲乙争议的房屋应归自己所有。在这一诉讼中,丙便是典型的有独立请求权第三人。

在有独立请求权第三人参加的诉讼中,通常将原被告之间正在进行的诉讼称为本诉;将第三人与原被告之间的诉讼,称为参加之诉。有独立请求权第三人参加诉讼后,实际上形成了本诉与参加之诉的合并。

### 二、有独立请求权第三人制度的意义

当他人之间的诉讼结果可能会损害第三人的民事权益时,允许第三人以原被告以外的独立当事人的身份参加到他人之间的诉讼中来,向法院主张权利、陈述意见,进行举证,法院在一个诉讼程序中一并审理原被告之间以及原被告与第三人之间的纠纷,并对实体权利的最终归属作出裁判,既有利于维护利害关系人的合法权益,又有利于提高诉讼效率,避免矛盾裁判。民事诉讼法设立有独立请求权第三人制度的意义就在于此。

当然,对于案外第三人而言,是否参加他人已经开始的诉讼,最终取决于第三人自己的选择,即使不参加原被告已经开始的诉讼,他也可以在原被告之间的诉讼结束

后，通过另行起诉的方式来维护自己的合法权益。因为另行起诉并不违反"一事不再理"的原则，而且，前述判决的效力也不及于没有参加诉讼的第三人。但是，由于原被告的诉讼在先，法院必然会作出当事人一方胜诉的判决。如果第三人以胜诉的一方为被告另行起诉，无疑会加重第三人的举证负担，使之承受更大的败诉风险。为了避免这样的结果，第三人通常会选择主动参加到原被告已经开始的诉讼中来，由法院通过合并审理本诉与第三人提起的参加之诉，对谁为真正的权利主体作出最终的判断。

### 三、有独立请求权第三人参加诉讼的要件

根据我国《民事诉讼法》第59条第1款的规定，对原被告之间的诉讼标的主张独立的请求权，构成有独立请求权第三人参加诉讼的必要条件，也是有独立请求权第三人参加诉讼的根据。所谓主张独立的请求权，是指第三人对本诉的诉讼标的提出独立于原被告的实体权利主张，认为原被告争议的实体权利应该归他所有。这就意味着第三人所主张的实体权利与本诉原告的请求相排斥，也与本诉被告的主张相排斥。对于第三人来说，无论是本诉原告胜诉，还是本诉被告胜诉，都对他的实体权利构成威胁，第三人需要通过参加他人之间正在进行的诉讼以保护自己的合法权益。第三人主张独立的请求权有两种情形：一种是对原被告之间的诉讼标的主张全部的实体权利；另一种是仅主张部分实体权利。需要注意的是，对原被告之间的诉讼标的主张独立的请求权这一第三人参加诉讼的要件属于程序要件，只要案外人就本诉的诉讼标的主张独立的请求权，就满足了作为有独立请求权第三人参加诉讼的条件，法院既无需审查请求权能否成立，也不得以第三人不享有所主张的权利为由拒绝其参加诉讼。

日本民事诉讼法还将他人之间的诉讼结果会使自己的权利受到损害的情形作为第三人参加诉讼的根据，被称为"防止欺诈诉讼"。在这种情形下，虽然第三人的权利还没有达到实际受到损害的程度，但他人之间的诉讼结果会对第三人的法律利益产生重大的威胁，如果第三人参加诉讼，就能够阻止法院作出对其将来不利的裁判。例如，甲向法院起诉乙偿还10万元欠款，在诉讼过程中，乙的债权人丙则请求法院确认甲、乙之间的债权不成立。丙认为甲、乙是共谋提起虚假诉讼，意图转移乙的财产，从而使丙的债权无法实现。在这个诉讼中，丙即是主张因甲、乙的诉讼结果将对自己的权利造成损害，从而提起参加之诉的第三人。

我国民事诉讼法并未将防止欺诈诉讼作为第三人参加诉讼的根据。为了防止债务人恶意转移财产，保障债权人的合法权益，维护诚实信用的市场交易秩序，我国民事诉讼法有必要作出相应的补充。

### 四、有独立请求权第三人的诉讼地位

在有独立请求权第三人参加的诉讼中，有独立请求权第三人相当于原告的诉讼地位。这是因为，有独立请求权第三人在诉讼中针对本诉当事人的诉讼标的提出了独立的诉讼请求，他既反对本诉原告的主张，也反对本诉被告的主张，他认为无论是

原告胜诉,还是被告胜诉,都侵犯了自己的合法权益。实际上,有独立请求权第三人是为了维护自己的民事权利,以独立的权利人的身份向人民法院提起了一个新的参加之诉。在这个新的参加之诉中,有独立请求权第三人为原告,本诉的原被告为被告。因此,有独立请求权第三人享有原告的诉讼权利,履行原告的诉讼义务。在有独立请求权第三人参加的诉讼中,人民法院把本诉与参加之诉合并在一个诉讼程序中进行审理,形成了由本诉与参加之诉共同构成的三面诉讼结构。

在有独立请求权第三人将本诉的原被告双方作为被告提起的参加之诉中,本诉中原被告成为共同诉讼人。根据他们与参加之诉的诉讼标的的关系,可以分成三种类型:第一种类型是第三人与原被告形成必要的共同诉讼。例如,甲乙兄弟二人因遗产继承发生争议,甲向法院起诉,请求按法定继承平分现被乙全部占有的遗产。在诉讼中,邻居丙以遗赠人的身份向法院申请参加诉讼,声明遗产应全部归他所有。如果法院受理了丙的申请,显然,丙成为本案有独立请求权第三人,丙与本案原被告所形成的参加之诉属必要的共同诉讼。第二种类型是第三人与原被告形成普通的共同诉讼。例如,甲乙都声称自己为某物的所有权人,为此发生争议,甲向法院起诉要求确认该物归他所有。在诉讼中,丙以有独立请求权第三人的身份申请参加诉讼,主张自己是该物的真正所有权人。在本案中,丙与本诉原被告所形成的参加之诉即属于普通的共同诉讼。第三种类型是有独立请求权第三人与本诉原被告之间的诉讼标的各不相同。例如,甲出国后将某物委托乙照管,乙未经甲同意,将甲的物品卖给丙,后因价款发生纠纷,乙向法院起诉,要求丙给付剩余款项。甲得知消息后回国,向法院申请参加诉讼。在此案中,作为有独立请求权第三人的甲对本诉原告主张物品的所有权,而对本诉被告则主张返还标的物。无论是哪种类型的参加之诉,当有独立请求权第三人向法院申请参加诉讼,法院受理后,就会将本诉与参加之诉合并审理,并作出一个判决,从而彻底解决三方的纠纷。

**五、有独立请求权第三人参加诉讼的程序**

(一) 参加诉讼的时间

有独立请求权第三人参加诉讼的时间必须是本诉正在进行,即本诉已经开始而尚未终结,具体是指法院受理后至裁判作出前。原则上有独立请求权第三人应在第一审程序中参加诉讼,第一审程序中未参加诉讼的第三人,申请参加第二审程序的,人民法院可以准许。但考虑到两审终审制的要求和当事人的审级利益,第二审法院可以根据当事人自愿的原则对有独立请求权第三人参加的诉讼进行调解,如果当事人不同意调解或调解未达成协议,则裁定撤销原判,发回重审。

(二) 参加诉讼的方式

有独立请求权的第三人参加诉讼的方式是向受理本诉的法院提起诉讼。由于有独立请求权的第三人对本诉的诉讼标的主张独立的请求权,实质上是向法院提起了一个新诉,这就决定了第三人必须以起诉的方式参加诉讼。第三人提起的诉讼必须符合民事诉讼法关于起诉的条件,法院才能受理,具体来说,第三人一般要以书面的形式向法院提交起诉状,须在起诉状中写明诉讼请求和事实理由,还须以本诉的原被告一方或双方为对方当事人,同时也要交纳案件受理费等。

(三) 审理和裁判

在有独立请求权第三人参加的诉讼中,法院是将原被告之间的本诉与第三人提起的参加之诉合并在一个诉讼程序中进行审理,而且对两诉的审理需同时进行。通过审理,最后对涉及三方当事人之间的纠纷作出一个前后协调、互不矛盾的裁判。该裁判对原被告以及有独立请求权的第三人均发生效力。

在诉讼过程中,如果有独立请求权的第三人撤回参加之诉,该撤诉行为仅对参加之诉发生效力,即导致参加之诉终结,本诉仍应继续进行。同样,如果本诉原告撤诉,则并不影响第三人与原被告之间的参加之诉,只不过原告撤诉后,参加之诉变成了本诉,有独立请求权的第三人变成了本诉中的原告。

### 六、有独立请求权第三人与必要共同诉讼人的区别

在审判实务中,有独立请求权第三人与必要共同诉讼中的共同原告容易混淆,有必要加以区分:

1. 与诉讼标的的关系不同

在必要共同诉讼中,必要共同诉讼人的诉讼标的同一,他们是争议的法律关系的一方当事人,在同一法律关系中,或者共同享有权利,或者共同承担义务。有独立请求权第三人提起的诉讼,其诉讼标的与本诉的诉讼标的即便相同,但与本诉当事人的任何一方都不具有共同的权利,且有独立请求权第三人的主张与本诉当事人任何一方的主张均相排斥。

2. 诉讼地位不同

必要共同诉讼人在诉讼中只能与对方当事人发生争议。如果追加共同诉讼人参加诉讼,则该共同诉讼人要么属原告一方成为共同原告,要么属被告一方成为共同被告。而有独立请求权第三人参加诉讼,既不站在本诉原告一方,也不站在本诉被告一方,而是同本诉的原被告都有争议,在诉讼中将本诉的当事人双方作为被告。

3. 参加诉讼的方式不同

必要共同诉讼通常是不可分之诉,对未参加诉讼的其他共同诉讼人,人民法院应通知其参加诉讼,追加为共同原告或共同被告。而有独立请求权第三人是以提起诉讼的方式参加诉讼的,第三人参加之诉既可与本诉分开单独提起,也可在本诉审理终结后另行提起。在诉讼中,人民法院不能依职权主动追加有独立请求权第三人参加诉讼。

4. 诉讼行为的效力不同

在必要共同诉讼中,共同诉讼人一人的诉讼行为须经全体共同诉讼人承认,方对全体共同诉讼人发生效力。而有独立请求权第三人在诉讼中的行为仅对自己生效,也不受本诉任何一方当事人的牵制。

## 第二节 无独立请求权第三人

### 一、无独立请求权第三人的概念

《民事诉讼法》第 59 条第 2 款规定:"对当事人双方的诉讼标的,第三人虽然没有独立请求权,但案件处理结果同他有法律上的利害关系的,可以申请参加诉讼,或者由人民法院通知他参加诉讼。人民法院判决承担民事责任的第三人,有当事人的诉讼权利义务。"据此,无独立请求权第三人,是指对当事人之间的诉讼标的,虽然没有独立请求权,但案件的处理结果与其有法律上的利害关系而参加诉讼的人。

### 二、无独立请求权第三人制度的意义

通常认为,我国确立无独立请求权第三人制度,允许与案件处理结果有法律上的利害关系的第三人加入诉讼,旨在谋求纠纷的一次性解决,实现诉讼经济,提高诉讼效率,也有利于避免矛盾判决。

在我国,根据民事诉讼法的规定,结合审判实务,无独立请求权第三人参加诉讼,通常表现为两种形态:一种是法院可直接判令其承担民事责任的"被告型第三人",另一种是辅助一方当事人诉讼的"辅助型第三人"。在不同的表现形态中,无独立请求权第三人制度的意义或所发挥的功能应当有所区别:(1) 对于"被告型第三人"而言,追加其进入诉讼,法院可对当事人之间、当事人一方与第三人之间相关联的实体权利义务的争议合并审理,并最终判决第三人承担民事责任,有利于纠纷的一次性解决,实现诉讼经济,一定程度上也能避免矛盾判决。(2) 对于"辅助型第三人"而言,第三人参加诉讼具有多重意义:一是可以辅助与其存在法律关系的一方当事人诉讼,从而避免因该方败诉而影响自己的权益;二是因案件的处理结果与第三人有法律上的利害关系,允许第三人参加诉讼,能够为第三人提供程序保障,以维护其程序利益与实体利益;三是因在诉讼中第三人可行使诸如提出主张、举证以及抗辩等程序权利,第三人参加诉讼,也会产生辅助参加的效力,即如果其辅助的一方当事人败诉,该方当事人将来以第三人为被告另行起诉时,除特殊情况外,该第三人不得在另诉中主张前诉裁判不当,法院可以前诉判决中的判断为基础对后诉作出裁判。以往,人们更多强调该制度有利于提高诉讼效率、实现诉讼经济的意义,而对通过第三人参加诉讼,给予其程序保障进而产生参加的效力认识不足,也未得到立法的认可。与此相适应,法院追加无独立请求权第三人参加诉讼,往往也是为了最终判令其承担民事责任,"被告型第三人"成为审判实务的主要形态。从尊重当事人的程序选择权,充分保障当事人诉讼权利的视角出发,"辅助型第三人"应成为无独立请求权第三人的主要表现形态,并通过完善立法,明确无独立请求权第三人的参加效力。

### 三、无独立请求权第三人参加诉讼的要件

根据民事诉讼法的规定,与他人之间的案件处理结果有法律上的利害关系,构成

无独立请求权第三人参加诉讼的必要条件,也是无独立请求权第三人参加诉讼的根据。第三人与案件的处理结果有法律上的利害关系,通常是由于第三人与正在进行诉讼的当事人一方存在某种法律关系,该法律关系与当事人之间发生争议的法律关系有直接的牵连,这种直接的牵连体现在民事权利义务的直接牵连,如果有标的物,前后两个法律关系的标的物重合或部分重合。正是因为两个法律关系存在直接的牵连,法院对当事人之间争议的实体权利义务的裁判,会直接影响到第三人的实体权利义务;若与其存在法律关系的一方当事人胜诉,则第三人的实体权益得到保障;若存在败诉的可能性,则最终的民事责任可能由第三人承担。故第三人通过参加他人之间正在进行的诉讼,辅助当事人一方,从而保护自己的民事权益。

**四、无独立请求权第三人的诉讼地位**

通常认为,无独立请求权第三人参加到他人已经进行的诉讼中来,是为了维护自己的合法权益,避免因与自己存在法律关系的一方当事人败诉而影响自身的权益,他对当事人之间争议的诉讼标的不能提出独立的诉讼请求。因此,无论他参加到原告一方进行诉讼,还是参加到被告一方进行诉讼,都不具有与当事人完全相同的诉讼地位,这就决定了无独立请求权第三人的诉讼地位具有从属性和相对独立性的特点。无独立请求权第三人诉讼地位的从属性表现在,无独立请求权第三人参加诉讼的目的是辅助与其有法律关系的一方当事人胜诉,因而不得实施与参加目的相悖的诉讼行为,如不得申请撤回诉讼或放弃、变更诉讼请求,通常情况下也无权提出管辖权异议。无独立请求权第三人诉讼地位的相对独立性体现在,无独立请求权第三人作为广义的当事人,又享有一些独立的诉讼权利,如有权委托代理人进行诉讼,有权向法院陈述意见,提供证据,参加辩论等。被判决承担民事责任的无独立请求权第三人,有权提起上诉。

根据我国民事诉讼法的规定,在一定情况下,无独立请求权第三人还可以取得与参加诉讼的当事人完全相同的诉讼地位,即"人民法院判决承担民事责任的第三人,有当事人的诉讼权利义务"。然而,这样的规定无疑存在问题,因为根据民事诉讼法的这一规定,无独立请求权第三人是否承担民事责任,要等到审理终结时才能确定,而其诉讼地位,则是在他参与诉讼之初就应解决的问题。因此,对这一规定的正确解释是,对于"被告型第三人",法院根据被告的申请或依职权通知第三人参加诉讼,其目的在于确定第三人是否应当承担民事责任时,就应依法使该第三人从参加诉讼之初便具有当事人的诉讼权利义务。实际上,诉讼形成了本诉与参加之诉的合并审理。在参加之诉中,本诉的被告成为原告,而无独立请求权第三人成为被告。此时无独立请求权第三人应当享有被告的诉讼权利,如有权针对参加之诉的原告提出反诉,承认诉讼请求;有权进行和解或申请调解;有权提出上诉等。

综上,对于无独立请求权第三人而言,其在诉讼中的诉讼地位及其所享有的诉讼权利,因不同的表现形态应有所区别。对于可能判决其承担民事责任的"被告型第三人"而言,因其处于类似被告的诉讼地位,除不能提出管辖权异议①外,该类第三人应享有被告的诉讼权利;而对于"辅助型"第三人而言,其诉讼地位具有从属性和相对独立性。

**五、无独立请求权第三人参加诉讼的程序**

(一) 参加诉讼的时间

无独立请求权第三人参加诉讼的时间应当是他人的诉讼正在进行时,即法院受理后至裁判作出前。② 通常,无独立请求权第三人参加诉讼仅限于第一审程序,因为第三人的参加之诉与本诉并非不可分之诉,可以另案处理。③ 但考虑到纠纷一次性解决原则,如果未参加第一审程序的第三人申请参加第二审程序的,人民法院也可准许。在第二审程序中参加诉讼后,如果需要其承担责任的,第二审人民法院也可以根据当事人自愿的原则予以调解;调解不成的,发回重审。

(二) 参加诉讼的方式

根据我国《民事诉讼法》第59条第2款、《民诉法解释》第81条第1款的规定,无独立请求权第三人参加诉讼有以下两种方式:

1. 本人申请参加诉讼

本人申请参加诉讼,是指案外人以口头或书面的方式,主动向法院提出申请,要求以无独立请求权第三人的身份参加诉讼的一种方式。

尽管第三人对当事人之间的诉讼标的没有独立的请求权,但是案件的处理结果与其有法律上的利害关系,第三人为了保护自己的利益,有必要通过申请参加的方式进入到诉讼中来。

2. 法院通知参加诉讼

法院通知参加诉讼,是指法院发出通知书,要求案外人以无独立请求权第三人的身份参加诉讼。

对于"被告型第三人"而言,其参加诉讼存在法院直接判令无独立请求权第三人承担民事责任的可能性。出于对最终可能由自己承担败诉后果的担心,导致第三人往往不愿意主动参加到诉讼中来。④ 为了贯彻诉讼经济的原则,通过一次诉讼解决因法律关系有直接牵连而发生的民事权利义务争议,法院有必要采取通知的方式,要求

---

① 需要注意的是,根据相关司法解释,被追加的无独立请求权第三人如果主张与一方当事人约定仲裁或约定管辖,或者属于专属管辖,其可提出管辖权异议,法院经审查成立的,应不予追加。

② 实际上,在部分案件中,原告在起诉状中就已列明无独立请求权第三人,此时无独立请求权第三人参加诉讼的时间将提前至原告起诉之时。

③ 不过,鉴于"辅助型第三人"参加诉讼的目的还在于为其提供程序保障,并且可能产生参加诉讼的效力,故法院应尽可能促使与本诉案件处理结果有法律上利害关系的无独立请求权第三人参加到本诉之中来。尤其是《民事诉讼法》设立第三人撤销之诉后,更加凸显了无独立请求权第三人参加本诉的必要性。

④ 不过,第三人撤销之诉制度的确立,可能会改变这一状况。因为如果第三人明知他人的诉讼正在进行,且判决结果与其有法律上的利害关系,其不主动申请参加诉讼,一旦前诉裁判错误,损害其民事权益,依民事诉讼法的规定,其无权提出第三人撤销之诉,也就丧失了权利救济的重要途径。为此,第三人可能更倾向于主动申请参加诉讼。

第三人参加诉讼。

关于法院通知参加诉讼的方式,《民事诉讼法》并未明确法院的通知是以一方当事人申请为前提,还是允许法院在当事人尚未提出申请的情况下可依职权追加第三人进入到诉讼中来,审判实务中存在法院主动依职权追加第三人的情形。我国民事诉讼理论界认为这样的做法有违民事诉讼中的处分原则,建议法院采取根据诉讼当事人的申请通知第三人参加诉讼的办法。即在诉讼中,如果被告方认为自己可能败诉,而败诉的责任应当由第三人承担时,可以向法院提出申请,请求法院通知第三人参加诉讼。若法院认为让第三人参加诉讼有利于彻底解决纠纷时,可以告知当事人有申请第三人参加诉讼的权利,但是否提出申请,仍应由当事人决定,在当事人未提出申请的情况下,法院不宜主动通知第三人参加诉讼。①

对无独立请求权第三人接到法院通知其参加诉讼后拒绝参加的法律后果,也即法院通知第三人参加诉讼的效力问题,我国民事诉讼理论界也存在不同认识。一种意见认为,第三人经法院传唤要求其参加诉讼后,有义务参加诉讼,法院对无正当理由拒不到庭或中途退庭的第三人,可作出缺席判决。另一种意见则认为,第三人接到法院通知后,有选择是否参加诉讼的权利,法院也不得在第三人未参加诉讼的情况下判决第三人承担民事责任。我们赞成后一种意见。因为第三人与本案当事人一方之间的法律关系毕竟是另一个法律关系,在第三人不愿参加诉讼的情况下,法院可以就原被告之间的权利义务争议作出裁判,与第三人存在法律关系的一方败诉后可另行起诉第三人,而不宜由法院直接采用缺席判决的方式让第三人承担民事责任。但是,第三人接到法院通知不参加诉讼,也应承担一定的不利的法律后果,即在被告败诉后向第三人提起的诉讼中,法院的裁判具有预决效力,第三人既不得提出与法院裁判中的认定不同的主张,也不得主张因当事人诉讼行为不当才导致败诉。

**六、确定无独立请求权第三人范围的司法解释**

在审判实务中,对于某些类型案件中的相关利害关系人可否作为第三人参加诉讼,最高人民法院在其发布的相关司法解释中作出了规定,主要包括:

(一) 可以作为无独立请求权第三人参加诉讼的情形

1. 劳动争议案件中无独立请求权第三人的认定

根据自 2021 年 1 月 1 日起实施的《最高人民法院关于审理劳动争议案件适用法律问题的解释(一)》第 27 条的规定,下列人员可作为第三人参加诉讼:

(1) 用人单位招用尚未解除劳动合同的劳动者,原用人单位与劳动者发生的劳动争议,可以列新的用人单位为第三人。

(2) 原用人单位以新的用人单位侵权为由提起诉讼的,可以列劳动者为第三人。

---

① 与前述第三人主动申请参加诉讼相类似,在民事诉讼法确立第三人撤销之诉后,如果法院在审理本诉过程中获知存在无独立请求权第三人,为了避免本诉裁判其后被第三人申请撤销,法院可能会尽量通知无独立请求权第三人参加诉讼。

## 2. 合同争议案件中无独立请求权第三人的认定

根据自 2023 年 12 月 5 日起施行的《最高人民法院关于适用〈中华人民共和国民法典〉合同编通则若干问题的解释》第 37 条、第 47 条的规定：

（1）债权人以债务人的相对人为被告向人民法院提起代位权诉讼，未将债务人列为第三人的，人民法院应当追加债务人为第三人。

（2）债权转让后，债务人向受让人主张其对让与人的抗辩的，人民法院可以追加让与人为第三人。

（3）债务转移后，新债务人主张原债务人对债权人的抗辩的，人民法院可以追加让与人为第三人。

（4）当事人一方将合同权利义务一并转让后，对方就合同权利义务向受让人主张抗辩或者受让人就合同权利义务向对方主张抗辩的，人民法院可以追加让与人为第三人。

除上述规定外，其他有关可以作为无独立请求权第三人参加诉讼的情形还可依据相关民事实体法及司法解释的规定加以确定。

### （二）不得作为无独立请求权第三人通知其参加诉讼的几种情形

人民法院对下列人员不得作为无独立请求权第三人通知其参加诉讼：

1. 与原被告双方争议的诉讼标的无直接牵连和不负有返还或者赔偿等义务的人。

2. 与原告或被告约定仲裁或有约定管辖的案外人，或者专属管辖案件的一方当事人。

3. 产品质量纠纷案件中原被告之间法律关系以外的下列人员：第一，证据已证明其已经提供了合同约定或者符合法律规定的产品的；第二，案件中的当事人未在规定的质量异议期内提出异议的；第三，作为收货方已经认可向其提供的该产品质量的。

4. 已经履行了义务，或者依法取得了一方当事人的财产，并支付了相应对价的原被告之间法律关系以外的人。

## 七、有独立请求权第三人与无独立请求权第三人的区别

有独立请求权第三人和无独立请求权第三人虽然都是作为第三人参加他人之间正在进行的诉讼，参加诉讼的目的都是为了保护自己的合法权益，但他们之间仍存在着以下显著的区别：

### （一）参加诉讼的根据不同

无独立请求权第三人参加诉讼的根据是与他人之间的案件处理结果有法律上的利害关系；而有独立请求权第三人参加诉讼的根据则是对他人之间的诉讼标的主张独立的请求权。

### （二）参加诉讼的方式不同

无独立请求权第三人以申请参加或法院通知其参加的方式进入到他人正在进行

的诉讼中来;而有独立请求权第三人则是以向法院提起诉讼的方式参加他人正在进行的诉讼。

(三) 诉讼地位不同

无独立请求权第三人在诉讼中一般处于辅助人的地位,辅助被参加的一方当事人进行诉讼,因而不享有与处分实体权利有关的诉讼权利;而有独立请求权第三人在诉讼中处于原告的诉讼地位,享有原告的诉讼权利。

(四) 诉讼结果不同

无独立请求权第三人一般参加被告一方进行诉讼,并且在被告败诉的情况下对被告负有返还或赔偿的义务,因而有可能被法院判决承担民事责任;而有独立请求权第三人在诉讼中处于原告的诉讼地位,即使败诉,也只是诉讼请求被驳回,不会被判决承担民事责任。

# 第十四章 诉讼代理人与诉讼辅助人

**【本章提要】**

诉讼代理人,是指依据法律规定或当事人的委托,以当事人的名义,代当事人进行民事诉讼的人。诉讼代理制度的设置,既可以使无诉讼行为能力人的能力得以补足,又可以使有诉讼行为能力人的能力得以扩张,从而有利于诉讼程序的顺利进行,有利于当事人的诉讼利益得到充分保护。我国民事诉讼法以代理权发生的根据为标准,将诉讼代理人分为法定诉讼代理人与委托诉讼代理人两种。诉讼辅助人,是经法院许可,于开庭审理期日与当事人、诉讼代理人一同出庭,辅助当事人、诉讼代理人为诉讼上陈述之人。设立诉讼辅助人制度的意义,在于弥补当事人、诉讼代理人因不了解专门知识而难以发表有针对性意见的不足,以切实保护当事人利益,推进诉讼顺利进行。

## 第一节 诉讼代理人概述

### 一、诉讼代理人的概念与特征

诉讼代理人,是指依据法律规定或当事人的委托,以当事人的名义,代当事人进行民事诉讼的人。诉讼代理人包括法定诉讼代理人与委托诉讼代理人两种。

在民事诉讼中,无诉讼行为能力的当事人必须由其法定代理人代为进行诉讼,有诉讼行为能力的当事人也可以委托他人代其进行诉讼。诉讼代理人代理当事人进行民事诉讼活动的权限称为诉讼代理权,代当事人实施的诉讼行为称为诉讼代理行为。诉讼代理人代理当事人实施的诉讼行为,包括代为诉讼行为和代受诉讼行为两个方面,前者如代为提出诉讼请求,向法庭提供证据,进行辩论等;后者如代为接受对方当事人提出的调解意见,代当事人接受诉讼文书等。诉讼代理制度的设置,为民事主体有效获得司法救济,充分维护自己的合法权益提供了法律上的保障。

诉讼代理人具有如下特点:

1. 诉讼代理人须以被代理的当事人的名义进行诉讼活动。诉讼代理人不是案件的当事人,其参与诉讼的目的是维护被代理的当事人的合法权益,为其提供法律服务,因此诉讼代理人必须以被代理的当事人的名义进行诉讼活动。

2. 诉讼代理人须具有诉讼行为能力。诉讼代理人的职责,是在代理权限范围内代当事人进行诉讼活动,这就要求诉讼代理人必须具有诉讼行为能力。一旦在诉讼中代理人丧失了诉讼行为能力,其诉讼代理资格也随之消灭。

3. 诉讼代理人须在代理权限内进行诉讼活动。诉讼代理权限来源于法律规定或当事人的授权,它划定了诉讼代理人代当事人实施诉讼行为的范围。超越诉讼代理权限所为的诉讼行为,除非得到被代理的当事人的追认,否则不发生相应的诉讼上的效果。

4. 诉讼代理的法律后果由被代理的当事人承受。诉讼代理的法律后果既包括程序性后果,也包括实体性后果。诉讼代理行为只要未超越诉讼代理权限范围,其法律后果均应由被代理的当事人承受。当然,如果在诉讼中诉讼代理人实施了妨害民事诉讼的行为,应由诉讼代理人而不是当事人承受由此产生的法律后果。

5. 诉讼代理人在同一诉讼中只能代理一方当事人。诉讼代理人代当事人进行诉讼的目的,是为了维护被代理的当事人的合法权益,由于在同一诉讼中双方当事人的利益相互冲突,这就决定了诉讼代理人只能代一方当事人实施诉讼行为,而不能同时为双方当事人的诉讼代理人。

值得探讨的是,在共同诉讼中,数位共同诉讼人的诉讼代理人可否为同一人?我们认为,如果是普通的共同诉讼,由于各共同诉讼人与对方当事人争议的诉讼标的相互独立,各共同诉讼人之间不存在利益冲突,应当允许同一个诉讼代理人代理数位共同诉讼人进行诉讼。如果是必要的共同诉讼,则要看各共同诉讼人之间是否存在利益冲突,如果存在现实的或潜在的冲突,如共同原告对于财产分配比例或共同被告对于责任分担存在利益冲突,则诉讼代理人不得同时代理两个或两个以上的共同诉讼人。如果各共同诉讼人之间不存在利益冲突,他们就可以委托一人作为其共同的诉讼代理人。

**二、诉讼代理制度的作用**

诉讼代理是民事诉讼的一项重要制度,它的作用主要表现在以下三个方面:

1. 有利于保证民事诉讼的正常进行

在民事诉讼中,无民事行为能力人和限制民事行为能力人由于不具有诉讼行为能力,不能够亲自实施诉讼行为。但作为民事主体,他们又难免与他人发生纠纷,如果没有诉讼代理制度,他们的诉讼就无法进行。正是由于诉讼代理制度的存在,弥补了他们诉讼行为能力的缺失,保证了民事诉讼的正常进行。

2. 有利于保护当事人的合法权益

进行诉讼需要掌握一定的法律知识和诉讼技能,而一般的诉讼当事人并未经过法律职业的训练。随着我国民事审判方式改革的不断深入,民事诉讼中当事人的主导作用日渐增强,但同时也加重了当事人的责任,如果当事人不能够及时有效地实施诉讼行为,就有可能为此承担不利的诉讼结果。因此,对当事人来说,寻求诉讼代理人的帮助,尤其是掌握专业法律知识、熟悉诉讼程序和技能的律师的帮助是极为重要的。诉讼代理制度的设立,满足了寻求法律帮助的当事人的需要,扩充了他们的诉讼行为能力,能够有效地维护他们的合法权益。

3. 有利于人民法院正确及时地审理案件

在诉讼实务中,多数案件的诉讼代理人由律师担任。律师熟悉程序规则和相关的实体法,有丰富的诉讼经验,由律师代为诉讼,可以依据案件的实际情况有效地提供证据,陈述意见,进行辩论,为法官正确处理案件提供建议,从而有助于诉讼程序的顺利进行,保证案件及时、准确、合法地解决。

### 三、诉讼代理人与辩护人的区别

民事诉讼中的诉讼代理人与刑事诉讼中的辩护人有某些共同特征,例如,参加诉讼的目的都是为了保护当事人的合法权益,与案件的处理结果均无法律上的利害关系等。但二者毕竟属于两种不同性质的诉讼参与人,仍然存在以下区别:

1. 产生根据不同。民事诉讼代理人基于法律直接规定或当事人的委托而产生,刑事辩护人则是根据犯罪嫌疑人、被告人的委托或法院的指定而产生。

2. 权限范围不同。在民事诉讼中,委托诉讼代理人的代理权限依据被代理人的授权范围,代理人只能在代理权限内实施代理行为。而刑事辩护人在诉讼中所享有的权利均源于法律的规定,辩护权的内容非常广泛,且享有不为犯罪嫌疑人、被告人所享有的权利。

3. 诉讼地位不同。民事诉讼代理人只能以被代理人的名义参加诉讼活动,并且要受到代理权限的制约;而刑事辩护人则以自己的名义参加诉讼,只根据事实和法律进行辩护,而不受犯罪嫌疑人、被告人的制约。与民事诉讼代理人相比,刑事辩护人在诉讼中的独立性更强。

4. 服务范围不同。民事诉讼代理人服务的范围是民事诉讼中的当事人,包括原告、被告以及第三人;而刑事辩护人的服务范围仅限于犯罪嫌疑人及被告人。

## 第二节 法定诉讼代理人

### 一、法定诉讼代理人的概念与特征

法定诉讼代理人,是指根据法律规定代理无诉讼行为能力的当事人进行民事诉讼的人。法律赋予法定诉讼代理人的权限,称为法定诉讼代理权。

《民事诉讼法》第 60 条规定:"无诉讼行为能力人由他的监护人作为法定代理人代为诉讼。法定代理人之间互相推诿代理责任的,由人民法院指定其中一人代为诉讼。"可见,法定诉讼代理是法律为无诉讼行为能力人设立的一种代理制度,这就决定了法定诉讼代理人具有以下特征:

1. 代理权产生的基础源于法律规定

法定诉讼代理人的代理权因法律的直接规定而产生,它不是基于当事人的委托,不需要当事人的授权,也不受当事人的制约。这是法定诉讼代理人的本质特征。

2. 代理对象为无诉讼行为能力人

法定诉讼代理人代理的对象仅为无诉讼行为能力人。法定诉讼代理制度的目的在于专门为无资格亲自实施诉讼行为的当事人获得司法救济提供帮助,因此,法定诉讼代理人代理的对象仅为无诉讼行为能力人。

3. 代理人的范围特定

法定诉讼代理人的范围仅限于对当事人享有监护权的人或组织。在诉讼中，只有监护人才能作为无诉讼行为能力人的法定诉讼代理人。监护人的范围由法律规定，超出法律规定范围的人或组织一般不能担任法定诉讼代理人。

4. 代理权的性质具有特殊性

法定诉讼代理人的代理权兼具权利和义务的双重属性。一方面，在无诉讼行为能力人涉讼时，监护人有权依法以法定诉讼代理人的身份参加诉讼，这是法律赋予他们的权利；另一方面，为了维护无诉讼行为能力人的合法权益，法律又要求监护人必须代为诉讼，这既是对被代理人应尽的义务，也是对社会应尽的义务。

【特别提示】

民事诉讼中的法定诉讼代理制度与民法中的法定代理制度都是法律为行为能力欠缺者所设立的救济制度，二者在代理的对象与代理人的范围上完全一致，两种代理权产生和消灭的原因也基本相同，甚至在一定意义上可以将前者视为后者在诉讼领域的延伸。但法定诉讼代理制度与民事代理制度毕竟是两种性质不同的代理制度，前者受民事诉讼法调整，代理当事人所实施的是民事诉讼行为；后者则受民事实体法调整，代理民事主体所实施的是民事法律行为。这就决定了两种制度各有其独立的功能和价值，而不能互相代替。

## 二、法定诉讼代理人的代理权限与诉讼地位

（一）法定诉讼代理人的代理权限

由于法定诉讼代理人所代理的当事人无诉讼行为能力，这就决定了法定诉讼代理人的代理权限并无范围的限制。法定诉讼代理人无需被代理人的授权，完全可以按照自己的意志代被代理人实施所有诉讼行为，包括代被代理人行使诉讼权利，履行诉讼义务。在诉讼中，法定诉讼代理人既有权代为处分当事人的诉讼权利，如起诉、撤诉、提起反诉等；也有权代为处分当事人的实体权利，如承认或放弃诉讼请求，与对方当事人达成和解等。当然，这并不意味着法定诉讼代理权不受任何限制，法定诉讼代理人代当事人实施诉讼行为，须以不损害当事人的合法权益为前提，否则就要承担相应的法律责任。同时人民法院也应对法定诉讼代理人的代理行为实施必要的监督。

（二）法定诉讼代理人的诉讼地位

由于法定诉讼代理人在诉讼中代当事人行使当事人的诉讼权利，履行当事人的诉讼义务，因此，法定诉讼代理人就具有类似当事人的诉讼地位。当事人所能实施的一切诉讼行为，均可由法定诉讼代理人代为实施；法院和对方当事人所为的诉讼行为，也由其代为接受。其所实施和接受的诉讼行为，均视为当事人的行为，与当事人的诉讼行为具有同等的法律效力。尽管如此，法定诉讼代理人仍不同于当事人，例如

他们不能以自己的名义进行诉讼,法院裁判的效力通常不及于法定诉讼代理人;法定诉讼代理人在诉讼中死亡或丧失诉讼行为能力,人民法院可另行指定监护人继续诉讼,而不必终结诉讼。

### 三、法定诉讼代理权的取得与消灭

法定诉讼代理权产生的基础是民事实体法所规定的监护权,法定诉讼代理权是监护权的内容之一,没有监护人的身份,就不能成为法定诉讼代理人,因此,法定诉讼代理权的取得依赖于监护权的取得。当被监护人与他人发生争议需要进行诉讼时,监护人即可行使法定诉讼代理权。在具体的诉讼活动中,法定诉讼代理人须向人民法院提交有关身份及监护关系的证明,以便人民法院调查核实。

法定诉讼代理权因监护权的消灭而消灭。具体包括如下几种情况:(1)被代理的当事人取得或恢复了诉讼行为能力,如被代理的未成年当事人已经成年或被代理的患有精神病的当事人已经痊愈。(2)法定诉讼代理人死亡或丧失诉讼行为能力。(3)法定诉讼代理人失去监护权。例如,基于收养关系而发生的监护权,随着收养关系的解决而归于消灭。(4)被代理的当事人死亡。(5)其他导致法定代理权消灭的情况。

## 第三节 委托诉讼代理人

### 一、委托诉讼代理人的概念与特征

《民事诉讼法》第61条第1款规定:"当事人、法定代理人可以委托一至二人作为诉讼代理人。"委托诉讼代理人,是指接受当事人、法定代理人的委托,以当事人的名义代为进行诉讼的人。由于委托诉讼代理人的产生及代理权限均取决于委托人的意志,因此,委托诉讼代理又称意定代理,委托诉讼代理人又称意定代理人。委托诉讼代理是最主要的诉讼代理方式,在民事诉讼中具有广泛的适用性。与法定诉讼代理人相比,委托诉讼代理人具有如下特点:

1. 代理权基于委托人的授权

诉讼代理人的代理权来源于委托人,即当事人或其法定代理人的授权。在诉讼实践中,委托人在授予代理权时,须出具由其签名或盖章的授权委托书,这是委托诉讼代理人取得代理权的凭证。

2. 代理事项及代理权限一般由委托人决定

诉讼代理权限及代理事项通常由委托人自行决定。在委托诉讼代理中,代理权限和代理事项受委托人意志的约束,委托人有权自行决定代理权限和代理事项的范围,委托诉讼代理人必须在授权范围内代理被委托的事项。不过,对委托人的授权,法律在特殊情况下也作了适当限制,如在离婚案件中,离婚与否的意见就不能授权代理人代为表达,而必须由当事人亲自向法院表明。

3. 代理人和委托人均须有诉讼行为能力

与法定诉讼代理人同样,委托诉讼代理人也必须具有诉讼行为能力。同时,在委托诉讼代理中,由于诉讼代理权基于委托人的授权而产生,因而,委托人也必须具有诉讼行为能力,否则,授权委托行为就无法进行。

**二、委托诉讼代理人的范围**

为保护委托人的合法权益,保证诉讼的顺利进行,各国法律对诉讼代理人的资格均有所限制。归纳起来,主要有两种模式,一种是委托诉讼代理人的范围仅限于律师,如德国、日本;另一种则放宽了诉讼代理人的范围,律师与非律师均可受托担任诉讼代理人。我国采用的是后一种模式。

我国对委托诉讼代理人的资格几乎未作限制性规定,可以担任委托诉讼代理人的范围非常广泛。根据《民事诉讼法》第61条第2款的规定,下列人员可作为委托诉讼代理人:

1. 律师

律师是指取得律师执业证书,为社会提供法律服务的执业人员。律师接受当事人的委托,作为诉讼代理人,代当事人进行民事诉讼是其执业的重要组成部分。与其他诉讼代理人相比,律师具有较为丰富的法律知识和诉讼经验,由律师代理诉讼,能够帮助当事人正确行使诉讼权利,履行诉讼义务,选择实施适当的诉讼行为,从而最大限度地保护当事人的合法权益。随着我国律师队伍的不断壮大和律师素质的不断提高,律师已成为我国委托诉讼代理人的主体。

2. 基层法律服务工作者

基层法律服务工作者是指符合司法部《基层法律服务工作者管理办法》规定的执业条件,经核准执业登记,领取《基层法律服务工作者执业证》,在基层法律服务所中执业,为社会提供法律服务的人员。允许基层法律服务工作者代理民事诉讼,也是基于我国司法的现实需要。基层法律服务工作者面向基层群众,能够提供及时、便捷、低廉的法律服务,与律师服务可以形成不同层次、优势互补的法律服务格局,从而满足基层群众诉讼代理服务的需求。

3. 当事人的近亲属或者工作人员

当事人为自然人时,当事人的近亲属可以接受委托作为诉讼代理人。当事人的近亲属与当事人关系密切,对案情比较了解,由他们担任诉讼代理人容易取得当事人的信任,能够更好地维护当事人的合法权益。根据《民诉法解释》第85条的规定,与当事人有夫妻、直系血亲、三代以内旁系血亲、近姻亲关系以及其他有抚养、赡养关系的亲属,可以当事人近亲属的名义作为诉讼代理人。当事人为法人或其他组织时,与当事人有合法劳动人事关系的职工,可以当事人工作人员的名义作为诉讼代理人。

4. 当事人所在社区、单位以及有关社会团体推荐的公民

当事人所在社区、单位可以为当事人推荐诉讼代理人。被推荐的公民既可以是当事人所在社区、单位的人员,也可以是所在社区、单位以外的人员。有关社会团体

推荐公民担任诉讼代理人的,根据《民诉法解释》第87条的规定,应当符合下列条件:(1)社会团体属于依法登记设立或者依法免予登记设立的非营利性法人组织;(2)被代理人属于该社会团体的成员,或者当事人一方住所地位于该社会团体的活动地域;(3)代理事务属于该社会团体章程载明的业务范围;(4)被推荐的公民是该社会团体的负责人或者与该社会团体有合法劳动人事关系的工作人员。专利代理人经中华全国专利代理人协会推荐,可以在专利纠纷案件中担任诉讼代理人。允许当事人所在社区、单位以及有关社会团体推荐的公民担任诉讼代理人,是我国委托诉讼代理制度的一大特色。它有利于当事人在有关组织的支持和帮助下充分维护自己的合法权益,对于公正、及时地解决某些特殊类型的案件发挥了独特的作用。

此外,我国民事诉讼法还对委托诉讼代理人的人数作了限定。根据《民事诉讼法》第61条第1款的规定,当事人、法定代理人可以委托一至二人作为诉讼代理人。在诉讼中,如果当事人委托了两个诉讼代理人,应在授权委托书中分别载明各自的代理权限及代理事项,以确保诉讼代理活动的顺利进行。

### 三、委托诉讼代理人的代理权限与诉讼地位

(一) 委托诉讼代理人的代理权限

委托诉讼代理人的代理权限取决于被代理人的授权范围。委托诉讼代理人只有在被代理人的授权范围内所实施的诉讼行为,才能与被代理人实施的诉讼行为具有同等的法律效力,其行为的法律后果才能直接归属于被代理人。

当事人授权委托诉讼代理人代为实施诉讼行为的范围分为两类,一类为一般授权,即委托诉讼代理人代当事人实施不直接涉及处分实体权利的诉讼行为,如收集证据、申请回避、进行质证和辩论等。另一类为特别授权,即在一般授权的基础上,当事人授权委托诉讼代理人代为实施对其实体权利有重大影响的诉讼行为。根据我国《民事诉讼法》第62条第2款的规定,诉讼代理人代为承认、放弃、变更诉讼请求,进行和解,提起反诉或者上诉,必须有委托人的特别授权。对需要特别授权的事项,当事人须在授权委托书中一一列明,否则,委托诉讼代理人不得代为实施。诉讼实践中,有的当事人在授权委托书代理权限一项只写"全权代理"而无具体授权,此时应视为一般授权,委托诉讼代理人无权代为实施上述需特别授权的诉讼行为。

此外,如果当事人在授权委托书中没有写明诉讼代理人在执行程序中有代理权限及具体的代理事项,诉讼代理人的代理权限就仅限于审判程序,而不应包括执行程序,在执行程序中当然也就没有代理权,不能代理当事人申请执行,也不能代理当事人直接领取或者处分标的物。

(二) 委托诉讼代理人的诉讼地位

在民事诉讼中,虽然委托诉讼代理人是以被代理人的名义进行诉讼活动,但委托诉讼代理人仍是具有独立诉讼地位的诉讼参加人。具体来讲,诉讼代理人诉讼地位的独立性主要体现为以下几个方面:(1)除有关案件事实的陈述外,委托诉讼代理人在代理权限内,能够根据自己的意志实施诉讼行为而不受被代理人意志的约束,也即

不论是否违反被代理人的意志都对被代理人发生效力。(2)委托诉讼代理人有权拒绝被代理人的无理要求,直至辞去委托。尤其是在律师作为诉讼代理人时,除了要维护当事人的合法权益外,还必须以事实为根据,以法律为准绳,遵守宪法和法律,恪守律师职业道德和执业纪律,维护职业形象和法律尊严。(3)法律还赋予委托诉讼代理人某些独立的诉讼权利,如根据我国《民事诉讼法》第64条的规定,代理诉讼的律师和其他诉讼代理人有权调查收集证据,可以查阅本案有关材料。(4)法院在诉讼过程中,应对委托诉讼代理人实施的诉讼行为不能由被代理人予以取代。如法院向被代理人送达开庭传票时,还应向诉讼代理人送达开庭通知书。

在代理人代为诉讼的过程中,可能存在诉讼代理人陈述的案件事实与当事人陈述不一致的情况,对此,由于当事人对案件事实最为了解,通常情况下,应当以当事人的陈述为准,诉讼代理人的陈述不发生效力。不过,诉讼代理人作出的不属于案件事实的陈述,如果已经对当事人发生效力,当事人通常不得变更或撤销。

当事人委托诉讼代理人代为进行诉讼后,本人是否出庭参加诉讼由当事人自己决定。不过对于离婚案件,我国《民事诉讼法》第65条作出了特别规定,即"离婚案件有诉讼代理人的,本人除不能表达意思的以外,仍应出庭;确因特殊情况无法出庭的,必须向人民法院提交书面意见"。法律之所以对离婚案件作出特别规定,主要是由于离婚案件涉及当事人的感情纠葛,由代理人表达意见不合适。此外,法院对离婚诉讼首先要进行调解,当事人本人如果不出庭参加诉讼,会影响调解的效果。因此,法律规定当事人本人除不能表达意志的以外,仍然应当出庭参加诉讼。确因特殊情况无法出庭的,必须向法院提交是否同意离婚的书面意见。

**四、委托诉讼代理权的取得、变更和消灭**

委托诉讼代理人的诉讼代理权基于当事人的授权委托而发生。我国《民事诉讼法》第62条第1款规定:"委托他人代为诉讼,必须向人民法院提交由委托人签名或者盖章的授权委托书。"可见,向人民法院提交由委托人签名或者盖章的授权委托书,是委托诉讼代理人取得诉讼代理权的法定方式。授权委托书经人民法院审查认可后,委托诉讼代理人即取得了诉讼代理权,可以开始代为进行诉讼活动。为保证授权委托书的真实性与合法性,民事诉讼法还特别规定侨居在国外的我国公民从国外寄交或者托交的授权委托书,须经我国驻该国的使领馆证明;没有使领馆的,由与我国有外交关系的第三国驻该国的使领馆证明,再转由我国驻该国使领馆证明,或者由当地的爱国华侨团体证明。

诉讼代理人除提交授权委托书外,根据《民诉法解释》第88条的规定,还应当向人民法院提交下列相关材料:(1)律师应当提交律师执业证、律师事务所证明材料;(2)基层法律服务工作者应当提交法律服务工作者执业证、基层法律服务所出具的介绍信以及当事人一方位于本辖区内的证明材料;(3)当事人的近亲属应当提交身份证件和与委托人有近亲属关系的证明材料;(4)当事人的工作人员应当提交身份证件和与当事人有合法劳动人事关系的证明材料;(5)当事人所在社区、单位推荐的公民应当提交身份证件、推荐材料和当事人属于该社区、单位的证明材料;(6) 有关社会团体推荐的公民应当提交身份证件和相关的证明材料。

委托诉讼代理关系成立后,诉讼代理权在诉讼过程中可能发生变更,包括更换委托诉讼代理人、增加或减少委托事项、扩大或缩小委托代理权限等。诉讼代理权是否变更,可由当事人单方面作出决定,无需征得代理人的同意,但当事人在作出变更代理权的决定后,应当书面告知人民法院,并由人民法院通知对方当事人。诉讼代理权变更后,委托诉讼代理人应在变更后的代理权限内进行诉讼活动,变更前已经实施的代理行为仍然有效。

委托诉讼代理权因一定情况的出现而归于消灭。从审判实践来看,引起委托诉讼代理权消灭的原因主要有以下几种:(1) 被代理人解除委托;(2) 诉讼代理人辞去委托;(3) 诉讼结束,代理人完成代理任务;(4) 代理人死亡或者丧失诉讼行为能力;(5) 委托期限届满;(6) 其他合法原因。被代理人解除委托时,应当书面告知人民法院,并由人民法院通知对方当事人。

## 第四节 民事诉讼辅助人

### 一、诉讼辅助人的概念与意义

诉讼辅助人,是指经法院许可,于开庭审理期日与当事人、诉讼代理人一同出庭,辅助当事人、诉讼代理人为诉讼上陈述之人。设立诉讼辅助人制度的意义,在于弥补当事人、诉讼代理人因不了解专门知识而难以发表有针对性意见的不足。准许有专门知识的人出庭辅助当事人进行陈述,能够切实保护当事人利益,亦有利于法院顺利推进诉讼,尽快查明事实并作出正确裁判。我国《民事诉讼法》第82条规定:"当事人可以申请人民法院通知有专门知识的人出庭,就鉴定人作出的鉴定意见或者专业问题提出意见。"该规定表明我国民事诉讼已初步确立诉讼辅助人制度。[①]

诉讼辅助人有别于诉讼代理人:诉讼代理人须有当事人授权,而诉讼辅助人无需当事人授予代理权,但须具备专门知识;诉讼辅助人只限于庭审期日出庭,辅助当事人、诉讼代理人陈述,而于庭审期日外不能独立存在,诉讼代理人可以在代理权限范围内独立实施诉讼行为而不限于庭审;诉讼代理人代理诉讼无需法院许可,而诉讼辅助人出庭须经法院许可。诉讼辅助人虽是专业人士,为当事人提供专业方面的意见,但诉讼辅助人并非鉴定人,不具有鉴定人的权利和义务。

---

① 对于该条规定的专家辅助人是否应定位为诉讼辅助人,学界存在争议。部分观点主张其更接近于英美法系的专家证人,类似一种特殊的证据方法,而不宜归入诉讼辅助人。但也有观点认为,若专家辅助人作为证人出庭,一方面,对方当事人常以出庭的专业人员与一方当事人有利害关系为由,对其发言不予质证或要求法庭不予采信;另一方面,证人参与庭审的时间受限,当庭审中不断有技术问题需要双方解释时,以证人身份出庭的专业人员无法及时、方便地参与进来,代替当事人进行说明,而将其定位为诉讼辅助人则能化解前述问题。本书赞同后一种观点。前一种观点参见张卫平:《民事诉讼法》,法律出版社 2016 年版,第 175 页;后一种观点参见江伟、肖建国主编:《民事诉讼法》,中国人民大学出版社 2018 年版,第 127 页。

## 二、诉讼辅助人行为的效力

作为当事人、诉讼代理人的辅助人,诉讼辅助人只能经法院准许,随同当事人、诉讼代理人于庭审期日出庭,就专门性知识等辅助当事人陈述,对专门性问题发表意见。诉讼辅助人不能独立存在,其必须随同当事人或诉讼代理人一同出庭才能实施诉讼行为,进行诉讼上的陈述。庭审之外也无需辅助人的存在。诉讼辅助人的当庭陈述视为当事人本人的陈述。对于辅助人的当庭陈述,当事人可即时撤销或者更正。

在我国,根据《民诉法解释》及《民事证据规定》的相关要求[①],当事人可以在举证期限届满前申请一至二名具有专门知识的人出庭,代表当事人对鉴定意见进行质证,或者对案件事实所涉及的专业问题提出意见。人民法院准许当事人申请的,相关费用由提出申请的当事人负担。人民法院可以对出庭的具有专门知识的人进行询问。经法庭准许,当事人可以对出庭的具有专门知识的人进行询问,当事人各自申请的具有专门知识的人可以就案件中的有关问题进行对质。有专门知识的人不得参与对鉴定意见质证或者就专业问题发表意见之外的法庭审理活动。有专门知识的人在法庭上就专业问题提出的意见,视为当事人的陈述。

---

[①] 《民诉法解释》第 122 条、第 123 条以及《民事证据规定》第 84 条、第 85 条对诉讼辅助人出庭等进行了细化规定。此外,《最高人民法院关于审理垄断民事纠纷案件适用法律若干问题的解释》第 11 条、《环境公益诉讼解释》第 15 条均明确规定诉讼辅助人可出庭辅助当事人发表意见。

# 第四编　证据与证明

## 第十五章　民事诉讼证据

**【本章提要】**

证据是证明事实的手段,而证明则是阐明事实从而令法官形成心证的基本途径。本章在介绍证据的属性、证据的资格、证据的证明力之后,分别介绍证据的分类和民事证据规则。我国法定的民事证据种类包括当事人陈述、书证、物证、视听资料、电子数据、证人证言、鉴定意见和勘验笔录。民事证据规则主要包括证据可采性规则、非法证据排除规则、直接原则等。

### 第一节　证据概述

#### 一、证据的概念

对于证据的概念,在理论界存在观点分歧,相关表述亦存在差别。[①] 但一般认为,所谓证据是指能够证明案件事实的各种事实材料,是法官认定案件事实的基础。这是一个相对抽象的概念,在立法和司法实践中,很难将其与证明手段、证据材料等概念进行明确的区分。

所谓证据材料是指当事人向法院提供的或者法院依职权收集的用以证明案件事实的各种材料。一般认为,证据材料的范围涵盖了证据。证据材料包括为了进行诉讼证明而提出的各种材料,其中符合证据条件的经过当事人质证可以成为法院认定案件事实的根据,而不具备证据条件的则不会被法院采纳。前者即被称为证据。在此意义上,证据源于证据材料,是诉讼特定阶段的产物。这在现行民事诉讼法律规定中也有所体现,例如在当事人提交阶段,《民事诉讼法》第69条、《民事证据规定》第19条以及《民诉法解释》的部分条文中使用的是证据材料的概念,而在其他条文中则统一使用证据的概念。若保持前后逻辑一致,例如《民事诉讼法》第71条中亦应当使用证据材料的概念,即"证据材料应当在法庭上出示,并由当事人互相质证"。

---

[①] 除了证据和证据材料,最高人民法院还在部分文件中使用了"证明方法"的概念,在个别文件中使用了"证据方法"的概念。

证明手段/证明方法,在德国诉讼法中为通用概念,是指感知或记录事实信息的载体,《德国民事诉讼法》将法定的证明手段划分为通过勘验证明、证人证明、通过鉴定人证明、通过文书证明、通过询问当事人证明。在严格证明的情形,证明手段应当依法定的形式在法庭上出示,证据调查的核心内容为将事实信息从作为证明手段的载体上提取出来。

总体而言,使用证据、证据资料抑或证明手段的概念,对司法实践的影响有限,但对其种类的划分会产生影响,进而影响到严格证明时证据的出示形式。

**二、证据的属性**

有关证据的属性,在理论上存在较大争议。但一般认为作为裁判基础的证据应当具备真实性、合法性、关联性这三个基本属性。《民诉法解释》第104条亦持此种观点。

（一）真实性

证据的真实性表现在两个方面:一是证据在形式上表现为客观存在的实体,无论其以何种形式存在,都必须是客观存在物,是人们可以某种方式感知的东西。不论将证据定义为材料还是载体,这一点均不存在疑问。二是证据的内容是对案件事实的客观记录和反映,纯粹的主观臆断、毫无根据的猜测等,不能作为证据。这一点是法院证据调查的重要内容,任何一项证据都可能遇到该问题,例如对于私文书,《民事证据规定》第92条规定其真实性,由主张以私文书证明案件事实的当事人承担举证责任。从哲学的角度看,真实性应当是关联性的下位概念,作为客观存在物,任何证据均可以证明特定的事实,所谓的真实证据即表现为其能证明的事实为与本案相关的事实——当事人本人签订合同书,而非真实的证据所证明的事实则与本案无关——他人伪造当事人签名而签订合同书。

证据本身具有的客观性并不排斥证据的提供、运用具有主观性的一面。作为资料或者载体,证据必然是人的主观认识与客观事物相结合的产物。例如,当事人陈述、鉴定意见、证人证言都是主体对客观事实的认识结果,其中鉴定意见尤其表现为鉴定人对鉴定事项的主观判断。任何证据要想证明案件中的有关事实,必须与有关人员的行为联系起来,必须依赖于有关人员的活动。证据的收集、提供都离不开证明主体的活动,而证据的审查、判断更需要法官的裁量。法官对证据的审查判断必然受其个人经验、认知能力等因素的影响。

（二）合法性

证据的合法性,是指应当依照法定程序收集和提供证据,整个过程不得违反法律的禁止性规定。具体而言,证据的合法性包含以下两个方面的内容:(1)收集证据的合法性。当事人和法院在调查、收集证据时应当遵循法律的规定。例如,当事人不得以严重侵害他人合法权益或者违反法律禁止性规定的方法取得证据。法院收集调查证据时,应由两人以上共同进行。在法律未明确作出规定的情况下,法院通常不得自行依职权调查、收集证据。(2)证据形式的合法性。当法律对证据的形式作出具体规定时,证据应当以该法定形式存在。例如,书证应当提交原件,物证应当提交原物。在提交原件或者原物确有困难的情况下,才可以提交复制品、照片、副本、节录本。

(三) 关联性

证据的关联性又称为相关性,是指证据必须与证明对象存在一定的客观联系。这种关联性是由事物之间的关联属性决定的。如果证据与证明对象之间不存在关联性,即使它是客观事实,也无法作为证据使用。

这种关联性可以表现为直接联系,也可以表现为间接联系。前者例如目击者的证言可以直接证明车祸的发生经过;后者例如在发生交通事故后,确认案发当时车辆刹车失灵的鉴定意见。同时,证据与证明对象之间的联系可以是肯定性的联系,也可以是否定性的联系。前者例如经过公证的合同文书可以证明当事人之间存在某种法律关系;后者例如提供间接反证,从而否定特定事实的存在。

与证据的真实性一样,证据的关联性也要受到人的因素的制约。证据的关联性本身就是一个十分抽象的概念,证据与证明对象之间是否存在关联依赖于法官的判断,同样要受到法官个人经验、能力等因素的限制。一些过去被认为不存在关联性的东西,随着科学技术的发展,就可能会被认为存在密切的关联性。此外,判断证据的关联性还要受制于时间、空间、经济状况等因素。例如,为了证明疾病是由某种原因引起的需要进行鉴定,而该鉴定的费用可能十分昂贵或者需要到境外进行,从而迫使人们放弃进行鉴定。

### 三、证据能力与证明力

(一) 证据能力

证据能力,又称为证据资格,是指一定的事实材料作为诉讼证据的法律上的资格。具备证据能力是对证据的基本要求,当事人提供的证据材料,只有具备了证据能力,才有可能被法院采纳作为认定案件事实的证据。证据能力是证明程序中首先需要解决的问题,通过对证据材料就证据能力进行质证、审查可以及时地将那些不具备证据能力的事实材料排除掉,从而缩小法庭证据调查的范围,加快诉讼的进程,提高诉讼效率。

有关证据能力的规则,分为积极的和消极的两种。前者是指证据材料应具备何种条件才可能被法院作为认定案件事实的根据;后者则是指在何种条件下排除证据材料作为认定案件事实根据的可能性,例如有些国家法律规定的非法证据排除规则、传闻证据排除规则等。总体来看,大陆法系国家法律对证据能力的限制比较少,仅在比较严格的条件下才会否定证据材料的证据能力,而英美法系国家法律对证据能力的限制则要多一些。

我国现行法律对证据能力的限制亦比较少,仅在少数情况下否定证据能力:

1. 证人资格规则。我国《民事诉讼法》第75条第2款规定:"不能正确表达意思的人,不能作证。"《民事证据规定》第67条补充规定:"不能正确表达意思的人,不能作为证人。待证事实与其年龄、智力状况或者精神健康状况相适应的无民事行为能力人和限制行为能力人,可以作为证人。"由此可见,不能正确表达自己意思的人,其所作的证人证言不具备证据能力。对于民法上无民事行为能力的儿童的作证资格问题,尚需司法实践总结经验。此外,我国法律上规定的证人包括两种,即单位和自然人(《民事诉讼法》第75条第1款)。根据《民诉法解释》第115条的规定,单位向人民法院提出的证明材料,应当由单位负责人及制作证明材料的人员签名或者盖章,并加盖单位印章。人民法院就单位出具的证明材料,可以向单位及制作证明材料的人员进行调查核实。必要时,可以要求制作证明材料的人员出庭作证。单位及制作证明材料的人员拒绝人民法院调查核实,或者制作证明材料的人员无正当理由拒绝出庭作证的,该证明材料不得作为认定案件事实的根据。

2. 非法证据的排除。民事诉讼中并不存在非法证据排除的一般规则,更多允许法官根据具体的案件情况,自行裁量是否将非法证据予以排除。原因在真实性优先于合法性,既非法又非真实的证据,经真实性审查就可以排除。因此非法证据排除的原则上是真实的证据,即一旦排除,可能就导致错误的事实认定。

我国现行《民事诉讼法》对这个问题未作规定。最高人民法院1995年3月6日针对河北省中级人民法院的一则请示所发出的《关于未经对方当事人同意私自录制其谈话取得的资料不能作为证据使用的批复》(已失效)规定:"证据的取得必须合法,只有经过合法途径取得的证据才能作为定案的根据。未经对方当事人同意私自录制其谈话,系不合法行为,以这种手段取得的录音资料,不能作为证据使用。"这一批复第一次确立了未经对方同意私自录制的录音资料不具备证据能力这一规则。从司法实践的效果来看,这一规定的证据排除范围过于宽泛,甚至影响到实体公正的实现,损害了正当权利人的合法权益。有鉴于此,2001年的《民事证据规定》第68条将民事诉讼中非法证据的范围限定为以侵害他人合法权益或者违反法律禁止性规定的方法取得的证据。在多年司法实践的基础上,《民诉法解释》第106条再次对"非法证据"的范围进行了限定,即"以严重侵害他人合法权益、违反法律禁止性规定或者严重违背公序良俗的方法形成或者获取的证据,不得作为认定案件事实的根据"。该规定的内容依然是高度抽象的,其具体适用依赖于法官的个案判断。此外,其所列举的三种情形,也存在内部逻辑上的不协调。

3. 最佳证据规则。最佳证据规则是指文书形式的证据,应当向法院提交原件,未提交原件时,应当说明正当事由。这一规则的历史渊源可以追溯到英国古代司法实践中的"文书审"。根据《民事诉讼法》第73条的规定,该规则的适用范围并不局限于文书,而是适用书证、物证。这里的书证应当作广义理解,即包括除人证和物证外的其他证据,例如视听资料、电子数据等,而不局限于《民事诉讼法》第66条第1款第2项所列的书证。因此若使用"原始证据规则"这一表述,也许更符合我国立法的本意,意即原则上应当提交原始证据,以保证证据的真实性。

当提交原件确有困难时,可以提交复制件。根据《民诉法解释》第111条的规定,这里的确有困难包含如下情形:书证原件遗失、灭失或者毁损的;原件在对方当事人控制之下,经合法通知提交而拒不提交的;原件在他人控制之下,而其有权不提交的;

原件因篇幅或者体积过大而不便提交的;承担举证证明责任的当事人通过申请人民法院调查收集或者其他方式无法获得书证原件的。但是此类复制件的证明力有别于原始文件,法院应当结合其他证据和案件具体情况,审查判断其能否作为认定案件事实的根据。

(二) 证明力

证据的证明力,是指证据证明案件事实作用的大小。尽管各种证据对案件事实都具有证明作用,但是在具体的案件中不同证据的证明作用却不尽相同。有的证据的证明力强,有的则弱。这是由证据各自的特点及其与案件事实之间的关联性决定的。

虽然证据证明力的强弱是一种客观现象,但是在具体的案件中如何对证据证明力的强弱加以判断却依赖于法律的规定和法官的认知活动。由此在诉讼理论上把证据制度划分为法定证据制度和自由心证制度:前者是指证据证明力的大小由法律统一作出规定,后者是指证据证明力的大小由法官根据一定的规则进行内心判断。在采用法定证据制度的情况下,由于法律预先规定了各类证据证明力的大小以及如何对其进行取舍和运用,也就排除法官的心证自由。

从历史上来看,法定证据制度盛行于欧洲中世纪,它建立在对法官不信任的基础上,通过对法官在证据证明力这个问题上的心证自由的限制,来限制法官个人专断,防止审判权被滥用。虽然在客观上它起到了保证事实认定的统一性和法律适用的平等性的积极作用,但是,这种机械的证据制度是以牺牲个案的特殊性为代价的,它束缚了法官的理性,使其不能根据正常的思维逻辑和内心确信来判断证据证明力的大小并在此基础上认定案件事实。法官在这种证据制度下所确认的案件事实只能达到法律规定的形式真实,很可能与客观的案件事实相差甚远。即使法官在审理案件中认识到了这一点,也无能为力。

19世纪后,自由心证制度逐渐取代了法定证据制度。与法定证据制度相对,在自由心证制度中,法律并不对证据证明力的大小、取舍和运用预先作出规定,而是允许法官根据理性和良知自由加以判断,形成内心的确信,进而对案件事实加以认定。它使法官摆脱了形式主义的束缚,能够结合案件的具体情况和证明活动的具体过程来自由审查和判断证据,从而对案件事实作出更加符合客观规律的认定。

诉讼并不是自动售货机,案件具体情况千变万化,自由心证制度顺应了诉讼的复杂性,更能满足诉讼客观规律的要求,因此为现代世界各国所普遍采用。当然,自由心证制度并不是对法定证据制度的全盘否定,而是吸收了其中的合理部分。法定证据制度中的某些规则来源于长期的诉讼经验,即使在现代社会也依然具有现实价值。因此,在实行自由心证制度后,大陆法系国家法律中依然存在一些有关证据证明力的规定,要求法官在审查和判断证据时必须遵守。这样实际上就形成了以自由心证制度为主、以法定证据制度为辅的证据审查判断制度。

我国《民事诉讼法》并没有明确规定在证据证明力的审查判断上实行自由心证制度,但是在司法实践中,因为不存在详尽的法定证据规则,法官客观上也只能基于法庭调查和辩论、在相关证据的基础上、在遵循相关规定的前提下进行判断,形成对案件事实的确信,进而作出裁判。因此,我国民事诉讼中也必然实行自由心证制度。此外,《民诉法解释》第 105 条以及《民事证据规定》第 85 条均规定,审判人员应当依照法定程序,全面、客观地审核证据,依据法律的规定,遵循法官职业道德,运用逻辑推理和日常生活经验,对证据有无证明力和证明力大小独立进行判断,并公开判断的理由和结果。这无疑是对自由心证制度的肯定。

另一方面,我国《民事诉讼法》和有关司法解释也在一些条文中对证据的运用和证据证明力的大小作出了规定,带有法定证据制度的色彩。例如,《民事证据规定》第 90 条规定,下列证据不能单独作为认定案件事实的根据:(1)当事人的陈述;(2)无民事行为能力人或者限制民事行为能力人所作的与其年龄、智力状况或者精神健康状况不相当的证言;(3)与一方当事人或者其代理人有利害关系的证人陈述的证言;(4)存有疑点的视听资料、电子数据;(5)无法与原件、原物核对的复制件、复制品。

**四、证据的分类**

在理论上可以对民事诉讼证据做如下分类:

(一)原始证据和传来证据

按照证据来源的不同,可以将证据分为原始证据和传来证据。原始证据是直接源于案件事实的证据,是在案件事实发展过程中直接形成的证据,例如目击者的证言、当事人缔约时签订的合同书等。传来证据又称为派生证据,是从原始证据衍生出来的证据。传来证据不是直接源于案件事实,它的形成需要复制、转述等中间环节,例如书证的复印件、物证的复制品等。

原始证据同传来证据的主要区别体现在证明力上。原始证据由于直接源于案件事实,未经过中间环节的转换,因此证明力要强一些。正因如此,我国《民事诉讼法》第 73 条第 1 款规定:"书证应当提交原件。物证应当提交原物。提交原件或者原物确有困难的,可以提交复制品、照片、副本、节录本。"《民事证据规定》第 23 条规定:"人民法院调查收集视听资料、电子数据,应当要求被调查人提供原始载体。提供原始载体确有困难的,可以提供复制件。提供复制件的,人民法院应当在调查笔录中说明其来源和制作经过。"

(二)直接证据和间接证据

根据证据所能直接证明的事实与证明对象之间关系的不同,可以将证据分为直接证据和间接证据。直接证据是指证据所能直接证明的事实与证明对象重叠,因此能够单独证明待证事实的证据。例如,合同书可以直接证明合同关系的存在,遗嘱可以直接证明被继承人对自己财产的处分。间接证据是指证据所能直接证明的事实与证明对象不同,因此不能直接证明待证事实的证据,法官在此基础上要借助逻辑规则或者经验等才能完成对案件事实的认定。尽管如此,间接证据在诉讼中也具有重要的意义。在有直接证据的情况下,间接证据对待证事实可以起辅助性的证明作用。在缺乏直接证据的情况下,运用多个间接证据,形成证据链条,也可以证明待证事实。

当然,在运用间接证据证明案件事实时,需要遵循严格的证明规则:(1)各个间接证据必须具备真实性、合法性和关联性;(2)间接证据通常需要具备一定的数量,构成一个完整的证据链条,由此能够推断待证事实存在与否;(3)各个间接证据彼此协调一致,不存在冲突和矛盾。

此外,我国传统的教科书中还常将证据划分为本证和反证,但实际上这是对证明的分类方式。

【特别提示】

证据、证据资料和证明手段这三个概念之间的区别很多时候并不是十分明显。其中证明手段这个概念在我国较少被使用,而在德国其使用频率则很高,立法上和诉讼理论上通常是区分不同的证明手段种类(法定证明手段种类),并在此基础上区分不同的证明种类。而对于证据和证据资料这两个概念,虽然从理论上进行了界定,但不论在司法实践中还是在理论研究中,人们更习惯于统一使用证据这个概念。本书亦如此。

## 第二节 证据的法定种类

### 一、当事人陈述

(一)当事人陈述的概念和特征

当事人陈述是指当事人以证明案件事实为目的就其所感知的事实情况向法院所作的陈述。一方面,当事人通常是发生争议的实体法律关系的主体,往往亲身经历了案件事实,对案件事实有全面的了解,因此其所作的陈述能够勾画出案件事实的全貌。但是另一方面,诉讼结果同当事人的利益息息相关,趋利避害的心理使得当事人在陈述案件事实时可能只陈述对自己有利的部分,在某些情况下甚至可能会作出虚假陈述。因此,对于当事人陈述,法院应当结合其他证据,审查其能否作为认定事实的根据。在只有当事人本人陈述而不存在其他证据的情况下,对其主张一般不予支持,除非对方当事人对此表示承认。

(二)当事人陈述的立法例

关于当事人陈述在民事诉讼中的法律意义,各国立法差别很大。在英美法系中并不存在当事人陈述这一独立的证据种类,当事人被列入证人的范围,并通过宣誓、交叉询问以及对虚假陈述进行处罚等措施来增强当事人证言的可靠性。在大陆法系国家,通常将当事人和证人区别对待,当事人陈述被视为一种独立的证据种类。德国1877年《民事诉讼法》最初沿袭了罗马法的传统,规定了当事人宣誓制度作为补充性的证明方法。在1933年修订《民事诉讼法》时,德国借鉴了奥地利的立法模式,用当事人询问代替了当事人宣誓。但是这一证明方法的性质并没有发生改变,它依然是补充性质的,仅当不存在其他证据或者其他证据不充分而当事人的主张又存在一定的可能性时,才允许对当事人进行询问。询问通常依证明责任人的申请而针对不负证明责任的一方进行,但经一方当事人申请并经对方当事人同意,也可以对证明责任人进行询问。在一定条件下法院也可以依职权对任何一方当事人进行询问,而不考虑证明责任的分配问题。通常情况下,当事人无需对其陈述进行宣誓,但法官有权依自由裁量令当事人进行宣誓。①

我国《民事诉讼法》第66条第1款第1项虽然将当事人陈述列为独立的证据种类,但很长时间内为学界所诟病的是,未能在程序上严格划分当事人事实主张与当事人陈述作为证明方式之间的界限——亦即《民事诉讼法》第141条第1项与第78条的界限,从而使得当事人陈述这一证明手段在司法实践中很难发挥应有的作用。《民诉法解释》第110条在一定范围内对此问题作出了回应,即当人民法院认为有必要时,可以要求当事人本人到庭,就案件有关事实接受询问。在询问当事人之前,可以要求其签署保证书。负有举证证明责任的当事人拒绝到庭、拒绝接受询问或者拒绝签署保证书,待证事实又欠缺其他证据证明的,人民法院对其主张的事实不予认定。

## 二、书证

### (一) 书证的概念和特征

书证是指以文字、符号、图形等所记载的内容或表达的思想来证明案件事实的证据。例如,合同书、票据、结婚证等。

书证的特征表现在以下几个方面:(1)书证以其所记载或者表达的思想内容来证明案件事实。无论书证以何种形式存在,其载体并不重要,具有意义的只是其借助于文字、符号或者图形等方式向人们传递的信息。(2)书证的形式固定,可靠性较强。只要书证的载体未被毁损,其所传递的信息就不会发生改变。(3)书证具有较强的证明力。书证中的文字、符号或者图形往往记载了案件事实发生的过程。

### (二) 书证的分类

根据不同的标准可以对书证进行如下分类:

1. 公文书和私文书。这是根据制作书证的主体的不同对其进行的分类。公文书是指国家机关或者其他依法具有社会管理职能的组织,在其职权范围内制作的文书(《民诉法解释》第114条),例如,房产证、营业执照、结婚证、专利证书等。在我国,企事业单位、社会团体或者有关组织在其职权范围内制作的文书一般也被归入到公文书的范畴,例如医院出具的出生证明、高等院校出具的学历证明等。与之对应,私文书是由公民个人或不具备社会管理职能的主体制作的文书。

2. 处分性书证和报道性书证。这是根据书证内容及其所产生的法律效果的不同对其进行的分类。处分性书证是指以记载一定的民事法律行为为内容,以设立、变更或终止一定的民事法律关系为目的的书证,例如合同书、书面遗嘱等。报道性书证是指仅记载一定的事实,而不以设立、变更或者终止一定的民事法律关系为目的的书证,例如记载了同案件相关的事实的收据、账本、会议记录、日记、信件等。

---

① 参见李浩:《当事人陈述:比较、借鉴与重构》,载《现代法学》2005年第3期。

3. 普通书证和特别书证。这是根据制作书证是否必须采用特定的形式或者履行特定的手续对其进行的分类。普通书证是指只需记载一定的事实,而无须采用特定的形式或者履行特定的手续的书证,例如信件、借条等。特别书证是指制作时必须采用特定的形式或者履行特定的手续的书证,例如结婚证、房产证、营业执照等。

(三) 书证的提出

当书证为举证人本人持有时,将其提交法院即可。但是当书证为对方当事人、第三人或者是有关机构持有时,如何举证则可能成为问题。例如在德国,1877年《民事诉讼法》就根据书证持有人的不同而作出了不同的制度安排。对方当事人持有书证时,举证人可以向法院提出申请,要求对方当事人提交书证。当对方当事人在民事实体法上负有提交义务,或者对方当事人在诉讼中引用了该书证时,对方当事人也有义务提交。如果法院认为需要书证证明的事实对裁判有意义、举证人的申请有理由且对方当事人承认持有书证,则法院可以命令对方当事人提交书证。如果对方当事人否认自己持有书证,法院可以就书证的下落询问对方当事人,对方当事人应当竭力寻找书证的下落。倘若对方当事人拒绝遵守法院要求提交书证的命令,或者法院确信对方当事人未竭力寻找书证的下落,则可以视举证人提交的副本为真实;在举证人未提供副本的情况下,则可以视举证人有关书证特征和内容的主张得到了证明。当第三人持有书证时,举证人同样可以向法院申请确定一个提交书证的期限或者要求法院发布书证提交命令。此时举证人申请的成功同样是建立在第三人负有书证提交义务的基础上的。虽然第三人的书证提交义务产生的原因与对方当事人的书证提交义务产生的原因相同,但不同的是,如果第三人拒绝提交书证,则举证人将可能需要通过诉讼的方式强迫其提交——主要基于第三人依民事实体法负有提交义务,诉讼法上的提交请求权无实际意义,因为此时法院无法对举证人的主张作出有利于举证人的推定或者视其得到证明。此外,与证人一样,亦可以通过违警措施强迫第三人履行提交义务。如果书证为官方机构或者公共机构所持有,举证人可以向法院申请要求该机构披露书证的内容。在其拒绝披露书证的情况下,准用前述有关第三人提交书证的规定。

我国2001年《民事证据规定》第75条就案件事实阐明创设了对方当事人的一般协助义务,即"有证据证明一方当事人持有证据无正当理由拒不提供,如果对方当事人主张该证据的内容不利于证据持有人,可以推定该主张成立"。此规定构成了证明妨碍法律基础。2019年《民事证据规定》第95条承继了该内容。在此基础上,《民诉法解释》第112条、第113条就书证问题对相应程序及法律后果作出了进一步的规定,确定了文书提交命令。书证在对方当事人控制之下的,承担证明责任的当事人可以在举证期限届满前,书面申请法院责令对方当事人提交。法院对申请理由予以审查,理由不成立的,应当驳回申请;理由成立的,责令对方当事人提交。因提交所产生的相应费用,由申请人负担。此时对方当事人无正当理由拒绝提交的,法院可以认定申请人所主张的书证内容为真实。此外,持有书证的当事人以妨碍对方当事人使用为目的,毁灭书证或者致使书证无法使用的,还将构成妨害民事诉讼,对其可以施以相应的处罚。基于上述规定,2019年《民事证据规定》第45条至第48条确定了文书提交命令的具体程序。当第三人持有书证时,目前的法律基础是《民事诉讼法》有关妨碍民事诉讼强制措施的规定。

（四）书证的证明力

书证的证明力因书证的制作主体不同而存在差别。《民诉法解释》第114条推定公文书内容真实,允许提供相反证据予以推翻。推定内容真实涵盖了推定形式真实,亦即举证人无需证明公文书形式真实。《民事证据规定》第92条规定了私文书的证明力,即在制作者真实的情况下推定文书形式真实,在此基础上由法官依自由心证确定私文书的证明力。当事人对私文书的真实性存在争议时,举证人应当予以证明。单位根据《民诉法解释》第115条规定向法院提出的证明材料,应当属于私文书。公证书虽然为私文书,但是《民事诉讼法》第72条对其证明力作出了特别规定,等同于公文书。

### 三、物证

（一）物证的概念和特征

物证是指以其形状、质量、规格、受损坏的程度等标志和特征来证明待证事实的物品。例如,权属发生争议的物品、合同的标的物、受到损坏的物品等。

物证具有以下的特点:（1）物证以其自身的特征、属性等证明案件事实。就此而言,它受人的主观因素影响相对较小。这是物证与其他种类证据的重要区别。（2）物证具有较强的稳定性和可靠性。只要及时收集,用科学的方法提取、固定并妥善保存,物证通常具有较强的稳定性和可靠性。

（二）物证与书证的区别

从其存在形式来看,物证和书证都表现为一定的客观物品,但是两者之间存在明显的不同。（1）书证以其所记载的思想内容来证明案件事实,书证采用何种载体通常不影响其证明力;物证则是以其自身的属性、特征等来证明案件事实,载体本身具有重要的意义。（2）有些书证必须以法律规定的形式存在,否则即不具备证据能力;对于物证则不存在这样的要求。（3）书证的内容反映的是人的思想,具有主观性;物证本身则是纯粹的客观存在物,与人的思想没有直接的联系。

### 四、视听资料

（一）视听资料的概念和特征

视听资料是指利用录音、录像或者电子设备储存的资料、数据来证明待证事实的证据,包括录音资料和影像资料。我国《民事诉讼法》自始就将视听资料规定为独立的证据种类,但是对于视听资料的属性理论上存在争议。有观点认为视听资料在本质上同其他书证并无不同,因此应当将其归入书证的范畴。[1] 也有观点认为视听资料

---

[1] 张永泉:《民事证据采信制度研究》,中国人民大学出版社2003年版,第89页。

是客观存在的能够证明案件事实的物品,因此主张将其归入广义物证的范畴。① 多数国家的法律都是从证据的传统分类上来对待视听资料的,并没有将其规定为一种独立的证据种类。在英国和美国,视听资料是与书证放在一起规定的;在德国,视听资料被排除在书证之外,而被列入了勘验对象的范畴。

视听资料是现代科学技术发展的产物,无论将其归入书证或物证的范畴,还是将其视为独立的证据种类,它都为诉讼实践提供了一种新的证明方法。与传统的证据种类相比,视听资料具有下列特征:(1)形象逼真。视听资料通过其载体以图像、声音等方式记录事件的发生过程,它能够生动再现案件事实,带给人直观的感受。(2)具有较高的准确性和证明力。视听资料采用的是现代科技手段,其所提供的信息完整、全面,往往起到其他证据种类无法起到的作用。(3)容易被伪造或者变造。视听资料是通过技术手段制作的,也很容易被通过技术手段篡改或者伪造。因此对于视听资料,法院应当辨别其真伪,并结合本案的其他证据,审查确定其能否作为认定案件事实的根据。

(二)视听资料与书证的区别

视听资料和书证都是以其所记载的内容来证明案件事实,而载体本身并不重要。两者的区别主要体现在以下几个方面:(1)视听资料以声音、图像、电子数据等内容来证明案件事实;而书证是以文字、符号、图形等来证明案件事实。(2)由于载体的不同,视听资料的制作需要专门的仪器、设备,为了再现其所记载的内容同样需要专门的仪器、设备;而书证的制作和再现则简单得多,不需要专门的设备。

**五、电子数据**

电子数据,是指形成或者存储在电子介质中的信息。我国《民事诉讼法》在2012年修正时将电子数据列为一种独立的法定证据种类,以适应信息化时代的需要。《民诉法解释》第116条第2款简单列举了电子数据的范围,包括电子邮件、电子数据交换、网上聊天记录、博客、微博客、手机短信、电子签名、域名等。2019年《民事证据规定》第14条借鉴了刑事诉讼中有关电子数据的规定②,将其归纳为:网页、博客、微博客等网络平台发布的信息;手机短信、电子邮件、即时通信、通讯群组等网络应用服务的通信信息;用户注册信息、身份认证信息、电子交易记录、通信记录、登录日志等信息;文档、图片、音频、视频、数字证书、计算机程序等电子文件;其他以数字化形式存储、处理、传输的能够证明案件事实的信息。此外,对于存储在电子介质中的录音资料和影像资料,同样适用有关电子数据的规定(《民诉法解释》第116条第3款)。

鉴于书证的规定适用于电子数据,因此《民事诉讼法》第73条所确定的最佳证据规则同样适用于电子数据。《民事证据规定》第93条列举了七种影响电子数据真实性的要素:电子数据的生成、存储、传输所依赖的计算机系统的硬件、软件环境是否完

---

① 何家弘、刘品新:《证据法学》,法律出版社2004年版,第162页。
② 《民事证据规定》第14条与《最高人民法院、最高人民检察院、公安部关于办理刑事案件收集提取和审查判断电子数据若干问题的规定》第1条第2款的内容基本一致。

整、可靠;电子数据的生成、存储、传输所依赖的计算机系统的硬件、软件环境是否处于正常运行状态,或者不处于正常运行状态时对电子数据的生成、存储、传输是否有影响;电子数据的生成、存储、传输所依赖的计算机系统的硬件、软件环境是否具备有效的防止出错的监测、核查手段;电子数据是否被完整地保存、传输、提取,保存、传输、提取的方法是否可靠;电子数据是否在正常的往来活动中形成和存储;保存、传输、提取电子数据的主体是否适当;影响电子数据完整性和可靠性的其他因素。为此也可以借助于鉴定或者勘验等方法。在此基础上,《民事证据规定》第 94 条确立了认定电子数据真实性的一般规则:由当事人提交或者保管的于己不利的电子数据;由记录和保存电子数据的中立第三方平台提供或者确认的;在正常业务活动中形成的;以档案管理方式保管的;以当事人约定的方式保存、传输、提取的。此外,鉴于《民事诉讼法》第 72 条对公证书的证明力作出了一般性规定,经公证的电子数据将推定其内容的真实性。

**六、证人证言**

(一) 证人证言的概念和特征

证人证言是指证人就其所了解的案件情况向法院所作的陈述。它具有如下特点:(1) 证人证言是了解案件事实的人以言词的形式所作的陈述。证人证言只限于对案件事实的陈述,而不包括对这些事实的评价。(2) 证人证言具有不可替代性。了解案件事实的人的范围,是由案情发展的特定环境决定的,人们无法选择。证人对案件事实的亲历性决定了对其不适用回避制度,有别于鉴定人。而且当证人以不同角色参加同一诉讼时,若这些角色之间存在冲突,原则上证人的身份优先。(3) 证人证言的真实性、可靠性容易受到主、客观因素的影响。证人证言是证人对自己过去感知的事实的复述,它的形成需要经过感知、记忆和复述三个阶段。在每个阶段都可能出现影响证人证言真实性的因素。

(二) 证人的范围

我国《民事诉讼法》规定的证人范围十分广泛,凡知道案件情况的单位和个人,都有义务出庭作证。但不能正确表达意思的人除外。由此可见,证人必须具备如下条件:(1) 证人必须对案件事实有一定的感知。(2) 证人应当具备相应的作证能力,能够感知、记忆和叙述案件事实。这是证人作证需要具备的基本条件。生理上、精神上有缺陷或者因为年幼而无法正确表达意思的人,通常不能作为证人。但如果待证事实与其年龄、智力状况或者精神健康状况相适应,则可以作为证人。

证人通常应当为自然人,因为证人应当具备作证能力,即能感知、记忆和复述案件事实,但是我国《民事诉讼法》第 75 条将单位也列入了证人的范围,由此构建了独特的证人制度。单位作证,需要由其法定代表人或者授权代表人完成。根据《民诉法解释》第 115 条的规定,单位向法院提交证明材料的,应当由单位负责人及制作证明材料的人员签名或者盖章,并加盖单位印章。法院就单位出具的证明材料,可以向单位及制作证明材料的人员进行调查核实。必要时,可以要求制作证明材料的人员出庭作证。如果单位及制作证明材料的人员拒绝法院调查核实,或者制作证明材料的人员无正当理由拒绝出庭作证,该证明材料不得作为认定案件事实的根据。

(三) 证人的权利和义务

证人作为诉讼参与人参加诉讼,享有相应的诉讼权利,承担相应的诉讼义务。

证人享有的诉讼权利主要包括:(1) 补充、更正证言的权利。证人出庭作证时,法院应当将证人的陈述如实加以记录。证人有权要求阅读该记录,并且做相应的修改或补充。(2) 获得保护的权利。证人证言往往会给一方当事人带来诉讼上的不利,从而可能使自己陷入危险境地。当证人因作证而使自己的人身、财产安全受到威胁或者损害时,有权要求法院给予保护。(3) 获得补偿的权利。证人因履行出庭作证义务而支出的交通、住宿、就餐等必要费用以及误工损失,有权要求给予补偿。其中必要费用按照机关事业单位工作人员差旅费用和补贴标准计算,误工损失按照国家上年度职工日平均工资标准计算。当事人申请证人作证,经法院准许后,该当事人应当先行垫付;当事人没有申请,人民法院通知证人作证的,由人民法院先行垫付。证人作证费用属于诉讼费用,最终按照诉讼费用的负担原则处理,通常由败诉一方当事人负担。此外,有些国家的法律还规定了证人拒绝作证的权利,即在特定的情况下,例如由于职业上的特殊原因、同当事人的特殊关系等,证人有权拒绝就自己所知悉的案件事实作证。我国《刑事诉讼法》第 193 条亦有类似规定。

根据《民事诉讼法》第 75 条第 1 款的规定,证人的诉讼义务主要包括出庭义务和作出证言的义务。但是我国《民事诉讼法》中未规定证人违反作证义务时的惩罚措施。(1) 证人有义务按照法院的通知出庭。证人只有出庭才能就其陈述接受当事人质询,法院才能在此基础上审查判断证人证言的真实性和证明力。经人民法院通知,证人应当出庭作证。当事人申请证人出庭作证的,应当在举证期限届满前提出;在符合法院依职权调查收集证据的情形,人民法院也可以依职权通知证人出庭作证。未经人民法院通知,证人不得出庭作证,除非双方当事人同意并经人民法院准许。在例外情形下,根据《民事诉讼法》第 76 条的规定,经人民法院许可,证人可以通过书面证言或者视听传输技术或者视听资料等方式作证,具体情形包括:因健康原因不能出庭的;因路途遥远,交通不便不能出庭的;因自然灾害等不可抗力原因不能出庭的;或其他无法出庭的特殊情况。(2) 证人应当在法庭上作出证言。出庭作证的证人应当客观陈述其亲身感知的事实。人民法院在证人出庭作证前应当告知其如实作证的义务以及作伪证的法律后果,并责令其签署保证书,但无民事行为能力人和限制民事行为能力人除外。证人拒绝签署保证书的,不得作证,并自行承担相关费用。

七、鉴定意见

(一) 鉴定意见的概念和特征

鉴定意见是指鉴定人运用自己的专业知识技能,对民事案件中的专门性问题进行分析、鉴别后作出的结论,例如文书真伪鉴定、医疗过错鉴定、产品瑕疵鉴定。同其他种类的证据相比,鉴定意见比较特殊,其并非形成于案件事实发生时,而是直接服务于诉讼目的。

鉴定意见具有如下特征:(1)它是针对诉讼中有待查明的事实问题作出的结论。即使鉴定过程中涉及法律问题,也不属于鉴定的范围。(2)鉴定意见是针对专门性事实问题作出的结论。它反映的是鉴定人的主观分析、判断。

(二) 鉴定人与证人的区别

在英美法系国家的法律中,鉴定人被归入到证人的范畴,称为专家证人。与之相对,其他证人则被称为普通证人。大陆法系国家的法律则区分鉴定人和证人,鉴定意见和证人证言是两种不同的证据,我国《民事诉讼法》亦如此。无论是在法律上将鉴定人视为证人,还是将其与证人区别对待,鉴定人与普通证人之间的区别都是显而易见的:(1)鉴定人面对的是诉讼中出现的专门问题,需要具备专门的知识、技能,否则无法胜任。鉴定人应当具备相应的资格,是法定的要求。证人是就自己感知的案件事实进行作证,其身份是由案件事实发生的特定环境决定的,因而无需具备专门知识。正因为如此,鉴定人是可以选择的,而证人则是不可替代的。(2)鉴定人对案件事实的了解是在接受委托之后,换而言之,其与案件事实发生联系的唯一途径就是当事人或者法院请求其进行鉴定的委托。证人则必须是亲身感知了案件事实。(3)鉴定意见依赖于鉴定人的主观分析判断,为了保证其客观公正,就要求鉴定人与当事人以及诉讼结果无利害关系,因此对鉴定人需要适用回避制度。这同鉴定人的可选择性是相互一致的。能否成为证人,则取决于是否了解案件事实。证人是不可替代的,因此也不发生回避的问题,凡是知道案件情况的单位和个人,都有出庭作证义务。(4)鉴定人所作的鉴定意见,是依据专门知识对案件事实的分析、判断。而证人作证时,则要求客观、真实地复述自己所了解的案件事实。对案件事实的分析、判断不属于证人证言的内容。

(三) 鉴定人与专家辅助人的区别

专家辅助人,是指由当事人聘请,帮助当事人向审判人员说明案件事实中的专门性问题,协助当事人对案件中的专门性问题进行质证的人。2001年《民事证据规定》第61条确立了专家辅助人制度,当事人可以向人民法院申请由一至二名具有专门知识的人员出庭就案件的专门性问题进行说明。人民法院准许其申请的,有关费用由提出申请的当事人负担。审判人员和当事人可以对出庭的具有专门知识的人员进行询问。经人民法院准许,可以由当事人各自申请的具有专门知识的人员就案件中的问题进行对质。具有专门知识的人员可以对鉴定人进行询问。2012年修正后的《民事诉讼法》第79条正式引入了专家辅助人制度。《民诉法解释》第122条进一步规范了专家辅助人的权限。经当事人在举证期限届满前申请,并经法院准许后,专家辅助人可以出庭,代表当事人对鉴定意见进行质证,或者对案件事实所涉的专业问题提出意见。该意见视为当事人的陈述。但是专家辅助人不得参与专业问题之外的法庭审理活动。专家辅助人出庭时,法院可以对其进行询问;经法庭许可,当事人也可以对专家辅助人进行询问,双方的专家辅助人也可以就案件中的有关问题进行对质。

鉴定人与专家辅助人的区别主要表现在:(1)产生的方式不同。鉴定人通常由双方当事人协商确定,协商不成时,由法院指定。而专家辅助人由当事人提出申请并经法院准许。各方当事人均有权聘任自己的专家辅助人。因此回避制度适用于鉴定人,而不适用于专家辅助人。(2) 作用不同。鉴定人作出的鉴定意见属于诉讼证据。而专家辅助人的作用则在于帮助当事人对一些专门问题进行解释、说明或者协助当事人进行质证。专家辅助人的意见不属于独立的证据种类。

(四) 鉴定人的确定

在确定鉴定人的问题上,2012 年修订后的《民事诉讼法》第 76 条以及《民诉法解释》第 121 条强化了当事人的权利,但同时也保留了法院在此问题上的主动权。当事人可以就查明事实的专门性问题向人民法院申请鉴定。当事人申请鉴定,应当在人民法院指定期间内提出,并预交鉴定费用。逾期不提出申请或者不预交鉴定费用的,视为放弃申请。申请鉴定的事项与待证事实无关联,或者对证明待证事实无意义的,人民法院不予准许。对需要鉴定的待证事实负有举证责任的当事人,在人民法院指定期间内无正当理由不提出鉴定申请或者不预交鉴定费用,或者拒不提供相关材料,致使待证事实无法查明的,应当承担举证不能的法律后果。人民法院准许鉴定申请的,应当组织双方当事人协商确定具备相应资格的鉴定人。当事人协商不成的,由人民法院指定。符合依职权调查收集证据条件的,人民法院应当依职权委托鉴定,在询问当事人的意见后,指定具备相应资格的鉴定人。人民法院在确定鉴定人后应当出具委托书,委托书中应当载明鉴定事项、鉴定范围、鉴定目的和鉴定期限。鉴定开始之前,人民法院应当要求鉴定人签署承诺书。承诺书中应当载明鉴定人保证客观、公正、诚实地进行鉴定,保证出庭作证,如作虚假鉴定应当承担法律责任等内容。鉴定人故意作虚假鉴定的,人民法院应当责令其退还鉴定费用,并根据情节,依照《民事诉讼法》第 114 条的规定进行处罚。

(五) 鉴定意见的审查

为了完成鉴定,人民法院应当组织当事人对鉴定材料进行质证。未经质证的材料,不得作为鉴定的根据。经人民法院准许,鉴定人可以调取证据、勘验物证和现场、询问当事人或者证人。在此基础上,鉴定人应当在人民法院确定的期限内完成鉴定,并提交鉴定书。鉴定人无正当理由未按期提交鉴定书的,当事人可以申请人民法院另行委托鉴定人进行鉴定。人民法院准许的,原鉴定人已经收取的鉴定费用应当退还。当事人要求退还鉴定费的,人民法院应当在 3 日内作出裁定,责令鉴定人退还;拒不退还的,由人民法院依法执行。

对于鉴定人出具的鉴定书,人民法院应当根据《民事证据规定》第 36 条进行审查,确定其是否具备相应的内容:委托法院的名称;委托鉴定的内容、要求;鉴定材料;鉴定所依据的原理、方法;对鉴定过程的说明;鉴定意见;承诺书。鉴定书应当由鉴定人签名或者盖章,并附鉴定人的相应资格证明。委托机构鉴定的,鉴定书应当由鉴定机构盖章,并由从事鉴定的人员签名。当事人收到鉴定书后,对鉴定书的内容有异议的,应当在人民法院指定期间内以书面方式提出。对于当事人的异议,人民法院应当要求鉴定人作出解释、说明或者补充。人民法院认为有必要的,可以要求鉴定人对当事人未提出异议的内容进行解释、说明或者补充。当事人在收到鉴定人的书面答复后仍有异议的,人民法院应当根据《诉讼费用交纳办法》第 11 条的规定,通知有异议的当事人预交鉴定人出庭费用,并通知鉴定人出庭。有异议的当事人不预交鉴定人出庭费用的,视为放弃异议。双方当事人对鉴定意见均有异议的,分摊预交鉴定人出庭费用。鉴定人出庭费用按照证人出庭作证费用的标准计算,由败诉的当事人负担。因鉴定意见不明确或者有瑕疵需要鉴定人出庭的,出庭费用由其自行负担。人民法院委托鉴定时已经确定鉴定人出庭费用包含在鉴定费用中的,不再通知当事人预交。人民法院认为有必要时,也可以要求鉴定人出庭作证。

鉴定人依照《民事诉讼法》第 81 条的规定出庭作证的,人民法院应当在开庭审理 3 日前将出庭的时间、地点及要求通知鉴定人。委托机构鉴定的,应当由从事鉴定的人员代表机构出庭。出庭作证时,鉴定人应当就鉴定事项如实答复当事人的异议和审判人员的询问。当庭答复确有困难的,经人民法院准许,可以在庭审结束后书面答复。人民法院应当及时将书面答复送交当事人,并听取当事人的意见。必要时,可以再次组织质证。鉴定人拒不出庭作证的,鉴定意见不得作为认定案件事实的根据。人民法院应当建议有关主管部门或者组织对拒不出庭作证的鉴定人予以处罚。当事人因鉴定人拒不出庭作证申请重新鉴定的,人民法院应当准许。

鉴定意见被采信后,鉴定人无正当理由撤销鉴定意见的,人民法院应当责令其退还鉴定费用,并可以根据情节,依照《民事诉讼法》第 114 条的规定对鉴定人进行处罚。当事人主张鉴定人负担由此增加的合理费用的,人民法院应予支持。人民法院采信鉴定意见后准许鉴定人撤销的,应当责令其退还鉴定费用。

下列情形下,当事人申请重新鉴定的,人民法院应当准许:鉴定人不具备相应资格的;鉴定程序严重违法的;鉴定意见明显依据不足的;鉴定意见不能作为证据使用的其他情形。对鉴定意见的瑕疵,可以通过补正、补充鉴定或者补充质证、重新质证等方法解决的,人民法院不予准许重新鉴定的申请。重新鉴定的,原鉴定意见不得作为认定案件事实的根据。

**八、勘验笔录**

勘验笔录是指审判人员对与案件有关的现场、物品进行勘察、检验后制作的笔录。勘验笔录既是一种证据,也是一种固定和保全证据的方法。

当事人可以向法院申请进行相应的勘验。法院认为有必要时,也可以依职权进行勘验。勘验应当严格按照法定程序进行。勘验物证或者现场,勘验人必须出示人民法院的证件,并邀请当地基层组织或者当事人所在单位派人参加。当事人或者当事人的成年家属应当到场,拒不到场的,不影响勘验的进行。有关单位和个人根据人民法院的通知,有义务保护现场,协助勘验工作。勘验人应当将勘验情况和结果制作笔录,由勘验人、当事人和被邀参加人签名或者盖章。

## 第三节 证据规则

### 一、证据规则概述

关于证据规则的含义,学界存在分歧,代表性的观点主要有:(1)认为证据规则等同于与证据有关的程序规则,将证据规则理解为在收集证据、采用证据、核实证据、运用证据时必须遵守的一系列规则。(2)将证据规则视为有关证据能力和证明力的规则。(3)将证据规则限定在主要规范证据能力的规则。从各种具体的证据规则的内容来看,它们解决的主要是证据能力的问题。

### 二、可采性规则

(一)可采性规则的含义

证据的可采性是英美法系国家证据法中所采用的一个概念,是指证据必须为法律所容许,才可以在庭审程序中使用。证据的可采性规则的应用往往与排除规则紧密联系在一起,其实质内容体现在一系列的证据规则之中。如果审理法官认为一项证据对查明案件事实有益,且不能以相关性规则、重要性规则、传闻证据规则等对该证据进行反驳,则该证据具有可采性。

(二)证据的可采性和关联性

可采性与关联性是两个密切相连,但又不同的概念。一般认为,关联性完全受逻辑规则支配,而可采性则是一个法律问题。关联性关注证据与待证事实之间的逻辑关系,而可采性与证据和待证事实之间的关系无关。可采性只解决证据法是否允许某种特定的证据被法庭接受的问题。关联性是可采性的前提,没有关联性的证据不必去考虑其可采性问题,具有可采性的证据必定具有关联性,而且有关联性的证据还必须不为证据排除规则所排除才具有可采性。

### 三、非法证据排除规则

非法证据排除规则,是指某些证据对案件事实虽然具有证明价值,但是基于立法者的预先设定或者司法者的裁量,认为该种证据的使用将违背法律原则以及法律精神所应当体现的社会价值及观念,进而对这种证据的资格作出否定性结论的规则。所谓"非法证据",狭义上是指违反法律禁止性规定形成或者取得证据。广义上的"非法证据"则包含三种情形:(1)收集证据的主体不合法;(2)证据的形式不合法;或者(3)收集证据的程序或手段不合法。

非法证据排除规则适用于刑事诉讼领域,旨在防止公权力的滥用。但是民事纠纷发生在平等的主体之间,因此民事诉讼并不服务于上述的价值目标,无论是否排除非法证据,均不会影响公权力的行使。由此也引发了有关在民事诉讼中是否应当排除非法证据的争论。例如在德国,理论界的部分观点认为,一切非法获得的证据均不合法;另一部分观点恰好相反,认为证据的获得方式对其使用不产生影响,因此单纯的违法获得并不会导致证明禁止;折中的观点则以获取证据时违反的法律规范的保护目标或者该规范的法律地位为准,认为获取证据时若违反宪法性规范,通常发生证明禁止。也有学者尝试从诚实信用原则出发,认为违法获取的证据应当广泛禁止。德国联邦宪法法院和德国联邦最高法院在其裁判中所持的观点是,违法获取的证据在民事诉讼中并非当然被排除,其是否可以使用应当由法官在个案中进行利益衡量。在利益衡量时,应当考虑举证方对借助全面的证据调查实现权利所享有的利益与相对方对不使用该证据所享有的值得保护的利益。任何证明禁止,均将有损于在民事诉讼中所开启的事实查明及以此为基础的正义实现和司法保障,因此也将触及《德国基本法》第14条所保护的原告方实现其请求权的权利。但是另一方面,民事诉讼中的事实发现并非绝对优先,而是有其边界。

我国最高人民法院对该问题所持的观点,经过几次变化后,与德国法院的观点日趋一致。从最初禁止使用秘密录音,到《民事证据规定》中将排除的范围限定在"以侵害他人合法权益或者违反法律禁止性规定的方法取得的证据",《民诉法解释》中再次限定非法证据的范围,即仅限于"以严重侵害他人合法权益、违反法律禁止性规定或者严重违背公序良俗的方法形成或者获取的证据",我国最高人民法院对此也在进行着利益衡量。无论是否加上"严重"这样的表述,"合法权益""法律禁止性规定"等内容,都需要法官在个案中进行界定。[①]

**四、直接原则**

直接原则作为一般性的程序原则,是指当事人辩论以及证据调查应当直接在负责裁判的审判组织面前进行,从而保证裁判者对证据的特征和证据调查的过程获得直观印象。简而言之,直接原则要求裁判者亲历审判。直接原则与证据评价紧密相关,是证据评价可靠性的保障。例如证人的可信性不仅取决于其陈述的内容,而且其个人印象、表述方式、对问题的反应等同样具有意义。因此直接原则对法庭证据调查尤其具有重要意义。对此例如《德国民事诉讼法》第355条(证据调查的直接性)要求证据调查应当在受诉法院(全员组成的审判庭)面前进行。出于诉讼经济的考虑,作为例外允许在法定的特殊情形下,将证据调查委托给受诉法院的一名成员或者其他法院实施,例如由受命法官、受托法官或者负责准备的独任法官实施证据调查。但即使在此种情形下,裁判法官也必须参加过最后一次言词辩论。

直接原则有别于言词原则。直接原则和间接原则同言词原则和书面原则的关系类似,言词审理程序可能是间接的,而书面审理程序则可能是直接的。

**【特别提示】**

民事诉讼证据规则这一节主要是介绍西方国家长期以来形成的一些规则。

---

[①] 周翠:《民事非法证据排除的规范解释与实务观察》,载《中国法学》2020年第3期。

# 第十六章　民事诉讼中的证明

【本章提要】

本章的核心内容是有关证明的一些基本理论问题。在介绍证明对象的基础上，着重阐述证明责任的分配规则和证明标准问题。最后部分还将涉及证明过程。

## 第一节　概　　述

### 一、民事诉讼证明的概念

所谓民事诉讼证明，是指当事人和法院在证据调查的基础上所进行的、旨在使法官对具体事实主张的真伪形成心证的活动。民事诉讼证明是一种诉讼行为，也是一个认知的过程。它必须遵循相关的法律程序，同时也要符合人类认识论的客观原理。

法官依据有关的法律规范对民事案件作出裁判，是建立在作为前提条件的相应法律要件得到确认的基础上的。而为了使这些法律要件得以被确认，除了法律规定的特殊情形外，就需要当事人乃至法院对其进行阐明。在适用辩论主义的诉讼模式中，由当事人进行主张和陈述；在适用职权探知主义的诉讼模式中，由法院依职权进行调查。但是在这两种情况下所采用的澄清争议事实具体方式是相同的，即通过证明。

### 二、诉讼证明的特征

1. 诉讼证明的主体通常是当事人。辩论主义在整个民事诉讼程序中居主导地位，作为裁判基础的事实由当事人主张，法院认定事实的证据由当事人提出。这就决定了法院和当事人在案件事实阐明中的基本分工。当然，基于法律的特别规定，法院也可以依职权调查和收集证据。例如我国《民事诉讼法》第67条第2款规定，当事人及其诉讼代理人因客观原因不能自行收集的证据，或者人民法院认为审理案件需要的证据，人民法院应当调查收集。

2. 当事人进行诉讼证明的目的是证实诉讼中争议的事实，以便使法官对其形成心证，作出有利于自己的裁判。当然，在职权探知主义诉讼模式中，法院依职权自行调查和收集证据，则更多地体现了社会公共利益。

3. 民事诉讼证明通常需要遵循相应的法律程序，具有很强的规范性，例如《民事诉讼法》对法庭调查的顺序以及一些证明手段的形式都作出了明确、具体规定，这些规定在诉讼证明过程中都应当被遵守。

## 三、证明的分类

根据不同的标准可以在诉讼法理论上将证明划分为不同的种类。

### (一) 完全证明和疏明

根据证明的目标可以将证明分为完全证明和疏明。所谓完全证明,是指依据法定的证明标准对证明对象加以证明从而使法官确信待证事实的真实性。与此相对,疏明是指使法官达到了一定程度的确信的证明。在普通诉讼中,通常要求当事人进行完全证明。与完全证明相比,疏明的证明标准要低一些。但是在采用此种证明方式的情况下一般要求必须是可以立即进行证据调查,由此限制了证明手段的使用,例如在采用言词审理的情况下,必须是当事人、证人等都在场,所需要的书证可以当庭提供;在采用书面审理的情况下,只有那些可以立即被采用的证据材料才被纳入考虑之列。采用疏明方式的一种典型情况是临时性救济程序;在财产保全程序或者先予执行程序中,为了满足当事人对救济措施的急迫需求,法院需要在短时间内对当事人提供的证据材料进行审查,作出裁判。此时不可能苛刻地要求当事人对法律关系作出完全证明。因此,《民事证据规定》第86条第2款规定,与诉讼保全、回避等程序事项有关的事实,人民法院结合当事人的说明及相关证据,认为有关事实存在的可能性较大的,可以认定该事实存在。

### (二) 严格证明和自由证明

根据证明程序可以将证明分为严格证明和自由证明。严格证明是指通过法定的证明手段,按照法定的证明程序所进行的证明。例如,我国《民事诉讼法》第66条规定了证据的八种类型,即当事人陈述、书证、物证、视听资料、电子数据、证人证言、鉴定意见、勘验笔录;《民事诉讼法》第72条至第83条分别对每种证据作出了具体规定。此外,法院审理民事案件,应当在开庭3日前通知当事人和其他诉讼参与人。公开审理的,应当公告当事人姓名、案由和开庭时间、地点(《民事诉讼法》第139条)。法庭调查按照下列顺序进行:(1) 当事人陈述;(2) 告知证人的权利义务,证人作证,宣读未到庭的证人证言;(3) 出示书证、物证、视听资料和电子数据;(4) 宣读鉴定意见;(5) 宣读勘验笔录(《民事诉讼法》第141条)。法庭辩论按照下列顺序进行:(1) 原告及其诉讼代理人发言;(2) 被告及其诉讼代理人发言;(3) 第三人及其诉讼代理人发言或者答辩;(4) 互相辩论。法庭辩论终结,由审判长按照原告、被告、第三人的先后顺序征询各方最后意见(《民事诉讼法》第144条)。这些规定都是严格证明的体现。

与此相对,自由证明是指不受法定证明方法和证据审查程序约束的证明。在自由证明中,除了法定证明方法外,一切有助于澄清待证事实的手段,均可为法官所利用,而且法官可以依职权进行调查。法律对自由证明通常不作明确规定,该种证明方法一般适用于确认诉讼的前提要件、批准诉讼费用救助等问题上。

### (三) 本证和反证

以证明责任的分配为标准,可以将证明划分为本证和反证。本证是指对法律规范所规定的要件事实进行的证明,也即负有证明责任的当事人对其事实主张所进行的证明。反证是指对方当事人对本证方事实主张的非真实性或者为了反驳本证方事实主张而进行的证明。例如在遗产纠纷中,原告为了证明自己是唯一的合法继承人这一事实主张,提供了书面遗嘱(本证)。而被告则否认原告的事实主张,并且提供证据来证明遗嘱是伪造的(反证)。

本证和反证所要达到的证明标准不同。为了成功地进行本证,需要使法官完全确信事实主张的真实性。而在反证的过程中则仅需要动摇法官对本证方事实主张的确信,使法官认为本证方事实主张的真实与否存在疑问即完成了证明。

(四) 直接证明和间接证明

直接证明指向的是法律规范中的要件事实存在与否;间接证明指向的是法律规范中的要件事实以外的事实,在此基础上通过推论才能得出要件事实存在与否的结论。

**四、证明的绝对性与相对性**

诉讼证明的过程就是一个认知的过程,必然要遵循认识论的客观规律。按照辩证唯物主义的认识论,案件事实是客观存在的,是完全可以认识的。在此意义上说,认识是绝对的。但是另一方面,证明的过程要受到时间和空间的限制,要受法律程序和证据规则等的调整和制约。这就决定了在很多情况下证明结果无法达到与案件客观事实完全一致的程度。因此,诉讼证明具有相对性。当事人所实施的证明只要达到了证明标准的要求,即视为证明成功。

## 第二节 证 明 对 象

**一、证明对象的概念**

证明对象,又称为证明客体、待证事实,是指证明主体在证明活动中运用一定的证明手段加以证明的事实。当事人通过提出诉讼请求确定了法官裁判的对象,而法院对诉讼请求的裁判则依赖于对案件事实的证明。确定证明对象是民事诉讼有效进行的一个基本前提,证明对象是作为证明的最初环节而产生的。发生争议的民事法律关系可能会涉及多方面的事实,但是在具体的案件中,并非所有的事实都需要用证明手段加以证明。

通常而言,证明对象的确定与辩论主义的内容紧密相连,成为证明对象的事实应当符合下列条件:(1) 该事实须为当事人在诉讼中所主张的事实。在适用辩论主义的诉讼模式下,法官裁判受当事人主张的严格限制,不得以当事人未主张的事实作为裁判基础。(2) 当事人对该事实存在争议。当事人无争议的事实,无需证明(自认),法官得将其作为裁判的依据。(3) 该事实不属于诉讼上免于证明的事实。法律上明确规定无需证明的事实,自然无需列入证明对象的范围。(4) 该事实对案件的裁判具有法律上的意义。需要证明的事实必须对适用实体法或程序法具有意义,这主要包括原告提出的作为其诉讼请求根据的事实、被告提出的用于反驳原告诉讼请求的事实或者作为抗辩或反诉根据的事实等。

## 二、证明对象的范围

民事诉讼中的证明对象通常包括以下几个方面:

### (一) 实体法律事实

实体法律事实是指能够引起民事实体法律关系发生、变更和消灭的事实,例如合同签订、履行的事实,违约的事实,侵权损害结果发生的事实等。在英美法系国家,通常根据待证事实与案件主要事实之间的联系来对证明对象加以分类,而大陆法系国家则更多地是将证明对象与证明责任的分配原则联系在一起来研究证明对象的构成,例如根据事实本身的性质将实体法律事实分为积极事实和消极事实或外在事实和内在事实,或者根据实体法律规范的性质不同而将实体法律事实分为权利发生事实、权利妨害事实、权利消灭事实和权利受制事实。一般而言,作为证明对象的实体法律事实,可以分为以下三个层次:

1. 主要事实。这是指由民事实体法律规范所规定的、引起一定民事权利义务关系发生、变更或者消灭所必须具备的基本事实。例如在一般的侵权诉讼中,关于被告实施了侵权行为、原告遭受了损害、侵权行为与损害后果之间存在因果关系等事实,都是侵权损害赔偿诉讼的主要事实。

2. 间接事实。用于推断主要事实是否存在的事实即为间接事实。在一些情况下,证明主体可能无法直接证明主要事实存在与否,而是必须通过证明与主要事实有关的一些事实,进而推断主要事实是否存在。

3. 辅助事实。所谓辅助事实是指与证据的证据能力和证明力相关的事实,例如有关证据的真实性和合法性的事实。此类事实尽管与当事人争议的实体法律关系无直接联系,但是它却直接影响当事人的证明结果,常常成为法庭质证和辩论的对象。

### (二) 程序法事实

程序法事实是指能够引起民事诉讼法律关系发生、变更或者消灭的事实。虽然程序法事实一般不涉及实体法律问题,但对民事诉讼程序的开启、进展和终止具有重要意义,进而影响到诉讼结果。

程序法事实分两种情况:一种是需当事人主张的程序法事实,例如关于仲裁协议、管辖权协议、管辖异议的事实等。与大部分实体法事实一样,这类程序法事实只有在当事人主张后,才需要证明。另一种是无需当事人主张而要求法院依职权查明的程序法事实,根据《民诉法解释》第96条1款第5项的规定,涉及依职权追加当事人、中止诉讼、终结诉讼、回避等程序性事项的,法院得依职权调查收集证据。

### (三) 国外法律和其他地方性法规、习惯

法官应当知悉本国的法律,这是诉讼的一个基本出发点。但是地方性法规种类繁多,变化很快,法官可能无法及时、全面掌握,而外国法律更是不属于法官职务上应

当知悉的范围。因此当需要适用这些法律、法规的时候，它们也可能成为证明对象。

### 三、无需证明的事实

无需证明的事实，是指根据法律的规定不需要证明即可作为裁判基础的事实。根据我国《民诉法解释》第92条、第93条以及《民事证据规定》第7条至第10条的规定，无需证明的事实包括以下几个方面：

（一）自认的事实

诉讼上的自认，是指一方当事人在诉讼中承认对方当事人所主张的事实为真实。它是辩论主义的重要内容，也体现了诉讼经济的原则。

1. 自认的构成要件

根据《民诉法解释》第92条的规定，诉讼上的自认应当具备下列条件：

（1）自认的对象是案件事实。对方当事人针对案件发表的法律意见，不能成为自认的对象，因为如何适用法律属于法官裁判权的范畴，当事人的意见对法官不具有拘束力。而自认则是当事人在诉讼中实施的处分行为，对当事人和法院均具有约束力。自认同样有别于认诺。认诺的对象是诉讼请求，即承认对方当事人关于法律效果的主张。自认的法律后果是免除对方当事人对被自认的事实的证明责任，但是并不必然导致自认方因此而败诉，因为自认方依然可以使用其他证明手段来支持自己的主张。而认诺则使得诉讼程序越过了证明阶段，法官得依认诺内容对诉讼请求作出裁判，认诺方在认诺的范围内败诉。

（2）自认必须是与对方当事人所主张的案件事实相一致的陈述。当然，这并不意味着在时间上一定是对方当事人对案件事实的陈述在先、自认方的自认在后。只要双方当事人的陈述具有一致性即可构成自认。例如原告在起诉状中已经说明了被告付款的事实，那么被告只要在诉讼中对该事实加以主张即构成自认。

（3）自认的是于己不利的事实，是对方当事人负担证明责任的事实。

（4）自认需在诉讼过程中作出，但是不局限于庭审过程，当事人在起诉状、答辩状、代理词等书面材料中，对于己不利的事实明确表示承认的，都构成自认。除此之外，在诉讼外作出的自认，不具有诉讼上自认的法律效力。但是诉讼外自认若通过其他形式固定下来，则可能在诉讼中作为证据加以使用，例如诉讼外自认被录制成视听资料，从而以视听资料这种证据形式出现在法庭调查中。反之，诉讼外自认若未曾以法定的证据形式固定下来，也未能转化成诉讼自认，则不具有证据法上的意义。

（5）自认主体原则上为当事人。在必要共同诉讼的情形下，个别共同诉讼人的自认，未经其他共同诉讼人同意，不对全体共同诉讼人生效，若其他共同诉讼人反对自认，则该自认仅作为间接证据在证据评价时予以考虑。法定诉讼代理人的自认与当事人本人自认具有同等的效力；当事人委托诉讼代理人参加诉讼的，除授权委托书明确排除的事项外，诉讼代理人的自认视为当事人的自认。当事人在场对诉讼代理人的自认明确否认的，不视为自认。

## 2. 自认的分类

自认可以分为明示的自认和默示的自认。明示的自认,是指自认方以口头或书面形式明确承认对方当事人对案件事实的陈述。默示的自认又称为拟制自认或准自认,是指自认方既未承认对方当事人对案件事实的陈述,对其也未予以否定,而法律规定应当视为自认的情形。《民事证据规定》第 4 条规定了有关默示的自认的内容:对一方当事人陈述的事实,另一方当事人既未表示承认也未否认,经审判人员充分说明并询问后,其仍不明确表示肯定或者否定的,视为对该项事实的承认。

## 3. 自认的法律效力

辩论主义的一个基本内容就是当事人无争议的事实应当作为裁判的基础。在自认的情况下,当事人双方对事实的陈述具有一致性,法官自然应当认定该事实的真实性。因此,从当事人的角度来看,自认一方面免除了对方当事人证明的必要性,另一方面也拘束作出自认的一方当事人,他必须承担由于自认而可能带来的诉讼上的不利。从法官的角度来看,他无需而且也不应当再对被自认的事实进行审查判断,而是应当直接将其作为裁判的基础。

但是需要注意的是,对于涉及身份关系、国家利益、社会公共利益等应当由人民法院依职权调查的事实,即使当事人自认,也不发生自认的法律效力。自认的事实与查明的事实不符的,法院对自认的事实不予确认。此外,在民事诉讼中,当事人为达成调解协议或者和解协议作出妥协而认可的事实,不得在后续的诉讼中作为对其不利的证据,但法律另有规定或者当事人均同意的除外。

## 4. 自认的撤回

在通常情况下,自认一经作出即不得撤回。这是程序的不可逆性决定的。如果允许当事人随意撤回自认,将可能造成诉讼拖延,损害程序自身的正当性。仅在例外情况下才允许当事人撤回自认。根据《民事证据规定》第 9 条的规定,经对方当事人同意,在法庭辩论终结前,当事人可以撤回自认。如果有充分的证据证明自认是在受胁迫或者重大误解的情况下作出的且与案件事实不符,自认同样不发生法律效力,不得免除对方当事人的证明责任。

### (二) 众所周知的事实、自然规律及定理

众所周知的事实,是指在一定区域内一般人都知悉的事实。法官作为该区域的成员,通常也应当了解该事实,因此当事人没有必要再通过证明的方式来说服法官。但是在一些国家,允许当事人对法官认为是众所周知的事实提出不同的主张,并允许进行反证。自然规律和定理的正确性和可靠性已经得到科学证明,所以无需当事人证明。

### (三) 推定的事实

推定的事实,是指根据法律规定或者经验法则,从已经存在的事实推断出的另一假定的事实。其中,作为推定前提的已知事实称为基础事实或前提事实,而假定的事实称为推定事实或结论事实。

推定分为法律推定和事实推定:(1) 法律推定,是指根据法律的规定,在基础事

实存在时,必须假定推定事实存在。例如《著作权法》第11条关于作者的规定。(2)事实推定,是指根据经验法则,从已知事实中推定另一事实存在。例如从手术后医疗器械遗留在病人身体内这一事实推定实施手术的医生有过错。法官进行事实推定的情形主要包括:两个事实之间存在因果关系,存在主从关系或者是彼此相互排斥。

推定可以减轻乃至免除主张推定事实的当事人的证明责任。我国法律上并未对法律推定与事实推定的效力作出区分,对于两者都允许对方当事人提供相反证据进行反驳。与此相对,在德国和美国,学理上均对法律推定和事实推定进行了界分,认为事实推定并非真正的推定,例如在德国也将其称为自然推定或不真正推定。在接受学界通说的基础上,德国联邦最高法院近年来在其裁判中亦指出:事实推定作为证明减轻措施仅属于证据评价的范畴,而法律推定属于证明责任分配规范;在法律推定的情形,受益的当事人只需陈述基础事实(也即推定基础)即可,而无需对推定事实进行主张和证明,但在事实推定的情形,受益当事人还必须对推定结论进行陈述。也即,事实推定与(可推翻的)法律推定存在如下两点差异:其一,事实推定欠缺直接的法律基础;其二,事实推定仅属于证据评价的范畴,而法律推定属于证明责任分配规范。

由此可见,法律推定是摆脱事实真伪不明状态的法定手段。但在效力上,它不同于法律拟制。虽然两者都基于法律规定在"基础事实"得以主张和证明的前提下,即得出结论认为待证事实成立。但法律推定是基于法律政策,尤其是基于基础事实与推定事实之间具备高度盖然性联系而设定;而法律拟制则不考虑盖然性问题,甚至恰恰相反,是"明知不同而等视之"。正因如此,证据法上探讨的法律推定通常是指可反驳的推定,而不可反驳的推定以及法律拟制,鉴于其结果的绝对确定性,则无需赘述。《民诉法解释》第93条第1款第3项所列的法律推定亦不包含不可反驳的推定。

而事实推定通常与表见证明、经验法则等证据法概念联系在一起。这也是事实推定非真正推定的原因:事实推定仅是法官认定事实的方法,它自身并不能赋予事实认定以正当性。法官在个案中适用事实推定时,总是需要为其寻找正当性基础,即寻找与法律规定中的"法律"相对应的规则。在法律推定的情形下,其正当性直接源自"法律";在事实推定的情形下,其正当性则源自该"规则"。《民诉法解释》第93条以及《民事证据规定》第10条均将法律推定和事实推定归入同一类别,区别于生效裁判所确认的事实和有效公证文书证明的事实,存在逻辑疑问。抛开存在争议的法院生效裁判所确认的基本事实,《民事诉讼法》第72条有关公证文书证明力的规定,也属于法律推定,与《民诉法解释》第114条有关公文书证明力的规定无异,但上述规定却将同属于法律推定的事项赋予不同的法律效果。对于《民诉法解释》第93条第1款第4项,与其说是有关事实推定的规定,毋宁说是宣告法官可依日常生活经验法则认定事实。

在法律效力上,法律拟制最强,等同于《民诉法解释》第93条第1款第1项规定的自然规律和定理、定律,均不得或无法推翻。法律推定的效力次之,其相当于证明责任分配规范,导致证明责任倒置,此时"当事人有相反的证据足以推翻"应当属于反面证明。事实推定的效力最弱,在事实推定下所适用的"当事人有相反的证据足以反驳",相当于反证,只要动摇法官的心证即推翻该推定。

(四)预决事实

预决事实,是指已为生效裁判确定的基本事实。已为法院生效裁判或者仲裁机构生效裁决所确定的事实,当事人无需证明。后诉中的法官原则上不得对预决的事实作出相反的认定。承认此类事实的预决效力可以避免不同的裁判机构对同一事实作出相互矛盾的认定,确保裁判的统一。确切地说,此时对公共利益的考虑占据了主导地位,而免除当事人的证明责任只是一种客观后果。

对于预决的事实,虽然免除了当事人的证明责任,但是主张该事实的当事人需要证明该事实已为生效裁判所确认。此外,对方当事人有权提供相反证据以反驳(仲裁机构生效裁决)或者推翻(人民法院生效裁判)预决事实,此时则不再免除证明责任。这也是预决事实同实质既判力积极效力的核心区别,既判力积极效力表现为绝对的免证效力;在后诉讼中,当事人不得对此作出相异的事实主张,法院不得对此进行证据调查,法院不得作出相异的事实认定。

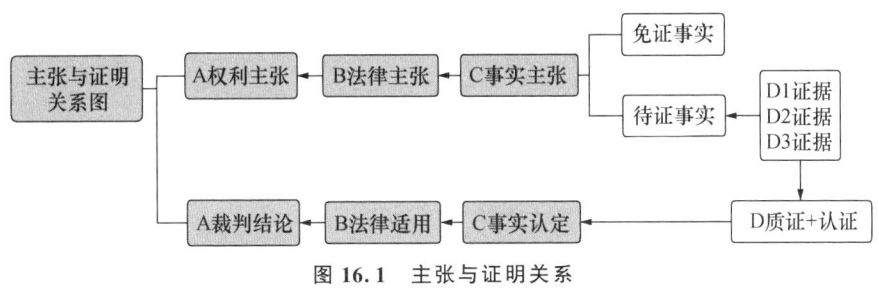

图 16.1 主张与证明关系

## 第三节 民事诉讼证明责任

**一、证明责任概述**

(一)证明责任的含义

证明责任这一概念最初出现在罗马法初期,但直到 19 世纪后期,人们才开始对其进行深入的研究。1883 年德国法学家尤利乌斯·格尔查(Julius Glaser)在《刑事诉讼导论》中从实体法和程序法二元论出发首次将证明责任的含义作了实质的证明责任和诉讼的证明责任的划分。而在此之前,德国法学界普遍将证明责任理解为当事人在法律上对其主张提供证据的必要性,是当事人基于"法的必要性"所承担的行为责任。尤利乌斯·格尔查的理论影响深远,现在德国诉讼法学界已经普遍接受了证明责任的双重含义,即客观的证明责任和主观的证明责任,通常被直接称为证明责任和举证责任。前者所需要回答的问题是,当证据调查失败、案件事实真伪不明时,由何方当事人承担诉讼不利的后果;后者是指为了避免败诉,何方当事人可以而且必须进行举证。举证责任只出现在适用辩论主义的诉讼程序中。原则上,承担证明责任的当事人也要承担举证责任,但是后者的适用范围相对要小一些,因为在有些情况下法院可能依职权参与到证明活动中。

英美法系同样如此,最初并未对证明责任的含义进行划分。直到19世纪末,美国学者赛耶(Thayer)才提出了区分证明责任双重含义的必要性和意义。赛耶认为证明责任的双重含义包括:第一,"提出任何事实的人,如果该事实为对方所争执,他就有承担特殊责任的危险——如果在所有的证据都提出后,其主张仍不能得到证明,他就会败诉"。第二,"在诉讼开始时,或是在审判或辩论过程中的任何阶段,首先对争议事实提出证据的责任"。前者被称为法定的证明责任、说服责任或不说服的危险,后者也被称为提供证据的责任或不提供证据的危险。[①]

我国民事诉讼法学界对证明责任含义的界定,也经历了一个转变过程,主要有三种观点,反映了不同时期人们对这一概念的理解和认识。

1. 行为责任说

该说认为,证明责任是指当事人在诉讼中,对自己主张的事实,负有提供证据证明其真实性的责任。这种界定并不涉及案件事实真伪不明时如何裁判的问题,而侧重于强调当事人举证的行为。在《民事诉讼法(试行)》颁布前后的一段时期里,我国民事诉讼法学界对证明责任的含义基本上是持这种观点的。其原因主要在于:第一,当事人的诉讼主体地位不受重视,法院广泛地参与证明活动,依职权调查取证,证明主体错位。第二,坚持客观真实的标准,否定案件事实真伪不明的可能性,这就从根本上否定了对证明责任的含义进行区分的可能性。

2. 双重含义说

该说认为,证明责任包括行为意义上的证明责任和结果意义上的证明责任。前者是指当事人对自己的主张应当提供证据加以证明;后者是指待证事实真伪不明时,由谁来承担因此而产生的不利后果。这种学说出现在20世纪80年代后期,其原因在于:首先,在这个时期,我国开始对传统的审判方式进行改革,逐渐淡化法院的职权,强调当事人的诉讼主体地位。1991年《民事诉讼法》中明确规定了当事人对自己的主张,有责任提供证据。在当事人及其诉讼代理人因客观原因不能收集证据或者法院认为审理案件需要时,应当依职权调查收集。当事人的证明主体地位的回归,为双重含义说创造了基本的前提条件,才使得它有可能为人们所接受。其次,随着人们对程序法的深入研究,客观真实说受到了冲击,人们不再否定事实真伪不明的可能性。在这种情况下,抛弃以前的行为责任说已经变成了现实需要。2001年《民事证据规定》第2条分别规定了证明责任的双重含义,"当事人对自己提出的诉讼请求所依据的事实或者反驳对方诉讼请求所依据的事实有责任提供证据加以证明。没有证据或者证据不足以证明当事人的事实主张的,由负有举证责任的当事人承担不利后

---

① 参见李浩:《民事证明责任研究》,法律出版社2003年版,第3—6页。

果。"这是对双重含义说的明确肯定。《民事证据规定》中使用的"举证责任"以及《民诉法解释》中使用的"举证证明责任",基本上都是结果意义上的证明责任。相反,其中使用的"提供证据",则指行为意义上的证明责任。

3. 败诉风险说

败诉风险说,又称为危险负担说、结果责任说,认为证明责任是案件事实真伪不明时当事人一方所承担的风险。这实际上是抛弃了双重含义说中的行为意义上的证明责任,认为证明责任同当事人的证明活动无直接联系,证明责任同当事人提供证据的责任是两个不同的概念。败诉风险说强调的是证明责任的实质含义。毋庸置疑,行为意义上的证明责任同结果意义上的证明责任是存在区别的,这也是双重含义说存在的原因。那么在界定证明责任的含义时,将行为意义上的证明责任加以排除是否正当呢?换句话说,行为意义上的证明责任和结果意义上的证明责任之间是何种关系呢?在这里,有必要考察证明责任这一概念存在的意义。证明责任存在的一个前提条件是法官不得拒绝裁判,即在诉讼中对案件事实的阐述无法令法官形成心证时,法官不得以此为由拒绝对案件作出裁判。既然如此,就需要外在于案件事实的一些规则来指导法官裁判,这就是证明责任及其分配规则。这里涉及的显然是结果意义上的证明责任。从这种意义上看,在界定证明责任的含义时,抛弃行为意义上的证明责任并无不妥。与结果意义上的证明责任相对,行为意义上的证明责任体现的更是一个对过程的描述,它本身不解决任何诉讼问题,它所说的责任并不是这个概念本身附加给当事人的,而依然是由裁判的规则和结果意义上的证明责任规则附加的。一般而言,如果一方当事人对自己主张的事实不进行证明,无论另一方当事人是否提供证据成功进行反证,那么法官均得依案件事实裁判他败诉。如果双方当事人的证明均达到一定的程度,从而令法官无法判断事实的真伪,即出现真伪不明的状态,法官得依结果意义上的证明责任分配规则作出裁判。另外,从司法实践的角度看,这样界定证明责任的含义也不会给法官或者当事人带来诉讼上的困难。因为原则上负担结果意义上的证明责任的当事人也必然要承担行为意义上的证明责任,对于例外的情况,必然存在明确的法律规定。

尽管学术界早已普遍接受了证明责任与举证责任的区分,但是最高人民法院在司法解释中坚持仅使用"举证责任""举证证明责任"的概念,相关规定也更侧重对举证责任后果的界定。2001年《民事证据规定》第2条以及与其内容基本一致的《民诉法解释》第90条均是对举证责任作出了规定,与证明责任无关,因为其中并未明确涉及事实真伪不明状态,不能简单地以规定了"承担不利的后果"为由,将其视为是证明责任分配规范。当事人未完成举证责任时,同样要承担相应的后果。与证明责任的含义较为接近的是《民诉法解释》第108条第2款的规定。根据该款,对一方当事人为反驳负有举证证明责任的当事人所主张事实而提供的证据,人民法院经审查并结合相关事实,认为待证事实真伪不明的,应当认定该事实不存在。

(二) 证明责任与举证责任的关系

当事人为了避免败诉的风险,负有提供证据证明其主张的责任。在案件事实真伪不明时,负担证明责任的一方当事人要承担诉讼上不利的后果。两者之间既有联系又有区别。证明责任的客观存在,迫使当事人必然要履行举证责任。从这个角度来看,两者是一致的。在诉讼中,负担证明责任的当事人,几乎总要负担首先提供证据的责任。但是,两者所涉及的问题不同。举证责任涉及的是案件事实认定问题,当事人需要提供证据来说服法官。正因如此,在具体的诉讼中举证责任可能会在当事人双方之间转移,即表现为本证和反证。而证明责任实际上已经脱离了案件事实本身,根据实体法规范中的要件事实进行分配,是在案件事实之外为法官创设裁判规则。因此,它总是被预先确定由哪一方当事人承担,不可能随着诉讼的进展而在当事人双方之间转换。

(三) 证明责任与主张责任的关系

主张责任,是指当事人为了获得对自己有利的裁判,需要向法院主张对自己有利的事实。主张责任与辩论主义紧密相连。在适用辩论主义的诉讼模式中,法庭调查受当事人主张的严格限制,法官不得以当事人未主张的事实作为裁判基础。

从时间顺序上来看,首先要尽主张责任,接下来要尽举证责任,为主张提供证据加以证明,然后才可能面临证明责任。但是,从实质上看,就像证明责任与举证责任的关系一样,证明责任也决定着主张责任,前者的分配决定了后者的分配。

## 二、证明责任分配的学说

证明责任分配,是指按照一定的标准,将案件事实真伪不明时承担不利的裁判后果的风险,在双方当事人之间进行分配。其所要解决的核心问题是,应当按照何种标准来分配证明责任,以保障公平和正义。

证明责任分配是一个实体法范畴的问题。虽然证明责任发生在诉讼过程中,有关证明责任的探讨也主要集中在诉讼法学界,但是证明责任分配却是一个实体法问题,而非诉讼法问题。有些实体法规范已经明确规定了证明责任的分配,对于实体法没有规定的情况,也需要按照实体法的立法宗旨、法条结构等来寻找证明责任的分配规则。

关于证明责任的分配标准,长期以来存在着争议,而且两大法系对这个问题的认识也存在较大差别。

英美法系的学者多认为,难以确定普遍适用的证明责任分配标准,因为个案情况错综复杂,在确定证明责任分配时,需要综合考虑多种因素,例如政策、公平、盖然性、经验法则,等等。当然,在英美法系上也存在一些有关证明责任分配的学说,主要有:(1)肯定事实说。该学说认为,在诉讼中主张肯定事实者或对争点持肯定主张者应当承担证明责任。批评者认为,大部分的争点命题有时既可以主张为肯定事实,也可以主张为否定事实,例如违约和不履行可能具有同等的法律意义。(2)诉答责任说。该说认为,在诉答中对某一事实承担主张责任者,也要对该事实承担证明责任。否定者认为,主张责任常常会与证明责任不一致。(3)必须事实说。该说的核心内容是,当事人对自己的主张所"必不可少"的事实负担证明责任。

大陆法系学者则一直尝试构建统一的证明责任分配标准,并因此出现了一系列有关证明责任分配的学说。传统的学说有待证事实分类说、法规分类说、法律要件分类说等,其中法律要件分类说在德国为通说。20世纪60年代之后,又出现了危险领域说、盖然性说和损害归属说等新的学说,学者尝试从新的视角来解决证明责任分配问题。(1)法律要件分类说,又称为规范说。坚持法律要件分类说的重要代表人物为德国学者罗森贝克。他从民事实体法律规范出发,认为民事实体法本身已经确立了证明责任分配的规则,因为立法者在立法之际就已经考虑了证明责任分配问题。在此基础上,他将民事实体法律规范分为两类:一类是权利发生规范,即能够引起某一权利发生的规范。另一类是与权利发生规范对立的规范,又可以细化为以下三种:第一,权利妨碍规范,指在权利将发生之时便与之对抗,使之不得发生的规范,例如规定欺诈、胁迫等使民事行为无效或可撤销的事由的规范。第二,权利消灭规范,指在权利发生之后与之对抗,能够引起权利消灭的规范,例如有关抵销、债务免除的规范。第三,权利受制规范,指在权利发生之后,在权利人行使权利时与之发生对抗,而将该权利排除的规范,例如消灭时效。凡主张权利存在的当事人,应当对权利发生的法律要件事实负证明责任;否认权利存在的当事人,应当对权利妨碍、权利消灭或权利排除的法律要件事实负证明责任。(2)反规范说,即针对法律要件分类说的缺陷而逐渐发展起来的学说。反规范说主要包括以下几种:第一,危险领域说。该说的立场是,以待证事实属于哪一方当事人控制的危险领域为标准来分配证明责任,即当事人对自己所控制的危险领域中的事实负证明责任。该说把证明的难易和有利于防止损害的发生作为证明责任分配的根据,在分配中也反映了公正性。这种证明责任分配标准对于环境污染、产品责任等领域内的受害者显然比较有利。但是在法律要件分类说的情况下,通过证明责任倒置也可以达到同样的效果。第二,盖然性说。该说主张以待证事实发生的盖然性的高低作为分配证明责任的主要依据。首先根据人类生活的一般经验判断待证事实发生的概率,然后确定由主张盖然性高的事实不存在的一方当事人负证明责任。这样在事实真伪不明时,法官认定盖然性高的事实(即发生率高的事实)发生远比认定相反结果更可能接近真实而避免误判。第三,损害归属说。该说的观点是应当以实体法确定的责任归属或损害归属作为分配证明责任的标准。

### 三、我国民事诉讼中的证明责任分配

证明责任的分配是法定的,法官在个案中分配证明责任仅是适用法律的过程,是通过实体法规范的分析发现法律确定的证明责任分配规则的过程,而非创造证明责任分配规则。无论如何,证明责任的功能永远不可能是去帮助法官形成某个生活事实的心证。证明责任由其抽象的法律属性所决定,它不会依赖于具体场合(证明危机、具体衡量、具体盖然性)的个别评价而存在,它是法定的,也是独立的。[①]《民诉法

---

[①] [德]普维庭:《现代证明责任问题》,吴越译,法律出版社2006年版,第90页。

解释》第 91 条的内容则与证明责任分配规则基本一致,其对实体法律要件进行了分类,即主张法律关系存在的当事人,应当对产生该法律关系的基本事实承担举证证明责任;主张法律关系变更、消灭或者权利受到妨害的当事人,应当对该法律关系变更、消灭或者权利受到妨害的基本事实承担举证证明责任。

证明责任倒置,是指将依据法律要件分类说应当由主张权利的一方当事人负担的证明责任,改由否认权利的一方当事人就法律要件事实的不存在负担证明责任。它以法律要件分类说为前提,是对法律要件分类说的一种补充或者修正。它体现了诚信原则和武器平等的原则,主要适用于侵权领域,尤其是医疗事故和产品责任领域。

## 第四节 民事诉讼证明标准

### 一、证明标准的概念

证明标准,是指运用证据成功证明待证事实所需要达到的程度。当证明达到证明标准时,法官就应当认定待证事实,将其作为裁判基础。反之,则应当认定待证事实不存在或者真伪不明。从这种意义上说,证明标准是一种客观标准。有关证明标准的理论是建立在证明结果所达到的客观的证明程度的基础上的,只要达到了法定的证明标准,法官就应当被"说服"了,而不考虑法官真实的主观确信。但是另一方面,证明标准是抽象的、具有弹性的概念。在司法实践中,当事人还必须使其证明程度达到能令法官形成主观确信的标准。尽管有些证据的证据价值的确可以采用数学一样的客观标准来衡量,例如在亲子鉴定的情况下,法官几乎没有裁量的余地,但在多数情况下,是无法准确估算证明结果所达到的证明程度的,证明结果取决于法官的主观确信。[①]

证明标准的确立对于民事诉讼证明活动具有重要意义。从当事人的角度来说,可以用证明标准来衡量自己胜诉的概率,避免在证据明显不充分的情况下贸然起诉。在诉讼中也可以根据证明标准来随时改变诉讼策略,例如进行和解、撤诉、放弃诉讼请求或者承认对方的诉讼请求等。从法官的角度来说,证明标准为其认定待证事实提供了依据。可以说,认定案件事实的过程也就是将客观的证明标准运用到具体案件的过程。这一过程虽然依赖于法官的主观判断,带有浓重的主观色彩,但是法官心证的基础必然是对客观的盖然性的衡量,他不能以看起来或多或少可信的标准来裁判案件。

### 二、证明标准的分类

从各国的立法和诉讼理论来看,民事诉讼和刑事诉讼的证明标准一般存在区别,

---

[①] 对此的详细论述,参见张卫平:《证明标准建构的乌托邦》,载《法学研究》2003 年第 4 期。

即使在民事诉讼内部,也可能因案件性质的不同而设定不同的证明标准。

在英美法系,对于刑事案件一般采用"排除合理怀疑"的证明标准。"所谓合理的怀疑,指的是陪审员在对控告的事实缺乏道德上的确信,对有罪判决的可靠性没有把握时所存在的心理状态。因为,控诉一方只证明一种有罪的可能性(即使是根据或然性的原则提出的一种很强的可能性)是不够的,而必须将事实证明到道德上的确信程度——能够使人信服、具有充分理由,可以作出判断的确信程度。"① 而民事诉讼中通常采用"盖然性占优势"或者说"优势证据"的证明标准。这里的优势并非指证据数量上的多寡,而是指证据说服力的强弱。按照该标准,当证明某事实存在的证据比反对该事实存在的证据更有说服力时,法官即应当确认该事实。②

在大陆法系国家,在审查判断证据时强调法官的自由心证,在证明标准上要求当事人的证明使法官达到内心确信。例如在德国刑事诉讼中法官为形成内心确信,需要达到"接近确实的盖然性"(eine an Sicherheit grenzende Wahrscheinlichkeit),一般认为这一标准也普遍适用于民事诉讼,在具体情况下又可能降低为"优势盖然性"(überwiegende Wahrscheinlichkeit),即所谓的优势原则。③

### 三、我国民事诉讼的证明标准

我国的诉讼程序在很长一段时间内奉行"客观真实"的证明标准,无论是刑事诉讼还是民事诉讼,都要求查明案件客观真实。法院在认定案件事实时,要达到"事实清楚,证据确实充分"的程度。在发展过程中,人们逐渐认识到"客观真实"这一标准的不合理之处,进而提出了法律真实的概念。所谓法律真实,是司法活动中人们对案件事实的认识符合法律所规定或认可的真实,是法律意义上的真实,是在具体案件中达到法律标准的真实。④ 相对于客观真实,法律真实更符合诉讼证明的规律。

2001年《民事证据规定》第73条在一定范围内对此作出了回应,规定双方当事人对同一事实分别举出相反的证据,但都没有足够的依据否定对方证据的,人民法院应当结合案件情况,判断一方提供证据的证明力是否明显大于另一方提供证据的证明力,并对证明力较大的证据予以确认。因证据的证明力无法判断导致争议事实难以认定的,人民法院应当依据举证责任分配的规则作出裁判。在此基础上,《民诉法解释》第108条首次对证明标准作出了一般性规定。对负有举证证明责任的当事人提供的证据,人民法院经审查并结合相关事实,确信待证事实的存在具有高度可能性的,应当认定该事实存在(高度盖然性)。对一方当事人为反驳负有举证证明责任的当事人所主张事实而提供的证据,人民法院经审查并结合相关事实,认为待证事实真伪不明,应当认定该事实不存在。但法律对于待证事实所应达到的证明标准另有

---

① 〔英〕塞西尔·特纳:《肯尼刑法原理》,王国庆、李启家译,华夏出版社1989年版,第549页。
② 关于英美法系民事诉讼证明标准,参见吴杰:《英美法系民事诉讼证明标准理论基础研究》,载《法律科学》2003年第4期。
③ 占善刚:《降低程序事实证明标准的制度逻辑与中国路径》,载《比较法研究》2021年第6期。
④ 何家弘:《论司法证明的目的和标准》,载《法学研究》2001年第6期。

规定的,从其规定。此外,根据《民诉法解释》第 109 条和《民事证据规定》第 86 条第 1 款确定了提高的证明标准,对欺诈、胁迫、恶意串通事实,以及对口头遗嘱或者赠与事实,仅当当事人提供的证据令人民法院确信该待证事实存在的可能性能够排除合理怀疑时,才应当认定该事实存在(排除合理怀疑)。《民事证据规定》第 86 条第 2 款规定了降低的证明标准,即疏明。

## 第五节 证明过程

### 一、证据的收集和提出

(一) 当事人收集证据

在很长一段时间内我国法院在收集证据中扮演着重要的角色。《民事诉讼法(试行)》第 56 条曾经规定,一方面当事人对自己提出的主张,有责任提供证据;另一方面法院应当按照法定程序,全面地、客观地收集和调查证据。而在司法实践中,法院更加注重自己的调查取证。人们将这种模式称为"职权主义模式"甚至"超职权主义模式"。它造成了极大的负面效应。首先,它削弱了当事人的诉讼主体地位,破坏了当事人双方的对抗。其次,它与法官的消极、中立地位相冲突,有碍司法公正。

随着司法改革的展开,当事人的举证责任被强化。1991 年《民事诉讼法》将法官的主要任务确定为全面、客观地审查核实证据,放弃了法官全面、客观调查收集证据的要求,限制了法官依职权调查收集证据的范围。2001 年《民事证据规定》第一部分第 1 条至第 14 条全面规定了当事人举证。

民事诉讼的重要目的在于解决当事人之间的民事权益纠纷,这就决定了在民事诉讼中,证据的收集和提供应主要由当事人负责且应直接与诉讼结果相关联。同时,当事人通常为发生争议的民事法律关系的主体,了解纠纷发生的原因和经过,亦便于收集和提供证据。因此,辩论主义构成民事诉讼的基本原则。

根据我国《民事诉讼法》第 52 条、第 64 条和第 67 条的规定,收集证据是当事人的一项重要诉讼权利,当事人可以自行收集证据,也可以委托诉讼代理人收集证据。提供证据是当事人重要的诉讼责任,否则将承担可能不利的诉讼后果。当事人应当全面收集书证、物证、视听资料和寻找证人等。对于专门性问题可以委托鉴定机构进行鉴定,以便更好地预测自己的诉讼前景。对于属于公证范围的事项可以申请进行公证,从而确保其证明力。例如,《民事诉讼法》第 72 条规定,经过法定程序公证证明的法律事实和文书,法院应当作为认定事实的根据。在符合证据保全条件的情况下,申请证据保全,避免证据的灭失或毁损。

在必要情况下,还可以申请法院依职权收集证据。基于《民事诉讼法》第 67 条第 2 款的规定,《民诉法解释》第 94 条确定了当事人可以向法院申请收集证据的具体情形:证据由国家有关部门保存,当事人及其诉讼代理人无权查阅调取的;涉及国家秘密、商业秘密或者个人隐私的;当事人及其诉讼代理人因客观原因不能自行收集的其他证据。当事人及其诉讼代理人因客观原因不能自行收集的证据,可以在举证期限届满前书面申请人民法院调查收集。

(二) 法院依职权调查收集证据

作为对辩论主义的补充,《民事诉讼法》第 67 条第 2 款保留了法院依职权调查收集证据的权利。根据 2001 年《民事证据规定》第 15 条的规定,这主要涉及可能有损国家利益、社会公共利益或者他人合法权益的事实,或者涉及依职权追加当事人、中止诉讼、终结诉讼、回避等与实体争议无关的程序事项。《民诉法解释》第 96 条则将法院依职权调查的范围扩展到涉及身份关系事项、公益诉讼。人民法院调查收集证据,应当由两人以上共同进行。调查材料要由调查人、被调查人、记录人签名、捺印或者盖章。

(三) 举证期限

1. 举证期限的概念

举证期限,是指当事人应当向法院提供证据的期限。当事人必须在规定的期限内向法院提供证据,逾期提供的,要承担因此带来的不利。

举证期限的确立,曾经是我国民事审判方式改革的一项重要成果。我国民事诉讼法中并没有涉及举证期限的问题,奉行的是"随时提出主义",根据《民事诉讼法》第 142 条当事人在法庭上可以提出新的证据。该条具有普遍的适用性。其后果是常常造成诉讼拖延,浪费司法资源。当事人甚至会滥用程序实施"证据突袭"。有鉴于此,2001 年《民事证据规定》第三部分确立了举证期限。举证期限的确立,有利于促使双方当事人在举证期限内尽其所能提供证据证明自己的主张,从根本上保证了当事人能就抗辩对方的主张和证据进行充分准备,防止在法庭审理中出现突然袭击,有利于提高诉讼效率,节省司法资源。为了保证举证期限制度的实施,最高人民法院于 2008 年又出台了司法解释[①],进一步强化民事诉讼中的举证期限,但是这一制度在司法实践中的执行效果并非十分理想。2012 年修正后的《民事诉讼法》第 65 条并未完全吸收《民事证据规定》中创设的举证期限制度,而是仅规定了当事人及时提供证据的义务,法院应当根据当事人的主张和案件审理情况相应确定当事人提供证据的期限。对未遵守举证期限的当事人,也不再单纯地施加失权的法律后果,而是根据具体情形允许采纳逾期提出的证据但予以训诫、罚款。《民诉法解释》进一步弱化了逾期举证的法律后果。2019 年《民事证据规定》虽然在第三部分保留了举证期限制度,但是删除了有关新证据的实质性规定。

2. 举证期限的确定

按照《民事证据规定》的要求,举证期限的确定因是否进行证据交换而不同。所谓证据交换,是指在开庭审理前由法官组织双方当事人交流案件事实和证据方面的信息。其重要的作用在于整理争点、防止诉讼突袭,为法庭审理做准备。根据《民事

---

① 即《最高人民法院关于适用〈关于民事诉讼证据的若干规定〉中有关举证时限规定的通知》,法发〔2008〕42 号。

《诉讼法》第 136 条第 4 项,需要开庭审理的,人民法院可以通过要求当事人交换证据等方式,明确争议焦点。证据交换之日举证期限届满。证据交换的时间可以由当事人协商一致并经人民法院认可,也可以由人民法院指定。当事人申请延期举证经人民法院准许的,证据交换日相应顺延。证据交换应当在审判人员的主持下进行。在证据交换的过程中,审判人员对当事人无异议的事实、证据应当记录在卷;对有异议的证据,按照需要证明的事实分类记录在卷,并记载异议的理由。通过证据交换,确定双方当事人争议的主要问题。当事人收到对方的证据后有反驳证据需要提交的,人民法院应当再次组织证据交换。

在未进行证据交换的情况下,举证期限可以由当事人协商,并经人民法院准许。人民法院指定举证期限的,适用第一审普通程序审理的案件不得少于 15 日,当事人提供新的证据的第二审案件不得少于 10 日。适用简易程序审理的案件不得超过 15 日,小额诉讼案件的举证期限一般不得超过 7 日。举证期限届满后,当事人提供反驳证据或者对已经提供的证据的来源、形式等方面的瑕疵进行补正的,人民法院可以酌情再次确定举证期限,该期限不受前述的期间限制。

当事人在举证期限内提交证据材料确有困难的,可以申请延长举证期限,应当在举证期限届满前向人民法院提出书面申请。申请理由成立的,人民法院应当准许,适当延长举证期限,并通知其他当事人。延长的举证期限适用于其他当事人。申请理由不成立的,人民法院不予准许,并通知申请人。

3. 逾期举证的后果

当事人逾期举证的,要承担因此带来的诉讼上的不利(证据失权)。根据 2001 年《民事证据规定》第 34 条的规定,当事人在举证期限内不提交证据材料的,视为放弃举证权利。对于当事人逾期提交的证据材料,除非对方当事人同意质证,否则法院审理时不组织质证。这也就意味着,法院不可能将该证据作为认定案件事实的依据。但是如前所述,2012 年修正后的《民事诉讼法》第 68 条以及《民诉法解释》第 101 条、第 102 条则放弃了这种过于苛刻的证据失权后果,转而考虑当事人逾期举证是否存在主观过错。当事人逾期提供证据的,人民法院应当责令其说明理由,必要时可以要求其提供相应的证据。当事人因客观原因逾期提供证据,或者对方当事人对逾期提供证据未提出异议的,视为未逾期。① 对于因当事人故意或者重大过失逾期提供的证据,人民法院不予采纳。但该证据若与案件基本事实有关,人民法院应当采纳,并依照《民事诉讼法》第 68 条、第 118 条第 1 款的规定予以训诫、罚款。这实际上从根本上否定了证据失权的法律后果。对于当事人非因故意或者重大过失逾期提供的证据,人民法院应当采纳,并对当事人予以训诫。当事人一方要求另一方赔偿因逾期提供证据致使其增加的交通、住宿、就餐、误工、证人出庭作证等必要费用的,人民法院可予支持。此外,根据《民事证据规定》第 59 条的规定,人民法院对逾期提供证据的

---

① 《民诉法解释》第 101 条、第 102 条的内容存在严重的逻辑混乱,按照其内容可以作如下表述:当事人逾期提供证据的,对方当事人对此未提出异议时,视为未逾期;对方当事人对此提出异议时,人民法院应当责令逾期提供证据的当事人说明理由,必要时可以要求其提供相应的证据。

当事人处以罚款的,可以结合当事人逾期提供证据的主观过错程度、导致诉讼迟延的情况、诉讼标的金额等因素,确定罚款数额。

## 二、证据审查

(一)证据审查的概念和特征

证据审查,是指法官对提交到法庭的证据进行判断,以决定是否采纳作为认定案件事实根据的活动。证据审查是诉讼过程中的一项重要活动,是证明案件事实的关键性步骤。

证据审查的特征表现在以下几个方面:

1. 证据审查的主体是法官。这是由审判程序的性质决定的。法官为案件的裁判者,他需要在对证据进行审查判断的基础上对案件事实形成确信,进而作出裁判。

2. 证据审查的内容是证据的客观性、关联性和合法性。审查判断证据就是要确认证据的属性,审查证据反映的内容是否客观真实,来源和形式是否合法,与案件事实有无关联。

3. 证据审查的目的是确定证据能力和证明力。在此基础上才能决定是否将证据作为认定案件事实的基础,以及它在证明中所起到的作用的大小。

(二)证据审查的方法

我国《民事诉讼法》第67条第3款规定:"人民法院应当按照法定程序,全面地、客观地审查核实证据。"《民诉法解释》第105条以及《民事证据规定》第85条对此作出了补充规定,审判人员应当依照法定程序,全面、客观地审核证据,依据法律的规定,遵循法官职业道德,运用逻辑推理和日常生活经验,对证据有无证明力和证明力大小独立进行判断,并公开判断的理由和结果。这些规定确立了证据审查的基本原则和方法。具体而言,证据审查可以采用如下方法:

第一,借助于质证进行审查判断。质证是审查核实证据的法定方法。对于大多数证据,法官都可以在质证的基础上直接对其属性作出初步判断。《民事证据规定》第87条规定,审判人员对单一证据可以从下列方面进行审核认定:证据是否原件、原物,复印件、复制品与原件、原物是否相符;证据与本案事实是否相关;证据的形式、来源是否符合法律规定;证据的内容是否真实;证人或者提供证据的人与当事人有无利害关系。

第二,综合审查。案件事实的认定,是通过综合审查判断全部证据得出的结果。有些证据,如果只从其本身来审查,有时是难以辨别其真伪和确认其对案件事实的证明作用。但是如果把它同其他证据加以对照、印证,进行综合分析,从相互间的联系上来考察,看它们所反映的情况是否一致,是否协调,就能比较容易发现问题、辨明真伪。而对于另外一些证据,虽然经过质证可以辨别其自身的真伪,但在进行综合判断时则可能发现它存在问题。因此,《民事证据规定》第88条规定,审判人员对案件的全部证据,应当从各证据与案件事实的关联程度、各证据之间的联系等方面进行综合审查判断。在综合审查时,法官可以运用经验法则、逻辑推理等。

第三,进行技术鉴定。随着社会的发展,案件的纠纷也日趋复杂,很多民事诉讼中当事人提供的物证、书证,仅凭法官的一般知识很难判明其真伪和证明力,需要一定的专业知识、科学技术来进行实验、分析、论证,才能作出合理的判断,为审判提供科学的依据。此时就需要委托鉴定机构进行相应的鉴定,从而弥补法官认识能力上的不足。

(三) 质证

1. 质证的概念和特征

质证,是指诉讼当事人、诉讼代理人在法官的主持下对已提出的证据通过质疑、辩驳和相应的说明、解释等方式呈示展现其内容,并直接影响或作用于法官判断认定证据这一心证形成过程的诉讼活动。质证的基本原理首先在于,站在对立或相反立场上的主体围绕证据的对质辩驳可以使案件信息的获得更加全面、完备。其次,质证也是为当事人提供的一种程序保障。

质证具有如下特征:

(1) 质证的主体是当事人和诉讼代理人。关于质证的主体,理论上存在争议。主流的观点认为,质证的主体限于当事人和诉讼代理人。这里的当事人包括原告、被告和第三人等。而法官虽然主持质证活动,在必要情况下可以向当事人、证人就证据的形式和内容发问,但他不属于质证的主体。

(2) 质证的客体是在法庭上出示的各种证据材料,既包括当事人双方提供的证据材料,也包括法官依职权调查收集的证据材料。

(3) 质证的内容是审查证据材料是否具备证据的属性,即审查证据材料的客观性、关联性和合法性。

2. 质证模式

在不同的诉讼模式中,由于法官和当事人所处的地位以及发挥的作用的不同,决定了质证模式也不相同。在英美法系,质证活动完全为当事人的自由行为。法官在质证过程中始终处于消极地位,仅作为质证程序的组织者。质证以证人证言为中心,采用直接询问与交叉询问的方式进行。这种质证方式使得任何一方当事人都可以及时、有效地驳斥对方的主张,对方也可以进行防御,从而使争议的事实和证据的细节得以显现。在大陆法系,质证通常以法官为主开展询问,当事人可以辅助进行询问。

在我国,根据《民事诉讼法》第71条以及《民诉法解释》第103条的规定,证据应当在法庭上出示,由当事人互相质证。未经质证的证据,不能作为认定案件事实的依据。当事人在审理前的准备阶段认可的证据,经审判人员在庭审中说明后,视为质证过的证据。该规定确定了质证在诉讼中的地位和意义。对于质证程序,《民诉法解释》第104条规定,质证时,当事人应当围绕证据的真实性、关联性、合法性,针对证据证明力有无以及证明力大小,进行质疑、说明与辩驳。《民事证据规定》第62条规定,质证应当按照下列顺序进行:原告出示证据,被告、第三人与原告进行质证;被告出示证据,原告、第三人与被告进行质证;第三人出示证据,原告、被告与第三人进行质证。

法院依照当事人申请调查收集的证据,作为提出申请的一方当事人提供的证据。

该证据应当在庭审时出示,听取当事人意见,并可就调查收集该证据的情况予以说明。对涉及国家秘密、商业秘密和个人隐私的证据应当保密,案件未公开审理时,则按照正常程序出示和质证;案件公开开庭审理时,若需要在法庭出示,不得在公开开庭时出示。

### 三、证据的认定

(一) 认证的概念

认证是指法官在诉讼过程中,就当事人举证、质证、法庭辩论过程中所涉及的与待证事实相关的证据加以认定,以确认其证据能力和证明力的大小的活动。认证有别于对案件事实的认定。后者是指审判人员在法庭评议阶段,综合本案全部证据的证明力,对当事人争议的案件事实作出判断。

(二) 认证的标准与方法

无法满足证据基本属性的证据材料不能作为认定案件事实的依据。因此以侵害他人合法权益或者违反法律禁止性规定的方法取得的证据应当被排除。同时,下列证据不能单独作为认定案件事实的依据:当事人的陈述;无民事行为能力人或者限制民事行为能力人所作的与其年龄、智力状况或者精神健康状况不相当的证言;与一方当事人或者其代理人有利害关系的证人陈述的证言;存有疑点的视听资料、电子数据;无法与原件、原物核对的复制件、复制品。

但是对于一方当事人提出的下列证据,如果对方当事人提出异议但没有足以反驳的相反证据的,那么法院应当确认其具有证明力:书证原件或者与书证原件核对无误的复印件、照片、副本、节录本;物证原物或者与物证原物核对无误的复制件、照片、录像资料等;有其他证据佐证并以合法手段取得的、无疑点的视听资料或者与视听资料核对无误的复制件;一方当事人申请法院依照法定程序制作的对物证或者现场的勘验笔录。此外,法院委托鉴定部门作出的鉴定意见,当事人没有足以反驳的相反证据和理由的,可以认定其证明力。一方当事人提出的证据,另一方当事人认可或者提出的相反证据不足以反驳的,法院可以确认其证明力。这里对认可证据的规定同样适用于反驳证据。

### 四、证明妨碍

证明妨碍,是指因妨碍人的行为(作为或者不作为)使得案件事实的阐明发生困难,若不存在该行为,案件的事实情况本可以得到阐明。毁灭、隐藏证据手段或者妨碍证据手段的使用,负有过错地使得对方当事人不能进行举证或者举证变得困难,或者因过失而忽略了对已经发生的损害结果进行阐明,以便由此阻止相应证据手段的生成,尽管阐明义务人已经确切明知事后必然对此需要举证证明。这些均可能构成证明妨碍行为。

证明妨碍需要满足如下要件:存在妨碍行为;对方当事人发生证明困难,对自己的事实主张无法提供证据加以证明;妨碍行为与证明困难之间存在因果关系;妨碍人存在过错。对于证明妨碍,在理论上以及司法实践中存在多重应对方案,例如在民法上将其视为侵权,允许对方当事人提起侵权之诉,从而在当事人之间先后发生两起诉讼。构成刑事犯罪时,追究刑事责任;未构成刑事犯罪,但构成妨碍民事诉讼行为时,根据民事诉讼法的规定予以惩罚,并在证据法上施加特殊的法律后果。由于民事救济、刑罚惩罚或者民事诉讼上的惩罚,均无助于在本案中令对方当事人摆脱证明困难的处境,因此证明妨碍制度的核心内容在于回答在证据法上的后果。

根据《最高人民法院关于民事经济审判方式改革问题的若干规定》(已失效)第30条的规定,有证据证明持有证据的一方当事人无正当理由拒不提供的,如果对方当事人主张该证据的内容不利于证据持有人,可以推定该主张成立。2001年《民事证据规定》第75条重申了该规定,并被2019年《民事证据规定》第95条所承继。这构成了证明妨碍的法律基础。《民诉法解释》虽然未重申对举证妨碍的一般规定,但在第112条、第113条中对于在民事诉讼中适用最多的书证有具体规定。书证在当事人控制之下的,对方当事人可以申请法院发布文书提出命令,无理由拒不提交书证的行为构成证明妨碍。根据该规定,书证原件在对方当事人控制之下,而书证持有人经合法通知拒不提交的,这种消极妨碍行为会产生以下后果:(1)首先是法院可以结合其他证据和案件具体情况,审查判断书证复制品等能否作为认定案件事实的根据。(2)书证在对方当事人控制下,承担举证证明责任的当事人可以在举证期限届满前书面申请法院责令对方当事人提交。理由成立的,法院应当责令对方当事人提交,因提交书证所产生费用,由申请人负担。(3)对方当事人无正当理由拒不提交的,法院可以认定申请人所主张的书证内容为真实。因此,在证据法上,对书证实施证明妨碍的后果为有条件地采纳书证复印件或者推定提出申请人所主张的书证内容为真实;在惩罚方面,同时适用《民诉法解释》113条,持有书证的当事人以妨碍当事人使用为目的,毁灭有关书证或者实施其他致使书证不能使用行为的,法院可以依照民诉法规定,对其处以罚款、拘留的强制措施。

# 第五编　通用诉讼程序

## 第十七章　第一审普通程序

**【本章提要】**

普通程序是指第一审普通程序,是一种基本的、规范的、标准的民事诉讼程序,同时也承担了整个民事诉讼程序通则的功能,其他程序章节中没有规定的即适用普通程序的相关规定。第一审普通程序由起诉与受理、审理前的准备、开庭审理、合议庭评议、裁判等阶段组成。现行法对前两个阶段的规定和程序安排逻辑紊乱,不能适应诉讼模式的转型和立审分离的司法管理结构变化,加之先行调解程序的介入,导致司法实践面临多重困扰。本章依据诉答程序和审前程序的功能原理,在现行法基础上解构和重构了这套程序,形成了起诉与登记立案、送达与答辩、先行调解、实体受理与驳回起诉的新结构。

### 第一节　普通程序概述

普通程序是指第一审普通程序,是法院审理第一审民事案件的基本的、标准的、规范的程序。与之并列和对应的第一审简易程序,是以之为基础的第一审简化程序,其中包含小额诉讼程序。此外,由于《民事诉讼法》没有适用于所有审判的程序通则,普通程序因具有以下特点而承担了民事审判程序通则的功能。

#### 一、程序内容的体系性和完整性

在立法上,第一审普通程序所涵盖的内容最系统、最全面、最充实、最完整,从起诉与受理,到审理前的准备和开庭审理,直至裁判和宣判,连同可能发生的诉讼中止和终结情形,都作出了具体、明确、全面的规定。虽然其中有些环节并非在每一次诉讼中都必然出现,然而作为标准程序,第一审普通程序规定了可能出现的全部程序事项。另一方面,尽管其中某些环节或情形在其他程序中也可能出现,但立法技术上不必重复规定,立法仅规定了相同情形适用或准用普通程序的相关规定。

#### 二、程序运作的规范性和正式性

无论在立法文本中还是司法实践中,普通程序都体现了严格的规范性。立法和司法解释对于当事人起诉的实质要件和形式要求,对于审理前准备的每一个阶段,开庭审理的每一个细节,直至裁判文书的适用范围和制作规范,都作出了具体、详细的规定。这要求适用普通程序审理的案件在程序保障标准上明显高于简易程序,相应地诉讼成本和诉讼效率方面的价值考量也有所差异。

### 三、适用范围的广泛性和扩张性

普通程序的适用范围十分广泛。在案件类型上,适用《民事诉讼法》的所有具有"纠纷"性质的案件均可适用第一审普通程序审理;在级别管辖上,所有级别的法院审理一审案件均可能适用第一审普通程序;在审理阶段上,经过简易程序审理的案件仍可根据需要转入普通程序审理;在复审程序中,上诉发回重审的案件和适用一审程序审结的再审案件均必须适用第一审普通程序。换言之,基于立法关于其他审判程序准用普通程序相关法律条款的授权,第一审普通程序的某些方面在特定条件下得以扩张适用于第二审程序、审判监督程序、特别程序、涉外诉讼程序,等等。基于这些特点,普通程序也被认为具有通用性。

【特别提示】

在我国民事诉讼制度语境下,普通程序和简易程序都是特定概念,均特指第一审程序。第二审程序中不使用普通程序或简易程序的概念。《民事诉讼法》第二编"审判程序"按照第一审普通程序、简易程序、第二审程序、特别程序、审判监督程序、督促程序、公示催告程序的顺序排列,逻辑紊乱,也易导致忽略诉讼程序与非讼程序、初审程序与上诉程序、通常审级与特别救济之间的不同法理,因此读者应注意参考教科书的理论分类加以鉴别。

## 第二节 起诉与受理

### 一、原告起诉

(一) 起诉的概念

起诉是指公民、法人和其他组织与他人发生民事争议或认为自己的或者依法由自己保护的民事权益受到他人侵害时,以自己的名义请求法院通过审判给予司法救济的行为。

起诉是当事人基于诉权而启动民事诉讼程序的单方诉讼行为,是民事诉讼程序开始的必备要素,是法院行使审判权的必要前提。没有当事人起诉,法院不得依职权启动民事诉讼程序,俗称"不告不理"原则,这是"处分权主义"的重要内涵。

(二) 起诉的方式和起诉状的内容

根据《民事诉讼法》第123条的规定,普通程序的起诉方式以书面为原则,以口头为例外。起诉应当向人民法院递交起诉状,并按照被告人数提交副本。书写起诉状有困难的可以口头起诉,由法院记入笔录,并告知对方当事人。不过当下实践中,特别是适用普通程序的案件一般都有诉讼代理人,口头起诉非常少见。

起诉状是原告向受诉法院提出诉讼请求、寻求司法救济的书面载体。根据《民事诉讼法》第124条的规定,起诉状必须具备以下内容:

1. 当事人的基本情况。起诉状按照原告、被告以及第三人的顺序分别记明当事人的基本情况。之前《民事诉讼法》没有根据当事人诉讼地位的差别区分规定起诉状应当载明的当事人的基本信息,无形中提高了当事人的起诉门槛,2012年修正案将原告和被告基本信息要求分别予以规定。此外,2012年修正案增加了原告联系方式一项要求。起诉状应当写明原告的姓名、性别、年龄、民族、职业、工作单位、住所、联系方式,法人或者其他组织的名称、住所和法定代表人或者主要负责人的姓名、职务、联系方式;被告的姓名、性别、工作单位、住所等信息,法人或者其他组织的名称、住所等信息。受诉法院依此可以将诉讼通知送达被告,审查原告是否具备诉讼主体资格、案件是否在受诉法院的辖区等。

2. 诉讼请求及其所根据的事实和理由。作为起诉的条件之一,诉讼请求和事实、理由必须在起诉状中载明,以声明诉讼的具体目的和相应根据。这是起诉状中最为重要的实质内容,它是对方当事人应诉、答辩和法院确定裁判范围的主要根据。所以,法律对起诉状的内容应当进行明确规定,并且起诉状中载明的诉讼请求和法律理由不应随意变更。不过按照我国国情,特别是在诉讼难问题尚未完全解决的状况下,我国在庭审之前和庭审期间允许增加或变更诉讼请求及事实、理由,对于起诉状内容的审查也不那么严格,这种相对宽松的制度有利于保障文化层次和法律素质较低的当事人有效地行使诉权。

3. 证据和证据来源,证人姓名和住所。我国民事诉讼法要求当事人在起诉状中一一记明当事人所提供的用以支持自己起诉状中载明内容的证据材料及其获取途径;如果所提供的证据形态中包括证人,则要求提供证人的姓名和住所。从合理的实践来看,必须提交的证据主要是确定当事人身份的证据,自然人须提交身份证(或护照)复印件;法人须提交营业执照副本复印件、法定代表人身份证明及其职务证明;其他组织须提交能够证明其符合法律规定的民事诉讼主体资格的相应证明。实践中通常还要求提供能够证明原告与被告之间是否存在所称的法律关系的基本证据,如结婚证、合同等。

(三)起诉的条件

起诉是引起诉讼程序开始的必要条件而非充分条件,只有符合法律规定的起诉才能获得法院受理并由此启动诉讼程序。所以,法律规定的当事人起诉的条件,实际上是法院受理起诉的条件。

根据《民事诉讼法》第122条的规定,起诉必须同时符合诉讼主体(当事人和法院)和诉讼客体两大方面的四个条件,并受当事人制度、法院主管(即民事司法职能管辖范围)和管辖制度、诉讼标的理论的影响。

1. 原告是与本案有直接利害关系的公民、法人或其他组织

这是法律规定的作为当事人的原告适格的条件,要求提起诉讼的原告必须是因自己的民事权益受到侵害,或自己的民事权益与他人发生争议,或者与本案诉讼标的有其他直接利害关系。结合当事人制度来理解,原告的立案审查标准实际上适用了正当当事人或适格当事人的标准,排除了那些虽然没有直接利害关系但基于特定的法律身份而享有"诉的利益"的人作为原告提起诉讼的机会。为此,一些教材通过扩大解释该条中所称的"直接利害关系",使之得以涵盖那些基于法律规定的管理权或其他间接利害关系而享有诉的利益的诉讼担当人,得以自己的名义作为原告,维护他们依法必须保护的他人的利益。

2. 有明确的被告

原告起诉必须指明与之发生争议的对方当事人,才能使特定案件的诉讼和审判有具体指向,这是由诉讼的争议性/纠纷性及对抗性特征决定的。起诉中所称的被告,法律的审查标准仅仅是要求其"明确",并未要求被告必须与本案有直接利害关系,体现了程序当事人的概念。关于被告应当"明确"到什么程度有不同解读,《民诉法解释》第209条第1款规定:"原告提供被告的姓名或者名称、住所等信息具体明确,足以使被告与他人相区别的,可以认定为有明确的被告。"故最低限度的共识是,原告起诉时所提供的被告信息应足以将该诉讼主体特定化;存在争议的是,司法实践中往往还要求原告在起诉时提供初步证据证明上述信息的真实性,并提供被告的有效送达地址,是否变相抬高了法定的起诉门槛。

3. 有具体的诉讼请求和事实、理由

诉讼请求是原告针对被告提出的、请求法院予以裁判的实体权利主张。它使被告得以知晓诉求和争议的内容,使法院审判的对象和内容得以具体化。按照诉的分类,一案的具体诉讼请求可能是确认原告与被告之间存在或不存在某种法律关系,也可能是变更或消灭一定的法律关系,更多的则是要求法院判令被告履行一定义务,包括为或不为一定的行为。但无论哪一类诉讼请求,都必须表明其具体内容和范围。诉讼请求作为原告诉的声明,其主要功能之一是对法院行使审判权的范围加以限定,按照处分权主义的基本理念,法院不应超越当事人的诉讼请求作出裁判。

起诉阶段所要求的事实,是指原告提出诉讼请求所依据的生活事实,主要包括两个方面,一是双方当事人之间法律关系(亦即实体权利义务关系)发生、变更、消灭的事实,二是这一法律关系遭到被告破坏(亦即权利受到侵害或发生争议)的事实。起诉的理由可以解读为法律理由,不过并非指简单的法律根据,也包括原告按照相关理论、习惯、先例和/或自己的主观认识,将具体的客观事实重新组合后归于某类法律关系的法律立场或法律结论。[①] 特别指出,起诉阶段对于事实、理由的要求,只是一种形式要求,并未要求提交相应证据以支持其所称的事实、理由成立,后者属于审理阶段

---

① 也被称为"theory"(理据)。比如原告向被告支付某一款项的行为属于借贷还是投资,尽管原告与被告所依据的事实和可凭借的法律条款完全相同,但双方的结论却可能完全不同,这种重构事实并据此援引不同判例的过程常常需要借助相关理论(理据)加以论证。

的证明行为。立案审查如果超出这一要求,可能妨碍诉权的行使。

4. 属于法院受理民事诉讼的范围和受诉法院管辖

提交法院审判的事项必须是法院享有司法权的事项,同时诉讼应当向有管辖权的法院提起。这是对受诉法院资格的要求。而具体受诉法院的诉讼主体资格是由民事司法职能管辖(主管)制度和管辖制度确定的。当事人向法院寻求民事司法救济的事项,必须是法律规定由法院管辖的事项;即使是民事司法救济事项,也必须由符合管辖权规定的特定法院受理和审判该案。

此外,《民事诉讼法》第127条还规定了起诉的消极条件,或称妨诉要件,主要包括不构成重复起诉、已经法定的前置程序、不在法定的禁诉期间等。本书第五章在可诉性消极条件中已详细讨论。

但是,根据《民诉法解释》第219条的规定,当事人超过诉讼时效期间起诉的,法院应予受理。受理后对方当事人提出诉讼时效抗辩,法院经审理认为抗辩事由成立的,判决驳回原告的诉讼请求。至此,诉讼时效作为实体抗辩事项,不再作为法院职权审查的内容,被告不提出抗辩则按照放弃时效利益处理;并且,诉讼时效作为实体事项应适用判决,作出具有既判力的终结性处理。

(四) 起诉的效力

当事人向适当的法院提出诉(the claim),称为诉的启动(initiation)或诉讼开始,它标志着司法程序在形式上启动了。换言之,原告提交起诉状的形式性行为即标志着诉讼开始,其法律意义不仅在于启动了法律程序,更重要的是,程序启动的具体时间成为确定原告的起诉是否符合诉讼时效的关键节点。《最高人民法院关于审理民事案件适用诉讼时效制度若干问题的规定》(法释〔2020〕17号)第10条规定:"当事人一方向人民法院提交起诉状或者口头起诉的,诉讼时效从提交起诉状或者口头起诉之日起中断。"

诉讼开始的时效意义决定了其程序特征必须满足两个基本条件:其一,诉讼开始不必依赖于被告的合作,否则被告就可能阻挠原告启动程序;其二,诉讼开始的时间必须精确地确定,从而得以确定诉是否是在时效内提出的。因此,诉讼开始必须以单一、简单、快捷的方式完成,换言之,诉讼开始只能是形式性的。为此,各国均对起诉采取形式审查标准,亦即起诉登记制。比如,英国民事诉讼(除极少数例外)都以发出格式起诉状(claim form)作为计算诉讼时效中断的节点;在美国联邦法院提起的联邦法诉讼也是自原告向法院提交诉状时开始;在日本,诉讼也是从起诉状递交给法院时开始。

诉讼开始引起各种程序规则的实施。比如诉讼通知必须在一个特定期间内送达被告,而只有当这一诉的形式(form)实际送达被告时,诉讼程序才能完全进行。在德国原告递交起诉状构成所谓"系属",送达被告后才构成"诉讼系属";诉讼时效的中断效果发生在诉讼系属(即法院将诉状送达被告)之时,但在送达紧随诉状的提交完成时,中断效果也可以追溯至原告向法院提交诉状时即发生。不过,在解释原告向法院提交诉状与法院向被告送达是否紧随时,并没有一个绝对的时间节点,而需要具体考察原告的过错与送达延迟之间的因果关系;如果其间的迟延单纯由于法院造成,不影响诉讼时效中断的溯及力;如果原告及其代理人由于轻过失(比如未能依法及时交纳诉讼费)促成了较为严重的迟延,则中断效力不能溯及。

### 二、法院受理

(一) 受理的概念

受理是指受诉法院通过审查原告的起诉,认为符合法定条件的,决定立案审理的司法职权行为。

受理以当事人起诉为前提,法院的受理表明当事人的起诉获得法院接受,起诉与受理的完整结合才能真正启动诉讼程序。这体现了诉权与审判权的辩证统一关系。审判权以诉权为基础和前提,否则即成为无本之木,无源之水;但行使诉权的行为必须得到法律的认可,才能引起审判权的行使。因此,受理与起诉一样,应当符合立法所规定的条件和标准,法院决定是否受理的标准也就是法律规定的起诉条件,亦即《民事诉讼法》第 122 条的规定。

在受理过程中适用和解释第 122 条之规定,应当平衡原告、被告和社会公众三方面的利益。标准失之过严,把应当受理的案件拒之门外,则使适当的起诉失去本应获得司法保护的机会;反之,标准失之过宽,把不应受理的案件纳入司法范围,则引起审判权的滥用,也给对方当事人造成讼累。

(二) 立案审查与受理

我国法院对起诉的审查包括形式审查和实质审查两个方面。形式审查是指审查起诉状的内容和相应的起诉手续是否合乎《民事诉讼法》第 123 条、第 124 条的规定,实质审查是指审查起诉是否符合《民事诉讼法》第 122 条规定的条件。《民事诉讼法》将形式审查与实质审查的顺序颠倒,并不是文字逻辑上的疏忽,而是根源于制度逻辑的紊乱(稍后分析)。

人民法院对当事人的起诉进行审查后,根据起诉是否符合法定条件,决定是否受理,这一过程又称为立案审查。法院对决定受理的起诉进行登记的活动称为立案,立案是法院受理案件和诉讼程序正式开始的标志。根据《民事诉讼法》第 126 条和《民诉法解释》第 208 条的规定,符合起诉条件的,应当在 7 日内立案,并通知当事人。但如果起诉状内容欠缺,法院应及时令原告补正,立案期限自补正后交法院的次日起算,补正后 7 日内决定是否立案。可见,经实质审查不符合起诉条件的适用不予受理裁定;仅因形式审查不符合要求,经补正后符合要求的应予受理。

在近年来的司法实践中,法院滥用起诉状补正和口头裁定不予立案的现象较为普遍和严重。一些法院任意拒绝被认为"难缠"的案件,主要是可诉性模糊的案件、敏感或热点的案件、易受地方干预的案件,以及其他容易成为信访根源的案件,并且往往是口头拒绝,不作出任何书面决定。这些违反法律的做法很大程度上导致了"立案难"问题。针对这一问题,我国《民事诉讼法》2012 年修正案第 123 条(现行第 126 条)特别增加了"人民法院应当保障当事人依照法律规定享有的起诉权利"的规定。

在总体原则和政策倾向上,强调对当事人诉权的保障;并且强调,当事人的起诉权利是依照"法律"享有的,最高人民法院的司法解释和地方法院的内部规定都不得限制或剥夺这一权利。在措辞上也明确强化了法院保障诉权的义务,将"应当"受理修改为"必须"受理。最高人民法院自2014年年底开始推行立案程序制度改革,但是由实质审查制改革为立案登记制目前在立法和理论上都还面临一些结构性难题,亟待研究和解决。

(三)受理的法律效果

依据我国民事诉讼法,起诉并非形式性的或即时完成的,因此,原告的起诉经法院受理起诉后才产生法律后果,具体包括:

1. 受诉法院取得对该案的审判权,同时承担审判职责。案件受理后,该案即取得一个案号,法院自此享有对该案依法进行审理和裁判的权力,同时也受自己作出的司法行为——受理——的约束,非经法定程序,法院不得中止或终结此案,也不得任意注销案件(号)。

2. 排斥其他法院对该案的管辖权。无论其他法院是否依法对该案享有(平行的)管辖权,该案在一法院受理和立案后,其他法院即无权受理该案,除非法律有特别规定。

3. 双方当事人取得相应的诉讼地位。提起诉讼的一方取得原告的地位,被起诉的一方居于被告的地位,各自依法享有与诉讼地位相应的诉讼权利并承担相应诉讼义务。

4. 受理还产生中断诉讼时效的效力。案件受理后,诉讼时效中断的时间点追溯到自当事人提起诉讼、向对方当事人主张权利时开始计算;但如果案件被不予受理或被驳回,则诉讼时效重新起算的时间应当是法院不予受理或被驳回的诉讼行为生效的时间。

值得注意的是,在采取形式审查制即登记立案制的国家,原告的起诉行为与法院的受理行为通常可以在同一天内完成。换言之,起诉行为自原告起诉的意思表示以合法的形式(起诉状具备《民事诉讼法》第124条要求的内容)送达到适当的法院即告完成,受理行为则在法院当即进行形式审查并登记在案即可完成,因此这一问题并不突出。但在我国,由于对起诉的审查采取实质审查制,从原告起诉到法院立案受理之间有一个较长(法定时间为7日)的间隙,实行先行调解后还将有更长,而且不确定的时间间隙。

(四)不予受理

根据《民事诉讼法》第126条的规定,(受诉法院)认为不符合起诉条件的,应当在7日内作出裁定书,不予受理;原告对裁定不服的,可以提起上诉。根据《民事诉讼法》第157条的规定,裁定书应当写明裁定结果和作出该裁定的理由。裁定书由审判人员、书记员署名,加盖人民法院印章。

《民事诉讼法》第127条和有关司法解释专门规定了法院对于不符合第122条规定的起诉条件、决定不予受理起诉的案件,"告知"当事人选择适当的纠纷解决途径,比如属于行政诉讼受案范围的提起行政诉讼、向有权处理争议的其他机关申请解决、有仲裁协议的申请仲裁、不属于本院管辖的向有管辖权的法院起诉、已作出生效裁判的申请再审、尚在"禁诉期间"的等待期间届满后再起诉。

就规范效力而言,法律没有规定这种"告知"应采取何种形式、效力如何。进一步的问题是,法院单方面告知当事人将本院不予受理的案件提交其他机关或组织解决,是否对被"指定"的机关、组织产生法律拘束力?如果有拘束力,这一权限是否超越宪法规定的法院角色?如果没有拘束力,这一告知是否影响法院行为的规范性和决定的权威性?就实践效果而言,这一法律规定的初衷是要求法院提供一种便民服务——法院不受理案件时,不仅要决定和说明本院能否解决,而且要给当事人指明解决问题的正确途径。实质上这种服务是法律咨询性质的。但这种不规范的方式运行的结果,却导致司法实践中普遍采取口头的、失范的"不予立案"方式,既不受理案件,又没有相应的救济途径,于是便民途径悄然演化为侵民途径。

上述问题的解决,在立法层面上,我国《民事诉讼法》2012年修正案针对一些法院既不受理,也不制作书面裁定的状况,将"裁定"修改为"裁定书",意图彻底堵塞司法实践中有意规避法律而刻意谋求的所谓漏洞——其实法律原先就规定了不予受理的"裁定"是可以上诉的裁定,因此已经意味着这类裁定必须以"书面"而非口头形式作出。

在法律解释层面上,应当认为,《民事诉讼法》第127条与第122条、第126条共同构成一个完整的逻辑体系。法院依据第122条规定的积极条件和第127条规定的消极条件审查起诉,无论不予受理的原因是不符合第122条规定的积极条件,还是符合第127条规定的消极条件,都应该作出裁定书。第127条所规定的"告知"当事人其他途径,应该作为本院不予受理该案的理由写在裁定理由中,而不是作为对当事人诉求的回应,从而成为裁定的结论。换言之,裁定的结论(主文)只是本院不予受理,而不包括应当由法院以外的哪个机关或组织处理,那么基于裁判理由普遍没有拘束力的原理,这种"告知"对于被指定的机关或组织没有拘束力。这样解释和处理,既保证法院基于任何理由作出的不予受理裁定均可以上诉,从而避免不予受理的决定和形式的任意性;同时法院在裁定理由中给当事人咨询式的"告知",也避免了权限、程序、效力等方面的疑问和尴尬。

### 三、先行调解

《民事诉讼法》2012年修正案增加了第122条,"当事人起诉到人民法院的民事纠纷,适宜调解的,先行调解,但当事人拒绝调解的除外"。2021年修正的《民事诉讼法》在第125条保留了这一规定。这就是被称为"先行调解"的规定。由于其语焉不详,含义不清,边界模糊,因而给法律解释和司法实践留下了巨大空间。本书也只能根据调解与司法的一般原理,结合中国司法实践和立法宗旨,就先行调解的性质、主体、程序、效力等重要问题提出一家之言的学理解释。

(一)先行调解的性质与主体

《民事诉讼法》第125条规定的先行调解在解读上存在一些困扰,比如其法律性质是诉前调解还是诉讼调解？其行为主体是法院调解还是法院外调解？这是一个问题的两个方面。

从立法结构和语境来解释该条的文义，第125条先行调解介于第122—124条起诉的实质条件和形式条件与第126—127条受理或不予受理之间。由此可知，就程序阶段而言，先行调解应当是发生在当事人起诉与法院受理之间，具体而言就是从当事人向法院立案庭提交起诉状开始，至法院决定立案受理或裁定不予受理为止，依据法律规定，这两个诉讼行为之间的法定期间为7日（但司法解释规定可经当事人同意延长调解期间）。因此一方面，先行调解不能解释为诉前调解，而是起诉后的调解；另一方面，先行调解也不能解释为立案后的调解，而是立案前的调解。

那么，在当事人起诉之后、法院立案之前进行的调解，是诉讼调解还是诉外调解？是由法院主持的司法调解，还是法院主体主持的诉外调解？如果解释为诉讼调解或法院调解，那么，法院的调解权应源于其审判权，但法院尚未立案受理该案，其审判权、调解权从何而来？既然案件尚未受理，诉讼系属尚未产生，因而只能解释为当事人双方在法院外的第三方主持下达成的调解。这种诉外调解主要包括两种类型，一是诉讼中的庭外调解，在我国又称为诉讼和解（见第八章的详细讨论）。诉讼和解在我国诉讼制度中没有独立的地位，而且既然起诉之后、立案之前的调解处于尚未立案、进入诉讼阶段，因而也不能算是诉讼和解；二是诉前调解，在实行以调解作为起诉的前置程序的制度中，这种诉前调解又被称为强制调解或前置调解，似乎更接近于第125条规定的调解先行的意思，但这种解释并不符合我国的司法实践，或者说不符合法院极力将司法实践中由法院主持的很不规范的"立案调解"规定为"先行调解"条款意欲达到的目标。

如果探求立法宗旨，那么根据起草修正案过程中的博弈和立法机关的口头解释，规定先行调解的条款，主旨是在司法政策上鼓励案件进入正式审理之前先进行调解，并不限于具体的程序环节或阶段，既可以是诉前调解也可以是诉讼调解，既可以是法院外调解，也可以是法院调解。然而，在我国立案程序结构以及法院在立案审查中频繁侵犯当事人诉权的特定背景下，这种法律规定和解释是极不负责的。先行调解在立法和实践中都被作为诉讼程序的一个环节，被规定在立法的"起诉与受理"的阶段，实际上已成为起诉与受理之间的一个程序环节，如果对其内涵和外延不加限定或解释，必然加剧司法实践不予立案、不予受理的任意性，出现更多借先行调解之名行侵犯诉权之实的问题。此外，我国起诉与受理并非同日完成，诉讼时效中断的起算节点问题已经给理论和实践造成了很大困扰，现在又在起诉之后加入时间不确定的先行调解，相关问题将更加严重。而对第125条作出合乎逻辑和基本原理的解释，依赖于对现行立案程序结构加以调整，理顺起诉、立案、调解的诉讼行为和程序环节之间的制度逻辑，将更加符合调解与司法的一般原理。

（二）以现行法为基础的先行调解与起诉受理的程序结构调整

本书以现行法为基础，将"起诉和受理"阶段规定的诉讼行为（含先行调解）（《民事诉讼法》第122—127条）与"审理前的准备"阶段的部分诉讼行为（送达与答辩，第

128—130条)进行拆分和重组,将现行立案程序中的形式审查与实质审查、登记立案与实体立案分开,形成"起诉与登记立案(形式审查)、送达与答辩、先行调解、实体受理(实质审查)或驳回起诉"的逻辑顺序,从而解开我国立案程序与审前程序纠结不清的这团乱麻,使程序的应有功能得以实现。①

民事诉讼是原告与被告之间的纠纷借助法院得以解决的过程。原告发出载明诉讼请求的起诉状即标志着诉讼在形式上已经启动;但只有当起诉状送达被告时,诉讼程序才能完整开始。然而,在职权主义诉讼模式下,原告的诉与被告的答是通过法院来传递意思表示的。因此原告须首先向法院递交起诉状,然后由法院送达给被告;而法院在接受原告的起诉并将该诉的行为通知被告之前,需要审查该诉状中是否包含了诉的要素和送达的信息。所以,立案登记审查的内容就是起诉状在形式上是否具备诉的要素和送达所需信息,也就是审查起诉是否符合《民事诉讼法》第123—124条的规定。法院重点审查起诉状内容中是否明确而充分地包含了两方面的信息:一是诉的要素信息,包括诉的主体(原告、被告)和诉讼标的(诉讼请求是否明确、具体);二是送达信息,包括详细地址和联系方式。②

法院经形式审查合格,应当即向原告签发《立案通知书》,并列明法院已收到的诉讼材料。起诉状形式审查不合格的,应签发《补正起诉状通知书》,并列明需要补正的内容(可采用在格式化文书列明的选项上打勾等简便方式);补正后的起诉状经法院审查合格,则应进行立案登记,并以当事人提交合格的起诉状的时间作为计算诉讼时效的节点。立案登记即产生中断诉讼时效的法律效果,在实体上作为原告"主张权利"的意思表示的时间,在程序上则成为诉讼途径与诉前/诉外途径之间的分界点。

(三) 诉的通知与答辩

我国现行《民事诉讼法》将送达和答辩规定在开庭前准备中,切断了原告的诉与被告的答之间的直接联系和对抗关系,也导致法院单方进行审前准备成本高、可行性低,且在不认可立案的情形下"先行调解"也没有正当性。因此,诉的通知与被告的答辩应放在起诉和登记立案之后、立案调解和审前准备之前。

根据《民事诉讼法》第128条的规定,人民法院应当在立案之日起5日内将起诉状副本发送给被告。考虑到简易程序和先行调解的相关规定,诉的通知可以采取简易通知和正式送达两种方式,比如在法律规定的立案后5日内,先尝试电话、短信、口信等简易送达方式。简易送达成功且当事人同意先行调解的,可到法院接受调解并签署送达回证;自立案登记起5日内进行简易送达但不成功或当事人未签署送达回证的,法院应当在5日届满前将起诉状正式发送给被告。

被告应当在收到诉讼文件之日起15日内提出答辩状或明确表达调解意向。被

---

① 提请参加各种统考的学生注意,此处第(二)小节的改革建议,重在原理分析,仅为笔者一家之言,尚未成为通说,不宜作为应试答案的依据。统考答案请以我国现行《民事诉讼法》和司法解释的规定为准。
② 按照旧诉讼标的理论,起诉状中的诉讼标的信息还应该包含成立该诉讼请求的实体法律关系(法律事实和理由);或者至少按照我国共识度较高的新诉讼标的理论二分肢说,诉讼标的信息还应当包括产生该诉讼请求的客观事实。

告同意调解的,不影响答辩期的计算。被告接受简易送达并补签送达回证的,送达时间以送达回证上记载的送达时间为准。

答辩状的内容,除应当依据《民事诉讼法》第128条第1款列举当事人信息之外,还应当对以下主张和事实表明立场:(1)对受诉法院的管辖权有异议的,应当在答辩期内提出管辖权异议,否则依据《民事诉讼法》第130条第2款规定的应诉管辖制度,被告在答辩期届满后再提出异议的,法院不应支持,并且法院也不能依职权审查有无管辖权的问题;(2)对原告适格或被告适格有异议的,应当在答辩状中明确提出;(3)必须针对原告在起诉状中提出的诉讼请求和基础事实给予承认或否认的明确回应;(4)如果提出抗辩或反诉,则需要提出支持抗辩或反诉主张的基础事实,反诉状与起诉状的标准相同。

被告答辩并及时送达原告有助于当事人双方相互了解对方的立场并形成争点,从而为庭审活动进行相应的准备,促进诉讼效率的提高,并使先行调解成为可能。但《民事诉讼法》第128条不仅没有强制要求或至少倡导被告及时提出答辩,反而在第2款规定:"被告不提出答辩状的,不影响人民法院审理。"这是因为在当事人被当作审判客体的超职权主义模式下,被告的答辩只是一种辅助法院审判的行为。随着当事人主义诉讼理念的引入,答辩与起诉一样被解释为当事人的权利,于是这一规定的实施效果发生了逆转,它实际上赋予了被告一种可以随时行使的、不受时效限制的答辩权利。这一规定与《民事诉讼法》对起诉条件的严格规定相互矛盾,造成原告和被告处于不平等的诉讼地位,并且与审判方式改革之后实行的证据失权制度也形成逻辑矛盾。虽然在中国实行答辩失权制度的条件尚不成熟,但被告在答辩期内不提交答辩状,却在庭审中提出口头和书面答辩,导致程序拖延的,法院应当给予程序性制裁,比如判令被告承担因增加开庭次数所产生的诉讼成本,并应支持对方因此提出的因程序拖延导致的其他经济损失赔偿要求。

(四)先行调解、实质审查与驳回起诉

当事人起诉到人民法院的民事纠纷,适宜调解的,先行调解,但当事人拒绝调解的除外。在答辩期满前人民法院对案件进行调解,适用普通程序的案件在当事人同意调解之日起15天内,适用简易程序的案件在当事人同意调解之日起7天内未达成调解协议的,经各方当事人同意,可以继续调解。延长的调解期间不计入审限。

被告提出管辖权异议的,法院应在收到管辖权异议之日起15日内作出裁定。认为管辖权不符合起诉要件的,或者需要查明事实才能作出裁定的,应当举行听证。受诉法院经审理认为管辖权异议不成立的,裁定驳回异议,案件转入审理程序;认为管辖权异议成立的,裁定将案件移送给有管辖权的法院,或裁定驳回起诉。当事人对上述裁定不服的,可以提起上诉。上诉法院经审理认为下级法院没有管辖权的,裁定将案件移送给有管辖权的法院;认为不符合移送管辖规定的,裁定驳回起诉。

在法院就管辖权异议作出裁定之前,当事人双方同意调解的,经被告书面放弃管辖权异议,法院可以主持调解。调解时间仍自起诉状副本送达之日起计算,30日内调解不成的,应转入审理程序。经各方当事人同意,可以继续调解。

关于原告和被告主体资格的异议，《民事诉讼法》第 122 条分别采取了实体标准（适格）和程序标准（明确）。立案程序中应遵循这一法律精神，但在程序环节的技术安排上应进行变通，即通过对起诉状内容的明确要求，变相地对原告资格的形式审查适用"与本案有利害关系"的主体适格标准，但将适格证明和实质判断留给实质审查程序。这种变通，既保持了原被告主体适格的审查程序应当具有的规范性，也避免了不同程序环节交叉审查当事人适格问题导致的程序低效。实际上，现行司法实践虽然实行实质审查模式，但在没有被告参与的立案程序中不可能将原告不适格的案件一网打尽；当事人适格问题往往需要通过听证并提出证据才能加以证明，甚至有时与实体责任认定难分彼此（以至于侵权纠纷中"裁驳"与"判驳"之争成为法律界永不消停的经典争论）。因此，将当事人主体资格的异议与实体答辩主张同样放在审理程序中裁处，则上述诸多问题都迎刃而解了。不过，为了避免无辜被告"陪审"到底导致的讼累，在审理程序中可将当事人适格问题作为先决问题作出中间裁判，对原告或被告不适格的裁定驳回起诉，并允许当事人选择提起中间上诉或终局上诉。这在商事仲裁中已有大量实践基础，在诉讼制度上也未突破现行法关于驳回起诉及其救济途径的基本规定。

## 第三节　审理前的准备

### 一、审理前的准备的概念

审理前的准备，是指人民法院受理原告的起诉之后到开庭审理之前，由案件承办法官依法进行的一系列准备工作的总称。它是普通程序中开庭审理前的一个必经阶段。

我国民事诉讼审理前的准备与比较法上的"审前程序"（pretrial）存在一些重要差别，后者在普通法国家比较常见。我国"审理前的准备"不是独立的审前程序，一方面，它承担了诉答程序的部分功能，例如向原告送达受理通知书、向被告送达应诉通知书并接受其答辩状；另一方面，审理前的准备活动完全是由法官单方面完成的，忽视了当事人的诉讼主体地位，而且功能十分单一，也就是为开庭做程序上的准备。因为没有双方当事人的参与，也就无法完成审前程序所应承担的其他功能，如证据的收集、开示和交换，争点的形成，和解的努力，以及由此实现的案件分流，大幅度地减少进入庭审的案件数量。《民事证据规定》中有关举证时限和证据交换制度的规定，在一定范围内弥补了《民事诉讼法》规定的不足；2015 年《民诉法解释》则意图通过细化庭前会议、审前争点归纳等相关规定增强审前准备活动中当事人与法官的互动。

### 二、审理前的准备的内容

根据《民事诉讼法》的规定，从措辞、语气至具体内容，都表明审理前的准备程序仅仅是法院在庭审之前的内部操作规程。不过,自《民事证据规定》引入证据交换以来,审前准备程序已不再是法院的独角戏;《民诉法解释》要求审前法官归纳出争议焦点,进一步强调法官召开庭前会议、当事人参与审前准备程序的必要性;随着举证责任转移到当事人及其代理人,审前程序将增加更多的证据收集、证据披露或开示的相关规范。此外,我国《民事诉讼法》2012年修正案增加的第133条(现行第136条)旨在促进审前程序承担和实现案件分流功能。

(一)程序事项的准备

在《民事诉讼法》和通常的教材中,审前准备的第一项内容是送达起诉状副本和答辩状副本,第二项内容是发送受理案件通知书和应诉通知书,并告知诉讼权利和合议庭组成人员。本书在上一节已将起诉状的送达和被告答辩归入了诉答程序,因此本节不再讨论。其他的程序性准备事项包括以下三个方面:

1. 确定实体审判的审判人员,并告知当事人

原《民事诉讼法》规定:"合议庭组成人员确定后,应当在三日内告知当事人。" 2021年修正的《民事诉讼法》于第131条规定:"审判人员确定后,应当在三日内告知当事人。"我国司法行政管理模式实行立审分离之后,实际上已经自然形成了由立案庭负责受理和送达起诉、由审判业务庭负责审理实体争议的分工结构,因此同一个案件通常需要分别组成两次合议庭或独任庭,即审理管辖权异议和/或主持先行调解的合议庭(或独任庭)由立案庭法官组成,而审理实体争议并进行与此相关的审前准备的合议庭(或独任庭)由审判业务庭组成。可见,在原先的规定下,传统教材将实体审判的审判人员的确定及其告知,与起诉状乃至答辩状的送达及诉讼权利告知放在同一阶段,甚至作为同一程序事项进行讨论,不仅不符合基本诉讼原理,而且早已不符合中国的普遍实践。

在司法实践中,将实体审理的审判人员告知当事人的方式,很多是与开庭通知一起、直到开庭前3日之前才送达双方当事人的。除了前述的立审分离的制度性原因之外,主要是因为在普遍实行承办法官责任制的背景下,实体审判的审判人员往往直到开庭前才真正实际参与案件。针对"案件一进门,双方都托人"的现象,为了避免被当事人及其诉讼代理人干扰独立司法,许多法院有意借用上述规定规避早期告知审判人员的确定。这一规定导致了当事人在庭审前申请回避的权利落空,不过,鉴于应当回避而未回避的情形在程序的任何阶段都有法律救济途径,甚至成为再审事由,因此似乎并无大碍。

2. 追加必要的当事人

《民事诉讼法》第135条规定了法院依职权追加当事人的情形,即法院经审查当事人双方提交的材料,发现按照法律规定"必须共同进行诉讼的当事人"没有参加诉讼的,"应当"通知其参加诉讼。

法律在此只是规定法院依职权通知必要的共同诉讼人参加诉讼的情形,因为这一诉讼行为既是法院的权限,也是法院的义务。如果应当参加诉讼的当事人没有参加诉讼,法院作出的裁判就是错误的裁判,将被上诉程序发回重审、被审判监督程序

撤销。因此，法院不仅在审前程序中应当依职权通知其参加诉讼，而且如有遗漏则应当在审判程序的任何阶段通知其参加诉讼——由此可能导致诉讼程序的重新进行。

除此之外，《民事诉讼法》还规定了普通共同诉讼和第三人参加之诉。这两类诉讼均属于合并审理。普通共同诉讼须由当事人提出申请，由法院裁量决定是否准许，通常不会发生法院审前程序中通知当事人参加诉讼的情形。第三人参加诉讼通常由一方当事人或该第三人提出申请，由法院作出决定；也可以由法院依职权通知，但第三人可以选择是否参加。我国《民事诉讼法》2012年修正案将第三人撤销之诉规定在第56条（现行第59条）关于第三人参加之诉的规定之中，并将第三人"因不能归责于本人的事由未参加诉讼"作为其提起撤销之诉的前提条件之一，这一决定可能强化第三人参加之诉的功能和利用率。不过，无论是根据第三人申请通知，还是法院依职权通知，现行法都没有限定必须在审前阶段通知，开庭审理之后、辩论结束之前的任何阶段都可以通知和参加；但是基于诉讼效率考虑，第三人参加诉讼应当尽可能在审前申请和通知。

3. 送达开庭传票或通知，发布开庭公告

在程序运行的时间顺序上，这一审前准备行为是在实体准备和案件分流完成之后，针对需要开庭的案件进行的。

根据相关规定，法院在开庭3日前须以传票或通知的方式，告知各方当事人和诉讼参与人参加开庭的有关事项，包括开庭的日期、时间、地点。公开审理的案件，应向社会公告（现在通用的方式是在法院专设的公告栏发布公告）。

（二）推进案件分流

我国《民事诉讼法》2012年修正案增加规定了审前程序在分流案件方面的功能。根据第133条（现行第136条）的规定，法院对受理的案件，分别情形予以处理。其中包括：

1. 转入督促程序

《民事诉讼法》第136条第1项规定："当事人没有争议，符合督促程序规定条件的，可以转入督促程序"。依据法理，当事人没有争议，则表明被告认诺了原告的诉讼请求，可认定为双方就实体争议已达成了诉讼和解协议。原告可以申请撤诉，或者为了避免和解协议的效力和执行风险，当事人可申请法院制作调解书；或者，法律在整体上赋予诉讼和解通过申请司法确认而获得执行效力。但该条并未采纳以认诺或和解原理为基础的任何途径，可能是为了避开和解或调解均须双方当事人明确达成一致的局限，而将被告未明确提出争议的诉讼请求在立案阶段即快速分流到督促程序，以期迅速获得支付令从而得以执行。

2. 主持庭审调解

除了在立案阶段规定先行调解之外，《民事诉讼法》又在第136条第2项中明确规定："开庭前可以调解的，采取调解方式及时解决纠纷"，这一阶段的调解被称为庭前调解。

庭前调解不同于先行调解或立案调解，它是在立案庭已完成案件的登记立案、送达、先行调解,并对管辖权、当事人适格等争议问题作出程序性决定后,确定本院对该案享有实体裁判权,然后将案件转入审判业务庭之后,由审判业务庭主持的开庭前的调解。通常庭前调解是由即将审判该案的承办法官或合议庭主持,被称为调审合一模式;也可以是由合议庭以外的法官或法官助理主持,属于调审分离模式。值得注意的是,无论采取调审合一或调审分离模式,也无论是在立案调解、庭前调解或庭后调解中,当事人在调解过程中所承认的事实均不得作为自认事实,也不得作为定案依据;不过在调审合一的模式下,当事人在调解中对事实的陈述或承认,乃至在让步中表达出来的主观意向,都容易影响法官的心证和最终裁判,因而这种中国特色的调审合一模式一直受到诟病。

除了由法院主持的庭前调解之外,当事人也可以自行和解,达成协议后,可以申请撤诉,也可以申请法院根据和解协议制作调解书。这类和解只要制作为法院调解书,均归入庭前调解范畴。庭前调解与和解对于分流案件、减轻庭审的负荷,具有十分重要的意义。

3. 根据案件情况,确定适用简易程序或普通程序

《民事诉讼法》第 136 条第 3 项明确作出这一规定,其初衷是针对我国法院任意转换简易程序和普通程序的现象,希望在诉讼开始的早期阶段,比如立案审查阶段,就基本确定案件进入哪个程序轨道。然而,我国的普通程序、简易程序、小额程序之间的关系就像俄罗斯套娃,简单程序相对独立于复杂程序却又被一层一层地包含在复杂程序之中。加之如前所述的答辩缺失问题,程序分流也基本没有当事人的参与。因此,由法院单方决定将复杂案件、简易案件、小额案件分流到相应程序之中,很难在立案程序乃至审前程序的某个环节上完成,而往往是一个逐步整理、层层剥离的渐进过程。并且案件分流、程序分类与庭前调解、审前准备是交错进行的,这一相互交织的过程可以被称为"调解兼争点整理"过程。

比如,在立案受理之后、开庭审理之前,当事人通过交换起诉状、答辩状和证据,大致了解了对方的主张和根据,从而预测自己胜诉的概率,那些权利义务关系十分明确的案件经过律师或法院的提醒和建议,比较容易在开庭审理前就达成和解,或者经法院调解达成协议。那些达成协议的案件在审前即可结案、分流了。同时,通过庭前调解的过程,当事人对于双方争议的焦点逐步形成相对清楚的认识,那些就部分主张达成协议的则部分结案,遗留下来的争议问题进入庭审;那些最终未达成协议或达成部分协议的案件,双方当事人也可能对于部分事实或证据形成部分共识,法院经当事人同意可将这部分共识记录在卷,开庭审理时不必再展开法庭调查;即使双方就诉讼主张或事实任何一个层面的争议均未达成任何共识,至少也能形成相对清晰的表达和认知,这在庭审中将成为火力集中攻克的争点。这种审前争点整理不仅有助于提高即将举行的庭审的效率,也为基层法院确定适用简易程序或普通程序奠定了基础,因为法律规定简易程序的适用须以"争议不大"为条件——实行一审终审的小额诉讼也是如此,而这一模糊标准是否获得满足,立案程序中只能进行初步确定,有些案件需要在经历审前准备和庭前调解之后才能最终确定争议大小或繁简程度。

(三) 实体事项的准备

1. 审核诉讼材料,调查收集必要的证据

审核诉讼材料,是指对当事人双方提交的诉讼文书和有关证据进行形式性的审查、核实,其目的在于使合议庭(特别是承办法官)在开庭审理前了解案情,掌握争议的焦点和需要庭审调查、辩论的主要问题,并为法院"调查收集必要的证据"提供线索和思路。根据《民事诉讼法》第 67 条第 2 款的规定,由法院调查和收集的"必要证据",是指当事人及其诉讼代理人因客观原因不能自行收集的证据,或者法院认为需要由自己收集的证据。法院调查证据依赖于直接调查和委托调查两种方式。直接调查是指承办人根据案件的具体需要,直接对调查对象进行就地调查,可以通知或传唤当事人或证人到法院进行,也可以直接到纠纷发生地、当事人或证人所在地及有关单位调查。委托调查是指受诉法院在必要的情况下,依法委托其他法院按照受诉法院提交的委托调查书所明确委托的事项和要求,在法定期限内协助调查事实。

总体上看,我国现行《民事诉讼法》规定的应由法院调查和收集的必要证据的范围大而无当,实践中一方面增加了法院滥用权力的空间,另一方面也增加了法院的工作量和司法正当性两方面的巨大压力。为此,《民诉法解释》第 96 条对法院收集的证据作出了限定,规定法院认为审理案件需要的证据包括:(1) 涉及可能损害国家利益、社会公共利益的;(2) 涉及身份关系的;(3) 涉及《民事诉讼法》第 58 条规定诉讼的;(4) 当事人有恶意串通损害他人合法权益可能的;(5) 涉及依职权追加当事人、中止诉讼、终结诉讼、回避等程序性事项的。并且根据《民诉法解释》第 94 条,只有符合下列条件之一,当事人及其诉讼代理人才可以申请法院调查收集:(1) 证据由国家有关部门保存,当事人及其诉讼代理人无权查阅调取;(2) 涉及国家秘密、商业秘密或者个人隐私;(3) 当事人及其诉讼代理人因客观原因不能自行收集的其他证据。当事人及其诉讼代理人因客观原因不能自行收集的证据,可以在举证期限届满前书面申请人民法院调查收集。

2. 主持交换证据,明确争议焦点

根据《民事诉讼法》第 136 条第 4 项的规定,人民法院对于需要开庭审理的案件可以通过要求当事人交换证据等方式,明确争议焦点,从而将司法解释[①]中的相关规定上升到立法层面,强化了审前程序在确定裁判对象和庭审目标方面的重要功能。

法院可以在分别向原告和被告送达案件受理通知书和应诉通知书的同时送达举证通知书,向当事人释明争议的性质和相应的法律规则,以帮助当事人在审前进行证据准备。举证通知书应当载明举证责任的分配原则与要求、可以向人民法院申请调查取证的情形、人民法院根据案件情况指定的举证期限以及逾期提供证据的法律后果。对于案情比较复杂、证据材料较多的案件,受诉法院可以主持当事人交换证据。对双方当事人无异议的事实、证据应记录在案,并经双方当事人签字确认,开庭审理

---

① 详见 1992 年的《民诉法意见》、1993 年的《关于经济审判适用普通程序的若干问题规定》、2001 年的《民事证据规定》、2003 年的《关于印发〈人民法院民事诉讼风险提示书〉的通知》。

时当事人对此不再提出异议的,法庭可直接认定;对有异议的事实分类记录在卷,并记载异议的理由。通过证据交换,确定双方当事人争议的主要问题。证据交换虽然不是必经或强制程序,但作为一项提高诉讼效率、保障诉讼的诚实信用、抑制庭审突袭取胜的有效措施,近年来在司法实践中越来越受到重视。当然,适用中应当考虑具体案件的繁简程度和审前准备在降低诉讼成本方面的效能。2019 年《民事证据规定》第 60 条将质证规定在审前证据交换程序之中,实质上弱化乃至架空了《民事诉讼法》关于"未经庭审质证不得作为定案依据"之规定的约束力和正当程序保障效能。

3. 获取专家证据

当事人可以就查明事实的专门性问题向人民法院申请鉴定。《民事证据规定》倾向于要求法院根据当事人申请提交鉴定,并规定当事人申请鉴定的,应当在法院指定期间内提出,但当事人提出司法解释要求的证据和理由申请重新鉴定的除外。《民事诉讼法》第 79—82 条在三个层面上增加或修改了有关专家证据的规定,强化了鉴定程序的当事人参与、鉴定意见的质证程序,以及当事人通过聘请专家辅助人而对鉴定意见进行质证的专业能力和实效性。虽然专家证据的获取并不要求也不可能都在审前程序中完成,但基于这一证据的核心重要性和我国证据失权制度无法克服的缺陷,应当在审前程序中为专家证据的收集提供合法且合理的充分机会和程序保障。

为完善上述审前实体事项的准备程序,最高人民法院在《民诉法解释》中增设庭前会议程序。庭前会议不仅包括证据交换程序和专家证据获取程序,亦涵盖诉讼请求变更、证据保全、庭前调解等事项。如果庭前会议在实践中能发挥实际作用,将有效改善以往审理前准备程序中当事人参与严重不足的现象,并提高庭审效率。

### 三、审前程序中两个难点问题的特别讨论

#### (一) 诉答程序与审前程序的相对界分

在诉答程序就诉讼标的和基础性事实表明立场和形成争点之后,审前程序就可以展开有针对性的证据开示/披露、为庭审进行程序准备了。尽管诉答程序与审前程序在争点整理、证据收集和案件分流的功能上会有一些交叉,甚至在实行德日阶段性审理模式中这些功能在两大程序中似乎也是交替进行、交互推进的,但是,诉答程序与审前程序之间仍应当有相对清晰的功能分工和侧重。

诉答程序的内容和功能主要是:通过原告起诉而在形式上启动程序并取得诉权时效证明;通过向被告送达而全面开始诉讼程序;通过规范原告起诉状的内容和接收被告答辩而确定诉辩主张(包括诉求/抗辩主张和基础性事实主张),从而确定诉讼标的/裁判对象和证明对象。审前程序的内容和功能则主要是:针对诉答程序中明确形成的诉辩主张和事实主张收集证据,并进一步就支持上述基础事实主张的非要件事实提出主张、形成争点、收集证据。在下列 I 中,诉答程序要完成的是 A 和 B 两个层面的主张责任。与此相应,审前程序要完成的主要是收集证据(D)。

(I. 程序运行的逻辑)

A 请求/抗辩→B 请求权基础→C1 要件事实→C2 非要件事实→D 证据

(II. 证明与裁判的逻辑)

A 请求/抗辩←B 法律规范←C1 要件事实←C2 非要件事实←D 证据

如果当事人在诉答程序中就要件事实主张没有争议,则不需要收集相应证据,因而可以直接就法律问题(即直接依据法律就诉讼请求)作出裁判,这类案件分流式的裁判可能在诉答程序也可能在审前程序中作出。或者,如果当事人能够获取支持其部分或全部要件事实主张(C1)的直接证据(D1+D2+D3……),则不需要提出非要件事实(C2)或收集相应证据,因为根据这些直接证据即可认定要件事实、适用相应法律规范(B)并作出裁判(A);但实践中这种情形几乎是不存在的,当事人为了支持本方的要件事实主张,往往还要提出非要件事实主张并收集相应证据加以证明,并且双方在证据开示、披露等证据收集与交换的过程中,还会不断就这些非要件事实主张达成一致或者形成争点,从而形成进一步证据收集的目标和证明对象。

由此可见,诉答程序与审前程序虽有交叉,但功能界分也是相对清晰的。即使在德日模式中,复杂案件也可通过书面诉答文件交换就争点形成大致框架,只是更具体的争点形成需要通过审前程序的阶段性审理(预备庭)进一步完成。但无论如何,裁判对象和证明对象都会在主开庭日之前形成,除非出现因中间裁判对法律关系的性质作出不同于诉的主张的结论,否则最低限度也不会出现主开庭日之后变更诉讼标的和要件事实主张的情形。

与此同时,双方当事人在诉答程序中表明态度——承认抑或否认,不仅形成"争议"和证明对象,而且可能形成和解或免证对象(自认)。诉讼程序的运行目的是解决争议,因此当事人在哪个层面、哪个问题、哪个环节上表明了一致立场,就意味着双方在这一层面、这一问题、这一环节上没有争议,因此也就无须走向下一程序阶段。比如,如果被告对于原告的部分或全部诉讼请求(A 层面上)没有异议,则被告的认诺意味着当事人就诉讼标的本身已经达成了部分或全部的和解(或调解)协议,相应的诉讼程序也就不必进入下一阶段了;如果被告虽然对原告的诉讼请求有异议,但对原告的请求权依据(B 层面上)以及支持其请求权规范的要件事实(C1 层面上)中的一个或两个没有异议,则不需要提出证据(D 层面)加以证明,也不需要提出非要件事实(C2 层面)并加以证明,因此也就不需要就该项事实进入举证和证明的程序环节。

这个不断表明立场且要么达成共识要么形成争点并形成合意或准备证明的过程,也正是一层一层地减少争点、一步一步地推进分流案件的过程,这个过程从诉答程序时开始,到审前程序中基本完成,从而为庭审程序的聚焦辩论和高效审理做好了充分准备。

这样的图景正是《民事诉讼法》意图通过第 136 条表达和实现的审前案件分流功能。然而,如果不进行形式审查与实质审查的分化,不将原告之诉与被告之答进行程序整合,如果对起诉状的内容和答辩的期限没有强制性要求,如果不依赖诉答程序与审前程序功能的相对界分与协调运行,一句话,如果不能在诉答程序中表明立场和固化争点,那么先行调解、审前准备或案件分流都缺乏必要的基础和前提。只有理顺程序逻辑,调整程序结构,才可能实现程序功能,落实立法宗旨。

## （二）现行证据失权制度的适用

《民事诉讼法》第 68 条第 2 款基本确认了原先规定在 2001 年《民事证据规定》中的证据失权制度，但明显增加了这一制度的弹性和法官的自由裁量权。第 68 条规定："当事人对自己提出的主张应当及时提供证据。人民法院根据当事人的主张和案件审理情况，确定当事人应当提供的证据及其期限。当事人在该期限内提供证据确有困难的，可以向人民法院申请延长期限，人民法院根据当事人的申请适当延长。当事人逾期提供证据的，人民法院应当责令其说明理由；拒不说明理由或者理由不成立的，人民法院根据不同情形可以不予采纳该证据，或者采纳该证据但予以训诫、罚款。"对这一规范的解读见本书第四编。

应该承认，2001 年《民事证据规定》淡化了民事诉讼模式的职权主义色彩，向当事人主义诉讼理念迈出了重要一步，特别是举证时效与证据交换制度，对我国审前准备模式产生了革命性的冲击，审理前的准备逐渐成为由法官主导、由双方当事人作为主体共同参加的程序。这一方面强化了当事人在一定期限内举证的义务和失权后果，即当事人应当在举证期限内向法院提交证据材料，逾期不提交的，视为放弃举证权利，法院审理时不再对这些材料组织质证；另一方面在确定举证期限的问题上也一定程度地体现了当事人处分权，比如举证期限可以由当事人协商一致并经法院认可，超过法院指定的举证期限提交的证据，如果对方当事人同意质证，仍列入庭审质证的范围。一方面对法院指定举证期限的行为加以强制性规范，比如人民法院指定举证期限的，适用第一审普通程序审理的案件不得少于 15 日，当事人提供新的证据的第二审案件不得少于 10 日，适用简易程序审理的案件不得超过 15 日，小额诉讼案件的举证期限一般不得超过 7 日（2019 年《民事证据规定》第 51 条）；另一方面也规定了一些例外和变通，比如当事人在举证期限内提交证据材料确有困难的，可以在期限内申请（和再次申请）延长举证期限；当事人在一审举证期限届满后新发现的证据，以及当事人确因客观原因无法在举证期限内提供、经法院准许在延长的期限内仍无法提供的证据，均可以作为新证据在法庭上提出。

然而，这些改革并没有解决最突出的审前准备程序的超职权主义模式问题。法官决定审前准备的一切过程，且享有不受约束的裁量权。一些法院和法官不考虑案件的繁简需要和当事人的实际诉讼能力，机械地理解和硬性操作关于举证责任、举证期限的规定，许多做法甚至违背人类认识的基本常识和法律的基本原理，不仅增加了当事人的诉讼困难，而且导致大量案件事实不清；甚至一些法院和法官利用过渡时期的法律为兼顾不同层次的利益而不可避免的弹性，恣意适用司法解释的变通规定，给当事人双方进行审前准备的机会标准不公平、不一致，引起当事人的强烈不满。这直接导致司法状况恶化，上诉、申诉、上访案件大幅上升，反过来又导致法院复查和复审案件工作量急剧增长，形成恶性循环的司法机制。在进一步改革中，应当增加当事人参与决定审前程序事项的权利，并对法院程序支配权形成一定制约，比如举证期限经法院与双方当事人商定，一旦确定则对三方均有拘束力，法院或任何一方当事人不得随意变更。

## 第四节 开庭审理

### 一、开庭审理的概念和功能

开庭审理,又称庭审程序或法庭审理,是指受诉法院在完成审理前的准备之后,在确定的时间,由审判人员主持,在双方当事人及其他诉讼参与人的参加下,依照法定的程序,在法庭上对民事案件的实质性问题(merits)进行审理的诉讼活动。开庭审理的功能,一是针对诉讼请求及其相关争议展开调查和辩论,通过双方当事人之间的对抗和对质,查明事实,判定责任,在此基础上作出裁判;二是将法庭的审判过程公开化和规范化,强化司法判决的正当性和权威性。公开审理的案件,开庭审理还附带法制宣传的功能。

程序问题是否属于开庭审理的范畴,目前理论、立法与实践之间有一定差距。立法一方面规定,所有证据都必须经过开庭质证才能成为裁判的根据,法院未经开庭审理而对案件作出的裁判无效,另一方面对于不予受理和管辖权异议的裁定采取一般由法院依职权单方面决定、不必开庭审理的方式,由此影响到程序性裁定的有效性。改革后的司法实践进行了一些变通,比如某些立案庭就管辖权争议举行由当事人双方参加的听证程序。笔者认为,这种听证程序只要符合对审、言词、直接(审判者聆讯)三大基本要素,即可视为开庭审理,可称为简易开庭或非正式开庭。

### 二、开庭审理的形式

基于开庭审理的上述功能目标,开庭审理必须按一定的法定形式进行:

1. 开庭审理应当采取法庭审理的形式。法庭既指开庭审理的审判组织,在普通程序中系指合议庭,又指审理案件的具体场所。作为审判组织的法庭必须严格符合法律规定的条件,未经合法组成的法庭作出的裁判自始无效;作为审判场所的法庭,主要指设在各级法院或人民法庭的专门用于开庭审判的特定场所,也指临时用于案件开庭的礼堂、影院等。对于法庭的设置也有一定的形式要求,合议庭及书记员、原告及其诉讼代理人、被告及其诉讼代理人、证人以及旁听人员分别居于什么位置,都是确定的。法庭还应当悬挂国徽,合议庭法官应当身着法袍(改革前是大盖帽和制服)。巡回审理就地办案作为一种特殊开庭方式,其临时用于案件审理的田边地头、炕头灶尾也被认为是作为审理案件场所的法庭,不过为了维护正式法庭的严肃和庄重,同时体现巡回审理就地办案的大众性,这类场所应当免除国徽、法袍这些形式上的要求。

2. 开庭审理原则上应当采取公开审理的方式。公开审判是我国民事诉讼的一项重要原则,其中包括公开审理和公开宣判。公开审理在开庭审理阶段的体现是,庭审过程必须对双方当事人公开,以防止暗箱操作,即使是法律规定的可以不公开审理的几类案件也不例外;其次是指将庭审过程向社会公开,但法律规定可以不公开审理的案件除外。

3. 开庭审理应当以言词审理的方式进行。言词审理是相对于书面审理而言的，系指在开庭审理的整个过程中，法院的所有职权行为、双方当事人以及其他诉讼参与人的一切诉讼行为，都必须以口头表达的方式进行。言词审理的原则是由开庭审理查明事实的核心功能决定的，口头表达不仅便于当事人充分行使辩论权和其他诉讼权利，有效地表达主张和观点；而且便于法院直接审理案件，正确理解和准确判断事实真相，比如通过观察当事人和证人陈述时的言行举止，可以直接或辅助性地判断证据的真伪；以言词方式传达信息也有助于使旁听者能够明白、理解和接受案情，真正落实审判公开原则。在世界范围内兴起的保障获得司法救济权(access to justice)的运动中，口头形式获得了更多重视。相对而言，在以法律外行陪审团裁判事实问题的对抗制模式下，人证中心主义对于口头化的表演有更多的依赖性，而在职业法官所主导的职权主义模式下，书证中心主义淡化了对于证人证言的依赖。然而，在任何审判模式中，言词审理都是普遍遵循的原则。

### 三、开庭审理的环节

根据民事诉讼法的规定，开庭审理必须按照一定的规程和顺序进行，先后进行开庭准备、法庭调查、法庭辩论、案件评议、宣告判决几个相互独立又相互联系的环节。分述如下：

（一）开庭准备

开庭准备是开庭审理的预备阶段。在已确定的开庭日期到来时，在正式进入实体审理之前，为保证案件审理的顺利进行，法庭应当完成以下准备工作：

1. 查明应当到庭的当事人和其他诉讼参与人是否到庭，由书记员进行，并将未到庭的情况及时报告审判长，由合议庭决定是否需要延期开庭，或决定缺席审判或按撤诉处理。

2. 宣布法庭纪律。根据2016年修正后的《人民法院法庭规则》的规定，书记员应宣布的法庭纪律包括：全体人员在庭审活动中应当服从审判长或独任审判员的指挥，尊重司法礼仪，遵守法庭纪律，不得实施下列行为：(1) 鼓掌、喧哗；(2) 吸烟、进食；(3) 拨打或接听电话；(4) 对庭审活动进行录音、录像、拍照或使用移动通信工具等传播庭审活动；(5) 其他危害法庭安全或妨害法庭秩序的行为。检察人员、诉讼参与人发言或提问，应当经审判长或独任审判员许可。旁听人员不得进入审判活动区，不得随意站立、走动，不得发言和提问。媒体记者经许可实施上述第(4)项规定的行为，应当在指定的时间及区域进行，不得影响或干扰庭审活动。

3. 核对当事人，宣布案由，宣布审判人员、书记员名单，告知当事人有关的诉讼权利义务，询问当事人是否提出回避申请。书记员向审判长报告当事人及其诉讼代理人的出庭情况后，经审判长逐一核对当事人及其诉讼代理人的身份无误，并经询问各方当事人及其诉讼代理人对对方出庭人员没有异议时，由审判长宣布合议庭组成人员、书记员名单，并告知当事人权利义务，逐一询问各方当事人是否申请回避。当事人不申请回避,则可正式开庭;当事人申请回避的,应休庭对回避申请进行讨论决定;驳回回避申请的,由审判长在重新开庭时宣布决定并记入笔录;决定回避的,由审判长宣布延期审理。

(二) 法庭调查

法庭调查是开庭审理的重心,是实现庭审功能的核心环节。这一阶段的任务是合议庭按照法定程序,通过当事人陈述、证人作证和出示书证、物证和视听资料,宣读鉴定意见和勘验笔录,通过当事人相互之间,以及当事人与证人、鉴定人、勘验人之间的相互质证、审查、核实和判断证据,层层剥开事实真相,为下一步法庭辩论和其他几个环节奠定基础。合议庭应当告知当事人及其诉讼代理人,法庭调查的重点是双方争议的事实,当事人对自己所提出的事实主张有责任提供证据;反驳对方主张的,也应提供相应证据或说明理由。[①] 根据《民事诉讼法》第141条的规定,法庭调查按照以下顺序进行:

1. 当事人陈述。当事人陈述常常是提供基本案情概况的重要根据或线索,法庭对其他证据的调查实际上都是围绕当事人双方的陈述逐步展开的。当事人陈述按照先原告,后被告,再第三人(先有独立请求权的第三人,后无独立请求权的第三人)的顺序进行。原告的陈述因为已有书面起诉状,所以法庭一般要求扼要陈述其诉讼请求和事实、理由;被告的陈述一般要求针对原告的起诉状或法庭陈述的内容提出答辩意见——承认或否认原告的事实,如果提出异议或反诉的,简要陈述理由。《民事诉讼法》没有强制要求审理前准备阶段或开庭审理中提交书面答辩,也未规定提起反诉的时效限制,于是被告在法庭上的陈述常常成为双方当事人形成对抗的主要方式和机会,被告常常提出超出对方当事人和法院预料之外的主张和理由,这种情况可能引起另一轮的陈述和抗辩,甚至可能引起另一次开庭,特别是被告提起反诉时,法庭必须给原告方以平等的答辩机会。

2. 证人证言。证人证言作为法庭调查的内容,通过两种方式进行:原则上由证人出庭作证,此时法庭应核对证人的身份,告知证人其所享有的权利和义务,并特别强调作伪证所承担的法律责任。证人在法庭上口头陈述完毕后,由法庭首先就案件的有关问题对证人提问,当事人及其诉讼代理人经法庭许可,也可向证人提问。出庭证人在出庭作证前不得旁听开庭审理。如果有若干证人,所作证言相互矛盾,则可当庭质证。作为例外,证人出庭确有困难的,可以提交书面证言。书面证言应当庭宣读。当事人对证言有疑问的,可以质询。但由于证人没有出庭,实际上无法质证。所以,尽管我国立法未规定未出庭的证人所出具的证言不予采纳,但审判实践一般都适用法律的另一规定,即"未经质证不得作为定案的根据",不采信这类证言。不过,实证调查表明,由于对证人的诚实信用的普遍怀疑和难以核实,也由于法庭的直觉判断难以获得上诉法院的支持,即使是出庭证人的证言,也极少被法庭采信作为定案依据。在我国民事诉讼制度中,普遍存在的诚实信用危机已大大增加了信息成本,并已

---

[①] 关于开庭审理证据的审核和质证程序的规定,详见2019年修正的《民事证据规定》。

严重妨碍了程序制度的运行,这一问题在证人证言的可信性和证明力方面最为突出。

3. 书证、物证、视听资料和电子数据。书证是我国民事诉讼中最主要和最重要的证据形式。当事人围绕自己的事实主张和争议焦点,向法庭和对方当事人"出示"书证,并宣读书证的有关内容,说明其证明对象。书证的质证,一般是由对方当事人对于书证的客观性(真实性)、关联性、合法性和证明力陈述意见。核实书证复印件与原件之间是否一致,许多时候是在审理前的准备阶段进行的。物证和视听资料在民事诉讼中出现的概率相对较低。物证原则上要求出示原物,不能出示原物的,应出示照片或复制品。当事人以视听资料作为证据的,应当提供存储该视听资料的原始载体。视听资料应当在法庭上播放,法庭在必要时可就有关内容向录制人员提问,录制人员应如实回答提问。当事人以电子数据作为证据的,应当提供原件。电子数据的制作者制作的与原件一致的副本,或者直接来源于电子数据的打印件或其他可以显示、识别的输出介质,视为电子数据的原件。

4. 鉴定意见。在我国,鉴定人的角色相当于法庭的专家顾问,由法院委托鉴定。根据《民事证据规定》第32条的规定,鉴定人由当事人双方共同选定,协商不成者由法院指定。这一规定被《民事诉讼法》第79条部分吸收,即仅适用于当事人申请鉴定的情形。但《民事诉讼法》第81条关于鉴定意见质证程序的规定,对第141条规定的由法庭"宣读"鉴定意见、鉴定人只有当合议庭认为需要对鉴定意见进行口头"说明"时才由法庭通知其出庭的陋习作了修改。第81条明确规定:"当事人对鉴定意见有异议或者人民法院认为鉴定人有必要出庭的,鉴定人应当出庭作证。经人民法院通知,鉴定人拒不出庭作证的,鉴定意见不得作为认定事实的根据;支付鉴定费用的当事人可以要求返还鉴定费用。"以对当事人实行市场化的经济"制裁"作为法院强制鉴定人出庭的措施,在立法思路上有重要突破。此外,当事人自行委托作出的鉴定意见也可作为证据提交,鉴定人原则上必须到庭接受质证,第81条规定的强制到庭接受质证的制度同样适用于当事人自行委托鉴定的情形。与此同时,第82条还规定:"当事人可以申请人民法院通知有专门知识的人出庭,就鉴定人作出的鉴定意见或者专业问题提出意见。"该规定旨在增强当事人对专业问题的质证能力和实效。

5. 勘验笔录。如果法庭在审理前的准备阶段对物证或现场进行过勘验,则由法庭在法庭调查时当庭宣读勘验人就勘验过程和结果制作的勘验笔录,并出示勘验时拍摄的照片和绘制的图表。之后由当事人双方发表意见,当事人及其诉讼代理人经法庭许可,可以向勘验人发问。要求重新勘验的,由法庭决定是否同意。

(三)法庭辩论

法庭辩论是指在审判人员主持下,由各方当事人就法庭调查阶段已基本查明的事实和证据,阐述自己的观点,反驳对方的主张,相互进行言辞辩论的诉讼活动。根据立法规定,法庭辩论应按照以下顺序进行:原告及其诉讼代理人发言;被告及其诉讼代理人发言;第三人及其诉讼代理人发言或答辩;相互辩论。法庭辩论可在第一轮结束后,由审判长或者独任审判员询问当事人是否有补充意见,当事人要求继续发言的,应当允许,但要提醒其不可重复。实践中根据具体情况还可能进行第三轮、第四轮辩论。但司法解释要求,法庭辩论时,审判人员不得对案件的性质、是非、责任发表意见,不得与当事人辩论。法庭辩论终结后,审判长或者独任审判员应按照原告、被告、第三人的顺序征询各方最后意见。根据法律规定,法庭辩论终结后,当事人双方经法庭征求意见,明确表达调解意愿的,法庭可当庭进行调解,也可休庭后进行。调解不成的,应及时判决。

传统教材普遍认为,法庭辩论的主要任务是通过各方当事人及其诉讼代理人之间的口头辩论,进一步查明案件事实,核实有关证据,以分清是非和责任。这一解释已不符合审判模式改革以来的司法实际。将开庭审理分为法庭调查和法庭辩论两个环节,是在我国传统的超职权主义庭审模式下形成的架构。在此模式下,由于法庭调查完全是由法官操纵的,当事人及其诉讼代理人只能被动地回答法官的提问,而没有机会自主地根据案件的进展状况,针对对方当事人的主张和证据发表意见。因此,在法官进行的法庭调查结束后,专门设置法庭辩论阶段留给当事人表达意见。

然而,我国采取的先法庭调查、后法庭辩论的庭审结构,并不符合争点归纳、查明事实的逻辑顺序。在争议焦点尚未通过法庭辩论予以固定的情况下,通过法庭调查进行质证、事实查明,会导致庭审效率不高。

这种将查明事实的功能肢解为两个阶段的架构,也由于受到当事人主义诉讼模式的冲击,目前在实践中已很难操作。改革后的法庭调查,本身就是在法官主导下,由双方当事人及其诉讼代理人围绕具体的诉讼请求和争议焦点,针对事实问题进行的相互辩论,当事人向法庭展示证据和证明事实的过程就是通过这种对抗性的方式完成的。所以,目前法庭辩论的任务,不是补充查明事实,而是当事人在法庭调查已呈现的事实和证据的基础上,根据相关法律,就当事人各方的权利、义务和法律责任发表综合性的法律意见。混淆法庭调查与法庭辩论的功能,要么出现法庭辩论流于形式和空洞化的现象,要么是对法庭调查阶段的重复,导致低效和浪费,或者导致某些表达辩论意见的机会在两个阶段的交错中落空,限制和剥夺当事人就对方的证据与其事实主张、权利主张之间的逻辑关系发表有针对性的反驳意见的机会。

在当下已摒弃先定后审的诉讼格局、以开庭审理作为查明事实的真正途径的新诉讼模式下,原告的权利请求与被告的权利抗辩,以及围绕请求与抗辩的权利基础(法律规范)的要件事实展开的举证和证明,是一个完整的逻辑链条,无法通过法庭调查与法庭辩论两阶段的结构设置强行割裂开来。因此,应当将法庭调查与法庭辩论两阶段合二为一,按照"诉讼请求 A→法律规范 B→要件事实($C_1 + C_2 + C_3$……)→证据 $D_1$ + 证据 $D_2$ + 证据 $D_3$ + ……"这样的逻辑关系,展开对抗。庭审结构应具体分为当事人陈述、证据审核(质证)、事实调查(证明)、综合辩论(大前提、小前提与结论之间的逻辑关系)等几大环节。特别要区分质证与证明,质证是对证据本身的属性和证据资格发表意见,证明是围绕待证事实而就证据的证明力发表意见,并综合运用证据进行本证和反证,最终形成法官关于一个要件事实的心证,若干个要件事实全部满足才能构成适用法律规范、支持诉讼请求的前提条件。庭审的核心功能是查明事实,这样的庭审结构才能与证据规则和证明责任理论密切结合起来。①

针对实践中法庭调查与法庭辩论的种种问题,《民诉法解释》第230条放宽了对两阶段界分的要求,允许法院在结合具体案件并征得当事人同意的情况下,可以将法庭调查和法庭辩论合并进行,这可能为建构辩论式的法庭调查和庭审构造腾出合理空间。

**【特别提示】**

在开庭审理中,受诉法院的书记员对法庭审理的全过程所做的书面记录,称为法庭笔录或开庭笔录。开庭笔录是对于开庭审理的全部活动的真实记载,是诉讼程序中十分重要的诉讼文书,它是判定一审程序是否合法、一审判决是否有合法证据支持的书面根据,是上诉法院及其他复审程序对法院的审判工作实施监督的重要依据。因此,开庭笔录必须真实、全面、准确地反映开庭审理的过程,并经当事人及其他诉讼参与人当庭阅读或在5日内阅读后签字或盖章确认。当事人和其他诉讼参与人认为开庭笔录对自己的陈述记录有误或遗漏时,有权申请补正,如果不予补正,应将当事人申请的内容和法庭不同意补正的理由在笔录中说明。当事人及其他诉讼参与人拒绝签名盖章的,由书记员记明情况,归入卷宗。审判人员和书记员也应在笔录上签名。

### 四、合议庭评议

开庭审理之后,当事人不愿意调解或调解不成的,合议庭应休庭,就案件进行评议。评议是对庭审所审查的证据进行综合评价,合议庭成员相互交换心证,以此确认案情事实,并在此基础上选择适用相应的法律,得出案件的判决结论,亦即各方当事人的实体权利义务和法律责任,包括确定承担法律责任的具体方式。如果评议中认为案件事实尚未查清,需要当事人补充证据或由法院自行调查收集证据,则决定继续开庭,由审判长在休庭后继续开庭时宣布下一次开庭的理由和时间,以及当事人提供补充证据的期限。实证调查发现,除非特别必要,实践中对于补充证据一般不需继续开庭。在开庭审理已查明基本证据之后,合议庭评议认为,某个证据或事实尚有疑点,或者由现有证据得出判决结论尚不够充分,可能受到当事人或上诉法院的质疑时,则会要求当事人在开庭后向法院补充证据。法庭当庭可能经双方当事人同意,采用书面质证的方式,或者通知双方当事人或者律师同时到法庭或法官的办公室,不按照开庭审理所要求的形式,而由合议庭的一位法官主持双方质证,这种方式是在学者所称的"非正式开庭"中使用频率较高的一种。

合议庭评议过程应秘密进行。评议表决采取少数服从多数的原则,以多数派意见作为法庭意见。少数派的不同意见应如实记入笔录,归入副卷档案备查。我国法

---

① 详细阐释见傅郁林:《判决书说理中的民事裁判逻辑——围绕〈民事诉讼法〉第155条展开》,载《中国应用法学》2022年第1期。

律没有明确规定能否公开少数派意见,但是按照传统惯例,少数派意见不得公布。近年来的司法实践出现了个别法院公布合议庭少数派意见的尝试。不过,在世界范围内,评议过程秘密进行是通例;公开评议结果和少数派意见主要是少数判例法国家的实践;就我国审判独立现实令人忧虑的现状来看,要求公开少数派意见可能反而导致抑制少数派表达和坚持独立意见的效果。在我国民事诉讼实践中,评议中出现审判长与承办法官意见分歧的,常常将案件提交审判委员会讨论决定,审判委员会的决定最终以合议庭的名义公布。不过,审判委员会介入民事案件的频率视不同法院司法行政管理制度的开明程度和"还权于合议庭"的改革步伐而有所差异。

### 五、宣告判决

合议庭评议后,由审判长宣布庭审结束,并宣读合议庭作出的判决。宣判的内容包括:法庭认定的事实、适用的法律、判决结果和理由、诉讼费用的负担,以及当事人的上诉权利、上诉期限和上诉法院。不能当庭宣判的,审判长应宣布另定日期宣判。宣告判决必须遵循以下规定:(1)案件无论是否公开审判,一律公开宣判;(2)当庭宣判的,应在10日内发送判决书;定期宣判的,宣判后立即发给判决书;(3)宣判时必须告知当事人上诉权利、上诉期限和上诉的法院;(4)宣告离婚判决,必须告知当事人在判决发生法律效力之前不得另行结婚。

【特别提示】

法院调解最经常发生在开庭结束之后。通常在法庭调查乃至法庭辩论结束之后,法庭会就当事人是否希望或同意法庭主持调解征求双方意见。如果双方当事人均有此意向,法庭就会在这个环节主持调解,并且大部分案件都是在这个阶段调解成功的。

# 第十八章 简易程序

**【本章提要】**

简易程序是指基层法院及其派出法庭适用于简易案件的第一审程序。简易程序是对普通程序的某些元素或环节的简化,其中还包含小额诉讼程序。小额诉讼实行一审终审制,其适用条件须同时满足简易程序的适用条件和特别的金额标准,性质上为简易程序中的特别程序,即小额诉讼特别简易程序。简易程序分为法定的简易程序和合意的简易程序,强调简便、低廉、快捷、调解,但须保障当事人的基本程序权利。

## 第一节 简易程序概述

我国的简易程序是相对于普通程序而言的,它是基层法院及其派出法庭在审理简单的民事案件时,通过对第一审普通程序某些环节、某些要素的简化或简略,形成的简单、方便的第一审程序。

简易程序适用的主体范围,只能是基层法院及其派出法庭。中级以上人民法院审理任何案件都不得适用简易程序。并且符合主体条件的法院,也只能在审理第一审案件时适用简易程序;审理具有复审性质的第一审案件时,如发回重审和再审案件,不能适用简易程序。

关于简易程序适用的客体范围,《民事诉讼法》规定了三种类型的简易程序。第一种是法定的简易程序,适用于"事实清楚、权利义务关系明确、争议不大的简单的民事案件";第二种是合意的简易程序,基层人民法院和它派出的法庭审理法定简易程序适用范围以外的民事案件,当事人双方也可以约定适用简易程序;第三种是特别的简易程序,即同时满足法定简易程序的一般条件和法定金额的特别条件的小额民事案件,适用一审终审制的小额诉讼程序。

简易程序的合理配置,是推进繁简分流机制、体现成本—收益相适应的原理、实现基层法院亲民司法的重要措施,有助于实现方便当事人诉讼、减少诉讼成本、增加司法容纳力和集中资源解决复杂、疑难案件的可能性。值得注意的是,尽管简易程序可以简化一些程序元素,但仍须满足一些最基本的程序保障,确保当事人的基本权利和司法的公信力不受损害。

## 第二节 简易程序的适用条件

简易程序的适用条件限定了简易程序的适用范围。其主体范围已在第一节简要介绍。本节所讲的简易程序的适用范围是指简易程序适用的客体范围,亦即案件范围。

### 一、法定简易程序的适用范围

根据《民事诉讼法》第 160 条第 1 款的规定,基层人民法院和它派出的法庭审理"事实清楚、权利义务关系明确、争议不大的简单的民事案件",可适用简易程序。

根据《民诉法解释》第 256 条的规定,所谓事实清楚,是指当事人双方对于争议的事实陈述基本一致,并能提供相应的证据,法院无须调查收集证据即可查明事实;权利义务关系明确,是指能明确区分谁是责任的承担者,谁是权利的享有者;争议不大,是指当事人对案件的是非、责任承担以及诉讼标的争执无原则分歧。

符合上述三个法定条件的案件,基层人民法院和派出法庭可直接适用简易程序,不需要经过当事人申请或同意,也不需要任何特别的申报、审批程序,因此本书称之为法定的简易程序。但实际上,由于上述三个法定条件较为模糊和弹性,具体案件是否符合适用简易程序的三个法定条件在很大程度上取决于法官的裁量和判断,因此可以说,法定的简易程序实际上是(司法)裁量的简易程序。从体系解释角度理解,《民诉法解释》第 257 条第 7 项规定"其他不宜适用简易程序的案件",实际上授权法院依据《民事诉讼法》第 136 条第 3 项规定决定对其认为不适宜适用简易程序审理的案件适用普通程序审理。因此,简易程序的法定适用范围并没有禁止法院将符合简易程序适用条件的简单民事诉讼案件通过普通程序进行审理。

### 二、合意简易程序的适用

《民事诉讼法》第 160 条第 2 款规定:"基层人民法院和它派出的法庭审理前款规定以外的民事案件,当事人双方也可以约定适用简易程序。"

《民诉法解释》第 264 条规定:"当事人双方根据民事诉讼法第一百六十条第二款规定约定适用简易程序的,应当在开庭前提出。口头提出的,记入笔录,由双方当事人签名或者捺印确认。本解释第二百五十七条规定的案件,当事人约定适用简易程序的,人民法院不予准许。"由此可知,当事人合意简易程序适用必须以开庭审理作为基准时点,并且不得违背简易程序排除事项规定。

上述规定是《民事诉讼法》2012 年修正案增加的新制度,其实践基础是一些地方法院的自发改革,即根据案件的特点和当事人的意愿适用"速裁程序",收效良好,也符合当事人程序选择权和程序处分权的原理。2012 年修正案吸收了审判实践中的有益经验,在原有的法定简易程序适用条件之外,规定了当事人通过合意自愿选择适用简易程序。将简易程序的选择权部分地从法官手上转交给当事人掌握,体现了诉讼法进一步尊重当事人意思自治和程序处分权的现代理念,也有助于在诉讼效率与程序保障两大价值之间谋求平衡;立法技术上,在缓解法定简易程序的僵硬特性的同时,也减少司法裁量权的弹性特性所导致的滥用。2020 年最高人民法院修改了《简易程序规定》,其第 2 条第 1 款规定:"基层人民法院适用第一审普通程序审理的民事案件,当事人各方自愿选择适用简易程序,经人民法院审查同意的,可以适用简易程序进行审理。"

### 三、小额诉讼特别简易程序的适用范围

我国小额诉讼程序不是完全独立的程序,而是规定在简易程序之中,是简易程序中的特别程序。因此,小额诉讼程序的适用条件,应当同时满足适用简易程序的一般条件和小额诉讼程序的特别条件。

《民事诉讼法》2012 年修正案规定,基层人民法院和它派出的法庭审理事实清楚、权利义务关系明确、争议不大的简单的民事案件,标的额为各省、自治区、直辖市上年度就业人员年平均工资 30% 以下的,实行一审终审。也就是说,只有同时满足"标的额为各省、自治区、直辖市上年度就业人员年平均工资 30% 以下的"小额特别条件和"事实清楚、权利义务关系明确、争议不大的"简易程序一般条件,才能适用"实行一审终审"制的小额诉讼程序。《民事诉讼法》将小额诉讼的标的额规定为一个相对固定的或然值,而不是固定金额,是立法技术上的一大突破,对于其他法律的制定或修改也有借鉴意义。中国幅员辽阔,东西部之间、城乡之间存在很大的地区差异,如果规定为一个固定金额,无论高低都无法解决地区差异和同案同判的问题;同时考虑到通货膨胀的因素,规定为固定金额将影响法律的动态适应性。

2021 年修正的《民事诉讼法》第 165 条扩大了这一特别简易程序的适用范围。第 1 款关于法定小额诉讼程序的适用标准,标的额由当地平均工资 30% 以下增加到"50% 以下";同时第 2 款增加规定了合意小额诉讼程序:标的额超过各省、自治区、直辖市上年度就业人员年平均工资 50% 但在 2 倍以下的,当事人双方也可以约定适用小额诉讼的程序。在法定适用小额诉讼程序之外,符合一定的金额条件时允许当事人约定适用小额诉讼程序。

关于适用小额诉讼程序的具体案件范围,2015 年《民诉法解释》第 274 条列举了金钱给付案件,但 2022 年《民诉法解释》删去了这一规定。因为《民事诉讼法》第 165 条已经对小额诉讼程序适用范围作出原则性规定,并且第 166 条作出了限制适用的排除性规定,无需再通过司法解释列举具体适用的案件类型,这也为法院根据个案情况裁量适用法律预留了适度的空间。

### 四、排除简易程序适用的案件

为了应对司法实践中普遍出现的简易程序滥用问题,规范简易程序的适用条件,最高人民法院 2003 年颁布的《简易程序规定》第 1 条明确规定了基层人民法院及其派出法庭审理的一审案件不得适用简易程序的几种情形。《民诉法解释》第 257 条吸

收了这些规定并有所增补,具体情形为:(1)起诉时被告下落不明的(如果原告提供了被告准确的送达地址,但法院无法向被告直接送达或者留置送达应诉通知书的,应当将案件转入普通程序审理);(2)发回重审的;(3)当事人一方人数众多的;(4)适用审判监督程序的;(5)涉及国家利益、社会公共利益的;(6)第三人起诉请求改变或者撤销生效判决、裁定、调解书的;(7)其他不宜适用简易程序进行审理的案件。对于具有上述情形的案件,即使双方当事人约定适用简易程序,法院也不予准许。

不适用小额诉讼程序审理的案件,《民事诉讼法》第 166 条也进行了明确规定:(1)人身关系、财产确权案件;(2)涉外案件;(3)需要评估、鉴定或者对诉前评估、鉴定结果有异议的案件;(4)一方当事人下落不明的案件;(5)当事人提出反诉的案件;(6)其他不宜适用小额诉讼的程序审理的案件。

## 第三节 简易程序的基本特征与权利保障

### 一、简易程序的一般特征

简易程序的基本特点是简便易行,根据《民事诉讼法》《民诉法解释》和《简易程序规定》的相关内容,它与普通程序的差异在于:

1. 起诉与受理简便。根据《民事诉讼法》第 161 条的规定,适用简易程序的案件原告可以口头起诉。此时,由受诉法院准确记录当事人的基本情况、联系方式、诉讼请求、事实及理由,并登记原告提交的相关证据。经向原告当面宣读后由原告签名或捺印确认。当然,原告也可以书面起诉。

2. 传唤方式灵活。在简易程序中,可以根据《民事诉讼法》第 162 条的规定,采用简便的方式传唤当事人、证人。原告起诉后,法院可以用传票、书面通知,也可以用电话、传真、电子邮件、捎便条、带口信等简便方式随时传唤双方当事人、证人。

3. 审判组织适用独任制。根据《民事诉讼法》第 163 条的规定,适用简易程序的案件由审判员一人独任审判。但必须由书记员担任记录人,不得由独任审判员自审自记。

4. 审理前的准备简短。根据《民事诉讼法》第 161 条第 2 款的规定,当事人双方可以同时到基层法院或派出法庭请求解决纠纷。受诉法院或法庭可以当即审理,也可以另定日期审理。当事人双方未协商举证期限,或者被告一方经简便方式传唤到庭的,当事人在开庭审理时要求当庭举证的,应予准许;当事人当庭举证有困难的,举证期限最长不超过 15 日;当事人及其诉讼代理人申请法院调查收集证据和申请证人出庭作证,应当在举证期限届满前提出。开庭审理前,不要求提前 3 日书面通知和公告,但须事先将原告的诉讼请求以口头或书面方式告知被告。

5. 庭审程序简化。双方当事人到庭后,被告同意口头答辩的,法院可以当即开庭审理;被告要求书面答辩的,法院应当将提交答辩状的期限和开庭的具体日期告知各方当事人,并向当事人说明逾期举证以及拒不到庭的法律后果,由各方当事人在笔录和开庭传票的送达回证上签名或者捺印。开庭前已经书面或者口头告知当事人诉讼权利义务,或者当事人各方均委托律师代理诉讼的,审判人员除告知当事人申请回避的权利外,可以不再告知当事人其他的诉讼权利义务。开庭审理在保障当事人在公开、公平的法庭上陈述、质证、辩论的权利的前提下,不必拘泥于普通程序那样的程式和顺序进行。原则上应当一次开庭审结,法院认为有必要再次开庭的除外。除法院认为不宜当庭宣判的以外,应当当庭宣判。

6. 审理期限短。《民事诉讼法》第 164 条规定,适用简易程序审理的案件,应在立案之日起 3 个月内审结。但根据《民事诉讼法》第 170 条和《民诉法解释》第 258 条第 2 款的规定,如果在审理过程中法院发现案件复杂的,可以转为普通程序。法院应当在审理期限届满前作出裁定并将审判人员及相关事项书面通知双方当事人。《民诉法解释》第 258 条第 1 款还规定:"适用简易程序审理的案件,审理期限到期后,有特殊情况需要延长的,经本院院长批准,可以延长审理期限。延长后的审理期限累计不得超过四个月。"

7. 裁判文书简化。根据《简易程序规定》第 32 条的规定,适用简易程序审理的民事案件,有下列情形之一的,法院在制作裁判文书时对认定事实或者判决理由部分可以适当简化:当事人达成调解协议并需要制作民事调解书的;一方当事人在诉讼过程中明确表示承认对方全部诉讼请求或者部分诉讼请求的;当事人对案件事实没有争议或者争议不大的;涉及自然人的隐私、个人信息,或者商业秘密的案件,当事人一方要求简化裁判文书中的相关内容,人民法院认为理由正当的;当事人双方一致同意简化裁判文书的。上述规定被《民诉法解释》第 270 条完全吸收。

8. 重视调解。《简易程序规定》中确定了在开庭审理时先行调解的几类案件:第一,婚姻家庭纠纷和继承纠纷;第二,劳务合同纠纷;第三,交通事故和工伤事故引起的权利义务关系较为明确的损害赔偿纠纷;第四,宅基地和相邻关系纠纷;第五,合伙合同纠纷;第六,诉讼标的额较小的纠纷。但是根据案件的性质和当事人的实际情况不能调解或者显然没有调解必要的除外。

这一规定创造了我国被称为先行调解、前置性调解或强制调解的制度。应当注意,这不意味是对"着重调解"传统原则的复辟,而是尝试以案件类型化为基础建构现代诉讼多元程序体系的开端,其中一部分案件(如家事纠纷、相邻关系、合伙案件)考虑了纠纷的内在特性,另一部分案件(如事故致害案件)则体现了现代小额诉讼程序的某些价值取向。

## 二、简易程序中的基本程序权利保障

简易程序对普通程序的诸多环节都进行了简化,但相关司法解释在当事人基本程序权利方面规定了必要的保障。

1. 赋予当事人有限的程序选择权。当事人有权就适用简易程序提出异议,法院认为异议成立的,应当将案件转入普通程序审理;适用普通程序的案件,当事人各方自愿选择适用简易程序,在开庭前提出,并经法院审查同意的,也可以适用简易程序进行审理。但法院不得违反当事人自愿原则,将普通程序转为简易程序。这一规定改变了由法院单方依职权决定程序问题的传统模式,体现了侧重于保护当事人而不是从法院自身利益出发的"立法"政策。当事人有权就适用简易程序提出异议,并不受诉讼程序所处阶段限制。

然而不同立法阶段对于普通程序转为简易程序的态度截然不同。1992年《民诉法意见》规定已经按照普通程序审理的案件无论如何都不得改用简易程序审理;2003年《简易程序规定》仅禁止法院违反当事人自愿原则将普通程序转为简易程序;《民诉法解释》规定当事人可以在开庭审理前合意适用简易程序,但"已经按照普通程序审理的案件,在开庭后不得转化为简易程序审理"。据此,在开庭审理之前,已经按照普通程序审理的案件可以依据当事人合意转而适用简易程序,但开庭审理之后,无论如何都不得改用简易程序审理。

2. 保障当事人最低限度的程序权利,即受通知的权利。以捎口信、电话、传真、电子邮件等形式发送的开庭通知,未经当事人确认或者没有其他证据足以证明当事人已经收到的,法院不得将其作为按撤诉处理和缺席判决的根据。这是引入正当程序(due process)理念的有益尝试。

3. 在当事人本人诉讼中强化法官的阐明义务。对没有委托律师代理诉讼的当事人,审判人员应当对回避、自认、举证责任等相关内容向其作必要的解释或者说明,并在庭审过程中适当提示当事人正确行使诉讼权利、履行诉讼义务,指导当事人进行正常的诉讼活动。区别对待有无律师代理的当事人,有助于兼顾司法专业化与司法大众化两个相反需求,缓和由此加剧的程序保障与司法效率之间的冲突。

4. 保留上诉救济途径。根据《民事诉讼法》的规定,适用简易程序作出的判决要受上诉程序的审查。这一救济途径虽然可能减损简易程序的效率价值,但根据我国目前的司法状况和法律文化背景,特别是简易程序已成为解决绝大多数第一审案件的方式,在此情形下,保留上诉程序对于保障当事人的诉讼权利、司法公正以及司法的正当性,都是必要的。

5. 完善重要事项的记录。书记员应当将适用简易程序审理的民事案件的全部活动记入笔录。对于下列事项,应当详细记载:审判人员关于当事人诉讼权利义务的告知、争议焦点的概括、证据的认定和裁判的宣告等重大事项;当事人申请回避、自认、撤诉、和解等重大事项;当事人当庭陈述的与其诉讼权利直接相关的其他事项。

### 三、小额诉讼的特别简易程序与权利救济

根据《民事诉讼法》第165条的规定,小额诉讼实行一审终审。作为特别的简易程序,小额诉讼程序有以下特点:

#### (一) 小额诉讼程序是特别简易程序

小额诉讼程序在我国并不是与一审普通程序、简易程序平行的独立程序,而是在简易程序中增加的一个特别程序规定。除非法律另有明确的特别规定,否则小额诉

讼程序的适用条件须符合适用简易程序的一般条件,其程序特征也具备简易程序的一般特征,其权利保障标准也应符合简易程序中应当赋予当事人的基本程序权利。2021 年修正的《民事诉讼法》新增了关于小额诉讼程序的特别规定,第 167 条规定:"人民法院适用小额诉讼的程序审理案件,可以一次开庭审结并且当庭宣判。"第 168 条规定:"人民法院适用小额诉讼的程序审理案件,应当在立案之日起两个月内审结。有特殊情况需要延长的,经本院院长批准,可以延长一个月。"《民诉法解释》中关于小额诉讼程序的特别规定包括,举证期限一般不超过 7 日,被告书面答辩的期间最长不得超过 15 日,当事人到庭后表示不需要举证期限和答辩期间的法院可立即开庭审理;裁判文书可以简化,主要记载当事人基本信息、诉讼请求、裁判主文等内容。

(二)小额诉讼程序的特别之处主要是实行一审终审制

法律明确规定小额诉讼实行一审终审,据此,符合小额诉讼程序适用条件的案件,基层法院及其派出法庭作出的一审裁判是终审裁判,当事人没有上诉权。法院受理小额诉讼案件后依法作出驳回起诉的裁定,以及针对管辖异议作出的裁定,都是一经作出即发生法律效力。

(三)适用小额诉讼程序的告知与异议

由于小额诉讼程序是一种对当事人权利有所限制的、特别的、新增加的程序,因此规定了法院事先告知的义务和当事人对程序适用的异议权利。《民诉法解释》第 274 条专门规定,人民法院受理小额诉讼案件,应当向当事人告知该类案件的审判组织、一审终审、审理期限、诉讼费用交纳标准等相关事项。第 279 条规定,当事人对按照小额诉讼案件审理有异议的,应当在开庭前提出。人民法院经审查,异议成立的,适用简易程序的其他规定审理;异议不成立的,裁定驳回。裁定以口头方式作出的,应当记入笔录。当事人以不应按小额诉讼案件审理为由向原审法院申请再审的,法院应当受理。

(四)适用小额诉讼程序的案件在审理中可能转化为简易程序或普通程序

由于小额诉讼的适用除了满足金额条件之外,还要满足适用简易程序的一般条件,因此实践中可能出现金额很小、符合小额诉讼的特别条件,但争议很大(对抗很激烈)、不符合适用简易程序一般条件的案件,这种案件即使最初适用简易程序审理,甚至已经适用了一审终审的小额诉讼程序,也可以适用《民事诉讼法》第 169 条的规定,即"人民法院在审理过程中,发现案件不宜适用小额诉讼的程序的,应当适用简易程序的其他规定审理或者裁定转为普通程序。"

《民诉法解释》第 278 条规定,因当事人申请增加或者变更诉讼请求、提出反诉、追加当事人等,致使案件不符合小额诉讼案件条件的,应当适用简易程序的其他规定审理。前款规定案件,应当适用普通程序审理的,裁定转为普通程序。转由普通程序审判后,小额诉讼当事人依据普通程序即享有了上诉权。但是,适用简易程序的其他规定或者普通程序审理前,双方当事人已确认的事实,可以不再进行举证、质证。

（五）小额诉讼审判结果可以适用再审程序

《民事诉讼法》虽然规定小额诉讼的裁判不能上诉，但并未规定其他救济途径，既未授权，也未禁止适用再审程序。在逻辑上，我国小额诉讼依附于简易程序的法律定位，再审程序作为一种特殊救济通道，无须专门规定，也不能通过学理解释而排斥将再审程序这一特别救济途径适用于小额诉讼。

在价值层面上，各国对小额诉讼程序的救济途径规定虽不相同，但都在本国制度体系内为小额诉讼裁判保留了不同的救济渠道，比如上诉或向普通法院（法庭）请求重新审理。在我国现行制度框架和法律文化背景下，再审程序作为一种比上诉程序更难启动的特殊救济通道，当小额诉讼审判出现再审事由所列举的严重错误时，为当事人提供消防通道式的救济，是比较适当的。

# 第十九章 上诉程序

**【本章提要】**

上诉程序在我国与第二审程序同义。上诉程序的核心功能在于纠正一审裁判错误和保障法律适用统一。本章介绍了我国上诉案件的受理、审理、裁判三个主要环节的程序规范,重点对二审裁判进行了归纳分类、解读和评论。

## 第一节 上诉程序概述

### 一、上诉程序的概念

上诉程序是指当事人对法院尚未发生法律效力的判决、裁定不服,在法定期限内请求上一级法院对案件进行复审,以撤销或变更原审判决、裁定,上一级法院据此对案件进行审判所适用的程序。

我国实行两审终审制,第二审程序是唯一的上诉程序,也是立法所规定的终审程序,因此我国上诉程序即指第二审程序。上诉程序独立于第一审程序,并与之共同构成一套完整的民事审判程序。但上诉程序不是任何案件的必经程序,例如根据法律规定实行一审终审制的案件,超过法定上诉期限未提起上诉的案件,第一审程序中调解或撤诉的案件,都不必经过上诉程序。

在比较法上,当代各国普遍实行的三个审级的司法结构中有两次性质不同的上诉。第一次上诉一般为当事人的权利(right),称为权利性上诉(如美国的"上诉")①,或称为第二审程序(如德国和日本的"控诉"),其审查范围为事实问题和法律问题。第二次上诉则须经法院许可,称为许可性上诉或裁量性上诉(如美国的"申诉"或调卷令程序),或第三审程序(如德国和日本的"上告"),是仅审查针对法律问题提出的上诉。上述制度通常被我国简称为"三审终审制"或"有限三审制",但有两点须澄清:一是其适用范围仅限于能够提出重要法律问题的案件;二是其程序功能并非为当事人提供多一审级的私权救济,而是为了解决下级法院的司法判决冲突,通过判例渐进地发展法律。

### 二、上诉程序的基本功能

一般认为,上诉程序具有如下功能:

---

① 理论上,英国的两次上诉均须制定法许可,但第一次上诉的许可条件已十分宽松,几乎与作为权利的上诉没有什么差异;获得第二次许可上诉则异常困难。

(一) 纠正下级裁判的错误，保障司法公正

各种模式的上诉程序都具有这一功能，但主要由第二审程序承担。通过上诉程序纠正司法错误，从私人目的来看，在判决发生错误而使当事人受到明显的利益损害时，赋予他们获得某种救济的途径，确保当事人获得正义；从公共目的来看，则是为司法机构提供纠正错误的机会，以维护司法的公信力，减少违背正义和公平的错误判决制造的社会不满和不安定性，维护法的和平。不过，实现这一功能，纠正错误而不是制造新的错误，有赖于上诉程序的设置符合一定原理，比如，上下级法院之间相互独立并相互尊重法定权限内的裁判结论，上诉法庭的审查范围受法律明确规定的职能和权限、当事人的上诉请求、法律明确赋予下级法院的职能和权限的三重制约，上级法院在专业水平、法官资历、程序的庄重性等方面更具权威，等等。

(二) 吸收当事人的不满，以提高司法裁判的正当性和可接纳度

随着程序正义和法律正当性理念的广泛普及，这一功能受到越来越多的重视。败诉的一方当事人往往会认为裁判结果是不公正的，这种感觉会妨碍他们接受判决的意愿，进而影响处于同样地位的公众对判决和整个法律的尊重。而有机会将案件提交更高一级的、多个法官组成的合议庭，这种感觉就有了一种健康的出口。当事人和公众会相信自己的案件已受到充分重视而不是被轻率处理，相信审判是按照业已确立的程序而合法、适当进行的，相信判决结果并非产生于一个或一级法官的偏见或独断行为，而是法律和制度的产物。因而，上诉程序的这一功能体现了程序的功利主义价值或工具性效能。

(三) 从制度上分担法官因判决案件而产生的责任和压力，促进司法独立

在强调司法的独立性和司法参与决策社会事务功能的国家中，这是一项受关注的功能，在转型中的中国也应受到充分重视。在那些争议很大或法律问题特别困难或社会影响广泛的案件中，一审法官常常处于两难境地。因此，让不同审级的两个法院和多个法官来考虑同一问题，通过上诉程序形成一种制度性的责任分担，一方面使一审法官在面对公众情绪高涨时，不会因不堪承受社会压力而受普遍见解和批评的左右，得以遵从法律作出独立判断，另一方面也使公众确信案件结果已最大限度地接近正确。这种制度性的安抚，对于法官、对于当事人、对于社会、对于保障司法独立和维护司法权威都是很有价值的。当然，实现这一功能也需要满足一定前提，比如上下级法院彼此独立地进行思考和裁判。我国基于上级法院对下级法院审判工作的指导职能，一审法院往往在审理重大案件的过程中向上级法院请示汇报，这种惯例虽然也分担了一审法官面对的责任和压力，却丧失了"上诉"的原本意义，变相剥夺了当事人的上诉权，也损害了司法独立。

(四) 保障法律适用和解释的统一性，并协调统一地发展法律

这被普遍认为是终审上诉程序的核心功能。在我国，这一功能在上诉程序中未受到应有重视，而主要是由最高人民法院发布司法解释、会议纪要、指导案例来承担的。不过，《民事诉讼法》自2007年以后的修正案以及此后的司法改革通过调整四级法院的职能，正在逐步强化高层法院通过上诉程序和审判监督程序及其权威案例来

承担这一功能。

法律面前人人平等,意味着法律在同一辖区内平等、公正、统一、一致地适用于每一主体。由遍及全国的、数量众多的法院作出的裁判,对于法律的理解、解释和适用必然会发生某些分歧、冲突和混乱,因而需要一个共同的、更高一级的法院来纠正裁判错误并解决司法冲突。在判例法国家,上诉程序通过判例连续发展和稳健改良法律的途径,成为协调统一地发展法律的主要途径。即使在成文法国家,最高法院通过协调一致和统一连续的司法判决发展法律的功能也至关重要。这一功能的实现同样需要满足一定的技术安排,比如,终审法院的案件数量很少,以尽量减少就同类事项作出终审判决的法庭数量从而减少判决冲突的概率;终审法院不审查事实问题,避免因事实问题本身所具有的个性化特征而妨碍终审法院判例的普适性和统一司法功能的实现;在分庭审判的终审法院内部结构中设置某种联席审判机制。

### 三、我国二审程序与一审程序的比较

我国上诉程序即第二审程序,与第一审程序共同构成我国民事诉讼的完整审级。它们之间既相互独立、相互区别,又相互联系。

(一) 二审程序与一审程序的区别

1. 审级和管辖权不同

一审程序适用于各级法院;二审程序适用于中级以上的法院,不适用于基层法院。[①]

一审法院的管辖权由法律规定,并由原告向有管辖权的法院起诉而启动,超过诉讼时效只产生被告的时效抗辩权,却不影响管辖权本身。二审法院管辖权以一审法院管辖权为基础,二审法院通常是作出一审裁判的法院的上一级法院,并由上诉人在上诉期限内提起上诉而启动,超过上诉时效则导致上诉权和上诉管辖权的丧失。

2. 程序发生的根据和目的不同

一审程序发生的根据是诉权,其内涵是与他人发生纠纷的一方当事人(原告)提起的针对被告的诉讼,其目的是请求一审法院对双方当事人之间的实体权利义务纠纷作出裁判,一般是请求判令被告履行一定实体义务,其裁判对象是诉讼标的,即当事人之间争议的实体权利义务关系。

二审程序发生的根据是上诉权——上诉权是诉权的延伸,其内涵是不服一审判决的一方当事人(上诉人)提起的针对一审裁判的上诉,其目的是请求二审法院对一审判决的正确与否作出裁判,撤销或变更一审判决,其评判对象首先是一审裁判,即一审法院在审判当事人之间实体争议时的司法行为,包括事实认定行为、法律适用行为和实体裁判结果,也包括程序行为;在二审改判的情形下,其裁判对象也包括诉讼

---

[①] 各级法院都管辖一审案件,是我国审级制度的一大特色。在实行三级三审制的国家,只有初审法院才能受理一审案件,中级上诉法院和最高法院都只享有上诉管辖权;在实行四级三审制的国家,只有基层法院和地区法院有权受理一审案件,高级法院和最高法院只享有上诉管辖权。

3. 程序的运作方式不同

一审程序分为普通程序和简易程序,前者适用合议制,后者适用独任制,但二者原则上都应当以开庭方式进行审理,特别强调直接原则和言词原则,所有作为定案依据的证据都必须经过法庭质证,证人原则上必须出庭接受质证,法庭调查和辩论基本上都是围绕证据和事实一一展开。

2021年修正的《民事诉讼法》一改以往"上诉程序全面适用合议制"的规定,扩大了独任制的适用范围,建立二审独任制审理模式。新增了第41条第2款规定:"中级人民法院对第一审适用简易程序审结或者不服裁定提起上诉的第二审民事案件,事实清楚、权利义务关系明确的,经双方当事人同意,可以由审判员一人独任审理。"简言之,第二审人民法院审理上诉案件,原则上适用合议制(只能由审判员组成);但对一审适用简易程序审结或不服裁定提起上诉的二审案件,若事实清楚、权利义务关系明确的,经双方当事人同意,可以适用独任制。在审理方式上,上诉程序分为开庭审理和径行判决,庭审程序虽与一审程序遵循相同原则,但随着司法改革对新证据的提交采取严格限制,法庭调查和辩论主要是针对一审判决在采信证据和认定事实方面是否正确、公正而展开。径行判决则不必经过正式开庭,而采用书面审理或询问(非正式开庭)的方式,不接受新证据,也很少涉及事实问题。

4. 裁判的方式和效力不同

第一审程序作出的裁判分为两类:立即发生法律效力的裁判和允许提起上诉以阻断效力的裁判。对于前者,法律规定不允许提起上诉;后者是否发生法律效力,则取决于当事人在上诉期限内是否提起上诉,期限届满未上诉者即发生法律效力,期限内上诉则阻断其法律效力。

我国上诉程序作出的判决和裁定都是终审的、不得上诉的、发生法律效力的判决和裁定。即使对上诉裁判提起再审,再审程序的发生也是以上诉判决或裁定已发生法律效力为前提,再审程序只是作为两审终审制之例外的补充救济机制,而不是审级制度之内的通常救济程序。

(二) 二审程序与一审程序之间的联系

一审程序是二审程序的前提和基础,没有一审程序则二审程序无从发生。在续审制模式下,二审程序是一审程序功能的继续,亦即允许在一定条件下提交新证据、提出新事实(或变更事实主张)。[②] 第二审法院审理上诉案件,除依照关于第二审程序制度的章节规定外,适用第一审普通程序。

---

[①] 另有观点认为,二审程序与一审程序的诉讼标的相同,对认为"二审是对一审裁判的审理"的观点提出了批评。见潘剑锋主编:《民事诉讼法》,清华大学出版社2008年版,第320页。

[②] 关于上诉模式的比较研究,参见傅郁林:《论民事上诉程序的功能与结构——比较法视野下的二审上诉模式》,载《法学评论》2005年第4期;A. Uzelac & C. H. van Rhee (eds.) Nobody's Perfect, Comparative Essays on Appeals and Other Means of Recourse against Judi Decisions in Civil Matters, Intersentia, 2014.

## 第二节 上诉的提起与受理

### 一、上诉的提起

总体说来,当事人提起第一次上诉的权利不受实质性条件限制,故称为无因上诉。这在奉行"两次诉讼"理念的大陆法系与将上诉作为制定法许可事项的普通法系并无本质差异。① 我国对于提起二审上诉的条件限制也只是形式上的。

根据《民事诉讼法》第171条和《民诉法解释》的有关规定,当事人不服地方法院第一审判决、裁定,"有权"向上一级法院提起上诉。提起上诉需要满足下列条件:

(一) 上诉的主体

有权提起上诉的适格主体,必须在一审裁判中享有权利或负有义务,包括一审程序的原告、被告、共同诉讼人、有独立请求权的第三人、一审判决其承担民事责任的无独立请求权第三人。

提起上诉的一方当事人均列为上诉人。被上诉人一般是一审中的对方当事人。双方当事人和第三人都提起上诉的,均为上诉人。根据司法解释的相关规定,法院可以依职权确定第二审程序中当事人的诉讼地位。针对实践中双方当事人和第三人都上诉、均为上诉人的特殊情况,法院为有序组织二审庭审,可以依职权确定二审程序中的当事人地位。必要的共同诉讼人中一人或部分人提起上诉的,分别情况处理:第一,该上诉是对与对方当事人之间权利义务分担有意见,不涉及其他共同诉讼人的利益的,未上诉的对方当事人为被上诉人,未上诉的同一方当事人依原诉讼地位列明;第二,该上诉是对共同诉讼人之间权利义务分担有意见,不涉及对方当事人的利益的,未上诉的同一方当事人为被上诉人,对方当事人依原诉讼地位列明;第三,该上诉是对双方当事人之间以及共同诉讼人之间权利义务分担有意见,未上诉的当事人均为被上诉人。

(二) 上诉的客体

提起上诉的客体必须是允许上诉的民事裁判,亦即在效力上必须是尚未生效的一审裁判,在范围上必须是一审判决和法律列举可上诉的裁定。具体包括:地方各级法院的第一审民事判决,不予受理、驳回起诉和针对管辖权异议的裁定;地方各级法院对上一级法院发回重审的案件进行审理作出的判决和驳回起诉的裁定;地方各级法院按照第一审程序进行再审作出的判决和驳回起诉的裁定。

以下民事裁判不得上诉:最高人民法院的判决和裁定;第二审法院的判决和裁定;按照第二审程序进行再审作出的判决和裁定;基层法院按照小额诉讼程序、特别

---

① 一般国家都要求上诉必须表明上诉利益。德国于2001年之后甚至改变了无因上诉的传统,提起控诉审上诉须表明理由,二审法院对于没有希望胜诉的上诉,如果上诉事项不具有实质重要性,则上诉法院可经一致的和不可异议的书面裁定予以驳回,不必进行实质性审理。参见〔德〕奥特马·尧厄尼希:《民事诉讼法》,周翠译,法律出版社2003年版,第366—367页。在美国,表明理由对于上诉的受理虽无影响,但对于案件在程序上能否获得庭审机会和实质性审理至关重要。

程序、督促程序、公示催告程序审理作出的判决和裁定。

(三) 上诉期限

不服一审判决的,须在判决书送达之日起 15 日内提起上诉;不服一审裁定的,须在裁定书送达之日起 10 日内提起上诉。一审判决书和裁定书不能同时送达双方当事人的,上诉期从各自收到判决书、裁定书的次日起计算。这是对上诉权的限制性规定,上诉必须在法定期限内提起,超过这一期限者即丧失上诉机会。

(四) 上诉管辖权

上诉必须向作出一审判决的法院的上一级法院提起。在我国,当事人不能越级上诉,也不能向原审法院上诉。

(五) 上诉的形式要求

根据《民事诉讼法》第 172 条及《民诉法解释》第 318 条的规定,上诉必须采取书面形式,亦即必须提交上诉状,载明当事人的姓名(自然人),法人的名称及其法定代表人的姓名,或其他组织的名称及其主要负责人的姓名。同时载明原审法院名称、案件编号和案由。上诉状还应当写明上诉的请求和理由。一审宣判时或者判决书、裁定书送达时,当事人口头表示上诉的,法院应告知其必须在法定上诉期间内提交上诉状。未在法定上诉期间内递交上诉状的,视为未提出上诉。

最高人民法院关于印发《人民法院民事裁判文书制作规范》《民事诉讼文书样式》的通知中规定,对依法可以上诉的一审判决,在尾部表述为:"如不服本判决,可以在判决书送达之日起十五日内,向本院递交上诉状,并按对方当事人的人数或者代表人的人数提出副本,上诉于××××人民法院。"对一审不予受理、驳回起诉、管辖权异议的裁定,尾部表述为:"如不服本裁定,可以在裁定书送达之日起十日内,向本院递交上诉状,并按对方当事人的人数或者代表人的人数提出副本,上诉于××××人民法院。"

(六) 上诉费用

在司法实践中,提起上诉不仅要声明上诉,而且要以缴纳上诉费用的方式确认上诉的意思表示。除非在上诉期限内申请减、免、缓交上诉费并获得批准,不缴纳上诉费则上诉声明不发生提起上诉的效力。故《民诉法解释》第 318 条规定,未交纳上诉费的,按自动撤回上诉处理。故规范的一审裁判书应写明不在期限内缴纳上诉费的法律后果。

## 二、提起上诉的程序与上诉的受理

(一) 上诉的途径

根据《民事诉讼法》第 173 条的规定,上诉状应通过原审法院提出,并按照对方当事人或代表人的人数提出副本。当事人直接向二审法院上诉的,二审法院应在 5 日内将上诉状移交原审法院。

这一规定的理由在于,当事人距离一审法院更近,案件档案在原审法院,生效判决通常也是由一审法院执行,因此向原审法院提出上诉状,既方便当事人行使上诉权,也使原审法院及时掌握判决是否生效以决定能否进入执行程序,同时也便于及时准备案件档案移交给二审法院。然而,实践中不时出现一审法院压制或干扰当事人行使上诉权的现象,当事人被延误了上诉期限乃至被剥夺了上诉权却不自知。因此,基于切实保障上诉权的宗旨,同时鉴于当代通讯和交通之发达,应允许当事人选择向一审法院或二审法院提交上诉状,向二审法院上诉的,由二审法院登记在案,并直接通知一审法院移送二审法院,而不必将上诉状移交给一审法院。

（二）上诉的受理

原审法院在收到上诉状后,应当在5日内将上诉状副本送达对方当事人,并告知其在15日内提出答辩状。法院收到答辩状后,应当在5日内将答辩状副本送达上诉人。被上诉人在法定期限内不提出答辩状,不影响二审法院审理。原审法院收到上诉状、答辩状后,应当在5日内连同全部案卷和证据,报送二审法院。

### 三、上诉的撤回

撤回上诉是指上诉人在提起上诉之后,在第二审裁判宣告之前,向二审法院申请撤回上诉的诉讼行为。

撤回上诉的法律效果不同于撤回起诉。上诉人在二审审理过程中撤回上诉,法院裁定准许后,若无其他上诉人,一审判决即生效。上诉人在上诉期内撤回上诉,法院裁定准许后,上诉人能否再次提起上诉,我国《民事诉讼法》及相关司法解释并未明确规定。比较法上,在日本,上诉人撤回上诉后,在上诉期间届满前可再次提起上诉;而我国台湾地区则规定,撤回上诉的,则上诉权消灭,即使上诉期间尚未届满也不允许其再次提起上诉。

撤回上诉与撤回起诉一样是当事人的诉讼权利,但这项权利一定程度上受国家干预。《民事诉讼法》第180条规定:"第二审人民法院判决宣告前,上诉人撤回上诉的,是否准许,由第二审人民法院裁定。"《民诉法解释》第335条规定:"在第二审程序中,当事人申请撤回上诉,人民法院经审查认为一审判决确有错误,或者当事人之间恶意串通损害国家利益、社会公共利益、他人合法权益的,不应准许。"对于撤回上诉权利的限制要比对撤回起诉的限制更加明确和严格,是因为上诉的客体和法律效果都不同于起诉,上诉审的功能也不同于一审,比如上诉审承担着监督一审审判的功能;同时各国上诉审也普遍实行抑制非理性和无谓上诉的司法政策。

《民诉法解释》第336条明确规定了原审原告在二审程序中撤回起诉的条件:(1)经对方当事人同意;(2)不损害国家利益、社会公共利益、他人合法权益;(3)经法院准许。二审撤回起诉的结果是一审裁判被撤销,同时禁止再次起诉。我国《民事诉讼法》仅对撤回上诉作了规定,并未涉及二审撤回起诉的问题。关于因和解而申请撤诉问题,撤回起诉需要经过对方当事人同意。与德国法撤诉理论将其定义为与效性行为不同,我国法院对撤诉行为保留了有效性和合法性审查权。

### 四、关于建立附带上诉制度的建议

所谓附带上诉制度,是指未在上诉期限内提起上诉的一方当事人,因对方当事人的有效上诉,而获得在上诉期限届满后提起上诉申请的权利。我国的上诉审理范围不包括附带上诉,是一种日益取得共识的制度缺陷。附带上诉可类比于一审中的反诉,但由于发生在上诉和终审程序中,其意义甚至超过了反诉。

其一,有利于维持充分保障合理行使上诉权与抑制不合理上诉和轻率上诉之间的平衡。各国民事上诉程序的普遍政策倾向,是保障正当上诉权的同时抑制无益或恶意上诉,通过限制上诉审查范围而促使案件在一审程序中获得彻底解决。附带上诉制度在寻求上诉权保障与上诉欲望抑制之间达成了一种平衡。一审判决之后,当事人双方往往陷入"囚徒困境",对于对方上诉本方却丧失上诉权的担忧,推动了一些对于上诉与否犹豫不决的当事人率先上诉。上诉率的增加导致诉讼的公共成本和私人成本增加,加剧双方当事人的对抗情绪以及对司法结果的更高期待和不满,也影响判决的执行率。附带上诉制度可以使那些犹豫者由于有了安全感而放弃率先上诉,最终促使双方自愿放弃上诉。

其二,有利于缓解上诉程序的纠错功能与处分权主义对审查范围的限制之间的冲突。比如一审判决虽未损害国家、社会利益和第三人合法权益,却可能损害被上诉人的合法利益,特别是我国实践中普遍存在调解型判决,一审判决往往通过在一个方面偏重于一方、在另一问题上补偿另一方的方式,对双方利益进行平衡。一旦一方基于息讼愿望而容忍了并不满意的一审判决,另一方当事人却提起上诉,如果被上诉人没有相应的补救机会,二审法院只能"限于上诉请求"作出判决,从而打破利益平衡,导致被上诉人对二审判决的不满。这也增加了我国针对终审判决的申诉、再审案件。如果未率先上诉的当事人可在对方上诉之后及时提起附带上诉,则给不满一审判决的所有当事人都提供一个公平表达不满和补救的机会,使二审法院得以在尊重当事人处分权的前提下彻底纠正一审错误,维护司法公正。

## 第三节 上诉案件的审理

### 一、上诉程序的审理范围

《民事诉讼法》第175条规定:"第二审人民法院应当对上诉请求的有关事实和适用法律进行审查。"由此确定了二审的审理范围以原告上诉请求为限的原则。对于一审中已经认定的事实和已裁判的事项,如果当事人未提出异议,即未请求二审法院审查和处理的,二审法院不予处理。这一规定明确取消了上诉全面审查制,体现了处分权主义的现代诉讼理念,在审查范围问题上确立了我国续审制上诉模式。现行《民诉法解释》第321条保持了这一规定。

### 二、上诉程序的审理方式

根据《民事诉讼法》第176条的规定,第二审人民法院对上诉案件应当开庭审理。经过阅卷、调查和询问当事人,对没有提出新的事实、证据或者理由,人民法院认为不需要开庭审理的,可以不开庭审理。第二审法院审理上诉案件,可以在本院进行,也可以到案件发生地或者原审法院所在地进行。

(一) 审判组织

在2021年修正《民事诉讼法》之前,我国第二审程序一律实行合议制。上诉合议庭人员构成全部是职业法官,人民陪审员不能参加。无论中级人民法院、高级人民法院或最高人民法院,合议庭原则上均由3位法官组成,极其特殊情形下由5位法官组成,但人数与审级或法院的级别无关。① 当案件涉及重大问题时,或者当合议庭内部发生严重意见分歧时(司法改革之后一般是审判长与承办法官之间发生意见分歧),由合议庭提出申请,院长提交审判委员会讨论决定。

2021年修正《民事诉讼法》扩大了独任制的适用范围,建立了二审独任制审理模式,增加了一款规定:"中级人民法院对第一审适用简易程序审结或者不服裁定提起上诉的第二审民事案件,事实清楚、权利义务关系明确的,经双方当事人同意,可以由审判员一人独任审理",将"第二审人民法院对上诉案件,应当组成合议庭,开庭审理"修改为"第二审人民法院对上诉案件应当开庭审理"。

(二) 审理方式

根据我国法律规定,上诉案件原则上都要开庭审判,不开庭审理作为例外。《民事诉讼法》对于二审不开庭审判的条件进行了明确、具体的规定,即须同时满足两个条件:(1) 当事人没有提出新的事实、证据或者理由;(2) 法院认为不需要开庭审理。据此,《民诉法解释》第331条进一步规定,二审法院审理下列案件可以不开庭审理:(1) 不服不予受理、管辖权异议和驳回起诉裁定的;(2) 当事人提出的上诉请求明显不能成立的;(3) 原判决、裁定认定事实清楚,但适用法律错误的;(4) 原判决严重违反法定程序,需要发回重审的。符合上述条件之一的案件,法院认为不需要开庭的,可以不开庭审理。

对于上述条件的解释往往取决于法院自身的积案数量和对于"开庭审理"的变通适用能力。不过表面看来,我国司法实践不开庭审理的情形远远多于作为原则要求的开庭审理,但实际上许多适用径行裁判的案件都经过了非正式开庭,亦即在一位法官(通常是承办法官)主持下,一方或双方当事人到庭,听取法官询问并回答法官的问题,包括事实问题和法律问题,也可能双方当事人之间相互提问和辩论。如果承办法官认为不需要正式开庭,则另两位合议庭成员不需出庭,由承办法官制作裁判文书,并交合议庭审核和签署。这种裁判方式对于上诉程序功能实现的主要障碍,不在于径行裁判的使用频率高于立法预期,而在于决定审理方式的过程具有随意性和独断性,比如未经合议庭其他成员参与决定,适用标准也没有明确性和确定性。我国二审法院普遍面临强大的积案压力,法律除了寻求相对明确、易于判断和掌握的繁简案件甄别标准,还应通过加强合议庭对于程序选择的过程控制,实行有规则可循的繁简

---

① 在实行三级审判结构的德、法、美、英、日等国法院,审判庭组成人数都是随着审级的提高而增加,比如一审为1名职业法官,二审为3名,最高法院的普通审判庭组成至少为5名。这是因为其司法审级越高,司法的社会政策功能越强,越需要广泛的参与、更庄重的程序和更大的权威。

分流。

(三) 审理地点

根据《民事诉讼法》的规定,第二审法院审理上诉案件,可以在本院进行,也可以到案件发生地或者原审法院所在地进行。这一法律规定遗留了刑事诉讼在案件发生地举行公判大会的某些历史痕迹,为民事上诉案件的巡回审判预留了余地,不过在民事审判实践中极少发生。

## 第四节 上诉案件的裁判

### 一、上诉案件的裁判

根据《民事诉讼法》第177条的规定,二审法院对上诉案件经过审理,按照下列情形分别处理:(1) 原判决、裁定认定事实清楚,适用法律正确的,以判决、裁定方式驳回上诉,维持原判决、裁定;(2) 原判决、裁定认定事实错误或者适用法律错误的,以判决、裁定方式依法改判、撤销或者变更;(3) 原判决认定基本事实不清的,裁定撤销原判决,发回原审人民法院重审,或者查清事实后改判;(4) 原判决遗漏当事人或者违法缺席判决等严重违反法定程序的,裁定撤销原判决,发回原审人民法院重审。原审人民法院对发回重审的案件作出判决后,当事人提起上诉的,第二审人民法院不得再次发回重审。第182条规定:"第二审人民法院的判决、裁定,是终审的判决、裁定。"以下对上诉案件的裁判方式进行分述。

(一) 判决

判决适用于针对实体问题的终局裁判。二审法院在以下情形适用判决:

1. 针对法律问题进行实体性裁决。一审判决认定事实清楚,适用法律正确的,二审判决驳回上诉,维持原判决;原判决适用法律错误的,依法改判。

2. 针对事实问题进行实体性裁决。原判决认定事实错误的,依法改判;原判决认定基本事实不清的,作为例外可以查清事实后改判(原则上适用裁定发回重审)。

(二) 裁定

裁定适用于针对程序问题的裁决,或者,针对实体问题作出的临时性裁判。具体而言,二审法院在以下情形适用裁定:

1. 对一审裁定的上诉案件进行裁判。《民事诉讼法》第178条规定:"第二审人民法院对不服第一审人民法院裁定的上诉案件的处理,一律使用裁定。"法律规定可以上诉的三类一审裁定,包括不予受理裁定、驳回起诉裁定、管辖权异议裁定。二审法院的处理方式是:

第一,经审查认为原裁定认定事实清楚,适用法律正确的,裁定驳回上诉,维持原裁定。

第二,认为原裁定认定事实不清,适用法律错误的,分不同情形处理:一是查明一审法院作出的不予受理或驳回起诉的裁定错误的,撤销原裁定,同时指令一审法院立案受理;二是查明一审法院针对管辖权异议作出的裁定有错误的,裁定撤销原裁定,同时指令一审法院审理或将案件移送有管辖权的法院。

第三,对已过管辖权异议期限并经实体处理之后、当事人未提出上诉的中间裁判事项直接作出裁定。《民诉法解释》第328条规定:"人民法院依照第二审程序审理案件,认为依法不应由人民法院受理的,可以由第二审人民法院直接裁定撤销原判,驳回起诉。"案件受理事项涉及的是法院的司法权限即裁判资格问题,不仅当事人可动议审查,法院也有权并有义务依职权进行自我审查(采当事人主义的国家由法院动议当事人就此进行辩论),而且可以在诉讼的任何阶段纠正这一错误。基于诉讼经济的考虑,为防止当事人利用中间异议和裁判、上诉拖延诉讼,一些国家对当事人提出中间动议的阶段、中间裁判的阶段、中间裁判的上诉权等作出严格限制,原则上只有终局裁判(即本审级不再有后续程序)才能上诉。我国法律规定在二审实体审理中发现司法职能管辖权瑕疵时由二审法院直接裁定驳回起诉,符合两便原则和诉讼经济原理。

2. 对一审裁判中的重大程序瑕疵进行的裁判。原判决违反法定程序,可能影响案件正确判决的,裁定发回重审。《民事诉讼法》第177条第1款第4项将发回重审的程序瑕疵限定于"严重违反法定程序的"情形,包括:第一,原判决遗漏当事人,即必须参加诉讼的当事人在一审中未参加诉讼,在二审中参加诉讼,经二审法院调解不能达成协议的。第二,原审违法缺席判决,即适用普通程序审理的案件当事人未经传票传唤作出缺席判决。这两项都是当事人基本程序权利保障方面的瑕疵。第4项以"等"字涵盖的严重违反法定程序的情形还应包括:(1)未经开庭审理作出裁判;(2)法院审判权的瑕疵,如审理本案的审判人员、书记员应当回避而未回避。

在法律解释时应当探求立法本意,根据法律明确列举的具体情形,对司法裁量权进行限定性解释。第4项明确列举的两种情形都是足以导致判决无效的严重的程序瑕疵,因此其以"等"字涵盖的情形应当与其列举的两种情形错误性质相同、类型相似、程度相当。上述第(1)项是审判权方面的严重瑕疵,法庭未经合法组成即不享有审判权,会导致裁判无效;第(2)项是诉权方面的严重瑕疵,我国虽未在宪法中确定正当程序权利,但程序参与权是当事人受民事诉讼法明确保障的最基本诉讼权利,未经开庭作出的裁判无效。因此,《民诉法解释》第323条将以下情形纳入了上述"等"字范畴:(1)审判组织的组成不合法的;(2)应当回避的审判人员未回避的;(3)无诉讼行为能力人未经法定代理人代为诉讼的;(4)违法剥夺当事人辩论权利的。

3. 对事实问题进行程序性或临时性裁判。原判决认定基本事实不清的,裁定撤销原判决,发回原审人民法院重审(作为例外,二审也可以查清事实后改判)。《民诉法解释》第333条对"基本事实"的含义进行限定:是指以确定当事人主体资格、案件性质、民事权利义务等对原判决、裁定结果有实质性影响的事实。目的在于提高发回重审的门槛,避免二审法院滥用发回重审制度。基本事实不清是实体问题,但二审法院只是因此撤销原判决,并不由自己来查明事实、进行改判,因此该事实问题并未在本次二审裁判中获得终局性解决,而只是一种程序性或者说临时性的处理,因此不能适用决定,而是适用裁定。

4. 对当事人在上诉程序中的处分行为进行程序性裁判。即二审法院判决宣告前,上诉人申请撤回上诉的,是否准许,由二审法院裁定。

5. 对处理结果错误的程序性裁判。二审法院在两种情形下可基于对处理结果的不同意见而发回重审,这一结果可能涉及事实问题,也可能涉及法律问题,还可能涉及事实和法律的混合问题。第一,一审判决不准离婚的案件,上诉后二审法院认为应当判决离婚,经调解未达成协议的。第二,当事人在一审中已提出的诉讼请求,原审法院未作审理、判决,经二审调解不能达成协议的。但是,二审中原审原告增加独立的诉讼请求或原审被告提出反诉的,二审法院可能根据自愿原则就新增加的诉讼请求或反诉进行调解,调解不成的,告知当事人另行起诉(例外:根据2015年《民诉法解释》新增的规定,双方当事人同意由第二审法院一并审理的,第二审法院可以一并裁判)。

原审人民法院对发回重审的案件作出判决后,当事人提起上诉的,第二审人民法院不得再次发回重审。

(三)《民事诉讼法》2012年修正案对于二审法院自由裁量权的限制

2012年修正的《民事诉讼法》对于二审裁判的规定在三个方面限定了二审法院的自由裁量权,在立法理念和立法技术上都有重要进步。

1. 2012年修正的《民事诉讼法》第170条(现行第177条)第2款特别增加规定:"原审人民法院对发回重审的案件作出判决后,当事人提起上诉的,第二审人民法院不得再次发回重审。"明确禁止二审法院再次发回重审。

除了诉讼成本的考虑之外,主要是为了强化和落实上诉的审判监督功能,避免二审法院以再次发回重审的方式将疑难、复杂、敏感问题"踢皮球"。针对二审法院普遍滥用发回重审裁量权的问题,2002年《最高人民法院关于人民法院对民事案件发回重审和指令再审有关问题的规定》规定,二审法院根据《民事诉讼法》第153条规定将案件发回原审法院重审的,对同一案件,只能发回重审一次。一审法院重审后,二审法院认为原判决认定事实仍有错误,或者原判决认定事实不清、证据不足的,应当查清事实后依法改判。2012年修正的《民事诉讼法》将这一司法解释规定为法律条款,从法律效力上保障实践效果。

2. 将一审裁判中的事实错误区分为"认定事实错误"与"事实不清,证据不足"两种不同情形,修改将前二者混为一谈的笼统规定,即"原判决认定事实错误,或者原判决认定事实不清,证据不足,裁定撤销原判决,发回原审人民法院重审,或者查清事实后改判",从而避免了将同一种情形的不同处理完全授权于二审法院自行裁量决定。实践中二审法官决定自行改判或发回重审时,往往取决于法官自己的积案压力、案件受外界干预的程度、法官对此干预的驾驭能力以及法官自己希望掌握终审权的主观愿望等,因此,这一规定由于导致二审裁量权过大而被滥用,一直饱受诟病。将二者加以区分规定,认定事实错误的可直接改判,而基本事实不清的原则上发回重审,一定程度上澄清了立法的模糊性,相对明确地限定了二审法院的自由裁量权;并且在适用发回重审与改判的规定中还加入了诉讼便利与诉讼经济的考量。

3. 明确区分严重程序错误与一般程序错误，并且将程序错误的处理独立出来，不再依附于实体错误。根据修改前的规定，导致二审发回重审的程序错误为"原判决违反法定程序，可能影响案件正确判决的"。这一规定的缺陷在于，民事诉讼是由一系列程序环节组成的，每一个环节都可能出现程序错误，如果只要违反法定程序即导致发回重审，则会违背程序权利保障的立法初衷和诉讼经济原理（比如许多二审法院甚至因一审超越审理期限而将案件发回重审）。因此，必须对违反法定程序引起发回重审的情形进行限定。原《民事诉讼法》以程序错误是否导致实体错误作为判定是否发回重审的要素，一方面违反了程序的相对独立性原理，另一方面也缺乏相对明确的标准因而实践中不易掌握，现行规定则将导致发回重审的程序错误限定于当事人基本程序权利受到侵害、可能导致裁判无效的严重程序错误，较好地平衡了公正与效率、程序正义与实体正义的关系。

4. 关于发回重审的理由及其拘束力的问题。过去二审发回重审的裁定不需要说明发回重审的具体理由和对重审审判所要解决的问题的具体要求，有些案件二审法官在"指导函"中写明了理由和要求，但对当事人、重审法庭乃至二审法院自身都没有法律拘束力；加之指导函是进入副卷的内部文件，当事人无从获知，因而上诉法院的意见对于当事人连潜在的影响都不会产生。结果，重审程序要么不理会或推翻已经原审两级法院审理甚至判定过的事项（包括已无争议的事项），要么即使法院尊重二审法官的指导性意见作出裁判，当事人由于并不了解上诉法院的意见，也容易再次上诉。实践中重审裁判上诉率很高，且再次上诉后仍被改判或第二次发回重审的案件也不鲜见，除了成本昂贵和拖延诉讼之外，事实问题被几次重复审理后每一次结论都不相同，也会动摇当事人对司法的信任，或产生侥幸求胜的赌徒心理，故容易刺激申诉和申请再审。

《民事诉讼法》2012年修正案还增加了一款里程碑式的规定："裁定书应当写明裁定结果和作出该裁定的理由。"尽管这一规定过于粗糙，但明显强化了上诉裁判对于重审法院（也是原审法院）实施监督和制约的法律拘束力。裁定书通过分析案情，说明上诉法院如此裁定的理由，并明确指令重审程序解决的具体事实问题，不仅大大降低了重审法官的变通空间或固执己见的可能性，也强化了上诉法院通过有实质意义的审判而实现的监督功能，同时也符合对于上诉功能和诉讼效率的预期。

5. 根据《民诉法解释》第332条的规定，原判决、裁定认定事实或者适用法律虽有瑕疵，但裁判结果正确的，第二审人民法院可以在判决、裁定中纠正瑕疵后，维持裁判结果。这一规定吸收了大陆法系的裁判理论，即明确区分裁判主文和裁判理由的效力，判决主文产生既判力，而理由部分原则上不产生拘束力，因此，二审法院审理后，如果认为原判决认定的事实虽然有错误，依然得出与原判决相同的裁判结果的，也应当判决维持原判、驳回上诉请求，此时上诉人的上诉请求依然属于无理由。

不过，《民事诉讼法》至今还留下了一个遗憾，即关于发回重审案件的审理范围和审判程序未能进入视野。现行法律规定，对于发回重审的案件，原审法院应当按照第一审程序另行组成合议庭。原审法院对发回重审案件所作的判决属于一审判决,当事人不服的,有权提起上诉。在实践中,发回重审的案件是把案件当作全新的案件处理,由完全不同于原审的法官审理,对于当事人提交新主张、新证据、新理由均无限制,当事人也不受原审中自认等任何程序行为的约束。这种重审程序不仅造成大量浪费,而且不利于建立受禁反言和程序不可逆转规则约束的诚实信用的诉讼机制。

## 二、上诉案件的调解与和解

### (一) 上诉案件的调解

根据《民事诉讼法》第179条的规定,二审法院审理上诉案件,可以进行调解。调解达成协议,应当制作调解书,由审判人员、书记员署名,加盖法院印章。调解书送达后,原审法院的判决即视为撤销。

虽然法律规定,调解书与判决书具有同等法律效力,因此生效的二审调解书与判决书一样具有撤销原审判决的终局效力。但注意《民事诉讼法》规定,法院在制作调解书时只能使用"视为撤销一审判决"的措辞。

### (二) 上诉案件的和解

《民诉法解释》第337条规定:"当事人在第二审程序中达成和解协议的,人民法院可以根据当事人的请求,对双方达成的和解协议进行审查并制作调解书送达当事人;因和解而申请撤诉,经审查符合撤诉条件的,人民法院应予准许。"

在此涉及一个常见的实践问题,上诉人往往基于与对方当事人达成和解协议而撤回上诉,而嗣后对方却不履行和解协议,此时具有执行力的仍是一审裁判。如果上诉人希望避免这种不利局面,作为一种诉讼策略和实务技能,合法有效而稳妥的方式是,申请二审法院根据和解协议制作具有强制执行力的调解书,而不是申请撤回上诉,除非协议已经履行。

## 三、上诉案件的审理期限

《民事诉讼法》第183条规定:"人民法院审理对判决的上诉案件,应当在第二审立案之日起三个月内审结。有特殊情况需要延长的,由本院院长批准。人民法院审理对裁定的上诉案件,应当在第二审立案之日起三十日内作出终审裁定。"

# 第二十章 再审程序

【本章提要】

再审程序在法律文本中称为审判监督程序,是以两审终审制为基础的特别救济程序,其核心功能是纠正生效裁判中存在的严重错误。再审程序分为再审立案与再审审判两个阶段。在再审立案阶段,享有审判监督权的检察院和法院审判委员会,通过抗诉或检察建议或者法院依职权启动审判监督程序,原审当事人或符合条件的案外人也可以申请再审,在符合相应法律规定的条件下,已经发生法律效力的判决、裁定或调解书被撤销,案件被立案再审。在再审审判阶段,法院经对案件进行实体审理,重新作出裁判(或调解)。

## 第一节 再审程序与审判监督程序

### 一、再审程序与审判监督程序的关系

(一) 概念辨析

再审程序是指法院对已经发生法律效力的判决、裁定的民事案件,基于法律规定的特别事由,再次进行审理所适用的程序。再审程序是在两审终审基本审级制度之外设置的纠正已生效裁判错误的一种特别补救程序,它独立于第一审程序和第二审程序。再审程序由再审立案程序(俗称复查程序)和再审审判程序两部分构成。

在我国,再审程序在《民事诉讼法》中规定在"审判监督程序"一章。通说认为,审判监督程序是指法院对已经发生法律效力的判决、裁定,依据法律规定由法定机关提起,对案件进行再审的程序。① 但再审程序与审判监督程序是存在差别的。再审程序渊源于大陆法系的再审之诉,是基于私权保护目的而设置的特别救济机制,启动程序的主体是当事人,关注的是司法裁判的私人的、个案的、补救的价值,其基础是现代法治理论,即当事人有权获得法院公正的裁判,所获得的裁判没有体现实体上和程序上的公正时,该裁判就没有正当性,应当予以否定。② 审判监督程序渊源于社会主义法系,是基于社会公共利益保护目的而设置的特别制约机制,启动程序的主体是享有审判监督权的国家机关,其初衷是关注司法裁判的公共的、普遍的、督导的价值。基于上述差别,鉴于我国的再审程序已由立法初期典型的"审判监督程序"逐步演变为

---

① 常怡主编:《民事诉讼法学》,中国政法大学出版社1999年版,第321页。
② 参见[日]上村明广:《再审事由》(石川明、高桥宏志编集:《注释民事诉讼法》(9),有斐阁1996年版,第21页),转引自张卫平:《民事诉讼法》,法律出版社2019年版,第391页。

以私权救济功能为主,故本章将标题修改为再审程序,尽管启动主体上还保留了审判监督的公权色彩,但其价值基础是"实事求是,有错必纠",当裁判确有错误时,即使已发生法律效力,也应予以纠正。

(二) 渊源及其演变

我国审判监督程序向再审程序的演变经历了一个历史过程。审判监督程序最初是社会主义法系将大陆法系的第三审程序进行改造而形成的。因为公有制下不承认私权,一切均涉及公共利益,因此,程序启动的主体由私人纠纷的当事人改造为代表公权力的检察院检察长和法院院长,程序审查的范围由具有普遍公共利益之内涵的法律问题审查改造为全面审查,程序的功能由统一司法改造为纠正司法错误。这就是社会主义法系普遍取消有限三审制而实行两审终审制外加审判监督程序的模式的由来。[①] 我国1954年《人民法院组织法》建立统一的两审终审制时,引入审判监督程序作为一种纠正生效裁判错误的机制,适用于各级法院,也不受审级的限制。

在1982年《民事诉讼法(试行)》中,审判监督程序与第二审程序规定在同一章,明显具有补充或附属色彩。法院是唯一有权启动再审程序的主体,即原审法院或上级法院的院长发现生效裁判错误的,提请审判委员会决定再审。作为私权主体的当事人不是再审程序启动的主体,只能通过向法院或其他公权机构提起"申诉",谋求对裁判错误的补救。

在1991年颁布的《民事诉讼法》中,作为对裁判错误频生和司法公正危机的回应,"审判监督程序"作为独立的一章,其内容进行了大量充实。启动再审程序的主体,除原有的法院(院长提交审判委员会)之外,还同时增加了作为公权力监督主体的检察院和作为私权利主体的案件当事人,但检察院抗诉与当事人申请再审的事由并没有明显差异。在此,程序启动权由公权主体与私权主体共享,审查范围以事实问题和法律问题并重,程序功能以个案纠纷解决(特别是发现新证据也作为再审事由)和纠正司法错误并重,这些特征都表明"审判监督程序"已明显由监督功能转向救济功能。

《民事诉讼法》2007年修正案以解决"当事人申请再审难"为宗旨,以建立"再审之诉"为初衷,虽然保留了该章的旧标题"审判监督程序",但对当事人申请再审进行了大量内容扩充,在再审启动的主体上法院和检察院角色地位明显下降,在再审启动的事由上作为公权监督主体的检察院与作为私权救济主体的当事人之间不再有实质差异。法律对于再审事由、再审的受理和审理程序的大幅修改,等等,都显示该程序在性质和功能上已明显不再是以审判监督为要义的"审判监督程序",而是以私权救济为特征的"再审程序"。《民事诉讼法》2012年修正案在此基础上进一步规范了再审程序的启动渠道和终结程序,同时在优先穷尽法院内部救济的背景下为完善检察监督增加了一些新规定。

---

① 保加利亚保留了三审程序而形成与审判监督程序并存的模式。三审程序由当事人启动,只审查法律问题,审判监督程序由法院院长和检察院检察长启动,同时审查事实问题和法律问题。罗马尼亚在东欧解体后在最高法院以三审程序替代了审判监督程序。

## 二、再审程序与上诉程序的关系

（一）再审程序与第二审程序

我国再审程序与第二审程序都是为了纠正原判决、裁定的错误,保障司法的正确性和公正性,但二者之间有几个重要差异:

1. 程序的性质不同。第二审程序是在两审终审的审级制度之内进行的正常的救济途径,审查的对象是尚未发生法律效力的判决、裁定。再审程序是在两审终审制之外设置的例外的补救途径,审查的对象是已发生法律效力的判决、裁定及调解书。

2. 启动的主体不同。第二审程序只能由原判决、裁定中的当事人启动。再审程序除了原审当事人之外,还可以由法院和检察院启动。此外,有利害关系的案外人及其他个人或机关、团体,实际上也可以通过法院院长和审判委员会合法地启动再审程序。

3. 启动程序的要件不同。启动第二审程序仅需表明不服原判决、裁定;启动再审程序须初步证明原判决、裁定存在错误或其他法定事由。

4. 受理和审理的法院不同。受理和审理第二审案件的法院都只能是原审法院的上一级法院。受理再审案件的法院可能是原审法院的上一级法院,也可能是原审法院;审理再审案件的法院可能是受理该案的法院,也可能是受理法院的下一级法院,但审理法院必须是中级以上的法院。

5. 程序的效果不同。第二审程序作为审级范围之内的正常救济途径,其程序主体范围较窄,提起上诉的期限较短(15天),挑战的是尚未生效的判决、裁定,因此对司法的终局性、确定性、权威性乃至独立性影响较小。再审作为审级范围之外的特别救济途径,其程序主体范围较宽,挑战的是已经生效的判决、裁定,因此对司法的终局性、确定性、权威性乃至独立性影响较大。

（二）再审程序与第三审程序

我国目前没有第三审程序。在对三审程序的诸多误解中最突出的是认为建立三审程序可以替代再审程序。第三审程序与再审程序至少存在如下重要差异:

1. 程序的功能不同。第三审程序的功能是解决司法裁判冲突,维护国家法律的统一适用、解释和渐进发展。再审程序的功能是纠正个案裁判错误,为私人纠纷的当事人提供实现公正的救济途径。

2. 启动程序的事由不同。启动两种程序均非正常救济途径,故申请者(petitioner,又译为申诉人)均须表明实质性理由,但二者理由不同。提交第三审程序审查的事项必须是法律问题;申请者须表明本案有超越于个案的普适性的法律价值,比如有助于澄清模糊、混乱的法律,维护司法先例,或形成新的判例,发展法律等。启动再审程序的事由包括事实问题、法律问题(包括程序问题)和司法品行问题;申请者须表明原裁判存在错误,关注的是该错误对本案当事人或利害关系人权益造成的损害。

3. 适用的法院不同。第三审程序仅适用于各国(或州)最高司法机构,再审程序适用于各级法院。

4. 法院权限和程序运作不同。三审法院受下级法院事实认定的拘束,只能以此为基础审查原审法律结论是否违反立法和司法先例,或是否可以形成新的判例,不得自行改正事实;三审程序原则上采取书面审理,以下级法院的案卷档案为依据,即使开庭审理,也仅限于双方律师就法律问题进行辩论。再审法庭有权认定并改正原审事实错误,甚至不排斥新事实和新证据;其具体运行方式根据原审程序系第一审程序或第二审程序而有所不同,但开庭审理都是常规程序。

## 第二节 再审程序的主体和客体

再审立案程序是指再审立案审查程序,即法院对不同主体和不同途径启动再审的动议,按照法律规定的条件进行审查,对符合法定条件的再审动议作出立案再审裁定的过程和程式。这些法定条件包括主体、客体、形式、事由、时效、管辖权等,其中再审事由将在第三节专门讨论,本节讨论主体和客体。

### 一、主体

依据我国现行《民事诉讼法》的规定,启动再审立案程序的主体有三类:当事人、检察院和法院。在法院作为合法主体的背后,还隐匿了若干其他通过信访、监督途径推动法院启动再审程序的隐名主体。

(一) 当事人

民事诉讼以私权救济为基本功能,起诉、上诉和再审程序的主体资格,都以自己的或者依法由自己守护的权益受到侵害为必要前提。再审程序的基本功能,是为那些受司法裁判拘束故而利益受其直接侵害的人提供救济机会。当事人是民事诉讼的主体,是错误裁判的直接受害者,因此再审程序作为纠正错误生效裁判的特别救济途径,程序启动主体首先应当是生效裁判的既判力主体范围内的人,由当事人启动再审程序最具有正当性。《民事诉讼法》第210条前半段规定:"当事人对已经发生法律效力的判决、裁定,认为有错误的,可以向上一级人民法院申请再审"。

然而如前所述,我国的再审程序与大陆法系国家的再审之诉不同,而是置于审判监督程序制度框架之内的。因此就该制度的初衷和性质而言,启动再审程序侧重的是基于对公权力的监督,而不是对私权利的补救。基于这一基本特点,当事人申请再审并不是一项权利,也不直接产生任何程序上的效果,法律明确规定,当事人申请再审"不停止判决、裁定的执行"。尽管《民事诉讼法》将当事人向法院申诉修改为申请再审,并且逐步降低了申请再审的门槛、明显增加了申请再审在启动再审的三类主体中的分量,但申请再审在性质上仍然只是向法院表明挑战生效判决、希望获得重新审查机会的一种意愿,能否获得这一机会,要由法院依法进行审查,当事人则需要提出法律规定的理由并承担证明和说服责任,为此法律对当事人提出的再审申请规定了详细的审查程序。

（二）检察院

根据《民事诉讼法》第 219 条、第 220 条的规定，人民检察院对于法院生效的判决、裁定、调解书发现有《民事诉讼法》规定的情形（具体情形见再审事由），应当提出抗诉，也可以向法院提出检察建议。并且检察院的抗诉不受法院审查，而直接产生启动再审的效力。根据该法第 222 条的规定，收到抗诉书的法院"应当作出再审的裁定"。

检察院在民事诉讼中的主体资格，源于其作为国家利益、社会公共利益代表的身份，在涉及公共利益和公共秩序的案件中享有利益，因此享有诉权、上诉权和启动再审的权利。我国检察院作为国家法律监督机关，其启动再审程序的主体资格源于其作为宪法赋予的国家法律守护者的角色所享有的"法律的利益"。

在法国等大陆法系国家，检察官基于社会公益利益代表的身份参与民事诉讼，主要是在与身份相关等涉及公序良俗的案件中，如宣告婚姻无效和当事人无行为能力、宣告破产、亲子、收养等诉讼，特别是在因刑事犯罪而致使民事诉讼无效的案件中，享有参加诉讼的权利。而在美国，检察官则是作为政府利益的代理人，在涉及政府与其他民事主体之间的纠纷中享有诉讼主体资格。不过在此情形下，检察官的身份并不是审判机关的监督者，而是享有当事人的资格和权利，检察官介入包括再审在内的诉讼程序的根据不是审判"监督"权，而是公共利益诉权。

在监督权的含义上，普通法系、民法法系国家和社会主义国家虽然都以不同形式赋予最高检察长撤销生效裁判、启动再审程序的权力，但仅限于最高司法机构的层次上，因为审判监督的基本含义应当是上级法院对下级法院的审级监督。而且检察院以监督名义撤销生效判决，所撤销的是判决的判例效力，也就是撤销裁判者超越司法权限所作的判决所产生的判例效力，而不是该判决对当事人私人利益和法律关系的确定力。

我国《民事诉讼法》将检察监督权适用于在各级法院（而不只是最高法院）启动对各类民事案件（而不只是公益案件）生效裁判的再审，具有中国特色。这一制度的社会基础，是在公有制社会最初并不承认"私权利"，因而所有案件均被认为涉及公共利益，因此检察机关基于公共利益代表的身份得以在公有制体制下介入全部民事案件。但现在这一社会基础已经丧失，《民事诉讼法》修正案未将检察院启动再审的职权限制在涉及公共利益和公共秩序的特定类型案件中，扭曲了检察权和审判监督权的应有之义。

（三）法院

根据《民事诉讼法》第 209 条的规定，各级人民法院院长对本院已经发生法律效力的判决、裁定、调解书，发现确有错误，认为需要再审的，应当提交审判委员会讨论决定。最高人民法院对地方各级人民法院已经发生法律效力的判决、裁定、调解书，上级人民法院对下级人民法院已经发生法律效力的判决、裁定、调解书，发现确有错误的，有权提审或者指令下级人民法院再审。

法院是裁判的形成者。法院不经当事人申请而自行对生效裁判启动再审程序，与诉权、处分权、既判力、正当程序理论、禁反言规则等,都是背道而驰的。我国理论界和实务界几乎成为共识的意见,都主张取消法院启动再审程序的途径,却未能被《民事诉讼法》2007 年修正案采纳。表面上原审法院和上级法院是启动再审的主体,但在这一合法主体的背后还有各种"影子主体",比如各种对司法有"监督权"的政法委、人大、行政机关、政协、新闻媒体等。这些主体不仅不是诉讼程序的参与者,而且都是宪法和法院组织法明文规定不得干预司法独立的机关、团体和个人,但通过法院发动再审这一合法途径却可以间接干预司法。这一渠道也为法院自身基于各种利益、不受法定事由限制地启动再审程序提供了契机。

(四) 案外人

原理上,案外人未参加一审和二审程序,因此在生效裁判侵害其合法权益时,其救济途径只能是申请撤销该裁判,不能申请再审;而且案外人申请撤销的范围仅限于生效裁判中与其相关的部分,而不是整个裁判。

基于上述原理,我国 1991 年《民事诉讼法》和 2007 年修正的《民事诉讼法》都没有规定案外人可以作为启动再审的主体。但我国并没有独立于再审程序的裁判撤销程序,随着欺诈诉讼的逐年增加,受生效裁判侵害的案外人谋求救济的社会需求也随之增长。因此,2008 年《审判监督程序解释》作出了补充规定:案外人对原判决、裁定、调解书确定的执行标的物主张权利,且无法提起新的诉讼解决争议的,可以申请再审。实际上规定了法院审理案外人撤销判决的申请准用再审程序。但根据《民诉法解释》第 373 条第 2 款规定,判决、调解书生效后,当事人将判决、调解书确认的债权转让,债权受让人对该判决、调解书不服申请再审的,人民法院也不予受理。

为了给受错误判决侵害的案外人提供救济途径,《民事诉讼法》于 2012 年专门增加规定了"第三人撤销之诉"。但由于立法的仓促和简单化,混同了作为案外人的"第三人"与作为诉讼参加人的"第三人",将本应作为生效裁判特别救济途径的第三人(案外人)撤销之诉,规定在作为第一审参加之诉的第三人制度之中了。第 56 条(现行第 59 条)在规定有独立请求权第三人和无独立请求权第三人之后,增加了第 3 款:"前两款规定的第三人,因不能归责于本人的事由未参加诉讼,但有证据证明发生法律效力的判决、裁定、调解书的部分或者全部内容错误,损害其民事权益的,可以自知道或者应当知道其民事权益受到损害之日起六个月内,向作出该判决、裁定、调解书的人民法院提起诉讼。人民法院经审理,诉讼请求成立的,应当改变或者撤销原判决、裁定、调解书;诉讼请求不成立的,驳回诉讼请求。"这一规定明显缩小了作为案外人的"第三人"的范围,无法体现为受生效裁判影响的案外人提供救济的立法初衷;在法律解释和审判程序设计上也陷于尴尬境地。

## 二、客体

(一) 再审的客体

按照民事诉讼法的规定,再审的客体是已经发生法律效力的判决、裁定或者调解书。如果裁判或者调解书尚未发生法律效力,则当事人可以通过其他的通常诉讼程序来寻求救济,不适用再审程序。

(二) 再审客体的排除

某些生效裁判或调解书也被排除在再审客体之外,《民事诉讼法》和司法解释以不同的标准进行了如下排除:

1. 依法不能上诉的案件。不能上诉的案件主要是适用特别程序、督促程序、公示催告程序、破产程序的案件。

2. 依法不能上诉的裁定。在现行法所规定的十类裁定中,只有三类可以通过上诉获得救济,即不予受理、驳回起诉和管辖权异议的裁定。由于这些事项直接决定当事人能否行使诉权和获得对纠纷解决的司法救济,因而应当给予当事人提起再审程序获得补救的机会,但依据《民诉法解释》的规定,管辖权异议裁定不得单独申请再审。

3. 已穷尽法律规定的救济途径的案件。《民诉法解释》第381条规定,当事人申请再审,有下列情形之一的,人民法院不予受理:(1) 再审申请被驳回后再次提出申请的;(2) 对再审判决、裁定提出申请的;(3) 在人民检察院对当事人的申请作出不予提出再审检察建议或者抗诉决定后又提出申请的。前款第1项、第2项规定情形,人民法院应当告知当事人可以向人民检察院申请再审检察建议或者抗诉,但因人民检察院提出再审检察建议或者抗诉而再审作出的判决、裁定除外。

4. 无法通过司法途径获得救济的案件。《民事诉讼法》第213条规定:"当事人对已经发生法律效力的解除婚姻关系的判决、调解书,不得申请再审。"婚姻关系的解除涉及双方当事人的身份变更和相关案外人(如新配偶)的合法权益,因此必须维持裁判或调解结果的确定性;相反,如果原案当事人双方希望重新建立婚姻关系,可以采取重新结婚等其他方式。但这类案件中针对财产纠纷的判决或调解,不在排除再审的范围之列。事后救济的限定性应当与这类特殊案件在送达、亲自出庭等早期诉讼事项中获得比普通民商事案件更为妥当、完备的程序保障是相互匹配的。

## 第三节 再审事由

再审事由,是指能够启动再审程序的法定理由。对于当事人而言,再审事由是其提出再审申请并获得法院依法受理的理由;对于检察院而言,再审事由是其提起抗诉并借助法律强制法院受理的理由;对于法院而言,再审事由是其受理当事人再审申请或检察院抗诉的强制、裁定立案再审,以及基于自我审查、案外人申请或社会干预等其他动因依职权启动再审程序的理由。我国2007年修正的《民事诉讼法》第179条将原来的5项申请再审的事由(检察院抗诉事由为4项)修正为13项,并将检察院抗诉事由与当事人申请再审的事由混同,但对法院发动再审的事由仍然只进行了概括性规定。2012年修正的《民事诉讼法》第200条(现行第207条)删除了原第179条将管辖错误单独作为再审事由的规定。再审事由的细化不仅对于再审立案标准的统一和规范化具有重要作用,而且对于一审、二审和再审审判具有重要的导向作用。总体看来,再审事由可分类为事实问题、法律问题、程序问题、司法伦理问题,此外调解书的再审遵循一些特别事由。法院发动再审的事由没有特别规定,本章将进行一些探讨。

### 一、事实错误与新证据

在《民事诉讼法》规定的再审事由中,有如下事由可归入事实问题。

(一) 事实错误和证据错误

《民事诉讼法》规定为再审事由的事实和证据错误包括两大类型。

第一,事实和证据本身存在错误,包括(1) 原判决、裁定认定的基本事实缺乏证据证明,或者,(2) 原判决、裁定认定事实的主要证据是伪造的。其中"基本事实"是指对原判决、裁定的结果有实质影响、用以确定当事人主体资格、案件性质、具体权利义务和民事责任等主要内容所依据的事实。

第二,收集证据和认定事实的程序存在错误。包括(1) 原判决、裁定认定事实的主要证据未经质证,或者,(2) 对审理案件需要的主要证据,当事人因客观原因不能自行收集,书面申请法院调查收集,法院未调查收集的。前一种情形是认定事实方面的程序错误,其作为再审事由与《民事诉讼法》关于"未经质证的证据不能作为定案的依据"的规定是一脉相承的。后一种情形是查明事实方面的程序错误。所谓"审理案件需要的主要证据",是指人民法院认定案件基本事实所必需的证据。在我国证据开示规则尚不成熟,当事人获得证据的手段不充分,特别是在大量公共机构的信息不向社会普通公众开放的背景下,这一规定在有助于坚持当事人承担举证责任的原则下,强化法院应当事人请求履行收集证据的职责,以保障司法裁判最大限度地建立在事实基础之上,减少事实"真伪不明"的情形,促进法律事实与客观事实、程序正义与实体正义的统一。

(二) 新证据和新情况

新证据,是指依据《民事诉讼法》的规定,有新的证据,足以推翻原判决、裁定的情形。根据司法解释,可认定发现"新的证据"的情形包括:(1) 原审庭审结束前已存在,因客观原因于庭审结束后新发现的证据;(2) 原审庭审结束前已经发现,但因客观原因无法取得或在规定的期限内不能提供的证据;(3) 原审庭审结束后形成,无法据此另行提起诉讼的。此外,当事人在原审中提供的主要证据,原审未予质证、认证,但足以推翻原判决、裁定的,应当视为新的证据。

所谓新情况,是指《民事诉讼法》规定的"据以作出原判决、裁定的法律文书被撤销或者变更"的情形,根据司法解释,也就是指原判决、裁定对基本事实和案件性质的认定系根据其他法律文书作出,而上述其他法律文书被撤销或变更的情形。本书将此情形归入"事实问题",是基于裁判效力和证明责任的原理,前案裁判既判力的主观和客观范围原则上仅及于本案诉讼主体和诉讼标的,但其所确认的事实可作为后案裁判的免证事实,换言之,前案裁判(即作为原判决、裁定依据的裁判)对后案(即原判决、裁定)的效力主要是事实效力或证明效力。

**二、法律错误和程序错误**

法律错误和程序错误都是违反法律规定导致的错误,因此都是广义上的法律错误。但两个概念强调的重点不同,法律错误是指裁判结果违反实体法的规定,程序错误是指审判过程违反程序法的规定。

(一) 法律错误

作为再审事由的法律错误,是指原判决、裁定适用实体法确有错误的情形,具体包括:(1) 适用的法律与案件性质明显不符的;(2) 确定民事责任明显违背当事人约定或者法律规定的;(3) 适用已经失效或尚未施行的法律的;(4) 违反法律溯及力规定的;(5) 违反法律适用规则的;(6) 明显违背立法本意的。归纳起来可并入三类,一是适用法律规范的要件不具备,二是所适用的法律规范本身存在瑕疵,三是自由裁量权和法律解释权[①]的滥用。

(二) 程序错误

程序问题在再审事由中居于显著地位,表明了程序法对于程序正义应有的重视。但程序错误应当区分为重大程序错误和影响实体结果的程序错误。前一类程序错误由于非常严重,以至于威胁到裁判的效力本身,因此不以影响裁判结果为前提,即可直接成为再审事由。后一类应解释为一般程序错误,应当以违反法定程序影响到案件正确判决、裁定为前提,才能成为再审事由。《民事诉讼法》在二审发回重审的规定中体现了这种区分,但在再审事由中并未作明确区分,因为再审程序作为针对生效裁判错误的特别救济途径,其本身就只是用于救济重大的、明显的错误时才能启动,因此可以作为再审事由的程序瑕疵应该都是严重违反法定程序的重大瑕疵。

作为再审事由的程序瑕疵分为两大方面。一是审判主体和审判权限方面的瑕疵:(1) 审判组织的组成不合法或者依法应当回避的审判人员没有回避;(2) 原判决、裁定遗漏或者超出诉讼请求。二是基本程序权利保障方面的重大瑕疵:(3) 无诉讼行为能力人未经法定代理人代为诉讼,或者应当参加诉讼的当事人,因不能归责于本人或者其诉讼代理人的事由,未参加诉讼的;(4) 未经传票传唤作出缺席判决;(5) 违反法律规定,剥夺当事人辩论权利。

不过,上述第(5)项规定应当被第(4)项所吸收,因为严重剥夺当事人辩论权利的程序瑕疵主要就是未经合法通知作出缺席判决;司法解释还列举了原审开庭过程中审判人员不允许当事人行使辩论权利,应当开庭而未开庭,或者以不送达起诉状副本或上诉状副本等其他方式致使当事人无法行使辩论权利的情形,但这些行为基本都属于一般性的程序瑕疵,即使作为再审事由也应当以影响裁判结果为前提。应该肯定,在我国超职权主义模式背景下,这一规定在理念上强调保障当事人基本程序权

---

[①] 常常有人将自由心证与自由裁量混为一谈。自由心证是在判断事实时的主观介入,自由裁量是指在适用法律时的权力行使。另外法律解释权虽然在我国制度上为最高人民法院以特别方式独享,在原理上却是司法权内含的权力,是任何法官适用法律时都必须享有和必然运用的权力。

利很有意义,但失之粗糙和宽泛,有待于借助司法判例进一步明确,因为开庭过程中,不允许当事人行使辩论权利的情形复杂,程度轻重差异较大,缺乏相对统一的认定标准,易导致这一事由的滥用。

对于"应当参加诉讼的当事人"未参加诉讼而成为再审事由,也不应作扩大解释,一般限于必要的共同诉讼人。

将原裁判遗漏或超出诉讼请求作为再审事由,体现了以当事人处分权制约法官审判权限的现代程序法色彩,原裁判遗漏或者超出诉讼请求既是指遗漏或者超出一审原告的诉讼请求、被告的反诉请求,也应当包括遗漏或者超出二审上诉人的上诉请求。尽管存有争议,但是漏裁以及超裁应当是法院依职权查明事项,不受救济声明拘束。但这一规定的问题在于:遗漏诉讼请求的情形,可通过就遗漏部分进行补充审理和判决的方式解决,除非必须,不应成为撤销整个生效裁判进行再审的当然事由。

值得注意的是,《民事诉讼法》2012 年修正案删除了将"违反法律规定,管辖错误"单独作为再审事由的规定,并不意味着管辖错误不是重大的程序瑕疵、不应获得再审程序的救济,而是基于几个理由:其一,民事诉讼法不仅规定了管辖异议权,而且赋予当事人就管辖权异议的裁定提起上诉的权利,当事人应当在法定期间内通过通常的救济途径纠正管辖错误。其二,司法实践中,在当事人行使管辖异议权和上诉权的情况下,仍然违法行使管辖权即出现管辖错误的情形,往往都伴随着立法在再审事由中所列举的其他程序错误、事实错误和(或)法律错误,当事人通过这些事由仍可以启动再审程序获得救济。其三,原来将管辖错误单独作为一项再审事由,刺激了当事人对权利的滥用,一些当事人在生效裁判作出之前不提出管辖异议,等到实体裁判结果对自己不利时,再以管辖错误这一合法事由启动再审程序,挑战实体上并无错误的生效裁判,这与处分权主义、管辖权恒定原则和诉讼经济原理都是相悖的。其四,以管辖错误作为再审事由,应以当事人在原审程序中提出过管辖权异议为前提,但 2012 年修正的《民事诉讼法》增加了关于应诉管辖(默示协议管辖)的规定,即"当事人未(在答辩期内)提出管辖异议,并应诉答辩的,视为受诉人民法院有管辖权,但违反级别管辖和专属管辖规定的除外"(第 127 条第 2 款,现行第 130 条第 2 款)。这一规定改变了"管辖错误"的内涵和外延,实际上也大大减少了管辖错误单独成为再审事由的可能性。第五,再审程序作为一种审判监督和特殊救济途径,而不是通常的权利保障程序,因此在平衡程序保障与程序权利滥用之间的关系时,应当着力于纠正影响司法公正的严重程序错误,并尽可能通过合理的制度设计促使当事人充分利用正常的救济早期解决管辖权问题,避免和减少再审程序的滥用及其对已生效的实体判决的冲击。

### 三、司法伦理瑕疵

根据民事诉讼法的规定,审判人员在审理该案件时有贪污受贿,徇私舞弊,枉法裁判行为的,应当再审。这是基于司法伦理规范产生的独立的再审事由,审判人员在审理该案件时,如果有贪污受贿、徇私舞弊、枉法裁判的行为之一,都可以成为启动再审程序的事由,不必以生效裁判存在事实错误、法律错误或程序错误为条件。不过,在上述行为的认定程序上,司法解释将其限定为该行为已经为相关刑事法律文书或者纪律处分决定确认的情形,这种限定是适当的。此外必须注意,审判人员只有在"审理该案件时"存在上述品行问题,才能成为该案再审事由,不应扩大适用这一事由,因人定案,一案舞弊,殃及多案。此项事由中的审判人员并非仅指终审程序中的审判人员,而应当包括参加一审、二审以及再审程序的审判人员。但也有反对观点,认为一审审判人员的行为已经经由二审程序得以弥补瑕疵。需要指出的是,二审以上诉请求为限,因此这一观点并不足以限缩上述事由中审判人员的范围。

### 四、调解书再审的特别事由

根据《民事诉讼法》第 100 条和第 245 条的规定,当事人在人民法院主持下达成的调解书具有法律效力,并与判决、裁定的执行适用相同的程序,甚至通说认为调解书与判决书具有同等的法律效力。但是,调解与裁判具有的核心差异在于,裁判是由中立的第三方作出的,而在调解中当事人掌握着最终决定权。因此由当事人对调解结果负责,除非调解结果的达成违背当事人的自由意志即自愿原则。这一核心差异也决定了调解书的再审与判决、裁定的再审不应该基于相同的事由,我国《民事诉讼法》对于调解书再审条件的规定从再审事由到程序也都体现了这种差异。

(一)作为当事人申请再审事由的调解书瑕疵

《民事诉讼法》第 212 条规定:"当事人对已经发生法律效力的调解书,提出证据证明调解违反自愿原则或者调解协议的内容违反法律的,可以申请再审。经人民法院审查属实的,应当再审。"但根据第 213 条的规定,当事人对解除婚姻关系的生效调解书不得申请再审。

基于《民事诉讼法》第 9 条的规定,法院调解"应当根据自愿和合法的原则"。因此,违反这两大基本原则的调解不应当具有法律效力,应予撤销。换言之,调解违反自愿原则和协议内容违反法律相关规定构成当事人申请对生效调解书进行再审的两大法定事由。但是,当事人基于上述两大事由申请再审,要承担举证责任,证明其所声称的事由成立,否则不能立案再审。

对比《民事诉讼法》第 210 条关于当事人申请生效判决、裁定再审的规定,不难发现当事人启动对生效调解书进行再审的条件要严苛得多。其理由已如前述,因为调解本质上是当事人行使处分权而自愿达成的,按照程序自治原则和诚实信用原则,当事人应当对调解结果负责,并自觉遵守和履行调解书。

(二)作为检察监督事由的调解书瑕疵

2012 年修正的《民事诉讼法》在第 208 条和第 209 条(现行第 219 条和第 220 条)中增加了检察院对生效调解书实施监督的规定。即最高人民检察院发现各级人民法院的调解书损害国家利益、社会公共利益的,上级人民检察院发现下级人民法院的调解书损害国家利益、社会公共利益的,应当提出抗诉;地方各级人民检察院发现同级人民法院的调解书损害国家利益、社会公共利益的,可以向同级人民法院提出检察建议,也可以提请上级人民检察院向同级人民法院提出抗诉。换言之,检察院对生效调解书启动再审程序的事由是调解损害了国家利益、社会公共利益,这一事由明显比检察院针对生效判决、裁定提起抗诉从而启动再审的 13 种事由要狭窄得多,甚至存在根本性的差异。

这一根本性的差异源于检察院法定职能的公权性和公益性质与民事调解书的私权性和私益性质。检察院作为国家的法律监督机构,其宪定和法定职能是作为国家利益和社会公共利益的守护神。判决、裁定都是法院行使审判权的结果,因此其中存在的事实错误、法律错误、程序错误或伦理瑕疵,都被认为是公权力的违法行使而对国家法律利益的侵害,所以检察院要对审判权的行使依法实施监督。但民事调解本质上是当事人行使处分权、解决私人权益纠纷的过程,即使是在作为公权力机构的法院主持下达成的调解书也不例外;只有当法院制作的调解书触及国家利益、社会公益利益时,才能进入检察院的职能范畴。其中道理,正如当调解书违反自愿原则、侵害当事人的权益时由当事人申请再审,当调解书侵害了第三人(案外人)的权益时由第三人申请撤销一样。

**五、法院启动再审的事由探讨**

根据《民事诉讼法》第 209 条的规定,人民法院如果发现生效判决、裁定和调解书"确有错误,认为需要再审的",有权通过一定程序启动再审。司法解释进一步规定,当事人未申请再审、人民检察院未抗诉的案件,法院发现原判决、裁定、调解协议有损害国家利益、社会公共利益等确有错误情形的,"应当"依照第 209 条的规定提起再审。不过,这一解释并未排除不符合上述条件的案件由法院依职权启动再审的情形,法律也未像申请再审和检察抗诉一样规定具体事由。

按照司法统一和当事人适用法律一律平等的基本原则,处于相同情形的当事人,通过不同途径启动再审,应当适用相同的事由和标准。因此,当事人通过向法院和检察院以外的渠道(比如人大)申请而将案件转交法院的,法院依据第 209 条规定的程序进行审查决定提起再审时,其事由和标准应当与当事人直接向法院申诉或申请再审,以及当事人通过向检察院申诉而将案件经由抗诉提交法院的事由和标准一致。[①]

## 第四节 再审立案程序

**一、管辖**

正如再审程序分为再审立案与再审审判两个阶段,再审案件的管辖权也分为两个方面,一是再审受理(立案)管辖权,二是再审审判的管辖权。不过,再审审判管辖权虽然是对再审案件实体审判权的确定,却是在立案再审的裁定中所要确定的,因此也放在再审立案程序中讨论。

---

① 本书第一版、第二版中在此部分的"关于再审事由的外国法简介"因篇幅和结构安排予以删除。

(一) 当事人申请再审的案件管辖

关于当事人申请再审的案件管辖,我国 2007 年和 2012 年修正的《民事诉讼法》连续对受理管辖和审判管辖都作了调整。

1. 再审申请的受理管辖。2007 年修正后的《民事诉讼法》第 178 条明确规定:"当事人对已经发生法律效力的判决、裁定,认为有错误的,可以向上一级人民法院申请再审",删除了 1991 年《民事诉讼法》规定的"可以向原审人民法院"申请再审。其理由在于,在客观上,由原审法院改正自己的错误,无论能力或态度都存在重大障碍;在主观上,当事人对于将自己不服的生效裁判交给原审法院重新审判无法产生信任感;而且多重再审管辖权也造成上下级法院相互推诿和高成本低收益。不过,为了解决特殊案件的当事人申请再审的便利诉求,2012 年修正的《民事诉讼法》在该条(现行第 210 条)中又增加了一种例外情形:"当事人一方人数众多或者当事人双方为公民的案件,也可以向原审人民法院申请再审。"无论按照文义解释还是目的解释,上述规定都是明确地将管辖权的选择权赋予了当事人,由当事人在有管辖权的上一级法院和原审法院之间选择自己认为有利的法院申请再审。

2. 申请再审的审判管辖。根据 2007 年修正的《民事诉讼法》第 181 条的规定,因当事人申请裁定再审的案件由中级法院以上的法院审理。最高人民法院、高级人民法院裁定再审的案件,由本院再审或者交其他法院再审,也可以交原审法院再审。据此,基层法院不再享有审理再审案件的权限。但 2012 年修正的《民事诉讼法》在该条(现行第 215 条)中,针对第 199 条(现行第 210 条)规定的受理管辖的例外情形,相应地也增加了一种审判管辖的例外情形:"但当事人依照本法第 199 条的规定选择向基层人民法院申请再审的除外。"也就是说,在此情形下,基层法院不仅享有受理管辖权,而且也享有审判管辖权。

2020 年《审判监督程序解释》进一步规定,申请再审事由成立的案件,原则上由上一级人民法院提审,也可以由上一级人民法院根据案件的影响程度以及案件参与人等情况决定自审或指令再审,但需要指定再审的,应当考虑便利当事人行使诉讼权利以及便利人民法院审理等因素。同时特别规定了不得指令原审法院再审的几种情形,包括原审人民法院对该案无管辖权,审判人员在审理该案件时有贪污受贿、徇私舞弊、枉法裁判行为,原判决、裁定系经原审法院审判委员会讨论作出的,以及不宜指令原审人民法院再审的其他情形。

(二) 检察建议和抗诉的管辖

检察院启动再审程序的方式,过去只有抗诉,2012 年修正的《民事诉讼法》增加了检察建议。抗诉与检察建议的适用范围和再审管辖(包括立案管辖和审判管辖)都有差异。

1. 抗诉的管辖。根据我国现行《民事诉讼法》第 219 条的规定,抗诉由作出生效裁判的法院的上一级检察院向其同级法院提起,即抗诉的立案管辖权由原审法院的上一级法院行使。但根据第 222 条的规定,该上级法院受理立案后,可以将基于第 211 条第 1—5 项事由提出抗诉的案件指令由下一级法院再审。换言之,一部分抗诉案件的审判管辖权,可以由受理抗诉的法院行使,也可以由受理法院指令其下一级法院行使。该下级法院可能是原审法院,也可能是与原审法院同级的其他法院。但该条明确规定,提起抗诉的案件已经由该下一级法院再审过的,该法院不能被指定再次审理该案。

2. 检察建议的管辖。检察建议是 2012 年修正的《民事诉讼法》新增的审判监督方式,这一制度的内涵和相关规范尚待进一步明晰。根据现行《民事诉讼法》第 219 条的规定,检察建议的适用范围:第一,符合抗诉事由的案件,由作出裁判的法院的同级检察院向同级法院(即原审法院)提出检察建议,并报上级检察院备案。这类案件也可以选择抗诉方式,但抗诉须由该检察院报请上级检察院向同级法院提起。第二,审判人员在审判程序中发生的违法行为,《民事诉讼法》第十六章审判监督程序规范中未明确规定的,检察院可以向有关法院提出检察建议。虽然法律没有明确规定这类检察建议由哪一级法院管辖,但参照上述第一项规定,检察建议应当向同级(原审)法院提出。由此可见,检察建议由原审法院行使受理管辖权,并且案件经法院裁定立案再审的,其再审审判管辖权也由原审法院行使。

(三) 申请再审与检察监督的管辖权协调

针对当事人多头申诉、法院与检察院重复立案所引起的再审乱象,我国 2012 年修正的《民事诉讼法》建立了再审管辖协调机制,本书归纳为"救济途径先内后外,检察监督最终兜底"的原则。第 209 条(现行第 220 条)规定:"有下列情形之一的,当事人可以向人民检察院申请检察建议或者抗诉:(1) 人民法院驳回再审申请的;(2) 人民法院逾期未对再审申请作出裁定的;(3) 再审判决、裁定有明显错误的。人民检察院对当事人的申请应当在三个月内进行审查,作出提出或者不予提出检察建议或者抗诉的决定。当事人不得再次向人民检察院申请检察建议或者抗诉。"这一规定包含了三层意思:当且仅当法院不受理再审申请、拖延审查再审申请,或者虽立案再审却作出明显错误的裁判时,当事人可以向检察院寻求救济;在当事人向法院申请再审、穷尽内部救济之前,不得向检察院申请抗诉或检察建议;当事人向检察院申请审判监督被驳回的,谋求再审救济的全部途径已走到尽头,案件至此即应了结。因为当事人向法院申请再审之后,不得再次向法院申请再审,只可转向检察院申请检察监督,但申请被检察院驳回后,不得再次向检察院提出申请。当事人对检察院不支持检察监督的决定书在三个月内可以向上一级检察院申请复查。

关于现行《民事诉讼法》第 220 条与第 219 条的关系,应该理解为,第 219 条规定了检察院提起检察建议和抗诉的实质条件,第 220 条规定了检察院提起检察建议或抗诉的程序条件。当事人向检察院提出申诉,符合第 220 条规定的程序条件的,案件可以进入检察院的实质审查阶段;检察院进行实质审查、决定该案能否提起抗诉或检察建议的标准,就是第 219 条的规定,包括第 219 条援引的第 211 条再审事由是否成立。

## 二、时效期间

为了强化生效裁判的确定性和司法的终局性,减少再审程序对正常司法秩序的冲击,我国 2007 年和 2012 年修正的《民事诉讼法》连续对申请再审的时效进行了限制。根据我国现行《民事诉讼法》第 216 条的规定,当事人申请再审,应当在判决、裁定发生法律效力后 6 个月内提出(2007 年规定的时效是 2 年);有第 211 条第 1、3、12、13 项规定情形的,自知道或者应当知道之日起 6 个月内提出。根据文义和正常逻辑、对照 2007 年修正的《民事诉讼法》该条规定、考虑 2012 年修正的《民事诉讼法》的立法意图,此处后一个"6 个月"应该是单独起算,而不是在前一个"6 个月"届满后另行计算。

申请再审时效的设置存在维护确定生效判决既判力和错误裁判救济两种价值的张力,时效设置过长不利于裁判稳定,时效设置过短不利于错误裁判的纠正。大陆法系国家和地区法律规定的申请再审期限一般比较短并设置申请再审最长期限,例如德国、日本以及我国台湾地区均规定为自判决确定起,超过 5 年的,不得提起再审之诉。

根据《民事诉讼法》第 59 条的规定,案外人提起撤销之诉的时效为"自知道或者应当知道其民事权益受到损害之日起 6 个月内",与当事人申请再审的时效相同。

根据《审判监督程序解释》的规定,当事人申请再审和第三人撤销之诉的时效期间不适用中止、中断和延长的规定。

### 三、再审动议的审查和立案

(一) 当事人的再审申请及其审查立案

1. 再审申请的提交

当事人申请再审的,应当提交再审申请书等材料。再审申请书除应当载明当事人和原审法院的基本信息外,还要说明申请再审的法定事由及具体事实、理由,并提出具体的再审请求。同时要求提交生效法律文书和相关证据材料。

2. 再审申请的审查期限

法院应当自收到再审申请书之日起 5 日内将再审申请书副本发送对方当事人。对方当事人应当自收到再审申请书副本之日起 15 日内提交书面意见;不提交书面意见的,不影响人民法院审查。人民法院可以要求申请人和对方当事人补充有关材料,询问有关事项。法院应当自收到再审申请书之日起 3 个月内审查,符合法定再审事由的,裁定再审;否则裁定驳回申请。有特殊情况需要延长的,由本院院长批准。

3. 再审申请的审查范围和方式

法院对再审申请的审查,应当围绕再审事由是否成立进行。超过法定申请再审时效或超出法定再审事由范围的申请,法院应当裁定驳回。法院经审查再审申请书等材料,认为申请再审事由成立的,应当径行裁定再审。法院认为仅审查再审申请书等材料难以作出裁定的,应当调阅原审卷宗予以审查。法院也可以根据案情需要决定是否询问当事人,但以有新证据推翻原裁判为由申请再审的,法院应当询问当事人。

(二) 检察院抗诉及其立案登记

根据《民事诉讼法》第 222 条、第 223 条的规定,人民检察院决定对人民法院的判决、裁定提出抗诉的,应当制作抗诉书。人民检察院提出抗诉的案件,接受抗诉的人民法院应当自收到抗诉书之日起30日内作出再审的裁定。

### 四、再审裁定及其效力

人民法院无论是依职权决定提起再审,还是接受监督受理抗诉或根据检察建议决定再审,抑或经审查当事人的申请而决定再审,都应作出立案再审的裁定。

立案再审的裁定必须撤销生效裁判,中止其既判力。依照既判力和一事不再理的原则,同一争议事项不得再次提交审判。只有撤销先前的生效判决、裁定或调解书,案件才能重新进入审判程序。但撤销生效裁判的立案再审裁定书并不对案件的实体争议本身作出裁判和处理,只是审查启动再审的事由是否成立,而这种审查需要对原审裁判进行评价,因而必然涉及作为原审裁判对象的争议本身,可能包括争议的事实、证据和适用的法律。尽管如此,这些引证只是作为撤销原裁判的理由,而不是对争议事实和适用法律作出的结论,也不是对该案实体争议的终局性裁判。因此,立案再审的裁定在性质上只是针对一个形成之诉作出的中间裁判,其效力仅在于将原审裁判置于效力待定的状态。而终局性的结论,无论是最终撤销原判、予以改判,还是维持原判,都有待于再审审判程序完结后才能作出和确定。

立案再审裁定的另一重要内容,就是中止生效裁判的执行力。《民事诉讼法》第217条规定:"按照审判监督程序决定再审的案件,裁定中止原判决、裁定、调解书的执行,但追索赡养费、扶养费、抚养费、抚恤金、医疗费用、劳动报酬等案件,可以不中止执行。"裁判的执行力是裁判效力的重要组成部分,撤销判决的法律效力包括撤销判决的执行力。作为执行名义的生效裁判被撤销了,执行也就失去了执行根据,因而执行程序应当停止。但立案再审裁定对生效裁判的撤销只是临时撤销,因而执行程序也只是暂时中止。直到再审审判作出实体判决、终局性地撤销原判,执行程序才能终结;如果再审裁判维持原判,则被立案裁定临时撤销的判决恢复效力,因此被裁定中止的执行程序也将再行恢复。

第217条的"但书"条款作为立案再审裁定中止执行的例外规定,借助于《民事诉讼法》关于先予执行的规定也不难理解。尽管决定再审的裁定撤销了原判决、裁定、调解书,使案件进入再审审判程序,但是,在该案件获得实体裁判之前,诉讼请求是用于满足当事人基本生存的赡养费、扶养费、抚育费、抚恤金、医疗费用、劳动报酬等,符合第109条规定的适用先予执行的条件。微弱的差别在于,一审程序作为一个未经裁判的新案件,适用先予执行需要当事人申请、法院审查和裁量决定才能支持;而在再审程序中,这些紧迫的诉讼请求已经两级审判并已获得终审裁判的支持,可以推定其"权利义务关系明确",符合第110条规定的条件。因此,法律直接规定这些案件可以先予执行,换一个角度,这些被立案再审裁定临时撤销、效力待定的原判决、裁定、调解书"可以不中止执行"。

## 第五节 再审审判程序

无论经哪个主体、哪个途径动议再审的案件,一旦经再审立案阶段作出再审裁定,则进入实体审理。此时审判对象不再是对再审事由的评价,而是以裁判当事人之间的实体法律关系为重心,并据此对原审裁判作出撤销或维持的法律评价和处理。然而,再审审判不同于一审审判或二审审判,作为一种基于特别事由启动的特别救济程序,它的裁判对象、审判庭组成和审理程序都有别于或应当有别于普通诉讼。

### 一、审判对象和审理范围

再审程序的审查范围应限于再审事由。《民诉法解释》第403条规定,法院审理再审案件应当围绕再审请求进行。当事人的再审请求超出原审诉讼请求的,不予审理;符合另案诉讼条件的,告知当事人可以另行起诉。被申请人及原审其他当事人在庭审辩论结束前提出的再审请求,符合《民事诉讼法》第212条规定的,人民法院应当一并审理。人民法院经再审,发现已经发生法律效力的判决、裁定损害国家利益、社会公共利益、他人合法权益的,应当一并审理。

再审程序仅就再审动议所指认的事实错误或法律错误进行局部审理,这一原则符合再审程序的基本功能定位。再审程序的启动以原裁判存在错误为前提,以纠正原审错误为目标,原审裁判是针对原审的诉讼请求作出的,超越原审的诉讼请求,对于原审裁判的错误与否就丧失了评价标准。同时根据两审终审、程序公平等原则,再审超越原审诉讼标的进行审理和裁判,可能导致要么新请求丧失上诉机会,要么将整个案件复杂化和拖延的结果。

### 二、审理程序

(一) 当事人

再审案件的当事人应为原审案件的当事人。原审案件当事人死亡或者终止的,其权利义务承受人可以申请再审并参加再审诉讼。

再审当事人不因启动主体系原审当事人、检察院或法院而不同。检察院抗诉的案件,法院再审时应当通知检察院派员出席法庭,但提出抗诉的检察院并不是当事人,故庭审时由抗诉机关先宣读抗诉书,再由申请抗诉的当事人陈述。

申请法院裁定再审的案外人,由法院认定应为必要的共同诉讼当事人的,按第一审程序再审时,追加为当事人;按第二审程序再审时,经调解不能达成协议发回重审的,在重审时应追加为当事人。案外人不属于必要共同诉讼人的,法院仅审理原判决、裁定、调解书对案外人民事权益造成损害的内容。经审理,确实损害案外人合法权益,且无法提起新诉解决争议的,应当对损害案外人权利部分予以变更或者撤销,对无关部分应当维持。撤销原判决相关判项的,应当告知案外人和当事人可以通过新诉解决相关争议。《民事诉讼法》第59条规定的第三人(案外人)撤销之诉,其程序也应如此。

(二) 审判庭的组成、审级与审理方式

1. 审判庭组成。审理再审案件,原来是第一审的,按照第一审程序另行组成合议庭;原来是第二审的或者是上级人民法院提审的,按照第二审程序另行组成合议庭。

2. 审级。再审案件的审理,原审裁判由第一审法院作出的,按照第一审程序审理,所作的判决、裁定,当事人可以上诉;原审裁判由第二审法院作出的,以及上级法院提审的案件,按照第二审程序审理,所作的判决、裁定,是发生法律效力的判决、裁定。

3. 审理方式。人民法院审理再审案件应当开庭审理。但按照第二审程序审理的,有特殊情况或者双方当事人已经通过其他方式充分表达意见,且书面同意不开庭审理的除外。

### 三、审理结果

根据民事诉讼法及《审判监督程序解释》等司法解释的相关规定,再审审判程序有以下几种审理结果。

(一) 驳回再审请求,维持原审裁判或调解书

法院经再审审理认为,原判决、裁定认定事实清楚、适用法律正确的,应予维持;原判决、裁定在认定事实、适用法律、阐述理由方面虽有瑕疵,但裁判结果正确的,在再审判决、裁定中纠正上述瑕疵后予以维持。

原审调解经裁定再审后,法院经审理认为再审事由不成立,且原调解协议的内容不违反法律强制性规定,裁定驳回再审请求,恢复原调解书的执行。

(二) 达成调解

当事人在再审审理中经调解达成协议的,法院应当制作调解书。调解书经各方当事人签收后,即具有法律效力,原判决、裁定视为被撤销。

(三) 更正裁判

人民法院按照第二审程序审理再审案件,发现原判决认定事实错误或者认定事实不清的,应当在查清事实后改判。

新的证据证明原判决、裁定确有错误的,法院应予改判。

(四) 撤销原判,发回重审

按照第二审程序审理再审案件,发现原判决认定事实错误或者认定事实不清,由原审法院重审更便于查清事实、化解纠纷的,可以裁定撤销原判决,发回重审;原审程序遗漏必须参加诉讼的当事人且无法达成调解协议,以及其他违反法定程序不宜在再审程序中直接作出实体处理的,应当裁定撤销原判决,发回重审。

原则上再审裁判应由再审法院作出实质性裁判,不适用发回重审。这种安排可大大减少各级法院的重复劳动,在结果上增加服判率,从而在总量上缓解各级法院都疲于应付申诉、上访的局面。基层法院和中级法院也因此能够将专业人员和精力专注于提升一审和二审程序的功能和裁判的质量,从根本上减少启动再审的动因。

# 第二十一章　临时救济程序

**【本章提要】**

保全和先予执行属于临时救济，是助力司法救济最终实现的临时措施。其中财产保全可有效防止一方当事人转移、隐匿、毁损或处分其财产，保障判决生效后因有可供执行的财产而顺利执行；行为保全则可通过法院责令行为人为一定行为或者禁止其作出一定的行为，有效制止当事人、利害关系人的利益受到损害或损害持续扩大；证据保全是在证据可能灭失或以后难以取得的情况下，法院根据当事人的申请或依职权对证据加以固定和保护。先予执行是在给付判决发生法律效力前，因当事人一方生活或者生产上的迫切需要，法院依法裁定对方当事人预先给付一定的财物，实施或者停止某种行为，并立即付诸执行。保全和先予执行均发生在判决作出以前，故具有临时性，在适用时须严格遵守法定程序。

## 第一节　保　　全

### 一、保全的概念与属性

保全，是指人民法院在诉讼过程中或者诉讼开始前，为了保证将来发生法律效力的判决得以执行，而对当事人的财产、争议标的物以及某种特定行为采取的一种临时性强制措施。针对财产采取的保全主要表现为对标的物或争议财产的限制处分。例如，将争议标的物查封，防止当事人转移或者挥霍，以保障判决生效后有可供执行的财产。针对行为的保全主要表现为要求当事人、利害关系人作出一定行为或者禁止其作出一定行为。例如，知识产权人或者利害关系人可以在判决作出前申请法院采取措施，责令被申请人停止实施有关侵犯专利权、商标权或者著作权的行为。保全的目的，一是防止争议的财产或物品被处分或自然灭失，确保当事人的实体权利得以实现；二是保证生效裁判能够顺利地得以执行，以维护法院生效裁判的权威性和严肃性。

保全制度是民事诉讼中一项具有特殊属性的制度。首先，保全具有临时性，保全措施为临时性措施。无论是财产保全还是行为保全，都不是法院对本案所作的终局审理结果，即使采取查封、扣押或作出禁止令，也都是为了对相关财产或特定行为进行控制，为最终的审判或执行提供保障。其次，保全的事项具有紧迫性。例如作为争议标的物的财产即将被转移，有可能导致判决作出后无可供执行的财产。因此，法院对申请事项的审查应当以效率为首要价值，采取保全措施应当及时。最后，保全具有附随性。保全的目的是保障本案判决能够得到执行，依附并服务于本案诉讼，没有诉讼就没有保全的必要。诉前保全的申请被受理并采取相应措施后,申请人应当及时起诉,否则保全措施应予解除。

为规范和加强办理诉前保全案件工作,最高人民法院于2024年3月发布了《诉前保全意见》,强调在办理诉前保全案件中应贯彻自愿调解、先行调解原则,推动诉前保全、登记立案、诉调对接等工作有机衔接,力争"以保促调""以保促执",全面提升实质性化解纠纷能力。该意见不仅进一步细化和规范了《民事诉讼法》关于诉前保全的规定,也为诉前保全注入了新的功能。《诉前保全意见》适用于诉前的财产保全、证据保全和行为保全,于2024年3月1日起实施。

**二、财产保全**

根据《民事诉讼法》的规定,财产保全分为诉前财产保全和诉讼财产保全。

(一)诉前财产保全

诉前财产保全,是指在起诉之前,因情况紧急,可能给利害关系人造成难以弥补的损害,人民法院依利害关系人的申请,对与案件有关的财产、行为采取的临时性强制措施。

在司法实践中,某些民事争议发生后,因情况紧急,利害关系人来不及提起诉讼,但如果不立即采取保全措施,将可能发生财产被处分或转移等情况,致将来判决生效后难以得到执行。人民法院依法采取保全措施,将有利于保护当事人的合法权益,保证审判和执行工作的顺利进行。

根据《民事诉讼法》第104条的规定,采取诉前保全措施应当具备以下条件:

1. 必须是情况紧急,不立即采取保全措施,将会使申请人的合法权益受到难以弥补的损害。情况紧急通常是指债务人有可能马上要转移、处分财产,或由于某种客观原因使有关财产可能发生毁损、灭失,或者侵权行为正不断造成更加严重的后果。

2. 必须由利害关系人提出申请,人民法院不得依职权主动采取诉前保全的措施。利害关系人,即认为自己的民事权益受到侵害或与他人发生争议,纠纷处理的结果与其有法律上的利害关系的人。《诉前保全意见》所称"申请人",即《民事诉讼法》规定的"利害关系人"。

3. 申请人应当提供担保。申请人提起诉前保全的申请,必须提供相应的担保。因为诉前保全是在人民法院受理案件以前进行的,采取保全措施后,申请人是否必然会向人民法院起诉还不确定,未经人民法院审理,利害关系人所争议的民事法律关系、双方的责任等均未确定,为了防止因保全发生错误,使被申请一方的合法权益遭受损失,法律要求申请人应当提供担保,申请人不提供担保的,人民法院应当驳回其申请。提供担保的数额,应相当于请求保全的数额,情况特殊及申请行为保全的,人民法院可依《诉前保全意见》第8条、第9条酌情确定担保数额。

4. 诉前保全的申请应当向被保全财产所在地、被申请人住所地或者对案件有管辖权的人民法院提出,否则人民法院不予受理。在人民法院采取诉前保全后,申请人起诉的,应当向有管辖权的人民法院提起。采取诉前保全的人民法院对该案有管辖权的,应当依法受理;没有管辖权的,应当及时将采取诉前保全的全部材料移送有管辖权的受诉法院。

人民法院接受保全申请后,必须在48小时内作出裁定。申请人在非工作时间通过线上提交诉前保全材料的,人民法院自收到诉前保全申请后的第一个工作日开始之时起计算期间。具备上述条件的,裁定采取保全措施并立即开始执行,并告知申请人必须在人民法院采取保全措施后30日内向人民法院起诉,逾期不起诉的,人民法院将解除保全。认为不具备上述条件的,裁定驳回申请人的申请。

《民诉法解释》第27条规定,当事人申请诉前保全后没有在法定期间起诉或者申请仲裁,给被申请人、利害关系人造成损失引起的诉讼,由采取保全措施的人民法院管辖。当事人申请诉前保全后在法定期间内起诉或者申请仲裁,被申请人、利害关系人因保全受到损失提起的诉讼,由受理起诉的人民法院或者采取保全措施的人民法院管辖。《办理财产保全案件规定》进一步规定,对于诉前财产保全,利害关系人在人民法院采取保全措施后30日内依法提起诉讼或者申请仲裁的,诉前财产保全措施自动转为诉讼或仲裁中的保全措施;进入执行程序后,保全措施自动转为执行中的查封、扣押、冻结措施。自动转为相应程序阶段保全措施的期限连续计算,人民法院无需重新制作裁定书。

(二) 诉讼财产保全

诉讼财产保全,是指人民法院在受理案件以后、作出判决之前,可能因一方当事人的行为或其他原因,使将来的生效判决难以执行或不能执行时,依另一方当事人的申请或者依职权对当事人争议的财产或标的物采取的临时性强制措施。诉前财产保全与诉讼保全的功能相同,均为保障判决生效后能够得到执行。

诉讼保全原则上应由当事人提出申请,当事人没有提出申请的,人民法院认为确有必要时也可以依职权采取。法院依职权采取保全措施必须慎重从事,因为一旦保全错误,法院要承担国家赔偿责任。针对财产保全,人民法院在接受申请后,应当在5日内作出裁定;需要提供担保的,应当在提供担保后5日内作出裁定;裁定采取保全措施的,必须在5日内开始执行。对于情况紧急的,人民法院必须在接受当事人申请后48小时内作出裁定,若裁定采取保全措施的,应立即开始执行,不得借故拖延。依当事人的申请决定采取保全措施的,可以责令申请人提供担保,申请人不提供担保的,驳回其申请。但是,根据《办理财产保全案件规定》第9条,对于下列情形,若当事人申请财产保全,人民法院可以不要求提供担保:(1) 追索赡养费、扶养费、抚育费、抚恤金、医疗费用、劳动报酬、工伤赔偿、交通事故人身损害赔偿的;(2) 婚姻家庭纠纷案件中遭遇家庭暴力且经济困难的;(3) 人民检察院提起的公益诉讼涉及损害赔偿的;(4) 因见义勇为遭受侵害请求损害赔偿的;(5) 案件事实清楚、权利义务关系明确,发生保全错误可能性较小的;(6) 申请保全人为商业银行、保险公司等由金融监管部门批准设立的具有独立偿付债务能力的金融机构及其分支机构的。担保的形式有两种:一种是保证人担保,另一种是现金、实物或有价证券担保。以财产担保的,担保数额不超过请求保全数额的30%;申请保全的财产系争议标的的,担保数额不超过争议标的价值的 30%。

（三）财产保全的范围和措施

《民事诉讼法》第 105 条规定："保全限于请求的范围，或者与本案有关的财物。"根据这一规定，保全的范围，不论是诉前保全还是诉讼保全，应限于诉讼请求的范围或与本案有关的财物。

诉讼请求的范围，是指被保全财物的价值，应与利害关系人请求的数额或与当事人起诉的诉讼请求的数额大致相等；与本案有关的财物，是指被保全的财物应是本案的诉讼标的物，或者虽然不是本案的诉讼标的物，但与本案有牵连。之所以作这种限制规定，是因为：第一，在这个范围内采取保全措施，一般即可达到保全的目的；第二，要全面保护申请人和被申请人双方的合法权益。采取保全措施时应在满足一方当事人利益需求的同时，注意维护另一方当事人以及案外人的合法权益。如果保全的财产超出诉讼请求的范围，就有可能给对方造成不应有的损害，这不符合我国法律平等保护当事人合法权益的基本精神。为了保证被申请人因保全不当而遭受的损害能够得到赔偿，《民事诉讼法》还规定，对于申请诉前保全的，申请人必须提供担保，且一般情况下利害关系人申请诉前财产保全时应提供相当于请求保全数额的担保；对于申请诉讼保全的，人民法院采取保全措施，可以责令申请人提供担保，除法律和司法解释另有规定外，申请人不提供担保的，驳回申请。申请人败诉的，应当赔偿被申请人因财产保全而遭受的财产损失。

关于财产保全的措施，《民事诉讼法》第 106 条第 1 款规定："财产保全采取查封、扣押、冻结或者法律规定的其他方法。人民法院保全财产后，应当立即通知被保全财产的人。"根据这一规定，保全措施有以下几种：

1. 查封。查封是指人民法院依法对需要进行保全的财物清点后，加贴封条，就地封存或者易地封存的措施。查封财产的目的是禁止动用，主要适用于不动产或不宜移动的其他财物。被查封的财物所有权不变，任何个人或者单位都不得擅自移动和处分。

2. 扣押。扣押是指人民法院将被保全的财产或财产的产权证明予以扣留，在财产保全期限内不准被申请人动用和处分的措施。扣押主要适用于便于移动的财物。人民法院在被申请人住处扣押财产时，必须登记造册，由被申请人和在场证人在清单上签名或盖章后归入案件。

3. 冻结。冻结是指人民法院依法通知被申请人立有账户的银行、信用社等金融机构，对被申请人的存款或其他款项阻止提取或者处分的措施。对银行账户内资金采取冻结措施的，人民法院应明确具体的冻结数额。人民法院依法冻结的款项，任何单位和个人都不准动用。

4. 法律规定的其他方法。这一弹性条款主要包括提取、扣留被申请人的劳动收入；禁止被申请人转让或者放弃债权；对不宜保存的鲜活商品，交有关部门作价变卖，由人民法院保存价款等。

此外，根据《民诉法解释》和《办理财产保全案件规定》的规定，人民法院在进行财产保全时还应当注意:(1) 人民法院对季节性商品,鲜活、易腐烂变质以及其他不宜长期保存的物品采取保全措施时,可以责令当事人及时处理,由人民法院保存价款;必要时,人民法院可予以变卖,保存价款。(2) 人民法院在财产保全中采取查封、扣押、冻结财产措施时,应当妥善保管被查封、扣押、冻结的财产。不宜由人民法院保管的,人民法院可以指定被保全人负责保管,若涉及厂房、机器设备等生产经营性财产,应允许被保全人继续使用;不宜由被保全人保管的,可以委托他人或者申请保全人保管。查封、扣押、冻结担保物权人占有的担保财产,一般由担保物权人保管;由人民法院保管的,质权、留置权不因采取保全措施而消灭。(3) 人民法院采取财产保全的方法和措施,依照执行程序相关规定办理。(4) 人民法院可以对抵押物、质押物、留置物采取保全措施,但抵押权人、质权人、留置权人有优先受偿权。(5) 人民法院对有偿还能力的企业法人,一般不得采取查封、冻结的保全措施。已经查封、冻结的,如果该企业法人提供了可供执行的财产或者可以采取其他方式保全的,应当及时予以解封、解冻。(6) 被保全财产是机动车、航空器等特殊动产的,除被保全人下落不明的以外,人民法院应责令被保全人书面报告该动产的权属和占有、使用等情况,并予以核实。(7) 可供保全的土地、房屋等不动产的整体价值明显高于保全裁定载明金额的,人民法院应当对该不动产的相应价值部分采取查封、扣押、冻结措施,但该不动产在使用上不可分或者分割会严重减损其价值的除外。

人民法院采取财产保全措施后,应当立即通知被申请人。对于已被查封、冻结的财产,其他人民法院不得就该项财产再行查封、冻结。

(四) 财产保全措施的解除

根据《民事诉讼法》第 104 条第 3 款、第 107 条的规定,有下列情形之一的,人民法院应作出裁定,解除财产保全措施:

1. 诉前保全的申请人在法定期间内不起诉或不申请仲裁的。人民法院采取诉前保全措施后 30 日内,申请人应及时向人民法院提起诉讼或申请仲裁,逾期不起诉或申请仲裁的,人民法院应当解除保全措施。

2. 被申请人提供了担保的。人民法院裁定采取保全措施后,被申请人提供了担保,并且此担保可以满足申请人一方的请求,那么就消除了将来判决生效后不能执行或难以执行的可能性,已采取的保全措施已无必要,人民法院应当解除。第三人为财产保全提供保证担保的,应向人民法院提交保证书。保证书上应载明保证人、保证方式、保证范围、保证责任承担等内容,并附相关证据材料。

3. 其他应当解除保全措施的。包括:保全错误的;申请人撤回保全申请的;申请人的起诉或者诉讼请求被生效裁判驳回的;人民法院认为应当解除保全的其他情形。

《民诉法解释》第 165 条强调,人民法院裁定采取保全措施后,除作出保全裁定的人民法院自行解除或者其上级人民法院决定解除外,在保全期限内,任何单位不得解除保全措施。

(五) 保全的裁定及其效力

人民法院作出的采取保全措施的裁定,一经作出,立即生效。根据《民事诉讼法》

第 111 条的规定,当事人或利害关系人不服的,不得上诉,但可以申请复议一次,复议期间不停止裁定的执行。《办理财产保全案件规定》进一步规定,申请保全人、被保全人对保全裁定或者驳回申请保全裁定不服的,可以自裁定书送达之日起 5 日内向作出裁定的人民法院申请复议。人民法院应当自收到复议申请后 10 日内进行审查。对保全裁定不服申请复议的,人民法院经审查,理由成立的,裁定撤销或变更;理由不成立的,裁定驳回。对驳回申请裁定不服申请复议的,人民法院经审查,理由成立的,裁定撤销,并采取保全措施;理由不成立的,裁定驳回。保全裁定的效力,从时间上看,一般应维持到生效法律文书执行时止。如被保全的财物属于应予执行的,应维持到执行完毕才失效。

对财产保全裁定的执行,应由法院依照执行程序的有关规定办理。对裁定有协助执行义务的有关单位或个人,在接到人民法院保全裁定协助通知书后,必须及时予以协助执行。在整个财产保全期间,除作出裁定的人民法院和其上级人民法院有权决定解除保全的裁定外,其他任何单位和个人均无权解除保全措施。但为了实现对财产的最大化利益,《办理财产保全案件规定》在确保申请保全人合法权益的情况下,赋予了被保全人对保全财产的自行处分权,但需满足以下条件及要求:(1) 被保全人需在财产保全期间提出对被保全财产自行处分的申请;(2) 必须经过人民法院的审查,人民法院认为不损害申请保全人和其他执行债权人合法权益的,可以准许;(3) 若被保全人请求对作为争议标的的被保全财产自行处分的,须经申请保全人同意;(4) 人民法院准许后,应当监督被保全人按照合理价格在指定期限内处分,并控制相应价款;(5) 人民法院准许被保全人自行处分被保全财产的,应当通知申请保全人;申请保全人不同意的,可以依照《民事诉讼法》提出执行行为异议来维护自身合法权益。

### 三、行为保全

(一) 行为保全的概念

行为保全,是指在民事诉讼中,为避免当事人或利害关系人的利益受到损害,人民法院根据申请或者依职权,责令行为人为一定行为或者禁止其作出一定的行为,以保障法院的生效裁判在将来能够得以执行。在大陆法系民事诉讼中,行为保全亦被称为"假处分"或者"假扣押"。根据申请保全时间的不同,行为保全可分为诉前行为保全与诉中行为保全。行为保全的对象包括作为和不作为。对不作为的保全即禁止实施侵权行为,亦称临时禁令。

2012 年《民事诉讼法》修正之前,我国的保全制度仅限于财产保全,未对行为保全作出规定。但司法实践中,尤其是在知识产权案件中,有时需要禁止当事人作出某种行为,或者要求其作出一定行为,以防止侵权发生,或防止损害的进一步扩大。因此,在保全制度中增加行为保全,在一些法律及司法解释中已经有所体现。如《著作权法》《专利法》《商标法》《海诉法》等法律均规定了行为保全的内容。为回应司法实践对行为保全的强烈需求,2012 年修正的《民事诉讼法》第 100 条(现行第 103 条)对行为保全作出了明确规定。

人身安全保护令,从性质上讲也属于行为保全。根据《反家庭暴力法》第 23 条的规定,当事人因遭受家庭暴力或面临家庭暴力危险时,有权向法院申请人身安全保护令。当事人是无民事行为能力人、限制行为能力人或因受到强制、威吓等原因无法申请人身安全保护令的,其近亲属或监护人、公安机关、妇女联合会、居民委员会、村民委员会、救助管理机构可以代为申请。第 29 条规定,人身安全保护令的具体措施包括:禁止被申请人实施家庭暴力;禁止被申请人骚扰、跟踪、接触申请人及其相关近亲属;责令被申请人迁出申请人住所以及保护申请人人身安全的其他措施。

(二)行为保全的对象

行为保全的对象包括作为与不作为。作为是指法院要求行为人作出一定的行为,例如排除妨碍、所有物返还等;不作为是指法院禁止行为人继续实施某种行为,如禁止侵权、禁止实施家庭暴力、禁止支票提示付款等。

《民事诉讼法》对行为保全的对象规定较为原则,具体的保全对象及适用条件多见于不同的法律和司法解释之中。除了《民事诉讼法》第 103 条的规定外,《民法典》第 997 条、《反家庭暴力法》第 23 条、《海诉法》第四章、《专利法》第 72 条、《商标法》第 65 条和《著作权法》第 56 条均属于行为保全范畴。《民法典》第 997 条规定,民事主体有证据证明行为人正在实施或者即将实施侵害其人格权的违法行为,不及时制止将使其合法权益受到难以弥补的损害的,有权依法向人民法院申请采取责令行为人停止有关行为的措施。《反家庭暴力法》第 23 条规定,当事人因遭受家庭暴力或者面临家庭暴力的现实危险,向人民法院申请人身安全保护令的,人民法院应当受理。《专利法》第 72 条规定,专利权人或者利害关系人有证据证明他人正在实施或者即将实施侵犯其专利权的行为,如不及时制止将会使其合法权益受到难以弥补的损害的,可以在起诉前向法院申请采取责令停止有关行为和财产保全的措施。《海诉法》第四章规定,情况紧急,不立即作出海事强制令将给海事请求人造成损害或使损害扩大的,海事请求人在诉前或诉讼中可以申请海事强制令,责令被请求人作为或不作为。最高人民法院也通过司法解释的形式就行为保全作出了相关规定。例如,《最高人民法院关于对诉前停止侵犯专利行为适用法律问题的若干规定》(已失效)作出了在诉前专利权人或利害关系人可以向法院申请先行停止侵犯专利权的规定;《最高人民法院关于审查知识产权纠纷行为保全案件适用法律若干问题的规定》中对知识产权案件行为保全的规定;《最高人民法院关于生态环境侵权案件适用禁止令保全措施的若干规定》中的禁止令等规定,均属于行为保全。

《诉前保全意见》第 5 条规定,申请人基于同一事实和理由同时申请诉前行为保全、人格权侵害禁令或者人身安全保护令,或者申请不明确的,人民法院应当释明三项法律制度的功能定位和适用情形,引导申请人选择更有利于维护自身合法权益的法律制度。

(三)行为保全的程序

行为保全的申请、裁定、执行以及保全错误的赔偿等程序,与财产保全大致相同。

但由于行为保全的具体内容不同,申请的条件、担保、法院审查和作出裁定的方式有所差异,应根据《民事诉讼法》《专利法》《商标法》等法律及相关司法解释的规定操作。申请诉前行为保全的,申请人应当提供担保,担保的数额由人民法院根据案件的具体情况决定。人民法院对行为采取保全措施的,不因被申请人提出担保而解除,但申请人同意的除外。原因在于此种情况下即使被申请人提供担保,也难以达到保全的目的,或者不能弥补被申请人不停止侵权行为对申请人造成的损害。具体行为保全措施的实施,由人民法院依照执行程序的相关规定办理。

**四、证据保全**

**(一) 证据保全的概念**

证据保全,是指在证据可能灭失或以后难以取得的情况下,人民法院根据当事人的申请或依职权采取措施对证据加以固定和保护的制度。

证据对于当事人证明自己的主张,对于法院认定案件事实具有重要作用。证据可能面临灭失的危险,如物证可能因腐烂或变质而丧失证明作用,或者证据在将来难以取得,如证人即将到国外定居、有可能失去联系,这些情况下若不及时进行证据保全,证据将可能灭失。证据保全的目的就是为了使证据的证明作用提前保存下来。

根据《民事诉讼法》第 84 条的规定,在诉讼中,当事人可向法院申请证据保全,必要时法院也可依职权采取证据保全措施。因情况紧急,在证据可能灭失或者以后难以取得的情况下,利害关系人可以在提起诉讼或者申请仲裁前向证据所在地、被申请人住所地或者对案件有管辖权的人民法院申请保全证据。

**(二) 证据保全的程序和方法**

《民事诉讼法》第 84 条规定,证据保全的程序参照适用该法第九章保全的有关规定。

1. 证据保全一般应由当事人申请,在必要时人民法院也可以依职权采取保全措施。即以当事人申请为主,人民法院依职权采取保全措施为辅。

2. 提出证据保全申请的时间可以在诉讼开始前,也可以在起诉之后。《民事证据规定》第 25 条规定,诉讼中当事人申请证据保全的,应当在举证期限届满前向人民法院提出;对于诉前证据保全,法律、司法解释有规定的,依照其规定办理。

3. 受理申请并采取证据保全措施的人民法院。诉前的证据保全,利害关系人应向证据所在地、被申请人住所地或者对案件有管辖权的人民法院提出申请;诉讼中的证据保全则应向受诉法院提出申请。人民法院依法对该申请审查后,认为符合民事诉讼法规定的,应当及时采取措施对证据进行保全。

4. 证据保全可能给他人造成损失的,人民法院应责令申请人提供相应的担保。这一规定主要是为了保证被申请人的合法权益,防止其因不当证据保全遭受损失。担保方式和数额由人民法院根据保全措施对证据持有人的影响、保全标的物的价值、当事人或者利害关系人争议的诉讼标的金额等因素综合确定。

5. 证据保全措施。《民事证据规定》第 27 条规定,人民法院进行证据保全,可根据证据的种类等具体情况,采取查封、扣押、拍照、录音、录像、复制、鉴定、勘验等方法保全证据,并制作笔录。在符合证据保全目的的情况下,人民法院应当选择对证据持有人利益影响最小的保全措施。《诉前保全意见》第 18 条规定,人民法院对电子证据进行诉前保全的,应当同时保全电子信息的来源地、目的地、发送与接收时间、软件运行的环境、操作系统等据以验证被保全证据可靠性的必要信息,可以扣押相关计算机主机、硬盘、服务器等存储介质。人民法院采取诉前证据保全措施后,当事人向其他有管辖权的人民法院提起诉讼的,采取保全措施的人民法院应当根据当事人的申请,将保全的证据及时移交受理案件的人民法院。

## 第二节 先 予 执 行

### 一、先予执行的概念

先予执行,是指法院受理案件以后、裁判生效之前,基于申请人生活上或者经营上的急需,根据当事人的申请,裁定被申请人先行给付申请人一定的财物或者实施、停止某种行为,并立即执行的制度。

在民事诉讼中,人民法院从受理案件到作出裁判并付诸执行,往往需要经过一段时间,甚至可能是比较长的一段时间。在这段时间内,如果原告生活困难,或难以维持正常的生产经营,可申请人民法院采取一定的措施,让被告预先给付原告一定的财物,使其基本生活或生产经营能够继续维持。先予执行制度的意义在于解决当事人生活、生产经营上的燃眉之急,有利于及时保护当事人的合法权益。

### 二、先予执行的适用范围

先予执行制度适用于特定的给付之诉。根据《民事诉讼法》第 109 条的规定,人民法院对下列案件,可根据当事人的申请裁定先予执行:

1. 追索赡养费、扶养费、抚育费、抚恤金、医疗费用的案件。这类案件的权利主体多无生活来源,追索上述费用是为了维持其基本生活及必需的治疗。人民法院在判决作出以前裁定先予支付这些费用,有利于及时保护这些权利主体的合法权益,有益于社会秩序的稳定。

2. 追索劳动报酬的案件。劳动报酬,是当事人的劳动收入,直接关系到当事人及其所供养的家属的基本生活,应当予以保障,可裁定先予执行。

3. 因情况紧急需要先予执行的案件。根据《民诉法解释》第 170 条规定,因情况紧急需要先予执行的案件包括:第一,需要立即停止侵害、排除妨碍的;第二,需要立即制止某项行为的;第三,追索恢复生产、经营急需的保险理赔费用的;第四,需要立即返还社会保险金、社会救助资金的;第五,不立即返还款项,将严重影响权利人生活和生产经营的。

2012 年《民事诉讼法》修改时,增加了行为保全,同时保留了先予执行制度。《民诉法解释》第 170 条第 1、2 项内容与行为保全的内容有交叉，严格地讲，从其属性和功能上看当属行为保全的范畴。在适用时，可由当事人选择行为保全或先予执行，人民法院可以根据当事人的选择进行适用。但应注意，如果利害关系人在诉前提出申请，就只能是行为保全，应当适用《民事诉讼法》及相关司法解释关于诉前保全的规定。先予执行只有在诉讼开始以后才能采用，并且适用范围仅限于《民事诉讼法》第 109 条、《民诉法解释》第 170 条规定的"因情况紧急需要先予执行的案件"。

### 三、先予执行的条件

先予执行制度是针对特定案件规定的，是在受理案件后终审判决作出以前部分地实现原告的权利，如果适用不当，可能会损害另一方当事人的合法权益，甚至可能会给将来判决的执行增加难度。因此，为了避免损害被申请方当事人的利益，避免给法院判决的执行带来不必要的争议，根据《民事诉讼法》第 110 条的规定，人民法院裁定先予执行，应符合下列条件：

1. 当事人之间权利义务关系明确。先予执行的案件，应当是在发生争议的民事法律关系中，双方当事人之间各自应享有什么样的权利、承担什么样的义务都是十分清楚的。比如在追索赡养费案件中，当事人双方必须存在父母子女关系，父母享有权利，而子女则应当承担义务。如果当事人之间的权利义务关系不明确，原告是否是享有权利的一方还存在争议，则不宜采取先予执行的措施。

2. 不先予执行将会严重影响申请人的生活或生产经营。即必须是在不采取先予执行措施将使申请人难以维持甚至无法维持其基本的生活、生产经营需要时才可采用。例如，赡养费案件中的原告无生活来源，不先予执行根本无法维持基本生活；追索用于购置生产原料贷款的案件，不先予执行将使申请人停工停产，甚至可能破产。如果不存在这样的紧迫性，就不能也没有必要采取先予执行的措施，可等待判决作出后再付诸执行。

3. 被申请人有履行能力。采取先予执行的措施，必须以被申请人有履行能力为基础。如果被申请人没有履行能力或者暂时没有履行能力，即使作出了先予执行的裁定，也不能满足权利人的要求，不具有任何实际意义。

以上条件必须同时具备，人民法院才能裁定先予执行。

### 四、先予执行的程序

根据《民事诉讼法》和相关司法解释的规定，先予执行的程序及相关要求大致包括：

1. 提出申请。先予执行只能由当事人提出申请，人民法院不得依职权主动采取先予执行措施。申请一般采用书面形式，以口头形式提出的，人民法院应当记录在案。

2. 审查和责令提供担保。人民法院接到当事人的先予执行申请后，应当及时对申请进行审查，审查的内容包括：是否属于先予执行的案件范围，申请是否符合先予执行的条件。人民法院可以责令申请人提供担保,申请人不提供担保的,驳回申请。

3. 先予执行的裁定及其效力。人民法院经过审查,对于符合先予执行条件的,应当及时作出先予执行的裁定;对于不符合条件的,裁定予以驳回。先予执行的裁定送达当事人后立即发生法律效力,体现在:

第一,时间效力。人民法院作出的先予执行的裁定,自送达当事人时即发生法律效力,并维持到人民法院将案件审理终结,判决生效时止。发生法律效力的判决如判决申请人胜诉,已先予执行的部分应在生效判决中判明,并在被告应给付的金额中予以扣除;反之申请人则应将先予执行的财产返还被申请人。

第二,裁定对人的效力。对当事人来说,先予执行的裁定一经送达立即发生法律效力,应当立即履行,否则人民法院即可依法强制执行。当事人对先予执行的裁定不得提起上诉,可以申请复议一次,但复议期间,不停止裁定的执行。对有关单位和个人来说,先予执行的裁定可对其产生协助执行的义务。有关单位和个人应当及时按通知要求予以协助。

《民事诉讼法》第111条和《民诉法解释》第171条规定,当事人对先予执行的裁定不服的,可以自收到裁定书之日起5日内向作出裁定的人民法院申请复议。人民法院应当在收到复议申请后10日内审查。经审查认为原裁定正确的,通知驳回当事人的申请;认为原裁定错误的,应作出新的裁定或者撤销原裁定。如果原裁定已执行完毕,人民法院应当根据民事诉讼法的有关规定采取执行回转措施。

**五、申请人败诉后的赔偿**

人民法院对案件审理终结后判决申请人败诉的,申请人应当按照《民事诉讼法》第244条的规定,将因先予执行取得的利益返还对方;对方因先予执行遭受损失的,可以用申请人提供的担保进行赔偿。《民事诉讼法》的这一规定既体现了保护双方当事人合法权益的原则,同时又有利于防止申请人滥用先予执行的申请权。

# 第六编　非讼程序与略式程序

## 第二十二章　特别程序

【本章提要】

我国《民事诉讼法》规定的特别程序是非讼程序的一种,是专门用来审理宣告失踪案件、宣告死亡案件、指定遗产管理人案件、认定自然人无民事行为能力或者限制民事行为能力案件、认定财产无主案件、确认调解协议案件和实现担保物权案件的程序,特别程序案件的审理程序设计及操作贯彻非讼法理。

### 第一节　特别程序概述

#### 一、特别程序的概念

我国民事诉讼法上的特别程序,是指专门用来审理《民事诉讼法》第15章规定的特殊类型民事案件所适用的程序,是非讼程序的一种。[①]

根据我国《民事诉讼法》的规定,特别程序的适用范围是特定的。表现在两个方面:一是适用特别程序的人民法院是特定的,即限于基层法院。[②] 二是适用特别程序审理的案件是特定的,即限于某些无民事权利义务实质争议的案件(民事非讼案件)。主要包括:选民资格案件、宣告失踪案件、宣告死亡案件、指定遗产管理人案件、认定自然人无民事行为能力或者限制民事行为能力案件、认定财产无主案件、确认调解协议案件和实现担保物权案件等。其中,选民资格案件,涉及的是公民的选举资格和正常的选举秩序,就本质而言不具有"民事性",不应属于民事非讼案件,我国《民事诉

---

[①] 非讼程序,是指立法者规定的用来处理无民事权利义务实质争议案件的审判程序。在我国,通常认为,除了特别程序之外,非讼程序还包括督促程序、公示催告程序、公司清算程序、破产程序、申请诉前停止侵害知识产权案件审理程序、申请承认与执行法院判决或者仲裁裁决案件审理程序等。

[②] 根据《海诉法》第2条、第9条和《民诉法解释》第361条及《关于海事法院受理案件范围的规定》(自2016年3月1日起施行)"六、海事特别程序案件"的规定,认定海上、通海可航水域财产无主案件,因海上、通海可航水域活动或者事故申请宣告公民失踪、死亡案件,申请无因管理海事、通海可航水域财产的案件,就海事纠纷申请司法确认调解协议案件,申请实现以船舶、船载货物、船用物料、海运集装箱、港航设备设施、海洋开发利用设备设施等财产为担保物的担保物权案件,由海事法院管辖,而海事法院的级别相当于中级法院。另外,根据《民事诉讼法》第205条规定,调解协议所涉纠纷应当由中级人民法院管辖的,向相应的中级人民法院提出。

讼法》将其一并规定在特别程序中,只是立法技术的需要,本书将之置于略式程序之下讨论。此外,根据有关规定,申请为失踪人财产指定或变更代管人案件、监护权特别程序案件以及(《反家庭暴力法》规定的)申请人身安全保护令案件,法院审理这类案件应当比照特别程序的有关规定进行审理。[①]

特别程序是民事诉讼法规定的独立的审判程序。这意味着:一方面,凡是应适用特别程序审理的案件,不能适用普通诉讼程序审理;法院在依照特别程序审理案件的过程中,发现案件属于民事权益争议的,应当裁定终结特别程序,并告知利害关系人可以另行起诉,以普通诉讼程序来解决。另一方面,人民法院适用特别程序审理案件时,凡是特别程序有规定的,首先适用特别程序的规定,特别程序没有具体规定的,适用民事诉讼法和其他法律的有关规定。

### 二、特别程序的一般规定

特别程序的一般规定,是指我国《民事诉讼法》第15章对几类特殊案件在审理上的共同问题所作的规定。这些规定既是人民法院审理特殊类型民事案件应遵循的规范,又是特别程序有别于普通诉讼程序的特点所在。

(一) 程序具有分立性,即各种特殊类型案件所适用的具体审判程序不尽相同

我国的特别程序是对人民法院审理某些民事非讼案件及选民资格案件所适用的程序的总和,各种特殊类型案件都有自己特定的审判程序,互不依赖,互不从属。法院在审理某一特殊类型案件时,必须严格依法适用相应的特别程序。

(二) 审理对象不涉及民事权益争议,审理目的是对某种法律事实进行确认

适用特别程序审理的案件,在性质上不属于民事权利义务之争,审理的目的不是为了解决争议,而是确认某种法律事实是否存在,如下落不明的事实、对遗产管理人的确定有争议的事实、身为成年人但不能辨认或者不能完全辨认自己行为的状况、财产无主的事实、调解协议符合法律规定的事实、担保物权存在及实现条件成就的事实。这种需要确认的法律事实不可能归纳成诉的模式,所以特别程序中的"确认"与确认之诉中的"确认"有着质的不同。法院依照特别程序审理案件的过程中,发现案件属于民事权益争议的,应当裁定终结特别程序,并告知利害关系人可以按普通诉讼程序另行起诉。同时,这种审理目的也就决定了适用特别程序的案件,法院不予调解。[②]

(三) 当事人构造不具有对抗性

特别程序因申请人的申请而启动。申请人不一定与本案有直接的利害关系,而且适用特别程序审理的案件,一部分类型没有被申请人,一部分类型有被申请人,但即使有也不是对抗意义的一方当事人。而按照第一审普通程序、简易程序审理的案件,必须是由与本案有直接利害关系的自然人、法人或其他组织作为原告而提起,有

---

① 参见《民诉法解释》第342条第1款和第349条、《民事案件案由规定》第十部分、《最高人民法院关于人身安全保护令案件相关程序问题的批复》第三部分"关于人身安全保护令案件适用程序等问题"的规定。

② 参见《民诉法解释》第143条的规定。

明确的对方当事人即被告,原、被告处于利害关系中的对立状态。

（四）审判组织形式一般采用独任制

按照特别程序审理案件,审判组织原则上采用独任制,由审判员一人审理,只有担保财产标的额超过基层人民法院管辖范围的实现担保物权案件或者重大、疑难的非讼案件由审判员组成合议庭审理。

（五）审级制度为一审终审制

按照特别程序审理案件,实行一审终审制,判决书或裁定书一经宣告或送达,立即发生法律效力,不允许上诉。而按照第一审普通程序、简易程序审理案件,除最高人民法院审理的第一审民事案件、人民法院审理的确认婚姻无效案件[①]以及按照小额诉讼程序审理的案件实行一审终审外,都实行两审终审制。

（六）不适用审判监督程序

根据《民诉法解释》第 372 条的规定,适用特别程序作出的判决、裁定,当事人、利害关系人认为有错误的或者出现了新情况、新事实,可以向作出该判决、裁定的人民法院提出异议。法院经审查,异议成立或者部分成立的,作出新的判决、裁定撤销或者改变原判决、裁定;异议不成立的,裁定驳回。对法院作出的确认调解协议、准许实现担保物权的裁定,当事人有异议的,应当自收到裁定之日起 15 日内提出;利害关系人有异议的,自知道或者应当知道其民事权益受到侵害之日起 6 个月内提出。适用特别程序、督促程序、公示催告程序、破产程序等非讼程序审理的案件,当事人不得申请再审。

（七）审结期限短

适用特别程序审理的案件,应当在立案之日起 30 日内或者公告期满后 30 日内审结。有特殊情况需要延长的,经本院院长批准,可以延长 30 日。但审理选民资格案件必须在选举日前审结。

（八）不交纳案件受理费

根据《诉讼费用交纳办法》第 8 条、第 41 条和《民诉法解释》第 204 条的规定,依照特别程序审理的案件,除实现担保物权案件外,不交纳案件受理费或者申请费,但发生的公告费,须由申请人负担。

### 三、非讼案件、非讼程序和非讼法理

法院行使审判权处理的民事案件,在性质上可区分为诉讼案件（争讼案件）和非讼案件两大类型。诉讼案件是指双方当事人存在民事权益争议并请求法院予以裁判的案件;非讼案件则是指利害关系人或起诉人在没有民事权益争议的情况下,请求法院确认某种法律事实是否存在,从而引起一定的民事法律关系发生、变更或消灭的案件。前者有民事权益争议,后者无民事权益争议。有民事权益争议的案件要求法院

---

① 确认婚姻无效判决作出即生效,隐含在《最高人民法院关于适用〈中华人民共和国民法典〉婚姻家庭编的解释（一）》第 13 条的规定之中,即人民法院就同一婚姻关系分别受理了离婚和请求确认婚姻无效案件的,对于离婚案件的审理,应当待请求确认婚姻无效案件作出判决后进行。

解决争议,无民事权益争议的案件要求法院确认法律事实或者实现权利。法院行使审判权处理民事案件的前提条件及所要达到的目的因之而产生差异。这些差异对于审判程序的构建和设置来说,相应地产生了不同的程序原理和主导程序进行的指导方针,具体落实下来,体现为审判程序中的不同原则、制度,从而形成了性质迥异、各具特征的两大类型审判程序,即诉讼程序与非讼程序。法院处理诉讼案件适用诉讼程序,处理非讼案件则适用非讼程序。若简单以二分法视之,所有为民事诉讼法所调整的案件,在所适用的审判程序上,就性质和类别而言,不是属于诉讼程序,就是属于非讼程序。诉讼程序或者非讼程序,又可以按照一定标准作进一步细分或者归类。如非讼程序中的选民资格案件审理程序、督促程序和公示催告程序,处理事项简单,程序构造简略,程序运行快捷,可归为一类,称为略式程序。又如特别程序中的宣告失踪案件、宣告死亡案件、认定自然人无民事行为能力或者限制民事行为能力案件、认定财产无主案件的审理程序,只需申请人一方申请启动,在没有对方当事人的情况下进行审理,可归为一类,称为单边程序。当然,丰富多样的程序制度的本质特征是多方面的,在不同情况下,采用不同分类方法或者归纳标准,会得到不同的划分结果。

  对于诉讼程序与非讼程序,传统上形成了一系列相对立或相对称的原则、制度,这些原则和制度分别组合在一起,构成了有机联系的整体,形成了相对稳定的、各具机能的程序法理,即诉讼法理与非讼法理。一般认为,诉讼法理与非讼法理在以下主要的原则或制度上存在着差别:(1) 在非讼程序上,处分原则受到限制或排除。无论是程序的开始还是终结,大多不受当事人意思的左右,法院常站在公益立场依职权开始或终结程序;而在诉讼程序中,由当事人申请开始或依当事人意思终结才是常态。另外,非讼裁判的内容,可以不受当事人请求范围的拘束,而诉讼案件的裁判内容则受到当事人请求范围的拘束。(2) 非讼程序采取职权探知原则,不适用辩论原则。当事人没有主张的事实,法院可依职权收集,当事人没有提出的证据,法院也可以自行调查。当事人的自认对法院没有拘束力。(3) 在非讼程序中,没有对立意义上的双方当事人,也无私权争议,客观上不存在法官听取双方辩论与陈述的可能,法院审理非讼案件只需依照一方的申请或双方共同的申请及相关的书面材料,根据实体法的相关要求及必要的程序要件,即可作出某种法律事实是否存在的裁判。因此,非讼程序原则上不采取公开审理原则,审理采用书面形式,不展开言词辩论。(4) 在司法证明上,适用诉讼程序的诉讼案件原则上采取严格证明,而适用非讼程序的非讼案件则承认自由证明①,并大量使用推定的方式对有关法律事实作出确认。二者之所以采取相异的证明类型,原因在于它们所追求的程序目标不同。诉讼案件希望通过诉讼程序达成正确而慎重的裁判,非讼程序则以快速、简易和经济为主要的价值追求。(5) 法院依靠诉讼程序解决诉讼案件,除调解或和解的外,应当就实体问题作出判决,判决一旦生效,当事人和法院受其拘束。但非讼程序不适用法院调解原则,法院

---

  ① 司法证明,可分为严格证明和自由证明。依据法定证据调查程序进行的证明,为严格证明;而不受法定证据种类的限制、不依据法定程序进行的证明,为自由证明,但证明标准不降低。

裁判的拘束力也受到排除和缓和,法院可以根据出现的新情况和新事实,随时对原裁判加以变更。(6)此外,非讼程序在受案范围确定、诉讼对象识别、当事人适格判断的标准上不同于诉讼程序,亦不适用《民事诉讼法》总则编规定的管辖、保全、先予执行、诉讼费等制度。

特别程序案件为非讼案件,特别程序为非讼程序的一种,因此,其审理程序的设计和操作均应贯彻非讼法理。

## 第二节 单边程序

### 一、宣告失踪案件的审理程序

(一)宣告失踪案件的概念

宣告失踪案件,是指自然人离开住所或最后居所而下落不明,达到法定期间,经其利害关系人申请,人民法院宣告其为失踪人的案件。

自然人是民事法律关系的主体之一,享受民事权利,承担民事义务。如果自然人离开住所或最后居所而下落不明(即失踪),其参与的民事法律关系就不能得到妥善的解决,这对于社会和经济的稳定和发展是不利的。例如,自然人失踪后,其财产因无人管理,易造成毁损和流失;同时,与之有某种人身关系的一方,如婚姻关系的一方,将受到影响和牵制。因此,我国《民法典》和《民事诉讼法》规定了宣告失踪制度,这对于稳定经济秩序和保护利害关系人的利益是十分必要的。

(二)宣告失踪案件的审理程序

1. 申请

根据我国《民事诉讼法》第190条的规定,申请人民法院宣告自然人失踪,应当具备三个条件:

(1)有自然人下落不明满2年的事实。下落不明,是指自然人离开住所或者最后居所后没有音讯。满2年,是指从该自然人失去音讯之日起,连续计算已达2年。中间不能间断,如有间断,应从最后一次出走或最后一次来信时计算。战争期间下落不明的,下落不明的时间从战争结束之日或者有关机关确定的下落不明之日起计算。

(2)由利害关系人向人民法院提出申请。利害关系人,是指与下落不明的自然人有人身关系或者其他民事权利义务关系的、具有民事诉讼行为能力的人。利害关系人包括:一是被申请人的近亲属,即配偶、父母、子女、兄弟姐妹、祖父母、外祖父母、孙子女、外孙子女;二是依据《民法典》第1128条、第1129条规定对被申请人有继承权的亲属;三是债权人、债务人、合伙人等与被申请人有民事权利义务关系的民事主体,但是不申请宣告失踪不影响其权利行使、义务履行的除外。利害关系人可以单独提出申请,也可以共同提出申请。

(3)采用书面形式提出申请。利害关系人申请宣告自然人失踪必须向人民法院提交申请书。申请书应写明失踪的事实、时间和请求,并附有公安机关或者其他有关机关关于该自然人下落不明的书面证明。其他有关机关,是指公安机关以外的能够证明该公民下落不明的机关。

2. 管辖法院

宣告失踪案件,根据《民事诉讼法》第190条第1款的规定,由下落不明人住所地基层人民法院管辖。此种规定有助于受理法院查明事实、发布公告、审理案件。

3. 公告

公告寻找下落不明人,是人民法院审理宣告失踪案件的必经程序。根据我国《民事诉讼法》第192条的规定,法院受理宣告失踪的案件后,应当发出寻找下落不明人的公告,公告期间为3个月。公告期间是寻找该公民、等待其出现的期间。

寻找下落不明人的公告应当记载下列内容:一是被申请人应当在规定期间内向受理法院申报其具体地址及其联系方式。否则,被申请人将被宣告失踪。二是凡知悉被申请人生存现状的人,应当在公告期间内将其所知道情况向受理法院报告。

4. 审理和判决

根据《民诉法解释》第346条的规定,申请人在人民法院受理宣告失踪案件后作出判决前撤回申请的,法院应当裁定终结案件,但其他符合法律规定的利害关系人加入程序要求继续审理的除外。

宣告失踪案件,人民法院可以根据申请人的请求,清理下落不明人的财产,指定案件审理期间的财产管理人。

受诉法院审理宣告失踪案件的重点是审查申请所依据的事实,即:一是被申请人是否确实下落不明,此项不明,以申请人、管辖的公安机关或者其他有关机关以及法院善意不知被申请人的下落,即为已足。二是下落不明是否有持续2年的事实。

法院经审理查明,被申请人的确下落不明满2年且法院发出的寻找失踪人的公告期届满的,法院应制作判决宣告被申请人为失踪人。如公告期内被申请人出现或者查明下落,法院则应作出判决,驳回申请。

(三)宣告失踪的法律后果

1. 为失踪人指定财产代管人并由其负责清理债权债务

人民法院依法判决宣告自然人失踪的,应同时按照我国《民法典》第42条的规定,为其指定财产代管人。失踪人的财产一般由其配偶、成年子女、父母或者其他愿意担任财产代管人的人代管。如果没有上述代管人或对代管人有争议,或者虽有上述代管人但无代管能力的,由人民法院指定的人代管。财产代管人应当妥善管理失踪人的财产,维护其财产权益。失踪人所欠税款、债务和应付的其他费用,如赡养费、扶养费、抚养费和代管财产所需的管理费等必要费用,由财产代管人从失踪人的财产中支付。财产代管人因故意或者重大过失造成失踪人财产损失的,应当承担赔偿责任。债权人提起诉讼,请求失踪人的财产代管人支付失踪人所欠的债务和其他费用的,人民法院应当将财产代管人列为被告。失踪人的财产代管人向失踪人的债务人请求偿还债务的,人民法院应当将财产代管人列为原告。

根据《民法典》第44条和《民诉法解释》第342条的规定,失踪人的财产代管人经人民法院指定后,代管人申请变更代管的,比照我国《民事诉讼法》特别程序的有关规定进行审理。申请有理的,裁定撤销申请人的代管人身份,同时另行指定财产代管人;申请无理的,裁定驳回申请。财产代管人不履行代管职责、侵害失踪人财产权益或者丧失代管能力的,失踪人的利害关系人可以向人民法院申请变更财产代管人,此时法院应告知其以原指定的财产代管人为被告起诉,并按普通程序进行审理。

2. 失踪人的民事权利能力不受影响

自然人被宣告为失踪人以后,其民事权利能力并不因此而消灭,与失踪人人身有关的民事法律关系(如婚姻关系、收养关系等)也不发生变化,如在宣告失踪以后涉及继承问题,仍然应当为失踪人保留应继承的份额。

(四) 判决的撤销

人民法院宣告自然人失踪的判决一经送达,立即发生法律效力。但宣告失踪的判决是法院根据法定的条件所作的推定,宣告失踪只具有法律意义上的效力,并不排除被宣告失踪的人的出现。因此,被宣告失踪的人重新出现,宣告失踪的判决就不能继续有效。经本人或者利害关系人提出异议申请,法院查证属实后,应当作出新判决,撤销失踪宣告。原判决撤销后,"失踪人"有权请求财产代管人及时移交有关财产并报告财产代管情况。申请撤销宣告失踪案件的审理程序也是特别程序。

## 二、宣告死亡案件的审理程序

(一) 宣告死亡案件的概念

宣告死亡案件,是指自然人离开住所或最后居所而下落不明,或者因意外事件而下落不明,达到法定期间,经其利害关系人申请,人民法院宣告其死亡的案件。

尽管我国《民法典》已规定,可将下落不明满一定期间的自然人宣告为失踪人,但是宣告失踪的法律后果并不能结束下落不明的自然人已参与的各种民事法律关系,财产代管人对财产的代管也只是一项临时性措施,失踪人的权利义务仍处于不确定的状态。而且,自然人失踪的期间达到一定时间时,依据社会共同生活经验判断,其生还的可能性已经微乎其微。这时,其相对人的利益,尤其是配偶的再婚利益、继承人的继承利益以及债权人的债权利益,应当优先于失踪人的利益受到保护。为此,我国《民法典》和《民事诉讼法》规定了宣告死亡制度。其意义在于,通过宣告失踪人死亡,结束因自然人长期下落不明而使某些民事法律关系处于不稳定的状态,从而保护该自然人及其利害关系人的合法权益,维护正常的法律秩序和社会秩序。

(二) 宣告死亡案件的审理程序

1. 申请

根据我国《民法典》第46条和《民事诉讼法》第191条的规定,申请人民法院宣告自然人死亡,应当具备下列条件:

(1) 有自然人下落不明达到法定期间的事实。被申请宣告死亡者,可以是已被宣告失踪的失踪人,也可以是未经宣告失踪的自然人。所谓下落不明的状态达到法定的期间,是指自然人下落不明的状态持续存在,并已经达到法律规定的期间。期间有两种:一种是普通期间,是指在通常情况下,自然人下落不明满4年,自其失去音讯之日起计算。一种是特殊期间,指自然人因意外事件下落不明满2年,而且因意外事件下落不明,经有关机关证明该自然人不可能生存的,申请宣告死亡不受2年时间的限制。意外事件包括交通事故(如海难、空难等)和自然灾害(如地震、雪崩、山洪暴发等)。期间自意外事件发生之日起计算。因意外事件下落不明的自然人,其死亡的可能性更大,因而法定的期间相对较短,甚至不受2年时间的限制。

唯须指出的是,自然人在战争期间下落不明的,利害关系人申请宣告死亡的期间适用普通期间,自战争结束之日或者有关机关确定的下落不明之日起计算。

(2)由利害关系人向人民法院提出申请。宣告死亡,须经利害关系人申请。根据《最高人民法院关于适用〈中华人民共和国民法典〉总则编若干问题的解释》第16条的规定,宣告死亡的利害关系人(申请权人)范围和顺序为:配偶、父母、子女以及依据《民法典》第1129条规定对被申请人有继承权的亲属;符合被申请人的配偶、父母、子女均已死亡或者下落不明的情形,或者符合不申请宣告死亡不能保护其相应合法权益的情形,此时被申请人的其他近亲属以及依据《民法典》第1128条规定对被申请人有继承权的亲属;被申请人的债权人、债务人、合伙人等民事主体不能认定为利害关系人,除非是不申请宣告死亡不能保护其相应合法权益的。这一范围和顺序的制度价值,在于优先保护配偶、父母和子女的身份利益、伦理利益和情感利益。利害关系人提出申请,单独实施即可,但不妨共同为之。

应当明确的是,宣告失踪不是宣告死亡的必经程序,只要符合申请宣告死亡的条件,利害关系人就可以直接向法院申请宣告失踪人死亡。另外,对同一自然人,有的利害关系人申请宣告死亡,有的利害关系人申请宣告失踪,符合《民事诉讼法》规定的宣告死亡条件的,人民法院应当宣告死亡。

(3)采用书面形式提出申请。利害关系人向人民法院申请宣告公民死亡时要呈递申请书。申请书的内容包括:申请人的姓名、性别、与失踪人的关系,下落不明的事实、时间和请求,并附有公安机关或者其他有关机关关于该自然人下落不明的书面证明。如果法院已判决宣告失踪的,此判决即是该自然人失踪的证明,申请应附上宣告失踪的判决书。

2. 管辖法院

根据我国《民事诉讼法》第191条的规定,宣告死亡案件,由下落不明人住所地的基层人民法院管辖。此种规定便于法院调查案件事实,寻找失踪人,及时作出判决。

3. 公告

公告寻找下落不明人,也是人民法院审理宣告死亡案件的必经程序。根据我国《民事诉讼法》第192条的规定,法院受理宣告死亡案件后,须发出寻找下落不明人的公告,公告期间为1年,但因意外事件下落不明,经有关机关证明其不可能生存的,公告期间为3个月。公告期间是寻找该自然人、等待其出现的期间。寻找下落不明人的公告应当记载下列内容:一是被申请人应当在规定期间内向受理法院申报其具体地址及其联系方式。否则,被申请人将被宣告死亡。二是凡知悉被申请人生存现状的人,应当在公告期间内将其所知道情况向受理法院报告。

4. 审理和判决

根据《民诉法解释》第346条的规定,申请人在人民法院受理宣告死亡案件后作出判决前撤回申请的,法院应当裁定终结案件,但其他符合法律规定的利害关系人加入程序要求继续审理的除外。

宣告死亡案件,人民法院可以根据申请人的请求,清理生死不明人的财产,指定案件审理期间的财产管理人。

受诉法院审理宣告死亡案件的重点是审查申请所依据的事实,即:一是该自然人是否确实下落不明,此项不明,以申请人、管辖的公安机关或者其他有关机关以及法院善意不知该公民的下落,即为已足。二是生死不明是否达到法律规定的普通期间或者特殊期间的事实。

在公告期间,如果失踪人出现,或者确知其下落的,人民法院应作出驳回申请的判决,终结案件的审理。如果公告期间届满,失踪人仍然下落不明的,法院应依法作出判决宣告失踪人死亡。判决书除应送达申请人外,还应在被宣告死亡的人住所地和法院所在地公告。判决一经宣告,即发生法律效力。

(三) 宣告死亡的法律后果

宣告死亡是基于一定事实而作出的推定,其法律后果仅在于终止被宣告死亡的人所参加的以其住所地为中心的民事法律关系,因而宣告死亡的性质仅仅类似于自然死亡,而不等同于自然死亡。

被宣告死亡的人,人民法院宣告死亡的判决作出之日视为其死亡的日期;因意外事件下落不明宣告死亡的,意外事件发生之日视为其死亡的日期。该日期属于法律拟制,日后即便被证明不真实,倘未经依法撤销,仍然不失其效力。根据《民法典》第49条的规定,自然人被宣告死亡但并未死亡的,不影响该自然人在被宣告死亡期间实施的民事法律行为的效力。

关于宣告死亡的效力范围,细述如下:一是仅限于民事范围,受宣告人在公法上的关系,尤其刑事法律关系,当然不受其影响。二是死亡宣告的效力,及于一切民事法律关系,不但包括财产关系,而且包括人身关系。三是在空间上,其效力限于以被宣告死亡的人原住所地为中心的区域。若被宣告死亡的人并未死亡,却在其他地区生存,那么在该地区,他不但仍然具有民事权利能力,而且其民事活动也不受影响。

(四) 判决的撤销

宣告死亡判决的撤销,是指被宣告死亡的人事实上并未死亡,重新出现,经本人或者利害关系人提出异议申请,由法院撤销不真实死亡宣告判决,从而恢复原状的法律制度。申请撤销宣告死亡案件的审理程序也是特别程序。其意义在于,保护受到不真实死亡宣告的人及其亲属的利益,同时兼顾善意相对人的信赖利益。

人民法院作出的撤销宣告死亡判决的新判决,总体上具有恢复原状的效力,也就是说,宣告死亡的效力溯及地被消灭了。但须注意有例外规定。

第一,财产关系上的效力。因死亡宣告而直接取得财产的,不问其属继承、受遗赠抑或属受领人身保险金,均因撤销而失去根据。除保险金应依保险合同处理外,其他财产及孳息应当返还受撤销宣告人。返还标的应为原物。原物因善意处分而不复存在的,则免其返还原物,而代之以适当赔偿;第三人善意取得原物的,因其受善意取得制度的保护,其效力不受撤销宣告影响。恶意陷害他人于宣告死亡的,属于侵权行为,应依据侵权责任制度负其责任。①

第二,人身关系上的效力。关于婚姻关系:配偶尚未再婚的,其婚姻关系自撤销死亡宣告之日起自行恢复,但是其配偶向婚姻登记机关书面声明不愿意恢复的除外;配偶已经再婚的,其再婚效力不因撤销死亡宣告而受影响;再婚之后,该配偶丧偶或者离婚的,也不能与受撤销宣告人自动恢复婚姻关系。倘若他们意欲重新结合,则属结婚问题。② 关于收养关系:被宣告死亡的人在被宣告死亡期间,其子女被他人依法收养的,在死亡宣告被撤销后,不得以未经本人同意为由主张收养关系无效。③

### 三、认定自然人无民事行为能力、限制民事行为能力案件的审理程序

（一）认定自然人无民事行为能力、限制民事行为能力案件的概念

认定自然人无民事行为能力、限制民事行为能力案件,是指人民法院根据利害关系人或者有关组织的申请,对不能辨认或者不能完全辨认自己行为的成年人,按照法定程序,认定并宣告其为无民事行为能力人或者限制民事行为能力人的案件。

民事行为能力,是民事权利能力者独立实施民事法律行为的资格。对于自然人的民事行为能力,我国《民法典》在立法技术上采取"年龄主义+有条件的个案审查"的综合方案。其中规定,18周岁以上的自然人为成年人,为完全民事行为能力人,可以独立实施民事法律行为。如果自然人已经成年,但不能辨认或者不能完全辨认自己行为,则依意思能力状况④,个案审定其民事行为能力,《民法典》规定了申请人民法院认定民事行为能力制度。我国《民事诉讼法》也对宣告民事行为能力制度作出回应,于第15章第5节专门规定了认定自然人无民事行为能力、限制行为能力案件的审理程序。上述法律规定,有利于保障智力、精神健康状况存在问题的成年人的合法权益;有利于保护与之民事权利义务关系的利害关系人的合法权益;也有利于保障民事流转的正常进行,进而维护社会的正常经济秩序。

（二）审理程序

1. 申请

根据我国《民事诉讼法》第198条的规定,申请人民法院认定自然人无民事行为能力、限制民事行为能力,应当具备以下条件:

（1）有成年人不能辨认或者不能完全辨认自己行为的事实存在。申请法院认定

---

① 参见《民法典》第53条。
② 参见《民法典》第51条。
③ 参见《民法典》第52条。
④ 意思能力是民事权利能力者能够理解自己的行为并且预见其结果的心理能力。我国《民法典》未采用这一术语,而使用了"辨认自己行为"的表述,即属关于意思能力的规定。

自然人无民事行为能力、限制行为能力，必须要以该成年人确实存在智力障碍、患有精神病，不具有正常成年人从事民事交往活动所必需的智商和心理状态为特征。

（2）经利害关系人或者有关组织申请。法律规定行使申请权的主体为利害关系人或者有关组织。利害关系人一般指的是被申请人的近亲属，包括配偶、父母、子女、兄弟姐妹、祖父母、外祖父母、孙子女、外孙子女。有关组织包括：居民委员会、村民委员会、学校、医疗机构、妇女联合会、残疾人联合会、依法设立的老年人组织、民政部门等。

（3）申请须采取书面形式。申请书应当写明如下事项：申请人的姓名、性别、年龄、住所，与被请求认定为无民事行为能力、限制民事行为能力人（即被申请人）的关系；被申请人的姓名、性别、年龄、住所；被申请人无民事行为能力、限制民事行为能力的事实和根据。如果有医院或者鉴定机构出具的诊断证明或者鉴定意见，也应当一并提交法院。

根据《民诉法解释》第 347 条的规定，在诉讼（诉讼案件审理）中，当事人的利害关系人或者有关组织提出该当事人不能辨认或者不能完全辨认自己的行为，要求宣告该当事人无民事行为能力或者限制民事行为能力的，应由利害关系人或者有关组织向人民法院提出申请，由受诉人民法院按照特别程序立案审理，原诉讼中止。

2. 管辖法院

根据我国《民事诉讼法》第 198 条的规定，认定自然人无民事行为能力或限制民事行为能力案件，由被申请人住所地基层人民法院管辖。如果被申请人有住所和经常居所，两者不一致的，由其经常居住地的基层法院管辖。这样确定管辖，既有利于申请人提出申请，也便于法院就近调查被申请人的年龄、智力、精神健康状况和日常表现，收集有关证据，作出正确的判决，从而保护该被申请人的合法权益。

3. 医学鉴定

被申请人是否存在无民事行为能力或者限制民事行为能力的事实（或者不能辨认或者不能完全辨认自己行为的事实），须依相应证据加以证明。根据我国《民事诉讼法》第 199 条的规定，人民法院受理申请后，必要时应当对被申请人进行医学鉴定。申请人已经提供鉴定意见的，应当对鉴定意见进行审查，如对鉴定意见有怀疑的，可以重新鉴定。

4. 审理和判决

根据我国《民事诉讼法》第 200 条第 1 款和《民诉法解释》第 350 条的规定，人民法院审理认定自然人无民事行为能力或者限制民事行为能力的案件，应当由被申请人的近亲属为代理人，但申请人除外。近亲属互相推诿的，由法院指定其中一人为代理人。被申请人没有近亲属的，人民法院可以指定经被申请人住所地的居民委员会、村民委员会或者民政部门同意，且愿意担任代理人的个人或者组织为代理人。没有前述规定的代理人的，由被申请人住所地的居民委员会、村民委员会或者民政部门担任代理人。代理人可以是一人，也可以是同一顺序中的两人。被申请人健康情况许可的，不仅要代理人出庭，法院还应当询问本人的意见，以便进一步了解其智力表现、患病情况、精神状态,从而作出正确的判决。

人民法院经过对案件的审理,认定被申请人并未丧失民事行为能力,申请没有事实根据,应当判决驳回申请;认定被申请人不能辨认或者不能完全辨认自己行为,申请有事实根据,应当判决宣告其为无民事行为能力人或者限制民事行为能力人。

(三) 判决的撤销

当被认定为无民事行为能力人、限制民事行为能力人(即受宣告人)智力或者精神健康恢复,具有意思能力,或者病重,连原有的部分意思能力也告丧失时,人民法院根据受宣告人本人、利害关系人或者有关组织的异议申请,查证受宣告人无民事行为能力或者限制民事行为能力的原因已经消除属实的,应根据其智力、精神健康恢复的状况,作出新判决,撤销原判决。判决一经宣告,立即发生法律效力。申请宣告自然人恢复限制民事行为能力案件、申请宣告自然人恢复完全民事行为能力案件的审理程序也是特别程序。

**四、认定财产无主案件的审理程序**

(一) 认定财产无主案件的概念

认定财产无主案件,是指人民法院根据自然人、法人或者其他组织的申请,按照法定程序将某项所有人不明或者所有人不存在的财产,查明属实后,宣告为无主财产,并将其判归国家或集体所有的案件。

任何财产,无论是物,还是各种财产权利,都是社会的财富。在一般情况下,财产总是归属于特定的权利主体,即该财产是有主的。但在现实生活中,有可能出现某些财产无主的情况,例如有的财产没有所有人或所有人不明确①,有的遗产无人继承或无人受遗赠等。如果财产长期处于无人管理的状态,任其散失丢弃,将会减少社会财富,造成不应有的损失。为此,法律规定了认定财产无主的制度。人民法院通过对这类案件的审理,可将宣告的无主财产,交由国家或者集体取得所有权,以利于对社会财富的保护和充分利用。

(二) 审理程序

1. 申请根据我国《民事诉讼法》第 202 条的规定,申请人民法院认定财产无主,应当具备以下条件:

---

① 财产没有所有人或所有人不明确,亦即该财产事实上成为了无主财产。需要指出的是,遗失物(或称拾得物)并非无主财产,只是因所有人的不慎而导致物与所有人的暂时分离,许多国家的民法都规定,遗失物在一定条件下可以由拾得人得到部分所有权。而我国《民法典》物权编关于所有权取得的特别规定一章中规定:拾得遗失物,应当返还权利人。拾得人应当及时通知权利人领取,或者送交公安等有关部门。有关部门收到遗失物,知道权利人的,应当及时通知其领取;不知道的,应当及时发布招领公告。遗失物自发布招领公告之日起 1 年内无人认领的,归国家所有。拾得漂流物、发现埋藏物或者隐藏物(这里的埋藏物和隐藏物仅指动产,不动产一般不发生埋藏或隐藏问题)的,参照拾得遗失物的有关规定。文物保护法等法律另有规定的,依照其规定。由此可见,我国有关民事法律规定的公安等有关部门主管的、依职权发动的、拾得物等在公告期 1 年内无人认领,法律直接推定为无主财产而由国家取得所有权的制度,与《民事诉讼法》规定的法院主管的、经申请启动的、某项处于无人管理状态的财产在公告期 1 年内无人认领、依法审理后认定财产无主并判归国家或集体所有的制度是不同的。换言之,拾得物等不得适用认定财产无主案件的审理程序。

(1) 需要认定的财产是所有人确已消失或所有人不明的财产，可以是有形物，也可以是财产权利。

(2) 须有人向人民法院提出申请。我国对申请人的范围规定得颇为广泛，凡是知道财产无主情况的有关机关、团体、企业事业单位及个人，都有权提出申请。如财产的发现人、财产所在地的基层组织或者基层人民政府，死者的财产管理人，等等。

(3) 申请应采取书面形式，申请书应具体写明财产的种类、数量、所在地以及要求认定财产无主的根据。

2. 管辖法院

认定财产无主的案件，根据《民事诉讼法》第202条的规定，应当由无主财产所在地的基层人民法院管辖。这样确定管辖，有利于法院调查该项财产的状况，寻找财产所有人，及时审理和判决。

3. 审查和公告

根据我国《民事诉讼法》第203条的规定，人民法院受理申请认定财产无主案件后，应当进行认真的审查核实，财产所有人确实查不清的，应当发出财产认领公告，寻找该财产的所有人，公告期限为1年。在公告期间，因财产仍处于无主状态，法院可根据财产的具体情况，指定专人看管，或委托有关单位代管。

4. 判决

在公告期间，如果财产所有人出现，经人民法院确认为财产的合法所有人后作出驳回申请认定财产无主的判决，并通知财产所有人认领财产。如果公告期届满仍无人认领的，法院即应作出判决，认定该项财产为无主财产，并根据不同情况，收归国家或集体所有。财产被他人占有的，占有人应自判决生效之日起将财产交给国家或者集体。

根据《民诉法解释》第348条的规定，在公告期间，如果有人(财产所有人以外的人)对财产提出请求，法院应裁定终结特别程序，告知申请人另行起诉，适用通常诉讼程序审理。

(三) 判决的撤销

人民法院根据申请人的申请作出认定财产无主的判决，只是对财产无主的一种推定。这种推定是在现有情况下根据已知信息作出的，它不排除以后会获得更多的信息，从而得出的结论可能与最初的推定不符。为了保护财产所有人或者继承人的合法权益，法律给予他们权利在一定期限内要求撤销已生效的宣告财产无主的判决。也就是说，法院认定财产无主的判决生效后，原财产所有人或者继承人出现，在《民法典》规定的诉讼时效期间内对财产提出请求的，法院查证属实后，应当作出新判决，撤销原判决。原判决撤销后，已被国家或者集体取得的财产，应将其返还原主。原财产尚在的，应返还原财产；原财产不存在的，可以返还同类财产或者按原财产的实际价值折价返还。申请撤销认定财产无主判决案件的审理程序也是特别程序。

## 第三节 调解协议司法确认程序

### 一、确认调解协议案件的概念

确认调解协议案件,是指经依法设立的调解组织调解达成调解协议时,双方当事人于法定期限内共同申请人民法院对调解协议符合法律规定与否进行审查和确认的案件。

以调解方式解决民事纠纷,在我国具有悠久的历史。随着经济社会的迅速发展,我国社会进入矛盾凸显期,因此有必要充分发挥包括人民调解在内的各种调解在解决民事纠纷中的作用。所谓人民调解,是指人民调解委员会通过说服、疏导等方法,促使当事人在平等协商基础上自愿达成调解协议,解决民间纠纷的活动。我国在总结以往人民调解工作的实践经验基础上,为进一步推动和规范人民调解工作,于2010年制定了《人民调解法》。该法规定:经人民调解委员会调解达成调解协议后,双方当事人认为有必要的,可以自调解协议生效之日起30日内共同向人民法院申请司法确认,法院应当及时对调解协议进行审查,依法确认调解协议的效力。此规定标志着我国建立了调解协议的司法确认制度。确认调解协议无疑具有方便、快捷、经济地处理矛盾纠纷,减轻诉累,节约司法资源的优势。为此,2012年《民事诉讼法》在特别程序中增加一节"确认调解协议案件",对确认程序、法院管辖、法律文书形式以及效力等具体事项作出明确规定。则标志着我国进一步完善了调解协议司法确认制度,强化了人民调解程序及其达成的调解协议的效力,实现了民事纠纷的非诉讼解决机制与诉讼解决机制的有效衔接。2021年《民事诉讼法》修正时又将可确认的调解协议范围扩大,明确为"经依法设立的调解组织调解达成调解协议",并细化增加了有管辖权的法院。立法上的完善,必将促进我国多元纠纷解决机制的不断发展。

### 二、审理程序

(一)申请

根据我国《民事诉讼法》第205条的规定,申请确认调解协议,应当具备下列条件:

1. 符合法律规定的申请司法确认的调解协议范围

在我国调解实践中,存在着多种调解组织的调解。例如,有各种人民调解委员会的调解,有行政机关或者行政调解组织在治安管理、社会保障、交通事故赔偿、医疗卫生、消费者权益保护、物业管理、环境污染、知识产权、证券期货等领域依法开展的行政调解,有商会、行业协会、调解协会、民办非企业单位、商事仲裁机构等设立的商事调解组织、行业调解组织在投资、金融、证券期货、保险、房地产、工程承包、技术转让、环境保护、电子商务、知识产权、国际贸易等领域提供的商事调解服务或者行业调解服务,有工会、妇联、共青团等社会团体参与解决劳动争议、婚姻家庭以及妇女儿童权益等纠纷的调解。根据《民事诉讼法》的规定,只要调解组织是依法设立的,由其主持调解达成的调解协议就可以纳入申请司法确认的范围。

2. 由双方当事人共同申请

现实中许多民事纠纷经调解达成协议后当事人都能自觉履行,但也存在调解协议不能即时履行完结的情况,有的当事人为防止调解协议履行过程中发生变故,希望通过司法程序审查调解协议是否符合法律规定,以确认协议的有效性。"司法确认"是对在调解程序中达成(已经当事人书面签订并经调解组织盖章,或者已经当事人口头合意并经调解组织记录协议内容)而生效的调解协议的确认,并不是调解协议生效的必经程序。对于具有民事给付内容的调解协议,如果认为有必要申请司法确认,双方当事人及其符合我国《民事诉讼法》第61条规定的代理人应当共同提出申请。

3. 申请在法定期限内提出

按照规定,申请确认调解协议的,应在法定期限内提出,该期限为自调解协议生效之日起30日内。

4. 申请以书面或口头形式为之均可

根据《民诉法解释》第353条、第354条的规定,当事人申请司法确认调解协议,可以采用书面形式或者口头形式。当事人口头申请的,人民法院应当记入笔录,并由当事人签名、捺印或者盖章。除提出申请外,当事人还应当向法院提交调解协议、调解组织主持调解的证明,以及与调解协议相关的财产权利证明等材料,并提供双方当事人的身份、住所、联系方式等基本信息。当事人未提交上述材料的,法院应当要求当事人限期补交。委托符合我国《民事诉讼法》第61条规定的代理人代为申请的,必须向法院提交由委托人签名或者盖章的授权委托书。

(二) 管辖法院

当事人申请确认调解协议,如果调解协议是经人民法院在立案前邀请或者委派调解组织开展先行调解达成的,由作出邀请或者委派的法院管辖。如果调解协议是经调解组织自行开展调解达成的,由当事人住所地、标的物所在地、调解组织所在地的基层法院管辖;如果调解协议所涉纠纷应当由中级人民法院管辖的,向相应的中级人民法院提出。调解组织自行开展的调解,有两个以上调解组织参与的,符合《民事诉讼法》第205条规定的各调解组织所在地法院均有管辖权。双方当事人可以共同向其中一个有管辖权的法院提出申请,而双方当事人共同向两个以上有管辖权的法院提出申请的,由最先立案的法院管辖。

(三) 受理

人民法院收到当事人司法确认申请,应当在3日内决定是否受理。对诉前调解成功后申请司法确认的案件,法院决定受理的,应当编立"诉前调确"案号;对调解组织自行开展调解成功后申请司法确认的案件,法院决定受理的,应当编立"调确字"案号。法院决定受理的,应及时向当事人送达受理通知书。双方当事人同时到法院申请司法确认的,人民法院可以当即受理并作出是否确认的决定。① 根据《民诉法解释》第 355 条的规定,当事人申请司法确认调解协议,有下列情形之一的,人民法院裁定不予受理:(1) 不属于法院受理民事案件的范围的;(2) 不属于收到申请的法院管辖的;(3) 申请确认婚姻关系、亲子关系、收养关系等身份关系无效、有效或者解除的;(4) 涉及适用其他特别程序、公示催告程序、破产程序审理的;(5) 调解协议内容涉及物权、知识产权确权的。法院受理申请后,发现有上述不予受理情形的,应当裁定驳回当事人的申请。

(四) 审查和裁定

人民法院受理司法确认申请后,应当指定一名审判人员对调解协议进行审查,审查相关情况时,应当通知双方当事人共同到场对案件进行核实。当事人应当向法院如实陈述申请确认的调解协议的有关情况,保证提交的证明材料真实、合法。法院经审查,认为当事人的陈述或者提供的证明材料不充分、不完备或者有疑义的,可以要求当事人限期补充陈述或者补充证明材料。必要时,法院可以向调解组织核实有关情况。当事人无正当理由未在限期内补充陈述、补充证明材料或者拒不接受询问的,可以按撤回司法确认申请处理。在法院作出是否确认的裁定前,一方或者双方当事人撤回司法确认申请的,法院可以裁定准许。② 审查调解协议是否符合法律规定,主要考虑以下情形:(1) 通过调解方式解决纠纷是否出于当事人自愿;(2) 调解协议的内容是否违反法律、法规的强制性规定或者社会公共利益;(3) 达成调解协议是否出于当事人自愿,是否有重大误解或者显失公平等严重违背其真实意思表示的情形。只有调解协议符合法律规定,才应当裁定确认调解协议有效。调解协议不符合法律规定的,裁定驳回申请。

根据《民诉法解释》第 358 条的规定,经审查,调解协议有下列情形之一的,人民法院应当裁定驳回申请:(1) 违反法律强制性规定的;(2) 侵害国家利益、社会公共利益、他人合法权益的;(3) 违背公序良俗的;(4) 违反自愿原则的;(5) 内容不明确,无法确认的;(6) 其他不能进行司法确认的情形。

人民法院应当自受理司法确认申请之日起 15 日内作出是否确认的裁定。因特殊情况需要延长的,经本院院长批准,可以延长 10 日。③

### 三、司法确认的效果

人民法院确认调解协议有效的裁定自送达双方当事人后发生法律效力。一方当事人拒绝履行或者未全部履行调解协议所约定的给付义务,对方当事人可以其为执行依据向法院申请强制执行。根据现行法有关规定,执行管辖法院是作出裁定的基层法院或者是被执行财产所在地的基层法院。

---

① 参见《最高人民法院关于人民调解协议司法确认程序的若干规定》第 4 条的规定。"诉前调确"是最高人民法院 2022 年 1 月 1 日开始启用的新案号。
② 参见《民诉法解释》第 356 条、第 357 条的规定。
③ 参见《最高人民法院关于人民调解协议司法确认程序的若干规定》第 5 条的规定。

### 四、对申请司法确认结果的救济

申请人民法院确认调解协议的效力有两种结果,相应地也有两种救济方式:一是法院裁定调解协议有效,当事人有异议的,应当自收到裁定之日起 15 日内提出;利害关系人有异议的,自知道或者应当知道其民事权益受到侵害之日起 6 个月内提出。法院经审查,异议成立或者部分成立的,作出新的裁定撤销或者改变原裁定;异议不成立的,裁定驳回。[①] 二是法院裁定驳回了确认调解协议的申请,对此当事人可以通过调解方式变更原调解协议或者达成新的调解协议,也可以向法院提起诉讼。

## 第四节 实现担保物权案件的审理程序

### 一、实现担保物权案件的概念

实现担保物权案件,是指担保物权人以及其他有权请求实现担保物权的人为了给经由执行程序实现担保物权提供执行依据,依法申请人民法院对其具体实现担保物权条件成就与否进行审查和确认的案件。

根据我国《民法典》第 410 条(《物权法》第 195 条)的规定,债务人不履行到期债务或者发生当事人约定的实现抵押权的情形,抵押权人可以与抵押人协议以抵押财产折价或者以拍卖、变卖该抵押财产所得的价款优先受偿。抵押权人与抵押人未就抵押权实现方式达成协议的,抵押权人可以请求人民法院拍卖、变卖抵押财产。在该法的其他部分,还规定有关主体也可以根据情况依法请求人民法院拍卖、变卖质押财产、留置财产等担保财产。但是,实体法的这种规定,并不能使担保物权人等主体可以直接向法院申请拍卖、变卖担保财产。因为,按照我国《民事诉讼法》的规定,作为人民法院执行根据的法律文书具有法定性,而担保物权人享有的担保物权本身并不能作为执行依据。为与实体法对担保物权的实现的规定进行衔接,并适应审判实践的需要,2012 年修改后《民事诉讼法》在特别程序中增加一节"实现担保物权案件",对实现程序、法院管辖、法律文书形式以及效力等具体事项作出明确规定。毫无疑问,这种制度安排必将更好地保护包括担保物权人在内的有权请求实现担保物权的人的合法权益,大大节约司法资源。

### 二、审理程序

(一)申请

根据我国《民事诉讼法》第 207 条的规定,申请实现担保物权,应当具备下列条件:

---

[①] 参见《民诉法解释》第 372 条的规定。

1. 申请行使担保物权的主体合法

依照法律规定,有权申请人民法院实现担保物权的主体包括担保物权人和其他有权请求实现担保物权的人。

其一,担保物权人。担保物权包括抵押权、质权、留置权,据此担保物权人也就包括抵押人、质权人和留置权人。其中,抵押权是指为担保债务的履行,债务人或者第三人不转移财产的占有,将该财产抵押给债权人,债务人不履行到期债务或者发生当事人约定的实现抵押权的情形,债权人有权就该财产优先受偿。质权是指为担保债务的履行,债务人或者第三人将其动产或者财产权利出质给债权人占有或者控制,债务人不履行到期债务或者发生当事人约定的实现质权的情形,债权人有权就该动产或者财产权利优先受偿。留置权是指债权人可以留置已经合法占有的债务人的动产,并有权就该动产优先受偿。由于抵押权是不转移标的物占有的担保物权,当债务人不履行债务时,抵押权人不能直接将标的物拍卖、变卖,一般需要申请人民法院实现抵押权。而质物、出质的财产权利或者被留置的财产由质权人、留置权人占有或者控制,他们的质权或者留置权,有的需要申请法院实现,有的不需要申请法院实现。

其二,其他有权请求实现担保物权的人。现实生活中会出现以下情况:一是债务履行期满,债务人未履行债务时,抵押权人、质权人控制着抵押财产、质押财产、出质的财产权利,又不马上行使抵押权、质权,其结果可能是抵押财产、质押财产、出质的财产权利市场价格下跌,甚至发生毁损、灭失等,毕竟抵押财产、质押财产、出质的财产权利在折价或者拍卖、变卖、转让等后,其价款超过债权数额的部分归抵押人、出质人所有。二是留置权人长期持续占有留置财产而不实现,造成留置财产自然损耗或者贬值。为了避免质权人、留置权人怠于行使权利,侵害出质人、债务人合法权益,我国《民法典》第437条第1款规定:"出质人可以请求质权人在债务履行期间届满后及时行使质权;质权人不行使的,出质人可以请求人民法院拍卖、变卖质押财产。"第454条规定:"债务人可以请求留置权人在债务履行期间届满后行使留置权;留置权人不行使的,债务人可以请求人民法院拍卖、变卖留置财产。"为此,法律赋予抵押人、出质人、财产被留置的债务人或者所有权人等其他有权请求实现担保物权的人,也可以申请法院实现担保物权,司法解释遂加以归纳明确。[1]

2. 担保物权存在且未获实现

实现担保物权案件审理程序的设置目的是为促进实现担保物权,所以在债务人不履行到期债务或者发生当事人约定的实现担保物权的情形的情况下,向人民法院提出申请所针对的,一定是未消灭的、担保物权人尚未能与担保人达成合意以担保财产折价或者尚未能直接以拍卖、变卖该担保财产所得的价款优先受偿的担保物权。至于当事人之间的债务是否确实存在,担保物权是否合法生效等问题,则不作为申请的条件,而应留待法院审查时予以把握。

---

[1] 参见《民诉法解释》第359条的规定。

### 3. 担保物权人的申请应在主债权诉讼时效期间提出

根据我国《民法典》第 393 条、第 419 条的规定，司法对担保物权的保护与实现是有期限的，担保物权人应当在主债权诉讼时效期间行使担保物权。受此制约，担保物权人向人民法院申请实现担保物权时亦应在主债权诉讼时效期间提出。未及时行使的，法院不予保护。

### 4. 提交申请书及其他材料

实现担保物权案件的申请亦应以书面方式为之，申请书应当记明申请人、被申请人的姓名或者名称、联系方式等基本信息，具体的请求和事实、理由。根据《民诉法解释》第 365 条的规定，申请实现担保物权，申请人还应当提交下列材料：（1）证明担保物权存在的材料，包括主合同、担保合同、抵押登记证明或者他项权利证书，权利质权的权利凭证或者质权出质登记证明等；（2）证明实现担保物权条件成就的材料；（3）担保财产现状的说明；（4）法院认为需要提交的其他材料。

### （二）管辖法院

依照《民事诉讼法》第 207 条的规定，申请实现担保物权，向担保财产所在地或者担保物权登记地基层人民法院提出。由担保财产所在地基层法院管辖实现担保物权的案件，便于担保财产的查封、扣押；由担保物权登记地基层法院管辖，主要考虑有些担保财产是财产权利，例如，以基金份额、股权或者以注册商标专用权、专利权、著作权等知识产权中的财产权以及应收账款等设立权利质权，由担保物权登记地基层法院管辖更便于执行。但根据《民诉法解释》第 360 条的规定，实现票据、仓单、提单等有权利凭证的权利质权案件，也可以由权利凭证持有人住所地法院管辖。另外要注意，如果实现担保物权案件属于海事法院等专门法院管辖的，则应当由专门法院管辖。

### （三）受理

人民法院收到当事人申请实现担保物权的材料后，经审查符合申请条件的，应当按照我国《民事诉讼法》第 126 条立案期限的规定，在 7 日内决定是否受理。

根据《民诉法解释》的相关规定，同一债权的担保物有多个且所在地不同，申请人分别向有管辖权的人民法院申请实现担保物权的，法院应当依法受理。依照《民法典》第 392 条的规定，被担保的债权既有物的担保又有人的担保，当事人对实现担保物权的顺序有约定，实现担保物权的申请违反该约定的，人民法院裁定不予受理；没有约定或者约定不明的，人民法院应当受理。同一财产上设立多个担保物权，登记在先的担保物权尚未实现的，不影响后顺位的担保物权人向法院申请实现担保物权，对此法院应当受理。

法院决定受理申请后，应当在 5 日内向被申请人送达申请书副本、异议权利告知书等文书。被申请人有异议的，应当在收到法院通知后的 5 日内向法院提出，同时说明理由并提供相应的证据材料。

法院受理申请后，申请人对担保财产提出保全申请的，可以按照《民事诉讼法》关于诉讼保全的规定办理。

（四）审查与裁定

根据我国《民事诉讼法》第 208 条及《民诉法解释》第 367 条、第 368 条的规定，人民法院受理申请实现担保物权案件后，可以由审判员一人独任审查，但担保财产标的额超过基层法院管辖范围的，应当组成合议庭进行审查。法院进行审查时，可以询问申请人、被申请人、利害关系人，必要时可以依职权调查相关事实。

审理对象是实现担保物权的条件成就与否，即对照有关实体法的规定，就债务是否确实发生、债务数额有无异议、担保物权设定是否合法、担保物权是否生效、债务人的债务到期有无履行等事项作出审查。《民诉法解释》第 369 条对审查对象和审查事项范围作出了明确规定，要求法院就主合同的效力、期限、履行情况，担保物权是否有效设立、担保财产的范围、被担保的债权范围、被担保的债权是否已届清偿期等担保物权实现的条件，以及是否损害他人合法权益等内容进行审查。被申请人或者利害关系人提出异议的，法院应当一并审查。

对实现担保物权有无实质性争议的问题，法院仅需作形式审查，只看当事人双方在表面上对实现担保物权有无争议的意见陈述。经审查，当事人对实现担保物权无实质性争议且实现担保物权条件成就的，人民法院应当裁定准许拍卖、变卖担保财产；当事人对实现担保物权有部分实质性争议的，可以就无争议部分裁定准许拍卖、变卖担保财产。拍卖是担保物权实现的最为普遍的一种方式。拍卖也称为竞卖，是指以公开竞争的方法将标的物卖给出价最高的买者。以拍卖的方式实现担保物权有很大的优点，因为拍卖是以公开竞价方式出卖担保财产，拍卖的价款能够最大限度地体现担保财产的价值，从而充分发挥担保财产对债权的担保作用。担保财产不适于拍卖或者当事人双方不同意进行拍卖的，法院可以委托有关单位变卖或者自行变卖。变卖是指交由商业部门收购或者代为出售担保财产，换取现款。为了保障变卖的价格公允，变卖担保财产应当参照市场价格。

经审查，当事人的申请不符合法律规定，即对实现担保物权有实质性争议的，裁定驳回申请，并告知申请人向人民法院提起诉讼。不符合法律规定的情况，比如双方对债务是否履行存在争议，对担保合同的有关条款或者担保物权的效力问题存在争议等。如果双方对此类事项有争议，就谈不上实现担保物权的问题。

### 三、准许实现担保物权裁定的效力

人民法院作出的准许拍卖、变卖担保财产的裁定，即准许实现担保物权的裁定，自送达双方当事人后发生法律效力，当事人依据该裁定可以向法院申请强制执行，即可以该裁定作为执行依据，申请发动一个强制执行程序。根据现行法有关规定，执行管辖法院是作出裁定的基层法院或者是被执行财产所在地的基层法院。

### 四、对申请实现担保物权案件审理裁定结果的救济

申请人民法院实现担保物权有两种审理结果，相应地也有两种救济方式：一是法院裁定准许拍卖、变卖担保财产，当事人有异议的，应当自收到裁定之日起 15 日内提

出;利害关系人有异议的,自知道或者应当知道其民事权益受到侵害之日起6个月内提出。法院经审查,异议成立或者部分成立的,作出新的裁定撤销或者改变原裁定;异议不成立的,裁定驳回。① 二是法院裁定驳回申请,对此当事人可以向法院另案提起诉讼,即通过提起一个争讼程序来解决他们的纠纷,以便确认和实现权利。

## 第五节 指定遗产管理人案件的审理程序

### 一、指定遗产管理人案件的概念

指定遗产管理人案件,是指继承开始后,对遗产管理人的确定有争议,利害关系人申请人民法院指定遗产管理人的案件。此种案件经审判后,还可能衍生另行指定遗产管理人案件,即被指定的遗产管理人死亡、终止、丧失民事行为能力或者存在其他无法继续履行遗产管理职责情形的,利害关系人或者本人申请人民法院另行指定遗产管理人的案件。

自然人生前一般拥有各种形式的个人合法财产,大多时候财产的形式和数量伴随其实施的民事法律行为或者因其他法律事实引起的民事权利义务关系的发生、变更、消灭而处于不断变化状态,甚至无法准确统计,这是其用于概括承担民事法律义务的责任财产。自然人死亡时,包括被宣告死亡时遗留的个人合法财产成为遗产,继承开始。因此,继承开始后,需要进行遗产清算。而遗产清算一般经历清理确认遗产(通常涉及家庭共有财产、夫妻共有财产的析产)、处理债权债务、(为缺乏劳动能力又没有生活来源的继承人)保留必要遗产、清偿税款和债务、遗产继承等步骤接续的过程,实施各个步骤的相关行为需要一定时间,需要有专门的人来做。为此,我国《民法典》建立了遗产管理人制度,其中第1146条规定:"对遗产管理人的确定有争议的,利害关系人可以向人民法院申请指定遗产管理人。"我国《民事诉讼法》2023年修正时也对遗产管理人制度作出回应,于第15章第4节专门规定了指定遗产管理人案件的审理程序。上述法律规定,有利于保证遗产的独立性和及时确定遗产管理人,确保遗产得到妥善管理和顺利分割,在平等保护继承人、受遗赠人、债权人等主体合法民事权益的同时,有助于遗产的公平分配和妥善处置。

### 二、审理程序

(一)申请

根据我国《民事诉讼法》第194条、第196条的规定,申请人民法院指定遗产管理人,应当具备以下条件:

1. 有"对遗产管理人的确定有争议"之事实存在

申请法院指定遗产管理人,应有"对遗产管理人的确定有争议"这一前提事实。

---

① 参见《民诉法解释》第372条的规定。

如果是另行指定遗产管理人案件,应有被指定的遗产管理人死亡、终止、丧失民事行为能力或者存在其他无法继续履行遗产管理职责情形等前提事实。《民法典》第1145条规定了遗产管理人选任的对象、方法、顺序,有关民事主体通常依据该规定可以确定遗产管理人。但是,也可能发生另一种情况,即继承开始后,有关民事主体不能依据该规定确定遗产管理人,而是对谁来担任遗产管理人有争议,如被继承人通过遗嘱指定遗嘱执行人,遗嘱生效时被指定的人不同意担任遗嘱执行人;又如没有遗嘱执行人,有的继承人对推选遗产管理人有不同意见但又拒绝共同担任遗产管理人;再如继承人均放弃继承,被继承人生前住所地的民政部门或者村民委员会因故推诿担任遗产管理人。"对遗产管理人的确定有争议"之事实状态,通常表现为与管理遗产有关的必要行为,如处理被继承人的债权债务、按照遗嘱或者依照法律规定分割遗产等活动无法进行,此时就产生了启动和利用指定遗产管理人审理程序的必要性。

2. 由利害关系人向人民法院提出申请

所谓利害关系人,是指通过遗产管理人履行职责而实现民事权益或者承担民事责任的自然人、法人和其他组织。通常是与被继承人生前具有身份关系、债权债务关系或者其他民事权利义务关系的人,也可能是因被继承人死亡、保管遗产行为、遗产造成损害等法律事实引起的民事权利义务关系的一方民事主体。利害关系人提出申请,单独实施即可,但符合法律规定的多个利害关系人不妨共同为之,列为共同申请人。如果是另行指定遗产管理人案件,利害关系人或者被指定的遗产管理人本人可以提出申请。

3. 申请须采用书面形式

利害关系人或者被指定的遗产管理人本人申请指定遗产管理人应当向人民法院提交申请书。申请书应当写明如下事项:申请人的姓名、性别、年龄、民族、职业、工作单位、住所、联系方式,法人或者其他组织的名称、住所和法定代表人或者主要负责人的姓名、职务、联系方式;被申请人的姓名、性别、工作单位、住所等信息,法人或者其他组织的名称、住所等信息;被继承人死亡的时间、申请事由和具体请求,并附有被继承人死亡的相关证据。被申请人是申请人请求指向的符合《民法典》第1145条规定的担任遗产管理人的对象,或者在选任遗产管理人上不同意申请人意见的继承人等有关主体。有符合法律规定的多个被申请人的,列为共同被申请人。

(二)管辖法院

根据我国《民事诉讼法》第194条的规定,指定遗产管理人案件,由被继承人死亡时住所地或者主要遗产所在地基层人民法院管辖。此类案件地域管辖确定以被继承人死亡时住所地或者主要遗产所在地为连结点,与总则编中确定因遗产继承纠纷提起诉讼的专属管辖的思路相同。这样确定管辖,便于法院就近查明被继承人、继承人、遗产、当事人的有关情况,以及遗产管理人的选任实施过程和遗产管理人的确定争议的存在等,从而正确处理案件。

(三)审理和判决

指定遗产管理人案件的审理,适用特别程序一般规定部分的相关规定,并可参照适用现行民事诉讼法的有关规定。在审判组织方面,该类案件由审判员一人独任审理。在审理方式方面,原则上开庭审理,但法庭认为不需要开庭审理的,可以不开庭审理。在审理内容方面,既要听取申请人对申请事由的主张,又要听取被申请人对遗产管理人的确定和指定的意见。既要调查核实申请人是否系利害关系人,又要审查核实被继承人何时自然死亡或者被宣告死亡、继承有无遗嘱以及是否指定遗嘱执行人、有无继承人及继承人的范围、继承人是否作出放弃继承的意思表示,还要重点核实有关当事人对被继承人遗产的遗产管理人的确定有无争议这一事实。在代理人参与方面,申请人或者被申请人如为无诉讼行为能力人的,由他的监护人作为法定代理人代为诉讼。当事人、法定代理人可以委托一至二人作为诉讼代理人。律师、当事人的近亲属、有关的社会团体或者所在单位推荐的人、经人民法院许可的其他公民,都可以被委托为诉讼代理人。在程序转换方面,法院在依照指定遗产管理人案件审理程序审理过程中,发现本案属于民事权益争议的,应当裁定终结该特别程序,并告知利害关系人可以另行提起普通诉讼程序。

人民法院经过对案件的审理,核实了有关当事人之间对被继承人遗产的遗产管理人的确定的确有争议,申请理由成立,则依据《民法典》第1145条和《民事诉讼法》第195条的规定,按照有利于遗产管理的原则作出判决,即申请人请求指定的对象合适,则判决指定该对象为遗产管理人;申请人请求指定的对象不合适,则判决指定选任对象中的有关主体为遗产管理人。判决一经作出即发生法律效力,当事人不得上诉或申请再审。法院经审理核实,认定当事人之间对被继承人遗产的遗产管理人的确定没有争议,申请理由不成立,可以在认定事实部分对已确定的遗产管理人作出确认后,判决驳回申请。

### 三、判决的撤销

确立遗产管理人制度的目的,是通过遗产管理人履行职责妥善管理遗产,以保护继承人、受遗赠人、债权人的财产权利。《民法典》第1147条规定遗产管理人应当履行下列职责:(1)清理遗产并制作遗产清单;(2)向继承人报告遗产情况;(3)采取必要措施防止遗产毁损、灭失;(4)处理被继承人的债权债务;(5)按照遗嘱或者依照法律规定分割遗产;(6)实施与管理遗产有关的其他必要行为。指定遗产管理人案件经审理作出判决生效后,被指定遗产管理人应当及时到位投入工作,依法诚信、勤勉地履行遗产管理职责,同时遗产管理人可以依照法律规定或者按照约定获得报酬。

遗产管理人如有违反遗产管理职责的行为,则可能引起民事实体法后果和民事诉讼法后果。根据《民法典》第1148条规定,遗产管理人因故意或者重大过失造成继承人、受遗赠人、债权人损害的,应当承担民事责任。受害人可以按照普通诉讼程序起诉,寻求民事权益救济。同时,根据《民事诉讼法》第197条的规定,遗产管理人违反遗产管理职责的行为,严重侵害继承人、受遗赠人或者债权人合法权益的,利害关系人(通常应为上述受害人)可以此侵害事实为理由,向作出指定判决的人民法院申请撤销遗产管理人资格。这构成了撤销遗产管理人资格案件。撤销遗产管理人资格案件的审理程序也是特别程序,可适用指定遗产管理人案件的审理程序以及特别程序一般规定部分的相关规定。法院经审理确认存在遗产管理人违反遗产管理职责,严重侵害继承人、受遗赠人或者债权人合法权益的事实的,则作出判决撤销该遗产管理人资格,并依法指定新的遗产管理人。

【特别提示】

在学习宣告死亡案件审理程序时要注意宣告死亡和自然死亡的区别。宣告死亡在性质上类似于自然死亡,而不等同于自然死亡。二者的区别如下:(1)制度目的不同。对自然死亡而言,自然人的民事权利能力归于消灭。而宣告死亡制度的目的,却不在于剥夺失踪人的民事权利能力,而仅在于结束以其原住所地为中心的民事法律关系而已。并且,其公法上的关系,尤其刑事法律关系,并不受影响。(2)事实与拟制。在自然死亡,其死亡是真实的;而宣告死亡,其死亡却是法律拟制的,后者的当事人未必确已死亡。(3)要件不同。自然死亡是当然死亡,而宣告死亡,却需要充分其法律要件才可。(4)效力不同。自然死亡的效力是绝对的,而宣告死亡的效力,则可依撤销而溯及地被消灭。(5)死亡时点不同。在自然死亡,其死亡时间是真实的;而在宣告死亡,其死亡的时间则是法律拟制的,一般为死亡判决宣告之日。

在学习确认调解协议案件审理程序时要注意其与调解程序的功能区别以及审理对象。确认调解协议,确认的是经调解程序达成的调解协议,该种协议已经调解当事人以书面形式签订并经调解组织盖章而生效,或者已经调解当事人以口头形式合意并经调解组织记录协议内容而生效,因此确认调解协议案件审理程序并不是调解协议生效的必经程序。法律配置确认调解协议案件审理程序,是为解决经由调解程序达成的调解协议可否作为执行依据问题,为此需要审判权检查核实调解协议的有效性,因此该种程序的审理对象是调解协议是否符合法律规定的事实。

在学习实现担保物权案件审理程序时要注意区分审理对象和具体审查事项以及形式审查和实质审查问题。审理对象是实现担保物权的条件成就与否的事实,具体是对照有关实体法的规定,就债务是否确实发生、债务数额有无异议、担保物权设定是否合法、担保物权是否生效、债务人的债务到期有无履行等事项作出审查。对实现担保物权有无实质性争议的问题,法院仅需作形式审查,只看当事人双方在表面上对实现担保物权所涉及的审查事项有无争议的意见陈述。经审查,如果当事人对实现担保物权无实质性争议,法院就要对实现担保物权条件成就与否进行实质审查。

# 第二十三章 略 式 程 序

**【本章提要】**

选民登记及选民资格审查工作是选民的选举权利得到依法保障的重要环节,是整个选举工作的基础,选民资格案件的审理程序是一种解决起诉人对选举委员会公布和决定的选民名单有无错写或者漏写问题的起诉期限和审理期限极短、实行一审终审的审判程序。督促程序适用于解决以金钱或者有价证券为标的的给付案件,是一种以假定当事人之间债的关系不存在争议为前提,法院仅依债权人的请求,无需开庭即向债务人发出支付令,支付令生效后可依法执行的简便、迅速地催促债务人还债的程序。公示催告程序主要适用于解决可以背书转让的票据被盗、遗失或者灭失之后的公示催告和除权问题,以简略快捷的方式方法排除不明的利害关系人对有关票据享有的权利,进而确定申请人对该票据享有权利。

## 第一节 选民资格案件的审理程序

### 一、选民资格案件的概念

选民资格案件,或称选民名单案件,是指公民对选举委员会公布的选民名单有不同意见,向选举委员会申诉后,对选举委员会就申诉所作的决定不服,而向选区所在地的基层人民法院提起诉讼的案件。

选举权和被选举权作为我国《宪法》所规定的公民民主权利的一项基本权利,也是公民最重要的政治权利,是人民当家作主行使管理国家权力的重要途径。按照《选举法》的规定,选举前,应当按选区进行选民登记,并在选举日的 20 日以前公布选民名单,实行凭选民证参加投票选举的,并应当发给选民证。所谓选区,是指直接选举中选民进行选举活动、产生人民代表大会代表的基本单位。选区可以按居住状况划分,也可以按生产单位、事业单位、工作单位划分。所谓选民登记,是指依据法律的有关规定,按照选民登记的具体要求,依法对享有选举权和被选举权的公民进行登记造册,并列入选民名单的一种方法。选民登记是对选民资格的法律认可,依法确认公民的选举权和被选举权,也是对选区内有选举权和被选举权的选民进行一次统计。选民登记及选民资格审查工作是选民的选举权利得到依法保障的重要环节,是整个选举工作的基础。根据我国《选举法》的规定,选民登记及选民资格应符合以下三个基本条件:(1) 必须具有中华人民共和国国籍。(2) 必须年满 18 周岁。计算选民年满 18 周岁的年龄,从出生日期至选举日为止,选民出生日期的确认,以居民身份证为准;未办理居民身份证的,以户口簿为准。(3) 必须享有选举权和被选举权。凡中华人民共和国公民,除经人民法院依法判决剥夺政治权利的外,都有选举权和被选举权。公民被剥夺政治权利,以法院已经生效的判决书为准。被剥夺政治权利期限已满,政治权利恢复的,依法享有选举权和被选举权。精神病患者不能行使选举权利的,经选举委员会确认,不列入选民名单。选民只有同时具备上述三个基本条件,才具备选民资格,才能进行选民登记,列入选民名单。

根据我国《选举法》第 29 条和《民事诉讼法》第 188 条、第 189 条的规定,公民对选举委员会公布的选民名单有不同意见的,可以向选举委员会提出申诉。选举委员会对申诉意见,应在 3 日内作出处理决定。申诉人如果对处理决定不服,可以在选举日的 5 日以前向选区所在地的基层人民法院起诉,法院应在选举日以前作出判决。法院的判决为最后决定。所谓公民对选举委员会公布的选民名单有不同意见,是指选区内的公民本人或其他公民认为选举委员会公布的选民名单有错误,例如应当列入选民名单的人没有列入,或者不应列入选民名单的人列入选民名单。只要选区内的公民本人或其他公民认为选举委员会公布的选民名单有错误,就可依法申诉并可向法院起诉,最后由受诉法院来判决某公民有无选民资格。由此可见,法院审理选民资格案件,是通过审判程序解决选举委员会公布的选民名单有无错写、漏写的问题,不解决对破坏选举的违法、犯罪行为予以制裁的问题。对于破坏选举的违法、犯罪行为,应当根据有关选举法、行政法、刑法的相应规定,依照行政处罚程序和刑事诉讼程序处理。

选民资格案件是一种独立的案件类型。在这类案件中,处于非正常状态的法律关系并非民事法律关系,而是选举法律关系;起诉人诉请人民法院保护的并非私人的民事权益,而是公民的选举资格和正常的选举秩序;起诉人与选举委员会之间存在着直接的冲突。因而,选民资格案件具有不同于一般的民事诉讼案件和非讼案件的特点,法院审理这类案件,除了适用我国《民事诉讼法》特别程序一章中有关选民资格案件的程序规定外,由于该章并未对审理程序作出详细规定,还应该根据申诉人对选举委员会作出的处理决定不服而使得案件具有争讼特点,适用该法规定的第一审普通程序有关内容。在一些国家,选民资格案件被定性为一种公法诉讼案件或民众诉讼案件,审理这类案件的机构也各不相同,如法国规定由行政法院审理,德国规定由宪法法院或行政法院审理。[①] 这也可以为我国今后改革完善选民资格案件审判制度带来启发。

我国《民事诉讼法》规定选民资格案件的审理程序,具有十分重要的意义。它有利于有选举权的公民行使选举权利,依法参加选举活动,选举自己的代表管理国家事务,又可以避免没有选举权的人非法参加选举,从而保障选举工作得以顺利进行,保障公民的政治民主权利不受侵犯。

---

① 参见王洪俊主编:《中国审判理论研究》,重庆出版社 1993 年版,第 252 页。

## 二、选民资格案件的审理程序

(一) 起诉

根据我国《选举法》第29条和《民事诉讼法》第188条的规定,公民对于选举委员会公布的选民名单有不同意见,应首先向选举委员会提出申诉,选举委员会对申诉意见,须在3日内作出处理决定。申诉人如果对处理决定不服的,才可在选举日的5日以前向人民法院起诉。公民不先申诉而直接向法院起诉的,法院不予受理。可见,选民资格案件实行申诉前置。

在选民资格案件的审理程序中,不服选举委员会就申诉所作的决定而向法院起诉的人,就称为起诉人。起诉人只能是有民事诉讼行为能力的公民,既可以是请求确认其选民资格的公民本人,也可以是其他公民,一般应是原来向选举委员会提出申诉的人。

(二) 管辖法院

根据现行法规定,选民资格案件由选区所在地的基层人民法院管辖。这样规定不仅方便公民起诉,而且便于受诉法院与选举委员会取得联系,及时向选举委员会和有关公民进行调查,查明情况,作出正确的判决。

(三) 审理和判决

根据《民事诉讼法》第185条的规定,人民法院审理选民资格案件,只能由审判员组成合议庭进行审理,不能实行独任制或陪审制。这是因为选民资格案件关系到公民的民主权利和政治权利问题,必须严肃、慎重对待。

由于《民事诉讼法》特别程序一章对选民资格案件的审理程序未作具体规定,因此人民法院审理这类案件,应依照第一审普通程序开庭审理。法院在确定开庭审理的日期后,应通知起诉人、选举委员会的代表和有关公民按时参加诉讼。有关公民,是指案件涉及其选民资格的公民。审理时,起诉人、选举委员会的代表和有关公民必须参加,法院应充分听取意见,必要时可让各方进行辩论。法院受理案件后,必须在选举日前审结,否则就不能保障公民选举权的行使和选举工作的顺利进行,审判就会失去意义。最后,法院在查清事实的基础上进行评议和判决,判决是对选民资格问题的最终决定。判决书应当在选举日前送达选举委员会和起诉人,并通知有关公民。判决书一经送达,立即发生法律效力。

# 第二节 督 促 程 序

## 一、督促程序概述

(一) 督促程序的概念和性质

督促程序,是指人民法院根据债权人的给付金钱和有价证券的申请,向债务人发出附有条件的支付令,催促债务人限期履行义务,若债务人在法定期间内未提出书面有效异议,则该支付令即具有执行力的一种特殊程序。简言之,督促程序是一种简便、迅速地催促债务人还债的程序。

在现实社会生活中,债务纠纷种类繁多、数量庞大,其中有相当一部分纠纷债权债务关系明确,当事人之间并不存在争议,只是债务人逾期不清偿债务而已。对于这类纠纷,如果债权人以起诉的方式要求债务人履行债务,由法院适用普通诉讼程序进行审理、裁判,甚至经历二审、再审,然后根据情况再申请执行,虽然债权人的债权可以得到实现,但是成本高、周期长,不符合诉讼经济原则,也不适应市场经济对效率的追求。这就需要建立一种成本低、周期短的特殊的程序来代替普通诉讼程序,督促程序应运而生。

许多国家和地区的民事诉讼法中都有督促程序的规定。为适应社会主义商品经济对流转效率的要求,我国1991年《民事诉讼法》增设了简便、快速解决债务纠纷的督促程序。为了在审判工作中正确适用督促程序,根据《民事诉讼法》的有关规定,最高人民法院还在1992年《民诉法意见》、2001年1月21日起施行的《关于适用督促程序若干问题的规定》(这两个司法解释文件均已废止)中,对适用督促程序处理案件的有关问题作出规定。为了充分发挥督促程序的效能,同时能够保护债务人的利益,2012年修正的《民事诉讼法》又通过建立诉讼程序与督促程序的衔接转换机制和增加对异议审查的要求,进一步完善了督促程序。诉讼程序与督促程序的衔接转换机制包括两个方面:一是在诉讼程序的开庭准备程序中,对受理的案件,分别情形予以处理,如案件当事人没有争议,符合督促程序规定条件的,可以转入督促程序。二是在督促程序中,因债务人提出有效异议而终结后,除非申请支付令的一方当事人不同意外,案件直接、自动转入诉讼程序。2015年根据修改后的民事诉讼法制定的《民诉法解释》,重述了之前司法解释中有关督促程序的规定并对新法作了补充解释。

传统意义上的审判程序包括诉讼程序和非讼程序,督促程序既不属于完全的诉讼程序,也不属于纯粹的非讼程序,而是兼具二者特点的特殊的审判程序。说它具有非讼性,是因为法院审理案件,是以当事人之间债权债务关系不存在争议为假设前提的,双方当事人不直接进行诉讼对抗,甚至债务人并不出现。督促程序因债权人的申请而开始,不需要对案件事实进行调查和开庭审理,法院仅依债权人单方面提出的请求数额和证据材料发出支付令,在债务人未提出有效异议的情况下,支付令取得与确定给付裁判同等的强制执行效力,债权人可以向人民法院申请强制执行。债务人一旦提出足以成立的异议,督促程序便因纠纷出现而告结束。说它具有诉讼性,是因为通过督促程序,在一定条件下,能够产生只有诉讼程序才能产生的法律后果。在这个意义上,它是法院解决给付之诉的替代程序。可见,督促程序就其本质而言乃是用非讼方法解决诉讼案件,是一种混合性的速决程序。

(二)督促程序的特点

与其他民事审判程序相比较,督促程序具有以下特点:

1. 适用范围的特定性

督促程序仅适用于基层人民法院受理的申请人请求给付一定数量的金钱或有价

证券的债务纠纷[①]，而且这类债务纠纷必须是简单的、不存在交叉的权利义务争议。金钱是指作为流通手段的货币，包括人民币和外国货币。有价证券是指表示一定财产权的书面凭证，如汇票、本票、支票以及股票、债券、国库券、可转让的存款单等。

2. 程序简略化

督促程序因债权人的单方面申请而开始，没有对立双方当事人参加诉讼；人民法院按照督促程序处理案件，仅依据债权人提出的申请和事实、证据进行简略的书面审查；人民法院决定受理申请的，以支付令的形式催促债务人履行义务；在审理方式上，无需询问债务人，不用开庭审理，不经过辩论和裁判等程序对案件的事实和权利义务作出评价；审判组织采用独任制，由审判员一人审判即可；案件实行一审终审制，故不存在上诉及二审程序，当事人也不得申请再审；债务人依法提出异议的，导致督促程序终结。这样，督促程序不仅较之第一审普通程序简单，而且与简易程序相比较，亦更为简略，是审判程序中最简单、最迅捷、最经济的程序种类，可以将其称为"略式程序"或"速决程序"。

3. 法定期限性

督促程序的法定期限性主要表现在两个方面：一是针对人民法院审理的法定期限，即人民法院对债权人提出的债权债务关系明确、合法的支付令申请，应当在受理之日起15日内向债务人发出支付令；二是针对债务人的法定期限，即债务人应当在收到支付令之日起15日内向人民法院提出书面异议，债务人超出法定期限提出的异议无效。

4. 发出的支付令有特定效力

督促程序中发出的支付令，首先是具有督促力，督促债务人要么在法定期限内清偿债务，要么在法定期限内向法院提出书面异议，积极地对债权人的给付请求作出争议的意思通知。其次是具有强制执行力，债务人在法定期间内对支付令不提出异议或者提出的异议不能成立，又拒不履行支付令所确定的清偿义务的，则此后支付令具有与法院生效的给付判决、裁定同等的强制执行力，债权人可以其为执行依据申请法院强制执行。

（三）督促程序与简易程序的区别

即使明确了督促程序的前述特点，但由于其具有的简便、迅速个性与简易程序颇为相似，也很容易与简易程序产生混淆，所以实有必要就二者之区别从以下几个角度作更为详细的说明：

1. 性质不同

在我国，简易程序是第一审普通程序的简化，是一种简便易行的第一审程序。而督促程序是一种简便、迅速地催促债务人还债的略式程序，是用非讼方法解决诉讼案

---

① 但根据我国《海诉法》第99条的规定，债权人基于海事事由请求债务人给付金钱或者有价证券，符合《民事诉讼法》有关规定的，可以向有管辖权的海事法院申请支付令。而海事法院的级别相当于中级法院。

件,属于混合性程序。

2. 发生原因不同

在我国,除双方当事人以合意来选择适用简易程序外,大多数情况下简易程序是由原告提起、法院依法决定适用的。而督促程序的发生是由债权人根据案件的性质选择适用的。债权人请求债务人偿还债务,究竟是依据督促程序申请支付令,还是依据普通诉讼程序而起诉,法律赋予债权人自由选择权。

3. 适用范围和条件不同

简易程序适用于任何事实清楚、权利义务关系明确、争议不大的简单民事案件,当事人所提起的诉,可以是给付之诉、确认之诉或者形成之诉的任一种类。而督促程序仅适用于以金钱或者有价证券为给付内容、债权债务关系明确的案件,只包括给付之诉案件中的一部分。同时,起诉和申请支付令的条件也不相同。

4. 审理方式不同

简易程序虽然采用简便化的方式进行,但还须经过开庭审理,包括以言词方式为主进行的法庭调查和法庭辩论,必须执行各种必要的诉讼制度。而督促程序只要求债权人按法律规定的方式提出申请,法院对此主要进行书面上的审查,不需要对案件进行开庭审理就可发出支付令。

5. 裁判形式不同

适用简易程序审理的案件,除调解或者和解的以外,法院要对当事人之间争执的实体权利义务关系作出评判,因此在处理方式上使用判决的形式。而适用督促程序审理案件,法院对当事人之间的债权债务关系使用支付令这一特殊方式作出处理。

6. 引起程序终结的事由不同

简易程序不因被告有不同实体意见而终结,而督促程序则因债务人对支付令提出异议而终结。

(四) 督促程序的意义

督促程序的设置,丰富和完善了我国民事程序制度体系。通过督促程序,可以不经过普通诉讼程序而使债权内容得到诉讼上的确认;督促程序为请求给付金钱或者有价证券的债权人提供了一个迅速、有效地实现其债权的法律途径,减少了债权人的讼累,有利于稳定社会主义经济秩序。督促程序若得以充分利用,必将极大地减轻人民法院的工作负担,提高办案效率,使人民法院能够将更多的时间、精力投入到疑难、复杂案件的审理中去。因此,督促程序对于促进社会主义市场经济发展、提高司法效率有着重大的现实意义。

## 二、申请支付令的程序

债权人认为自己的申请符合法定条件的,可向人民法院申请支付令。其程序的重点包括了申请和管辖。

(一) 支付令的申请

支付令的申请,是指债权人依法向人民法院提出书面申请,请求法院签发支付令,以督促债务人清偿债务的行为。督促程序由债权人申请支付令而开始。提出申请的债权人称为申请人,被请求履行义务的债务人称为被申请人。

1. 申请支付令的条件

根据我国《民事诉讼法》第 225 条和《民诉法解释》第 427 条第 1 款的规定,支付令的申请必须具备下列条件:

(1) 支付令申请指向的给付标的特定。债权人请求债务人给付的标的必须是金钱和汇票、本票、支票以及股票、债券、国库券、可转让的存款单等有价证券。这一限定是符合督促程序简易、迅速解决债务纠纷的立法要求的。

(2) 支付令申请要求的给付明确。请求给付的金钱或有价证券已到偿付期且数额确定,并写明了请求所根据的事实、证据材料。

(3) 债权人没有对待给付义务。所谓没有对待给付义务,即债权人和债务人之间没有其他债务纠纷,债务关系是单向的。根据法律规定,适用支付令的债权债务关系必须明确。如果债权人和债务人互向对方承担某种给付义务,则债务纠纷中的权利义务关系,仅凭一方当事人的主张不足认定,更不能仅凭一方当事人的请求而向对方发出限期清偿债务的命令。因此,债权人与债务人之间存在其他债务纠纷的,不适用督促程序,应按普通诉讼程序予以解决。

(4) 支付令能够送达债务人。能够送达,主要指人民法院能够通过法定送达方式将支付令实际送达债务人。支付令的送达方式一般应以直接送达为原则,因为直接送达有利于债务人及时了解支付令的内容,适时决策是否于法定期限内提出对支付令的异议。只有在直接送达有困难的情况下,才可以采用留置送达①、委托送达、邮寄送达。债务人不在我国境内的,或者虽在我国境内但下落不明的,不适用督促程序。因为经由涉外送达的方式或公告送达,不能使支付令迅速、及时地送达债务人,或者难以保证下落不明的债务人实际知悉支付令的内容并保障其提出异议的权利。

2. 申请的方式

根据法律规定,债权人申请支付令,必须向人民法院提交申请书。支付令的申请书应写明下述事项:(1) 申请人和被申请人的姓名或名称、住所等基本信息;(2) 请求给付金钱或者有价证券的数量和所根据的事实、证据;(3) 要求人民法院发出支付令的意思表示。

3. 申请的效力

债权人提出支付令的申请,在法律上产生如下效果:(1) 引起督促程序的发生;(2) 债权之请求权的时效中断;(3) 受案法院取得支付令所涉案件的管辖权。

(二) 管辖

根据我国《民事诉讼法》第 225 条的规定,债权人可以向有管辖权的基层人民法院申请支付令。据此,该条明确了督促程序的级别管辖,即申请支付令的案件只能由

---

① 参见《民诉法解释》第 429 条的规定。

基层法院管辖。而且，按照司法解释，基层法院受理案件，不受债权金额的限制。① 由此可见，中级以上的法院(海事法院除外)不能受理申请支付令的案件。对于地域管辖，该条仅表述为由"有管辖权"的法院管辖。何谓"有管辖权"的法院呢？通常认为，支付令旨在由法院督促债务人履行债务，因此案件属于债务纠纷案件，应适用我国《民事诉讼法》第22条一般地域管辖的规定，由债务人住所地的基层法院管辖。② 如果债务人为自然人，其住所地与经常居住地不一致的，由经常居住地基层法院管辖。共同债务人住所地、经常居住地不在同一基层法院辖区，各有关法院都有管辖权的，债权人可以向其中任何一个基层法院申请支付令；债权人向两个以上有管辖权的法院申请支付令的，由最先立案的法院管辖。③

### 三、法院对支付令申请的受理和审理

人民法院接到债权人的支付令申请后，应依法对申请进行审查和处理，以决定是否受理以及是否发布支付令。

（一）立案审查与受理

立案审查从人民法院接到申请人的申请书之日开始，并在5日内审查结束，审查的目标和任务在于决定并通知申请人是否受理其申请。根据民事审判方式改革方案提出的"立审分立"的原则，立案审查一般应由法院立案庭负责。审查内容包括：(1) 申请人是否具备当事人资格。(2) 申请是否符合法定条件和方式。如果法院收到债权人的书面申请后，认为申请书不符合要求的，可以通知债权人限期补正。法院应当自收到补正材料之日起5日内通知债权人是否受理。④(3) 申请手续是否完备，包括是否按照《诉讼费用交纳办法》的规定交纳了申请费。(4) 申请是否应由本院管辖。(5) 债权人是否已向法院申请诉前保全。如果债权人已向本院或其他法院申请诉前保全，一方面意味着当事人之间债权债务关系存在现实争议，债权人将要通过起诉或者申请仲裁来解决争议；另一方面法院裁定采取保全措施时，应当立即开始执行该裁定。这种情况下，既不适宜申请支付令，也无必要受理支付令申请。

立案审查采用书面方式，以申请人的请求及附属文件为基础，不需询问债务人。经过审查，法院如果认为申请符合上述要求，应依法在收到支付令申请书5日内通知债权人予以受理；如果认为不符合申请支付令的条件的，则在收到支付令申请书5日内通知不予受理。

（二）审理

审理(即受理后审查)从人民法院决定受理支付令申请之日开始，并在15日内审查结束，审理的目标和任务在于决定是否发出支付令。根据《民诉法解释》第428条的规定，适用督促程序审理的案件，实行独任制，由审判员一人进行。审理是在前述

---

① 参见《民诉法解释》第427条第3款的规定。
② 参见《民诉法解释》第23条的规定。
③ 参见《民诉法解释》第425条的规定。
④ 参见《民诉法解释》第426条的规定。

立案审查的基础上进行的,审理的内容主要为:(1) 对申请、依据的事实和证据进行更深入的审查,如对申请人提交的还款协议、收发货凭证、运货单、票据复印件及其他能够证明交易事实的文件资料等实施进一步的查实。(2) 债权债务关系是否明确、合法。审理也只采用书面方式,无需开庭。但与立案审查相比,审理阶段的审查已较为侧重实质方面。经过审理,人民法院如果认为债权债务关系明确、合法,应当在受理申请之日起 15 日内直接向债务人发出支付令;否则,应以裁定驳回申请人的申请,该裁定不得上诉。

根据上述司法解释第 428 条的规定,人民法院受理债权人的支付令申请后,经审理,有下列情况之一的,应当在受理之日起 15 日内裁定驳回申请:(1) 申请人不具备当事人资格的;(2) 给付金钱或者有价证券的证明文件没有约定逾期给付利息或者违约金、赔偿金,债权人坚持要求给付利息或者违约金、赔偿金的;(3) 要求给付的金钱或者有价证券属于违法所得的。(4) 要求给付的金钱或者有价证券尚未到期或者数额不确定的。法院驳回债权人申请的裁定,应附理由,依职权送达债权人,而不必送达债务人。

### 四、支付令

(一) 支付令的内容

支付令是人民法院根据债权人的申请,督促债务人限期清偿债务的裁判文书。支付令一旦生效,即与确定的给付判决一样具有强制执行力,因此支付令须记载一些必要的事项。支付令的内容一般应当有以下几项:(1) 债权人、债务人姓名或名称、住所等基本情况;(2) 债务人应当给付的金钱、有价证券的种类、数量;(3) 清偿债务或者提出异议的期限;(4) 债务人在法定期间不提出异议的法律后果;(5) 申请费的承担。

支付令由审判员、书记员署名,加盖管辖法院的印章。

(二) 支付令的发出

人民法院受理支付令申请后,经审查债权人提供的事实、证据,认为债权债务关系明确、合法的,应当在受理之日起 15 日内向债务人发出支付令。因此,债权债务关系明确、合法是人民法院发出支付令的法定条件。这里所谓债权债务关系明确,是指债权人和债务人之间的债的关系事实清楚、数额确定,双方没有实质争议,债权的存在无须确认,债务人对债权人负有给付义务。所谓债权债务关系合法,是指引起债权债务关系发生的事实以及债权债务关系的内容不违反法律的规定。

人民法院应将所签发的支付令,依法定方式送达债权人和债务人。在送达债务人之后,还应通知债权人支付令送达债务人的具体日期,以方便债权人确定申请执行的时间。

(三) 支付令的效力

人民法院发出的支付令,其法律效力具体如下:

## 1. 具有督促力

根据我国《民事诉讼法》第 227 条第 2 款的规定，债务人收到支付令，将督促其要么自收到支付令之日起 15 日内清偿债务，要么在该期限内向法院提出书面异议，积极地对债权人的给付请求作出争议的意思通知。

## 2. 具有强制执行力

根据我国《民事诉讼法》第 227 条第 3 款的规定，债务人自收到支付令之日起 15 日内对支付令不提出异议或者提出的异议不能成立，又拒不履行支付令所确定的清偿义务的，则期限届满时支付令具有与法院生效的给付判决、裁定同等的强制执行力，债权人可以其为执行依据申请法院强制执行。债权人向人民法院申请执行支付令的期间，适用我国《民事诉讼法》第 250 条的规定，为 2 年。申请执行时效期间的中止、中断，适用法律有关诉讼时效中止、中断的规定。此期间从支付令规定履行期间的最后一日起计算。发生法律效力的支付令，由债务人住所地或者被执行的财产所在地的人民法院负责执行。

唯需交待的是，债务人在收到支付令后，不在法定期间提出书面异议，而向其他人民法院起诉的，不影响支付令的效力。对设有担保的债务的主债务人发出的支付令，对担保人没有拘束力；但债权人就担保关系另行提起诉讼的，支付令则于法院受理案件之日起自行失效。[①]

### 五、债务人对支付令的异议

#### （一）对支付令的异议的概念

对支付令的异议，是指债务人向人民法院书面申明不服支付令确定的给付义务的法律行为。申言之，债务人认为支付令有错误，而以书面形式向人民法院提出不愿或不应履行支付令所载支付义务的一种意思表示。

对支付令的异议是督促程序的一项重要内容，也是债务人的一项程序权利。法律之所以规定债务人可以向发出支付令的人民法院提出异议，是因为督促程序所发布的支付令，仅以债权人的主张和理由为基础，债务人并无陈述意见的机会，若因此发生强制执行力，有可能损害债务人利益。给予异议权，目的在于向债务人提供一种手段，以保证督促程序中债务人的合法权益。

对支付令的异议的一个重要特点是，异议可以不附任何理由，即债务人不必提供事实和证据来证明异议的成立，只要申明不服即可。

#### （二）异议成立的条件

根据我国《民事诉讼法》及有关司法解释的规定，债务人对人民法院的支付令提出异议应具备必需的程序要件。不符合法律规定的要件，异议不能成立。异议成立的要件包括以下三个方面：

---

[①] 参见《民诉法解释》第 431 条、第 434 条的规定。

1. 异议应在法定期间提出

债务人收到人民法院发出的支付令,如对债权债务关系存在争议,认为不应当清偿债务的,应在收到支付令之日起15日内向人民法院提出异议。债务人超过法定期间提出异议的,视为未提出异议。

2. 异议须针对债权人的请求

债务人的异议必须针对债权人的请求,即债务人的异议应针对债务关系本身,必须是实体上的拒绝。异议不能针对形式要件提出。如果债务人的异议只是陈述自己无力偿还债务或对清偿期限、清偿方式等提出不同意见,则异议不成立。

3. 异议须以书面方式提出

债务人是否提出异议,关系到督促程序是否终结以及支付令的效力问题,因此《民事诉讼法》要求债务人提出异议必须采取书面方式,以口头方式提出的异议无效。

(三) 异议的审查

人民法院对债务人在法定期间内提出的书面异议,无须审查异议是否有理由,即不必要进行实体审查,应当直接裁定终结督促程序。但从程序上讲,应对异议进行形式上的审查。根据《民诉法解释》第435条的规定,经形式审查,债务人提出的书面异议有下列情形之一的,应当认定异议成立,裁定终结督促程序,支付令自行失效:(1)《民诉法解释》第427条规定的不予受理申请情形的;(2)《民诉法解释》第428条规定的裁定驳回申请情形的;(3)《民诉法解释》第430条规定的应当裁定终结督促程序情形的;(4) 法院对是否符合发出支付令条件产生合理怀疑的。

债务人提出的异议,遇有下列情况的,异议不成立,裁定驳回:(1) 债务人对债务本身没有异议,只是提出缺乏清偿能力、延缓债务清偿期限、变更债务清偿方式等异议的,不影响支付令的效力。(2) 债权人基于同一债权债务关系,在同一支付令申请中向债务人提出多项支付请求,债务人仅就其中一项或几项请求提出异议的,不影响其他各项请求的效力。(3) 债权人基于同一债权债务关系,就可分之债向多个债务人提出支付请求,多个债务人中的一人或几人提出异议的,不影响其他请求的效力。[①]人民法院认定异议不成立或异议对其他请求无效,应以适当方式尽快告知债务人。因为异议不成立,债权人的有关请求不受影响,支付令仍然有效,及时告知债务人,可以督促其自行清偿债务,完成支付令指定的义务。

(四) 异议的效力

支付令异议的效力,是指债务人对支付令提出的异议在法律上的后果。首先,债务人在法定期间提出异议,经人民法院审查异议成立的,将导致支付令自行失效。其次,支付令失效的,随即产生案件的处理转入诉讼程序的效果,除非申请支付令的一方当事人不同意提起诉讼。在异议依法提出以后,人民法院应当裁定终结督促程序,债权人不得对人民法院作出的终结督促程序的裁定提起上诉。

---

① 参见《民诉法解释》第436条、第432条、第433条的规定。

(五) 异议的撤回

根据《民诉法解释》第437条的规定,法院作出终结督促程序或者驳回异议裁定前,债务人请求撤回异议的,应当裁定准许。由此可见,基于处分原则,应当允许债务人撤回异议。但是法院认可了异议并裁定终结督促程序的,则不许撤回异议;债务人对撤回异议反悔的,法院也不予支持。

### 六、督促程序的终结

(一) 督促程序的终结

督促程序的终结,系指在督促程序进行中,因发生法律规定的情况或某种特殊原因而结束督促程序。有下述情况之一的,应裁定终结督促程序,已发出支付令的,支付令自行失效:(1) 债务人在法定期间清偿债务。债务人自收到人民法院发出的支付令之日起15日内清偿了债务,督促程序自然终结。这里的"清偿"包括实际履行义务和同债权人达成和解两种情形。(2) 债务人在法定期间提出足以成立的异议。根据我国《民事诉讼法》第227条第2款和第228条的规定,债务人在法定期间对支付令提出书面异议的,支付令自行失效,法院应当裁定终结督促程序。(3) 债权人就同一债权关系又提起诉讼或者支付令无法送达债务人。根据《民诉法解释》第430条的规定,法院受理支付令申请后,债权人就同一债权债务关系又提起诉讼,或者法院发出支付令之日起30日内无法送达债务人的,应当裁定终结督促程序。(4) 债务人收到支付令前,债权人撤回申请。(5) 支付令被撤销。根据《民诉法解释》第441条的规定,法院院长对本院已发生法律效力的支付令,发现确有错误,认为需要撤销的,应当提交审判委员会讨论决定后,裁定撤销支付令,驳回债权人的申请,终结督促程序。

(二) 督促程序与诉讼程序的联结

关于督促程序与诉讼程序之间的关联,各国有两种立法例:(1) 督促程序终结后,自动转入诉讼程序,诉讼程序溯及督促程序发生之时,视支付令的申请为起诉。这体现了一个纠纷一次解决的司法理念和程序公正的保障。德国、日本等国家采用这种立法例。我国2012年修正的《民事诉讼法》也大致采用了这种立法例,即申请支付令的一方当事人不需另行起诉,而直接转入诉讼程序,使得督促程序较好地与诉讼程序对接,省去了当事人再去立案的麻烦。但考虑到有的当事人申请支付令的不一定都会同意转入诉讼,故把是否转入诉讼的决定权留给当事人,法律规定可以转入诉讼,如果申请支付令的一方不同意的,则不转入诉讼。为此,《民诉法解释》第438条、第439条规定:支付令失效后,申请支付令的一方当事人不同意提起诉讼的,应当自收到终结督促程序裁定之日起7日内向受理申请的法院提出。申请支付令的一方当事人不同意提起诉讼的,不影响其向其他有管辖权的法院提起诉讼。申请支付令的一方当事人自收到终结督促程序裁定之日起7日内未向受理申请的法院表明不同意提起诉讼的,视为向受理申请的法院起诉。债权人提出支付令申请的时间,即为向法院起诉的时间。(2) 督促程序终结后,并不自动转为诉讼程序,诉讼程序是否开始,取决于当事人是否起诉。这体现了处分原则要求。督促程序终结后,债权人如欲实现自己的权利,只能向有管辖权的法院起诉。重新起诉的受理法院可能与申请支付令的法院不一样,而且级别管辖也可能不同。我国以前采用的就是这种立法例。

## 第三节 公示催告程序

### 一、公示催告程序概述

(一) 公示催告程序的概念与性质

公示催告程序,是指人民法院根据因故失去有价证券的最后持有人的申请,以公示的方式催告不明的利害关系人在一定期间内申报权利,如无人申报权利,根据申请人的申请,作出除权判决的程序。

公示催告程序与票据这一事物的出现有关。票据是一种以无条件支付确定的金额为基本效能的凭证,是市场经济中不可缺少的支付工具和信贷工具。持票人行使票据权利[①],必须占有票据。在现实生活中,持票人可能因票据被盗、遗失或者灭失而丧失对票据的实际占有的情况时有发生。一旦票据丧失,失票人(即最后合法持票人)就失去了主张票据权利的根据。票据丧失后,票据上所体现的权利并没有消灭,虽然失票人无法行使票据权利,但非法取得而持有票据的人,即可冒用,这势必侵害失票人的财产权利。在票据丧失情况下,为保护失票人的合法权益,防止他人冒领资金,确保民事流转的正常进行,法律有必要设立解决相应问题的救济机制。于是,公示催告程序应运而生,这是一种在确认一定事实基础上,进行除权和确权的简略快捷的程序制度。

从大陆法系国家和地区的民事诉讼立法来看,一般均设有公示催告程序。我国根据社会主义市场经济发展的需要,借鉴德国、日本以及旧中国民事诉讼法中的公示催告制度,在 1991 年《民事诉讼法》中增设了公示催告程序。为了在审判工作中正确适用公示催告程序,根据《民事诉讼法》《票据法》《海诉法》及其他有关法律的规定,最高人民法院还在 1992 年《民诉法意见》(已废止)、2000 年 11 月 21 日起施行的《关于审理票据纠纷案件若干问题的规定》(2020 年修正)、2003 年 2 月 1 日起施行的《海诉法解释》、2015 年根据修改后的《民事诉讼法》制定的《民诉法解释》中,对适用公示催告程序处理案件的有关问题作出规定。我国民事诉讼中的公示催告程序,主要适用于可以背书转让的汇票、本票、支票等票据,但依照法律规定提单、记名股票、船舶优先权以及可以申请公示催告的其他事项,也适用这一程序。鉴于可以背书转让的票据适用公示催告程序的情形较为常见,故本章以下内容,若不特别指明的,只是关于票据的公示催告程序。

从法律规定来看,公示催告程序不具有普通诉讼程序的规则和制度。公示催告

---

① 根据我国《票据法》的规定,票据权利,是指持票人向票据债务人请求支付票据金额的权利,包括付款请求权和追索权。

案件,只有申请人是明确的,对方当事人则处于不明状态。因此,引起公示催告程序开始的原因是有关权利人的不明状态,而非民事权益的直接争议。公示催告程序开始以后,也不允许有直接的民事争议存在,一旦因利害关系人向人民法院申报权利而在当事人之间形成明确的争议时,人民法院即应裁定终结公示催告程序。可见,公示催告程序不适用于解决民事纠纷。从某种意义上讲,公示催告程序首先是用来为申请人寻找明确的争议对象,如果通过公示找到申请人的相对利害关系人,公示催告程序即终结;如果公示后未找到相对利害关系人,则再依当事人的申请作出除权判决。公示催告程序在确认一定事实的基础上,解决两个问题:一是除权,即排除不明的利害关系人对有关票据享有的权利;二是确权,即确定申请人对该票据享有权利。公示催告程序的这些功能和目的决定了其必然具有非讼程序构造和简略快捷的特性。

公示催告程序的设立和适用,对于解决因票据等有价证券丧失造成的法律关系不稳定的问题,保护有价证券当事人的合法权益,保障有价证券的正常使用和流通,维护金融秩序和金融安全,促进社会主义市场经济的健康发展均具有重要意义。

(二) 公示催告程序的特点

公示催告程序是一种特殊的审判程序,与普通诉讼程序相比,具有以下特点:

1. 申请人的特定性

公示催告程序的发生是基于当事人的申请。公示催告程序的申请人,只能是票据丧失的失票人,即指按照规定可以背书转让的票据因被盗、遗失或者灭失而丧失票据占有以前的最后合法持票人,而不是所有与票据有某种关系的人都可以作为公示催告程序的申请人。[①]

2. 案件的非讼性

适用公示催告程序的案件不属于民事权益争议案件,没有确定的对方当事人。票据被盗、遗失或者灭失,失票人向人民法院提出公示催告申请,目的是通过公告的方式催告不明的利害关系人(申请人无法知道有无利害关系人以及谁是利害关系人)及时主张、申报权利,并在无人主张、申报权利的情况下,请求法院宣告票据无效,以实现申请人的票据上的权利,而不是因票据权利与他人发生争议。而适用普通诉讼程序审理的案件,必须有明确的被告,提起诉讼的原因是原、被告之间的民事权益发生争议。

3. 适用范围的限定性

公示催告程序适用于两类情况:一是按规定可以背书转让的票据被盗、遗失或者灭失的;二是依法律规定可以申请公示催告的其他事项。另外,从管辖上看,除海事公示催告案件外,通常公示催告程序只适用于基层人民法院。

---

① 参见《最高人民法院关于审理票据纠纷案件若干问题的规定》第 25 条的规定。

### 4. 程序简略化

适用公示催告程序审判案件，不需要、也不存在普通诉讼程序所必有的审前准备、开庭审理等阶段。人民法院审理公示催告案件，就程序而言，有两个阶段，即公示催告阶段和作出除权判决阶段；相应地，适用公示催告程序审理案件(前一阶段)，可由审判员一人独任审理；判决宣告票据无效的(后一阶段)，应当组成合议庭审理。就审理方式而言，主要是公示方式和书面审查，即人民法院以公告方式来确定票据利害关系人是否存在，以及对申报权利人的主张是否成立，只从形式上进行审查。所以，公示催告程序比之于普通诉讼程序，是一种略式审判程序。

### 5. 实行一审终审

普通诉讼程序实行两审终审制度，而公示催告程序则实行一审终审。人民法院对公示催告案件无论以判决方式结案，还是以裁定方式结案，当事人均不得对判决或者裁定提起上诉。此外，当事人不得对生效的除权判决或者终结公示催告程序的裁定申请再审，第三人不得对裁判结果提起撤销之诉。①

### (三) 公示催告程序的适用范围

何种情况可以适用公示催告程序，必须由法律明确规定，其范围各国广狭不一。一般认为，德国《民事诉讼法》规定的范围最为宽泛。依其规定，公示催告包括以下几种：一是死亡宣告的公示催告(第960—976条)，原来还有失踪人的公示催告，由1951年1月15日公布实施的《失踪法》取消；二是排除土地所有人的公示催告(第977—981条)；三是排除各种债权人的公示催告(第982—1002条)；四是宣告证券无效的公示催告(第1003—1022条)。② 其中，宣告证券无效的公示催告为大多数国家所同有。

我国《民事诉讼法》第229条就公示催告程序的适用范围作出了规定，包括两种情况：

#### 1. 按照规定可以背书转让的票据

按照规定可以背书转让的票据，是目前我国公示催告程序的主要适用对象。当这些票据被盗、遗失或者灭失后，票据持有人可以向人民法院申请公示催告。

票据是出票人依法签发的，约定由自己或者委托的付款人向收款人或者持票人无条件支付一定金额的凭证，是可以代替现金流通的有价证券。根据我国《票据法》的规定，票据包括汇票、本票和支票。

汇票是指出票人签发的，委托付款人在见票时或者在指定日期无条件支付确定的金额给收款人或者持票人的票据。以汇票的出票人为分类标准，汇票分为银行汇票和商业汇票。银行汇票是指汇款人将款项交存当地银行，由银行签发给汇款人持往异地办理转账结算或者支取现金的票据。商业汇票是指由收款人或者付款人、承兑申请人签发，由承兑人承兑，并于到期日向收款人或者被背书人支付款项的票据。

---

① 参见《民诉法解释》第378条、第295条的规定。
② 参见《德意志联邦共和国民事诉讼法》，谢怀栻译，中国法制出版社2001年版，第261页。

以汇票的付款期为分类标准,汇票又可分为即期汇票和远期汇票。即期汇票就是见票即付的汇票。远期汇票就是必须到指定日期才能付款的汇票。

本票是指出票人签发的,承诺自己在见票时无条件支付确定的金额给收款人或者持票人的票据。我国规定的本票,仅指银行本票,出票人仅限于银行,银行既是出票人,又是付款人。这是本票的一个重要特点。

支票是指出票人签发的,委托办理支票存款业务的银行或者其他金融机构在见票时无条件支付确定的金额给收款人或者持票人的票据。支票的付款人是银行或者其他金融机构,支票有转账支票和现金支票两种。

上述票据以"是否可以背书转让"为分类标准[①],分为可以背书转让的票据和不能背书转让的票据。按照我国法律规定,可以适用公示催告的,限于可以背书转让的票据。背书转让,是指持票人以让与票据权利为目的,在票据背面或者加附的粘单上签章,并将该票据交付他人的行为。在票据背面或者加附的粘单上签章的出让人称背书人,接受票据的受让人称被背书人。根据我国《票据法》的规定,汇票、本票和支票除出票人在票据上记载"不得转让"字样的,均可背书转让;根据中国人民银行1995年12月7日发布实施的《关于施行〈中华人民共和国票据法〉有关问题的通知》(已失效)的规定,填明"现金"字样的银行本票和现金支票不得背书转让。

2. 依照法律规定可以申请公示催告的其他事项

"其他事项"是指由法律规定的除了上述可以背书转让的票据以外的其他可以申请公示催告的有价证券。从国外情况看,可以公示催告的事项,除了票据外,还包括其他有价证券,如指示证券、载货证券、提单、仓单、股票、保险单等。我国《民事诉讼法》之所以设置这样的弹性条款,是预见到随着社会主义市场经济的不断深入发展,如果将来有关实体法规定的有价证券,譬如股票、提单、仓单等需要适用公示催告程序时,那么就可以援用"依照法律规定可以申请公示催告的其他事项"的规定,将其及时纳入公示催告程序的适用范围。从目前来看,这里的"其他事项"包括但不限于我国《海诉法》第100条规定的提单等提货凭证、《公司法》第164条规定的股票等。

(四)票据丧失的不同救济措施及其与公示催告的关系

票据丧失一般而言,是持票人并非出自自己的本意而丧失对票据的占有。对票据权利人来说,其并未抛弃票据权利,因此法律仍须保护失票人的权利。根据我国《票据法》的规定,票据丧失,失票人可以采取挂失止付、公示催告、票据诉讼等救济措施来维护其权益。此外,商业实践中,遗失声明也是一种为人们所习惯采用的手段。

1. 挂失止付

挂失止付是指失票人将丧失票据的情况通知付款人及其代理付款人,并由接受通知的付款人或者代理付款人暂停支付,从而暂时保全失票人的票据权利,不致让他人冒领失票人票据款项的一种制度。根据我国《票据法》、国务院《票据管理实施办

---

① 所谓背书,是指在票据背面或者加附的粘单上记载有关事项并签章的票据行为。票据凭证不能满足背书人记载事项的需要的,可以加附粘单,粘附于票据凭证上。持票人通过背书可以将票据权利转让给他人或者将一定的票据权利授予他人行使。

法》和中国人民银行《支付结算办法》的有关规定,挂失止付和公示催告的区别在于:(1) 适用范围不同。挂失止付适用于已承兑的商业汇票、支票、填明"现金"字样和代理付款人的银行汇票以及填明"现金"字样的银行本票;而未填明"现金"字样和代理付款人的银行汇票、未填明"现金"字样的银行本票以及其他未记载付款人或无法确定付款人及其代理付款人的票据丧失,不得挂失止付。而公示催告则适用于按规定可以背书转让的汇票、本票和特定地区的转账支票以及依照法律规定可以申请公示催告的其他事项如提单、股票等。(2) 受理主体不同。挂失止付由失票人以挂失止付通知书的形式向付款人或者代理付款人提出。而公示催告则是由失票人以申请书的形式向人民法院提出。

挂失止付与申请公示催告也有一定的共性,即都以票据权利尚未实现为前提。实践中应当注意的是,挂失止付为失票人丧失票据后可以采取的一种临时性的防止其所失票据票款被他人冒领的救济措施,该救济措施并不能使失票人的票据权利得到恢复,也不是失票人依公示催告或诉讼程序使票据权利行使得到最终补救的必经程序,因此失票人既可在票据丧失后,先挂失止付,再申请公示催告或提起诉讼,也可在票据丧失后,不挂失止付,而直接申请公示催告或提起诉讼。

2. 票据诉讼

票据诉讼是指因票据纠纷而提起的诉讼。提起票据诉讼与申请公示催告的区别在于:(1) 前提不同。提起票据诉讼以票据纠纷为基础,因而必须有相对的利害关系人存在。而申请公示催告则以无明确争议对象为前提,所以必然没有明确的相对利害关系人。(2) 适用范围不同。票据诉讼适用的范围较广,既包括可以背书转让的票据纠纷,也包括其他票据纠纷。而申请公示催告的范围则限于可以背书转让的票据和依照法律规定可以申请公示催告的其他事项。(3) 引起事由不同。票据诉讼的直接原因是票据纠纷,票据纠纷既可能由票据的转让、票据的支付等事由引起,也可能由票据的被盗或遗失所致。而申请公示催告的事由则只能是票据被盗、遗失或灭失。

可以背书转让的票据被盗或遗失后,是提起票据诉讼,还是申请公示催告,取决于如下情况:(1) 有无明确的相对人,如果已找到窃取、拾得票据的人,就不能申请公示催告,相对人拒绝退还票据的,可以提起票据诉讼。(2) 丢失票据的权利是否已经实现,如果丢失票据的权利已经实现,就失去了申请公示催告的必要,由此产生的赔偿纠纷,可以提起票据诉讼。

3. 票据遗失声明

票据遗失声明是指票据持有人遗失票据后,在电视、广播和报刊等媒介上声明遗失票据无效的行为。票据遗失声明与申请公示催告没有直接关系,申请公示催告不以持票人是否为遗失声明为前提。它们之间的根本区别在于:票据的遗失声明行为不具有法律依据,因而其声明也不产生法律效果,只具有一定的防范意义。

## 二、公示催告的程序

(一) 公示催告的申请

公示催告的申请,是指因故失去有价证券的最后持有人依法向人民法院请求公示催告的行为。向人民法院提出公示催告请求的人称申请人,公示催告程序依申请人的申请而开始。

1. 申请公示催告的条件

根据法律规定,申请公示催告必须具备以下条件:

(1) 申请人适格。根据我国《民事诉讼法》第 229 条的规定,按照规定可以背书转让的票据持有人,因票据被盗、遗失或者灭失,可以向人民法院申请公示催告。所谓票据持有人,是指票据被盗、遗失或者灭失前的最后持有人。[①] 而根据我国《票据法》第 15 条的规定,票据丧失,失票人可以在票据丧失后,依法向人民法院申请公示催告。所谓失票人,是指按照规定可以背书转让的票据在丧失票据占有以前的最后合法持票人。由此可见,上述两部法律关于申请公示催告的主体的称谓虽然不同,但实质指代却是相同的。就严谨性而言,我们倾向采用后一表述,即公示催告的申请人指的是失票人,是按照规定可以背书转让的票据因被盗、遗失或者灭失而丧失票据占有以前的最后合法持票人。

(2) 申请公示催告的事由是可以背书转让的票据丧失。可以背书转让的票据丧失,是指该票据被盗、遗失或者灭失等不可预见、难以避免的情形。公示催告程序的目的,是在没有利害关系人申报票据权利的情况下,依法宣告票据无效。所以,利害关系人处于不明状态是申请公示催告的前提条件。如果不是票据被盗、遗失或者灭失使得相对人不明确,而是当事人在票据关系中产生的争议,当事人可以按一般票据纠纷向人民法院提起诉讼,以普通诉讼程序加以解决。除了票据丧失这一原因之外,其他诸如票据善意转让、恶意涂改、伪造票据、变造票据等原因导致不再占有票据或者实际无法使用票据的情形,均不得申请公示催告。

(3) 向有管辖权的人民法院提出。失票人可以在票据丧失后,依法向票据支付地的基层人民法院申请公示催告。票据支付地,是指票据上载明的付款机构所在地或者票据付款人的住所地。法律规定由票据支付地的基层人民法院管辖,便于人民法院及时通知付款人或代理付款人停止支付,也便于利害关系人及时了解公告内容,及时申报权利。

(4) 向人民法院递交申请书并交纳申请费。申请人申请公示催告的,应当向人民法院递交申请书。根据《最高人民法院关于审理票据纠纷案件若干问题的规定》第 28 条的规定,失票人通知票据付款人挂失止付 3 日内向人民法院申请公示催告的,公示催告申请书应当载明下列具体内容:第一,票面金额。票面金额是指票据上记载的,付款人应支付的金钱数额。第二,出票人、持票人、背书人。出票人是指制成票据

---

① 参见《民诉法解释》第 442 条的规定。

并交付收款人,而使收款人得以向付款人请求支付票据金额的人。持票人是指合法、实际地持有票据的人。背书人是指意将票据权利转让给他人或者将一定的票据权利授予他人行使而在票据背面或者加附粘单上记载有关事项并签章的人。第三,申请的理由、事实。主要写明申请人如何获得票据,款项用途,票据被盗、遗失或者灭失的时间、地点、经过以及证据材料;同时还应写明申请公示催告的法律依据。第四,通知票据付款人或者代理付款人挂失止付的时间。对于记载付款人或者可以确定付款人及其代理付款人的票据丧失的,失票人如果已经通知付款人挂失止付的,则应在申请书中交待通知时间。但是,未记载付款人或者无法确定付款人及其代理付款人的票据除外。第五,付款人或者代理付款人的名称、通信地址、电话号码等。申请人所丧失的票据上记载付款人或者可以确定付款人及其代理付款人的,应在申请书中写明付款人或者代理付款人的名称、通信地址、电话号码等。

另外,申请人依法向人民法院申请公示催告,还须按照国务院《诉讼费用交纳办法》的规定交纳申请费,每件 100 元。

2. 申请的撤回

《民诉法解释》第 453 条规定,公示催告申请人撤回申请,应在人民法院发出公告前提出。公示催告期间申请撤回的,法院可以径行裁定终结公示催告程序。

(二) 公示催告的受理

公示催告的受理,是指人民法院收到公示催告申请后,经审查认为符合申请公示催告条件而予以接受的行为。

人民法院收到申请人的申请后,应当立即审查,并决定是否受理。法院对公示催告申请的审查方面主要围绕申请公示催告条件展开,具体包括:(1) 审查申请人是否为票据在丧失占有以前的最后合法持票人。(2) 审查申请是否具备法定形式和内容以及是否交纳了申请费。申请书的内容有欠缺的,应当限期申请人补正。提出申请时没有按规定交纳申请费的,应当限期申请人交纳。(3) 审查有关票据是否属于公示催告程序的适用范围,以及申请事由是否属于法律规定的被盗、遗失或者灭失的情形。凡不属于的,法院不予受理。(4) 审查收到申请的法院是否具有管辖权。如果该法院没有管辖权的,应当告知申请人向有管辖权的法院申请。

人民法院应结合票据存根、丧失票据的复印件、出票人关于签发票据的证明、申请人合法取得票据的证明、银行挂失止付通知书、报案证明等证据,决定是否受理。经审查,认为申请符合受理条件的,应当受理,并通知申请人;认为申请不符合受理条件的,应当在 7 日内裁定驳回申请。[①]

须注意的是,按照司法解释规定,对于出票人已经签章的授权补记的支票、出票人已经签章但未记载代理付款人的银行汇票、超过付款提示期限的票据等[②],失票人依法向人民法院申请公示催告的,人民法院应当依法受理。

---

[①] 参见《民诉法解释》第 443 条、第 444 条的规定。
[②] 参见《最高人民法院关于审理票据纠纷案件若干问题的规定》第 24 条、第 26 条、第 27 条的规定。

（三）停止支付和公告

根据我国《民事诉讼法》第230条的规定，人民法院决定受理公示催告申请，应当同时通知支付人停止支付，并在3日内发出公告，催促利害关系人申报权利。

1. 停止支付

公示催告以丧失的票据上的权利尚未实现，亦即支付人尚未支付为前提。人民法院受理公示催告申请，则意味着票据权利尚未实现。但是，在法院作出除权判决之前，基于票据的无因性，完全可能发生票据金额被非权利人取得，从而侵害正当权利人的利益的状况，也使法院以后作出的判决无法执行。基于此，法院受理公示催告申请的同时，应当通知付款人或者代理付款人停止支付。

从性质上看，停止支付是一种财产保全措施，因而其适用应符合《民事诉讼法》对财产保全的有关规定。① 停止支付的范围限于申请公示催告的票据的权利范围。但停止支付与一般的财产保全又有区别，主要体现在：(1) 止付通知由人民法院依职权发出，无需当事人申请；(2) 停止支付不能由利害关系人以提供担保的方式来取代；(3) 申请人、利害关系人、付款人等对止付通知不得申请复议。

根据《最高人民法院关于审理票据纠纷案件若干问题的规定》第30条的规定，付款人或者代理付款人收到法院发出的止付通知，应当立即停止支付，直至公示催告程序终结。非经发出止付通知的法院许可擅自解付的，不得免除票据责任。进而第69条又规定，付款人及其代理付款人在公示催告期间对公示催告的票据付款的或者收到法院的止付通知后付款的，应当自行承担责任。由此可见，止付通知，是一种具有强制性的司法决定，付款人或者代理付款人应当执行。付款人或者代理付款人收到止付通知后拒不止付的，除了可依照我国《民事诉讼法》第114条、第117条规定采取强制措施外，在法院作出除权判决后，付款人或者代理付款人仍应当对申请人承担支付义务。

2. 公告

公告，是指公示催告案件立案后，人民法院向社会发出的敦促不明的利害关系人在法定期间内向本院申报权利的告示。公告是公示催告程序中旨在保障不明的利害关系人合法权益的法定程序。根据我国《民事诉讼法》第230条及有关司法解释的规定，人民法院决定受理公示催告申请，自立案之日起3日内发出公告，催促利害关系人申报权利；公告期间，国内票据自公告发布之日起不得少于60日；涉外票据可根据具体情况适当延长，但最长不得超过90日；海事公示催告案件的公示催告的期间由海事法院根据情况决定，但不得少于30日；而且公示催告期间届满日不得早于票据付款日后15日。

根据《民诉法解释》第445条的规定，人民法院发出的受理申请的公告应当包括以下内容：(1) 公示催告申请人的姓名或名称，明确公示催告的申请主体。申请人是自然人的，应当写明姓名、性别、年龄和住所；申请人是法人或者其他组织的，应当写

---

① 参见《民诉法解释》第454条的规定。

明单位名称、法定代表人或负责人的姓名、主要管理机构所在地等。(2) 被盗、遗失或者灭失票据的种类、号码、票面金额、出票人、背书人、持票人、付款期限等事项以及其他可以申请公示催告的权利凭证的种类、号码、权利范围、权利人、义务人、行权日期等事项。(3) 利害关系人申报权利的期间。申报权利的期间一般同公示催告期间。(4) 在公示催告期间转让票据等权利凭证或者利害关系人不申报权利的法律后果。法院应当在公告中写明在公示催告期间转让票据等权利凭证的行为无效，并明确告知利害关系人如不申报权利，期间届满后法院将根据申请人的申请作出除权判决，宣告票据无效。

我国法律对公告的方式未作规定。但综合有关司法解释的表述来看，人民法院决定受理公示催告申请后发布的公告，应当在有关报纸或者其他媒体上刊登，并于同日公布于法院公告栏内。法院所在地有证券交易所的，还应当同日在该交易所公布。这里的"有关报纸或者其他媒体"指的是"全国性的报刊"。人民法院所在地有证券交易所的，还应张贴于该交易所。①

公示催告期间，票据处于被冻结状态，不得质押、贴现、转让、承兑和付款。因此，公示催告期间，因质押、贴现而接受该票据的持票人主张票据权利的，不受法律保护；转让票据权利的行为无效；付款人及其代理付款人对公示催告的票据付款的，自担其责。②

(四) 申报权利和终结公示催告程序

申报权利，是指受公示催告的利害关系人在指定期间内，向人民法院主张票据权利的行为。所谓利害关系人，是指实际持有申请人认为已经被盗、遗失或者灭失的票据凭证的人。根据票据法一般原理，持票人即债权人。因此，如果人民法院依申请人的申请，宣告票据无效，那么利害关系人持有票据并享有的票据权利就会消灭，而申请人获得票据上的权利。这将直接影响到利害关系人的利益，并可能产生新的纠纷。为了查明申请人的申请事由是否真实，为了保护利害关系人的合法权益，我国法律规定利害关系人有权(一定意义上也有义务)在公示催告发出后向人民法院申报权利。申报权利，一般应在人民法院指定的公示催告期间内进行，最迟应在作出除权判决之前进行。

关于申报的方式，法律未作规定。利害关系人既可采用书面方式申报权利，也可以口头申报权利。根据《民诉法解释》第449条的规定，利害关系人申报权利，人民法院应通知其向法院出示票据，并通知公示催告申请人在指定的期间查看该票据。公示催告申请人申请公示催告的票据与利害关系人出示的票据不一致的，法院应当裁定驳回利害关系人的申报。

利害关系人在公示催告期间或者在申报期届满后、判决作出之前向人民法院申报权利，所提出的票据与公示催告的票据一致的，法院应当裁定终结公示催告程序，

---

① 参见《民诉法解释》第446条、《最高人民法院关于审理票据纠纷案件若干问题的规定》第31条的规定。
② 参见我国《民事诉讼法》第231条、《最高人民法院关于审理票据纠纷案件若干问题的规定》第33条和第69条的规定。

并通知申请人和支付人(即付款人或代理付款人)。终结公示催告程序的裁定书,由审判员、书记员署名,加盖人民法院印章。付款人或代理付款人收到法院公示催告程序终结的通知后,即应恢复支付。

公示催告程序的目的是在没有人申报权利时宣告票据无效,并不确认谁享有票据权利,不解决实体权利义务的争议。利害关系人申报权利并被确认后,要么说明申请人的申请不真实,要么说明申请人和申报人之间存在实体权利义务的争议,这都不是公示催告程序所应解决的问题。所以,公示催告程序因利害关系人申报权利而裁定终结后,或者人民法院裁定驳回利害关系人的申报后,申请人或者申报人可以按照普通诉讼程序向有管辖权的法院提起诉讼。如果是因票据权利纠纷提起的,由票据支付地或者被告住所地法院管辖;如果是因非票据权利纠纷提起的,由被告住所地法院管辖。

### 三、除权判决

(一)除权判决的概念

除权判决,是指人民法院在公示催告期间届满无人申报权利或者申报被驳回,而依申请人的请求所作出的宣告票据不再具有法律效力的判决。

除权判决有两层含义:(1)宣告丧失的票据无效,进而排除申请人以外的其他人对该票据享有权利,故称之为"除权"。(2)通过在指定期间内无人申报权利的事实,推定票据权利归申请人所有。从这层意义上讲,除权判决也具有"确权"的功能和性质。

(二)除权判决的条件

根据我国《民事诉讼法》第233条的规定,人民法院作出除权判决,应当具备两个前提条件:

1. 公示催告期间届满无人申报权利,或是申报被驳回。

公示催告期间是人民法院依法决定的利害关系人申报权利的期间,无论客观上是否有利害关系人,只要期间届满,无人申报权利,或是有人申报权利,但被法院裁定驳回申报的,即符合法定条件。

2. 申请人在法定期间内请求人民法院作出除权判决。

除权判决是公示催告程序的最后阶段,但不是必经阶段。人民法院不得依职权主动作出宣告票据无效的除权判决。申报权利的期间没有人申报权利,或者申报被驳回的,申请人应向法院提出申请,要求法院作出宣告票据无效的除权判决。否则,法院不会依职权主动作出宣告票据无效的除权判决。申请人应当自公示催告期间届满之日起1个月内申请作出判决,逾期不申请的,终结公示催告程序。裁定终结公示催告程序的,应当通知申请人和支付人。

具备以上条件的,人民法院应当及时作出判决宣告票据无效。判决宣告票据无效的,依法组成合议庭进行审理。

(三)除权判决的效力

除权判决应当公告并通知付款人或代理付款人。进行公告的目的是使公告的内容为社会所知晓,使有关的自然人、法人或者其他组织避免接受已经失去法律效力的票据,保障金融秩序和经济秩序的安全。同时,对于因故未能申报权利的利害关系人,通过公告可以知晓除权判决的有关内容,便于及时通过诉讼途径维护自己的合法权利。与人民法院决定受理公示催告申请后发布的公告一样,除权判决的公告亦应在全国性的报刊上登载。

自公告之日起除权判决生效,当事人不得提起上诉和申请再审。生效判决的法律效力如下:(1)该票据丧失效力,申请人以外的人对票据丧失权利,即使是票据丢失后的善意取得者也不例外。(2)申请人被确认享有票据权利,止付通知的效力终结,自判决生效之时起,申请人有权依据判决向付款人请求付款。付款人拒绝付款,申请人向人民法院起诉请求行使票据权利,符合我国《民事诉讼法》第 122 条规定的起诉条件的,法院应予受理。①

(四)除权判决的撤销

票据的利害关系人在公示催告期间和作出除权判决之前,未向人民法院申报权利的,一般来说,在除权判决作出之后即丧失了票据上的权利。然而,宣告票据无效的判决是建立在依法推定的基础之上的,又不准上诉和申请再审,在利害关系人有正当理由不能在除权判决作出前申报权利的情况下,不利于对利害关系人合法权益的保护。针对这种情况,配置一定的程序机制将除权判决予以撤销就显得十分必要,这应是对有正当理由未能申报权利的利害关系人的补救措施。

对此,我国《民事诉讼法》第 234 条以及《海诉法解释》第 78 条作出了回应:利害关系人因正当理由不能在判决前向法院申报的,自知道或者应当知道判决公告之日起 1 年内,可以向作出判决的法院起诉。根据规定,在判决作出之后,利害关系人可以向法院起诉的法定条件是因正当理由不能在判决前向法院及时申报。《民诉法解释》第 458 条就"正当理由"作出规定,具体包括:(1)因发生意外事件或者不可抗力致使利害关系人无法知道公告事实的;(2)利害关系人因被限制人身自由而无法知道公告事实,或者虽然知道公告事实,但无法自己或者委托他人代为申报权利的;(3)不属于法定申请公示催告情形的;(4)未予公告或者未按法定方式公告的;(5)其他导致利害关系人在判决作出前未能向法院申报权利的客观事由。

利害关系人应当在知道或者应当知道判决公告之日起 1 年内向人民法院提起诉讼,以原公示催告申请人为被告,以要求法院撤销除权判决、恢复自己享有的票据权利为诉讼请求,法院可按票据纠纷适用普通程序审理。② 有管辖权的人民法院在接到利害关系人的起诉之后,应当认真进行审查,认为没有正当理由的,可以裁定驳回起诉;认为有正当理由的,法院应予以受理,并作出撤销宣告无效判决的新判决,

---

① 参见《民诉法解释》第 451 条的规定。
② 笔者认为,我国《民事诉讼法》第 234 条规定宜作体系上的解释,应解读为我国立法所确立的撤销除权判决之诉的专门程序。这种撤销之诉在德国、日本等大陆法系国家民事诉讼法上都有规定,其性质为形成之诉。从纠正程序适用的错误这一点看,该诉的类型与再审之诉相似,但发生原因不同。依据该条规定,起诉的诉讼请求可以为"撤销宣告票据无效的判决"。

票据上的权利自行恢复。当然,利害关系人仅诉请确认其为合法持票人的,法院应当在裁判文书中写明,确认利害关系人为票据权利人的判决作出后,除权判决即被撤销。

【特别提示】

公示催告程序分为公示催告与除权判决两个相对独立的阶段。法院作出除权判决前必须经过公示催告阶段,但公示催告阶段结束后并不必然引起除权判决程序的开始。每一阶段的启动都需要当事人单独申请,法院不得依职权为之。为此,我国《民事诉讼法》第229条规定了申请公示催告的条件,第233条设置了除权判决的条件。

# 第七编　特殊诉讼程序

## 第二十四章　民事公益诉讼程序

**【本章提要】**

公益诉讼是相对于私益诉讼而言的。民事诉讼本质上是私人权益受到侵害或发生争议时由当事人启动的公力救济途径。民事公益诉讼则是在社会公共利益受到侵害时由自身并不享有诉的利益、但经法律授权享有原告资格的国家机关或社会组织提起的民事诉讼。民事公益诉讼从多个维度突破了传统民事诉讼理论，比如当事人适格并不以诉的主体享有诉的利益为前提，以私权主体享有私益处分权为基础的处分权主义受到限制，以私益对抗和武器平等为基本逻辑的辩论主义受到挑战。尽管如此，民事公益诉讼仍然是在以私益救济为核心建构的民事诉讼制度体系中建构和运行的，因而构成一类特别民事诉讼程序。

### 第一节　公益诉讼概述

受传统的当事人适格理论的限制，对于污染环境、侵害不特定众多消费者合法权益等损害社会公共利益的行为，往往难以通过传统的民事诉讼方式加以规制。为此，我国2012年修改的《民事诉讼法》在吸收各地法院的公益诉讼实践经验的基础上，在第55条(现行《民事诉讼法》第58条)对民事公益诉讼制度作出规定，即"对污染环境、侵害众多消费者合法权益等损害社会公共利益的行为，法律规定的机关和有关组织可以向人民法院提起诉讼"。之后，2013年修改的《消费者权益保护法》第47条以及2014年修改的《环境保护法》第58条分别就消费者保护领域和环境保护领域的民事公益诉讼制度作出初步安排，全国人民代表大会常务委员会在2017年6月27日又通过了《民诉法和行诉法修改决定》，明确规定检察机关可以提起公益诉讼，最高人民法院和最高人民检察院的相关司法解释则对公益诉讼的具体程序进行了规定，从而初步形成了具有我国特色的公益诉讼制度。

**一、公益诉讼的含义**

所谓公益诉讼，是指特定的主体根据法律的授权以自己名义，就侵害社会公共利益的行为向法院提起的诉讼。依据被诉对象的不同,公益诉讼可以分为行政公益诉讼和民事公益诉讼,前者是指特定的主体根据法律的授权,针对国家行政机关或其他社会公共部门不履行或不适当履行法律规定的职责而侵害社会公共利益的行为提起的行政诉讼,后者是指特定的主体根据法律的授权,对侵害社会公共利益的行为,依法向法院提起民事诉讼。《民事诉讼法》第58条、《消费者权益保护法》第47条和《环境保护法》第58条仅对民事公益诉讼作了规定,2017年修改后的《行政诉讼法》第25条第4款则规定人民检察院可依法提起行政公益诉讼。本书所称的公益诉讼,除有特别说明外,仅指民事公益诉讼。

根据原告诉请保护的利益不同,可以将公益诉讼分为纯粹以公共利益保护为目的的公益诉讼与公益、私益混合型的公益诉讼。前者是指与案件没有直接利害关系的特定主体,纯粹为保护社会公共利益而提起的公益诉讼;后者是指与案件有着直接利害关系的主体,为保护自己的权益以及社会公共利益而提起的诉讼,例如,在"王英诉富平春酒厂案"中,王英同时提出了要求被告赔偿其经济、精神损失共计60万元的私益赔偿请求和要求在其生产的白酒的标签上加注"喝酒有害健康"警示内容之公益请求。[①] 我国《民事诉讼法》等法律和司法解释所规定的公益诉讼是指前者。

**二、公益诉讼制度的立法理由**

关于公益诉讼的立法理由,全国人大常委会法制工作委员会民法室2012年在其编纂的《中华人民共和国民事诉讼法条文说明、立法理由及相关规定》作了如下表述:近年来随着我国经济社会的快速发展和变化,出现了环境污染、损害众多消费者权益等一些严重损害公共利益的行为,引起了社会广泛关注。针对这些损害公共利益的行为,除了加强行政监管外,建立民事公益诉讼制度保护公共利益,成为这次民事诉讼法修改中的一个重要问题。目前,在我国建立公益诉讼制度具有重要意义:(1) 保护公共利益,促进经济社会发展;(2) 落实《宪法》《物权法》等实体法规定;(3) 落实科学发展观的要求;(4) 创新社会管理,促进社会进步;(5) 弥补行政监管局限。这为解读我国建立公益诉讼制度的立法目的提供了重要依据和线索。据此,公益诉讼的立法理由主要包括:

(一) 保护公共利益,落实《宪法》和实体法的规定

目前中国正处在经济结构深刻调整、社会体制急剧变革的时期,污染环境、侵害不特定众多消费者合法权益等损害公共利益的现象时有发生,公共利益在现有法律保护体系中未获得充分保护。其中一些新型的社会关系已在《宪法》和《民法典》等

---

① 值得注意的是,所谓公益、私益混合型的公益诉讼,重要特点在于其诉讼请求中除了基于私人权益而提出私益请求之外,同时还提出了非属于其私益保护范围的保护公共利益的请求。如果原告所提起的诉讼,仅仅要求的是保护其私人权益,并未涉及保护公益的诉讼请求,那么,即便该诉讼在实践中具有一定的典型性,或者说与原告遭受相同或相似损害的还有不少人,通过私人诉讼实际上推动了公共利益的发展,但就该原告所提起的诉讼本身来说,是不能称之为公益诉讼的。就此而言,实践中有不少媒体、机构或者学者将一些仅仅提出私权保护请求的诉讼也作为"公益诉讼"看待是值得商榷的。

实体法进行了规定,却缺乏相应的程序制度支撑。因此公益诉讼的设立为公共利益提供了诉讼制度层面的法律保障,也将进而推动相关实体法的进一步完善和发展。

(二) 创新社会管理,将社会矛盾纳入法治轨道解决

污染环境、侵害众多消费者合法权益等损害公共利益的行为多为大规模侵权,容易引发社会矛盾,诱发群体性事件,影响社会稳定。允许法律规定的社会团体提起公益诉讼,实质是让代表社会公共利益的社会团体等有关组织通过正常的诉讼活动参与社会管理,介入公共利益保护,将损害公共利益的行为有可能诱发的社会矛盾纳入司法渠道化解;由法律授权相关国家机关提起公益诉讼,改变传统上国家介入社会公共事件单纯依赖于政治、行政手段的社会管理模式,发挥司法在社会管理体系中特有的职能作用,促进其向着有序的、科学的方向发展。

(三) 弥补行政监管的局限

当前中国主要依靠行政手段保护公共利益。行政手段具有及时高效的优点,但仅依靠行政手段保护公共利益具有局限性,主要表现在:其一,存在"违法成本低、守法成本高"的问题。许多情况下行政罚款额往往难以填补环境污染和生态破坏等损害公共利益的行为所造成的损失,对违法者的威慑不足。其二,在一些损害公共利益的案件中,行政机关因地方保护或者受到其他因素的制约等原因对这些案件不能为或者消极不作为,通过行政手段保护公共利益的目的不能完全实现。公益诉讼制度的建立可以弥补行政监管的不足,切实保护社会公共利益。

### 三、公益诉讼的基本特征

公益诉讼是相对于传统民事诉讼即私益诉讼而言的,不仅在当事人适格问题上与私益诉讼有明显差异,而且诉讼目的、管辖权限、审理程序、裁判效力等方面都有较大的特殊性,因而构成一类特殊诉讼程序。与私益诉讼相比,公益诉讼具有如下几方面的基本特征:

1. 诉讼目的之公益性。公益诉讼的主要目的在于维护社会公共利益,这是其区别于私益诉讼的最显著的特点。尽管法学界对公共利益的含义和范围之理解尚存在一定的分歧,但对于公益诉讼以维护公共利益为主要目的这一特点基本上予以公认。相对而言,私益诉讼的目的则在于保护原告等特定主体的私人权益,包括单个的私法主体的权益以及由若干个私法主体构成的群体所享有的共同权益或集团性权益。

2. 原告资格之特殊性。私益诉讼的原告必须是争议实体法律关系的一方或者其诉讼担当人,以其对该法律关系享有诉的利益为原告适格的要件。而在公益诉讼中,受到侵害或有受到侵害之危险的不特定的公众被法律拟制为一个集团或者群体,由法律授权(而非当事人本人授权)的特定机关或组织代表该集团或者群体的利益,向法院提起诉讼,突破了传统的当事人适格理论。对于公益诉讼,法律在规定哪些主体具有原告资格时,均作出了明确的要求或限制,而在普通民事诉讼中并无此类特别要求或限制,从而使得公益诉讼的原告资格较之传统民事诉讼而言具有明显的特殊性。

3. 处分权主义与辩论主义适用的适当限制性。公益诉讼所保护的对象是公共利益,而非提起诉讼之原告的私人利益,因而对传统民事诉讼所遵循的处分权主义和辩论主义,在适用时应当予以适当限制,以防止损害公共利益的行为发生。例如,在处分权主义的适用上,对于原告放弃或变更诉讼请求、进行诉讼和解、撤诉等行为,法院应当予以相当程度的监督或干预;在辩论主义的适用上,对于当事人未向法院主张的事实,应允许法院予以认定,对于当事人自认的事实,法院可以不受该自认的约束。

4. 救济方式上侧重预防性。在公益诉讼中,虽然原告有时也会提出损害赔偿的诉讼请求,但更多的是提出预防性救济,即请求法院判令被告停止侵害、排除妨碍、消除危险、恢复原状等作为或不作为之诉。

5. 判决效力的扩张性。按照民事诉讼的一般原理,判决的效力特别是判决的既判力一般而言只在当事人及其继受人之间产生,此即既判力的相对性原则。而在公益诉讼中,判决的效力则往往具有某种形式的扩张性,即可以扩张至当事人之外的有关主体。例如,《民诉法解释》第289条规定:"公益诉讼案件的裁判发生法律效力后,其他依法具有原告资格的机关和有关组织就同一侵权行为另行提起公益诉讼的,人民法院裁定不予受理,但法律、司法解释另有规定的除外。"

**四、公益诉讼的保护对象**

《民事诉讼法》第58条第1款规定:"对污染环境、侵害众多消费者合法权益等损害社会公共利益的行为,法律规定的机关和有关组织可以向人民法院提起诉讼。"因此,公益诉讼的保护对象乃"社会公共利益",但如何解释和界定"社会公共利益"或"公共利益",历来是一个存在较多争议的问题。

(一)社会公共利益的界定

有一种观点主张将公共利益的内容概括为三个层次:一是国家利益,此乃公共利益的核心,如国有资产;二是不特定多数人的利益,此乃公共利益常态化的存在形式,如众多消费者的利益、环境污染受害人的利益、因垄断经营受损群体的利益;三是需要特殊保护的利益,此乃公共利益的特殊存在形式,是社会均衡可持续发展必须加以特殊保护的利益,如老年人、儿童、妇女、残疾人的利益。这种界定虽然有助于将作为民事诉讼基础的个体利益或私人利益与其他各类利益区分开来,但用于解释现行法规定的公益诉讼却明显有扩大解释的倾向,无助于确定或限定这一特殊类型的诉讼程序的适用范围,也不利于为其量身定做的特别程序规范的科学设计和合理适用。

本书认为,从立法政策考量,文义解释和狭义解释是比较适当的,也就是将社会公共利益界定为不特定的众多人的利益。2020年修改的《消费公益诉讼解释》第1条中对社会公共利益的界定即采取了这种解释。从立法目的来看,设立公益诉讼制度就是为了解决受公害事件影响的众人,由于无法将实体法上的权利主体具体化和特定化而无法通过原有的普通诉讼程序获得司法救济的问题,因而由法律授权、拟制一个代表受害众人利益的诉讼当事人,启动特别诉讼程序。这一宗旨在法律文本的表述中也有明确体现,法律明确列举了侵害"众多"消费者合法权益和"环境污染"这一不言而喻是侵害"众多"人利益的两类"损害社会公共利益的行为"。虽然法律以"等"字作为开放性措辞为类似的其他行为预留了空间,但是合乎逻辑的法律解释方法,应当认为"等"字所省略或预留的其他行为(或事项)与法律明确列举的行为具有同类性质和相同特征,而不是任意扩张到不受列举行为(或事项)限制的范围之外。可见,我国民事公益诉讼中所称的"社会公共利益"是指受大规模侵权行为损害、但难以确定具体利害关系人的"不特定众多人的利益",既不是单纯的个体利益(适用普通诉讼),也不是同类的个体利益的叠加(适用共同诉讼或代表人诉讼),而是超越于具体个体的、不特定的众人的利益。

从理论上讲,公共利益具有如下一些基本特征:第一,公共利益的主体具有不确定性,即公共利益的受益对象或者说受益主体具有不确定性。第二,公共利益具有不可分性(共享性),即当一个共同体中的某个人享有它时,那么其他成员也都同样地享有它。其反面解释则是,公共利益之享有具有非排他性,即共同体中每个人都有权不被排除在公共利益受益范围之外,某一公共利益一旦被提供,则所有成员都可以享有同样质量和数量的公共利益,一部分人对该公共利益的享有不能将其他人排除在外。第三,公共利益具有价值选择性,即什么样的利益被认定为公共利益,包含着价值选择和价值判断的过程,公共利益本身是得到社会认同和尊重的价值。与这一特征相关联,公共利益的含义还具有历史性,即在不同的历史阶段具有不同的内容和表现。

基于上述讨论,对于作为公益诉讼之保护对象的社会公共利益,有必要澄清的几个问题是:

1. 社会公共利益与国家利益存在区别。虽然有观点认为,国家利益应当包含于社会公共利益之中,公益诉讼的保护对象也包括国家利益,但从理论上讲,二者是存在区别的。一方面,公共利益的享有主体具有不确定性,而国家利益有特定的权益归属主体,即国家利益的主体是国家(通常由政府等机构代表国家)。另一方面,公共利益的内容是不特定的众多人所享有的共同利益,而国家利益的内容主要表现为国家的政治利益、统治利益;虽然国家利益在很多情况下与公共利益具有一致性,但在不同的国家制度之下,一些以"国家利益"名义表现出的利益诉求又呈现出与社会公共利益的分离性。因此,将国家利益混同于社会公共利益、并据此主张将侵害国有资产和导致国有资产流失的行为纳入公益诉讼的客体范围,混淆了公有制的政治概念与权利主体的民法概念以及国有资产管理的行政法概念。

2. 社会公共利益强调的是不特定的众多人的共享利益,故仅仅具有"众多人"之要件,其利益并不能构成社会共同利益,还需要符合"不特定性""利益的不可分性"等要求,才能认定为社会公共利益。例如,某企业的行为侵害了众多消费者的权益,尽管人数众多,但各个消费者是特定的时,则不能认为其利益的叠加即构成社会公共利益,不能据此提起公益诉讼;而如果侵害的是不特定的众多消费者权益,则可能构成对社会公共利益的侵害。例如,某企业提供的格式条款中有排除或者限制消费者权利的不公平内容,此时即可能侵害众多不特定的消费者权益,因为该格式条款针对的是众多不特定的消费者,凡是可能与该企业交易的消费者,都会因此而受到侵害,故可以认定其构成对社会公共利益的侵害,因而有必要允许消费者保护组织针对该格式条款对该企业提起禁止之诉。再如,受垄断行为或不正当竞争行为侵害的交易主体,虽然人数众多,但受侵害的主体(特定经营者、竞争者)是特定的,故其权益之保护不应当纳入公益诉讼的范围;但是,如果法律授权有关的社会组织或国家机关可以对有垄断行为或不正当竞争行为者提起一般性的禁止之诉,则此时所保护的主体包括受该行为影响的不特定的所有经营者、竞争者和消费者,故应当纳入公益诉讼的范畴。

3. 特殊群体中的不特定众多人的利益也可以构成社会公共利益。一般而言,公共利益涉及的是不确定的多数人的利益,是大众的利益,而非小范围内极少数人的利益。但应当注意的是,公共利益不能纯粹用数量来界定,其重要特征是受益主体的不特定性,而数量上的"大多数"虽然很多情况下也是其特征之一,但并非在所有情况下都构成其特征。某些情况下,特定群体中不特定众多人的共同利益,也可归入公共利益的范畴,尽管此时这些人相对于整个社会公众而言并不能构成"大多数人"。例如,受老年人权益保障法、社会福利法等特殊保护的群体,他们依法享有的特殊权益虽然并非每个社会成员共享的权益,但如果某一行为侵害了或可能侵害这一群体中不特定众多人的受法律所特别保护的权益时,亦不妨将其纳入社会公共利益保护的范畴。因此,如果相关法律赋予有关国家机关和/或社会组织提起公益诉讼的资格,那么这类案件也应该包括在《民事诉讼法》第58条第1款规定的"等"字所预留的范围之内。

(二) 环境公益诉讼与消费公益诉讼中社会公共利益的范围

就环境公益诉讼而言,《民事诉讼法》第58条第1款仅规定了对污染环境损害社会公共利益的行为,可依法提起公益诉讼,但根据《环境保护法》的规定,污染环境和破坏生态是两种不同的行为,污染环境和破坏生态造成损害的,都应当依法承担侵权责任。因此,《环境保护法》第58条规定了两种类型的环境公益诉讼:一种是针对因环境污染造成社会公共利益损害的行为,另一种是针对因生态破坏造成社会公共利益损害的行为。不过,实践中原告起诉时,可能主张被告既有污染环境也有破坏生态的行为,从而造成社会公共利益的损害。环境污染和破坏生态均属于对环境的损害,但二者是两种不同的过程。环境污染,是指被人们利用的物质或能量直接或间接地进入环境,导致对自然的有害影响,以致危及人类健康、危害生命资源和生态系统,以及损害或者妨碍舒适和环境的其他合法用途的现象,主要表现为有关主体排放污染物导致不利后果。生态破坏,主要是指由于开发利用的行为,对自然资源的索取造成的不利后果,包括人类活动导致的森林破坏、水土流失、土地荒漠化、过度捕捞、生物灭绝、不合理引进物种等。环境污染往往既侵害特定主体的私益,也侵害社会公共利益,而生态破坏则主要是侵害社会公共利益。

根据2020年修改的《环境公益诉讼解释》第1条的规定,不仅可以对已经损害社会公共利益的污染环境、破坏生态的行为提起公益诉讼,也可以对尚未实际损害社会公共利益但是具有损害社会公共利益重大风险的污染环境、破坏生态的行为提起公益诉讼。

对于消费公益诉讼,根据《消费公益诉讼解释》第1条的规定,适格的消费者组织既可以针对经营者侵害众多不特定消费者合法权益的损害社会公共利益的行为提起公益诉讼,也可以针对其尚未造成实际损害但具有危及消费者人身、财产安全危险的损害社会公共利益的行为提起公益诉讼。该司法解释第2条又具体规定:"经营者提供的商品或者服务具有下列情形之一的,适用消费者权益保护法第四十七条规定:(一)提供的商品或者服务存在缺陷,侵害众多不特定消费者合法权益的;(二)提供的商品或者服务可能危及消费者人身、财产安全,未作出真实的说明和明确的警示,未标明正确使用商品或者接受服务的方法以及防止危害发生方法的;对提供的商品或者服务质量、性能、用途、有效期限等信息作虚假或引人误解宣传的;(三)宾馆、商场、餐馆、银行、机场、车站、港口、影剧院、景区、体育场馆、娱乐场所等经营场所存在危及消费者人身、财产安全危险的;(四)以格式条款、通知、声明、店堂告示等方式,作出排除或者限制消费者权利、减轻或者免除经营者责任、加重消费者责任等对消费者不公平、不合理规定的;(五)其他侵害众多不特定消费者合法权益或者具有危及消费者人身、财产安全危险等损害社会公共利益的行为。"

## 第二节 公益诉讼的原告

《民事诉讼法》第58条第1款规定,"法律规定的机关和有关组织"可以依法提起公益诉讼,第2款又明确规定人民检察院在法定情形下可以提起公益诉讼。依照这一规定和其他法律规定,在我国,有权提起公益诉讼的原告包括两类:

### 一、法律规定的有关组织

《民事诉讼法》第58条第1款中所称的"有关组织",是指从事与其所提起的公益诉讼相关的公益活动的社会组织。在我国,根据《社会团体登记管理条例》《民办非企业单位登记管理暂行条例》和《基金会管理条例》的规定,社会组织包括社会团体、民办非企业单位和基金会。而根据民政部的统计,截至2021年年底,全国共有社会团体37.1万个,民办非企业单位52.2万个,基金会8877个。上述社会组织的种类繁多,情况复杂,良莠不齐,其参与社会活动的技术力量、经济条件和进行诉讼的能力等也参差不齐。为保证提起诉讼的社会组织具有进行诉讼的相应能力,保障公益诉讼在维护社会和谐稳定的前提下有序、有效地开展,防止和减少滥诉与恶意诉讼的现象发生,法律对于提起公益诉讼的主体资格从社会组织的设立宗旨、设立时间、组织章程、活动经费等方面都进行了一定限制。目前法律明确规定可提起公益诉讼的社会组织有以下两类:

(一)环境公益组织

根据《环境保护法》第58条和《环境公益诉讼解释》第2—5条的规定,对污染环境、破坏生态,损害社会公共利益的行为,符合下列条件的社会组织(包括社会团体、基金会以及社会服务机构)可以向人民法院提起诉讼:

1. 依法在设区的市级以上人民政府民政部门登记。所谓"设区的市级以上人民政府民政部门",包括设区的市、自治州、盟、地区,不设区的地级市,直辖市的区以上人民政府民政部门。

2. 专门从事环境保护公益活动连续5年以上。只要该社会组织章程确定的宗旨和主要业务范围是维护社会公共利益,且从事环境保护公益活动的,就可以认定为"专门从事环境保护公益活动"。社会组织提起的诉讼所涉及的社会公共利益,应与其宗旨和业务范围具有关联性。同时,社会组织在起诉前应成立5年以上,一些专门为提起某项环境公益诉讼而临时成立的社会组织不应赋予其原告资格。

3. 无违法记录。即社会组织在提起诉讼前5年内未因从事业务活动违反法律、法规的规定受过行政、刑事处罚。

此外,《环境保护法》第58条第3款还对诉讼的公益性进行了特别限定,即"提起诉讼的社会组织不得通过诉讼牟取经济利益",从而将社会组织提起的公益诉讼在性质、目的和法律结果上与私益诉讼区分开来。社会组织有通过诉讼违法收受财物等牟取经济利益行为的,人民法院可以根据情节轻重依法收缴其非法所得、予以罚款;涉嫌犯罪的,依法移送有关机关处理。社会组织通过诉讼牟取经济利益的,人民法院应当向登记管理机关或者有关机关发送司法建议,由其依法处理;登记管理机关应当将查处结果向社会公布并通报人民法院。

(二)消费者保护组织

《消费者权益保护法》第47条规定:"对侵害众多消费者合法权益的行为,中国消费者协会以及在省、自治区、直辖市设立的消费者协会,可以向人民法院提起诉讼。"这一规定正式确立了我国消费者权益保护领域中的公益诉讼制度,赋予了消费者协会针对侵害众多消费者合法权益的行为提起诉讼的原告资格。

立法只是限定了提起公益诉讼的消费者协会的级别,其效果类似于《环境保护法》对于环境公益组织登记的机关的级别进行限定,其目的仍是为了从组织自身的等级和登记管理的规范性等不同层面来保障公益诉讼原告有能力担当涉及社会公共利益如此重大事务的民事诉讼。《消费者权益保护法》并没有像《环境保护法》那样对社会组织的业务范围和相关活动提出明确要求,主要是因为消费者协会的性质和业务范围已经相对清晰,并且在这一领域已有长期的实践和社会认知。另需注意的是,对于《消费者权益保护法》第47条中规定的"省、自治区、直辖市设立的消费者协会",目前有的省份已经不再称为"消费者协会",而是改称为"消费者委员会"(例如湖北省、湖南省、广东省、海南省),或者"消费者权益保护委员会"(例如上海市、浙江省、福建省、重庆市、广西壮族自治区、江苏省),或者"保护消费者权益委员会"(例如四川省)。

## 二、法律规定的机关

《民事诉讼法》第58条第1款规定"法律规定的机关"可提起公益诉讼,而"机关"概念比较宽泛,类型很多,包括权力机关(立法机关)、行政机关、审判机关、检察机关等。因此，有必要根据立法的本意进行限缩解释，即该条中的"机关"应限缩解释为人民检察院和行政机关。当然，就具体领域的社会公共利益保护而言，人民检察院或相关领域的行政主管机关是否具有公益诉讼的原告资格，还需要有法律的明确规定。

（一）检察机关

赋予检察机关提起公益诉讼的原告资格，尽管有少数人持反对观点，但在我国，无论是法学理论界还是司法实务部门乃至其他社会各界，已日益达成较高的共识。为积累公益诉讼经验，促进检察机关提起公益诉讼活动的稳妥、有序进行，全国人民代表大会常务委员会2015年7月1日发布了《关于授权最高人民检察院在部分地区开展公益诉讼试点工作的决定》，授权最高人民检察院在生态环境和资源保护、国有资产保护、国有土地使用权出让、食品药品安全等领域开展提起公益诉讼试点。试点地区确定为北京、内蒙古、吉林、江苏、安徽、福建、山东、湖北、广东、贵州、云南、陕西、甘肃等十三个省、自治区、直辖市，试点期限为2年。在各地进行试点的基础上，2017年6月27日通过的《民诉法和行诉法修改决定》对原《民事诉讼法》第55条（现行《民事诉讼法》第58条）增设了第2款，明确规定了人民检察院的公益诉讼原告资格，即："人民检察院在履行职责中发现破坏生态环境和资源保护、食品药品安全领域侵害众多消费者合法权益等损害社会公共利益的行为，在没有前款规定的机关和组织或者前款规定的机关和组织不提起诉讼的情况下，可以向人民法院提起诉讼。前款规定的机关或者组织提起诉讼的，人民检察院可以支持起诉。"

总体而言，赋予人民检察院民事公益诉讼原告资格具有合理性和可行性，这是因为：(1) 从检察机关的法律地位和职能来看，由检察机关作为国家利益和社会公共利益的代表者、维护者和实现者具有合理性。(2) 相对于社会团体、民办非企业单位等社会组织而言，检察机关在调查收集证据的权限和能力、进行诉讼所需的法律专业素养、负担诉讼成本的资源等方面具有优势。(3) 相对于行政主管机关，检察机关作为公益诉讼原告形成的诉讼格局更符合制度逻辑。一方面，检察机关对损害社会公共利益的行为能够保持更超然、更中立的地位，而行政机关则可能与该行为存在着关联，甚至该行为发生的重要原因就是行政不作为。另一方面，导致公共利益受损的事件既有可能追究侵权人的民事责任，也有可能追究其刑事责任，在刑事诉讼中检察机关处于公诉人地位，在公益诉讼中检察机关居于公益诉讼人地位，由检察机关一并行使这两种诉权，符合制度逻辑。关于检察院的双重角色会不会导致平等对抗的民事诉讼结构失衡问题，实际上，是否失衡并不取决于其作为民事原告和刑事原告的双重身份，而取决于具体诉讼制度对于检察院作为公诉当事人与审判监督者的角色区分和法官中立地位的保障。(4) 很多地方的检察机关已经进行了公益诉讼的实践，积累了一定的实践经验。(5) 由于检察人员具有较高的法律专业素养，赋予检察机关提起公益诉讼的资格，一般不会出现滥用公益诉权的问题，同时也不会因为被告方的"势力"过于强大而造成双方的诉讼地位失衡。(6) 就与相关私益保护的关系而言，检察机关作为公益诉讼的原告提起诉讼，与受同一行为侵害的当事人提起的私益诉讼之间不仅不会产生冲突,而且目标和逻辑上是相互契合的。

(二) 行政主管机关

在我国,与检察机关的民事公益诉权相比,主张行政主管机关是《民事诉讼法》第58条第1款所称的"法律规定的机关"从而享有公益诉讼的原告资格,就更有争议性。

一种观点认为,行政主管机关可以作为公益诉讼的原告,主要理由在于:(1) 行政机关掌握有关环境评价、环境监测、检验、评估报告、现场检查记录等方面的信息资料,行政机关收集证据的能力也比较强。(2) 行政机关提起诉讼时,表明政府对此是支持的态度,法院在处理这类诉讼时,遇到的压力和阻力相对较小,法院审理判决不会与政府发生冲突。

另一种观点认为,在制度逻辑和功能安排上,行政主管机关不宜作为民事公益诉讼的原告,主要理由在于:(1) 从行政管理权与民事公益诉讼的关系来看,不宜规定行政机关具有公益诉讼原告资格。一般而言,行政机关对于相关领域的公共利益具有维护、保护的法定职责,例如在惩治环境污染行为、维护生态平衡、保护历史文化遗产、确保食品安全、监管产品质量等诸多方面,行政机关均具有广泛的行政管理和处罚权限,有权对有关企业、社会组织或个人造成的损害社会公共利益和国家利益的案件进行查处,而且较之于诉讼更具有高效性,不必绕着弯子作为原告诉请法院予以救济。而如果赋予行政机关公益诉讼原告资格,则很可能将行政机关保护公共利益的法定职责不当地推脱给法院。(2) 从损害公共利益的行为与行政机关的关联性来看,不宜赋予行政机关公益诉讼原告资格。实践中,导致公益诉讼的侵权事件往往是与行政不作为或违法作为相关联的。一方面,我国的行政机关与很多市场经济成熟的国家的行政机关存在很大区别,后者一般不直接介入经济和市场活动,而我国的行政机关在诸如兴办企业、招商引资、建设开发等很多经济活动中都直接参与,很可能成为公益案件的侵权主体或共同侵权主体。另一方面,有些损害公共利益的行为,例如某些污染环境或破坏生态的行为,虽然行政机关未直接参与,但该行为之所以能够发生或者长期得不到查处,往往是因为行政机关出于各种原因默许甚至支持这些损害公益的行为,或者在查处时避重就轻、敷衍了事。因此,从损害公共利益的行为与行政机关的关联性来看,行政机关没有起诉的动力,即使赋予其原告资格,在民事公益诉讼中因为易于暴露行政问题,也可能消解行政机关提起诉讼的动力。(3) 从民事公益诉讼与行政公益诉讼的关系来看,不宜规定行政机关可提起民事公益诉讼。由于行政机关对于相关领域的公共利益具有法定的保护职责,因而在有关企业或其他主体损害公共利益或有损害的危险时,首当其冲的是行政机关应当积极地行政作为;对于行政机关不履行或不当履行此类职责之行为,更为重要的是应当建立完善的行政公益诉讼制度,赋予检察机关、社会团体乃至公民个人行政公益诉权,由其诉请行政机关履行法定职责以保护公共利益。因此,就公益诉讼制度的构建而言,行政机关更多情况下是处于被告的地位,即充当行政公益诉讼的被告,而不是充当民事公益诉讼的原告。如果行政机关也被赋予民事公益诉讼原告资格,则可能出现的问题是:

一方面,会转移问题的焦点,掩盖行政不作为、滥作为等行政违法行为,即本来相关行政机关应当是被追究责任的对象,但其却"华丽转身"为公益诉讼的原告。另一方面,在确立了行政公益诉讼制度的情况下,行政机关可能因为对侵权事件的发生负有责任而被依法提起行政公益诉讼,但其却可以基于同一事件作为原告提起民事公益诉讼,其诉讼地位显然存在矛盾。一个参与了侵害社会公共利益的行政主管部门来代表受其侵害的公众,起诉将与行政主管机关共同承担侵权责任的同方侵权人,其代表性和原告资格从何而来,诉讼双方基于利益对抗而架构的两造对抗又如何体现和展开? 如何能够使公众相信对侵权事件负有共同责任的原告与被告之间在民事公益诉讼中达成的和解、调解、撤诉不是基于自身利益的共谋,而是基于原告所代表的社会公众的利益? 所以,合理的制度设计应当是强化行政机关保护公共利益的职责,加大其对侵害公共利益行为的惩治权限和力度,并辅之以行政公益诉讼机制来促使行政机关适当履行职责,而不是赋予其民事公益诉讼原告资格。甚至可以考虑,将检察院等主体针对相关侵害社会公共利益的行为提起的民事公益诉讼与行政公益诉讼合并审理,避免两个诉讼的被告之间相互推诿,便于当面对质、查明事实、节省成本,然后法院根据不同的法律规范分别认定民事责任和行政责任,分别作出民事公益诉讼判决和行政公益诉讼判决。

从立法情况看,《民事诉讼法》第58条第1款只是规定"法律规定的机关"可以提起公益诉讼,对此,立法机关虽然认为"行政主管部门等有关机关作为公共利益的主要维护者和公共事务的管理者,作为诉讼主体较为合适,既可以促使其依法积极行政,也可以利用诉讼救济的方式弥补其行政手段的不足",但立法机关同时特别强调,考虑到我国的机关较多,为了避免引起混乱,可以提起公益诉讼的机关,要有明确的法律依据。[①] 可见,《民事诉讼法》第58条第1款只是倡导性、指引性的规定,行政主管机关只有在其他法律有明确授权的情况下,才有权提起民事公益诉讼,而修改后的《环境保护法》《消费者权益保护法》等并未授权行政机关可提起此类诉讼。至于《海洋环境保护法》第89条第2款的规定,即行使海洋环境监督管理权的部门(下称海洋环境主管机关)可以代表国家,对破坏海洋生态、海洋水产资源、海洋保护区,给国家造成重大损失的责任者提出损害赔偿要求,究竟属不属于环境民事公益诉讼案件的问题,实务中相关海事法院一般是将其作为公益诉讼处理,但在诉讼理论界仍然存在较大争议。肯定的观点认为,所谓破坏海洋生态、海洋水产资源、海洋保护区,给国家造成重大损害,实际上也是给海洋环境公共利益造成损害,故所提起的诉讼应当属于环境公益诉讼的范畴。否定的观点则认为,国家利益与社会公益利益不能等同,海洋环境主管机关作为国家(政府)的一部分,代表国家在该主管的范围内对国家享有所有权的海洋资源行使行政管理权,当这些资源受到侵害而给资源的所有人即国家造成重大损失时,海洋主管部门代表国家对责任者提出损害赔偿要求,其当事人不仅具

---

① 全国人大常委会法制工作委员编:《中华人民共和国民事诉讼法释义》,法律出版社2012年版,第113—114页。

体而确定,而且诉讼主体与民事权利主体也是一致的,完全符合普通民事诉讼的基本特征,所以这类诉讼的实质诉讼主体是国家,海洋环境主管机关系代表国家行使民事诉权,作为原告进行诉讼,其性质属于普通的民事诉讼,而不是公益诉讼。

就行政机关提起公益诉讼的实践而言,2012 年《民事诉讼法》修改之前,一些地方的法院受理和审判了多起环境行政主管机关提起的环境公益诉讼案件,但《民事诉讼法》修改后,很少再有此类诉讼。据最高人民法院统计,2015 年 1 月 1 日至 2016 年 12 月 31 日,全国法院共受理环境公益诉讼一审案件 189 件,其中,社会组织提起的环境民事公益诉讼案件 112 件,试点地区检察机关自 2015 年 7 月 1 日至 2016 年 12 月 31 日提起环境公益诉讼一审案件 77 件(其中环境民事公益诉讼案件 25 件,环境行政公益诉讼案件 51 件,环境行政附带民事公益诉讼案件 1 件)。[①] 可见,由于《环境保护法》等法律未明确授权行政机关提起公益诉讼,实践中此类诉讼主要是由社会组织和检察机关提起。

我国现行法否认个人提起公益诉讼的可能,主要的考量是避免个人通过公益诉讼的途径谋取私人利益。不过如果因为符合限制条件的组织、机关在数量、能力、时间、资源和意愿上的有限性而没有提起公益诉讼,那么受损的公共利益可能就难以通过诉讼途径来弥补。需要指出的是,公共利益并非一定要通过诉讼方式维护,也存在行政执法等多种中国特色的机制,可以与诉讼程序配合实现社会综合治理的目标。

## 第三节 公益诉讼程序的特别规定

公益诉讼程序与传统的以私益保护为中心而设计的民事诉讼程序有重要区别,故除适用一些共通的民事诉讼原理和规范之外,公益诉讼还需要适用一些特别程序规范。《民诉法解释》《环境公益诉讼解释》《消费公益诉讼解释》《检察公益诉讼解释》《检察机关提起公益诉讼改革试点方案》《人民检察院提起公益诉讼试点工作实施办法》以及《人民法院审理人民检察院提起公益诉讼案件试点工作实施办法》[②]对公益诉讼有别于普通民事诉讼的特别程序作了规定。

### 一、起诉与受理条件

《民诉法解释》第 282 条规定:"环境保护法、消费者权益保护法等法律规定的机关和有关组织对污染环境、侵害众多消费者合法权益等损害社会公共利益的行为,根

---

[①] 参见《人民法院报》,2017 年 3 月 8 日第 1 版。
[②] 从理论上讲,《检察机关提起公益诉讼改革试点方案》《人民检察院提起公益诉讼试点工作实施办法》以及《人民法院审理人民检察院提起公益诉讼案件试点工作实施办法》仅适用于试点期间(即 2015 年 7 月 1 日至 2017 年 6 月 30 日),事实上《人民检察院提起公益诉讼试点工作实施办法》已经失效,但在最高人民检察院和最高人民法院针对《民事诉讼法》第 58 条第 2 款规定的检察机关提起公益诉讼制度发布新的司法解释之前,这几个文件在实践中仍具有参照适用的意义。

据民事诉讼法第五十八条规定提起公益诉讼,符合下列条件的,人民法院应当受理:(一)有明确的被告;(二)有具体的诉讼请求;(三)有社会公共利益受到损害的初步证据;(四)属于人民法院受理民事诉讼的范围和受诉人民法院管辖。"

与《民事诉讼法》第 122 条关于民事起诉受理条件的一般规定相比,其不同之处在于:(1) 原告由"利害关系人"改为法律规定的机关和有关组织,即原告应当符合《环境保护法》第 58 条、《消费者权益保护法》第 47 条等法律以及司法解释中所规定的原告条件。(2) 提交的诉讼材料要求由"陈述具体的事实和理由"改为"侵害客体及其侵害结果的初步证据"。具体而言,社会组织提起环境公益诉讼的,应当提交"被告的行为已经损害社会公共利益或者具有损害社会公共利益重大风险的初步证明材料",提起消费公益诉讼的,应当提交"被告的行为已侵害众多不特定消费者合法权益或者具有危及消费者人身、财产安全危险等损害社会公共利益的初步证据";人民检察院提起民事公益诉讼的,应当提交"污染环境、破坏生态、在食品药品安全领域侵害众多消费者合法权益等损害社会公共利益行为的初步证明材料"。

另外,人民检察院在提起民事公益诉讼之前,还应当履行以下诉前程序:(1) 依法督促法律规定的机关提起民事公益诉讼;(2) 建议辖区内符合法律规定条件的有关组织提起民事公益诉讼。有关组织提出需要人民检察院支持起诉的,可以依照相关法律规定支持其提起民事公益诉讼。法律规定的机关和有关组织应当在收到督促起诉意见书或者检察建议书后 1 个月内依法办理,并将办理情况及时书面回复人民检察院。经过诉前程序,法律规定的机关和有关组织没有提起民事公益诉讼,或者没有适格主体提起诉讼,社会公共利益仍处于受侵害状态的,人民检察院可以提起民事公益诉讼,并向人民法院提交"已经履行督促或者支持法律规定的机关或有关组织提起民事公益诉讼的诉前程序的证明材料"。

## 二、管辖

《民诉法解释》第 283 条第 1 款规定:"公益诉讼案件由侵权行为地或者被告住所地中级人民法院管辖,但法律、司法解释另有规定的除外。"具体而言,第一审环境民事公益诉讼案件由污染环境、破坏生态行为发生地、损害结果地或者被告住所地的中级以上人民法院管辖。中级人民法院认为确有必要的,可以在报请高级人民法院批准后,裁定将本院管辖的第一审环境民事公益诉讼案件交由基层人民法院审理。经最高人民法院批准,高级人民法院可以根据本辖区环境和生态保护的实际情况,在辖区内确定部分中级人民法院受理第一审环境民事公益诉讼案件,其管辖环境民事公益诉讼案件的区域由高级人民法院确定。因污染海洋环境提起的公益诉讼,由污染发生地、损害结果地或者采取预防污染措施地海事法院管辖。

消费公益诉讼案件由侵权行为地或者被告住所地中级人民法院管辖,但是经最高人民法院批准,高级人民法院可以根据本辖区实际情况,在辖区内确定部分中级人民法院受理第一审消费民事公益诉讼案件。

在解决共同管辖所引起的管辖权冲突方面,司法解释中重申了我国管辖制度的一般规则,即同一原告或不同原告就同一侵权行为分别向两个以上有管辖权的人民法院提起公益诉讼的,由最先立案的人民法院管辖,必要时由它们的共同上级人民法院指定管辖。

### 三、通知行政主管部门、公告与诉讼参加

(一) 通知相关主管部门

为加强人民法院与相关行政主管部门的信息沟通,共同发挥对侵害社会公共利益行为的规制作用,人民法院受理公益诉讼案件后,应当在 10 日内书面告知相关行政主管部门。对于环境公益诉讼案件,人民法院受理诉讼后,应当在 10 日内告知对被告行为负有环境保护监督管理职责的部门。环境保护主管部门收到人民法院受理环境民事公益诉讼案件线索后,可以根据案件线索开展核查;发现被告行为构成环境行政违法的,应当依法予以处理,并将处理结果通报人民法院。环境保护主管部门依法履行监管职责而使原告诉讼请求全部实现,原告申请撤诉的,人民法院应予准许。

(二) 公告与诉讼参加

具有公益诉讼原告资格的机关、社会组织提起诉讼并无地域范围的限制,因而对于同一侵害社会公共利益的行为,可能发生不同原告同时或先后对被告提起公益诉讼的现象,这不仅可能造成裁判的冲突和司法资源的浪费,而且可能给被告造成讼累,故司法解释规定了受理诉讼后的公告和诉讼参加程序。而且,对案件进行公告,也有利于社会公众对公益诉讼案件的了解和监督。

人民法院受理环境公益诉讼后,应当在立案之日起 5 日内将起诉状副本发送被告,并公告案件受理情况。有权提起诉讼的其他机关和社会组织在公告之日起 30 日内申请参加诉讼,经审查符合法定条件的,人民法院应当将其列为共同原告;逾期申请的,不予准许。人民法院受理消费民事公益诉讼案件后,应当公告案件受理情况,并在立案之日起 10 日内书面告知相关行政主管部门。依法可以提起诉讼的其他机关或者社会组织,可以在一审开庭前向人民法院申请参加诉讼。人民法院准许参加诉讼的,列为共同原告;逾期申请的,不予准许。

### 四、公益诉讼的诉讼请求

由公益诉讼原告的特殊性、诉讼对象和目的的特殊性等因素所决定,公益诉讼中原告的诉讼请求的类型和侧重点与普通民事诉讼存在区别,在某些方面比普通民事诉讼要受到更多的限制。从制度的功能来看,公益诉讼的功能并不像传统民事诉讼法那样侧重于对特定主体的补偿性救济,而是侧重于弥补行政监管功能不足、恢复原状和预防损害的发生等功能,而损害赔偿请求权往往只是承担着一种补偿功能,故公益诉讼的请求更多表现为请求判令被告停止侵害、排除妨碍、消除危险、恢复原状等救济方式。

就环境公益诉讼的诉讼请求和救济方式而言,《环境公益诉讼解释》第 18 条规

定:"对污染环境、破坏生态,已经损害社会公共利益或者具有损害社会公共利益重大风险的行为,原告可以请求被告承担停止侵害、排除妨碍、消除危险、修复生态环境、赔偿损失、赔礼道歉等民事责任。"而对于普通侵权纠纷案件,《民法典》第 179 条第 1 款规定了多种侵权责任承担方式,其中有些救济方式并不适合于环境公益诉讼案件。第一,《环境公益诉讼解释》明确排除了"返还财产"的侵权责任方式。这是由环境公益诉讼的性质和功能决定的。在环境公益诉讼中,被告的行为表现为对生态环境的侵害,不是对财产的非法占有;而且,原告与损害结果没有直接的利害关系,其并非物权所有人,不能行使返还财产这种物权请求权。因此,侵权责任法中"返还财产"的责任方式,在环境公益诉讼中不能适用。第二,环境公益诉讼不适用"消除影响、恢复名誉"的责任方式。消除影响、恢复名誉的责任方式属于人格权范畴,主要适用于侵害名誉权的情形,在环境公益诉讼中无用武之地。第三,环境公益诉讼中虽然有"赔偿损失"的责任方式,但与普通侵权纠纷案件的赔偿损失的请求存在重要区别。一方面,环境公益诉讼中的"赔偿损失"是指《环境公益诉讼解释》第 21 条所规定的"赔偿生态环境受到损害至修复完成期间服务功能丧失导致的损失、生态环境功能永久性损害造成的损失",与普通侵权纠纷案件的损失内容存在不同。所谓"生态环境受到损害至修复完成期间服务功能丧失导致的损失",是指《环境损害鉴定评估推荐方法(第 II 版)》中所界定的"期间损失",即生态环境损害发生至生态环境恢复到基线状态期间,生态环境因其物理、化学或生物特性改变而导致向公众或其他生态系统提供服务的丧失或减少,也即受损生态环境从损害发生到其恢复至基线状态期间提供生态系统服务的损失量。另一方面,普通侵权纠纷案件中,实体法上的受侵害主体、受益权主体是特定的,原告与最终的受益权主体具有同一性,而在环境公益诉讼中,受侵害主体、受益权主体是不特定的社会公众,原告与受益权主体存在分离性。

对于消费公益诉讼,其诉讼请求和救济方式主要是禁止性、预防性的不作为之诉,目前尚未规定赔偿损失等救济方式。其中,《消费公益诉讼解释》第 13 条第 1 款规定:"原告在消费民事公益诉讼案件中,请求被告承担停止侵害、排除妨碍、消除危险、赔礼道歉等民事责任的,人民法院可予支持。"第 2 款则规定了不公平格式条款的无效和禁止问题,即"经营者利用格式条款或者通知、声明、店堂告示等,排除或者限制消费者权利、减轻或者免除经营者责任、加重消费者责任,原告认为对消费者不公平、不合理主张无效的,人民法院应依法予以支持"。

**五、处分原则的限制适用**

当事人的处分权集中体现在诉讼请求的确定、和解、调解、撤诉、反诉等方面。公益诉讼作为一类民事诉讼,并不排除处分权主义,但公益诉讼中的处分权行使在程序上要求更严格,并且调解或和解结果必须公开,而不适用普通民事诉讼调解或和解结果的私密原则。

(一)诉讼请求的释明

私益诉讼中,提出什么样的诉讼请求以及诉讼请求是否适当,都是当事人自己判断和决定的事情。但在公益诉讼中,由于涉及社会公共利益的保护,故在原告提出的诉讼请求不恰当时,法院会主动加以释明。《环境公益诉讼解释》第 9 条就此规定:"人民法院认为原告提出的诉讼请求不足以保护社会公共利益的,可以向其释明变更或者增加停止侵害、修复生态环境等诉讼请求。"《消费公益诉讼解释》第 5 条也作了类似规定。

(二) 当事人和解、法院调解的限制

《民诉法解释》第 287 条规定,对于公益诉讼案件,虽然当事人可以和解,人民法院可以调解,但是当事人达成和解或者调解协议后,人民法院应当将和解或者调解协议进行公告。公告期间不得少于 30 日。公告期满后,人民法院经审查,认为和解或者调解协议不违反社会公共利益的,应当出具调解书;和解或者调解协议违反社会公共利益的,不予出具调解书,继续对案件进行审理并依法作出裁判。《环境公益诉讼解释》第 25 条第 3 款还特别规定:"调解书应当写明诉讼请求、案件的基本事实和协议内容,并应当公开。"环境民事公益诉讼案件,当事人达成调解协议或者自行达成和解协议的,人民法院应当将协议内容告知负有监督管理职责的环境保护主管部门。相关部门对协议约定的修复费用、修复方式等内容有意见和建议的,应及时向人民法院提出。

(三) 撤诉与反诉的限制

《民诉法解释》第 288 条规定,公益诉讼案件的原告在法庭辩论终结后申请撤诉的,人民法院不予准许。但是,对于环境公益诉讼案件,《环境公益诉讼解释》第 26 条规定,负有环境资源保护监督管理职责的部门依法履行监管职责而使原告诉讼请求全部实现,原告申请撤诉的,人民法院应予准许。《环境公益诉讼解释》第 25 条第 2 款还特别规定,当事人以达成和解协议为由申请撤诉的,不予准许。

公益诉讼是由与案件无直接利害关系的机关或组织针对侵害公共利益的行为依法提起,不存在被告针对原告提出反请求的问题,故在公益诉讼案件审理过程中,被告提出反诉的,人民法院不予受理。《环境公益诉讼解释》第 17 条、《消费公益诉讼解释》第 11 条和《检察公益诉讼解释》第 16 条都作出了相应规定。

### 六、辩论主义的限制适用

辩论主义的限制适用主要表现在:(1) 对于公益诉讼案件,当事人未主张的事实,如果事关公共利益的保护,法院也应当审理,此乃理论上当然之解释。(2) 法院应当依职权调查收集证据,调查范围不限于当事人申请的范围。公益诉讼案件由于涉及公共利益的保护,因此根据《民事诉讼法》第 67 条和《民诉法解释》第 96 条的规定,对于审理案件需要的证据,人民法院应当调查收集。《环境公益诉讼解释》第 14 条重申了这一规定:"对于审理环境民事公益诉讼案件需要的证据,人民法院认为必要的,应当调查收集。对于应当由原告承担举证责任且为维护社会公共利益所必要的专门性问题,人民法院可以委托具备资格的鉴定人进行鉴定。"(3) 自认规则的限制适用。原告在诉讼过程中承认的对己方不利的事实和认可的证据,人民法院认为损害社会公共利益的,应当不予确认。

### 七、裁判的效力与执行

（一）公益诉讼裁判对其他具有原告资格的主体有既判力

《民诉法解释》第 289 条规定,公益诉讼案件的裁判发生法律效力后,其他依法具有原告资格的机关和有关组织就同一侵权行为另行提起公益诉讼的,人民法院裁定不予受理,但法律、司法解释另有规定的除外。《环境公益诉讼解释》第 28 条对于例外情形作了如下规定:"环境民事公益诉讼案件的裁判生效后,有权提起诉讼的其他机关和社会组织就同一污染环境、破坏生态行为另行起诉,有下列情形之一的,人民法院应予受理:（一）前案原告的起诉被裁定驳回的;（二）前案原告申请撤诉被裁定准许的,但本解释第二十六条规定的情形除外。环境民事公益诉讼案件的裁判生效后,有证据证明存在前案审理时未发现的损害,有权提起诉讼的机关和社会组织另行起诉的,人民法院应予受理。"

（二）公益诉讼案件的移送执行

《环境公益诉讼解释》第 32 条规定,发生法律效力的环境民事公益诉讼案件的裁判,需要采取强制执行措施的,应当移送执行。

### 八、公益诉讼与私益诉讼的关系

污染环境、侵害众多消费者合法权益等损害社会公共利益的行为,往往也会侵害能够特定化的部分社会成员即利害关系人的个体利益（私人利益）,此时,受侵害的利害关系人当然有权对侵权者请求损害赔偿等救济,这就需要科学处理公益诉讼与私益诉讼的关系。

（一）私益诉讼与公益诉讼的分立

《民诉法解释》第 286 条、《消费公益诉讼解释》第 9 条、《环境公益诉讼解释》第 10 条第 3 款均规定,人民法院受理公益诉讼案件,不影响同一侵权行为的受害人根据《民事诉讼法》第 122 条规定提起诉讼。公益诉讼案件审理过程中,受到同一侵权行为侵害的公民、法人和其他组织以人身、财产受到损害为由申请参加诉讼的,人民法院应当告知其可以根据《民事诉讼法》第 122 条规定另行起诉。由此可知:第一,同一侵权行为既侵害社会公共利益,又侵害个人权益的,法律规定的机关、社会组织与受侵害的个人可以分别提起公益诉讼和私益诉讼。第二,受侵害的个人申请参加公益诉讼的,人民法院不予准许。

（二）公益诉讼与私益诉讼的审理顺序

因同一侵权行为而分别提起公益诉讼和私益诉讼时,人民法院应当如何确定审理的顺序,是优先审理公益诉讼案件,还是优先审理私益诉讼案件,或者采取其他原则,存在如下不同观点:一是私益诉讼优先;二是公益诉讼优先;三是私益诉讼原告可以申请中止诉讼,法院可依职权决定是否准许,即赋予私益诉讼原告申请中止审理私益诉讼的程序选择权。对于这一问题,《消费公益诉讼解释》第 10 条采纳了上述第三种观点,即规定:消费民事公益诉讼案件受理后,因同一侵权行为受到损害的消费者请求对其根据《民事诉讼法》第122条规定提起的诉讼予以中止,人民法院可以准许。但《环境公益诉讼解释》对这一问题未作出明确规定,而留待法院在实践中积累审判经验,根据具体情形酌定。

(三) 公益诉讼裁判认定的事实对私益诉讼的预决效力

同一侵权行为同时侵害了社会公共利益和有关公民、法人、其他组织的私益,因而既被提起公益诉讼又被提起私益诉讼时,在案件事实以及争议焦点的认定等方面具有很大程度的共通性。因此,《环境公益诉讼解释》第30条第1款规定,已为环境民事公益诉讼生效裁判认定的事实,因同一污染环境、破坏生态行为依据《民事诉讼法》第122条规定提起诉讼的原告、被告均无需举证证明,但原告对该事实有异议并有相反证据足以推翻的除外。《消费公益诉讼解释》第16条第1款也作了类似规定。

关于公益诉讼判决理由中的判断事项对私益诉讼的影响,《环境公益诉讼解释》第30条第2款规定,对于环境民事公益诉讼生效裁判就被告是否存在法律规定的不承担责任或者减轻责任的情形、行为与损害之间是否存在因果关系、被告承担责任的大小等所作的认定,因同一污染环境、破坏生态行为依据《民事诉讼法》第122条规定提起诉讼的原告主张适用的,人民法院应予支持,但被告有相反证据足以推翻的除外。被告主张直接适用对其有利的认定的,人民法院不予支持,被告仍应举证证明。《消费公益诉讼解释》第16条第2款亦规定,消费民事公益诉讼生效裁判认定经营者存在不法行为,因同一侵权行为受到损害的消费者根据《民事诉讼法》第122条规定提起诉讼,原告主张适用的,人民法院可予支持,但被告有相反证据足以推翻的除外。被告主张直接适用对其有利认定的,人民法院不予支持,被告仍应承担相应举证证明责任。

(四) 私益诉讼原告的受偿顺序优先原则

《环境公益诉讼解释》第31条确立了私益损害优先受偿原则,即"被告因污染环境、破坏生态在环境民事公益诉讼和其他民事诉讼中均承担责任,其财产不足以履行全部义务的,应当先履行其他民事诉讼生效裁判所确定的义务,但法律另有规定的除外"。关于例外规定,例如,依据《1992年国际油污损害民事责任公约》第5条以及《最高人民法院关于审理船舶油污损害赔偿纠纷案件若干问题的规定》第27条的规定,在船舶油污损害赔偿纠纷案件中,应根据确认的赔偿数额依法按比例分配,包括环境私益诉讼和公益诉讼的赔偿请求权,不适用私权优先原则。

**九、诉讼费用等诉讼成本的负担**

公益诉讼是为了维护社会公共利益,而不是特定个人的私益,在诉讼费用等程序成本的负担方面与私益诉讼应当有所区别,特别是就环境公益诉讼而言,恢复生态环境的赔偿金数额可能较为巨大,案件受理费高昂,调查取证和鉴定评估等也需要耗费大量人力、财力,而作为提起环境公益诉讼的主力军的环保社会组织往往没有充分的资金来支付所有这些费用,故有必要减轻社会组织的诉讼成本负担,以鼓励社会组织积极参与保护社会公共利益,促进公益诉讼的有序开展。

(一) 诉讼费用的司法救助

对于社会组织提起的环境公益诉讼案件,原告交纳诉讼费用确有困难,依法申请缓交的,人民法院应予准许。败诉或者部分败诉的原告申请减交或者免交诉讼费用的,人民法院应当依照《诉讼费用交纳办法》的规定,视原告的经济状况和案件的审理情况决定是否准许。人民法院审理人民检察院提起的公益诉讼案件,人民检察院免交《诉讼费用交纳办法》第6条规定的诉讼费用。

(二) 调查取证等必要费用的司法救助

对于环境民事公益诉讼,败诉原告所需承担的调查取证、专家咨询、检验、鉴定等必要费用,人民法院可以从其他环境民事公益诉讼生效判决确定的生态环境修复费用、生态环境受到损害至恢复原状期间服务功能损失补偿等款项中酌情予以支付。

(三) 加重被告的成本负担

《环境公益诉讼解释》第19条和《消费公益诉讼解释》第17条规定,原告为停止侵害、排除妨碍、消除危险采取合理预防、处置措施而发生的费用,请求被告承担的,人民法院可予以支持。《环境公益诉讼解释》第22条规定,原告请求被告承担以下费用的,人民法院可以依法予以支持:(1) 生态环境损害调查、鉴定评估等费用;(2) 清除污染以及防止损害的发生和扩大所支出的合理费用;(3) 合理的律师费以及为诉讼支出的其他合理费用。《消费公益诉讼解释》第18条亦规定,原告及其诉讼代理人对侵权行为进行调查、取证的合理费用、鉴定费用、合理的律师代理费用,人民法院可根据实际情况予以相应支持。

【特别提示】

1. 公益诉讼与代表人诉讼的区分。公益诉讼与代表人诉讼都是涉及群体利益的诉讼,但二者的差异在于,代表人诉讼是由当事人选定的诉讼代表人(而且诉讼代表人自身也必须是实体当事人)为自己的利益提起的群体性"私益"诉讼,而公益诉讼是由法律规定的机关或组织作为公共利益的代表(代表人自身不是实体当事人)为他人的利益提起的"公益"诉讼。环境污染或侵害众多消费者权益的行为既有可能侵害特定众人的利益,也可能侵害不特定众人的利益,涉及众多利害关系人利益的纠纷可以提起代表人诉讼,只有侵害不特定多数主体利益的环境污染和消费案件才需要通过公益诉讼予以解决。不过由于公益诉讼并不影响提起私益诉讼,因此理论上不排除作为私益诉讼的代表人诉讼与公益诉讼分别进行的可能性,特别是我国代表人诉讼动力和资源不足、制度运行并不良好,实践中如何处理两种诉讼的关系仍需进一步探讨,而区分概念有助于观察实践中可能发生的交叉和并行状况并进行更恰当的价值判断和权衡。

2. 关于公益诉讼原告的诉讼实施权的基础,在立法模式上可以直接规定有关团体或机关享有实体请求权,或者规定法定的诉讼担当。德国的《违反消费者保护法及其他法律的不作为之诉法》、日本的《消费者合同法》采取的是前者,即规定符合条件的消费者团体就侵害或可能侵害不特定众多消费者权益的行为享有实体上的不作为请求权,基于此种实体权利而可以提起不作为之诉。我国台湾地区"消费者保护法"第53条和"民事诉讼法"第44-3条关于团体可提起不作为之诉的规定,则是基于法定的诉讼担当。我国《民事诉讼法》第58条、《环境保护法》第58条、《消费者权益保护法》第47条对公益诉讼原告的诉讼实施权的基础未予明确,理论解释上应当认定为系基于法定的诉讼担当。

3. 人民检察院提起公益诉讼时的诉讼地位问题。根据《检察机关提起公益诉讼改革试点方案》《人民检察院提起公益诉讼试点工作实施办法》和《人民法院审理人民检察院提起公益诉讼案件试点工作实施办法》的规定,检察机关提起公益诉讼时,其诉讼地位不称为"原告",而是"公益诉讼人"。这种特殊化的称谓是值得商榷的,实际上也是没有必要的。从诉讼原理上讲,检察机关提起民事公益诉讼,其诉讼地位当然应当是"原告",它与对方当事人即被告之间,处于相对立、对等的状态,而法院处于中立的裁判者的地位,这就是"对抗与判定"的诉讼结构,故没有必要确立"公益诉讼人"这一特殊概念。而且,与其他主体提起公益诉讼相比较,也没有必要在诉讼地位上搞特殊化。环保组织、消费者组织提起公益诉讼时,其当事人身份就是"原告",为什么"检察机关"就不能作为"原告",非要称"公益诉讼人"?显然,这种特殊化会造成制度的不协调、不统一。

# 第二十五章　涉外民事诉讼程序

【本章提要】

我国《民事诉讼法》针对审判涉外民事案件的特殊要求,就涉外民事诉讼程序的一般原则、管辖、期间、送达、司法协助等问题作了特别规定。这些规定并不是完整的审判程序,其与国内民事案件诉讼程序是特殊与一般的关系。人民法院审理涉外民事案件时,有特别规定的,适用该特别规定,没有特别规定的,则适用《民事诉讼法》中的一般规定。

## 第一节　概　　述

### 一、涉外民事诉讼

(一) 涉外民事诉讼的概念

涉外民事诉讼,是指具有涉外因素的民事诉讼。① 根据《民诉法解释》第520条的规定,"涉外因素"包括以下几个方面:

1. 当事人一方或者双方是外国人、无国籍人、外国企业或者组织的。外国人参加诉讼,应当向人民法院提交护照等用以证明自己身份的证件。外国企业或者组织参加诉讼,向人民法院提交的身份证明文件,应当经所在国公证机关公证,并经我国驻该国使领馆认证,或者履行我国与该所在国订立的有关条约中规定的证明手续。代表外国企业或者组织参加诉讼的人,应当向人民法院提交其有权作为代表人参加诉讼的证明,该证明应当经所在国公证机关公证,并经我国驻该国使领馆认证,或者履行我国与该所在国订立的有关条约中规定的证明手续。外国当事人所在国与我国没有建立外交关系的,可以经该国公证机关公证,经与我国有外交关系的第三国驻该国使领馆认证,再转由我国驻该第三国使领馆认证。上述所称的"所在国",是指外国企业或者组织的设立登记地国,也可以是办理了营业登记手续的第三国。

2. 当事人一方或者双方的经常居所地在中华人民共和国领域外的。此情形下,即使该当事人是我国公民,但其经常居所地在我国领域外的,也属于涉外民事诉讼。关于法人的"经常居所地",《涉外民事关系法律适用法》第14条第2款规定:"法人

---

① 在民事诉讼法学界,一般将具有涉外因素的民事诉讼称为"涉外民事诉讼",我国民事诉讼立法也采取这一表述;而在国际私法学界,一般将涉及不同国家的民事诉讼称为"国际民事诉讼"。这种称谓上的差异,主要是因为二者观察问题的角度不同。

的经常居所地,为其主营业地。"对于自然人的"经常居所地",《最高人民法院关于适用〈中华人民共和国涉外民事关系法律适用法〉若干问题的解释(一)》第13条规定:"自然人在涉外民事关系产生或者变更、终止时已经连续居住一年以上且作为其生活中心的地方,人民法院可以认定为涉外民事关系法律适用法规定的自然人的经常居所地,但就医、劳务派遣、公务等情形除外。"

3. 标的物在中华人民共和国领域外的。

4. 产生、变更或者消灭民事关系的法律事实发生在中华人民共和国领域外的。

5. 可以认定为涉外民事案件的其他情形。譬如,在诉讼的过程中,如果需要从境外获取与本案有关的证据材料,也应当认为具有涉外因素而属于涉外民事诉讼。例如,两位中国公民因侵权行为而在我国法院进行诉讼,虽然该侵权行为也发生在我国境内,但是案件的某位重要证人却定居在外国,在诉讼过程中,需要从该国获取该证人的证言。

需说明的是,对于涉及我国香港、澳门、台湾地区的民事诉讼,尽管在性质上不属于涉外民事诉讼,但由于历史的原因,其处理较之内地(大陆)民事案件有特殊性,故最高人民法院曾专门发布了一些司法解释[①]对此类问题加以规范,而对于司法解释中未作出专门规定的,在司法实践中,人民法院往往参照涉外民事诉讼程序的特别规定办理。对于这一问题,最高人民法院在1987年10月19日下发的《关于审理涉港澳经济纠纷案件若干问题的解答》、2001年8月7日下发的《关于如何确定涉港澳台当事人公告送达期限和答辩、上诉期限的请示的复函》等文件中作了规定。《民诉法解释》第549条则明确指出:"人民法院审理涉及香港、澳门特别行政区和台湾地区的民事诉讼案件,可以参照适用涉外民事诉讼程序的特别规定。"

(二) 涉外民事诉讼的特征

1. 涉外民事诉讼涉及国家主权问题。由于具有涉外因素,因而在审理涉外民事案件时,就存在如何正确处理中国与外国的关系的问题。在此过程中,既要维护我国的主权,也应尊重别国的主权。

2. 涉外民事诉讼在具体程序制度上有特殊性。为方便涉外民事诉讼的当事人进行诉讼和更好地保护其权益,在管辖、送达、调查取证、期间等方面,有必要作出不同于国内民事诉讼的特别规定。

3. 涉外民事诉讼的进行与司法协助紧密相关。在涉外民事诉讼中,有时需要外国法院的协助,例如代为调查取证或送达诉讼文书、裁判的承认与执行等。

4. 涉外民事诉讼存在着法律适用的选择问题。就程序法而言,原则上应当适用我国《民事诉讼法》,但如果我国缔结或参加的国际条约有不同规定的,则应当首先适用该国际条约。就实体法而言,应当按照我国《涉外民事关系法律适用法》等有关实体法所规定的冲突规范来选择准据法。

---

① 例如2009年3月9日发布的《关于涉港澳民商事案件司法文书送达问题若干规定》等。

**二、涉外民事诉讼程序**

（一）涉外民事诉讼程序的概念

涉外民事诉讼程序，是指人民法院受理、审判、执行具有涉外因素的民事案件，以及当事人和其他诉讼参与人进行诉讼活动时所应遵循的法定程序。在国际私法中，一般称为国际民事诉讼程序或国际民事诉讼法。

（二）涉外民事诉讼程序的立法体例

1. 在民事诉讼法典之外，另行制定有关涉外民事诉讼的法律，两法并列，分别调整国内民事诉讼关系与涉外民事诉讼关系。由于这种立法体例会造成法律条文的重复，因而很少有国家采用。

2. 以民事诉讼法典作为规范涉外民事诉讼程序的一般法，在民事诉讼法典之外的其他法律中（通常是在国际私法中），对涉外民事诉讼程序作出特别规定。采用这种立法体例的有土耳其、瑞士、阿根廷等国。例如，1982年的《土耳其国际私法和国际诉讼程序法》、1974年的《阿根廷国际私法草案》[①]、1987年的《瑞士联邦国际私法》[②]、1995年的《意大利国际私法制度改革法》[③]等都对涉外民事诉讼程序作出了特别规定。

3. 在民事诉讼法典中对涉外民事诉讼程序作出特别规定。具体又有两种做法：其一，根据所涉及的内容不同，将其分别列入有关章节中。例如，将有关管辖的特别规定列入管辖的章节中，将有关送达的特别规定列入送达的章节中。目前，有许多国家采用这种立法体例，例如德国、日本、法国等。其二，在民事诉讼法典中先规定国内民事诉讼程序，然后设专门的编、章，对涉外民事诉讼中的一些特殊问题，集中加以规定。我国《民事诉讼法》采取的便是这种立法体例。

## 第二节　一　般　原　则

涉外民事诉讼的一般原则，是指针对涉外民事诉讼程序的特点所规定的对涉外民事诉讼具有指导意义的基本准则。根据《民事诉讼法》第4—5条和第270—275条的规定，涉外民事诉讼的一般原则包括以下几项：

**一、适用我国民事诉讼法的原则**

适用我国民事诉讼法的原则，是指人民法院审理涉外民事案件，应当以我国民事诉讼法的规定为准则，涉外案件的当事人及其他诉讼参与人进行诉讼活动，也应当以我国民事诉讼法的规定为依据。

《民事诉讼法》第4条和第270条对这一原则作出了规定。其中，第4条规定：

---

[①] 参见刘慧珊、卢松主编：《外国国际私法法规选编》，人民法院出版社1988年版。
[②] 参见周海荣：《略评〈瑞士联邦国际私法法规〉》，载《比较法研究》1989年第3—4辑。
[③] 参见耿勇：《意大利新国际私法管辖权规则初探》，载《政法论坛》2003年第3期。

"凡在中华人民共和国领域内进行民事诉讼,必须遵守本法。"第 270 条又进一步规定:"在中华人民共和国领域内进行涉外民事诉讼,适用本编规定。本编没有规定的,适用本法其他有关规定。"据此,在我国进行涉外民事诉讼时,必须适用我国的民事诉讼法。这是维护国家主权的一项重要原则。从世界范围来看,诉讼程序适用法院所在地国家的法律,也是一项国际惯例。

这一原则的主要体现是:(1)任何外国人、无国籍人、外国企业和组织,在我国领域内进行民事诉讼,都必须遵守我国民事诉讼法,依照我国民事诉讼法的规定享有诉讼权利、承担诉讼义务。(2)凡属我国法院管辖的案件,人民法院均有权受理;我国法院专属管辖的案件,任何外国法院都无权管辖。(3)人民法院受理涉外民事案件后,应当依照我国民事诉讼法规定的程序进行审判。(4)任何外国法院的裁判和仲裁机构的裁决,只有经过我国法院依法审查并承认后,才能在我国发生效力;需要执行的,才能按照我国法律规定的执行程序予以执行。

### 二、同等原则与对等原则

根据《民事诉讼法》第 5 条的规定,同等原则是指外国人、无国籍人、外国企业和组织在我国法院起诉、应诉,同我国公民、法人和其他组织有同等的诉讼权利义务。对等原则是指外国法院对我国公民、法人和其他组织的民事诉讼权利加以限制的,我国法院对该国公民、企业和组织的民事诉讼权利将予以同样的限制。

同等原则和对等原则是基于国家间的平等互惠关系而确立的诉讼原则,二者是相辅相成的。其中,同等原则直接反映了这种平等互惠关系,是国际法中"国民待遇"原则在涉外民事诉讼程序中的体现;对等原则则是同等原则得以贯彻实施的重要保障,目的同样在于追求平等互惠。

### 三、适用我国缔结或参加的国际条约的原则

《民事诉讼法》第 271 条规定:"中华人民共和国缔结或者参加的国际条约与本法有不同规定的,适用该国际条约的规定,但中华人民共和国声明保留的条款除外。"据此,人民法院在处理涉外民事诉讼案件时,应当优先适用我国缔结或者参加的国际条约的规定。

在国际交往中,我国一贯尊重和信守国际条约,《民事诉讼法》将优先适用国际条约作为一项原则加以规定,正是这一立场和做法在处理涉外民事诉讼问题上的体现。但在适用国际条约处理涉外民事案件时,我国声明保留的条款除外,因为,我国声明保留的条款,是我国未承认和未接受的条款,在我国领域内不发生效力。

### 四、司法豁免权原则

司法豁免权,是指一个国家或国际组织派驻他国的外交代表享有免受驻在国司法管辖的权利。《民事诉讼法》第 272 条对司法豁免权原则作了规定,即:"对享有外交特权与豁免的外国人、外国组织或者国际组织提起的民事诉讼,应当依照中华人民

共和国有关法律和中华人民共和国缔结或者参加的国际条约的规定办理。"这里所说的我国有关法律,主要是指《中华人民共和国外交特权与豁免条例》和《中华人民共和国领事特权与豁免条例》等;国际条约主要是指《维也纳外交关系公约》《维也纳领事关系公约》《联合国特权及豁免公约》《联合国各专门机构特权及豁免公约》以及我国与外国签订的涉司法豁免权的其他条约。

(一)享有司法豁免权的主体

根据上述国际条约和我国法律的规定,享有司法豁免权的主体主要包括:(1)外交代表;(2)与外交代表共同生活的非中国公民的配偶及未成年子女;(3)外交代表机构的行政和技术人员及与其共同生活的配偶和未成年子女,如果非为中国公民,并且不在中国永久居留的,就其执行公务的行为享有司法豁免权;(4)领事官员及领馆行政和技术人员(须非为中国公民且不在中国永久居留),就其执行职务的行为享有司法豁免权;(5)来中国访问的外国国家元首、政府首脑、外交部长及其他具有同等身份的官员;(6)来中国参加联合国及其专门机构召开的国际会议的外国代表、临时来中国的联合国及其专门机构的官员和专家、联合国及其专门机构驻中国的代表机构和人员。

(二)民事司法豁免权的内容

民事司法豁免权的内容主要包括管辖豁免和执行豁免。前者是指法院不应受理对享有司法豁免权的人提起的民事诉讼,后者是指法院不得对享有司法豁免权的人进行强制执行。这两项豁免之间虽然存在着联系,但又是互相独立的。放弃民事管辖豁免权并不包括同时也放弃强制执行的豁免;强制执行豁免权的放弃,须另外作出明确的表示。此外,还存在诉讼程序豁免,是指即使享有司法豁免权的人同意放弃司法管辖豁免权而作为被告在一国法院参加诉讼,或者作为原告提起诉讼,也仍然享有其他诉讼程序上的豁免权,即在没有征得他的明确同意之前,不得强迫他出庭作证或提供证据以及实施其他诉讼行为,也不得对他的财产采取诉讼保全措施。

(三)民事司法豁免权的限制

同刑事司法豁免权相比,民事司法豁免权是不完全的、有限制的豁免权。具体表现在:

1. 享有民事司法豁免权的人,其派遣国政府明确表示放弃司法豁免权的,则不再享有该项司法豁免权。

2. 享有司法豁免权的人因私人事务涉及诉讼的,则不享有司法豁免权。所谓因私人事务涉及诉讼,根据《维也纳外交关系公约》和我国《外交特权与豁免条例》的规定,包括以下三种情形:第一,外交代表在驻在国境内因自己的不动产与他人发生诉讼;第二,外交代表以私人身份作为遗嘱执行人、遗产管理人或受遗赠人卷入诉讼;第三,外交代表从事公务范围以外的职业或商业活动引起的诉讼。

领事官员及领馆雇员对从事公务的行为享有司法豁免权,但根据《维也纳领事关系公约》和我国《领事特权与豁免条例》的规定,领事官员及领馆雇员因下列事项涉讼的,则不享有司法豁免权:第一,涉及未明示以派遣国代表身份所订立的契约的诉讼;第二,涉及在中国境内的私有不动产的诉讼,但以派遣国代表身份所拥有的为领馆使用的不动产不在此限;第三,以私人身份进行的继承遗产的诉讼;第四,因他们的车辆、船舶或者航空器在中国境内造成的事故涉及损害赔偿的诉讼。

3. 享有民事司法豁免的人员如果就本可免受管辖的事项主动向驻在国法院提起诉讼,在诉讼进行中,被告提起与本诉直接有关的反诉时,则不再享有司法豁免。

(四) 国家及其财产的司法豁免权问题

关于国家及其财产的司法豁免权的问题,从各国的理论和实践来看,有两种不同的主张和做法,即绝对豁免说与相对豁免说。绝对豁免说认为,一个主权国家及其财产无论处于何种情况,在外国法院都享有绝对的司法豁免权,包括司法管辖豁免、诉讼程序豁免和强制执行豁免,除非该国自愿放弃豁免。相对豁免说又称为限制豁免说或职能豁免说,认为应当把国家行为区分为主权行为和非主权行为,主权行为享有司法豁免,非主权行为则不享有司法豁免;对国家财产亦应区别对待,用于外交、公共活动的,享受司法豁免,用于商业活动的,则不享受司法豁免。

限制豁免理论产生于19世纪末,早期只有意大利、比利时、荷兰、埃及等少数国家的法院主张这一理论,但是,从20世纪20年代开始,特别是在第二次世界大战以后,西方国家的学者在理论上对绝对豁免学说进行了批评,许多国家也相继接受了限制豁免理论。例如,在第二次世界大战以后,瑞士、奥地利、罗马尼亚、法国、希腊、德国等国家在司法实践中相继采取了限制豁免的立场。原来长期奉行绝对豁免论的美国、英国等国,也转向了相对豁免论。[①]

为了协调和统一各国在国家豁免问题上的立法和司法实践,1977年联合国国际法委员会在联合国大会的建议下着手研究国家及其财产管辖豁免的有关法律问题。经过一系列的准备工作,2004年12月2日,第59届联合国大会通过了《联合国国家及其财产管辖豁免公约》,这是目前世界上关于国家及其财产管辖豁免问题最全面、最系统的一个国际法律文件。[②] 该公约采行了"限制豁免论"的立场,规定一国本身及其财产在另一国法院享有管辖豁免,但又规定在商业交易等八种情况下,不得对国家及其财产进行豁免。对于"执行豁免"问题,该公约则更倾向于"绝对豁免论",规定除非一国明示同意放弃执行豁免,或者该国已经拨出或专门指定某项财产用于清偿对方的请求,另一国法院不得在诉讼中对该国财产采取判决前和判决后的强制措施。

我国《民事诉讼法》没有明确规定外国国家及其财产的司法豁免问题,但2023年制定的《外国国家豁免法》则专门进行了规定。从沿革上讲,新中国成立后,我国在实践中曾一直主张绝对豁免原则,这一立场在1979年的"湖广铁路债券案"等案件中有明确体现。[③] 但进入21世纪后,我国的相关立场出现了一定的变化。我国积极参加和

---

① 参见韩德培主编:《国际私法新论》,武汉大学出版社1997年版,第614页。
② 截至2023年12月,共有28个国家签署了该公约,23个国家批准。因不足30个批准国家,公约尚未生效。参见世界知识产权组织官网,https://www.wipo.int/wipolex/en/treaties/parties/259,2024年3月31日访问。
③ 参见黄进:《国家及其财产豁免问题研究》,中国政法大学出版社1987年版,第255页以下。

推动《联合国国家及其财产管辖豁免公约》的起草过程,并在 2005 年 9 月 14 日签署了该公约。虽然我国尚未正式批准该公约,但从该公约的起草和通过过程来看,在国家及其财产管辖豁免问题上,我国主张应适用该公约规定的态度是较为明确的。就国内立法来说,2005 年制定的《外国中央银行财产司法强制措施豁免法》实际上已经开启了外国国家及其财产豁免的立法进程。该法规定,我国对外国中央银行财产给予财产保全和执行的司法强制措施的豁免;但是,外国中央银行或者其所属国政府书面放弃的或者指定用于财产保全和执行的财产除外。为适应我国对外交往不断扩大的新形势新变化,顺应外国国家豁免法律实践的发展趋势,2023 年制定的《外国国家豁免法》采用了限制豁免原则,对外国国家及其财产的豁免问题作了全面规定。一是规定了外国国家及其财产在我国法院享有管辖豁免,并明确规定了若干例外情形,包括明示或默示放弃豁免、商业活动例外、劳动或劳务相关合同例外、人身伤害和财产损害例外、特殊财产事项例外、知识产权例外、仲裁司法审查例外。二是对外国国家的财产在我国法院享有司法强制措施豁免及其例外情形作出了规定,并明确了外国国家接受我国法院管辖时不视为放弃司法强制措施豁免之规则。三是针对外国国家在我国进行诉讼时的送达、缺席判决、我国外交部的证明文件之效力等特别规则作出了明晰规定。

### 五、使用我国通用的语言、文字的原则

根据《民事诉讼法》第 273 条的规定,这一原则是指人民法院审理涉外民事案件时,应当使用我国通用的语言、文字。当事人要求提供翻译的,可以提供,但费用由当事人承担。

涉外民事诉讼使用受诉法院所在国的语言、文字,是国际上通行的原则,也是国家主权原则的体现。人民法院审理涉外民事案件时,应当使用我国通用的语言、文字,这是我国独立行使司法权的体现,是维护我国主权的必然要求。根据这一原则,在诉讼过程中,如果因不懂我国通用的语言、文字而要求提供翻译的,人民法院可以为其提供翻译,但因此而支出的费用,应当由提出要求的当事人承担。当事人向人民法院提交的书面材料是外文的,应当同时向人民法院提交中文翻译件。当事人对中文翻译件有异议的,应当共同委托翻译机构提供翻译文本;当事人对翻译机构的选择不能达成一致的,由人民法院确定。

### 六、委托中国律师代理诉讼的原则

根据《民事诉讼法》第 274 条的规定,这一原则是指外国人、无国籍人、外国企业和组织在人民法院起诉、应诉,需要委托律师代理诉讼的,必须委托中华人民共和国的律师。

律师制度是国家司法制度的重要组成部分,一国的司法制度只能适用于本国领域,不能延伸于国外,故世界上绝大多数国家都规定,外国当事人如果要委托律师代理诉讼,只能委托在受诉法院所在国执业的律师担任诉讼代理人。

关于这一原则,需要注意的几点内容是:

第一,外国当事人并非必须委托律师代理诉讼。委托中国律师代理诉讼的原则,并不意味着外国人、无国籍人、外国企业和组织在人民法院起诉、应诉时,都必须委托中国律师代理诉讼。而是说,外国当事人需要委托律师代理诉讼时,必须委托中国的律师,而不能委托外国律师。外国当事人可以亲自参加诉讼,而不委托诉讼代理人;在委托诉讼代理人时,如果其认为没有必要委托律师代理诉讼,那么也可以委托其本国的公民或者中国的其他公民代理诉讼。而且,根据《民诉法解释》第526条的规定,外国当事人也可以委托其本国律师以非律师身份担任诉讼代理人。

第二,这一原则并不排斥中外律师的交流与协作。禁止外国律师在我国从事诉讼代理业务,并不排斥中外律师的交流与协作。根据国务院2001年颁布、2024年修订的《外国律师事务所驻华代表机构管理条例》的规定,外国律师事务所可以依法在我国设立代表机构、派驻代表,从事不包括中国法律事务的下列活动:(1)向当事人提供该外国律师事务所律师已获准从事律师执业业务国家的法律的咨询,以及有关国际条约、国际惯例的咨询;(2)接受当事人或者中国律师事务所的委托,办理在该外国律师事务所律师已获准从事律师执业业务的国家的法律事务;(3)代表外国当事人,委托中国律师事务所办理中国法律事务;(4)通过订立合同与中国律师事务所保持长期的委托关系办理法律事务;(5)提供有关中国法律环境影响的信息。

第三,外国驻华使、领馆官员可以担任诉讼代理人或者代聘诉讼代理人。《民诉法解释》第526条后半段规定:"外国驻华使领馆官员,受本国公民的委托,可以以个人名义担任诉讼代理人,但在诉讼中不享有外交或者领事特权和豁免。"第527条又规定:"涉外民事诉讼中,外国驻华使领馆授权其本馆官员,在作为当事人的本国国民不在中华人民共和国领域内的情况下,可以以外交代表身份为其本国国民在中华人民共和国聘请中华人民共和国律师或者中华人民共和国公民代理民事诉讼。"

第四,需履行法定的授权委托程序。为了保证外国当事人出具的授权委托书的真实性,《民事诉讼法》第275条规定:"在中华人民共和国领域内没有住所的外国人、无国籍人、外国企业和组织委托中华人民共和国律师或者其他人代理诉讼,从中华人民共和国领域外寄交或者托交的授权委托书,应当经所在国公证机关证明,并经中华人民共和国驻该国使领馆认证,或者履行中华人民共和国与该国订立的有关条约中规定的证明手续后,才具有效力。"因此,外国当事人从我国领域外寄交或托交的授权委托书,必须履行法定的证明手续后,人民法院才会予以接受和承认其效力。

为便于外国当事人进行诉讼,《民诉法解释》第522—524条还对授权委托程序作了如下特别规定:(1)依照《民事诉讼法》第275条规定,需要办理公证、认证手续,而外国当事人所在国与我国没有建立外交关系的,可以经该国公证机关公证,经与我国有外交关系的第三国驻该国使领馆认证,再转由我国驻该第三国使领馆认证。(2)外国人、外国企业或者组织的代表人在人民法院法官的见证下签署授权委托书,委托代理人进行民事诉讼的,人民法院应予认可。(3)外国人、外国企业或者组织的代表人在我国境内签署授权委托书,委托代理人进行民事诉讼,经我国公证机构公证的,人民法院应予认可。

关于我国香港、澳门地区的居民能否在内地从事律师诉讼代理等法律事务的问题,司法部于 2003 年 11 月 30 日发布的《取得内地法律职业资格的香港特别行政区和澳门特别行政区居民在内地从事律师职业管理办法》[①]规定,参加内地举行的国家司法考试合格,取得《中华人民共和国法律职业资格证书》的香港、澳门居民,可以在内地申请律师执业。取得内地法律职业资格的香港、澳门居民申请在内地律师事务所执业,应当依照司法部的有关规定参加实习,申请领取律师执业证。取得内地律师执业证的香港、澳门居民在内地律师事务所执业,可以从事内地非诉讼法律事务,可以代理涉港澳民事案件,代理涉港澳民事案件的范围由司法部以公告方式作出规定。关于我国台湾地区的居民能否在大陆从事律师诉讼代理等法律事务的问题,司法部 2008 年发布、2017 年修改的《取得国家法律职业资格的台湾居民在大陆从事律师职业管理办法》规定,参加国家司法考试合格,取得《中华人民共和国法律职业资格证书》的台湾居民,可以依法在大陆申请律师执业。当然,台湾居民在大陆申请律师执业,还应当符合《律师法》规定的其他条件。台湾居民获准在大陆律师事务所执业,可以担任法律顾问、代理、咨询、代书等方式从事大陆非诉讼法律事务,也可以担任诉讼代理人的方式代理涉台民事案件,代理涉台民事案件的范围由司法部以公告方式作出规定。根据司法部 2017 年 9 月 21 日的公告,取得大陆律师执业证书的台湾居民在大陆从事民事诉讼代理业务的范围,包括涉台婚姻家庭与继承纠纷,合同纠纷,知识产权纠纷,与公司、证券、保险、票据等有关的民事诉讼以及与上述案件相关的适用特殊程序案件,共五大类 237 种民事案件。

## 第三节　管　辖

涉外民事诉讼管辖,是指一国法院受理和审判具有涉外因素的民事案件的权限。它所要解决的问题是,就某一特定的涉外民事案件而言,哪个国家的法院具有管辖权,因而与国内民事诉讼管辖不同,后者是要解决一国内部各法院之间审判民事案件的分工和权限问题。

**一、确定涉外民事诉讼管辖的原则**

各国在确定本国法院对涉外民事案件的管辖范围时,往往以一定的原则为根据。纵观各国的立法与司法实践,主要有以下几项原则:

(一) 维护国家主权原则

主权是国家立法、司法和行政权力的基础,当然也是各国法院对涉外民事案件行使管辖权的基础。因此,维护国家主权就成为确定涉外民事诉讼管辖的重要原则。其具体体现是:

---

① 该项规章分别于 2005 年、2006 年、2009 年和 2013 年作了部分修改。

1. 一国除了根据国际条约的规定承担不行使管辖权的义务外,可以制定它认为是合适的任何管辖权规则,其法院也可以在同样的前提下依据该规则对任何涉外案件行使管辖权。

2. 各国一般都将涉及国家公共利益和重要政治、经济利益的涉外民事案件列为专属管辖范围,规定由本国法院享有独占的管辖权,而不承认其他国家的法院对此类案件有管辖权。

3. 对于非专属管辖的事项,各国一般都趋向于扩大管辖权连接因素的范围,以便更加有效地行使管辖权。

4. 对于相同的当事人就同一诉讼标的提起的诉讼,外国法院已行使了或正在行使对实体问题的审判权,并不影响本国法院再次对案件行使审判权。国内民事诉讼中有关"禁止重复起诉"和"一事不再理"的原则,并没有成为涉外民事诉讼的原则。

依照维护国家主权原则,在确定涉外民事诉讼管辖时,应当合理拓宽我国人民法院对涉外民事案件的管辖范围,以维护国家主权和我国公民、法人的合法权益;同时,也应当尊重别国的主权,不宜任意地将其扩大到不适当的范围。

(二) 诉讼与法院所在地有实际联系的原则

这一原则是指应当根据一定的连结因素来确定本国法院对涉外民事案件的管辖权。从各国的规定来看,这一原则又包括下述几项具体原则:

1. 属地管辖原则

属地管辖原则是指以案件事实和双方当事人与有关国家的地域联系作为确定涉外民事诉讼管辖权的标准。它强调的是管辖权连结因素的地域性质或属地性质,也即强调以当事人的住所地、经常居住地、居所地、诉讼标的物所在地、被告财产所在地、有关的法律事实发生地等作为连结因素来确定法院对涉外民事案件的管辖权。在这些连结因素中,只要有一个因素存在于一国境内或者发生于该国境内,该国就可以借此主张对该涉外民事案件的管辖权。德国、瑞士、奥地利、日本、希腊、印度、泰国等许多国家主要遵循的是属地管辖原则。

在采用属地管辖原则确立的管辖权制度中,最通行的是以被告住所地作为行使管辖权的根据,此即"原告就被告"原则。根据这一原则,不论涉外民事案件中被告的国籍如何,只要他在本国有住所,本国法院就有管辖权。

2. 属人管辖原则

属人管辖原则,是指以当事人的国籍为连结因素而对涉外民事案件行使管辖权的原则。根据这一原则,只要涉外民事案件的双方当事人或一方当事人具有本国国籍,本国法院就有权予以管辖。采用这一原则的主要是法国以及其他仿效法国法的国家,例如荷兰、比利时、卢森堡、意大利等。

3. 有效控制原则

有效控制原则,也称实际控制原则,是指以"有效控制"或"实际控制"作为行使管辖权根据的原则。采用这一原则的主要是英美法系国家。在英美法系国家,一般都将民事案件区分为对人诉讼和对物诉讼①,并根据"有效控制原则"分别确定内国法院对这两类诉讼是否具有管辖权。在对人诉讼中,只要起诉时被告处于内国境内,法院能够将传票有效地送达给被告,内国法院就对该案件具有管辖权。至于被告的国籍如何,其住所或居所何在,有关案件事实发生在哪里,都无关紧要。对法人提起的诉讼,只要该法人在内国注册或有商业活动,内国法院就对该法人具有管辖权。在对物诉讼中,只要有关财产处于内国境内或被告的住所处于内国境内,内国法院就对该案件具有管辖权。不难看出,有效控制原则实际上是过分扩大了的地域管辖原则,因而受到了不少国家的抵制和批评。

以上三个原则分别对德国法系国家、法国法系(拉丁法系)国家及英美法系国家在确定各自的涉外民事诉讼管辖时起着重要的作用。但必须说明的是,由于涉外民事案件纷繁复杂、特点各异,所以各国总是以某一原则为基本依据,并以其他标准作为补充来确定本国法院的管辖范围。

我国民事诉讼法对涉外民事诉讼管辖所作的规定,与德国法系国家的规定较为类似,即在确定管辖时,主要以属地管辖原则作为基本的划分依据。同时,也考虑了属人管辖原则或实际控制原则的某些可取之处,例如,根据《民事诉讼法》第276条的规定,被告有财产在我国领域内可供扣押,或者争议标的物在我国领域内时,我国法院就可以据此行使管辖权。显然,这种连结因素的确立,除了考虑到其地域属性外,实际上也是考虑了对该物"实际控制"的因素。

(三) 尊重当事人意愿的原则

尊重当事人意愿的原则,又称为协议管辖原则,是指对于某些涉外民事案件,可以基于双方当事人的合意而确定由哪一国法院予以管辖。这一原则是国际私法中的意思自治原则在涉外民事诉讼管辖问题上的具体体现。目前,这一原则已被国际社会普遍承认和采用,各国的立法和实践都在不同程度上对其作了肯定。

(四) 不方便法院原则

不方便法院原则,也称为"非方便法院原则"或者"不便管辖原则",其含义一般是指一国法院对于其受理的某一涉外民事案件,认为本国法院不适合审理,而更适合在有关外国法院审理时,有权行使自由裁量权而拒绝行使对该案件的管辖权。不方便法院原则是国际礼让原则在国际民事诉讼管辖中的体现,有助于避免平行诉讼,增进国家间的司法互信。对于我国涉外民事诉讼中应否确立不方便法院原则的问题,理论上曾经存在不同意见。② 而在司法实践中,自1995年起,已经出现若干适用"不

---

① 对人诉讼是直接针对某一个人的诉讼,意在责成某人为或不为某项行为;而对物诉讼是意在获取一个不仅影响当事人而且影响第三人的判决,主要是物权诉讼和法律地位的诉讼。参见李双元、谢石松:《国际民事诉讼法概论》,武汉大学出版社2001年版,第222页。

② 关于赞同的意见,可参见奚晓明:《不方便法院制度的几点思考》,载《法学研究》2002年第1期;吴一鸣:《两大法系中的不方便法院原则及在中国的合理借鉴》,载《西南政法大学学报》2008年第2期。反对的意见,参见胡振杰:《不方便法院说比较研究》,载《法学研究》2002年第4期;徐伟功:《我国不宜采用不方便法院原则》,载《法学评论》2006年第1期。

方便法院原则"的原理而放弃行使管辖权的案例。① 最高人民法院 2005 年 12 月 26 日下发的《关于印发〈第二次全国涉外商事海事审判工作会议纪要〉的通知》中则明确指出,"我国法院在审理涉外商事纠纷案件过程中,如发现案件存在不方便管辖的因素,可以根据'不方便法院原则'裁定驳回原告的起诉",并对这一原则适用时应当符合的条件作出了规定。在此基础上,《民诉法解释》第 530 条明确确立了这一原则,2023 年修改的《民事诉讼法》则将该内容上升为法律,并在适用条件等方面作了进一步优化。

根据《民事诉讼法》第 282 第 1 款的规定,人民法院受理的涉外民事案件,被告提出管辖异议,且同时有下列情形的,可以裁定驳回起诉,告知原告向更为方便的外国法院提起诉讼:(1) 案件争议的基本事实不是发生在我国领域内,人民法院审理案件和当事人参加诉讼均明显不方便;(2) 当事人之间不存在选择人民法院管辖的协议;(3) 案件不属于人民法院专属管辖;(4) 案件不涉及我国主权、安全或者社会公共利益;(5) 外国法院审理案件更为方便。该条第 2 款进一步完善了不方便法院原则的适用程序。人民法院裁定驳回当事人起诉后,外国法院对纠纷拒绝行使管辖权,或者未采取必要措施审理案件,或者未在合理期限内审结,当事人又向人民法院起诉的,人民法院应当受理,从而可以防止纠纷当事人因救济无门而致权利受损。

**二、我国涉外民事诉讼管辖的种类**

根据《民事诉讼法》和有关司法解释的规定,我国涉外民事诉讼管辖大致可以分为以下几类:

**(一) 普通管辖**

我国民事诉讼法同多数国家一样,也是以被告住所地作为普通管辖的依据,即采用"原告就被告"的原则来确定普通管辖。据此,只要涉外民事案件的被告的住所地在我国境内,不论该被告是外国人还是无国籍人,抑或外国企业、组织,我国法院均有管辖权。如果被告的住所地与其经常居住地不一致,只要经常居住地在我国境内,我国法院也有管辖权。另外,根据《民事诉讼法》第 23 条的规定,对不在我国领域内居住的人提起的有关身份关系的诉讼,如果原告的住所地或经常居住地在我国领域内,则由原告住所地或经常居住地的人民法院管辖。

**(二) 特殊管辖**

除上述普通管辖以外,对于被告在我国领域内没有住所的涉外民事案件,我国民事诉讼法还针对不同情况规定了一些特殊管辖。

1. 根据《民事诉讼法》第 276 条的规定,因涉外民事纠纷,对在我国领域内没有住所的被告提起除身份关系以外的诉讼,如果合同签订地、合同履行地、诉讼标的物所在地、可供扣押财产所在地、侵权行为地、代表机构住所地位于我国领域内的,可以由合同签订地、合同履行地、诉讼标的物所在地、可供扣押财产所在地、侵权行为地、

---

① 参见涂广建:《再论我国的"不方便法院"原则》,载《武大国际法评论》2013 年第 1 期。

代表机构住所地人民法院管辖。也就是说,在上述诸多连结因素中,只要有一个连结因素在我国领域内,我国法院即可据此对涉外民事纠纷行使管辖权。为更好地保护当事人的合法权益,该条第2款还新增了"其他适当联系"管辖依据,即"除前款规定外,涉外民事纠纷与中华人民共和国存在其他适当联系的,可以由人民法院管辖"。这一管辖依据赋予人民法院在认定涉外管辖权时以一定的司法裁量权,是一种谦抑性的保护性管辖规定,其强调对此类案件实施管辖的必要性、适度性与合理性,既不同于以"最低限度联系"为基础的"长臂管辖"原则,也有别于"充分联系""密切联系""实际联系"之管辖依据。

2.《民事诉讼法》第25—33条规定一些特殊类型民事案件可以由被告住所地或有关地点的人民法院管辖。因此,如果这些民事案件含有涉外因素且被告不在我国领域内,但有关的连结因素位于我国,那么我国法院同样具有管辖权。例如,《民事诉讼法》第28条规定:"因铁路、公路、水上、航空运输和联合运输合同纠纷提起的诉讼,由运输始发地、目的地或者被告住所地人民法院管辖。"根据这一规定,如果属于涉外运输合同纠纷,那么即使被告住所地不在我国,但只要运输始发地或目的地在我国,我国法院对该案件就享有管辖权。又例如,《民事诉讼法》第32条规定:"因海难救助费用提起的诉讼,由救助地或者被救助船舶最先到达地人民法院管辖。"据此,如果该案件属于涉外民事案件,那么只要救助地或者被救助船舶最先到达地在我国,我国法院即对该案件享有管辖权。

3.《海诉法》第6条、《海诉法解释》第1条至第10条以及最高人民法院2016年8月1日发布的《关于审理发生在我国管辖海域相关案件若干问题的规定(一)》针对有关海事诉讼案件的特殊地域管辖作了规定,如果其属于涉外海事诉讼且有关确定管辖权的连结因素位于我国,我国海事法院就有权对该类海事诉讼行使管辖权。

(三) 协议管辖与应诉管辖

我国2012年修正前的《民事诉讼法》第242条、第243条对涉外民事诉讼中的协议管辖与应诉管辖曾作了特别规定,以便尊重涉外案件当事人的意愿;2012年《民事诉讼法》修正时删除了该规定,不再区分涉外与非涉外案件,一体适用《民事诉讼法》第35条和第130条第2款的规定。但涉外案件不同于非涉外案件,上述规定的适用未能充分尊重涉外案件当事人的意思自治,不利于扩大我国法院对涉外案件的管辖权,故2023年修改后的《民事诉讼法》增设的第277条针对涉外案件的协议管辖特别规定:"涉外民事纠纷的当事人书面协议选择人民法院管辖的,可以由人民法院管辖。"该规定与《民事诉讼法》第35条的区别在于:一是未限定"合同或者其他财产权益纠纷"之纠纷类型,可以协议管辖的案件范围更广。二是未规定"实际联系"要件。因为,随着涉外民商事审判实践的发展,越来越多的外国当事人选择向我国法院提起诉讼,协议管辖要求"实际联系"原则不仅落后于现实需求,也不符合尊重当事人协议选择法院意思自治这一国际民事诉讼发展趋势。三是无"不得违反本法对级别管辖和专属管辖的规定"之限制。如果涉外管辖协议指向特定人民法院,而该人民法院予以管辖将违反民事诉讼法级别管辖、专属管辖、专门管辖、集中管辖等规定的,并不会导致选择法院管辖协议整体无效,此时应根据民事诉讼法及司法解释确定的管辖权规则确定由相应的某一人民法院具体行使管辖权。对于涉外案件的应诉管辖,新增的第278条规定:"当事人未提出管辖异议,并应诉答辩或者提出反诉的,视为人民法院有管辖权。"与第130条第2款的规定相比,亦无"违反级别管辖和专属管辖规定的除外"之限制性规定。根据《民诉法解释》第529条的规定,属于我国法院专属管辖的案件,当事人不得协议选择外国法院管辖,但协议选择仲裁的除外。

（四）专属管辖

专属管辖,是指特定的涉外民事案件只能由我国人民法院予以管辖。专属管辖不仅是否定管辖协议效力的依据,亦具有排除或不承认其他国家法院管辖权的效果。外国法院行使管辖权违反我国专属管辖规定的,我国法院应当拒绝承认和执行该外国法院作出的判决、裁定。根据《民事诉讼法》第279条的规定,下列民事案件,由人民法院专属管辖:(1) 因在我国领域内设立的法人或者其他组织的设立、解散、清算,以及该法人或者其他组织作出的决议的效力等纠纷提起的诉讼。法人和其他组织的拟制人格来源于国家公权力的确认,涉及其设立、解散、清算的争议与登记设立地国的法律及公共秩序密切相关。法人或者其他组织作出的决议的效力纠纷往往涉及决议的内容、表决程序、表决方式等是否符合其设立地国的法律、法规以及该组织的章程。一些国家或地区将上述类型的纠纷纳入专属管辖的范围,我国亦有必要作出规定。(2) 因与在我国领域内审查授予的知识产权的有效性有关的纠纷提起的诉讼。知识产权具有地域性,是否授予知识产权与注册地、登记地国的法律与公共秩序密切相关,故对在我国领域内审查授予的知识产权的有效性相关的民事纠纷,有必要规定由我国法院专属管辖。(3) 因在我国领域内履行中外合资经营企业合同、中外合作经营企业合同、中外合作勘探开发自然资源合同发生纠纷提起的诉讼。这三种合同属于国际投资合同,与东道国的国计民生紧密相关,各国一般认可因履行此类合同发生纠纷提起的诉讼由东道国法院予以专属管辖,他国法院无权管辖。另外,《民事诉讼法》第34条和《海诉法》第7条规定的专属管辖案件,若含有涉外因素,则由我国法院专属管辖。

### 三、涉外民事诉讼管辖的冲突及其解决

各国往往基于本国的社会、政治、经济方面的利益,从有利于本国及其国民进行涉外民事诉讼活动的角度出发,制定涉外民事诉讼的管辖规则,从而不可避免地产生管辖权的冲突问题。对于某一涉外民事案件,两个或两个以上国家的法院都主张管辖的,称为管辖权的积极冲突;两个或两个以上国家的法院都拒绝管辖的,称为管辖权的消极冲突。管辖权的积极冲突主要表现为对同一纠纷的平行诉讼。所谓平行诉讼,又称诉讼竞合,是指相同当事人针对同一纠纷,在两个以上国家的法院进行诉讼的现象,具体又包括两种情况:一是同一原告就同一纠纷在两个以上国家针对同一被告提起诉讼;二是对于同一纠纷,甲在一国法院对乙提起诉讼,而乙则在另一国法院对甲提起诉讼。

在发生管辖权的积极冲突时,有关国家往往根据本国管辖权规范,各自行使审判权,作出不同的判决,其结果往往是一国法院的判决在他国不能得到承认与执行,从而导致当事人的正当权益得不到有效的法律保护。在出现管辖权的消极冲突时,当事人则难以得到司法救济。因此,为了更好地保护当事人的正当权益,各国应当在平等、互惠的基础上,本着国际礼让原则、最密切联系原则、当事人意思自治原则、不方便法院原则等①,从立法与司法两个层面着手,尽可能减少或消除法院管辖权的冲突。

从立法层面来说,为消除管辖权的积极冲突,各国在进行国内立法时,应当考虑国际社会的一般做法,尽量使自己制定的管辖权规范能够得到大多数国家的承认;尽量减少专属管辖的规定;尽量扩大当事人可协议选择管辖法院的案件范围。为消除管辖权的消极冲突,则可根据案件与本国的联系制定某种扩张性的涉外民事管辖权规范。就司法层面而言,各国法院可在一定条件下承认外国法院正在进行或已经终结的诉讼程序的法律效力,拒绝受理对同一案件提起的诉讼,或者中止或终结本国诉讼。同时,在司法上亦应当充分保证有关当事人通过协议选择管辖法院的权利。②

就我国来说,关于涉外民事诉讼管辖权积极冲突的解决问题,《民事诉讼法》第280条、第281条采取了认可平行诉讼规则,但又作了若干限制性规定以便减少平行诉讼、妥当解决管辖权国际冲突的基本立场。首先,"当事人之间的同一纠纷,一方当事人向外国法院起诉,另一方当事人向人民法院起诉,或者一方当事人既向外国法院起诉,又向人民法院起诉,人民法院依照本法有管辖权的,可以受理"。据此,对于当事人之间的同一纠纷,无论是重复诉讼还是对抗诉讼,依照民事诉讼法的规定,人民法院有管辖权的,即可予以受理,不受当事人是否已向外国法院提起诉讼的影响。换言之,上述条款并不禁止当事人在我国法院提起平行诉讼。其次,第280条对人民法院行使管辖权规定了限制性适用条件,即当事人之间订立有排他性管辖协议选择外国法院管辖,且不违反我国专属管辖的规定,亦不涉及我国主权、安全或者社会公共利益的,人民法院可以裁定不予受理;已经受理的,裁定驳回起诉。此项规定体现了对当事人管辖合意的充分尊重。通过认可排他性管辖协议的效力和自我限缩管辖权,可以保证当事人选择法院的确定性和可预见性。该规定亦体现了《选择法院协议公约》关于缔约国应尊重当事人达成的"排他性选择法院协议"的效力之要求。③ 再次,规定了平行诉讼中的中止诉讼制度。第281条第1、2款规定:"人民法院依据前条规定受理案件后,当事人以外国法院已经先于人民法院受理为由,书面申请人民法院中止诉讼的,人民法院可以裁定中止诉讼,但是存在下列情形之一的除外:(一)当事人协议选择人民法院管辖,或者纠纷属于人民法院专属管辖;(二)由人民法院审

---

① 关于解决管辖权冲突的理论基础,可参见徐卉:《涉外民商事诉讼管辖权冲突研究》,中国政法大学出版社2001年版,第116页以下。
② 参见李玉泉主编:《国际民事诉讼与国际商事仲裁》,武汉大学出版社1994年版,第84页以下;韩德培主编:《国际私法新论》,武汉大学出版社1997年版,第632页以下。
③ 《选择法院协议公约》于2005年6月30日在海牙签订,2015年10月1日生效;我国于2017年9月12日签署,但尚未批准加入。

理明显更为方便。外国法院未采取必要措施审理案件,或者未在合理期限内审结的,依当事人的书面申请,人民法院应当恢复诉讼。"最后,外国法院裁判获得我国承认时,则禁止在我国法院平行诉讼。第 281 条第 3 款规定:"外国法院作出的发生法律效力的判决、裁定,已经被人民法院全部或者部分承认,当事人对已经获得承认的部分又向人民法院起诉的,裁定不予受理;已经受理的,裁定驳回起诉。"

至于管辖权消极冲突的解决问题,我国民事诉讼法主要针对在外国定居的华侨的离婚案件作出了规定。《民诉法解释》第 13 条和第 14 条规定了两种情况,即:(1)在国内结婚并定居国外的华侨,如定居国法院以离婚诉讼须由婚姻缔结地法院管辖为由不予受理,当事人向人民法院提出离婚诉讼的,由婚姻缔结地或一方在国内的最后居住地人民法院管辖。(2)在国外结婚并定居国外的华侨,如定居国法院以离婚诉讼须由国籍所属国法院管辖为由不予受理,当事人向人民法院提出离婚诉讼的,由一方原住所地或在国内的最后居住地人民法院管辖。这种规定,既可以保护我国公民的合法权益,又避免了涉外民事案件管辖权的消极冲突,具有重要意义。

## 第四节 送达、期间、调查取证

### 一、涉外民事诉讼的送达

涉外民事诉讼中的送达方式,依受送达人居住地点不同而有所不同。对在我国领域内有住所的当事人,按照《民事诉讼法》总则中规定的送达方式进行送达。对在我国领域内没有住所的当事人,则应当按照《民事诉讼法》第 283 条、《涉外送达规定》《民诉法解释》和《海诉法》规定的如下送达方式送达:

(一)依国际条约规定的方式送达

这是指依照受送达人所在国与我国缔结的或者共同参加的国际条约中规定的方式送达。根据优先适用国际条约的原则,这一送达方式是我国法院向域外送达诉讼文书时的首选方式。目前,我国已先后与法国、波兰、比利时、意大利、土耳其、俄罗斯、哈萨克斯坦、新加坡等很多国家签订了司法协助协定,并且在 1991 年 3 月 2 日加入了《送达公约》。这些国际条约一般都把互相代为送达司法文书和司法外文书作为一项重要内容。依照受送达人所在国与我国缔结或者共同参加的国际条约中规定的方式送达的,应根据《依条约办理送达等的规定》及其他相关规定办理。

(二)通过外交途径送达

通过外交途径送达,是指人民法院将需要送达的司法文书交给我国外交机关,由我国外交机关转交给受送达人所在国驻我国的外交机关,再由其转送该国外交机关,然后由该国外交机关将诉讼文书转交给该国国内有管辖权的法院,最后由法院将其送达给受送达人。

根据最高人民法院、外交部、司法部 1986 年 8 月 14 日联合发布的《关于我国法院和外国法院通过外交途径相互委托送达法律文书若干问题的通知》的规定,我国法院通过外交途径向国外当事人送达法律文书,应当按照下列程序和要求办理:(1)要求送达的法律文书须经省、自治区、直辖市高级人民法院审查,由外交部领事司负责转递。(2)须准确注明受送达人姓名、性别、年龄、国籍及其在国外的详细外文地址,并将案件的基本情况函告外交部领事司,以便转递。(3)须附有送达委托书。如对方法院名称不明,可委托当事人所在地区主管法院。委托书和所送达法律文书还须附有该国文字或者该国同意使用的第三国文字译本。如该国对委托书及法律文书有公证、认证等特殊要求,将由外交部领事司逐案通知。

在两国间无司法协助条约关系的情况下,通过外交途径送达,无疑是一种最正规的送达方式,也是各国普遍承认和采用的一种送达方式。但这种送达方式的缺点是程序较复杂,速度也较慢。

(三)委托我国驻外使、领馆代为送达

对在我国领域内没有住所的具有中国国籍的受送达人,可以委托我国驻受送达人所在国的使领馆代为送达。这种送达方式为《维也纳领事关系公约》和《送达公约》所认可,在我国与有关国家签订的双边司法协助协定中一般也作了规定。

委托我国驻外使领馆代为送达时,应当符合下列条件:一是受送达人必须是我国公民;二是该公民在我国没有住所;三是在送达时不得采取任何强制措施。采用这种送达方式有两个优点:一是直接、迅速,不必通过外交途径转交;二是手续简便,不必附送外文译本。

(四)向受送达人的诉讼代理人送达

根据《民事诉讼法》第283条的规定,人民法院可以"向受送达人在本案中委托的诉讼代理人送达"。诉讼代理人代理诉讼时,无论其为一般授权还是特别授权,均有义务为其所代理的当事人接受法院送达的司法文书,故依2023年《民事诉讼法》修改后的规定,人民法院可以直接向诉讼代理人送达,删除了原条文中"有权代其接受送达"之限定条件,以防止受送达人及其诉讼代理人意图逃避送达、拖延诉讼的情况发生。

(五)向受送达人在我国领域内设立的独资企业、代表机构、分支机构或者有权接受送达的业务代办人送达

该项规定所适用的受送达人主要是外国企业或组织,但也可以是外国自然人,尤其是外国自然人在中国设立独资企业的情形。具体又分为三种情况:一是受送达人在我国设立有代表机构、分支机构的,人民法院可以直接向该代表机构、分支机构送达,这是因为,受送达人的代表机构、分支机构在本质上属于受送达人的组成部分,向该代表机构、分支机构送达,不影响受送达人的程序保障权。二是可以向受送达人在我国设立的独资企业送达。作为受送达人的股东与其设立的独资企业虽然在公司法意义上系各自独立的主体,但在程序法意义上,送达的功能在于通知相关诉讼事项,因独资企业的日常经营管理人员完全来自作为单一股东的受送达人委派,向该独资企业送达,不影响受送达人获悉送达信息,故《民事诉讼法》对此种送达方式作出规定。三是受送达人在我国有业务代办人且其有接受送达的授权的,可以向该业务代

办人送达。业务代办人不具有代表机构、分支机构的法律地位,其业务范围局限在与委托人之间约定的代办事项,故向业务代办人送达须以其有接受送达的授权为前提。

(六)受送达人为外国人、无国籍人,其在我国领域内设立的法人或者其他组织担任法定代表人或者主要负责人,且与该法人或者其他组织为共同被告的,向该法人或者其他组织送达

受送达人为外国人、无国籍人,其在我国领域内设立的法人或者其他组织担任法定代表人或者主要负责人时,向该法人或其他组织送达,亦能使受送达人获悉送达信息。但考虑到该外国人、无国籍人可能系因私人事务涉诉,例如婚姻纠纷案件、继承案件、涉及个人隐私的案件等,由法人或其他组织接受送达可能导致个人隐私泄露等损害受送达人利益的后果,故将该种送达方式限制在商事纠纷领域,且规定仅适用于其任职的法人或者其他组织成为共同被告的情形。

(七)受送达人为外国法人或者其他组织,其法定代表人或者主要负责人在我国领域内的,向其法定代表人或者主要负责人送达

受送达人为外国法人或其他组织,而其法定代表人或主要负责人在我国领域内时,因法定代表人或主要负责人是其执行机关,故可以向该法定代表人或主要负责人送达。也就是说,上述人员只要在我国领域内,即使是临时过境,人民法院也可向其送达。

(八)邮寄送达

采取邮寄送达需注意的问题是:(1)须以受送达人所在国的法律允许邮寄送达为前提。从目前情况看,尽管很多国家不禁止其他国家法院向本国境内的当事人邮寄送达司法文书,但也有一些国家不允许这样做,例如德国、瑞士、卢森堡、挪威、土耳其、埃及等即明确表示反对。我国在加入《送达公约》时,对该公约第 10 条所规定的邮寄送达也作出了保留。因此,对邮寄送达应持慎重的态度,在决定采用此方式之前,应当弄清受送达人所在国是否允许。(2)邮寄送达时应当附有送达回证。受送达人未在送达回证上签收但在邮件回执上签收的,视为送达,签收日期为送达日期。(3)自邮寄之日起满 3 个月,送达回证没有退回,但根据各种情况足以认定已经送达的,期间届满之日视为送达。例如,对域外当事人进行邮寄送达时,其虽然没有将送达回证寄回送达人民法院,但是,人民法院通过邮政系统可以查询到该当事人已经对邮件进行了签收,那么对该邮件的签收可以视为诉讼文书已经邮寄送达。需注意的是,为解决送达回证没有退回的情况下如何认定不能送达的问题,《民诉法解释》第 534 条第 3 款规定:"自邮寄之日起满三个月,如果未收到送达的证明文件,且根据各种情况不足以认定已经送达的,视为不能用邮寄方式送达。"《涉外送达规定》第 8 条第 3 款亦作了类似规定。此时,人民法院可以不必再等待邮寄送达的结果,从而及时采取其他方式送达,乃至公告送达。

(九)电子送达

电子送达是指采用传真、电子邮件等能够确认受送达人收悉的方式送达诉讼文书。随着电子信息技术的发展,传真、电子邮件等即时通讯方式成为法院与诉讼参与

人交流信息的重要手段,特别是当前互联网、智能手机的普及,使得人民法院已具备通过电子邮件等方式送达文书的物质条件,因此,早在2006年,《涉外送达规定》第10条即明确了此种送达方式,《民事诉讼法》第283条则作了更科学的规定:"采用能够确认受送达人收悉的电子方式送达,但是受送达人所在国法律禁止的除外"。较之旧规定,其完善之处在于,一是不再采取列举式的立法表述,而是采用"电子方式"这一高度抽象、开放包容的表述,为未来信息技术通信手段作为合法送达方式预留空间;二是关于电子送达的适用条件,在原"能够确认受送达人收悉"之条件的基础上,另增设"受送达人所在国法律禁止的除外"之条件,以便使该送达方式更具有实效性。

(十)以受送达人同意的其他方式送达

该项兜底式的送达方式具有一定开放性,包括亲友代为转交等。该规定既体现了对受送达人意思自治的充分尊重,也便于人民法院灵活送达和提高送达效率。当然,该送达方式也以受送达人所在国法律不禁止为前提条件。

(十一)公告送达

采取以上方式均无法送达时,可以公告送达。公告内容应在国内外公开发行的报刊上刊登。自发出公告之日起,经过60日,即视为送达。人民法院一审时采取公告方式向当事人送达诉讼文书的,二审时可径行采取公告方式向其送达诉讼文书,但人民法院能够采取公告方式之外的其他方式送达的除外。

对在我国领域内没有住所的当事人,经用公告方式送达诉讼文书,公告期满不应诉,人民法院缺席判决后,仍应当将裁判文书依照《民事诉讼法》第283条的规定公告送达。自公告送达裁判文书满60日起,经过30日的上诉期当事人没有上诉的,一审判决即发生法律效力。

(十二)我国《海诉法》对送达所作的特别规定

根据《海诉法》第80条的规定,海事诉讼法律文书的送达,除适用《民事诉讼法》的有关规定外,还可以采用下列方式:(1)向受送达人委托的诉讼代理人送达。(2)向受送达人在我国领域内设立的代表机构、分支机构或者业务代办人送达。此处向业务代办人送达的规定,与《民事诉讼法》第283条第1款第5项的规定存在区别。(3)通过能够确认收悉的其他适当方式送达。即人民法院可以根据案件具体情况,通过其他方式将法律文书送达给受送达人。(4)对于有关扣押船舶的法律文书,可以向当事船舶的船长送达。

另外,根据《涉外送达规定》,还需注意以下几点:

1. 人民法院可以同时采取多种方式向受送达人进行送达,但应根据最先实现送达的方式确定送达日期。

2. 人民法院向受送达人在我国领域内的法定代表人、主要负责人、诉讼代理人、代表机构、分支机构以及有权接受送达的业务代办人送达司法文书,可以适用留置送达的方式。

3. 按照司法协助协定、《送达公约》或者外交途径送达司法文书,自我国有关机关将司法文书转递受送达人所在国有关机关之日起满6个月,如果未能收到送达与否的证明文件,且根据各种情况不足以认定已经送达的,视为不能用该种方式送达。

4. 受送达人未对人民法院送达的司法文书履行签收手续,但存在以下情形之一的,视为送达:第一,受送达人书面向人民法院提及了所送达司法文书的内容;第二,受送达人已经按照所送达司法文书的内容履行;第三,其他可以视为已经送达的情形。

### 二、涉外民事诉讼的期间

当事人在我国领域内没有住所时,送达诉讼文书、办理委托手续、出庭参加诉讼等行为均需要较长的时间,故民事诉讼法对涉外民事诉讼期间作了特别规定,以便充分保障当事人行使其诉讼权利。

（一）答辩期间

《民事诉讼法》第 285 条规定:"被告在中华人民共和国领域内没有住所的,人民法院应当将起诉状副本送达被告,并通知被告在收到起诉状副本后三十日内提出答辩状。被告申请延期的,是否准许,由人民法院决定。"这一规定,与国内民事诉讼答辩期间相比,有两个特点:一是期间较长,为 30 日;二是允许被告申请延长期间。

（二）提出上诉和上诉答辩的期间

《民事诉讼法》第 286 条规定:"在中华人民共和国领域内没有住所的当事人,不服第一审人民法院判决、裁定的,有权在判决书、裁定书送达之日起三十日内提起上诉。被上诉人在收到上诉状副本后,应当在三十日内提出答辩状。当事人不能在法定期间提起上诉或者提出答辩状,申请延期的,是否准许,由人民法院决定。"这一规定与国内当事人提出上诉和答辩的期间相比,有三个特点:一是对判决和裁定的上诉期不作区分;二是期间较长,均为 30 日;三是当事人可以申请延期。

不服第一审人民法院判决、裁定的上诉期,对在我国领域内有住所的当事人,适用《民事诉讼法》第 171 条规定的期限,即对判决、裁定的上诉期限分别为 15 日、10 日;对在我国领域内没有住所的当事人,适用《民事诉讼法》第 286 条规定的期限,即对判决、裁定的上诉期限均为 30 日。当事人的上诉期均已届满没有上诉的,第一审人民法院的判决、裁定即发生法律效力。

（三）再审审查的期间

人民法院对涉外民事案件的当事人申请再审进行审查的期间,不受《民事诉讼法》第 215 条规定的限制,即不受该条所规定的 3 个月的审查期间的限制。

（四）审结期限

根据《民事诉讼法》第 287 条的规定,人民法院审理涉外民事案件的期间,不受该法第 152 条和第 183 条所规定的第一审普通程序和第二审程序的审理期间的限制。这一规定主要是针对涉外民事案件的特殊性而作出的,对于保障当事人诉讼权利的充分行使、保证案件的正确处理具有重要意义。

### 三、调查取证

根据《民事诉讼法》第 284 条的规定,人民法院进行域外调查取证的方式包括两类：

（一）通过条约规定的方式或者外交途径

当事人申请人民法院调查收集的证据位于我国领域外，人民法院可以依照证据所在国与我国缔结或者共同参加的国际条约中规定的方式，或者通过外交途径调查收集。依公约或双边条约规定的方式调查收集证据是域外取证制度的重要内容。以《海牙取证公约》为例，其规定的取证方式包括请求书方式和外交官员、领事代表、特派员取证方式。其中，请求书方式是主要的取证方式，由请求调取证据的请求国司法机关通过向证据所在的被请求国送交请求书的方式，请求该国司法机关代为调查和收集证据。对于外交官员、领事代表和特派员取证方式，我国在1997年决定加入《海牙取证公约》时作了保留声明，仅执行第15条的规定，即仅允许外国的外交官、领事人员在不采取强制措施的前提下向其本国公民调取证据，不接受外交官、领事人员对我国公民和第三国公民的取证，也不接受特派员取证。

（二）其他方式

在证据所在国法律不禁止的情况下，人民法院可以采用下列方式调查收集：（1）对具有我国国籍的当事人、证人，可以委托我国驻当事人、证人所在国的使领馆代为取证。目前，多数国家基于条约或互惠关系而认可此种域外取证方式。（2）经双方当事人同意，通过即时通讯工具取证。（3）以双方当事人同意的其他方式取证。

## 第五节　司　法　协　助

涉外案件或者涉及本国内不同法域案件的审判和执行，往往需要外国或本国内其他法域的司法机关提供相应的司法协助，故司法协助存在国际司法协助和区际司法协助之分；而依据其性质不同，又存在民事（包括商事）司法协助和刑事司法协助之别。本节所谓司法协助，是指国际民事司法协助和区际民事司法协助。

**一、国际民事司法协助**

（一）概述

1. 概念和类型

国际民事司法协助，是指不同国家的法院之间，根据本国缔结或者参加的国际条约，或者按照互惠原则，彼此相互协助，为对方代为一定的民事诉讼行为或与诉讼有关的行为的制度。

按其内容不同，国际民事司法协助可以分为一般司法协助和特殊司法协助。前者是指一国法院根据他国法院的请求，代为一定的诉讼行为，包括：（1）代为送达司法文书；（2）代为调查取证；（3）根据请求向对方提供本国的民事法律、法规文本以及本国在民事诉讼程序方面司法实践的情报资料。后者是指承认和执行外国法院、仲裁机构作出的已经发生法律效力的民事判决、裁定及仲裁裁决。

2. 条件

根据《民事诉讼法》和我国缔结或参加的有关国际条约的规定，人民法院与外国法院相互进行司法协助时，应当符合下列条件：

(1) 两国之间存在司法协助的条约关系，或者存在互惠关系。《民事诉讼法》第293条第1款规定："根据中华人民共和国缔结或者参加的国际条约，或者按照互惠原则，人民法院可以和外国法院相互请求，代为送达文书、调查取证以及进行其他诉讼行为。"这一规定表明，条约关系或者互惠关系的存在，是我国法院与外国法院相互提供司法协助的基础和前提。与我国没有司法协助协议又无互惠关系的国家的法院，未通过外交途径，直接请求我国法院提供司法协助的，我国法院应予退回，并说明理由。

(2) 请求的事项不得损害被请求国的主权、安全或者社会公共利益。《民事诉讼法》第293条第2款明确规定了这一条件。《海牙取证公约》第12条也规定，缔约一国司法机关请求另一缔约国主管机关调取证据或履行某些其他司法协助行为时，如被请求国认为其主权或安全将会因此受到损害，则可以拒绝执行请求书。我国与法国、波兰、比利时、蒙古、俄罗斯等国家所签订的双边司法协助协定亦指出，被请求提供司法协助的一方如认为该请求有损于本国的主权、安全或公共秩序，有权拒绝提供该项司法协助。

(3) 请求的事项应当属于被请求国法院的职权范围。对于这一点，我国《民事诉讼法》虽然未作规定，但我国与法国、比利时、新加坡、泰国等国所签订的双边司法协助协定明确规定，请求的事项如果不属于被请求国司法机关的职权范围，那么被请求方可以全部或部分予以拒绝，但应将拒绝的理由通知请求一方。《海牙取证公约》第12条对这一条件也作了规定。

(4) 请求司法协助时所用的语言、文字应当符合要求。对于这一条件，《民事诉讼法》第295条规定："外国法院请求人民法院提供司法协助的请求书及其所附文件，应当附有中文译本或者国际条约规定的其他文字文本。人民法院请求外国法院提供司法协助的请求书及其所附文件，应当附有该国文字译本或者国际条约规定的其他文字文本。"我国与有关国家签订的双边司法协助条约则将其具体化，一般规定司法协助请求书及其附件应当使用请求方的官方文字制作，并附有被请求方的官方文字或者特定第三国文字的译文。例如，我国与保加利亚、古巴、塞浦路斯、埃及、匈牙利、韩国、吉尔吉斯、蒙古、波兰、罗马尼亚、俄罗斯、土耳其、乌克兰等国相互请求司法协助时，所附的文字译本既可以用被请求国文字作成，也可以用英文作成。

(5) 提供司法协助一般应按照被请求国法律规定的程序和方式进行。我国缔结或参加的有关司法协助的国际条约一般都规定，在执行司法协助请求时，被请求方应当适用其本国的法律；但在不违反本国法律的情况下，也可以根据请求方的请求采用其所要求的特殊方式。与此相对应，《民事诉讼法》第296条亦明确规定："人民法院提供司法协助，依照中华人民共和国法律规定的程序进行。外国法院请求采用特殊方式的，也可以按照其请求的特殊方式进行，但请求采用的特殊方式不得违反中华人民共和国法律。"

(二) 一般司法协助

1. 一般司法协助的途径

(1) 根据国际条约规定的途径进行。对于与我国存在司法协助条约关系的国家,相互提供司法协助时,均应按照条约规定的途径进行。

(2) 通过外交途径进行。有关国家与我国尚未签订或共同参加司法协助方面的国际条约,但已经建立了外交关系时,司法协助可以通过外交途径进行。此种方式是国际上通行的惯例,一般是在互惠原则的基础上相互予以协助。

(3) 通过本国驻外国的使领馆进行。当受送达人或者被调查取证者为居住在外国的本国公民时,一般司法协助可以直接通过本国驻外国的使领馆进行。这种司法协助方式为大多数国家所承认,也是《维也纳领事关系公约》《送达公约》《海牙取证公约》等国际条约所认可的。我国与有关国家签订的双边司法协助协定中,也都明确规定了这种司法协助途径。

根据《民事诉讼法》第294条第2款和相关国际条约的规定,通过本国驻外国使领馆途径提供司法协助时,应当符合下列条件:第一,驻外国的使领馆只能对居住在外国的本国公民送达文书和调查取证,而不能对他国公民和无国籍人送达文书和调查取证;第二,送达文书和调查取证时,不得违反驻在国的法律;第三,不得在驻在国领域内采取任何强制措施。

2. 一般司法协助的程序

在广义上,一般司法协助的程序包括两个方面:一是司法协助请求书的转递程序以及对请求书的执行结果的通知程序;二是被请求的法院具体实施送达或调查取证等行为的程序。这里所说的一般司法协助的程序是指第一个方面。根据《关于我国法院和外国法院通过外交途径相互委托送达法律文书若干问题的通知》[1]《依条约办理送达等的规定》和有关国际条约的规定,一般司法协助的程序是:

(1) 我国法院请求外国法院进行一般司法协助的程序

请求与我国存在司法协助条约关系的国家的法院进行司法协助时,按照如下程序办理:由委托的人民法院提出请求书和所附文件,经所属高级人民法院审核后报最高人民法院,再由最高人民法院将其转送给司法部,最后由司法部转交缔约的外国一方。必要时,也可以由最高人民法院直接将其送我国驻该国使馆转送该国指定的中央机关。[2] 经最高人民法院授权的高级人民法院,可以依据《送达公约》和《海牙取证公约》直接对外发出本辖区各级人民法院提出的民商事案件司法文书送达和调查取证请求。

请求与我国不存在司法协助条约关系的国家的法院提供司法协助的,由委托的人民法院提出委托书和所附文件,经所属高级人民法院审核后,交由外交部领事司负

---

[1] 最高人民法院、外交部、司法部1986年8月14日发布。
[2] 参见1992年3月4日最高人民法院、外交部、司法部联合发布的《关于执行〈关于向国外送达民事或商事司法文书和司法外文书公约〉有关程序的通知》第4条。

责转递。

（2）外国法院请求我国法院提供一般司法协助的程序

与我国存在司法协助条约关系的国家的法院请求我国法院提供司法协助时，其程序一般是：首先由外国中央机关将请求书和所附文件递交我国司法部，由我国司法部将其转交最高人民法院，再由最高人民法院审查后送交有关高级人民法院，然后由高级人民法院指定有关中级人民法院或专门人民法院办理。请求事项办理完毕后，承办法院应当将办理结果报经原高级人民法院审核后转报最高人民法院，由最高人民法院审核并译成外文后，连同原文书一起送交司法部，最后由司法部转递给提出申请的外国一方。

外国法院通过外交途径请求我国法院进行司法协助时，按照下列程序办理：由该国驻我国的使馆将委托书和所附文件交我国外交部领事司，由外交部领事司审查后转递给有关高级人民法院，再由高级人民法院指定有关中级人民法院办理。办理完毕后，应当将结果连同原有文件再按上述程序送交外交部领事司转递给外国一方。

（三）特殊司法协助

特殊司法协助，是指两国法院相互承认和执行各自已经发生法律效力的法院裁判和仲裁机构的裁决。这里所说的法院裁判[①]，主要包括法院作出的民事判决、裁定、调解书、支付令以及刑事案件中有关损害赔偿的判决；在实行民商分立的国家，还包括商事判决、裁定、调解书。仲裁机构的裁决，则包括仲裁机构作出的仲裁裁决和仲裁调解书。

1. 我国法院裁判在外国的承认与执行

根据《民事诉讼法》第297条第1款的规定，请求外国法院承认和执行我国法院的裁判，应当符合下列条件：（1）我国法院作出的裁判必须是已经发生法律效力的裁判；（2）被执行人或者其财产不在我国领域内；（3）被请求执行国与我国应当存在相互承认和执行法院裁判的条约关系或者互惠关系；（4）由当事人直接向外国法院提出申请或者由我国法院提出请求。

2. 外国法院裁判在我国的承认与执行

（1）承认与执行外国法院裁判的条件

根据《民事诉讼法》第298条和第299条的规定，申请我国法院承认和执行外国法院裁判，应当符合下列条件：

第一，外国法院裁判必须是已经发生法律效力的裁判。至于该裁判是否已发生法律效力，应依据作出该裁判的法院所在国的法律予以判断。

第二，须由当事人向我国有管辖权的中级人民法院提出申请或者由外国法院向

---

[①] 我国与有关国家订立的双边司法协助条约往往将法院作出的判决、裁定、调解书等司法判定统一称为"法院裁决"，但在我国民事诉讼法学理论中，通常将其统称为"法院裁判"。本书使用"法院裁判"这一概念。

我国法院提出承认和执行裁判的请求。① 申请人向人民法院申请承认和执行外国法院作出的发生法律效力的判决、裁定,应当提交申书,并附外国法院作出的发生法律效力的判决、裁定正本或者经证明无误的副本以及中文译本。外国法院判决、裁定为缺席判决、裁定的,申请人应当同时提交该外国法院已经合法传唤的证明文件,但判决、裁定已经对此予以明确说明的除外。中华人民共和国缔结或者参加的国际条约对提交文件有规定的,按照规定办理。

当事人申请承认和执行外国法院作出的发生法律效力的判决、裁定的期间,适用《民事诉讼法》第 250 条的规定。当事人仅申请承认而未同时申请执行的,申请执行的期间自人民法院对承认申请作出的裁定生效之日起重新计算。

第三,申请承认和执行的当事人所在国或请求法院所在国必须与我国存在司法协助条约关系或者互惠关系。当事人向我国有管辖权的法院申请承认和执行外国法院生效裁判,如果该法院所在国与我国没有缔结或者共同参加国际条约,也没有互惠关系的,裁定驳回申请,但当事人向人民法院申请承认外国法院作出的发生法律效力的离婚判决的除外。承认和执行申请被裁定驳回的,当事人可以向人民法院起诉。

第四,申请承认和执行外国法院裁判时,不得违反我国法律的基本原则且不损害我国国家主权、安全、社会公共利益。

(2) 拒绝承认和执行外国法院裁判的几种情形

我国与法国、波兰、蒙古、意大利、俄罗斯、希腊等国缔结的双边司法协助条约中,均规定了缔约一方的法院可以拒绝承认和执行缔约另一方法院裁判的情形。《民事诉讼法》第 300 条亦明确规定,对申请或者请求承认和执行的外国法院作出的发生法律效力的判决、裁定,人民法院经审查,有下列情形之一的,裁定不予承认和执行:① 依据《民事诉讼法》第 301 条的规定,外国法院对案件无管辖权。具体而言,有下列情形之一的,人民法院应当认定该外国法院对案件无管辖权:其一,外国法院依照其法律对案件没有管辖权,或者虽然依照其法律有管辖权但与案件所涉纠纷无适当联系;其二,违反本法对专属管辖的规定;其三,违反当事人排他性选择法院管辖的协议。② 被申请人未得到合法传唤或者虽经合法传唤但未获得合理的陈述、辩论机会,或者无诉讼行为能力的当事人未得到适当代理。③ 判决、裁定是通过欺诈方式取得。④ 人民法院已对同一纠纷作出判决、裁定,或者已经承认第三国法院对同一纠纷作出的判决、裁定。⑤ 违反我国法律的基本原则或者损害国家主权、安全、社会公共利益。

(3) 我国法院对外国法院裁判的审查和处理

我国法院收到请求承认和执行外国法院裁判的申请书或者请求书后,应当组成合议庭进行审查,并将申请书送达被申请人,被申请人可以陈述意见。该审查只是形

---

① 但是,我国与法国、西班牙、意大利等国签订的司法协助条约中规定,应当由当事人向有管辖权的法院提出申请。

式审查,而非实质审查,即仅限于审查外国法院的裁判是否符合我国民事诉讼法和有关国际条约规定的承认与执行的条件,而不审查其在认定事实和适用法律上是否正确。

人民法院审查后,应当区分以下情形分别作出处理:① 对于当事人所在国或者请求法院所在国与我国存在司法协助条约关系或者互惠关系的申请承认和执行的案件,人民法院经过审查后,认为符合条件的,裁定承认其效力,需要执行的,发出执行令,依照我国民事诉讼法规定的执行程序予以执行;认为不符合我国法律或有关条约规定的条件的,则将请求书及其所附文件退还请求国的当事人或法院,并说明不予承认和执行的理由。② 当事人申请我国法院承认和执行外国法院裁判,人民法院审查后,发现其所在国与我国没有司法协助条约关系或者互惠关系的,则应当裁定驳回申请,但当事人向人民法院申请承认外国法院作出的发生法律效力的离婚判决的除外。③ 外国法院未通过外交途径,而是直接请求我国法院承认和执行其生效裁判的,人民法院审查后,发现其所在国与我国没有司法协助条约关系或者互惠关系的,应当予以退回,并说明理由。④ 人民法院在审查时,应当区分承认程序和执行程序而作出相应处理。根据《民诉法解释》第544条的规定,申请承认是申请执行的前提,因此当事人仅申请执行外国法院裁判的,人民法院应当告知其应当先向人民法院申请承认;人民法院经审查,裁定承认后,再根据《民事诉讼法》第三编的规定予以执行。当事人仅申请承认而未同时申请执行的,人民法院仅对应否承认进行审查并作出裁定。⑤ 申请承认和执行的裁判属于我国法院审理中的案件时,人民法院可以裁定中止诉讼。《民事诉讼法》第302条规定:"当事人向人民法院申请承认和执行外国法院作出的发生法律效力的判决、裁定,该判决、裁定涉及的纠纷与人民法院正在审理的纠纷属于同一纠纷的,人民法院可以裁定中止诉讼。外国法院作出的发生法律效力的判决、裁定不符合本法规定的承认条件的,人民法院裁定不予承认和执行,并恢复已经中止的诉讼;符合本法规定的承认条件的,人民法院裁定承认其效力;需要执行的,发出执行令,依照本法的有关规定执行;对已经中止的诉讼,裁定驳回起诉。"

鉴于人民法院裁定是否承认和执行外国法院的判决、裁定,对当事人实体权利义务的影响巨大,《民事诉讼法》第303条规定了当事人可以申请复议的救济程序,即:"当事人对承认和执行或者不予承认和执行的裁定不服,可以自裁定送达之日起十日内向上一级人民法院申请复议。"

3. 仲裁裁决的承认与执行

(1) 人民法院对我国领域外作出的仲裁裁决的承认和执行

《民事诉讼法》第304条规定:"在中华人民共和国领域外作出的发生法律效力的仲裁裁决,需要人民法院承认和执行的,当事人可以直接向被执行人住所地或者其财产所在地的中级人民法院申请。被执行人住所地或者其财产不在中华人民共和国领域内的,当事人可以向申请人住所地或者与裁决的纠纷有适当联系的地点的中级人民法院申请。人民法院应当依照中华人民共和国缔结或者参加的国际条约,或者按照互惠原则办理。"《民诉法解释》第543条又规定,对临时仲裁庭在我国领域外作出的仲裁裁决,一方当事人向人民法院申请承认和执行的,人民法院应当依照《民事诉讼法》第304条规定处理。根据上述规定和1958年在纽约签订的《仲裁公约》以及最高人民法院1987年4月10日下发的《关于执行我国加入的〈承认及执行外国仲裁裁决公约〉的通知》的规定,我国承认和执行外国仲裁裁决制度的主要内容是:

第一,我国在加入《仲裁公约》时作了互惠保留声明,即我国仅对在另一缔约国领土内作出的仲裁裁决的承认和执行适用该公约。对于在非缔约国领土内作出的仲裁裁决,需要我国法院承认和执行的,应当按照我国与申请人所在国缔结的其他条约或者按照互惠原则办理。

第二,我国在加入《仲裁公约》时作了商事保留声明,即我国仅对按照我国法律属于契约性和非契约性商事法律关系所引起的争议适用该公约。

第三,申请我国法院承认和执行在《仲裁公约》的另一缔约国领土内作出的仲裁裁决,应当由仲裁裁决的一方当事人向我国有管辖权的中级人民法院提出申请。

第四,被申请执行人向人民法院提供证据证明有下列情形之一的,人民法院应当依其请求,裁定拒绝承认与执行该仲裁裁决:其一,订立仲裁协议的当事人依对其适用的法律为无行为能力,或者依仲裁协议选定的准据法,或在未指明以何种法律为准据法时,依裁决地所在国法律,该仲裁协议是无效的;其二,被申请执行人未接到关于指派仲裁员或进行仲裁程序的适当通知,或因其他原因致使其未能申辩的;其三,裁决所处理的事项,不属于交付仲裁的标的,或者不在仲裁协议条款之列,或者超过了仲裁协议的范围;其四,仲裁庭的组成或者仲裁程序与当事人之间的仲裁协议不符,或者无协议时与仲裁地所在国法律不符;其五,裁决对当事人尚未发生拘束力,或者已经被裁决所在地国家或裁决所依据法律的国家的主管机关撤销或停止执行的。

另外,人民法院对该仲裁裁决进行审查后,认定有下列情形之一的,也应当裁定驳回申请,拒绝承认与执行:其一,依据我国法律,争议事项不能以仲裁方式解决的;其二,承认与执行该仲裁裁决将违反我国公共秩序的。

第五,申请我国法院承认与执行外国仲裁裁决的期间,适用《民事诉讼法》第250条的规定。当事人仅申请承认而未同时申请执行的,申请执行的期间自人民法院对承认申请作出的裁定生效之日起重新计算。

第六,当事人依照《仲裁公约》的规定申请我国法院承认和执行外国仲裁裁决,受理申请的人民法院决定予以承认和执行的,应当在受理申请之日起两个月内作出裁定,如无特殊情况,应在裁定后6个月内执行完毕;决定不予承认和执行的,应在受理申请之日起两个月内上报最高人民法院。具体的上报程序是:接受申请的人民法院在裁定不予执行或者拒绝承认和执行之前,必须报请本辖区所属高级人民法院进行审查;如果高级人民法院同意不予执行或者拒绝承认和执行,应将其审查意见报最高人民法院;待最高人民法院答复后,方可裁定不予执行或者拒绝承认和执行。①

另外,根据《民诉法解释》第544条、第546条的规定,对于申请承认和执行外国仲裁裁决的案件,人民法院应当组成合议庭进行审查,并且应当将申请书送达被申请人,被申请人可以陈述意见。当事人仅申请执行外国仲裁裁决的,人民法院应当告知其应当先向人民法院申请承认;当事人仅申请承认而未同时申请执行的,人民法院仅对应否承认进行审查并作出裁定。

(2) 我国领域内作出的仲裁裁决在外国的承认与执行

根据《民事诉讼法》第297条第2款和有关国际条约的规定,其主要内容是:

第一,在我国领域内作出的生效仲裁裁决需要在外国承认和执行的,如果该外国为《仲裁公约》的成员国,当事人可以直接依据公约的规定向有管辖权的外国法院申请承认与执行,然后由该国法院对该仲裁裁决进行审查,并根据该国的程序规则予以执行。

第二,如果该外国不是《仲裁公约》的成员国,但该国与我国之间存在含有承认与执行仲裁裁决内容的其他条约关系,则当事人可以依据该条约向外国法院申请承认与执行。

第三,如果该外国既不是《仲裁公约》的成员国,与我国也不存在含有承认与执行仲裁裁决内容的其他条约关系,则应当根据互惠原则,由当事人向有管辖权的外国法院申请承认与执行。

### 二、区际民事司法协助

(一) 概念和特点

区际民事司法协助,是指同一主权国家内部不同法域之间在民事领域所进行的司法协助。产生区际司法协助的原因在于,一国内部存在着两个或两个以上的"法域",也即具有两个或两个以上的独立或者相对独立的法律制度的区域。

我国已于1997年7月1日和1999年12月20日分别对香港和澳门恢复行使主权,但香港特别行政区、澳门特别行政区的法律制度与内地明显不同。相对于内地而言,香港与澳门实际上构成了两个不同的法域。另者,由于特殊的历史原因,台湾地区的法律制度也显然有别于大陆,从而也构成一个不同的法域。可见,在我国实际上存在着四个不同法律制度的区域,即内地(大陆)法域、香港法域、澳门法域、台湾法域。各法域的司法机关为了顺利解决跨地区的民事案件,保护当事人的合法权益,维护正常的民商事法律秩序,相互之间有必要进行司法事务的协助,从而形成中国的区际民事司法协助关系。

与国际民事司法协助相比,区际民事司法协助具有如下特点:

1. 区际民事司法协助是在某一主权国家领域范围内进行的,而国际民事司法协助则发生在两个主权国家之间。

---

① 参见最高人民法院于2008年调整的《关于人民法院处理与涉外仲裁及外国仲裁事项有关问题的通知》。

2. 区际民事司法协助的理论基础在于,一国之内的不同区域享有各自独立的司法权,只有采取司法协助的方式对彼此独立的司法权加以协调才能够妥善地处理跨区域的民商事案件;而国际民事司法协助的理论基础是,各个国家都享有司法主权,其域外效力只能通过他国的司法协助才能实现。

3. 区际民事司法协助体现的是维护国家统一、促进各地区经济共同发展的对内政策;而国际民事司法协助体现的是国家以互惠为基础进行国际合作的对外政策。

4. 区际民事司法协助的法律渊源是国内法;而国际民事司法协助的法律渊源则包括国内法与国际规范两类,而且大多数表现为国际条约和国际惯例。

5. 由于区际民事司法协助不存在主权冲突问题,因而在实施途径、方式、程序等方面,区际民事司法协助一般比国际民事司法协助简便、灵活。

(二) 内地与香港特别行政区的区际民事司法协助

《香港特别行政区基本法》第 95 条规定:"香港特别行政区可与全国其他地区的司法机关通过协商依法进行司法方面的联系和相互提供协助。"为便于这一规定的实施,并在内地与香港之间建立起高效、便捷的司法协助机制,内地最高人民法院和香港特别行政区经过协商,已就有关的区际司法协助事项作出安排,在内地由最高人民法院以司法解释的形式公布实施,在香港则由其修改有关法律后予以实施。目前,最高人民法院已公布了《关于内地与香港特别行政区法院相互委托送达民商事司法文书的安排》(1999 年 3 月 30 日起施行)、《关于内地与香港特别行政区相互执行仲裁裁决的安排》(2000 年 2 月 1 日起施行)、《关于内地与香港特别行政区法院相互认可和执行当事人协议管辖的民商事案件判决的安排》(2008 年 8 月 1 日起施行)、《关于涉港澳民商事案件司法文书送达问题若干规定》(2009 年 3 月 16 日起施行)、《关于内地与香港特别行政区法院就民商事案件相互委托提取证据的安排》(2017 年 3 月 1 日起施行)、《关于内地与香港特别行政区法院相互认可和执行民商事案件判决的安排》(2019 年 1 月 18 日公布[①])、《关于内地与香港特别行政区法院就仲裁程序相互协助保全的安排》(2019 年 10 月 1 日起施行)、《关于内地与香港特别行政区相互执行仲裁裁决的补充安排》(第 1 条、第 4 条自 2020 年 11 月 27 日起施行,第 2 条、第 3 条自 2021 年 5 月 19 日起施行)、《关于内地与香港特别行政区法院相互认可和执行婚姻家庭民事案件判决的安排》(2022 年 2 月 15 日起施行)等司法解释,对内地和香港特区之间的民事司法协助作了规定。

(三) 内地与澳门特别行政区的区际民事司法协助

《澳门特别行政区基本法》第 93 条规定:"澳门特别行政区可与全国其他地区的司法机关通过协商依法进行司法方面的联系和相互提供协助。"据此,内地最高人民法院与澳门特别行政区经过协商,已分别达成若干协议并发布了司法解释,主要包括《关于内地与澳门特别行政区法院就民商事案件相互委托送达司法文书和调取证据

---

[①] 2023 年 11 月 10 日,香港特区政府正式确认,最高人民法院和香港特区政府同意该《安排》于 2024 年 1 月 29 日生效,香港特区律政司也通过宪报刊登方式确认《内地民商事判决(相互强制执行)条例》及《内地民商事判决(相互强制执行)规则》于 2024 年 1 月 29 日开始实施。

的安排》(2001年9月15日起施行、2020年1月14日修改)、《内地与澳门特别行政区关于相互认可和执行民商事判决的安排》(2006年4月1日起施行)、《关于内地与澳门特别行政区相互认可和执行仲裁裁决的安排》(2008年1月1日起施行)、《关于涉港澳民商事案件司法文书送达问题若干规定》(2009年3月16日起施行)、《关于内地与澳门特别行政区就仲裁程序相互协助保全的安排》(2022年3月25日起施行)等,从而为内地法院和澳门特区法院之间相互委托送达司法文书、调取证据以及认可和执行法院判决、仲裁裁决提供了明确的法律依据。

(四) 祖国大陆与台湾地区的区际民事司法协助

由于各种原因,海峡两岸的司法机关之间尚未达成区际民事司法协助方面的协议或安排。为满足两岸民商事交往的需要,祖国大陆和台湾地区往往各自单独作出某些规定来处理两岸间的司法协助问题。例如,关于裁判的认可和执行问题,最高人民法院曾经分别于1998年5月22日公布了《关于人民法院认可台湾地区有关法院民事判决的规定》、1999年4月27日公布了《关于当事人持台湾地区有关法院民事调解书或者有关机构出具或确认的调解协议书向人民法院申请认可人民法院应否受理的批复》、2001年4月10日公布了《关于当事人持台湾地区有关法院支付命令向人民法院申请认可人民法院应否受理的批复》、2009年4月24日公布了《关于人民法院认可台湾地区有关法院民事判决的补充规定》等司法解释予以规范。上述4个司法解释的施行,有效减轻了两岸当事人的诉累,为两岸经贸和人员往来提供了法律制度保障。但随着两岸关系的和平发展和两岸交往的日益密切,其中某些规定已不能充分满足审判实践的需要,因此,在深入总结多年来涉台裁判的认可等审判经验基础上,最高人民法院于2015年6月29日发布了《关于认可和执行台湾地区法院民事判决的规定》和《关于认可和执行台湾地区仲裁裁决的规定》,自2015年7月1日起施行。这两个司法解释取代了上述4个司法解释,在内容上更为完善和科学,例如,拓宽了可申请认可和执行的台湾法院民事裁判和仲裁裁决的范围、适度放宽了此类案件的受理条件、更加注重办案的程序正当性、调整了申请认可和执行的期间、增加了程序救济途径等。对于司法文书的送达问题,最高人民法院曾于2008年4月17日公布了《关于涉台民事诉讼文书送达的若干规定》作为依据。

在我国台湾地区,有关机关则制定了《台湾地区与大陆地区人民关系条例》[1],其第74条规定:"在大陆地区作成之民事确定裁判、民事仲裁判断,不违背台湾地区公共秩序或善良风俗者,得声请法院裁定认可。前项经法院裁定认可之裁判或判断,以给付为内容者,得为执行名义。前二项规定,以在台湾地区作成之民事确定裁判、民事仲裁判断,得声请大陆地区法院裁定认可或为执行名义者,始适用之。"台湾地区制定的《台湾地区与大陆地区人民关系条例施行细则》[2]第68条又规定:"依本条例第

---

[1] 《台湾地区与大陆地区人民关系条例》于1992年7月31日公布,1992年9月18日施行,后经过多次修正,目前适用的是2022年6月8日修正的文本。

[2] 《台湾地区与大陆地区人民关系条例施行细则》于1992年9月16日公布,1992年9月18日施行,目前适用的是2018年5月30日修正的文本。

74 条规定声请法院裁定认可之民事确定裁判、民事仲裁判断,应经'行政院'设立或指定之机构或委托之民间团体验证。"

为保障海峡两岸人民权益,维护两岸交流秩序,祖国大陆的"海峡两岸关系协会"与台湾地区的"财团法人海峡交流基金会"就两岸共同打击犯罪及司法互助与联系事宜,经平等协商,于 2009 年 4 月 26 日达成了《海峡两岸共同打击犯罪及司法互助协议》,自 2009 年 6 月 25 日开始生效。该协议第 1 条就双方之间的"合作事项"规定:"双方同意在民事、刑事领域相互提供以下协助:(1) 共同打击犯罪;(2) 送达文书;(3) 调查取证;(4) 认可及执行民事裁判与仲裁裁决(仲裁判断);(5) 移管(接返)被判刑人(受刑事裁判确定人);(6) 双方同意之其他合作事项。"对于上述"合作事项"的具体程序和要求,该协议亦作了初步规定。而在祖国大陆方面,为更好地落实该协议,进一步推动海峡两岸司法互助业务的开展,确保协议中涉及人民法院有关送达文书和调查取证司法互助工作事项的顺利实施,最高人民法院于 2011 年 6 月 14 日发布了《关于人民法院办理海峡两岸送达文书和调查取证司法互助案件的规定》(2011 年 6 月 25 日起施行),为人民法院办理海峡两岸司法互助案件提供了更加明确具体的法律依据。

【特别提示】

1. 涉外民事诉讼的一般原则不同于民事诉讼法的基本原则。例如,规定在《民事诉讼法》第一章"任务、适用范围和基本原则"中的同等原则和对等原则实际上是涉外民事诉讼的一般原则。但人民法院审判涉外民事案件,除应遵守涉外民事诉讼的一般原则外,也应遵循当事人平等原则、处分原则、辩论原则等民事诉讼法的基本原则。

2. 国家主权原则意味着各国都有权独立自主地制定涉外民事诉讼管辖权规则,故同一个案件发生平行管辖和平行诉讼的现象在所难免。平行诉讼在有些情况下有其合理性,但也存在多次诉讼、矛盾裁判、重复胜诉或败诉等严重弊端。因此,各国在立法和实践中,有必要基于一事不再理、不方便法院审判、国际礼让、尊重当事人的选择等原则,妥善解决这一问题。

3. 对于涉外民事诉讼中的调解书,考虑到与我国未签订司法协助条约的国家承认和执行上的障碍,当事人要求发给判决书的,可以依协议的内容制作判决书送达当事人。但国内民事案件不允许当事人申请按照调解协议的内容制作判决书(《民诉法解释》第 148 条第 2 款规定的情形除外)。

4. 我国内地(大陆)与香港、澳门、台湾地区之间法律制度不同,故相互之间存在区际司法协助问题。内地法域中的 31 个省、自治区、直辖市虽然相互之间也存在司法合作问题,例如委托送达,委托执行、协助执行等,但它们是同一法域下的司法合作,受相同的法律调整,因而不能称为区际民事司法协助。

# 第二十六章　海事诉讼特别程序

## 【本章提要】

海事诉讼在性质上属于民事诉讼的范畴,但与一般的民事诉讼相比,海事诉讼具有高度的专业性、标的物的特殊性、较强的国际性等特点。为此,我国于1999年颁布了《海诉法》,对海事案件的管辖法院、保全程序、审判程序等作出特别规定,并对提单等提货凭证的公示催告程序、海事赔偿责任限制基金程序、船舶优先权催告程序等特别程序作出专门规定。最高人民法院则制定了《海诉法解释》《关于海事法院受理案件范围的规定》《关于审理海事赔偿责任限制相关纠纷案件的若干规定》等司法解释,以更好地促进海事案件的审判。上述法律文件与《民事诉讼法》共同构成了调整海事诉讼活动的程序规范。

## 第一节　概　　述

### 一、海事诉讼与海事诉讼法

海事诉讼是指海事法院在当事人和其他诉讼参与人的参加下,依法审理和裁判海事案件的程序和制度。海事案件,又称为海事海商案件,包括海事侵权纠纷案件、海商合同纠纷案件以及法律规定的其他海事纠纷案件。在我国,海事案件由海事法院受理和审判。根据最高人民法院2016年2月24日发布的《海事受案范围规定》,海事法院受理的海事案件范围包括六大类108小类。[①] 另外,根据《民诉法解释》第283条的规定,因污染海洋环境提起的公益诉讼案件,也属于海事法院的受案范围。

海事诉讼法,是指规定海事诉讼程序的法律规范的总称。我国1999年12月25日颁布的《海诉法》是调整海事诉讼的专门法律,与《民事诉讼法》的关系是普通法与特别法的关系。在审理海事诉讼案件时,《海诉法》有特别规定的,应当优先适用该特别规定,《海诉法》没有规定的,则适用《民事诉讼法》的一般规定。因此,《海诉法》与《民事诉讼法》共同构成了调整海事诉讼活动的基本程序规范。另外,为便于实务操作,最高人民法院于2003年1月6日发布了《海诉法解释》,对《海诉法》实施过程中的一些问题作了进一步规定。

### 二、海事诉讼的特点

与一般的民事诉讼相比,海事诉讼具有以下特点:

---

[①] 其中,第五大类第79—85小类属于"海事行政案件"。

## （一）专业性

海事诉讼具有很强的专业性,这一特点主要取决于海事案件的特殊性。适用海事诉讼程序审理的案件,往往涉及非常专业的船舶知识、航海知识和海事贸易知识,而且还涉及与海上风险分担有关的制度和惯例,从而使海事诉讼呈现很强的专业性特点。与此相联系,海事案件的审理比一般民事案件的审理更需要有相应专业知识的人的参与,很多国家都设立专门的法院或法庭审理海事案件,如英美法系国家由海事法官专门审理海事案件,而不允许陪审团审理,我国设立了专门法院即海事法院审理此类案件。

## （二）国际性

海事诉讼具有较强的国际性。首先,海事案件本身往往具有国际因素,例如在海事诉讼的主体、标的物以及引起海事权利义务关系发生、变更或消灭的法律事实等方面,往往具有国际因素。其次,海事诉讼适用的实体法具有国际性。海事诉讼适用的实体规范中,国际公约和国际惯例占很大的比例,即使是一国的国内海商法或海事法,往往也在很大程度上吸收、借鉴了国际公约的规定。最后,海事诉讼程序规则具有国际性。目前我国已加入了大量有关海事纠纷解决的国际公约,国内海事诉讼程序规则应当体现这些公约的要求,从而使其具有较强的国际性。正因为如此,《海诉法》已不再严格区分国内海事诉讼和涉外海事诉讼,没有设专章单独规定涉外海事诉讼,而是对二者作出统一规定。只是在个别情形下,才对涉外海事诉讼作出不同的规定。

## （三）程序规则的特殊性

与专业性和国际性特点相关联,海事诉讼在程序规则上具有特殊性,而与一般的民事诉讼存在很多区别。例如,在地域管辖方面,规定了更多的连接点,使船籍港、转运港、交船港、还船港、船员登船港或者离船港所在地海事法院,都可以获得有关案件的管辖权。在海事保全、审判程序等方面也有诸多特殊规定,而且,还专门设立了海事赔偿责任限制基金程序、债权登记与受偿程序、船舶优先权催告程序等特殊规则。

# 第二节 管 辖

## 一、海事诉讼管辖概述

海事诉讼管辖,是指确定海事法院与其他人民法院之间、海事法院相互之间、海事法院与上级人民法院之间受理第一审海事案件的分工与权限。

根据《海事受案范围规定》和有关法律的规定,海事侵权纠纷案件、海商合同纠纷案件、海洋及通海可航水域开发利用与环境保护相关纠纷案件、其他海事海商案件、海事特别程序案件、海事执行案件等海事案件由海事法院管辖。海事案件以外的其他民商事案件,由其他人民法院管辖。但是,当事人提起的民商事诉讼、行政诉讼包含《海事受案范围规定》中所涉海事纠纷的,由海事法院受理;当事人就该规定中有关合同所涉事由引起的纠纷,以侵权等非合同诉由提起诉讼的,由海事法院受理。

关于海事法院与其所在地的高级人民法院和最高人民法院之间受理海事案件的级别管辖分工,《海诉法》没有作出规定。《海诉法解释》第 1 条也仅规定:"在海上或者通海水域发生的与船舶或者运输、生产、作业相关的海事侵权纠纷、海商合同纠纷,以及法律或者相关司法解释规定的其他海事纠纷案件由海事法院及其上级人民法院专门管辖。"亦没有指出其级别管辖的分工标准。最高人民法院 2019 年发布的《关于调整高级人民法院和中级人民法院管辖第一审民事案件标准的通知》则规定"海事海商案件、涉外民事案件的级别管辖标准按照本通知执行",据此,海事法院管辖的第一审海事案件的诉讼标的额上限原则上为人民币 50 亿元,其所属的高级人民法院管辖诉讼标的额为人民币 50 亿元以上(包含本数)或者其他在本辖区有重大影响的第一审海事案件。

关于各海事法院管辖的地域范围,最高人民法院分别在 1984 年、1987 年、1990 年、1992 年、1999 年、2002 年、2006 年、2016 年、2019 年下发的《关于设立海事法院几个问题的决定》《关于调整武汉、上海海事法院管辖区域的通知》《关于设立海口、厦门海事法院的决定》《关于设立宁波海事法院的决定》《关于北海海事法院正式对外受理案件问题的通知》《关于调整大连、武汉、北海海事法院管辖区域和案件范围的通知》《关于调整上海、宁波海事法院管辖区域的通知》《关于海事诉讼管辖问题的规定》《关于同意撤销南京铁路运输法院设立南京海事法院的批复》等文件中作出了规定。

**二、地域管辖**

海事诉讼地域管辖,是指各海事法院之间受理第一审海事案件的分工与权限。与一般民事诉讼地域管辖的确定标准相同,海事诉讼地域管辖的确定,也是以当事人所在地或有关的法律事实所在地等因素与海事法院辖区之间的关系作为确定标准。

在我国,根据《海诉法》第 6 条第 1 款的规定,海事诉讼的地域管辖,依照《民事诉讼法》的有关规定。因此,《民事诉讼法》中关于一般地域管辖和某些特殊地域管辖的规定,对于海事诉讼也是适用的。但基于海事诉讼的特殊性,《海诉法》和《海诉法解释》等司法解释对海事诉讼的地域管辖还作了如下特别规定:

1. 因海事侵权行为提起的诉讼,除依照《民事诉讼法》第 29 条至第 31 条的规定以外,还可以由船籍港所在地海事法院管辖。此处所谓"船籍港",是指被告船舶的船籍港。如果被告船舶的船籍港不在我国领域内,而原告船舶的船籍港在我国领域内的,由原告船舶的船籍港所在地的海事法院管辖。

2. 因海上运输合同纠纷提起的诉讼,除依照《民事诉讼法》第 28 条的规定以外,还可以由转运港所在地海事法院管辖。《民事诉讼法》第 28 条中规定的"运输始发地、目的地",就海上运输合同纠纷而言,是指起运港、到达港。因此,因海上运输合同纠纷提起的诉讼,起运港、转运港、到达港和被告住所地海事法院都有管辖权。此处所谓"起运港、转运港、到达港",指合同约定的或者实际履行的起运港、转运港和到达港。合同约定的起运港、转运港和到达港与实际履行的起运港、转运港和到达港不一致的,以实际履行的地点确定案件管辖。

3. 因海船租用合同纠纷提起的诉讼,由交船港、还船港、船籍港所在地、被告住所地海事法院管辖。所谓"海船",是指适合航行于海上或者通海水域的船舶。根据《海商法》第 128 条、第 129 条、第 144 条的规定,船舶租用合同包括定期租船合同和光船租赁合同。定期租船合同,是指船舶出租人向承租人提供约定的由出租人配备船员的船舶,由承租人在约定的期间内按照约定的用途使用,并支付租金的合同。光船租赁合同,是指船舶出租人向承租人提供不配备船员的船舶,在约定的期间内由承租人占有、使用和营运,并向出租人支付租金的合同。据此,因定期租船合同和光船租赁合同纠纷提起的诉讼,交船港、还船港、船籍港所在地、被告住所地海事法院有管辖权。但"航次租船合同"并不属于此处所说的海船租用合同,因为,根据《海商法》的规定,航次租船合同属于海上货物运输合同,是指船舶出租人向承租人提供船舶或者船舶的部分舱位,装运约定的货物,从一港运至另一港,由承租人支付约定运费的合同。

4. 因海上保赔合同纠纷提起的诉讼,由保赔标的物所在地、事故发生地、被告住所地海事法院管辖。要理解海上保赔合同的概念,首先应了解互保协会,包括船东互保协会、联运互保协会等,其中最主要的是船东互保协会,即由船舶所有人自愿组织起来的一种相互保险的组织。互保协会承保一些传统商业保险公司不承保的风险。海上保赔合同,是指会员入会时与互保协会签订的由互保协会对会员须承担的传统商业保险公司不予承保的某类损失或责任负责赔偿,而由会员按期缴纳会费的合同。① 故海上保赔合同又称为海上保赔保险合同。保赔保险是保障与赔偿保险(protection and indemnity insurance)的简称,其承保范围随着船东责任的加重和船东互保协会的发展而越来越广,具体的承保风险依各船东互保协会各自的章程而定。② 因海上保赔合同纠纷提起诉讼时,保赔标的物所在地、事故发生地、被告住所地海事法院有管辖权。其中,保赔标的物所在地是指保赔船舶的所在地;事故发生地是指加入保赔协会的船舶发生海事事故的地点。

海上保赔合同纠纷的管辖不同于海上保险合同纠纷的管辖。根据《民事诉讼法》第 25 条的规定,因海上保险合同纠纷提起的诉讼,由被告住所地或者保险标的物所在地海事法院管辖。另根据《民诉法解释》第 21 条的规定,因海上财产保险合同纠纷提起的诉讼,如果保险标的物是运输工具或者运输中的货物,可以由运输工具登记注册地、运输目的地、保险事故发生地海事法院管辖。因海上人身保险合同纠纷提起的诉讼,可以由被保险人住所地海事法院管辖。

5. 因海船的船员劳务合同纠纷提起的诉讼,由原告住所地、合同签订地、船员登船港或者离船港所在地、被告住所地海事法院管辖。根据《海商法》第 31 条的规定,船员是指包括船长在内的船上一切任职人员。对于船员劳务合同纠纷案件的管辖法

---

① 参见屈广清主编:《海事诉讼与海事仲裁法》,法律出版社 2007 年版,第 25 页。
② 张丽英:《海商法学》,高等教育出版社 2006 年版,第 483 页。

院,《海诉法》规定了多个连接点,并且,为保证海事法院能够及时审理和裁判此类案件,《海诉法解释》第 8 条明确规定:"因船员劳务合同纠纷直接向海事法院提起的诉讼,海事法院应当受理。"

6. 因海事担保纠纷提起的诉讼,由担保物所在地、被告住所地海事法院管辖;因船舶抵押纠纷提起的诉讼,还可以由船籍港所在地海事法院管辖。海事担保纠纷包括在海上运输、船舶买卖等海事海商活动中因担保而发生的纠纷以及在《海诉法》第六章所规定的海事担保活动中发生的纠纷。①

7. 因海船的船舶所有权、占有权、使用权、优先权纠纷提起的诉讼,由船舶所在地、船籍港所在地、被告住所地海事法院管辖。此处所谓"船舶所在地",是指起诉时船舶的停泊地或者船舶被扣押地。另外,根据《海诉法解释》第 10 条的规定,与船舶担保或者船舶优先权有关的借款合同纠纷,由被告住所地、合同履行地、船舶的船籍港、船舶所在地的海事法院管辖。

8. 因海难救助费用提起的诉讼,除依照《民事诉讼法》第 32 条的规定确定管辖外,还可以由被救助的船舶以外的其他获救财产所在地的海事法院管辖。《民事诉讼法》第 32 条规定:"因海难救助费用提起的诉讼,由救助地或者被救助船舶最先到达地人民法院管辖。"因此,因海难救助费用提起的诉讼,由救助地、被救助船舶最先到达地或者其他获救财产所在地的海事法院管辖。

另外,根据《海诉法》和《海诉法解释》的规定,当事人申请认定海上财产无主的,应向财产所在地海事法院提出;因海上事故申请宣告死亡的,应向处理海事事故主管机关所在地或者受理相关海事案件的海事法院提出。认定海事仲裁协议效力案件,由被申请人住所地、合同履行地或者约定的仲裁机构所在地的海事法院管辖。根据《民诉法解释》第 283 条第 2 款的规定,因污染海洋环境提起的公益诉讼,由污染发生地、损害结果地或者采取预防污染措施地海事法院管辖。根据最高人民法院 2015 年 2 月 28 日发布的《扣押拍卖船舶规定》第 23 条的规定,当事人依照《民事诉讼法》第十五章第七节(现为第八节)的规定,申请拍卖船舶实现船舶担保物权的,由船舶所在地或船籍港所在地的海事法院管辖。

### 三、专属管辖

专属管辖,是指特定的海事案件只能由特定的海事法院管辖。根据《海诉法》第 7 条的规定,下列海事诉讼,由有关的海事法院专属管辖:

1. 因沿海港口作业纠纷提起的诉讼,由港口所在地海事法院管辖。

---

① 在我国,因海事海商活动中的担保纠纷而提起的诉讼,由上述有关海事法院管辖,在理解上没有分歧。而对于《海诉法》第六章所规定的海事请求保全、海事强制令、海事证据保全等程序中所涉及的海事担保,发生纠纷时的管辖问题,则有必要分别情况予以处理,但《海诉法》并未就此作出明确规定。从理论上讲,对于《海诉法》第六章所规定的被申请人向海事请求人提供的海事担保,如果后来发生了争议,可以依据上述管辖权连接点来确定管辖法院,但就海事请求人和被申请人向海事法院提供的担保而言,如果后来当事人之间发生了争议,则不宜按照上述管辖权连接点来确定管辖,由接受海事担保的海事法院对该海事担保纠纷进行管辖更为恰当。

2. 因船舶排放、泄漏、倾倒油类或者其他有害物质,海上生产、作业或者拆船、修船作业造成海域污染损害提起的诉讼,由污染发生地、损害结果地或者采取预防污染措施地海事法院管辖。

3. 因在中华人民共和国领域和有管辖权的海域履行的海洋勘探开发合同纠纷提起的诉讼,由合同履行地海事法院管辖。此处的"有管辖权的海域",是指中华人民共和国的毗连区、专属经济区、大陆架以及有管辖权的其他海域。"合同履行地",是指合同的实际履行地;合同未实际履行的,为合同约定的履行地。

### 四、共同管辖和指定管辖

(一) 共同管辖

共同管辖,是指两个以上海事法院对某一海事案件都具有管辖权。两个以上海事法院都有管辖权的诉讼,原告可以向其中一个海事法院起诉;原告向两个以上有管辖权的海事法院起诉的,由最先立案的海事法院管辖。

(二) 指定管辖

海事法院与地方人民法院之间因管辖权发生争议,由争议双方协商解决;协商解决不了的,报请它们的共同上级人民法院指定管辖。海事法院之间因管辖权发生争议,由争议双方协商解决;协商解决不了的,报请最高人民法院指定管辖。

### 五、海事涉外管辖

《海诉法解释》第 2 条规定:"涉外海事侵权纠纷案件和海上运输合同纠纷案件的管辖,适用民事诉讼法第二十四章的规定;民事诉讼法第二十四章没有规定的,适用海事诉讼特别程序法第六条第二款(一)、(二)项的规定和民事诉讼法的其他有关规定。"对于其他类型的海事案件,如果有关的连接点在我国,我国相应地点的海事法院对该案件即享有管辖权。

另外,根据《关于审理发生在我国管辖海域相关案件若干问题的规定(一)》第 5 条第 2、3 款的规定,因在公海等我国管辖海域外发生海损事故,请求损害赔偿在我国法院提起的诉讼,由事故船舶最先到达地、船舶被扣押地或者被告住所地海事法院管辖;事故船舶为中华人民共和国船舶的,还可以由船籍港所在地海事法院管辖。依据该司法解释第 6 条的规定,因海上航运、渔业生产及其他海上作业造成污染,污染事故发生在我国管辖海域外,但对我国管辖海域造成污染或污染威胁,请求损害赔偿或者预防措施费用提起的诉讼,由管辖该海域的海事法院或采取预防措施地的海事法院管辖。

涉外海事案件的协议管辖与应诉管辖,应分别适用《民事诉讼法》第 277 条、第 278 条的规定。《海诉法》第 8 条亦明确规定,海事纠纷的当事人都是外国人、无国籍人、外国企业或者组织,当事人书面协议选择我国海事法院管辖的,即使与纠纷有实际联系的地点不在我国领域内,我国海事法院对该纠纷也具有管辖权。此项规定与《民事诉讼法》第 277 条规定的内容是一致的,均不要求纠纷应与协议选择的法院存在"实际联系",从而区别于《民事诉讼法》第35条的规定。

**六、执行管辖**

关于海事案件的执行管辖,《海诉法》第11条规定:"当事人申请执行海事仲裁裁决,申请承认和执行外国法院判决、裁定以及国外海事仲裁裁决的,向被执行的财产所在地或者被执行人住所地海事法院提出。被执行的财产所在地或者被执行人住所地没有海事法院的,向被执行的财产所在地或者被执行人住所地的中级人民法院提出。"但是,根据《海诉法解释》第13条的规定,当事人申请执行海事仲裁裁决或者申请承认和执行国外海事仲裁裁决,并且被执行的财产为船舶的,无论该船舶是否在海事法院管辖区域范围内,均由海事法院管辖;船舶所在地没有海事法院的,由就近的海事法院管辖。

地方人民法院为执行生效法律文书需要扣押和拍卖船舶的,应当委托船籍港所在地或者船舶所在地的海事法院执行。

另外,《海诉法》和《海诉法解释》还对诉前申请海事请求保全、海事强制令、海事证据保全或诉前申请设立海事赔偿责任限制基金案件的管辖法院以及后续的诉讼管辖法院作了规定。①

**七、管辖权异议**

《关于海事诉讼管辖问题的规定》对于海事海商纠纷管辖权异议案件的审理作了如下特别规定:(1)当事人不服管辖权异议裁定的上诉案件,由海事法院所在地的高级人民法院负责海事海商案件的审判庭审理。(2)发生法律效力的管辖权异议裁定违反海事案件专门管辖确需纠正的,人民法院可依照《民事诉讼法》第209条规定再审,即对于违反海事案件专门管辖的管辖权异议裁定,人民法院可以依职权启动再审程序予以纠正。

## 第三节 海事保全

海事保全狭义上是指海事请求保全,广义上是指海事诉讼中有关保全程序和制度的总称,包括海事请求保全、海事强制令、海事证据保全以及保全程序中的担保问题。

**一、海事请求保全**

(一)概述

1. 概念和特点

海事请求保全,是指海事法院根据海事请求人的申请,为保障其海事请求的实现,对被请求人的财产所采取的强制措施。海事请求保全在性质上属于财产保全,与《民事诉讼法》中规定的财产保全制度是特殊与一般的关系,二者的目的都在于对有

---

① 具体内容在本章后面几节介绍。

关财产采取强制措施,以保障申请人权益的实现。与民事诉讼中的财产保全相比,海事请求保全具有如下特点:

(1)海事请求保全是专门针对海事请求所规定的财产保全制度。

(2)海事请求保全只能依海事请求人申请而启动,不能由法院依职权主动采取保全措施。这与民事诉讼中的诉前财产保全相同,而与诉讼财产保全不同。

(3)《海诉法》规定的海事请求保全程序,其保全的对象是被请求人的财产,包括船舶、船载货物、船用燃油以及船用物料。对上述财产之外的其他财产的海事请求保全,应适用民事诉讼法有关财产保全的规定。

(4)船舶或船载货物的具体保全程序有其特殊性,在很多方面不同于民事诉讼中的财产保全程序。

2. 管辖

根据《海诉法》第13条的规定,起诉前,当事人申请海事请求保全的,应当向被保全的财产所在地海事法院提出。此处的"被保全的财产所在地",是指船舶的所在地或者货物的所在地。当事人在诉讼前已经卸载但在承运人掌管之下的货物申请海事请求保全,如果货物所在地不在海事法院管辖区域的,可以向卸货港所在地的海事法院提出,也可以向货物所在地的地方人民法院提出。此外,《海诉法》第14条还规定:"海事请求保全不受当事人之间关于该海事请求的诉讼管辖协议或者仲裁协议的约束。"也就是说,如果当事人之间已通过诉讼管辖协议约定了管辖法院,或者已通过仲裁协议约定将纠纷提交仲裁,在需要申请海事请求保全时,将不受该诉讼管辖协议或仲裁协议的约束,而应按照《海诉法》第13条的规定确定管辖法院。

对于诉讼中的海事请求保全的管辖法院,《海诉法》没有明确作出规定,但根据民事诉讼法有关诉讼财产保全的规定和《海诉法解释》第21条的规定可推知,应当由受理相关海事案件的海事法院管辖。《海诉法解释》第21条第1款规定:"诉讼或者仲裁前申请海事请求保全适用海事诉讼特别程序法第14条的规定。"此款指出了诉前申请海事请求保全,应适用《海诉法》第14条的规定,并未指出诉讼中申请海事请求保全亦适用《海诉法》第14条的规定,故从司法解释的意图来看,诉讼中申请海事请求保全的,应由受诉的海事法院受理。这一点从《海诉法解释》第21条第2款的规定中可得到印证,该款规定:"外国法院已受理相关海事案件或者有关纠纷已经提交仲裁,但涉案财产在中华人民共和国领域内,当事人向财产所在地的海事法院提出海事请求保全申请的,海事法院应当受理。"将此款与第1款联系起来理解,应当认为,当相关海事案件已由我国有关海事法院受理时,应当向该海事法院申请海事请求保全,而不管被保全的财产所在地是否在该海事法院所在地;但如果外国法院已受理相关海事案件,而涉案财产在我国领域内,则当事人可以向该财产所在地的我国海事法院申请海事请求保全。

从上述规定还可得知,如果当事人签订了仲裁协议,且在申请仲裁前申请海事请求保全的,应当向被保全的财产所在地海事法院提出;如果是在仲裁过程中申请海事请求保全,且是由我国有关仲裁机构进行仲裁的,则应按照《民事诉讼法》第289条和

《仲裁法》第 28 条的规定,向仲裁机构提出保全申请,然后由仲裁机构将申请提交给有关的海事法院;如果有关纠纷已经提交外国仲裁机构仲裁,但涉案财产在我国领域内,则当事人可直接向财产所在地的我国海事法院申请海事请求保全。

另需说明的是,根据《海诉法解释》第 15 条的规定,除海事法院及其上级人民法院外,地方人民法院对当事人提出的船舶保全申请应不予受理。

3. 一般程序

(1) 申请

海事请求人申请海事请求保全,应当向海事法院提交书面申请。申请书应当载明海事请求事项、申请理由、保全的标的物以及要求提供担保的数额,并附有关证据。应当注意的是,海事请求保全并不要求必须列明被申请人。对此,《海诉法》第 25 条明确规定:"海事请求人申请扣押当事船舶,不能立即查明被请求人名称的,不影响申请的提出。"

(2) 担保

海事法院受理海事请求保全申请,可以责令海事请求人提供担保。海事请求人不提供的,驳回其申请。对于申请扣押船舶的,《扣押拍卖船舶规定》第 4 条规定:"海事请求人申请扣押船舶的,海事法院应当责令其提供担保。但因船员劳务合同、海上及通海水域人身损害赔偿纠纷申请扣押船舶,且事实清楚、权利义务关系明确的,可以不要求提供担保。"

(3) 裁定和复议

海事法院接受申请后,应当在 48 小时内作出裁定。裁定采取海事请求保全措施的,应当立即执行;对不符合海事请求保全条件的,裁定驳回其申请。

当事人对裁定不服的,可以在收到裁定书之日起 5 日内申请复议一次。海事法院应当在收到复议申请之日起 5 日内作出复议决定。复议期间不停止裁定的执行。

(4) 保全措施的解除

下列情形下,海事法院应当解除保全措施:

第一,被请求人提供担保。

第二,当事人有正当理由申请解除海事请求保全。

第三,利害关系人对海事请求保全提出异议,海事法院经审查,认为理由成立的,应当解除对其财产的保全。经审查认为理由不成立的,应当书面通知利害关系人。

第四,海事请求人在规定的期间内,未提起诉讼或者未按照仲裁协议申请仲裁的,海事法院应当及时解除保全或者返还担保。具体而言,海事请求保全扣押船舶超过 30 日、扣押货物或者其他财产超过 15 日,海事请求人未提起诉讼或者未按照仲裁协议申请仲裁的,海事法院应当及时解除保全或者返还担保。

第五,申请人为申请扣押船舶提供限额担保,在扣押船舶期限届满时,未按照海事法院的通知追加担保的,海事法院可以解除扣押。

(5) 采取保全措施后的起诉

海事请求保全执行后,有关海事纠纷未进入诉讼或者仲裁程序的,当事人就该海事请求,可以向采取海事请求保全的海事法院或者其他有管辖权的海事法院提起诉讼,但当事人之间订有诉讼管辖协议或者仲裁协议的除外。应当注意,采取海事请求保全的海事法院,即使本来对案件没有实体管辖权,因采取保全措施也可取得实体管辖权。这一规则在海事诉讼的理论和实践中称为"扣押地法院管辖原则"。① 这一规则在《民事诉讼法》和《民诉法解释》中并没有明确作出规定。②

(6) 保全错误时的责任

海事请求人申请海事请求保全错误的,应当赔偿被请求人或者利害关系人因此所遭受的损失。申请扣押船舶错误造成的损失,包括因船舶被扣押在停泊期间产生的各项维持费用与支出、船舶被扣押造成的船期损失和被申请人为使船舶解除扣押而提供担保所支出的费用。

被请求人或者利害关系人依据上述规定要求海事请求人赔偿损失,向采取海事请求保全措施的海事法院提起诉讼的,海事法院应当受理。

(二) 船舶的扣押、拍卖与变卖

1. 扣押船舶的条件

(1) 申请人具有海事请求

扣船的目的在于保全海事请求,以满足请求人将来实体权益的实现,故各国一般都将申请人具有海事请求作为申请扣船的条件。

根据《海诉法》第21条的规定,对于下列海事请求,可以申请扣押船舶:① 船舶营运造成的财产灭失或者损坏。② 与船舶营运直接有关的人身伤亡。③ 海难救助。④ 船舶对环境、海岸或者有关利益方造成的损害或者损害威胁;为预防、减少或者消除此种损害而采取的措施;为此种损害而支付的赔偿;为恢复环境而实际采取或者准备采取的合理措施的费用;第三方因此种损害而蒙受或者可能蒙受的损失;以及与本项所指的性质类似的损害、费用或者损失。⑤ 与起浮、清除、回收或者摧毁沉船、残骸、搁浅船、被弃船或者使其无害有关的费用,包括与起浮、清除、回收或者摧毁仍在或者曾在该船上的物件或者使其无害的费用,以及与维护放弃的船舶和维持其船员有关的费用。⑥ 船舶的使用或者租用的协议。⑦ 货物运输或者旅客运输的协议。⑧ 船载货物(包括行李)或者与其有关的灭失或者损坏。⑨ 共同海损。⑩ 拖航。⑪ 引航。⑫ 为船舶营运、管理、维护、维修提供物资或者服务。⑬ 船舶的建造、改建、修理、改装或者装备。⑭ 港口、运河、码头、港湾以及其他水道规费和费用。⑮ 船员的工资和其他款项,包括应当为船员支付的遣返费和社会保险费。⑯ 为船舶或者船舶所有人支付的费用。⑰ 船舶所有人或者光船承租人应当支付或者他人为其支

---

① 参见贺万忠:《当代国际海事诉讼的理论与实践》,知识产权出版社2006年版,第269页以下。
② 根据最高人民法院1992年发布的《民诉法意见》第31条第2款和1998年发布的《关于如何理解〈关于适用《中华人民共和国民事诉讼法》若干问题的意见〉第31条第2款的批复》的规定,在人民法院采取诉前财产保全后,申请人起诉的,应当向有管辖权的人民法院提起;如果采取诉前财产保全的法院对该案没有管辖权,则无权受理该案件。但是,由于《民诉法意见》已经被《民诉法解释》所废止,在此情况下,采取诉前财产保全的法院对该案没有实体管辖权时,是否有权受理申请人的起诉是存在疑问的。

付的船舶保险费(包括互保会费)。⑱ 船舶所有人或者光船承租人应当支付的或者他人为其支付的与船舶有关的佣金、经纪费或者代理费。⑲ 有关船舶所有权或者占有的纠纷。⑳ 船舶共有人之间有关船舶的使用或者收益的纠纷。㉑ 船舶抵押权或者同样性质的权利。㉒ 因船舶买卖合同产生的纠纷。

非因《海诉法》第 21 条规定的海事请求不得申请扣押船舶,但为执行判决、仲裁裁决以及其他法律文书的除外。

(2) 被申请人对该海事请求负有责任

扣船的目的在于将来以被申请人的财产(船舶)清偿海事请求人的实体权利,故被申请人应当对海事请求负有责任。但须注意的是,这一要件并不是要求申请人在保全阶段就必须证明被申请人对海事请求负有责任,因为在此阶段要求进行此项证明是不科学的,也是难以做到的。因此,这一条件并不是在决定是否准许扣船申请时应掌握的标准,而是在判断扣船申请是否正确时应掌握的标准。①

(3) 有保全的必要

扣押船舶与其他财产保全措施一样,也应当是在具有保全的必要时才予以采取。

(4) 被扣押船舶属于可扣押的范围

可申请扣押的船舶包括当事船舶和其他船舶两类。当事船舶是指引起海事请求发生的船舶,如发生船舶碰撞中的船舶、海难救助中的救助船与被救助船等。当事船舶不以发生海事请求的本航次为限,只要是发生海事请求的船舶,无论何时,都属于当事船舶。一旦发生海事请求,当事船舶的身份就被固定下来,时间的间隔、船舶所有人的替换、船舶关系的改变都不影响其作为当事船舶的地位。根据《海诉法》第 23 条第 1 款的规定,有下列情形之一的,海事法院可以扣押当事船舶:船舶所有人对海事请求负有责任,并且在实施扣押时是该船的所有人;船舶的光船承租人对海事请求负有责任,并且在实施扣押时是该船的光船承租人或者所有人;具有船舶抵押权或者同样性质的权利的海事请求;有关船舶所有权或者占有的海事请求;具有船舶优先权的海事请求。

可申请扣押的其他船舶,是指对海事请求人的海事请求负有责任的人所有的其他船舶,在海事诉讼实践中一般称为"扣押姊妹船"。《海诉法》第 23 条第 2 款就此规定:"海事法院可以扣押对海事请求负有责任的船舶所有人、光船承租人、定期租船人或者航次租船人在实施扣押时所有的其他船舶,但与船舶所有权或者占有有关的请求除外。"该款中但书规定的理由在于,与船舶所有权或者占有有关的海事请求,系针对特定船舶而发生的请求,故只能扣押当事船舶,不能扣押姊妹船。

从事军事、政府公务的船舶不得被扣押。

2. 扣押船舶的方式

扣押船舶的方式,通常可分为两种,即"死扣押"与"活扣押"。前者是指被扣押

---

① 参见金正佳主编:《海事诉讼法论》,大连海事大学出版社 2001 年版,第 132 页。

的船舶在扣押期间内,不能投入营运,更不能设置抵押权或予以处分。后者是指被扣押的船舶只是在设置抵押权和处分方面受到限制,仍然可以继续营运。

"死扣押"与"活扣押"各有利弊。"死扣押"使船舶难以脱逃,保全效果较好,且在扣押期间船舶灭失、损坏或产生优先权债务的可能性也较小,但却存在不能发挥船舶的使用价值、可能给被扣押人造成较大损失、需支付额外的监管费用等缺点。"活扣押"虽然具有可发挥财产的使用价值、减少被扣押人的损失、降低申请人错误扣押的风险等优点,但却增大了船舶脱逃、保全目的落空的危险,且船舶在营运中可能发生毁损、灭失,或者产生优先债务,从而影响扣船申请人的海事请求权的实现。

实践中,扣押船舶较多的是采取"死扣押"方式,但《海诉法》第 27 条也允许采用"活扣押"的方式,即"海事法院裁定对船舶实施保全后,经海事请求人同意,可以采取限制船舶处分或者抵押等方式允许该船舶继续营运"。为防止"活扣押"方式造成申请人的权利最终无法实现,根据《海诉法解释》第 29 条的规定,海事法院根据《海诉法》第 27 条的规定准许已经实施保全的船舶继续营运的,一般仅限于航行于国内航线上的船舶完成本航次。另据《扣押拍卖船舶规定》第 1 条,海事请求人也可以不申请扣押,而只申请采取其他保全措施,即"海事请求人申请对船舶采取限制处分或者抵押等保全措施的,海事法院可以依照民事诉讼法的有关规定,裁定准许并通知船舶登记机关协助执行。前款规定的保全措施不影响其他海事请求人申请扣押船舶"。

3. 扣押的执行和期限及被扣押船舶的管理

海事法院在发布或者解除扣押船舶命令的同时,可以向有关部门发出协助执行通知书,通知书应当载明协助执行的范围和内容,有关部门有义务协助执行。海事法院认为必要,可以直接派员登轮监护。船舶扣押后,海事请求人依据《海诉法》第 19 条的规定,向其他有管辖权的海事法院提起诉讼的,可以由扣押船舶的海事法院继续实施保全措施。

船舶被扣押期间产生的各项维持费用和支出,应当作为为债权人共同利益支出的费用,从拍卖船舶的价款中优先拨付。

海事请求保全扣押船舶的期限为 30 日。海事请求人在 30 日内提起诉讼或者申请仲裁以及在诉讼或者仲裁过程中申请扣押船舶的,扣押船舶不受该期限的限制。

船舶扣押期间由船舶所有人或光船承租人负责管理。船舶所有人或光船承租人不履行船舶管理职责的,海事法院可委托第三人或者海事请求人代为管理,由此产生的费用由船舶所有人或光船承租人承担,或在拍卖船舶价款中优先拨付。

4. 重复扣押与多次扣押

重复扣押是指海事请求人基于同一海事请求申请扣押已被扣押过的船舶。多次扣押是指不同的海事请求人基于其不同的海事请求对已经扣押的船舶申请扣押。根据《海诉法》第 24 条的规定,重复扣押原则上应当禁止,即海事请求人原则上不得因同一海事请求申请扣押已被扣押过的船舶,但有下列情形之一的除外:

(1) 被请求人未提供充分的担保。

(2) 担保人有可能不能全部或者部分履行担保义务。

(3) 海事请求人因合理的原因同意释放被扣押的船舶或者返还已提供的担保;或者不能通过合理措施阻止释放被扣押的船舶或者返还已提供的担保。

《扣押拍卖船舶规定》第2条第1款对多次扣押进行了规定,即:海事法院应不同海事请求人的申请,可以对本院或其他海事法院已经扣押的船舶采取扣押措施。

5. 强制拍卖船舶

强制拍卖船舶,是指在船舶实施扣押之后实体纠纷解决之前,依照法定程序对被扣押船舶进行拍卖,并保存价款的保全措施。因此,强制拍卖船舶在性质上仍然是海事请求保全。从扣押船舶到拍卖船舶的发展,只是保全形态的变化,保全的对象从有形财产(船舶)转化为金钱(船舶价款),保全的措施从扣押转化为金钱的保存。

(1) 拍卖的条件

根据《海诉法》第29条的规定,拍卖船舶应同时具备以下条件:第一,船舶扣押期间届满,被请求人不提供担保;第二,船舶不宜继续扣押;第三,海事请求人已经提起诉讼或者申请仲裁;第四,应当向扣押船舶的海事法院申请拍卖船舶。

(2) 拍卖申请

拍卖船舶应当基于当事人的申请进行,法院不能依职权采取拍卖船舶的措施。拍卖申请一般是由申请扣押船舶的海事请求人提出,但如果申请扣押船舶的海事请求人在提起诉讼或者申请仲裁后,不申请拍卖被扣押船舶,海事法院也可以根据被申请人的申请拍卖船舶。拍卖所得价款由海事法院提存。另需注意的是,根据《扣押拍卖船舶规定》第2条第1款和第3条的规定,先申请扣押船舶的海事请求人未申请拍卖船舶的,后申请扣押船舶的海事请求人可以依据《海诉法》第29条的规定,向准许其扣押申请的海事法院申请拍卖船舶。船舶因光船承租人对海事请求负有责任而被扣押的,海事请求人依据《海诉法》第29条的规定,申请拍卖船舶用于清偿光船承租人经营该船舶产生的相关债务的,海事法院应予准许。

(3) 裁定与复议

海事法院收到拍卖船舶的申请后,应当进行审查,作出准予或者不准予拍卖船舶的裁定。

当事人对裁定不服的,可以在收到裁定书之日起5日内申请复议一次。海事法院应当在收到复议申请之日起5日内作出复议决定。复议期间停止裁定的执行。

(4) 请求终止拍卖

海事请求人提交拍卖船舶申请后,又申请终止拍卖的,是否准许由海事法院裁定。海事法院裁定终止拍卖船舶的,为准备拍卖船舶所发生的费用由海事请求人承担。

利害关系人请求终止拍卖被扣押船舶的,是否准许,海事法院应当作出裁定;海事法院裁定终止拍卖船舶的,为准备拍卖船舶所发生的费用由利害关系人承担。

拍卖船舶申请人或者利害关系人申请终止拍卖船舶的,应当在公告确定的拍卖船舶日期届满7日前提出。

（5）保留价的确定、拍卖公告与通知

海事法院拍卖船舶应当依据评估价确定保留价。保留价不得公开。第一次拍卖时，保留价不得低于评估价的 80%；因流拍需要再行拍卖的，可以酌情降低保留价，但降低的数额不得超过前次保留价的 20%。

海事法院裁定拍卖船舶，应当通过报纸或者其他新闻媒体连续公告 3 日。拍卖外籍船舶的，应当通过对外发行的报纸或者其他新闻媒体发布公告。

公告包括以下内容：被拍卖船舶的名称和国籍；拍卖船舶的理由和依据；拍卖船舶委员会的组成；拍卖船舶的时间和地点；被拍卖船舶的展示时间和地点；参加竞买应当办理的手续；办理债权登记事项；需要公告的其他事项。

拍卖船舶的公告期间不少于 30 日。但根据《扣押拍卖船舶规定》第 10 条的规定，船舶拍卖未能成交，需要再次拍卖的，则应当按照《拍卖法》第 45 条的规定，在拍卖日的 7 日前发布拍卖公告。

海事法院应当在拍卖船舶 30 日前，向被拍卖船舶登记国的登记机关和已知的船舶优先权人、抵押权人和船舶所有人发出通知。通知内容包括被拍卖船舶的名称、拍卖船舶的时间和地点、拍卖船舶的理由和依据以及债权登记等。通知方式包括书面方式和能够确认收悉的其他适当方式。

海事请求人和被请求人应当按照海事法院的要求提供已知的船舶优先权人、抵押权人和船舶所有人的有关确切情况。

（6）拍卖船舶委员会的组成

拍卖船舶由拍卖船舶委员会实施，海事法院不另行委托拍卖机构进行拍卖。拍卖船舶委员会由海事法院指定的本院执行人员和聘请的拍卖师、验船师三人或者五人组成。拍卖船舶委员会对海事法院负责，受海事法院监督。

拍卖船舶委员会的主要任务是：组织对船舶鉴定、估价；组织和主持拍卖；与竞买人签订拍卖成交确认书；办理船舶移交手续。

（7）竞买登记

竞买人应当在规定的期限内向拍卖船舶委员会登记。登记时应当交验本人、企业法定代表人或者其他组织负责人身份证明和委托代理人的授权委托书，并交纳一定数额的买船保证金。

（8）船舶展示

拍卖船舶委员会应当在拍卖船舶前，展示被拍卖船舶，并提供察看被拍卖船舶的条件和有关资料。

（9）付款与移交船舶

买受人在签署拍卖成交确认书后，应当立即交付不低于 20% 的船舶价款，其余价款在成交之日起 7 日内付清，但拍卖船舶委员会与买受人另有约定的除外。

买受人付清全部价款后，原船舶所有人应当在指定的期限内于船舶停泊地以船舶现状向买受人移交船舶。此处的"船舶现状"，是指船舶展示时的状况。船舶交接时的状况与船舶展示时的状况经评估确有明显差别的，船舶价款应当作适当的扣减，但属于正常损耗或者消耗的燃油不在此限。

拍卖船舶委员会组织和监督船舶的移交,并在船舶移交后与买受人签署船舶移交完毕确认书。移交船舶完毕,海事法院发布解除扣押船舶命令。船舶移交后,海事法院应当通过报纸或者其他新闻媒体发布公告,公布船舶已经公开拍卖并移交给买受人。买受人接收船舶后,应当持拍卖成交确认书和有关材料,向船舶登记机关办理船舶所有权登记手续。原船舶所有人应当向原船舶登记机关办理船舶所有权注销登记。原船舶所有人不办理船舶所有权注销登记的,不影响船舶所有权的转让。

(10)其他规定

20总吨以下小型船艇的扣押和拍卖,可以依照《民事诉讼法》规定的扣押和拍卖程序进行。

海事请求保全中的拍卖船舶的程序,除《海诉法》规定的以外,适用《拍卖法》的有关规定。执行程序中拍卖被扣押船舶清偿债务的,可以参照上述《海诉法》的有关规定。[①] 海事法院的上级人民法院扣押与拍卖船舶的,亦应适用《扣押拍卖船舶规定》。

竞买人之间恶意串通的,拍卖无效。参与恶意串通的竞买人应当承担拍卖船舶费用并赔偿有关损失。海事法院可以对参与恶意串通的竞买人处最高应价10%以上30%以下的罚款。

6. 变卖船舶

对扣押的船舶,原则上应当采取拍卖方式处理,以实现船舶价值的最大化,但是如果拍卖不成功,则长期扣押不仅使船舶无法营运,还会产生大量的看管费用、维持费用等支出,造成船舶偿债能力降低,对申请人与被申请人的利益都会产生不利影响。因此,《扣押拍卖船舶规定》第13条、第14条规定,对经过两次拍卖仍然流拍的船舶,可以进行变卖;变卖价格不得低于评估价的50%。按照此价格变卖仍未成交的,经已受理登记债权三分之二以上份额的债权人同意,可以低于评估价的50%进行变卖处理;仍未成交的,海事法院可以解除船舶扣押。

(三)船载货物的扣押与拍卖

为保障海事请求人海事请求的实现,可以对被请求人的船载货物依法扣押和拍卖。"船载货物"并不仅仅是指装载于船上的货物,而是指处于承运人掌管之下,尚未装船或者已经装载于船上以及已经卸载的货物。

1. 船载货物的扣押

(1)扣押的条件

扣押船载货物,应当具备下列条件:申请人具有海事请求;被申请人对该海事请求负有责任;申请扣押的船载货物,应当属于被请求人所有。

---

[①] 应注意的是,《海诉法》第43条规定:"执行程序中拍卖被扣押船舶清偿债务的,可以参照本节有关规定。"但在海事审判实践中,关于哪些规定应当参照、哪些可以不参照,认识不一,故《扣押拍卖船舶规定》第24条第2款明确规定:"执行程序中拍卖被扣押船舶清偿债务的,适用本规定。"因此,执行程序中拍卖被扣押船舶清偿债务的,不再是参照适用《海诉法》的规定,而是应当适用《海诉法》和《扣押拍卖船舶规定》。

（2）扣押的范围和期限

海事请求人申请扣押船载货物的价值，应当与其请求的债权数额相当，但船载货物为不可分割的财产除外。

海事请求保全扣押船载货物的期限为15日。海事请求人在15日内提起诉讼或者申请仲裁以及在诉讼或者仲裁过程中申请扣押船载货物的，扣押船载货物不受该期限的限制。

2. 船载货物的拍卖

（1）申请

船载货物扣押期间届满，被请求人不提供担保，而且货物不宜继续扣押的，海事请求人可以在提起诉讼或者申请仲裁后，向扣押船载货物的海事法院申请拍卖货物。对无法保管、不易保管或者保管费用可能超过其价值的物品，海事请求人可以申请提前拍卖。

（2）裁定与复议

海事法院收到拍卖船载货物的申请后，应当进行审查，在7日内作出准予或者不准予拍卖船载货物的裁定。

当事人对裁定不服的，可以在收到裁定书之日起5日内申请复议一次。海事法院应当在收到复议申请之日起5日内作出复议决定。复议期间停止裁定的执行。

（3）拍卖机构与拍卖程序

拍卖船载货物由海事法院指定的本院执行人员和聘请的拍卖师组成的拍卖组织实施，或者由海事法院委托的机构实施。

拍卖船载货物的程序，除有特别规定外，参照拍卖船舶的有关规定。

另外，海事请求人对与海事请求有关的船用燃油、船用物料申请海事请求保全的，适用有关拍卖船载货物的规定。申请人依据《海商法》第88条规定申请拍卖留置的货物的，参照《海诉法》关于拍卖船载货物的规定执行。

### 二、海事强制令

（一）概念和特点

海事强制令是指海事法院根据海事请求人的申请，为使其合法权益免受侵害，责令被请求人作为或者不作为的强制措施。

海事强制令具有如下特点：

1. 海事强制令是根据请求人的申请而由海事法院作出的。

2. 海事强制令的对象是行为，即责令被请求人作为或者不作为。例如，根据托运人或承租人的请求，责令接受货物的承运人或船东签发提单；依据租船人的请求，禁止船东撤船、开航或出租等。

3. 海事强制令是为保障海事请求人的权益而采取的强制措施，在性质上属于海事保全措施。与针对财产的保全措施不同，海事强制令是为了保障海事请求人的权益而责令被请求人为或不为某种行为,因而属于行为保全措施。①

(二) 管辖

《海诉法》第 52 条规定:"当事人在起诉前申请海事强制令,应当向海事纠纷发生地海事法院提出。"对于诉讼中海事强制令的管辖,《海诉法》没有明确规定,应理解为由受理实体案件的海事法院管辖。

另据《海诉法》第 53 条的规定,海事强制令不受当事人之间关于该海事请求的诉讼管辖协议或者仲裁协议的约束。而《海诉法解释》第 41 条第 1 款则规定:"诉讼或者仲裁前申请海事强制令的,适用海事诉讼特别程序法第五十三条的规定。"据此,当事人之间签订有诉讼管辖协议或者仲裁协议时,如果在诉讼或者仲裁前申请海事强制令,则不受该协议的约束,应向海事纠纷发生地海事法院提出;如果在诉讼中申请海事强制令,则应当向受诉海事法院提出;如果在仲裁程序中申请海事强制令,则应向仲裁机构提出,由其将申请转交有关的海事法院。但是,根据《海诉法解释》第 41 条第 2 款的规定,外国法院已受理相关海事案件或者有关纠纷已经提交仲裁的,当事人向我国海事法院提出海事强制令申请,并提供可以执行海事强制令的相关证据的,我国海事法院应当受理。

(三) 条件

根据《海诉法》第 56 条的规定,作出海事强制令,应当具备下列条件:(1) 请求人有具体的海事请求;(2) 需要纠正被请求人违反法律规定或者合同约定的行为;(3) 情况紧急,不立即作出海事强制令将造成损害或者使损害扩大。

(四) 程序

1. 申请

海事请求人申请海事强制令,应当向海事法院提交书面申请。申请书应当载明申请理由,并附有关证据。

2. 担保

海事法院受理海事强制令申请,可以责令海事请求人提供担保。海事请求人不提供的,驳回其申请。

海事强制令发布后 15 日内,被请求人未提出异议,也未就相关的海事纠纷提起诉讼或者申请仲裁的,海事法院可以应申请人的请求,返还其提供的担保。

3. 审查与裁定

海事法院接受申请后,应当在 48 小时内作出裁定。准予申请人海事强制令申请的,应当制作民事裁定书并发布海事强制令,并且应当立即执行;对不符合海事强制令条件的,裁定驳回其申请。

4. 复议与异议

当事人对裁定不服的,可以在收到裁定书之日起 5 日内申请复议一次。海事法

---

① 国内很多学者认为,"海事强制令"这一概念是不可取的,不如称"行为保全"更为科学。参见金正佳主编:《海事诉讼法论》,大连海事大学出版社 2001 年版,第 209 页;邢海宝:《海事诉讼特别程序研究》,法律出版社 2002 年版,第 303 页;屈广清主编:《海事诉讼与海事仲裁法》,法律出版社 2007 年版,第 56 页。

院应当在收到复议申请之日起 5 日内作出复议决定。复议期间不停止裁定的执行。

利害关系人对海事强制令提出异议,海事法院经审查,认为理由成立的,应当裁定撤销海事强制令;认为理由不成立的,应当书面通知利害关系人。

5. 执行与制裁

海事强制令由海事法院执行。被申请人、其他相关单位或者个人不履行海事强制令的,海事法院应当依据《民事诉讼法》的有关规定强制执行。

被请求人拒不执行海事强制令的,海事法院可以根据情节轻重处以罚款、拘留;构成犯罪的,依法追究刑事责任。对个人的罚款金额,为 1000 元以上 3 万元以下。对单位的罚款金额,为 3 万元以上 10 万元以下。[①] 拘留的期限,为 15 日以下。

6. 申请错误的后果

海事请求人申请海事强制令错误的,应当赔偿被请求人或者利害关系人因此所遭受的损失。被请求人要求海事请求人赔偿损失的,由发布海事强制令的海事法院受理。

(五)采取海事强制令后的起诉

海事强制令执行后,有关海事纠纷未进入诉讼或者仲裁程序的,当事人就该海事请求,可以向作出海事强制令的海事法院或者其他有管辖权的海事法院提起诉讼,但当事人之间订有诉讼管辖协议或者仲裁协议的除外。

### 三、海事证据保全

(一)概念

海事证据保全是指海事法院根据海事请求人的申请,对有关海事请求的证据予以提取、保存或者封存的强制措施。海事证据保全属于民事诉讼证据保全的范畴。针对海事案件的特点,《海诉法》第五章对海事证据保全问题作了特别规定。

(二)管辖

根据《海诉法》第 63 条的规定,在起诉前当事人申请海事证据保全的,应当由被保全的证据所在地海事法院管辖。对于诉讼中申请海事证据保全的管辖问题,《海诉法》没有明确规定,应理解为应当由审理相关海事案件的海事法院管辖。

另据《海诉法》第 64 条的规定,海事证据保全不受当事人之间关于该海事请求的诉讼管辖协议或者仲裁协议的约束。《海诉法解释》第 47 条第 1 款则规定:"诉讼前申请海事证据保全,适用海事诉讼特别程序法第六十四条的规定。"据此,当事人间签订有诉讼管辖协议时,如果在诉前申请海事证据保全,则不受该协议的约束,应向证据所在地海事法院提出申请;如果在诉讼中申请证据保全,则应当向受诉海事法院提出。对于仲裁证据保全,如果是在仲裁过程中申请,根据《仲裁法》第 46 条、第 68 条

---

① 需注意的是,这一罚款金额,是《海诉法》根据 1999 年颁布时我国社会经济状况所确立的标准,而现行《民事诉讼法》第 118 条针对妨害民事诉讼的行为则规定,对个人的罚款金额,为人民币 10 万元以下;对单位的罚款金额,为人民币 5 万元以上 100 万元以下。我们认为,《海诉法》针对拒不履行海事强制令的行为所规定的罚款金额标准,已经不能适应社会经济的发展,有必要适时作出修改。

的规定,应当向仲裁机构提出,并由仲裁机构将申请提交证据所在地的海事法院;如果是在申请仲裁前申请证据保全,根据《民事诉讼法》第84条第2款的规定,则应当向证据所在地、被申请人住所地或者对案件有管辖权的海事法院提出。此外需注意的是,根据《海诉法解释》第47条第2款的规定,外国法院已受理相关海事案件或者有关纠纷已经提交仲裁,当事人向我国海事法院提出海事证据保全申请,并提供被保全的证据在我国领域内的相关证据的,我国海事法院应当受理。

(三) 条件

根据《海诉法》第67条的规定,采取海事证据保全,应当具备下列条件:(1) 请求人是海事请求的当事人;(2) 请求保全的证据对该海事请求具有证明作用;(3) 被请求人是与请求保全的证据有关的人;(4) 情况紧急,不立即采取证据保全就会使该海事请求的证据灭失或者难以取得。

(四) 程序

1. 申请

海事请求人申请海事证据保全,应当向海事法院提交书面申请。申请书应当载明请求保全的证据、该证据与海事请求的联系、申请理由以及证据收集、调取的有关线索。

2. 担保

海事法院受理海事证据保全申请,可以责令海事请求人提供担保。海事请求人不提供的,驳回其申请。

3. 审查与裁定

海事法院接受申请后,应当依法进行审查,并应在48小时内作出裁定。裁定采取海事证据保全措施的,应当立即执行;对不符合海事证据保全条件的,裁定驳回其申请。

4. 复议与异议

当事人对裁定不服的,可以在收到裁定书之日起5日内申请复议一次。海事法院应当在收到复议申请之日起5日内作出复议决定。复议期间不停止裁定的执行。被请求人申请复议的理由成立的,应当将保全的证据返还被请求人。

利害关系人对海事证据保全提出异议,海事法院经审查,认为理由成立的,应当裁定撤销海事证据保全;已经执行的,应当将与利害关系人有关的证据返还利害关系人。利害关系人对海事法院作出的海事证据保全裁定提出异议,海事法院经审查认为理由不成立的,应当书面通知利害关系人。

5. 执行

海事法院进行海事证据保全,根据具体情况,可以对证据予以封存,也可以提取复制件、副本,或者进行拍照、录像,制作节录本、调查笔录等。确有必要的,也可以提取证据原件。

6. 申请错误的后果

海事请求人申请海事证据保全错误的,应当赔偿被请求人或者利害关系人因此所遭受的损失。被请求人要求海事请求人赔偿损失的,由采取海事证据保全的海事法院受理。

(五) 采取证据保全措施后的起诉

海事证据保全后,有关海事纠纷未进入诉讼或者仲裁程序的,当事人就该海事请求,可以向采取证据保全的海事法院或者其他有管辖权的海事法院提起诉讼,但当事人之间订有诉讼管辖协议或者仲裁协议的除外。

海事请求人在采取海事证据保全的海事法院提起诉讼后,可以申请复制保全的证据材料;相关海事纠纷在我国领域内的其他海事法院或者仲裁机构受理的,受诉法院或者仲裁机构应海事请求人的申请可以复制保全的证据材料。

### 四、海事担保

(一) 海事担保的概念与方式

海事领域中所涉及的担保包括两种:一是海商事领域中的一般债权担保,二是海事诉讼及相关活动中所涉及的担保。此处所称海事担保,是指第二种情形而言,即在海事诉讼及相关活动中,为保障当事人权益的实现而提供的担保。根据《海诉法》第73条、第79条的规定,海事担保包括海事请求保全、海事强制令、海事证据保全以及设立海事赔偿责任限制基金和先予执行等程序中所涉及的担保。

海事担保的方式为提供现金或者保证、设置抵押或者质押。

(二) 海事担保的提交与接受

1. 海事请求人提供的担保

根据《海诉法》第16条、第55条、第66条的规定,海事请求人申请海事请求保全、海事强制令或证据保全时,海事法院可以责令其提供担保。要求海事请求人提供担保的目的在于保证被申请人因申请有错误而受到损失时能够得到赔偿。

海事请求人的担保应当提交给海事法院。海事请求人提供担保的方式、数额由海事法院决定。其中,提供担保的数额,应当相当于因其申请可能给被请求人造成的损失,具体数额由海事法院决定。申请扣押船舶的,海事请求人提供担保的具体数额,应当相当于船舶扣押期间可能产生的各项维持费用与支出、因扣押造成的船期损失和被请求人为使船舶解除扣押而提供担保所支出的费用。船舶扣押后,海事请求人提供的担保不足以赔偿可能给被请求人造成损失的,海事法院应责令其追加担保。

2. 被申请人提供的担保

一般而言,当被请求人提供充分可靠的担保后,海事法院应当解除扣押船舶等保全措施。根据《海诉法》的规定,被请求人的担保可以提交给海事法院,也可以提供给海事请求人。被请求人提供的担保,其方式、数额由海事请求人和被请求人协商;协商不成的,由海事法院决定。海事请求人要求被请求人就海事请求保全提供担保的数额,应当与其债权数额相当,但不得超过被保全的财产价值。

(三) 海事担保的减少、变更和取消

担保提供后,提供担保的人有正当理由的,可以向海事法院申请减少、变更或者取消该担保。正当理由是指:(1)海事请求人请求担保的数额过高;(2)被请求人已采取其他有效的担保方式;(3)海事请求人的请求权消灭。

(四)海事担保的返还

海事担保的返还,是指在一定条件下将担保人提供的担保返还给担保人。例如,根据《海诉法》第18条第2款的规定,海事请求人在法定期间内未提起诉讼或申请仲裁的,海事法院应当及时返还担保。《海诉法解释》第27条又规定:"海事诉讼特别程序法第十八条第二款、第七十四条规定的提供给海事请求人的担保,除被请求人和海事请求人有约定的外,海事请求人应当返还;海事请求人不返还担保的,该担保至海事请求保全期间届满之次日失效。"

对于扣押船舶的保全案件,《扣押拍卖船舶规定》第6条还特别规定:"案件终审后,海事请求人申请返还其所提供担保的,海事法院应将该申请告知被请求人,被请求人在三十日内未提起相关索赔诉讼的,海事法院可以准许海事请求人返还担保的申请。被请求人同意返还,或生效法律文书认定被请求人负有责任,且赔偿或给付金额与海事请求人要求被请求人提供担保的数额基本相当的,海事法院可以直接准许海事请求人返还担保的申请。"

(五)担保过高的赔偿

海事请求人请求担保的数额过高,造成被请求人损失的,应当承担赔偿责任。

## 第四节 审 判 程 序

海事案件的审判仍然应当适用《民事诉讼法》规定的审判程序,但《海诉法》针对海事审判的特点,专门规定了审理船舶碰撞案件、共同海损案件、海上保险人行使代位请求赔偿权案件应适用的特别程序,并就海事诉讼中的简易程序、督促程序和公示催告程序作了特别规定。

### 一、船舶碰撞案件的审理程序

《海商法》第165条第1款规定:"船舶碰撞,是指船舶在海上或者与海相通的可航水域发生接触造成损害的事故。"但根据《海商法》第170条和《海诉法解释》第65条的规定,某些情况下,船舶虽未直接发生接触,其造成的损害赔偿事故也适用船舶碰撞的相关规定,故《船舶碰撞和触碰案件规定》将"船舶碰撞"解释为"是指在海上或者与海相通的可航水域,两艘或者两艘以上的船舶之间发生接触或者没有直接接触,造成财产损害的事故"。

(一)填写《海事事故调查表》

原告在起诉时,被告在答辩时,应当如实填写《海事事故调查表》。通过填写《海事事故调查表》,可了解原、被告双方所感知的船舶碰撞时的客观情况,故要求双方应当如实填写。当然,对于双方所反映的情况究竟属实与否,则有待于开庭审理后才能确定。

(二) 起诉状、答辩状的送达

《海诉法》第 83 条规定:"海事法院向当事人送达起诉状或者答辩状时,不附送有关证据材料。"这一规定主要是为了防止一方当事人为逃避责任,根据对方提交的证据材料修改己方证据材料的情况发生,以便法院准确、及时查明案件事实,作出公正裁判。

(三) 证据规则

1. 举证内容

当事人举证的内容包括应如实填写《海事事故调查表》和提交有关船舶碰撞的事实证据材料。《海事事故调查表》属于当事人对发生船舶碰撞基本事实的陈述。经对方当事人认可或者经法院查证属实,《海事事故调查表》可以作为认定事实的依据。有关船舶碰撞的事实证据材料指涉及船舶碰撞的经过、碰撞原因等方面的证据材料。

2. 举证期限和证据交换

对于上述证据,当事人应当在一审开庭前向海事法院提供。当事人完成举证并向海事法院出具完成举证说明书后,可以申请查阅有关船舶碰撞的事实证据材料。

有关船舶碰撞的事实证据材料,在各方当事人完成举证后进行交换。当事人在完成举证前向法院申请查阅有关船舶碰撞的事实证据材料的,海事法院应予驳回。

3. 证据证明力的认定

认定证据证明力的特别规则主要体现为禁止翻供原则及其例外,即当事人完成举证并向海事法院出具完成举证说明书后,不能再推翻其在《海事事故调查表》中的陈述和已经完成的举证,但有新的证据,并有充分的理由说明该证据不能在举证期间内提交的除外。所谓"新的证据",是指非当事人所持有,在开庭前尚未掌握或者不能获得,因而在开庭前不能举证的证据。另据《最高人民法院关于审理船舶碰撞纠纷案件若干问题的规定》第 10 条、第 11 条的规定,审理船舶碰撞纠纷案件时,人民法院根据当事人的申请进行证据保全取得的或者向有关部门调查收集的证据,应当在当事人完成举证并出具完成举证说明书后出示。船舶碰撞事故发生后,主管机关依法进行调查取得并经过事故当事人和有关人员确认的碰撞事实调查材料,可以作为人民法院认定案件事实的证据,但有相反证据足以推翻的除外。

(四) 船舶的检验和估价

船舶检验、估价应当由国家授权或者其他具有专业资格的机构或者个人承担。非经国家授权或者未取得专业资格的机构或者个人所作的检验或者估价结论,海事法院不予采纳。

(五) 审结期限

海事法院审理船舶碰撞案件,应当在立案后 1 年内审结。有特殊情况需要延长的,由本院院长批准。

(六) 参照船舶碰撞案件审理的案件

根据《海诉法》第 61 条和《海商法》第 170 条的规定,船舶因操纵不当或者不遵守航行规章,虽然实际上没有同其他船舶发生碰撞,但是使其他船舶以及船上的人员、货物或者其他财产遭受损失而提起的诉讼,以及因船舶触碰造成损害提起的诉讼,参照《海诉法》关于审理船舶碰撞案件的有关规定审理。这里所谓"船舶触碰",根据《船舶碰撞和触碰案件规定》,是指船舶与设施或者障碍物发生接触并造成财产损害的事故。

## 二、共同海损案件的审理程序

（一）共同海损诉讼与共同海损理算的关系

共同海损,是指在同一海上航程中,船舶、货物和其他财产遭遇共同危险,为了共同安全,有意地合理地采取措施所直接造成的特殊牺牲、支付的特殊费用。因共同海损发生纠纷而提起的诉讼,称为共同海损诉讼。

共同海损理算,是指由国家认可的具有一定资格的专业机构,按照理算规则,对共同海损的损失和费用、各受益方的分摊价值以及各方应分摊共同海损的数额所进行的审查和计算工作。我国的共同海损理算机构是中国国际贸易促进委员会下设的海损理算处,地点在北京。

共同海损事故发生后,一般情况下海损事故的利害关系人（通常为承运人）会在事故发生后或船舶到达港口后宣布共同海损,并将损失提交共同海损理算机构进行理算。但共同海损的理算并不是提起共同海损诉讼的必经程序。对于这一问题,《海诉法》第88条明确规定:"当事人就共同海损的纠纷,可以协议委托理算机构理算,也可以直接向海事法院提起诉讼。海事法院受理未经理算的共同海损纠纷,可以委托理算机构理算。"须注意的是,此处关于海事法院"可以委托理算机构理算"的规定,《海诉法解释》第62条将其界定为:"未经理算的共同海损纠纷诉至海事法院的,海事法院应责令当事人自行委托共同海损理算。确有必要由海事法院委托理算的,由当事人提出申请,委托理算的费用由主张共同海损的当事人垫付。"

（二）共同海损理算报告的效力

理算机构作出的共同海损理算报告,当事人没有提出异议的,可以作为分摊责任的依据;当事人提出异议的,由海事法院决定是否采纳。海事法院进行审查后,认为异议成立,需要补充理算或者重新理算的,应当由原委托人通知理算人进行理算。原委托人不通知理算的,海事法院可以通知理算人重新理算,有关费用由异议人垫付;异议人拒绝垫付费用的,视为撤销异议。

（三）合并审理

当事人可以不受因同一海损事故提起的共同海损诉讼程序的影响,就非共同海损损失向责任人提起诉讼。

当事人就同一海损事故向受理共同海损案件的海事法院提起非共同海损的诉讼,以及对共同海损分摊向责任人提起追偿诉讼的,海事法院可以合并审理。

（四）审结期限

海事法院审理共同海损案件,应当在立案后1年内审结。有特殊情况需要延长的,由本院院长批准。因与共同海损纠纷有关的非共同海损损失向责任人提起的诉讼,适用此审限规定。

### 三、海上保险人行使代位请求赔偿权案件的审理程序

（一）海上保险人代位求偿权的含义

海上保险人代位求偿权,是指海上保险人在其保险责任范围内赔付了被保险人保险标的的全部或部分损失后,在赔偿金额范围内享有的向海上保险事故的责任方即第三人请求赔偿的权利。

（二）提起代位求偿权诉讼的条件

根据《海诉法》第93条的规定,海上保险人提起代位求偿权诉讼应具备以下条件:(1)因第三人原因造成保险事故;(2)保险人向被保险人支付了保险赔偿;(3)应在保险赔偿范围内行使代位求偿权。

（三）代位求偿权诉讼的当事人

根据《海诉法》第94条、第95条和《海诉法解释》的规定,海上保险人代位求偿权诉讼当事人的确定,有以下三种方式:

1. 保险人直接以自己的名义向该第三人提起诉讼。保险人行使代位请求赔偿权利时,被保险人未向造成保险事故的第三人提起诉讼的,保险人应当以自己的名义向该第三人提起诉讼。

2. 保险人请求法院将自己变更为原告,对第三人行使代位求偿权。保险人行使代位请求赔偿权利时,被保险人已经向造成保险事故的第三人提起诉讼的,保险人可以向受理该案的法院提出变更当事人的请求,代位行使被保险人对第三人请求赔偿的权利。

保险人请求变更当事人的,海事法院应当予以审查并作出是否准予的裁定。当事人对裁定不服的,可以提起上诉。

3. 保险人和被保险人作为共同原告向第三人请求赔偿。被保险人取得的保险赔偿不能弥补第三人造成的全部损失的,保险人和被保险人可以作为共同原告向第三人请求赔偿。具体又可分为三种情形:第一,保险人行使代位求偿权时,被保险人尚未向第三人提起诉讼的,保险人和被保险人可以作为共同原告向第三人提起诉讼。第二,保险人行使代位求偿权时,被保险人已经向第三人提起诉讼的,保险人可以申请以共同原告的身份参加被保险人已经提起的诉讼。第三,保险人已经向第三人提起诉讼的,被保险人可以申请以共同原告的身份参加诉讼。

保险人请求作为共同原告参加诉讼的,海事法院应当予以审查并作出是否准予的裁定。当事人对裁定不服的,可以提起上诉。

保险人依据上述规定参加诉讼的,被保险人依此前进行的诉讼行为所取得的财产保全或者通过扣押取得的担保权益等,在保险人的代位请求赔偿权利范围内对保险人有效。被保险人因自身过错产生的责任,保险人不予承担。

（四）提起代位求偿权诉讼应提交的文件

保险人依照《海诉法》第94条、第95条的规定提起诉讼或者申请参加诉讼的,应

当向受理该案的海事法院提交保险人支付保险赔偿的凭证,以及参加诉讼应当提交的其他文件。此处"支付保险赔偿的凭证",是指赔偿金收据、银行支付单据或者其他支付凭证。仅有被保险人出具的权利转让书但不能出具其实际支付证明的,不能作为保险人取得代位请求赔偿权利的事实依据。

(五) 船舶油污损害受损人的求偿权

对船舶造成油污损害的赔偿请求,受损害人可以向造成油污损害的船舶所有人提出,也可以直接向承担船舶所有人油污损害责任的保险人或者提供财务保证的其他人提出。油污损害责任的保险人或者提供财务保证的其他人被起诉的,有权要求造成油污损害的船舶所有人参加诉讼。

海事法院根据油污损害的保险人或者提供财务保证的其他人的请求,可以通知船舶所有人作为无独立请求权的第三人参加诉讼。

**四、简易程序、小额诉讼程序、督促程序和公示催告程序**

(一) 简易程序

根据《民事诉讼法》第 160 条第 1 款的规定,基层人民法院和它派出的法庭审理事实清楚、权利义务关系明确、争议不大的简单民事案件时,适用简易程序审理。而海事法院在级别上与中级法院相当,故依照《民事诉讼法》的规定,海事法院审理案件本无适用简易程序的余地。但实践中,有些海事诉讼案件也较为简单,亦有必要适用简易程序审理。所以,《海诉法》第 98 条规定,海事法院审理事实清楚、权利义务关系明确、争议不大的简单海事案件,可以适用《民事诉讼法》简易程序的规定。

有疑问的是,《民事诉讼法》第 160 条第 2 款对当事人可以约定适用简易程序的情形作了规定,即对于不属于"事实清楚、权利义务关系明确、争议不大"的民事案件,当事人也可以约定适用简易程序,那么,这一规定是否也可适用于海事法院审理海事案件?笔者认为,基于以下理由,对于"事实清楚、权利义务关系明确、争议不大的简单的海事案件"以外的其他海事案件,也应当允许当事人双方约定适用简易程序审理:第一,从《海诉法》第 98 条的立法精神看,其主要目的在于简化诉讼程序、加快诉讼进程、降低诉讼成本,从而更便利于当事人进行诉讼和及时保护其合法权利。允许海事诉讼的当事人约定适用简易程序,是符合这一立法精神的。第二,允许当事人约定适用简易程序,充分体现了对当事人之程序主体地位和程序选择权的尊重,亦有利于增强其对程序运行结果的信赖,这一原理对于海事诉讼同样是适用的。第三,1999年《海诉法》颁行时,《民事诉讼法》中并未规定当事人可以约定适用简易程序,故《海诉法》第 98 条只规定了法定的适用简易程序的海事案件范围,而无约定适用之规定。2012 年修改后的《民事诉讼法》增设的可以约定适用之规定,应扩张解释为可以适用于海事法院对海事案件的审理。

(二) 小额诉讼程序

《民事诉讼法》第 165 条第 1 款规定,基层人民法院和它派出的法庭审理事实清楚、权利义务关系明确、争议不大的简单金钱给付民事案件,标的额为各省、自治区、直辖市上年度就业人员年平均工资百分之五十以下的,适用小额诉讼的程序审理,实行一审终审。关于海事法院能否依照这一规定对小额海事案件实行一审终审的问题,理论上存在分歧。① 最高人民法院2013年6月19日发布的《关于海事法院可否适用小额诉讼程序问题的批复》认为:"2012年修订的《中华人民共和国民事诉讼法》简易程序一章规定了小额诉讼程序,《中华人民共和国海事诉讼特别程序法》第九十八条规定海事法院可以适用简易程序。因此,海事法院可以适用小额诉讼程序审理简单的海事、海商案件。"《民诉法解释》第273条亦明确规定:"海事法院可以适用小额诉讼的程序审理海事、海商案件。案件标的额应当以实际受理案件的海事法院或者其派出法庭所在的省、自治区、直辖市上年度就业人员年平均工资为基数计算。"

(三) 督促程序

根据《民事诉讼法》第225条的规定,督促程序仅适用于基层人民法院。但事实上,对于某些债权债务关系明确的请求给付金钱或有价证券的海事案件,也有必要允许通过督促程序加以解决。所以,根据《海诉法》第99条第1款的规定,债权人基于海事事由请求债务人给付金钱或者有价证券,符合《民事诉讼法》有关规定的,可以向有管辖权的海事法院申请支付令。该条第2款进一步规定:"债务人是外国人、无国籍人、外国企业或者组织,但在中华人民共和国领域内有住所、代表机构或者分支机构并能够送达支付令的,债权人可以向有管辖权的海事法院申请支付令。"

(四) 公示催告程序

1. 公示催告的范围

《海诉法》第100条规定:"提单等提货凭证持有人,因提货凭证失控或者灭失,可以向货物所在地海事法院申请公示催告。"据此,海事诉讼中申请公示催告的事项限于提单等提货凭证失控或者灭失。② 此处的"失控",是指提单或者其他提货凭证被盗、遗失。

2. 公示催告的申请

申请人向海事法院申请公示催告的,应当采用书面形式,即应当递交申请书。申请书应当载明:提单等提货凭证的种类、编号、货物品名、数量、承运人、托运人、收货人、承运船舶名称、航次以及背书情况和申请的理由、事实等;有副本的应当附有单证的副本。

3. 发出停止交付通知并发布公告

海事法院决定受理公示催告申请的,应当同时通知承运人、承运人的代理人或者货物保管人停止交付货物,并于3日内发出公告,敦促利害关系人申报权利。公示催

---

① 关于赞同的意见,参见沈德咏主编:《最高人民法院民事诉讼法司法解释理解与适用(下)》,人民法院出版社2015年版,第713—716页;反对的意见,参见赵钢、郝晶晶:《海事诉讼案件不宜适用小额审判机制——兼述小额审判机制之适用范围》,载《法学评论》2014年第6期。

② 提货凭证的范围一般包括提单、运单、提货单和仓单。我国《海诉法》在立法过程中曾经将这4种提货凭证作为可以申请公示催告的提货凭证予以列举,但由于我国理论和实践中对除提单以外的其他提货凭证是否可以作为申请公示催告的事项尚未形成统一的认识,因此《海诉法》最终没有保留列举性规定,而是作出了"提单等提货凭证"这种弹性规定。参见金正佳主编:《海事诉讼法论》,大连海事大学出版社2001年版,第399页。

告的期间由海事法院根据情况决定,但不得少于30日。

承运人、承运人的代理人或者货物保管人收到海事法院停止交付货物的通知后,应当停止交付,至公示催告程序终结。

公示催告期间,国家重点建设项目待安装、施工、生产的货物,救灾物资或者货物本身属性不宜长期保管以及季节性货物,在申请人提供充分可靠担保的情况下,海事法院可以依据申请人的申请作出由申请人提取货物的裁定。承运人、承运人的代理人或者货物保管人收到海事法院准予提取货物的裁定后,应当依据裁定的指令将货物交付给指定的人。

公示催告期间,转让提单的行为无效;有关货物的存储保管费用及风险由申请人承担。

4. 利害关系人申报权利

公示催告期间,利害关系人可以向海事法院申报权利。海事法院收到利害关系人的申报后,应当裁定终结公示催告程序,并通知申请人和承运人、承运人的代理人或者货物保管人。申请人、申报人可以就有关纠纷向海事法院提起诉讼。

5. 除权判决

公示催告期间无人申报权利的,海事法院应当根据申请人的申请作出判决,宣告提单或者有关提货凭证无效。判决内容应当公告,并通知承运人、承运人的代理人或者货物保管人。自判决公告之日起,申请人有权请求承运人、承运人的代理人或者货物保管人交付货物。

利害关系人因正当理由不能在公示催告期间向海事法院申报的,自知道或者应当知道判决公告之日起1年内,可以向作出判决的海事法院起诉。

## 第五节 设立海事赔偿责任限制基金程序

海事赔偿责任限制,是指在发生重大海损事故时,作为责任人的船舶所有人、经营人和承租人等,可以根据法律的规定,将自己的赔偿责任限制在一定范围内的法律制度。[①] 这一制度的目的在于,通过对船舶所有人等的赔偿责任进行限制,鼓励人们投资海运这一风险较大的行业,促进海上运输、海难救助和海上保险业的发展。从世界范围看,海事赔偿责任限制制度源远流长,为多数国家的法律所肯定,并形成了一系列的国际公约。我国《海商法》也对这一制度作了专章规定。为保证船舶所有人、承租人、经营人、救助人、保险人享受责任限制权利,规范海事赔偿责任限制制度的实施,《海诉法》对设立海事赔偿责任限制基金程序作了专门规定,《海诉法解释》和《海事赔偿责任限制规定》《船舶油污损害案件规定》等司法解释则对此类程序作了更具体的规定。

---

① 司玉琢等编著:《新编海商法学》,大连海事大学出版社1999年版,第432页。

## 一、设立海事赔偿责任限制基金的案件类型

根据《海诉法》第101条的规定,设立海事赔偿责任限制基金的案件有以下两类:

1. 船舶所有人、承租人、经营人、救助人、保险人在发生海事事故后,依法申请责任限制的,可以向海事法院申请设立海事赔偿责任限制基金。[①]

2. 船舶造成油污损害的,船舶所有人及其责任保险人或者提供财务保证的其他人为取得法律规定的责任限制的权利,应当向海事法院设立油污损害的海事赔偿责任限制基金。[②]

上述"船舶所有人",是指有关船舶证书上载明的船舶所有人。

## 二、设立海事赔偿责任限制基金的管辖法院

当事人在起诉前申请设立海事赔偿责任限制基金的,应当向事故发生地、合同履行地或者船舶扣押地海事法院提出。海事事故发生在我国领域外的,船舶发生事故后进入我国领域内的第一到达港视为事故发生地。需注意的是,当事人在起诉前申请设立海事赔偿责任限制基金的,不受当事人之间关于诉讼管辖协议或者仲裁协议的约束。同一海事事故中,不同的责任人在起诉前依据《海诉法》第102条的规定向不同的海事法院申请设立海事赔偿责任限制基金的,后立案的海事法院应当依照《民事诉讼法》的规定,将案件移送先立案的海事法院管辖。

责任人在诉讼中申请设立海事赔偿责任限制基金的,应当向受理相关海事纠纷案件的海事法院提出。相关海事纠纷由不同海事法院受理,责任人申请设立海事赔偿责任限制基金的,应当依据诉讼管辖协议向最先立案的海事法院提出;当事人之间未订立诉讼管辖协议的,向最先立案的海事法院提出。

对于船舶油污损害的海事赔偿责任限制基金的管辖问题,《船舶油污损害案件规定》第2条规定:"当事人就油轮装载持久性油类造成的油污损害提起诉讼、申请设立油污损害赔偿责任限制基金,由船舶油污事故发生地海事法院管辖。油轮装载持久性油类引起的船舶油污事故,发生在中华人民共和国领域和管辖的其他海域外,对中华人民共和国领域和管辖的其他海域造成油污损害或者形成油污损害威胁,当事人就船舶油污事故造成的损害提起诉讼、申请设立油污损害赔偿责任限制基金,由油污损害结果地或者采取预防油污措施地海事法院管辖。"

另需注意的是,海事赔偿责任限制基金设立后,设立基金的海事法院对海事请求人就与海事事故相关纠纷向责任人提起的诉讼具有管辖权。海事请求人向其他海事法院提起诉讼的,受理案件的海事法院应当依照《民事诉讼法》的规定,将案件移送设立海事赔偿责任限制基金的海事法院,但当事人之间订有诉讼管辖协议的除外。

---

[①] 关于可申请责任限制的海事请求的范围,参见《海商法》第207—209条、《海事赔偿责任限制规定》第17条。

[②] 关于船舶造成油污损害时可申请责任限制的海事请求的具体界定,参见《船舶油污损害案件规定》第5条、第6条、第19—21条。

## 三、设立海事赔偿责任限制基金的具体程序

### (一) 申请

1. 提出申请的时间。设立责任限制基金的申请可以在起诉前或者诉讼中提出,但最迟应当在一审判决作出前提出。责任人未申请设立海事赔偿责任限制基金,不影响其在诉讼中对《海商法》第 207 条规定的海事请求提出海事赔偿责任限制抗辩。责任人未提出海事赔偿责任限制抗辩的,海事法院不应主动适用海商法关于海事赔偿责任限制的规定进行裁判。责任人在一审判决作出前未提出海事赔偿责任限制抗辩,在二审、再审期间提出的,人民法院不予支持。

2. 申请形式。申请人向海事法院申请设立海事赔偿责任限制基金,应当提交书面申请。申请书应当载明申请设立海事赔偿责任限制基金的数额、理由,以及已知的利害关系人的名称、地址和通讯方法,并附有关证据。

### (二) 通知和公告

海事法院受理设立海事赔偿责任限制基金申请后,应当在 7 日内向已知的利害关系人发出通知,同时通过报纸或者其他新闻媒体连续公告 3 日。如果涉及的船舶是可以航行于国际航线的,应当通过对外发行的报纸或者其他新闻媒体发布公告。

通知和公告包括下列内容:(1) 申请人的名称;(2) 申请的事实和理由;(3) 设立海事赔偿责任限制基金事项;(4) 办理债权登记事项;(5) 需要告知的其他事项。

### (三) 异议及其处理

利害关系人对申请人申请设立海事赔偿责任限制基金有异议的,应当在收到通知之日起 7 日内或者未收到通知的在公告之日起 30 日内,以书面形式向海事法院提出。

海事法院收到利害关系人提出的书面异议后,应当进行审查并在 15 日内作出裁定,该期限自海事法院受理设立海事赔偿责任限制基金申请的最后一次公告发布之次日起第 30 日开始计算。审查的内容主要包括设立基金申请人的主体资格、事故所涉及的债权性质和申请设立基金的数额。经审查认为异议成立的,裁定驳回申请人的申请;异议不成立的,裁定准予申请人设立海事赔偿责任限制基金。

当事人对裁定不服的,可以在收到裁定书之日起 7 日内提起上诉。第二审人民法院应当在收到上诉状之日起 15 日内作出裁定。

### (四) 基金的设立

利害关系人在规定的期间内没有提出异议的,海事法院裁定准予申请人设立海事赔偿责任限制基金。

准予申请人设立海事赔偿责任限制基金的裁定生效后,申请人应当在 3 日内在海事法院设立海事赔偿责任限制基金。申请人逾期未设立基金的,按自动撤回申请处理。

设立海事赔偿责任限制基金可以提供现金,也可以提供经海事法院认可的担保。海事赔偿责任限制基金的数额,为海事赔偿责任限额和自事故发生之日起至基金设

立之日止的利息。以担保方式设立基金的,担保数额为基金数额及其在基金设立期间的利息。以现金设立基金的,基金到达海事法院指定账户之日为基金设立之日。以担保设立基金的,海事法院接受担保之日为基金设立之日。应当注意,上述"担保",是指我国境内的银行或者其他金融机构所出具的担保。

设立海事赔偿责任限制基金后,向基金提出请求的任何人,不得就该项索赔对设立或以其名义设立基金的人的任何其他财产,行使任何权利。

(五) 申请错误时的赔偿

申请人申请设立海事赔偿责任限制基金错误的,应当赔偿利害关系人因此所遭受的损失。

## 第六节 债权登记与受偿程序

强制拍卖船舶和设立海事赔偿责任限制基金程序都会涉及债权登记和受偿的问题。因为,只有经过债权登记和受偿程序的进行,才能最终将拍卖船舶所得价款和责任限制基金按照实体法规定的顺序清偿。

**一、债权登记程序**

(一) 债权登记程序的适用范围与申请期限

1. 强制拍卖船舶程序中的债权登记。海事法院裁定强制拍卖船舶的公告发布后,债权人应当在公告期间,就与被拍卖船舶有关的债权申请登记。公告期间届满不登记的,视为放弃在本次拍卖船舶价款中受偿的权利。此处"与被拍卖船舶有关的债权",是指与被拍卖船舶有关的海事债权。根据《扣押拍卖船舶规定》第16条的规定,债权人申请债权登记期间的届满之日,为第一次拍卖船舶时的拍卖船舶公告最后一次发布之日起第60日。

另外,根据《扣押拍卖船舶规定》第18条、第19条的规定,申请拍卖船舶的海事请求人未经债权登记,直接要求参与拍卖船舶价款分配的,海事法院应予准许。海事法院裁定终止拍卖船舶的,应当同时裁定终结债权登记受偿程序,当事人已经缴纳的债权登记申请费予以退还。

2. 设立海事赔偿责任限制基金程序中的债权登记。海事法院受理设立海事赔偿责任限制基金的公告发布后,债权人应当在公告期间就与特定场合发生的海事事故有关的债权申请登记。公告期间届满不登记的,视为放弃债权。根据相关司法解释的规定,债权人申请债权登记期间的届满之日,是指海事法院受理设立海事赔偿责任限制基金申请的最后一次公告发布之次日起第60日。

(二) 管辖

虽然《海诉法》没有对债权登记的管辖法院明确作出规定,但从《海诉法》第111条和第112条的规定来看,应理解为债权登记应当由实施强制拍卖船舶或者受理设立海事赔偿责任限制基金申请的海事法院管辖。

（三）提交书面申请和债权证据

《海诉法》第 113 条规定："债权人向海事法院申请登记债权的，应当提交书面申请，并提供有关债权证据。债权证据，包括证明债权的具有法律效力的判决书、裁定书、调解书、仲裁裁决书和公证债权文书，以及其他证明具有海事请求的证据材料。"可见，申请人提交的债权证据包括两类：一类是具有法律效力的确权文书，即发生法律效力的判决书、裁定书、调解书、仲裁裁决书和公证债权文书；另一类是其他证明债权的证据材料，这类证据所证明的债权须由海事法院通过确权诉讼作出判决或由仲裁机构作出裁决。

（四）对债权登记申请的审查与登记

海事法院应当对债权人的申请进行审查，对提供债权证据的，裁定准予登记；对不提供债权证据的，裁定驳回申请。

（五）债权的审查与确认

1. 对生效法律文书证明的债权的审查与确认。债权人提供证明债权的判决书、裁定书、调解书、仲裁裁决书或者公证债权文书，海事法院经审查认定上述文书真实合法的，裁定予以确认。此处"判决书、裁定书、调解书和仲裁裁决书"，是指我国国内的判决书、裁定书、调解书和仲裁裁决书。对于债权人提供的国外的判决书、裁定书、调解书和仲裁裁决书，适用《民事诉讼法》第 299 条和第 304 条规定的程序审查。

2. 对其他证据证明的债权的审查与确认。对于其他证据证明的债权，必须通过确权程序予以确认，即债权人提供其他海事请求证据的，应当在办理债权登记后 7 日内，在受理债权登记的海事法院提起确权诉讼；当事人之间有仲裁协议的，应当及时申请仲裁。海事法院对该确权诉讼作出的判决、裁定具有法律效力，当事人不得提起上诉。但是，债权人提起确权诉讼后，需要判定碰撞船舶过失程度比例的，当事人对海事法院作出的判决、裁定可以依法提起上诉。

在债权登记前，债权人已向受理债权登记的海事法院以外的海事法院起诉的，受理案件的海事法院应当将案件移送至登记债权的海事法院一并审理，但案件已经进入二审的除外。当事人在债权登记前已经就有关债权提起诉讼的，不适用《海诉法》第 116 条第 2 款的规定，也即在此种情形下，当事人对海事法院作出的判决、裁定可以依法提起上诉。

债权人提起确权诉讼时，依据《海商法》第 209 条[①]的规定主张责任人无权限制赔偿责任的，应当以书面形式提出。案件的审理不适用《海诉法》规定的确权诉讼程序，当事人对海事法院作出的判决、裁定可以依法提起上诉。两个以上债权人主张责任人无权限制赔偿责任的，海事法院可以将相关案件合并审理。

---

[①] 《海商法》第 209 条规定："经证明，引起赔偿请求的损失是由于责任人的故意或者明知可能造成损失而轻率地作为或者不作为造成的，责任人无权依照本章规定限制赔偿责任。"

## 二、债权受偿程序

债权受偿程序,是指债权经审查确认后,海事法院依照商定的或法定的受偿顺序和比例确定各债权的受偿数额,对船舶拍卖款项或海事赔偿责任限制基金进行分配。

(一) 召开债权人会议

海事法院审理并确认债权后,应当向债权人发出债权人会议通知书,组织召开债权人会议。

(二) 确定分配方案

债权人会议可以协商提出船舶价款或者海事赔偿责任限制基金的分配方案,签订受偿协议。受偿协议经海事法院裁定认可,具有法律效力。

债权人会议协商不成的,由海事法院依照《海商法》以及其他有关法律规定的受偿顺序,裁定船舶价款或者海事赔偿责任限制基金的分配方案。例如,《海商法》第25条第1款规定:"船舶优先权先于船舶留置权受偿,船舶抵押权后于船舶留置权受偿。"

(三) 分配方案的实施

拍卖船舶所得价款及其利息,或者海事赔偿责任限制基金及其利息,应当一并予以分配。

分配船舶价款时,以下三项费用应当从船舶价款中按顺序先行拨付:(1) 应当由责任人承担的诉讼费用;(2) 为保存、拍卖船舶和分配船舶价款产生的费用;(3) 为债权人的共同利益支付的其他费用。先行拨付以上费用后,依法按照下列顺序进行分配:(1) 具有船舶优先权的海事请求;(2) 由船舶留置权担保的海事请求;(3) 由船舶抵押权担保的海事请求;(4) 与被拍卖、变卖船舶有关的其他海事请求。依据《海诉法》第23条第2款[①]的规定申请扣押船舶的海事请求人申请拍卖船舶的,在上述海事请求清偿后,再参与船舶价款的分配;分配后的余款,按照民事诉讼法及相关司法解释的规定执行。

对于油污损害赔偿责任限制基金的分配,《船舶油污损害案件规定》第27条特别规定:"油污损害赔偿责任限制基金不足以清偿有关油污损害的,应根据确认的赔偿数额依法按比例分配。"

清偿债务后的余款,应当退还船舶原所有人或者海事赔偿责任限制基金设立人。

# 第七节 船舶优先权催告程序

## 一、船舶优先权催告程序的概念

船舶优先权,是指海事请求人依照《海商法》的规定,向船舶所有人、光船承租人、

---

[①] 《海诉法》第23条第2款规定:"海事法院可以扣押对海事请求负有责任的船舶所有人、光船承租人、定期租船人或者航次租船人在实施扣押时所有的其他船舶,但与船舶所有权或者占有有关的请求除外。"

船舶经营人提出海事请求,对产生该海事请求的船舶具有优先受偿的权利。[1]船舶优先权催告程序,则是指海事法院根据船舶受让人的申请,发布公告,催促船舶优先权人在一定期间主张权利,如逾期无人主张权利,则根据受让人的申请,依法宣告该转让船舶不附有船舶优先权的程序。

实践中,在船舶买卖时,买船方很难知道所买进的船舶是否附有船舶优先权,而船舶优先权不因船舶所有权的转让而消灭,一旦买船方购买的船舶附有船舶优先权,就会受到船舶优先权债务的困扰,其合法权益就难以得到保障,因此,为了消除船舶上所附的优先权,保障买船方的合法权益,同时也是为了保障《海商法》中船舶优先权制度的正确实施,《海诉法》对船舶优先权催告程序作了专章规定。

## 二、船舶优先权催告程序的具体规定

(一) 申请

1. 申请主体。《海诉法》第 120 条规定:"船舶转让时,受让人可以向海事法院申请船舶优先权催告,催促船舶优先权人及时主张权利,消灭该船舶附有的船舶优先权。"据此可知,船舶优先权催告程序的申请人是船舶转让合同中的受让人。此处的"受让人",是指船舶转让中的买方和有买船意向的人,但受让人申请海事法院作出除权判决时,必须提交其已经实际受让船舶的证据。

2. 申请时间。船舶转让合同订立后、船舶实际交付前,受让人可以申请船舶优先权催告。

3. 提交申请书及相关文件。申请船舶优先权催告,应当向海事法院提交申请书、船舶转让合同、船舶技术资料等文件。申请书应当载明船舶的名称、申请船舶优先权催告的事实和理由。但受让人不能提供原船舶证书的,不影响船舶优先权催告申请的提出。

(二) 管辖

受让人申请船舶优先权催告的,应当向转让船舶交付地或者受让人住所地海事法院提出。船舶交付地有约定交付地和实际交付地之分,还存在船舶实际交接地和法律交接地之别。为避免产生管辖冲突,这里的船舶交付地应作狭义理解为宜,仅指船舶的实际交付地,而不包括约定交付地和法律交接地。

需指出的是,根据《海诉法》第 6 条的规定,因海船优先权纠纷提起的诉讼,由船舶所在地、船籍港所在地、被告住所地海事法院管辖。申请船舶优先权催告与因船舶优先权纠纷而提起的诉讼两者性质不同,前者是在船舶优先权及优先权人不明的情

---

[1] 《海商法》第 22 条规定:"下列各项海事请求具有船舶优先权:(一) 船长、船员和在船上工作的其他在编人员根据劳动法律、行政法规或者劳动合同所产生的工资,其他劳动报酬、船员遣返费用和社会保险费用的给付请求;(二) 在船舶营运中发生的人身伤亡的赔偿请求;(三) 船舶吨税、引航费、港务费和其他港口规费的缴付请求;(四) 海难救助的救助款项的给付请求;(五) 船舶在营运中因侵权行为产生的财产赔偿请求。载运 2000 吨以上的散装货油的船舶,持有有效的证书,证明已经进行油污损害民事责任保险或者具有相应的财务保证的,对其造成的油污损害的赔偿请求,不属于前款第(五)项规定的范围。"

况下,确定船舶是否附有优先权;后者则是在双方当事人之间解决具体的优先权纠纷,所以船舶优先权催告的管辖不适用《海诉法》第 6 条关于船舶优先权诉讼管辖的规定。

(三)审查、裁定与复议

海事法院在收到申请书以及有关文件后,应当进行审查,在 7 日内作出准予或者不准予申请的裁定。

受让人对裁定不服的,可以申请复议一次。船舶受让人对不准予船舶优先权催告申请的裁定提出复议的,海事法院应当在 7 日内作出复议决定。

(四)公告

海事法院准予船舶优先权催告申请的裁定生效后,应当通过报纸或者其他新闻媒体连续公告 3 日,催促船舶优先权人在催告期间主张船舶优先权。优先权催告的船舶为可以航行于国际航线的,应当通过对外发行的报纸或者其他新闻媒体发布公告。船舶优先权催告期间为 60 日。

(五)船舶优先权登记

船舶优先权催告期间,船舶优先权人主张权利的,应当在海事法院办理登记;不主张权利的,视为放弃船舶优先权。利害关系人在船舶优先权催告期间提出优先权主张的,海事法院应当裁定优先权催告程序终结。

(六)除权判决

船舶优先权催告期间届满,无人主张船舶优先权的,海事法院应当根据当事人的申请作出判决,宣告该转让船舶不附有船舶优先权。判决内容应当公告。

【特别提示】

1. 对于劳动争议案件的解决,根据有关法律和司法解释的规定,实行劳动仲裁程序前置,即当事人应先向劳动争议仲裁委员会申请仲裁,对仲裁裁决不服的,才可以向人民法院起诉。但对于海船的船员劳务合同纠纷提起的诉讼,则不必先进行劳动仲裁,当事人直接向海事法院提起诉讼的,海事法院应当受理。

2. 因海船的船员劳务合同纠纷提起的诉讼,可以由原告住所地海事法院管辖。这一管辖规定对于保障利益受损的船员特别是中国船员的合法权益,具有重要意义。中国作为船员劳务的出口国,每年都有大量的船员通过劳务输出的方式工作于外籍船舶上。中国船员完成外籍船舶的工作后,由于各种原因有时拿不到工资或其他劳务费。因此,将原告住所地确定为管辖连接点,有利于中国船员通过诉讼方式解决劳务合同纠纷,维护其合法权益。

3. 对于海事请求保全申请或海事强制令申请,无论是诉前还是诉讼中,《海诉法》都规定的是海事法院"可以责令"海事请求人或申请人提供担保。这一规定与《民事诉讼法》关于诉讼中申请财产保全或行为保全时的要求相一致,但与诉前财产保全或行为保全申请人"应当"提供担保的规定相比,则放宽了海事请求人或申请人提供担保的要求,以更好地保护某些情形下海事请求人或申请人的权益。

4. 在海事请求保全程序中，申请扣押的船舶主要是当事船舶，但海事法院也可以依法扣押对海事请求负有责任的人所有的其他船舶，此种情形称为对姊妹船舶的扣押。但如果海事请求人的请求属于与船舶所有权或者占有有关的请求，则不能扣押姊妹船舶。

5. 根据《海诉法》第19条、第61条、第72条的规定，诉前海事请求保全、海事强制令、海事证据保全执行后，有关海事纠纷未进入诉讼或者仲裁程序的，当事人就该海事请求，可以向采取海事请求保全、海事强制令、海事证据保全的海事法院或者其他有管辖权的海事法院提起诉讼，但当事人之间订有诉讼管辖协议或者仲裁协议的除外。可见，采取诉前海事请求保全、海事强制令、海事证据保全措施的海事法院，即使本来对有关的海事实体争议没有管辖权，因为采取诉前保全措施，也可取得对该实体案件的管辖权。但采取诉前保全措施的海事法院对该实体案件的管辖权并非专属管辖，当事人也可以向其他有管辖权的海事法院提起诉讼。而且，采取诉前保全措施的海事法院对该实体案件的管辖权是有限制的，即当事人之间订有诉讼管辖协议或者仲裁协议时，该海事法院不能取得实体管辖权，而应由诉讼管辖协议约定的海事法院管辖或者由约定的仲裁机构仲裁。

6. 根据《海商法》和《海诉法》的规定，一般而言，设立海事赔偿责任限制基金不是限制赔偿责任的必经程序和前提条件①，责任人设立基金只能表明其申请限制责任的意向，并不能表明其有权限制责任。责任人不设立基金，只要符合法定条件，仍可申请责任限制（一般可在诉讼中提出）。就目的而言，责任人设立海事赔偿责任限制基金主要是为了使其财产免受扣押，而申请海事赔偿责任限制的目的在于限制责任人的赔偿责任。如果责任人有权限制赔偿责任，但没有通过申请设立基金程序设立基金，虽不影响责任人的责任限制，但不能阻止限制性债权人申请扣押责任人的船舶或其他财产。②

7. 《海诉法》所规定的船舶拍卖程序中的债权登记不同于破产程序中的债权登记。船舶拍卖程序中的债权登记，仅限于与被拍卖船舶有关的债权，而破产程序中的债权登记，包括对破产人所享有的所有债权。在船舶所有人没有破产的情况下，船舶拍卖价款原则上局限于供与被拍卖船舶有关的债权的清偿，而不是供所有对船舶所有人所享有的债权的清偿。

---

① 但《海诉法》第101条第2款规定："船舶造成油污损害的，船舶所有人及其责任保险人或者提供财务保证的其他人为取得法律规定的责任限制的权利，应当向海事法院设立油污损害的海事赔偿责任限制基金。"
② 参见金正佳主编：《海事诉讼法论》，大连海事大学出版社2001年版，第408页。